【传世经典 文白对照】

# 资治通鉴纲目

## 九

〔宋〕朱 熹 编 撰

孙通海 王景桐 主 编

王秀梅 朱振华 副主编

中华书局

# 目录

## 第九册

资治通鉴纲目

# 资治通鉴纲目卷四十八

起辛巳(801)唐德宗贞元十七年,尽戊戌(818)唐宪宗元和十三年。凡十八年。

**辛巳**(801) **十七年**

**夏五月朔,日食。 以高固为朔方节度使。**

朔方节度使杨朝晟防秋于宁州,疾亟,谓僚佐曰:"朔方命帅多自本军,虽徇众情,殊非国体。宁州刺史刘南金练习军旅,宜使摄行军事,比朝廷择帅,必无虞矣。"时李朝寀以神策军戍定平,上遣高品薛盈珍赍诏诣宁州,曰:"朝寀所将,本朔方军,今将并之,以壮军势。以朝寀为使,南金副之,何如?"诸将皆奉诏。

都虞候史经言于众曰:"李公命收弓刀而送甲胄二千。"军士曰:"李公欲纳麾下二千为腹心,吾辈妻子其可保乎!"经夜造南金,欲奉以为帅,南金曰:"节度使固我所欲,然非天子之命则不可。军中岂无他将?诸军不愿朝寀为帅,宜以情告敕使。若操甲兵,乃拒诏也。"命闭门不纳。军士去,诣兵马使高固,固逃匿,搜得之。固曰:"诸君能用吾言则可。"众曰:"惟命。"固曰:"毋杀人,毋掠金帛。"众曰:"诺。"乃共诣监军,请奏之。众曰:"刘君必挠吾事。"诈称监军命,召计事,至而杀之。

辛巳(801)　唐德宗贞元十七年

夏五月初一,发生日食。　德宗任命高固为朔方节度使。

朔方节度使杨朝晟在宁州防御吐蕃,病情危急时,对属官说:"朔方主帅的任命,人选大多出自本军,虽顺从大家的意愿,却不符合国家的体统。宁州刺史刘南金熟悉军事,应该让他代理行使军司马事务,到朝廷选择主帅时,一定不会发生意外。"当时李朝宷率神策军戍守定平,德宗派高品宦官薛盈珍携带诏书到宁州,说:"李朝宷率领的军队,本来属于朔方军,现在准备将该部与朔方军合并,以壮大军队的力量。任命李朝宷为节度使,刘南金为副使,怎么样?"诸将领都接受诏命。

都虞候史经对大家说:"李公命令收缴弓箭刀剑,并送去两千套盔甲。"将士说:"李公想收纳部下两千人作为亲信,我们的妻子儿女还保得住吗!"史经在夜间来到刘南金处,想拥戴刘南金为主帅,刘南金说:"我固然想当节度使,但不是天子任命的可不行。军中难道没有别的将领吗?诸位不愿意由李朝宷担任主帅,应当把情况告诉敕使。如果动武,就是抗拒诏命了。"让人关了门,不让史经进去。将士离开后,又去见兵马使高固,高固逃走躲藏,被搜寻出来。高固说:"诸位能听我说的就行。"大家说:"唯命是听。"高固说:"不要杀人,不要掳掠金帛。"大家说:"行。"便一起到监军处,请求奏报大家的要求。大家说:"刘君一定会阻挠我们的事情。"便谎称监军的命令,要召刘南金议事,刘南金一到就被杀死。

上闻之,追还朝寀制书,复遣盈珍往调军情,盈珍遂以上旨,命固知军事。固,宿将,以宽厚得众,前使忌之,置于散地,同列多轻侮之。及起为帅,一无所报复,由是军中遂安。

**成德节度使王武俊卒。**

以其子士真代之。

**秋九月,韦皋大破吐蕃于雅州。**

初,吐蕃寇盐州,又陷麟州,敕皋出兵,深入吐蕃,以分其势。皋遣将将兵二万,分出九道,破吐蕃于雅州,转战千里,凡拔城七、军镇五,焚堡百五十,斩首万余级,围维州及昆明城。

**冬十月,以韦皋为司徒、中书令,赐爵南康王。**

**壬午**(802) **十八年**

**春正月,吐蕃救维州,韦皋击败之,获其将。**

吐蕃遣其大相论莽热将兵十万解维州之围,西川兵据险设伏,以待之,虏众大败,擒论莽热,士卒死者大半。维州、昆明竟不下,引兵还,遣使献论莽热,上赦之。

**三月,以齐总为衢州刺史,不行。**

浙东观察使裴肃既以进奉得进,总掌后务,刻剥以求媚又过之,擢为衢州刺史。给事中许孟容封还诏书曰:"衢州无他虞,齐总无殊绩,忽此超奖,深骇群情。若有可录,愿明书劳课,然后超改,以解众疑。"诏遂留中,上召孟容,奖之。

**秋七月,诏百官毋得正牙奏事。**

德宗得知后,追回任命李朝寀的制书,又派薛盈珍前去探查军中的情形,薛盈珍于是以德宗的旨意,命高固掌管军中事务。高固,是一员老将,因待人宽厚而得到大家的拥护,前任节度使妒忌他,安排他一个闲散的职务,同事大多轻视侮辱他。等到起用为主帅,他没有实行任何报复,因此军中将士安定下来。

**成德节度使王武俊去世。**

以其子王士真接替他的职务。

**秋九月,韦皋在雅州大破吐蕃。**

起初,吐蕃侵犯盐州,又攻破麟州,德宗敕令韦皋出兵,深入吐蕃境内,以分散吐蕃的兵力。韦皋派将领领兵二万,分别由九条路线出发,在雅州打败吐蕃,转战千里,共攻克城邑七座、军镇五个,焚烧堡垒一百五十个,斩首一万余级,并包围维州和昆明城。

**冬十月,德宗任命韦皋为司徒、中书令,赐爵为南康王。**


**壬午**(802) **唐德宗贞元十八年**

**春正月,吐蕃营救维州,韦皋打败吐蕃,抓获吐蕃将领。**

吐蕃派本国大相论莽热领兵十万人去解除维州的包围,西川军凭借险要设下埋伏,等待论莽热的到来,结果吐蕃大败,论莽热被擒,士兵死去大半。但维州、昆明最终未能攻克,韦皋领兵返回,派使者献上论莽热,德宗予以赦免。

**三月,德宗任命齐总为衢州刺史,未能履行。**

浙东观察使裴肃因进献贡物得到升迁后,齐总掌管留后事务,他通过苛刻盘剥财物来献媚讨好,又超过裴肃,被提拔为衢州刺史。给事中许孟容将诏书封好退还,说:"衢州没有别的忧患,齐总没有特殊的政绩,忽然如此破格提拔齐总,使大家深感惊骇。如果齐总有功可录,希望明确写明他的劳绩和考课,然后越格改任新官,以便消除大家的疑虑。"于是下诏留在宫中,没有批复下达,德宗召见许孟容,予以奖励。

**秋七月,德宗下诏规定百官不得在正殿奏事。**

嘉王谊议高弘本正牙奏事,自理逋债。诏自今毋得正牙奏事,如有陈奏,诣延英门请对。议者以为:"正牙奏事,所以达群情,讲政事。弘本无知,黜之可也,不当因人而废事。"

癸未(803) 十九年

春三月,以杜佑同平章事。 迁献、懿二祖于德明、兴圣庙。

鸿胪卿王权请迁二祖,每禘、祫,正太祖东向之位,从之。

**以李实为京兆尹。**

实为政暴戾,上爱信之。实恃恩骄傲,荐引谮斥,皆如期而效。士大夫畏之侧目。

**夏六月,以孙荣义为右神策中尉。**

荣义与左神策中尉杨志廉皆骄纵,招权,依附者众,宦官之势益盛。

**自正月不雨至于秋七月。 齐抗罢。 冬十月,崔损卒。十二月,以高郢、郑珣瑜同平章事。 杖监察御史崔薳,流崖州。**

建中初,敕京城系囚,季终委御史巡按,有冤滥者以闻。近岁,北军移牒而已。薳遇下严察,下吏欲陷之,引入右神策军,军使奏之。上怒,杖薳四十,流崖州。

**贬韩愈为阳山令。**

京兆尹李实务征求以给进奉,言于上曰:"今岁虽旱,而禾苗甚美。"由是租税皆不免,人穷至坏屋卖瓦木、麦苗以输官。优人成辅端为谣嘲之,实奏辅端诽谤朝政,杖杀之。

嘉王谘议参军高弘本在正殿奏事时,私自处理欠债。德宗下诏规定今后不得在正殿奏事,如果有所奏陈,应到延英门请求召见对答。舆论认为:"正殿奏事,为的是传达群情,讲论政事。高弘本不懂规矩,贬黜他就行了,不应该因人废事。"

### 癸未(803) 唐德宗贞元十九年

春三月,德宗任命杜佑为同平章事。 将献祖、懿祖二人的神主迁至德明皇帝、兴圣皇帝神主所在的祠庙。

鸿胪卿王权请求迁移二祖的神主,每当举行禘祭、祫祭时,将太祖的神主安置在朝正东方向的位子上,德宗依从其议。

**德宗任命李实为京兆尹。**

李实处理政务凶暴残忍,德宗却十分宠爱信任他。李实倚仗恩宠骄横傲慢,无论是推荐延引还是诬陷排挤,都能如期达成目标。士大夫都害怕他,不敢正眼相看。

**夏六月,德宗任命孙荣义为右神策军中尉。**

孙荣义与左神策军中尉杨志廉都骄横放纵,招揽大权,依附他们的人很多,宦官的势力愈加强盛。

从正月至秋七月,一直没有下雨。 齐抗罢相。 冬十月,崔损去世。十二月,德宗任命高郢、郑珣瑜为同平章事。 杖责监察御史崔薳,将他流放到崖州。

建中初年,德宗敕令对于京城在押的囚犯,在每季终结时委派御史巡视按察,如有冤枉失实的案件要上报朝廷。近年来,北军转发一道公文就算了事。监察御史崔薳对待下属严厉而又苛察,下属官吏想陷害他,把他领进右神策军,军使参奏了他。德宗大怒,杖责崔薳四十棍,将他流放到崖州。

**德宗将韩愈贬为阳山县令。**

京兆尹李实专务征收财富以便进献贡物,他对德宗说:"虽然今年发生旱情,但庄稼长得很好。"因此租税一律都不予免除,百姓穷到拆房卖瓦木、卖麦苗以交纳官税的程度。优伶成辅端作歌谣讥嘲李实,李实奏称成辅端诽谤朝政,将他杖打而死。

监察御史韩愈言:"京畿百姓穷困,今年税物征未得者,请俟来年。"遂坐贬。

**甲申**(804)　**二十年**
**春正月**,**以任迪简为天德军防御使。**

初,天德防御使李景略尝宴僚佐,行酒者误以醯进,迪简恐行酒者获罪,强饮之,归而呕血,军士闻之泣下。及景略卒,遂欲奉以为帅,监军以闻,诏从之。

**吐蕃赞普死。**

弟嗣立。

**秋八月**,**以卢从史为昭义节度使。**

昭义节度使李长荣薨,上遣中使以手诏授本军大将,但军士所附者,即授之。时大将来希皓为众所服,中使以手诏付之。希皓曰:"此军取人,合是希皓,但作节度使不得。若朝廷以一束草来,希皓亦必敬事。"中使不可,希皓固辞。兵马使卢从史潜与监军相结,超出伍曰:"从史请且勾当此军。"监军曰:"此固合圣旨。"中使因取诏授之,从史再拜,舞蹈。希皓亟回,挥同列北面称贺。

**九月**,**太子有疾。**

初,翰林待诏王伾善书,王叔文善棋,俱出入东宫,娱侍太子。叔文诡谲多诈,自言读书知治道。太子尝与诸侍读论及宫市事,曰:"寡人方欲极言之。"众皆称赞,独叔文无言。既退,太子自留叔文,谓曰:"向者君独无言,岂有意邪?"叔文曰:"太子职当视膳问安,不宜言外事。陛下在位久,如疑太子收人心,何以自解?"太子泣曰:"非先生,寡人

监察御史韩愈说:"京城周围地区的百姓穷苦困顿,今年没有征收上来的税钱和实物,请等到明年征收。"于是获罪被贬。

### 甲申(804) 唐德宗贞元二十年

**春正月,德宗任命任迪简为天德军防御使。**

当初,天德军防御使李景略曾宴请属吏,巡行劝酒的人错把醋送上来,任迪简怕巡行劝酒的人遭受惩罚,勉强把醋喝下,回去后就吐血,将士听说后都流下眼泪。等到李景略去世,将士打算拥戴任迪简为主帅,监军上报朝廷,有诏依从众议。

**吐蕃赞普死去。**

其弟继位。

**秋八月,德宗任命卢从史为昭义节度使。**

昭义节度使李长荣去世,德宗派中使把手诏授给本军大将,只要为将士拥护,便可授给他。当时,大将来希皓为大家所敬服,中使把手诏交给来希皓。来希皓说:"在这个军队中物色人选,应该是我,但我当节度使还不行。假如朝廷让一把草来当节度使,我也一定恭敬事奉。"中使不答应,来希皓坚决推辞。兵马使卢从史暗中与监军互相结纳,这时从队伍中站出来说:"请让我暂时掌管此军。"监军说:"这当然合乎圣旨的要求。"中使便拿出诏书授给卢从史,卢从史拜了两拜,又行舞蹈之礼。来希皓急忙返回,指挥同事面向北方祝贺。

**九月,太子生病。**

起初,翰林待诏王伾擅长书法,王叔文擅长下棋,都出入东宫,侍奉太子娱乐。王叔文诡计多端,自称读过书懂得治国之道。太子曾与各位侍读谈论到宫市一事,说:"寡人正想极力进言。"大家都表示称赞,只有王叔文不发一言。大家退去后,太子独自留下王叔文,对他说:"刚才只有你一言不发,难道有什么想法吗?"王叔文说:"太子的职分应当是对皇上省视进食、问候平安,不应讲外间的事情。陛下在位日久,如果怀疑太子收揽人心,如何为自己解释?"太子哭着说:"若不是先生这一席话,寡人

无以知此。"遂大爱幸。

与伾相依附,因言:"某可为相,某可为将,幸异日用之。"密结翰林学士韦执谊及朝士有名而求速进者陆淳、吕温、李景俭、韩晔、韩泰、陈谏、柳宗元、刘禹锡等,定为死友。而凌准、程异等又因其党以进,日与游处,踪迹诡秘,莫有知其端者。

乙酉(805) 二十一年顺宗皇帝永贞元年。

**春正月,帝崩,太子即位。**

正月朔,诸王、亲戚入贺,太子独以疾不能来,上涕泣悲叹,由是得疾,凡二十余日,中外不通,莫知两宫安否。

帝崩,仓猝召翰林学士郑絪、卫次公等草遗诏。宦官或曰:"禁中议所立尚未定。"次公遽言曰:"太子虽有疾,地居冢嫡,中外属心。必不得已,犹应立广陵王,不然必大乱。"絪等从而和之,议始定。太子知人心忧疑,力疾出九仙门,召见诸军使,京师粗安,明日即位。

时顺宗以风疾失音,宦官李忠言、昭容牛氏侍左右,百官奏事,自帷中可其奏。王伾召叔文坐翰林中,使决事,伾入言于忠言,称诏行下,外初无知者。

**以韦执谊同平章事。**

王叔文专国政,首引执谊为相,己用事于中,与相唱和。

**李师古发兵屯曹州。**

无从知道这个道理。"于是对王叔文大为宠爱。

王叔文与王伾互相依托,趁机说:"某人可以担任宰相,某人可以担任将领,希望将来任用他们。"王叔文暗中结交翰林学士韦执谊以及既有名望又希图快速晋升的朝廷官员陆淳、吕温、李景俭、韩晔、韩泰、陈谏、柳宗元、刘禹锡等人,约定为生死相托的朋友。同时,凌准、程异等人又靠这伙人得以进用,天天与他们交游,行踪诡秘,没有人了解他们的底细。

# 唐顺宗

乙酉（805）　唐德宗贞元二十一年唐顺宗皇帝永贞元年。

**春正月,德宗去世,太子即位。**

正月初一,诸王、亲戚进宫祝贺,唯独太子因病不能前来,德宗流泪悲叹,因此得了病,共二十多天,内宫和外廷断了消息,都不知道德宗与太子平安与否。

德宗去世,仓促召来翰林学士郑絪、卫次公等人起草遗诏。有个宦官说:"内廷还没有议定册立何人。"卫次公赶忙说:"虽然太子有病,但处于嫡长子的地位,为朝廷内外所归附。如果不得已,也应该册立广陵王,否则一定会大乱。"郑絪等人随声附和,才算议定其事。太子知道人心疑虑,勉强支撑带病的身体走出九仙门,召见各个军使,京城略微安定了一些,第二天太子即位。

当时,顺宗因患风疾而无法讲话,宦官李忠言、昭容牛氏侍奉在顺宗身边,百官奏事时,顺宗在帘幕中认可所奏。王伾叫王叔文坐在翰林院中裁断朝务,由王伾进宫告诉李忠言,声称诏书批示下达,外界最初无人知道内情。

**顺宗任命韦执谊为同平章事。**

王叔文专擅国政,首先引荐韦执谊担任宰相,由自己在内廷当权,与他互相呼应。

**李师古发兵驻扎曹州。**

时告哀使未至诸道，义成节度使李元素密以遗诏示师古，师古欲乘国丧噬邻境，乃集将士谓曰："圣上万福，而元素忽传遗诏，是反也，宜击之。"遂发兵屯曹州，且告假道于汴。韩弘使谓曰："汝能越吾界而为盗邪！"元素告急，弘曰："吾在此，公安无恐。"或告曰："蒭棘夷道，兵且至矣，请备之。"弘曰："兵来，不除道也。"不为之应。师古诈穷，且闻上即位，乃罢兵。

吴少诚以牛皮遗师古，师古以盐资少诚，潜过宣武界，弘皆留之，曰："此于法不得以私相馈。"师古等皆惮之。

**贬李实为通州长史。**

实残暴掊敛，及贬，市里欢呼，皆袖瓦砾，遮道伺之。

**以王伾为左散骑常侍，王叔文为翰林学士。**

伾寝陋，吴语，上所褒狎，而叔文自许微知文义，好言事，上以故稍敬之。以伾为散骑常侍，仍待诏翰林，叔文为学士。每事先下翰林，使叔文可否，然后宣于中书，韦执谊承而行之。韩泰、柳宗元、刘禹锡等采听谋议，汲汲如狂。互相推奖，倜然自得，以为伊、周、管、葛复出也。荣辱进退生于造次，惟其所欲，不拘程式。其门昼夜车马如市。

**大赦，罢进奉、宫市、五坊小儿。**

先是，盐铁月进羡余，经入益少。五坊小儿张捕鸟雀于闾里者，皆为暴横，以取人钱物。至有张罗网于门，或张井上，

当时告哀使还没来到各道，义成节度使李元素暗中把遗诏给李师古看，李师古想趁国丧之际侵吞相邻州道的辖地，便集合将士，告诉他们说："圣上福缘无疆，李元素却忽然传出遗诏，这是造反，应向他出击。"于是发兵驻扎在曹州，并告知汴州需要借道通过。韩弘让人告诉李师古说："你能越过我的辖境去做盗贼吗？"李元素告急，韩弘说："有我在此，你尽管放心，不必恐慌。"有人告诉韩弘说："李师古铲除荆棘，平整道路，他的兵马快到了，请多加防备。"韩弘说："要是军队开过来，就不去清除道路了。"不做任何反应。李师古无计可施，又听说顺宗即位，只好停止用兵。

吴少诚把牛皮送给李师古，李师古用食盐资助吴少诚，偷越宣武辖境时，韩弘统统扣留了这些物品，说："根据法令，这些东西不允许私自互相赠送。"李师古等人对他都心怀忌惮。

**顺宗将李实贬为通州长史。**

李实残暴聚敛民财，到被贬时，街市居民无不欢呼，都在袖中带了瓦砾，拦住道路，等候李实到来。

**顺宗任命王伾为左散骑常侍，王叔文为翰林学士。**

王伾状貌丑陋，口说吴地方言，为顺宗所亲近宠幸，而王叔文自认为稍通文辞大意，喜欢言事，顺宗因此对他稍加敬重。顺宗任命王伾为散骑常侍，仍然担任翰林待诏，任命王叔文为翰林学士。每遇一事，先下达翰林院，让王叔文做出判断，然后在中书省宣布，由韦执谊承命奉行。韩泰、柳宗元、刘禹锡等人打听外事，进行策划，急切如狂。他们又互相推崇，狂妄自得，认为自己是伊尹、周公、管仲、诸葛亮重新出世。他们使荣辱进退发生于仓促之间，只要他们想做什么，便不受规程法式的约束。他们的家门前昼夜车马往来，有如闹市。

**顺宗实行大赦，停止进献贡物，撤销宫市，遣散五坊小儿。**

此前，盐铁使每月进献正税以外的杂税钱，正常的经费收入越来越少。五坊小儿在乡里张网捕雀，都暴虐豪横，以索取百姓的钱财。甚至有人把网张设在人家门口，有的张设在水井上面，

近之辄曰:"汝惊供奉鸟雀。"即痛殴之,出钱物求谢,乃去。或相聚饮食于酒肆,卖者就索其直,多被殴詈。或时留蛇一囊为质,卖者求哀,乃挈而去。上在东宫,知其弊,故即位首禁之。

**以王伾为翰林学士。　追陆贽、阳城赴京师,未至,卒。**

德宗之末,十年无赦,群臣以微过谴逐者不复叙用,至是始得量移。追陆贽、阳城赴京师,二人皆未闻追诏而卒。贽之秉政也,贬李吉甫为明州长史。及贽贬,吉甫徙刺忠州,贽门人以为忧,而吉甫忻然以宰相礼事之,贽遂与深交。吉甫,栖筠之子也。韦皋屡表请以贽自代,不从。

**以杜佑为度支等使,王叔文为副使。**

先是,叔文与其党谋,得国赋在手则可以结诸用事人,取军士心,以固其权。又惧人心不服,藉杜佑雅有会计之名,位重而务自全,易可制,故先令佑主其名,而自除为副使专之。叔文不以簿书为意,日夜与其党屏人,窃语,人莫测其所为。

**以武元衡为左庶子。**

叔文之党多为御史中丞,元衡薄之。刘禹锡求为山陵仪仗使判官,不许,叔文又使其党诱元衡以权利,不从,由是左迁元衡为左庶子。元衡,平一之孙也。

谁一走近,就说:"你惊动了进献朝廷的鸟雀。"当即痛打来人,直到来人出钱财来求情谢罪,才肯离开。有些五坊小儿聚集在酒肆中吃喝,店主向他们要酒饭钱,往往挨一顿打骂。有的还时不时留下一袋子蛇作为抵押品,店主苦苦哀求,那些人才肯带走。顺宗在东宫当太子时,了解这些弊病,所以即位后首先加以禁止。

顺宗任命王伾为翰林学士。  追召陆贽、阳城前往京城,诏书未送到,两人已去世。

德宗在位末期,十年间没有实行大赦,因小过失被谪降斥逐的群臣不再分级进用,到这时才得以酌情升迁。顺宗追召陆贽、阳城前往京城,二人都没听到追召他们的诏书就已去世。陆贽执掌朝政时,李吉甫被贬为明州长史。等到陆贽被贬,李吉甫改任忠州刺史,陆贽的门人都为此担忧,然而李吉甫欣然以对待宰相的礼数事奉陆贽,于是陆贽与李吉甫成了交情深厚的朋友。李吉甫,是李栖筠的儿子。韦皋多次上表请求让陆贽接替自己的职务,朝廷没有同意。

顺宗任命杜佑为度支等使,王叔文为副使。

在此之前,王叔文与他的同党商量,认为将国家赋税抓到手中就能结交各方面的当权人,争取将士的拥护,从而巩固手中的权力。他又害怕人们不心悦诚服,便借助杜佑素有善于管理财务的名声,利用杜佑地位尊显而务求保全自己,这样就比较容易控制,所以先让杜佑在名义上主持财政,而任命自己为副使来专擅其事。王叔文并不把簿籍文书放在心上,日夜与他的同党屏退外人,私下密谈,人们都无从猜测他们的所作所为。

顺宗任命武元衡为左庶子。

王叔文的同党多担任御史中丞,为武元衡所鄙薄。刘禹锡谋求担任山陵仪仗使的判官,武元衡不同意,王叔文又指使其党羽以权利引诱武元衡,武元衡没有听从,因此武元衡降职担任左庶子。武元衡,是武平一的孙子。

侍御史窦群奏禹锡挟邪乱政，不宜在朝，又尝谒叔文曰："事固有不可知者。"叔文曰："何谓也？"群曰："去岁李实怙恩挟贵，气盖一时。公当此时，逡巡路傍，乃江南一吏耳。今公一旦复据其地，安知路傍无如公者乎！"其党欲逐之，韦执谊以群素有强直名，止之。

**立广陵王纯为皇太子。**

初，上疾久不愈，中外危惧，思早立太子，而王叔文之党欲专大权，恶闻之。宦官俱文珍、刘光琦、薛盈珍等疾叔文等，乃启上召学士郑絪等入草制。时牛昭容辈以广陵王淳英睿，恶之。絪不复请，书纸为"立嫡以长"字呈上。上颔之，乃立淳为太子，更名纯。百官睹太子仪表，大喜相贺，有感泣者，而叔文独有忧色。

先是，杜黄裳为裴延龄所恶，留滞台阁，十年不迁，及其婿韦执谊为相，始迁太常卿。黄裳劝执谊帅群臣请太子监国，执谊惊曰："丈人甫得一官，奈何启口议禁中事？"黄裳勃然曰："黄裳受恩三朝，岂得以一官相买乎！"拂衣起出。

至是，执谊恐太子不悦，故以陆质为侍读，使潜伺太子意，且解之。太子怒曰："陛下令先生为寡人讲经义耳，何为预他事？"质惧而出。质即淳也，避太子名，改之。

**贾耽、郑珣瑜病，不视事。**

耽以王叔文党用事，恶之，称疾不出，屡乞骸骨。故事，丞相方食，百僚无敢谒见者。叔文至中书，欲见执谊，直省以旧事告，叔文怒叱之。直省惧，入白，执谊惭赧

侍御史窦群上奏说刘禹锡居心邪恶,扰乱朝政,不应在朝中任职,又曾拜见王叔文说:"事情本来就有不可知的一面。"王叔文说:"指什么事?"窦群说:"去年李实倚仗恩宠和尊贵的地位,一时气焰甚高。你在那时,还在路旁徘徊退让,是江南的一个小吏。现在你一时也占据了李实那样的地位,怎知路旁没有像你一样的人!"其同党想把窦群逐出朝廷,韦执谊因窦群素有倔强耿直的名声,制止了他们的做法。

**顺宗立广陵王李纯为皇太子。**

起初,顺宗久病不愈,内外忧惧不安,希望早立太子,但王叔文一党想独揽大权,不愿听这种议论。宦官俱文珍、刘光琦、薛盈珍等忌恨王叔文等,便启奏顺宗召学士郑绚等进宫草拟制书。当时牛昭容辈认为广陵王李淳英俊明达,憎恶他。郑绚不再请示,写了"册立嫡长子"几字进呈顺宗。顺宗点头答应,就立李淳为太子,改名李纯。百官目睹太子仪表堂堂,都很高兴地互相庆贺,有人感动得哭了,唯独王叔文面有忧色。

在此之前,杜黄裳受裴延龄的嫌恶,滞留在侍御史的职位上,十年不得升迁,等到其女婿韦执谊担任宰相,才被提升为太常卿。杜黄裳劝韦执谊带领群臣请求太子代理国政,韦执谊吃惊地说:"丈人刚得到一个官职,怎能开口就议论宫廷中的事情!"杜黄裳勃然变色说:"我受肃宗、代宗、德宗三朝恩典,难道升迁一个官职就能收买我吗!"便撩起衣裳起身离去。

至此,韦执谊唯恐太子心中不快,所以任用陆质为侍读,让他暗中察看太子的意向,并且顺便解释。太子生气地说:"陛下让先生为寡人讲解经书的义理,为什么把别的事扯进来?"陆质恐惧地走出来。陆质即陆淳,为避讳太子的名字,才改了名。

**贾耽、郑珣瑜称病,不再到职办公。**

贾耽因王叔文一党当权,心怀憎恶,称病不出,屡次请求退职。根据惯例,当宰相进餐时,百官没有敢谒见的。王叔文来到中书省,想见韦执谊,中书省官吏以旧规相告,王叔文愤怒呵斥他。中书省官吏很害怕,入内禀报,韦执谊面色羞惭地

起迎,叔文就其阁语良久。叔文索饭,执谊遂与同食阁中。杜佑、高郢心知不可而莫敢言,珣瑜独叹曰:"吾岂可复居此位!"顾左右,取马径归,遂不起。二相皆天下重望,相次归卧,叔文等益无所忌,远近大惧。

**夏五月,以范希朝为神策京西行营节度使,韩泰为行军司马。**

王叔文自知为内外所疾,欲夺取宦官兵权以自固,藉希朝老将,使主其名,而实以泰专其事,人益疑惧。

**以王叔文为户部侍郎。**

叔文为户部侍郎,俱文珍等恶其专权,削去翰林之职。叔文惊曰:"叔文日至此商量公事,若不得此院职事,则无因而至矣。"王伾即为疏请,乃许三五日一入翰林,叔文始惧。

**六月,贬羊士谔为宁化尉。**

宣歙巡官羊士谔以事至长安,遇叔文用事,公言其非。叔文怒,欲斩之,执谊不可,遂贬焉。执谊初为叔文所引用,深附之。既得位,欲掩其迹,且迫于公议,故时时为异同,辄使人谢叔文曰:"非敢负约,乃欲曲成兄事耳。"叔文诟怒,不之信,遂成仇怨。

**韦皋表请太子监国。**

韦皋上表曰:"陛下哀毁成疾,请权令太子亲监庶政,俟皇躬痊愈,复归春宫。"又上太子笺曰:"圣上亮阴不言,委政臣下,而所付非人。王叔文、王伾、李忠言之徒辄当重

起身迎接王叔文，王叔文到他的官署中交谈了许久。王叔文索要饭食，韦执谊便与他在官署中共同进餐。杜佑、高郢心知不妥不敢发言，只有郑珣瑜叹息道："我岂能再居这个职位！"看了看身边的人，牵出马来径直回家，于是不来办事。贾耽、郑珣瑜两位宰相都是在全国有崇高声望的人物，他们相继归隐不出，王叔文、韦执谊等人更加无所顾忌，远近各地大为惊惧。

**夏五月，顺宗任命范希朝为神策京西行营节度使，韩泰为行军司马。**

王叔文知道自己被朝廷内外所忌恨，想夺取宦官手中的兵权来巩固自己的地位，借助范希朝身为老将的声望，让他名义上主持军事，但实际让韩泰把持兵权，人们更加疑惑恐惧。

**顺宗任命王叔文为户部侍郎。**

王叔文为户部侍郎，俱文珍等人憎恶他独揽大权，削去他翰林学士的职务。王叔文惊讶地说："我每天到这里来商量公事，如果不能在翰林院任职，就没理由到这里来了。"王伾就替王叔文上疏请求，才允许隔三五天到翰林院来一次，王叔文开始恐惧了。

**六月，顺宗将羊士谔贬为宁化县尉。**

宣歙巡官羊士谔因事来到长安，适逢王叔文当权，便公开谈论王叔文的错误。王叔文很生气，想杀羊士谔，韦执谊不同意，于是羊士谔以贬官论处。韦执谊当初由王叔文引荐起用，深深依附王叔文。取得相位后，韦执谊想遮掩以往的行迹，加之迫于公论，所以时常做一些与王叔文意见相左的事，事后总是让人向王叔文道歉说："我不敢违背约定，只是想多方设法成就老兄的事情罢了。"王叔文怒骂起来，不相信他，于是两人结下怨仇。

**韦皋上表请求太子代理国政。**

韦皋上表说："陛下因哀痛亲人谢世而身染疾病，请暂时让太子亲自监理各项政务，等陛下身体痊愈后，再让太子返回东宫。"韦皋又向太子上笺表说："圣上居丧不言，把朝政交给臣下，所交托的人选却并不适当。王叔文、王伾、李忠言之党徒担当重

任,堕紊纪纲,树置心腹,恐危家邦。愿殿下即日奏闻,斥逐群小,使政出人主,则四方获安。"俄而荆南裴均、河东严绶笺表继至,意与皋同,中外皆倚以为援,而邪党震惧。

**王叔文以母丧去位。**

叔文既以范希朝、韩泰主神策行营,边将各以状辞中尉,宦者始悟兵柄为叔文等所夺,乃大怒,密令其使归告诸将曰:"无以兵属人。"希朝至奉天,诸将无至者。泰驰归白之,叔文计无所出。无几,以母丧去位,韦执谊益不用其语。叔文怒,与其党谋起复,斩执谊而尽诛不附己者。王伾日诣宦官及杜佑,请起叔文为相,总北军。坐翰林中,疏三上不报,知事不济,忽叫曰:"伾中风矣!"遂舆归不出。

**横海军节度使程怀信卒。**

以其子执恭为留后,后赐名权。

**秋七月,太子监国。**

中外共疾叔文党与,上亦恶之。俱文珍等屡请以太子监国,上许之。

**以杜黄裳、袁滋同平章事,郑珣瑜、高郢罢。　八月,帝传位于太子,自号太上皇,贬王伾为开州司马,叔文为渝州司户。**

伾寻病死。明年,赐叔文死。

**太子即位。**

宪宗初即位,昇平公主献女口,上曰:"上皇不受献,朕何敢违?"遂却之。荆南献毛龟,上曰:"朕所宝惟贤,嘉禾、神芝皆虚美耳,所以《春秋》不书祥瑞。自今勿复以闻,珍禽奇兽亦毋得献。"

任,败坏法度,扶植安插亲信,恐怕会危害皇室与国家。希望殿下即日奏报圣上,驱逐这群小人,使朝政掌握在人主手中,那么各地就获得安宁了。"不久荆南裴均、河东严绶的笺表相继送到,讲的意思与韦皋相同,朝廷内外都倚靠他们作为外援,而邪党为之震惊恐惧。

**王叔文因母亲去世而离位。**

王叔文让范希朝、韩泰主持神策京西行营后,边疆将领分别呈送书状向中尉告辞,宦官开始明白兵权被王叔文等人夺走,于是大怒,秘密命令各边疆来使回去禀报诸将说:"不要把军队交给别人。"范希朝来到奉天,诸将没有前来的。韩泰火速回去禀报,王叔文无计可施。没过多久,王叔文因母亲去世而离位,韦执谊愈发不肯采用他的意见。王叔文非常恼怒,与其同党商量在居丧期间起用自己,杀韦执谊,并诛灭所有不依附自己的人。王伾天天到宦官和杜佑那里,请求起用居丧期间的王叔文为宰相,统领北军。王伾坐在翰林院中,接连三次上疏都不见回复,知道事情难以办成,忽然叫道:"我中风啦!"于是被抬回家,不再出门。

**横海军节度使程怀信去世。**

顺宗任命其子程执恭为留后,后来赐名叫程权。

**秋七月,太子监理国政。**

朝廷内外都痛恨王叔文的党羽,顺宗也憎恶他们。俱文珍等人屡次请求让太子监理国政,顺宗答应了他。

**顺宗任命杜黄裳、袁滋为同平章事,郑珣瑜、高郢罢相。**
八月,顺宗将帝位传给太子,自号太上皇,将王伾贬为开州司马,王叔文贬为渝州司户。

不久,王伾病死。第二年,宪宗赐王叔文自杀。

**太子即位。**

宪宗刚刚即位,昇平公主进献女子,宪宗说:"太上皇不接受进献,朕怎么敢违背?"便推却不受。荆南进献毛龟,宪宗说:"朕只把贤人当作宝物,嘉禾、神芝都徒有美名,所以《春秋》不记载祥瑞。今后不要再向朕奏报,珍禽奇兽也不得进献。"

**南康忠武王韦皋卒。**

皋在蜀二十一年，重加赋敛，丰贡献以结主恩，厚给赐以抚士卒，士卒婚嫁死丧皆供其费，以是得久安其位，士卒乐为之用，服南诏，摧吐蕃。府库既实，时宽其民，三年一复租赋，蜀人服其智谋而畏其威。及薨，画像以为土神，祀之至今。

**以袁滋为西川节度使。**

西川支度副使刘辟自为留后，表求节钺，朝廷不许，以滋为节度使，征辟为给事中。

**朗州江涨。**

流万余家。

**夏绥节度使韩全义致仕。**

全义败于溦水还，不朝觐而去。上在藩邸，闻而恶之。全义惧，乃请入朝，杜黄裳直令致仕。

**罢裴延龄所置别库。　遣使宣慰江淮。　以郑馀庆同平章事。　始令史官撰《日历》。**

从监修国史韦执谊之请也。

**贬韩泰、韩晔、柳宗元、刘禹锡为诸州刺史。　冬十月，贾耽卒。　葬崇陵。**

礼仪使奏："曾太皇太后沈氏岁月滋深，迎访理绝。按晋庾蔚之议，寻求三年之外，俟中寿而服之。请以大行皇帝启攒宫日，皇帝帅百官举哀，即以其日为忌。"从之。

**十一月，祔于太庙。**

礼仪使杜黄裳等议以为："国家法周制，太祖犹后稷，

**南康忠武王韦皋去世。**

韦皋在蜀中二十一年，征收繁重的赋税，通过进献丰厚的贡物来邀结人主的恩典，依靠发放优厚的军饷来安抚士兵，士兵婚配丧葬都供给相应的费用，因此能长期任职，安然无恙，士兵愿意为他效力，终于得以慑服南诏，挫败吐蕃。府库充实后，韦皋时常缓解治下百姓的负担，每隔三年即实行一次赋税豁免，蜀人佩服他的智谋，同时又畏惧他的威严。等韦皋去世，人们为他画像供奉，尊为土神，对他的祭祀相沿至今。

**宪宗任命袁滋为西川节度使。**

西川支度副使刘辟自任留后，上表请求节度使的节钺，朝廷不同意，任命袁滋为节度使，征召刘辟为给事中。

**朗州境江水暴涨。**

淹没一万多家。

**夏绥节度使韩全义辞官归居。**

韩全义在溵水战败回京，没有朝见就离开了。宪宗在王府时，听说后就憎恶韩全义。韩全义感到恐惧，于是请求进京朝见，杜黄裳让他辞官归居。

**宪宗撤销裴延龄设置的别库。　派使者安抚江淮地区。任命郑馀庆为同平章事。　开始让史官修撰《日历》。**

是按照监修国史韦执谊的请求决定的。

**宪宗将韩泰、韩晔、柳宗元、刘禹锡贬为各州刺史。　冬十月，贾耽去世。　将德宗安葬在崇陵。**

礼仪使奏称："曾太皇太后沈氏失踪已经年深月久，按情理说已经没有访求迎接的必要。根据晋朝庾蔚之的说法，寻找亲人三年以上仍未找到，可等到被寻找者八十岁诞辰时服丧。请在大行皇帝开启攒宫下葬的日子，由皇上率领百官致哀悼念，就以这一天作为曾太皇太后沈氏的忌日。"宪宗听从了这一建议。

**十一月，宪宗将德宗的神主奉入太庙，举行祔祭。**

礼仪使杜黄裳等计议认为："国家效法周制，太祖犹如后稷，

高祖犹文王,太宗犹武王,皆不迁。高宗在三昭三穆之外,请迁主于西夹室。"从之。

**贬韦执谊为崖州司户。**

叔文败,执谊亦自失形势,奄奄无气,闻人行声,辄惶悸失色,以至于贬。

**贬袁滋为吉州刺史。**

刘辟不受征,阻兵自守。滋畏其强,不敢进,上怒,贬之。

**以武元衡为御史中丞。　再贬韩泰等及陈谏、凌准、程异为诸州司马。　回鹘怀信可汗卒,遣使立其子为腾里可汗。　十二月,以刘辟为西川节度副使,韦丹为东川节度使。**

上以初嗣位,力未能讨刘辟,故因而授之。谏议大夫韦丹上疏曰:"今释辟不诛,则朝廷可以指臂而使者惟两京耳,此外谁不为叛?"上善其言,以丹镇东川。

**以郑细同平章事。**


丙戌(806)　宪宗皇帝元和元年

**春正月,太上皇崩。　刘辟反,命神策行营节度使高崇文将兵讨之。**

辟既得旌节,志益骄,求兼领三川。上不许。辟遂发兵围梓州,推官林蕴力谏辟,辟怒。将斩之,阴戒行刑者,使不杀,但数砺刃于其颈,欲使屈服而赦之。蕴叱之曰:"竖子!当斩即斩,我颈岂汝砥石邪!"辟曰:"忠烈士也。"乃黜之。上欲讨辟,而重于用兵,公卿议者亦以为蜀险固难取。

高祖犹如周文王,太宗犹如周武王,他们的神主都不做迁移。高宗在三昭三穆以外,请迁神主到西夹室。"宪宗依言而行。

宪宗将韦执谊贬为崖州司户。

王叔文垮台后,韦执谊也失去原来的权力与地位,变得气息奄奄,听到行人的脚步声,就惊惶失色,直到被贬都是这个样子。

宪宗将袁滋贬为吉州刺史。

刘辟不接受征召,拥兵自守。袁滋畏惧刘辟强悍难制,不敢前去,宪宗发怒,将他贬官。

宪宗任命武元衡为御史中丞。 将韩泰等人以及陈谏、凌准、程异再贬为各州司马。 回鹘怀信可汗去世,唐朝派使者册立怀信可汗的儿子为腾里可汗。 十二月,宪宗任命刘辟为西川节度副使,韦丹为东川节度使。

宪宗因为刚继位,没有力量能讨伐刘辟,所以据其请求授给此职。谏议大夫韦丹上疏说:"如今开释刘辟的死罪,朝廷可以挥臂指使的地区就只有东西两京了。两京以外,谁不想背叛朝廷?"宪宗认为韦丹的意见很好,便让韦丹镇守东川。

宪宗任命郑絪为同平章事。


# 唐宪宗

丙戌(806) 唐宪宗元和元年

春正月,太上皇去世。 刘辟反叛,宪宗命神策行营节度使高崇文领兵讨伐他。

刘辟得到旌节后,愈发心骄志傲,又要求兼辖三川。宪宗没有答应。刘辟于是发兵围梓州,推官林蕴极力规劝刘辟,刘辟大怒。将要杀林蕴时,刘辟暗中告诫执行刑罚的人,让他不杀林蕴,只需在脖子上用刀刃蹭几下,想使林蕴屈服,然后加以赦免。林蕴呵斥他道:"小子!要杀就杀,我的脖子难道是你的磨刀石!"刘辟说:"真是一位忠烈士!"于是将林蕴贬官。宪宗打算讨伐刘辟,但不愿轻启战端,计议此事的公卿也认为蜀地险要坚固,难以攻取。

杜黄裳独曰："辟狂戆书生,取之如拾芥耳。臣知神策军使高崇文勇略可用,愿陛下专以军事委之,勿置监军,辟必可擒。"上从之。翰林学士李吉甫亦劝上讨蜀,上由是器之。乃削辟官爵,诏崇文与兵马使李元奕、山南西道严砺讨之。

时宿将甚众,皆自谓当征蜀之选,及诏用崇文,皆大惊。崇文时屯长武城,练卒五千,常如寇至。受诏即行,器械、糇粮一无所阙。军士有食于逆旅,折人匕箸者,崇文斩以徇。刘辟陷梓州,执东川节度使李康。崇文引兵趣梓州,辟归康以求自雪。崇文以康败军失守,斩之。

初,上与杜黄裳论及藩镇,黄裳曰："德宗自经忧患,务为姑息,不生除节帅,有物故者,遣中使察军情所与则授之,未尝出朝廷之意。陛下必欲振举纲纪,宜稍以法度裁制藩镇,然后天下可得而理也。"上深以为然,于是始用兵讨蜀,以至威行两河,皆黄裳启之也。

上尝与宰相论:"自古帝王或勤劳庶政,或垂拱无为,何为而可?"黄裳对曰:"王者上承天地宗庙,下抚百姓四夷,夙夜忧勤,固不可自暇逸。然上下有分,纪纲有叙,苟慎选贤才而委任之,有功则赏,有罪则刑,则谁不尽力?明主劳于求人,而逸于任人,此虞舜所以无为而治者也。至于簿书狱市烦细之事,各有司存,非人主所宜亲也。昔秦

只有杜黄裳说:"刘辟是个心气狂傲而又戆直无谋的书生,战胜他就像拾取芥子一样容易。臣了解到神策军使高崇文有勇有谋,堪当此任,希望陛下把军中事务专门交给他,别安插监军,刘辟准能就擒。"宪宗依言而行。翰林学士李吉甫也劝宪宗讨伐刘辟,宪宗因此器重李吉甫。于是削去刘辟的官职爵位,下诏命高崇文与兵马使李元奕、山南西道节度使严砺讨伐刘辟。

当时宿将很多,都认为自己是征讨蜀中的人选,及至宪宗下诏起用高崇文,都感到非常惊讶。高崇文当时驻扎在长武城,训练五千士兵,经常保持战备状态。接受诏命后,高崇文立即起程,器械装备与制成的干粮一样不缺。有个士兵在途中进餐时,折断百姓的筷子,高崇文将此人斩首示众。刘辟攻陷梓州,捉住东川节度使李康。高崇文带兵奔赴梓州,刘辟送回李康,以谋求洗刷罪名。高崇文因李康打了败仗,失去梓州,将他杀死。

起初,宪宗与杜黄裳谈论藩镇问题,杜黄裳说:"德宗自从经过忧患后,专门姑息藩镇,不在节度使生前另任节帅,赶上节度使去世,就派中使查找军中人心归向的将领,将节度使的职务授给他,从来没有按朝廷的意图任命的。如果陛下想振兴法纪,应该逐步按法令制度削弱和约束藩镇,这样天下便能得到治理了。"宪宗认为很对,于是开始调兵遣将,讨伐蜀中,终于使朝廷的威严遍及河南河北,这都是以杜黄裳的建议为开端。

宪宗曾与宰相谈话说:"自古有些帝王为各项政务勤勉地操劳,有些帝王端身拱手,清静无为,怎样做才适当?"杜黄裳回答说:"帝王对上承受天地与国家赋予的使命,对下负有安抚百姓与周边民族或邦国的重任,朝夕忧心劳苦,当然不能自图闲逸。然而君臣上下各有职分,国家法度都有一定的程序,如能慎重选拔贤才加以信任,有功就奖赏,有罪就刑罚,那么谁还会不尽力?明主寻求人才时是辛劳的,而任用人才后是安逸的,这便是虞舜无为而治的原因。至于文书簿册、诉讼、交易等烦琐细小的事情,各有有关部门去管,人主不应躬亲过问。过去秦

始皇以衡石程书，魏明帝自按行尚书事，隋文帝卫士传餐，皆无补当时，取讥后世，所务非其道也。夫人主患不推诚，人臣患不竭忠。苟上疑其下，下欺其上，将以求理，不亦难乎！"上深然之。

**三月，夏绥留后杨惠琳拒命，诏河东、天德军讨斩之。**

韩全义之入朝也，以其甥杨惠琳知留后。朝廷以将军李演为夏绥节度使，惠琳勒兵拒之。河东严绶表请讨之，遣牙将阿跌光进及弟光颜将兵赴之。夏州兵马使张承金斩惠琳，传首京师。光进本出河曲步落稽，后赐姓李氏。

**夏四月，以高崇文为东川节度副使。**

韦丹至汉中，表言："高崇文客军远斗，无所资，若与梓州，缀其士心，必能有功。"故有是命。

**策试制举之士。**

于是元稹、独孤郁、白居易、萧俛、沈传师出焉。

**李巽为度支、盐铁转运使。**

杜佑请解盐铁，举巽自代。自刘晏之后，居职者莫能继之。巽掌使一年，征课所入，类晏之多，明年过之，又一年，加一百八十万缗。

**以元稹、独孤郁、萧俛为拾遗。**

稹上疏曰："昔太宗以王珪、魏徵为谏官，宴游寝食，未尝不在左右，三品以上入议大政，必遣谏官一人随之，以参得失，故天下大理。今谏官就列朝谒而已。近年以来，

始皇用衡器去称看过的文件,魏明帝亲自到尚书省按验发行文书,隋文帝议事时侍卫人员只好互相传送食物充饥,对当世都全无补益,反被后世人讥笑,因为他们做得不合乎治道。君主最忌不推心置腹,臣下最忌不竭尽忠心。如果君主怀疑臣下,臣下欺骗君主,由此寻求政治清明的局面,不也是很困难吗!"宪宗深以为然。

三月,夏绥留后杨惠琳抗拒朝廷的命令,有诏命河东、天德军军讨伐杨惠琳。

韩全义进京朝见时,德宗任命韩全义的外甥杨惠琳掌管留后事务。现在朝廷任命将军李演为夏绥节度使,杨惠琳就统率军队阻止李演上任。河东严绥上表请求讨伐杨惠琳,派牙将阿跌光进和他的弟弟阿跌光颜领兵前去。夏州兵马使张承金杀了杨惠琳,将头颅传送京城。阿跌光进本来是河曲步落稽人,后来赐姓李氏。

夏四月,宪宗任命高崇文为东川节度副使。

韦丹来到汉中,上表说:"高崇文率领外地军队长途征战,没有任何凭依,如果将梓州划归他管辖,借以维系军心,他一定能获得成功。"所以有这一任命。

**宪宗亲自对应诏士子举行制举考试。**

于是元稹、独孤郁、白居易、萧俛、沈传师崭露头角。

**李巽担任度支、盐铁转运使。**

杜佑请求解除盐铁使的职务,推举李巽接替自己。自刘晏以后,任职者都赶不上李巽。李巽执掌使职一年,征收赋税的收入,就像刘晏时那样多,第二年就超过刘晏,再过一年,较刘晏时增加一百八十万缗。

**宪宗任命元稹、独孤郁、萧俛为拾遗。**

元稹上疏说:"过去太宗任王珪、魏徵为谏官,无论宴饮游观,还是寝息就餐,无时不在身边,还规定三品以上官员入朝计议大政时,一定要派一名谏官跟随,以评论得失,所以天下政治修明。现在的谏官仅仅跻身朝班,上朝拜见圣上而已。近些年以来,

正牙不奏事，庶官罢巡对，谏官能举职者，独诰命有不便则上封事耳。君臣之际，讽谕于未形，筹画于至密，尚不能回至尊之盛意，况已行之诰令而欲以咫尺之书收之，诚亦难矣。愿陛下时于延英召对，使尽所怀。”

顷之，复上疏曰：“开直言，广视听，理之萌也。甘谄谀，蔽近习，乱之象也。自古人主即位之初，必有敢言之士。苟受而赏之，则君子乐行其道，竞为忠谠，小人亦贪得其利，不为回邪。如是，则上下之志通，幽远之情达，欲无理得乎？苟拒而罪之，则君子括囊以保身，小人迎合以窃位。十步之事，皆可欺也，欲无乱得乎？昔太宗初即位，孙伏伽以小事谏，太宗厚赏之。故当时言事者惟患不深切，未尝以触忌讳为忧也。太宗岂好逆意而恶从欲哉？诚以顺适之快小而危亡之祸大故也。陛下践祚，今已周岁，未闻有受伏伽之赏者。臣等备位谏列，犹且弥年不得召见，而况疏远之臣乎！”因条奏，请次对百官，复正牙奏事，禁非时贡献等十事。

又劝上以佋、文为戒，早择修正之士辅导诸子，曰：“太子、诸王，师傅之官，率皆眊聩废疾，休戎罢帅，其他僚属尤为冗散，搢绅皆耻为之。就使得人，亦越月逾时仅得一见，又何暇传之德义，而纳之法度哉！夫以匹士爱其

又免去正殿奏事，停止百官轮流奏对，能奉行职责的谏官，只有在诏诰命令不尽合宜时献上一本封缄的奏章。君臣之间，即使在事情发生以前就委婉规劝，进行极为周密的谋划，尚且不能回转圣上的盛意，何况诏诰命令已经颁行，却想用一纸上书使成命收回，也实在太难。希望陛下经常在延英殿召见谏官奏对，让他们把意见都讲出来。”

　　不久，元稹又上疏说：“开通直言切谏的道路，拓广接受意见的范围，这是政治修明的先声。喜欢阿谀逢迎，受亲幸者蒙蔽，这是祸乱产生的迹象。自古以来，在君主初即位时，一定有敢于直言切谏的人。如果君主接受意见并加以奖赏，君子就愿意奉行自己的理想，争着去做忠诚正直的事情，小人也贪图其中的利益，不做奸邪的勾当。这样，上下意愿相通，幽隐之情畅达，即使不想政治修明，可能吗？如果君主抵制并加罪于直言切谏的人，君子就谨言慎行明哲保身，小人就曲意迎合窃居高位。这样，即使近在十步之内，也都可以做出欺上周下的事来，想不发生祸乱，办得到吗？过去，太宗刚即位，孙伏伽就一件小事进谏，太宗予以重赏。所以当时言事者唯恐讲得不够深刻切实，从不担心触犯忌讳。难道太宗喜欢别人违背自己的意志，厌恶别人顺从自己的愿望吗？这诚然因为使人顺心适意的快乐太渺小，关乎国家兴亡的祸殃太重大了。陛下登基，至今已满一年，没听说有人受到孙伏伽那样的奖赏。臣等在谏官行列中充数，尚且整年不能得到召见，何况职位疏远的臣下呢！”于是逐条上奏，请求实行依次召对百官，恢复正殿奏事，禁止临时进献贡物等十件事情。

　　元稹又劝宪宗以王伾、王叔文为戒，及早选拔持身端正的人去辅佐教导诸位皇子，说：“太子、诸王的属官，太师、少师、太傅、少傅一类官员，大都眼昏耳聋、身体残废，是一些结束兵事、免去节帅职务的人，其他属官更是闲散之职，士大夫都耻于担当这类官员。即使用人得当，也历时数月才能见一次太子、诸王，又怎顾得上以仁德辅导他们，以法令制度约束他们！一般人爱自己的

子,犹知求明哲之师而教之,况万乘之嗣,系四海之命乎!"
上颇嘉纳其言,时召见之。

郑馀庆罢。 尊太上皇后为皇太后。 六月,高崇文
破鹿头关,连战皆捷。 秋七月,诏征蜀诸军悉取崇文处
分。 葬丰陵。 八月,平卢节度使李师古卒。

初,师古有异母弟曰师道,常疏斥在外,不免贫窭。师
古私谓所亲曰:"吾非不友也,吾年十五拥节旄,自恨不知
稼穑之艰难,况师道复减吾数岁!吾欲使之知衣食之所自
来,且以州县之务付之,计诸公必不察也。"及疾笃,师道时
知密州,好画及蓍龟。师古谓判官高沐、李公度曰:"我死,
子必奉师道为帅。人情谁肯薄骨肉而厚它人?顾置帅不
善,则非徒败军政也,且覆吾族。师道不务训兵理人,专习
贱事,果堪为帅乎?幸审图之。"师古薨,二人逆师道,奉以
为帅。久之,朝命未下,或请出兵掠四境,高沐固止之,请
输两税,申官吏,行盐法,奉表京师。杜黄裳请乘其未定而
分之,上以刘辟未平,以师道为留后。

**九月,堂后主书滑涣伏诛。**

涣久在中书,与知枢密刘光琦相结,杜佑、郑絪等皆善
视之。郑馀庆与诸相议事,涣从旁指陈是非,馀庆怒叱之,
未几罢相。四方赂遗无虚日,中书舍人李吉甫言其专恣,
请去之。上命宰相阅中书四门搜掩,尽得奸状,赐死,籍没
家财凡数千万。

孩子，还懂得寻找明达事理的老师来教诲，何况帝王的后嗣，关系到国家的命运！"宪宗赞许并接纳了他的话，时常召见他。

郑馀庆罢相。　尊奉太上皇的皇后为皇太后。　六月，高崇文攻破鹿头关，连战连捷。　秋七月，宪宗下诏出征蜀中各军一律听从高崇文的指挥。　将顺宗安葬在丰陵。　八月，平卢节度使李师古去世。

起初，李师古有个异母兄弟叫李师道，经常遭受冷落，被排斥在外，不免贫困。李师古私下对亲近的人说："不是我没有兄弟友爱之情，我十五岁担任节度使，恨自己不懂务农的艰难，何况师道又比我小了几岁！我想让他知道衣食的来源，暂且把治理州县的事务交给他，想来诸位一定没看出来吧。"到李师古病危时，李师道当时正掌管密州，喜欢绘画，爱好吹奏觱篥。李师古对判官高沐、李公度说："我死后，你们必然拥戴师道为主帅。由人之常情说来，谁愿薄待骨肉，反而厚待别人？考虑到主帅安排不当，不仅败坏军政，而且将会倾覆我的家族。师道不致力训练军队治理百姓，专门学习下贱的行当，果真胜任担当主帅吗？希望二位审慎地考虑一下。"李师古去世，高沐、李公度二人迎接李师道，拥戴他为主帅。但过了许久，朝廷的任命还没下达，有人请求出兵掳掠四周各道，高沐坚决加以制止，请李师道向朝廷缴纳两税，申报所任用的官吏，实行食盐法，前往京城上表。杜黄裳请求趁李师道尚未服众之机分割平卢，宪宗因刘辟还没平定，任命李师道为留后。

九月，堂后主书滑涣被处死。

滑涣长期在中书省任职，与知枢密刘光琦互相交结，杜佑、郑絪等人待他都很友好。郑馀庆与各位宰相议事，滑涣从旁边评论是非，郑馀庆怒加呵斥，不久即免去宰相的职务。四面八方没有一天不向滑涣贿赂财物，中书舍人李吉甫进言说滑涣肆意专权，请求除去他。宪宗命宰相把中书省四面的大门关起来突然进行搜查，得到滑涣的所有罪状，于是命令他自杀，没收的家财共有数千万之多。

**高崇文克成都，擒刘辟，送京师斩之。**

高崇文又败刘辟之众于鹿头关，河东将阿跌光颜将兵会崇文于行营，愆期一日，惧诛，欲深入自赎。军于鹿头之西，断其粮道，于是绵江、鹿头诸将皆以城降。崇文遂长驱直指成都，克之。辟奔吐蕃，崇文使高霞寓追擒之。遂入成都，屯于通衢，市肆不惊，秋毫无犯。槛辟送京师，斩其大将邢泚，余无所问。命军府事一遵韦南康故事，从容指挥，一境皆平。

初，知邛州崔从以书谏辟，辟发兵攻之，从固守得免。韦皋参佐皆素服请罪，崇文皆礼而荐之，独谓段文昌曰："君必为将相，未敢奉荐。"辟有二妾，皆殊色，监军请献之。崇文曰："天子命我讨平凶竖，当以抚百姓为先，遽献妇人以求媚，岂天子之意邪！崇文义不为此。"乃以配将吏之无妻者。杜黄裳建议征蜀，指授方略，皆悬合事宜。崇文素惮刘滩，黄裳使谓之曰："若无功，当以滩相代。"故能得其死力。及蜀平，宰相入贺，上目黄裳曰："卿之功也。"辟至长安，并族党悉诛之。

**征少室山人李渤为左拾遗。**

渤辞疾不至，然朝政有得失，辄附奏陈论。

**冬十月，以高崇文为西川节度使，柳晟为山南西道节度使。**

晟至汉中，府兵讨刘辟还，未至城，诏复遣戍梓州，军士怨怒，谋作乱。晟闻之，疾驱入城，慰劳之，曰："汝曹何以得成功？"对曰："诛反者刘辟耳。"晟曰："辟以不受诏命，

**高崇文攻克成都，捉住刘辟，将他送往京城处斩。**

高崇文又在鹿头关打败刘辟的部众，河东将领阿跌光颜领兵与高崇文在行营会合，迟到一天，害怕被杀，想深入前敌为自己赎罪。阿跌光颜在鹿头关西驻扎，切断敌军的粮道，于是绵江栅、鹿头关诸将都献城投降。高崇文于是长途驱驰，直逼成都，攻克其城。刘辟逃往吐蕃，高崇文让高霞寓将他追擒到手。于是高崇文进入成都，在大道上驻兵，街市店铺不受惊扰，没有遭到丝毫侵犯。高崇文把刘辟装进囚车送往京城，斩杀刘辟的大将邢泚，对其余的人不予追究。高崇文令军府的事务一律遵守南康郡王韦皋的旧例，从容不迫地指挥，西川全境都平定下来。

起初，执掌邛州事务的崔从写信规劝刘辟，刘辟发兵攻打邛州，崔从据城坚守，得以不死。韦皋的参佐都身穿素服请罪，高崇文一律以礼相待，推荐他们做官，唯独对段文昌说："你一定会成为将相，我不敢推荐。"刘辟有两个偏房，都特别漂亮，监军请求将她们献给朝廷。高崇文说："皇上令我讨伐贼寇，应当以安抚百姓为先，突然献上女子以求媚，难道是皇上的意愿吗？我奉行道义，不干这种事。"便许配给没有妻室的将吏。杜黄裳建议征讨蜀中，授意高崇文应采取的谋略，都与后来事情的机宜相符。高崇文一向忌惮刘澭，杜黄裳让人告诉高崇文说："如果不能取得成功，就让刘澭接替你的职务。"所以能使高崇文尽到最大限度的努力。等到蜀中平定，宰相入朝祝贺，宪宗望着杜黄裳说："这都是你的功劳！"刘辟抵达长安，连同宗族亲属一并被杀。

**宪宗征召少室山隐士李渤担任左拾遗。**

李渤称病不来，但朝政有得失时，总是献上奏章陈述见解。

**冬十月，宪宗任命高崇文为西川节度使，柳晟为山南西道节度使。**

柳晟抵达汉中，适值汉中府兵讨伐刘辟回来，还没进城，有诏派他们再去戍守梓州，将士怨恨恼怒，打算作乱。柳晟闻讯，火速骑马进城，慰劳他们，说："你们是怎么获得成功的？"将士回答说："由于讨伐反叛者刘辟。"柳晟说："由于刘辟不接受诏命，

故汝曹得以立功,岂可复使他人诛汝以为功邪?"众皆拜谢,请诣戍所。

**十一月,以吐突承璀为左神策中尉。**

承璀事上于东宫,以干敏得幸。

**回鹘入贡。**

始以摩尼僧来,置寺处之。

**丁亥**(807) **二年**
**春正月,司徒杜佑请致仕。**

上以佑高年重德,礼重之,常呼司徒而不名。佑以老疾请致仕,诏令佑每月一再入朝,因至中书议大政。

**杜黄裳罢为河中节度使。**

黄裳有经济大略,而不修小节,故不得久在相位。

**以武元衡、李吉甫同平章事。**

吉甫谓中书舍人裴垍曰:"吉甫流落江淮逾十五年,一旦蒙恩至此,思所以报德,惟在进贤,而朝廷后进,罕所接识。君有精鉴,愿悉为我言之。"垍取笔疏三十余人,数月之间,选用略尽,当时翕然称吉甫为得人。

**夏四月,以范希朝为朔方、灵、盐节度使。**

以右神策、盐州、定远兵隶焉,以革旧弊,任边将也。

**李锜反,诏削官爵、属籍,发诸道兵讨之。**

夏、蜀既平,藩镇惕息。镇海节度使李锜不自安,求入朝,上许之。锜实无行意,屡迁行期,称疾,请至岁暮。武

所以你们能够获得立功的机会，难道能再让别人通过讨伐你们来建立功劳？"大家都行礼感谢，请求前往戍守之地。

**十一月，宪宗任命吐突承璀为左神策军中尉。**

吐突承璀曾在东宫侍奉当太子时的宪宗，因干练机敏而得宠。

**回鹘入朝进贡。**

开始带着摩尼教僧人一同前来，朝廷设置寺院供他们居住。

### 丁亥（807）　唐宪宗元和二年

**春正月，司徒杜佑请求辞官归居。**

宪宗因杜佑年事已高，品德高尚，对他礼遇尊重，经常称他为司徒，不直呼其名。杜佑因年老多病，请求辞官归居，宪宗下诏命杜佑每月来朝廷朝见一两次，顺便到中书省计议大政。

**杜黄裳被罢免为河中节度使。**

杜黄裳具有经国济民的远大谋略，但不拘小节，所以不能长期担任宰相。

**宪宗任命武元衡、李吉甫为同平章事。**

李吉甫对中书舍人裴垍说："我吉甫流落江淮超过十五年，忽然有一天蒙受恩典达到如此地步，考虑报答恩典的途径，只有举荐贤士，但朝廷中后来入仕的人，我很少接触和结识。你善于识别人才，希望把你的看法向我和盘托出。"裴垍拿笔列出三十多人，在几个月之内，这些人几乎都被选录任用，当时的人们纷纷称道李吉甫用人得当。

**夏四月，宪宗任命范希朝为朔方、灵、盐节度使。**

将右神策军、盐州、定远的军队隶属于范希朝，为的是革除以往的弊病，放手使用边防将领。

**李锜反叛，宪宗下诏削去李锜的官职爵位，从宗室名册中除名，调发各道兵马前去讨伐他。**

夏州杨惠琳、蜀中刘辟平定后，藩镇极为恐惧。镇海节度使李锜内心感到不安，请求进京朝见，宪宗答应了他。李锜实际上不想前往，屡次拖延启程日期，声称有病，请求到年底再去。武

元衡曰:"锜求朝得朝,求止得止,将何以令四海?"上以为然,下诏征之。锜诈穷,遂谋反,杀留后王澹、大将赵琦,使人杀所部五州刺史,遣兵治石头城。常州刺史颜防斩锜将李深,传檄苏、杭、湖、睦,请同进讨,湖州刺史辛秘亦斩锜将赵惟忠。制削锜官爵、属籍,遣淮南节度使王锷统诸道兵以讨之。

### 以武元衡为西川节度使,高崇文为邠宁节度使。

高崇文在蜀期年,谓监军曰:"西川乃宰相回翔之地,崇文岂敢自安?"屡上表称:"蜀中安逸,无所陈力,愿效死边陲。"故有是命。

### 镇海兵马使张子良执李锜送京师,斩之。

李锜遣兵马使张子良等将兵袭宣州,子良等知锜必败,与牙将裴行立同谋讨之,召士卒谕之曰:"仆射反逆,官军四集,其势已蹙,吾辈何为随之族灭,岂若弃逆效顺,转祸为福乎!"众许诺,即夜还趋城。行立应之于内,执锜,械送京师。群臣入贺,上愀然曰:"朕之不德,致宇内数有干纪者,朕之愧也,何贺之为?"宰相议诛锜大功以上亲,兵部郎中蒋乂曰:"锜大功亲,皆淮安靖王之后也。淮安有佐命之功,陪陵享庙,岂可以末孙为恶而累之乎!"又欲诛其兄弟,乂曰:"锜兄弟,故都统国贞之子也。国贞死王事,岂可使之不祀乎!"乃皆流贬。

上御兴安门,引锜面诘之,对曰:"臣初不反,张子良等教臣耳。"上曰:'卿为元帅,子良等谋反,何不斩之而入朝?'

元衡说:"李锜要求朝见就能朝见,要求中止朝见就能中止朝见,将怎样对全国发号施令?"宪宗认为言之有理,下诏征召李锜进京朝见。李锜无计可施,于是策划造反,杀死留后王澹、大将赵琦,让人杀死所辖五州的刺史,派兵修整石头城。常州刺史颜防杀死李锜的将领李深,向苏、杭、湖、睦四州发布檄文,请各州共同进军讨伐李锜,湖州刺史辛秘也杀死李锜的将领赵惟忠。宪宗颁布制书削去李锜的官职爵位,在宗室名册中除名,派淮南节度使王锷统辖各道军队前去讨伐他。

**宪宗任命武元衡为西川节度使,高崇文为邠宁节度使。**

高崇文在蜀中任职刚满一年,就对监军说:"西川是宰相任职的地方,我难道敢心安理得地呆下去?"多次上表声称:"蜀中安适闲逸,无法施展自己的能力,希望让我前往边疆尽死效力。"所以有这一任命。

**镇海兵马使张子良抓住李锜送到京城,杀了他。**

李锜派兵马使张子良等人领兵袭击宣州,张子良等人知道李锜必败,与牙将裴行立共同策划讨伐李锜,召集士兵加以开导说:"李仆射谋反叛逆,官兵四集,形势已很危急,我们为什么要跟他去灭族,哪里如脱离李锜效力朝廷,转祸为福!"大家答应了,当夜回军直奔镇海军城。裴行立在城里响应,捉住李锜,给他带上枷锁,送往京城。群臣入朝祝贺,宪宗愁容满面,说:"朕不施恩德,致使国内几次有人违犯法纪,朕惭愧得很,有什么可祝贺的?"宰相商议杀李锜叔伯兄弟姊妹以上的亲属,兵部郎中蒋义说:"李锜叔伯兄弟姊妹以上的亲属,都是淮安靖王李神通的后裔。淮安靖王有辅佐创建国家的功勋,陪葬于献陵,配享高祖的祠庙,难道能因末代子孙作恶受到牵累吗!"宰相又想杀李锜的兄弟,蒋义说:"李锜的兄弟,是已故都统李国贞的儿子。李国贞为朝廷献身,难道能让他不享祭祀吗!"于是都流放贬官了。

宪宗亲临兴安门,让人押来李锜,当面责问他,李锜回答说:"臣起初没有造反,是张子良等人教臣干的。"宪宗说:"你身为主帅,张子良等人谋反,你为什么不杀了他们然后进京朝见?"

锜无以对,乃并其子腰斩之。

有司请毁锜祖考冢庙,中丞卢坦言:"昔汉诛霍禹,不罪霍光。先朝诛房遗爱,不及房玄龄。况以锜为不善,而罪及五代祖乎!"乃不毁。

有司籍其家财,输京师,翰林学士裴垍、李绛言:"锜割剥六州,以富其家,今以输上京,恐远近失望。愿以赐浙西百姓,代今年租赋。"上嘉叹,从之。

### 卢从史擅出兵屯邢、洺。

昭义节度使卢从史内与王士真、刘济通,而外献策,请图山东,擅引兵东出邢、洺。上召令还,从史不时奉诏,久之乃还。

上召李绛语之曰:"朕与郑絪议敕从史归上党,续征入朝,絪乃泄之于从史,使称上党乏粮,就食山东。负朕乃尔,将何以处之?"对曰:"审如此,灭族有余矣。然絪、从史必不自言,陛下谁从得之?"上曰:"吉甫密奏。"绛曰:"搢绅之论,以絪为佳士,恐必不然。或者同列欲专朝政,疾宠忌前,愿陛下熟察之。"上良久曰:"非卿言,朕几误处分。"

上又问曰:"谏官多谤讪,无事实,朕欲摘其尤者一二,以儆其余,何如?"对曰:"此殆非陛下之意,必有邪臣欲壅蔽陛下之聪明也。人臣死生系人主喜怒,敢发口谏者有几?就有谏者,皆昼度夜思,朝删暮减,比得上达,什无二三。故人主孜孜求谏,犹惧不至,况罪之乎!如此杜天下之口,

李锜无言以对,于是将李锜连同他的儿子一齐腰斩处死。

有关部门请求拆毁李锜祖先的坟墓和家庙,御史中丞卢坦进言说:"过去汉宣帝杀霍禹,没处罚霍光。本朝以前杀房遗爱,没牵连房玄龄。何况因李锜作恶,怎能连五代祖先都要治罪!"于是不加毁除。

有关部门没收李锜的家财,准备运往京城,翰林学士裴垍、李绛进言说:"李锜残酷掠夺所辖六州,使自己的家富有起来,现在要把没收的财物运往京城,恐怕会使远近各地的人感到失望。希望把这些财物赐给浙西的百姓,用来代替今年的赋税。"宪宗嘉许赞叹,依言而行。

**卢从史擅自出兵驻扎在邢、洺二州。**

昭义节度使卢从史内与王士真、刘济暗中交往,外向朝廷进献计策,请求谋取山东诸藩镇,擅自领兵东出邢、洺二州。宪宗下诏命令返回,卢从史不肯按时执行诏书的指令,过了许久才返回昭义。

宪宗召见李绛,对他说:"朕与郑䌹商量敕令卢从史返回上党,接着又征召他回朝,郑䌹却泄露给卢从史,让他声称上党缺粮,要在山东就地取得粮食供给。辜负朕达到这种程度,将要怎样处治?"李绛回答说:"果真如此,诛戮整个家族还罪有余辜。不过郑䌹、卢从史肯定不会自己说出来,陛下从谁那里得知的?"宪宗说:"李吉甫秘密奏报的。"李绛说:"士大夫的评论,认为郑䌹是一位德才兼优的人,恐怕一定不会这样做。也许他的同事想独揽朝政,嫉妒他得宠,居于自己之先,希望陛下深入验察。"宪宗停了许久才说:"没有你这一席话,朕几乎要处置错了。"

宪宗又问道:"谏官往往妄加毁谤,没有事实依据,朕想贬黜一两个突出的,好让其余的人有所警惕,怎么样?"李绛回答说:"这大概不是陛下的本意,一定有奸邪之臣想蒙蔽陛下的视听。人臣的生死与人主的喜怒相联系,敢开口进谏的能有几个?即使有进谏的人,也都经过日夜的思量、朝朝暮暮的删减,等到呈送上来,已经没有十分之二三了。所以人主对谏言孜孜以求,还怕无人进谏,何况要加罪于谏官! 这样做会使天下人闭口不言,

非社稷之福也。"上善其言,谓宰相曰:"太宗以神圣之资,群臣进谏者犹往复数四,况朕寡昧! 自今事有违宜,卿当十论,无但一二而已。"

**群臣上尊号。 以白居易为翰林学士。**

居易作乐府百余篇,规讽时事,流闻禁中,上悦之,故有是命。

**以普宁公主适于季友。**

山南东道节度使于𫖯惮上英威,为子季友求尚主,上以普宁公主妻之。李绛谏曰:"𫖯,虏族;季友,庶孽,不足以辱帝女。"上曰:"此非卿所知。"𫖯大喜,上因使人讽之入朝,𫖯遂奉诏。

**李吉甫上《元和国计簿》。**

总计天下方镇四十八,州府二百九十五,县千四百五十三。其凤翔、鄜坊、邠宁、振武、泾原、银夏、灵盐、河东、易定、魏博、镇冀、范阳、沧景、淮西、淄青等十五道七十一州,不申户口外。每岁赋税倚办止于浙江东西、宣歙、淮南、江西、鄂岳、福建、湖南八道四十九州,一百四十四万户,比天宝税户四分减三。天下兵仰给县官者八十三万余人,比天宝三分增一,大率二户资一兵。其水旱所伤,非时调发,不在此数。

**戊子**(808) **三年**

**春正月,大赦,禁长吏诣阙进奉。**

知枢密院刘光琦奏分遣中使赍赦诣诸道,意欲分其馈遗。翰林学士裴垍、李绛奏:"敕使所至烦扰,不若但附急递。"上从之。光琦称旧例,上曰:"例是则从之,苟非是,何不改?"

对国家不利。"宪宗认为他讲得好,对宰相说:"太宗凭着圣明的资质,群臣进献的谏言还需要往返多次,何况朕愚昧寡闻!今后如有不对的事情,你们应经过十次议论,不只议论一两次了事。"

**群臣进献尊号。　宪宗任白居易为翰林学士。**

白居易写成乐府一百余篇,婉言规谏时事,流传到宫廷之中,宪宗很是喜爱,所以有这一任命。

**宪宗将普宁公主嫁给于季友。**

山南东道节度使于頔忌惮宪宗的英明威武,为儿子于季友请求娶公主为妻,宪宗把普宁公主嫁给他。李绛进谏说:"于頔出身虏族,于季友是偏房所生,配不上帝室的女儿。"宪宗说:"你不知道这里面的原因。"于頔大喜,宪宗趁机派人婉言劝于頔回朝,于頔接受诏命。

**李吉甫进呈《元和国计簿》。**

该书记载,总计全国有方镇四十八个,州府二百九十五个,县一千四百五十三个。其中凤翔、鄜坊、邠宁、振武、泾原、银夏、灵盐、河东、易定、魏博、镇冀、范阳、沧景、淮西、淄青等十五道七十一州,不向朝廷申报户口。每年的赋税征收只限于浙江东西、宣歙、淮南、江西、鄂岳、福建、湖南共八道四十九州,在编人口一百四十四万户,比天宝年间的纳税户减少四分之三。全国依赖官府供给的军队有八十三万多人,比天宝年间增加三分之一,大约每两户供养一个士兵。若有旱涝灾害损坏收成,或有临时征调,还不包括在这个数目以内。

### 戊子(808)　唐宪宗元和三年

**春正月,宪宗实行大赦,禁止各地长官到京城进献贡物。**

知枢密院刘光琦奏请分别派中使携带大赦的诏书前往各道,想分占各地赠送的财物。翰林学士裴垍、李绛上奏说:"朝廷派出的使者每到一处就要烦扰一处,不如只把诏书交给驿站火速传递。"宪宗依言而行。刘光琦援引惯例反对,宪宗说:"惯例正确就应该遵守,如果不对,为什么不改?"

中丞卢坦奏弹山南西道节度使柳晟、浙东观察使阎济美违赦进奉,上召坦褒慰之,曰:"朕已释之,不可失信。"坦曰:"赦令宣布海内,陛下之大信也。晟等不畏陛下法,奈何存小信,弃大信乎!"上乃命归所进于有司。

**夏四月,策试贤良方正直言极谏举人。**

牛僧孺、皇甫湜、李宗闵皆指陈时政之失,无所避,考官杨於陵、韦贯之署为上第,上亦嘉之。李吉甫恶其言直,泣诉于上,且言:"湜,翰林学士王涯之甥也。涯与裴垍覆策而不自言。"上不得已,罢垍,贬贯之巴州刺史,涯虢州司马,於陵岭南节度使。僧孺等久之不调,各从辟于藩府。

**以裴均为右仆射,卢坦为庶子。**

均素附宦官。尝入朝,逾位而立,御史中丞卢坦揖而退之,均不从。坦曰:"昔姚南仲为仆射,位在此。"均曰:"南仲何人?"坦曰:"是守正不交权幸者。"坦寻改右庶子。

白居易上疏曰:"牛僧孺等直言时事而遭斥逐,杨於陵等以敢收直言而坐谴谪,卢坦以举职事而黜庶子,此数人皆今之人望,天下视其进退以卜时之否臧者也。一旦无罪,悉疏弃之,上下杜口,众心恟恟,陛下亦知之乎?且陛下既下诏征之直言,索之极谏,僧孺等所对如此,纵未能推而行之,又何忍斥而罪之乎!"

**五月,沙陀来降,以其酋长执宜为阴山兵马使。**

御史中丞卢坦上奏揭发山南西道节度使柳晟、浙东观察使阎济美违抗赦书进献贡物，宪宗召见卢坦，称赞慰问一番以后说："朕已免了他们的罪，不能失信。"卢坦说："赦令向全国公布，这是陛下的大信。柳晟等人不怕陛下的王法，陛下怎能顾全小信，舍弃大信！"宪宗便让人把进献的贡物交给有关部门。

**夏四月，宪宗为被推荐上来的贤良方正、直言极谏科考生举行考试。**

牛僧孺、皇甫湜、李宗闵都指陈时政的过失，都毫无避讳，主考官杨於陵、韦贯之录为上第，宪宗也很嘉许他们。李吉甫憎恶他们陈言直切，向宪宗哭诉，并且说："皇甫湜，是翰林学士王涯的外甥。王涯与裴垍复审对策时，没有主动声明。"宪宗不得已，免去裴垍翰林学士的职务，将韦贯之贬为巴州刺史，王涯贬为虢州司马，杨於陵贬为岭南节度使。牛僧孺等人长期不得调任升官，分别被藩镇征用为幕僚。

**宪宗任命裴均为右仆射，卢坦为庶子。**

裴均一向依附宦官。有一次裴均上朝，站在超越自己职位的位置上，御史中丞卢坦拱手行礼，让他退到自己的位置上去，裴均不肯照办。卢坦说："过去姚南仲担任仆射，位置就在这里。"裴均说："姚南仲是什么人？"卢坦说："是恪守正道、不交结权贵宠臣的人。"不久，卢坦改任右庶子。

白居易上疏说："牛僧孺等人直率谈论时事因而遭受斥逐，杨於陵等人因敢于录取直言之士而获罪贬官，卢坦履行职责因而被降为庶子，这几个人都是当今众望所归的人物，天下人根据他们的进退情况来估量时势的好坏。朝廷忽然在无罪的情况下将他们全都加以疏远贬斥，使大小官员闭口不言，大家心中动荡不安，陛下也知道这种情况吗？况且陛下已下诏征用直言之人，寻求极谏之士，牛僧孺等人作的策对正是如此，即使不能推广实施，又怎么忍心予以贬斥加罪！"

**五月，沙陀前来归降，宪宗任命该部酋长朱邪执宜为阴山兵马使。**

沙陀劲勇冠诸胡，吐蕃每战，以为前锋。回鹘攻吐蕃，取凉州，吐蕃疑沙陀二于回鹘，欲迁之河外。沙陀惧，酋长朱邪尽忠与其子执宜谋复归唐，帅部落三万而东。吐蕃追之，转战数百合，死者大半，余众万人诣灵州降。节度使范希朝置之盐州，为市牛羊，广其畜牧，善抚之。诏置阴山府，以执宜为兵马使。每有征讨，用之皆捷，灵盐军益强。

### 秋七月朔，日食。　以卢坦为宣歙观察使。

苏强之诛也，兄弘在晋州幕府免归，坦奏："弘有才行，不可以其弟故废之，请辟为判官。"上曰："向使苏强不死，果有才行，犹可用也，况其兄乎！"坦到官，值旱饥，谷价日增，或请抑之。坦曰："宣歙谷少，仰食四方，若价贱则商船不来，益困矣。"既而米斗二百，商旅辐凑，民赖以生。

### 淮南节度使王锷入朝。

锷厚进奉，赂宦官，求平章事。白居易言："宰相，人臣极位，非清望大功不应授。今除锷则诸镇皆生冀望，与之则典章大坏，又不感恩，不与则厚薄有殊，或生怨望。且锷在镇百计诛求，自入进奉，若除宰相，藩镇效之，竞为割剥，则百姓何以堪之？"事遂寝。

### 以裴垍同平章事。

上虽以李吉甫故罢垍学士，然宠信弥厚，故未几复擢为相。尝谓之曰："以太宗、玄宗犹藉辅佐以成其理，况如

沙陀在诸胡人中最为精壮骁勇,吐蕃每当作战时,都让沙陀充当前锋。回鹘攻打吐蕃,占领凉州,吐蕃怀疑沙陀同时听从回鹘的指使,想把沙陀迁徙到黄河以外。沙陀害怕了,酋长朱邪尽忠与其子朱邪执宜商量重新归附唐朝,率领三万部落东来。吐蕃追击沙陀,沙陀辗转作战数百次,死去一大半,余众一万人前往灵州归降。节度使范希朝把沙陀安顿在盐州,替他们购买牛羊,扩大他们的畜牧范围,好好安抚他们。下诏设置阴山府,任命朱邪执宜为兵马使。每当发生战事,让沙陀参战,无不告捷,灵盐的军队越发强盛。

**秋七月初一,发生日食。　宪宗任命卢坦为宣歙观察使。**

苏强被杀时,哥哥苏弘由晋州幕府免职而归,卢坦上奏:"苏弘德才兼备,不能因他弟弟的缘故而废黜不用,请征用他担任判官。"宪宗说:"假如苏强不死,果真德才兼备,还可任用,何况他的哥哥!"卢坦就任时,正值荒年,谷价日益上涨,有人请求压低谷物的价格。卢坦说:"宣歙谷物出产较少,全靠各地供给粮食,如果粮价低了商船就不会前来,宣歙就更困难了。"不久当地一斗米价值二百钱,行商都聚集到这里,百姓赖以存活。

**淮南节度使王锷进京朝见。**

王锷以大量资财进献贡物,贿赂宦官,谋求担任平章事。白居易进言说:"宰相是人臣的最高职位,不是声望清正或功劳巨大的人不应授给。如今任命王锷为相,各藩镇就会都滋生希望,一一授给相职就会使典章制度遭到极大的破坏,而这些人并不会因此感激朝廷的恩典,不授给相职就是厚薄有别,有人会因此滋生怨恨。而且王锷在淮南千方百计地搜刮聚敛,亲自入朝进献贡物,倘若任命他为宰相,藩镇都来仿效,争着剥削百姓,那么百姓怎么受得了?"于是此事被搁置下来。

**宪宗任命裴垍为同平章事。**

宪宗虽然因李吉甫的缘故免去裴垍翰林学士的职务,但对他的宠信更为深厚,所以不久又提拔他任宰相。宪宗曾对裴垍说:"连太宗、玄宗还要借助大臣来完成对国家的治理,何况像

朕不及先圣万倍者乎！"垍亦竭诚辅佐。上尝问垍为理之
要何先，对曰："先正其心。"旧制，民税分上供、送使、留州
三品。建中初，定两税，时货重钱轻。是后货轻钱重，民所
出已倍其初。其留州、送使者，所在又降省估，就实估，以
重敛于民。垍奏："请一用省估。其观察使先税所理州，以
自给，不足，然后税属州。"由是江淮稍苏。垍器局峻整，人
不敢干以私。尝有故人自远诣之，垍厚遇之。其人乘间求
京兆判司，垍曰："公才不称此官，垍不敢以私害公。"先朝
执政多恶谏官言时政得失，垍独赏之。

**邠宣公杜黄裳卒。　南诏异牟寻死。**
子寻阁劝立。

**己丑**（809）　**四年**
**春正月，南方旱饥，遣使宣慰赈恤。**
宣慰使郑敬等将行，上戒之曰："朕宫中用帛一匹，皆
籍其数，惟赒救百姓则不计费，卿等宜识此意。"

**郑絪罢，以李藩同平章事。**
藩，给事中，制敕有不可者，即于黄纸后批之，吏请更
连素纸，藩曰："如此，乃状也，何名批敕？"裴垍荐藩有宰相
器，上以絪循默罢之，擢藩为相。藩知无不言，上甚重之。

**三月，以李鄘为河东节度使。**

朕这种连先朝圣君万分之一都赶不上的人呢！"裴垍也竭尽诚心辅佐宪宗。宪宗曾问裴垍治理国家的要务什么居于首位，裴垍回答说："首先应端正人心。"按常例，百姓的赋税分为进献朝廷的、送交镇使的、留在本州的三项。建中初年，制定两税法，当时商品价格提高而钱币价格跌落。此后，商品价格跌落而钱币价格提高，百姓的负担已是当初的一倍。其中，留在本州的和送交镇使的赋税，各地又降低都省规定的物价，而按实际物价征收，以加重对百姓的征敛。裴垍上奏说："请采用都省制定的物价。观察使先在自己治理的州中征税，以便自给，如果达不到应征收的税额，然后在隶属自己的州中征税。"因此江淮地区逐渐得到休养生息。裴垍气度严正而又庄重，没人敢以私事干求他。曾有一位朋友从远方来到他那里，裴垍厚待来人。那人乘机谋求京兆府参军的职务，裴垍说："你的才能与这个职务不相称，我不敢因私害公。"以前各朝执政官员多厌恶谏官谈论时政得失，唯独裴垍赞赏此举。

**邠宣公杜黄裳去世。　　南诏异牟寻死去。**

儿子寻阁劝继立。


己丑（809）　唐宪宗元和四年

**春正月，南方天气干旱，发生饥荒，宪宗派使者前去安抚赈济。**

宣慰使郑敬等人临启程前，宪宗告诫他说："朕在宫中连用一匹帛都要登记使用数额，只有救济百姓才不计费用，你们应明白此中的用意。"

**郑絪罢相，宪宗任命李藩为同平章事。**

李藩担任给事中，制书敕令有不适当的地方，立即在黄麻纸末后批写意见，吏人请换一张白纸连在后面，李藩说："这样的话，就是写文状了，还叫批写敕书吗？"裴垍推荐说李藩有担任宰相的器量，宪宗因为郑絪缄默不言，予以罢免，提升李藩为宰相。李藩知无不言，宪宗对他甚为器重。

**三月，宪宗任命李鄘为河东节度使。**

河东节度使严绶在镇九年,军政一出监军,裴垍请以李鄘代之。

**成德节度使王士真卒。**

子承宗自为留后。河北三镇相承各置副大使,以嫡长为之,父没,则代领军务。

**闰月,制降系囚,蠲租税,出宫人,绝进奉,禁掠卖。**

上以久旱,欲降德音。李绛、白居易言:"欲令实惠及人,无如减其租税。宫人数广,宜简出之。诸道横敛以充进奉,南方多掠良人卖为奴婢,皆宜禁绝。"上悉从之。制下而雨,绛表贺曰:"乃知忧先于事,故能无忧。事至而忧,无救于事。"

**诏赎魏徵故第,赐其家。**

魏徵玄孙稠贫甚,以故第质钱于人,平卢节度使李师道请以私财赎出之。白居易奏言:"事关激劝,宜出朝廷。师道何人,敢掠斯美?望敕有司以官钱赎还之。"上乃出内库二千缗,赎以赐稠,仍禁质卖。

**以王士则为神策大将军。**

士则,承宗叔父也。以承宗擅立,恐祸及宗,与幕客刘栖楚俱自归京师,故有是命。

**立邓王宁为皇太子。**

李绛等奏曰:"陛下临御四年,储闱未立,非所以承宗庙、重社稷也。"故有是诏。

**夏四月,山南东道节度使裴均进银器。**

均有中人之助,于德音后,首进银器千五百两。李绛、白居易等言:"均欲以此尝陛下,愿却之。"上遽命出付度支,

河东节度使严绶在任九年,军政一概由监军决定,裴垍请求以李鄘取代严绶。

**成德节度使王士真去世。**

其子王承宗自任留后。河北三镇相继分别设置副大使,由镇帅的嫡长子担任,父亲一死,就接替父亲统领军务。

**闰三月,宪宗颁布制书,减轻对在押犯人的处罚,蠲免租税,外放宫女,杜绝进献贡物,禁止掳掠买卖人口。**

由于旱情持久,宪宗想颁布德音。李绛、白居易进言说:"要想使百姓得到实惠,最好是减轻他们的租税。宫女人数很多,应精简外放。各道通过横征暴敛来充实进献的贡物,南方往往掳掠良民卖为奴婢,都应禁止。"宪宗都依言而行。制书下达后就下了雨,李绛上表祝贺说:"由此可知,忧虑在事情发生之前,所以能消除忧虑。忧虑在事情来临之后,对事情无可补救。"

**宪宗下诏赎买魏徵旧宅,赐给魏家。**

魏徵的玄孙魏稠极为贫困,把旧宅典押给别人,平卢节度使李师道请求用个人资财赎回。白居易上奏说:"此事关系到对臣下的激励劝勉,应由朝廷来办。李师道是什么人,竟敢抢此美名?希望敕令有关部门用官府的钱赎买住宅,还给魏稠。"宪宗于是由内库支出两千缗钱,赎回住宅,赐给魏稠,仍禁止典押出卖。

**宪宗任命王士则为神策大将军。**

王士则是王承宗的叔父。由于王承宗擅自继任节度使,王士则怕祸事牵连到本宗,与幕府宾客刘栖楚一起主动返回京城,所以有这一任命。

**宪宗册立邓王李宁为皇太子。**

李绛等人上奏说:"陛下在位四年,没立太子,不是承续宗庙、尊重社稷的做法。"所以有此诏命。

**夏四月,山南东道节度使裴均进献银器。**

裴均得到宦官的帮助,在德音颁布后,第一个进献银器一千五百两。李绛、白居易等人进言:"裴均想用这试探陛下的态度,希望陛下不要接受。"宪宗连忙命令把银器拿出来交给度支,

寻密谕进奏院："自今诸道进奉，无得申御史台。有访问者，辄以名闻。"居易复以为言，上不听。

### 起复卢从史为金吾大将军。

上欲乘王士真死除人代之，不从则兴师讨之，以革河北诸镇世袭之弊。裴垍曰："李纳跋扈不恭，王武俊有功于国。陛下前许师道，今夺承宗，沮劝违理，彼必不服。"李绛曰："武俊父子相承四十余年，今承宗又已总军务，一旦易之，恐未即奉诏。又河北诸镇事体正同，必不自安，阴相党助，虽有劝成之请，亦非诚意。盖若所除之人得入，彼固足以为功。若不得入，兴师致讨，彼复潜相交结，按兵玩寇。进退获利，而劳费之病，咸归国家。且今江淮大水，公私困竭，军旅之事，恐未可轻议也。"

中尉吐突承璀欲夺垍权，自请将兵讨之，宗正少卿李拭奏："承宗不可不讨。承璀亲信近臣，宜委以禁兵，使统诸军。"上以拭状示诸学士，曰："此奸臣也，卿曹记之，勿令得进用。"时昭义节度使卢从史遭父丧，朝廷久未起复。从史惧，因承璀进说，请以本军讨承宗，诏起复金吾大将军。

### 吐蕃请和，许之。　六月，以范希朝为河东节度使。

朝议以沙陀在灵武，迫近吐蕃，虑其反覆，命悉从希朝诣河东。希朝选其骁骑，号沙陀军，处其余众于定襄川，于是

不久宪宗暗中谕示诸道进奏院说:"今后诸道进献贡物,不得申报御史台。有查问此事的人,就把该人的名字告诉朕。"白居易又就此进言,宪宗不听劝告。

**宪宗起用正在守丧的卢从史为金吾大将军。**

宪宗想趁王士真死去的机会任命别人接替他的职务,如不服从,就起兵讨伐他,以革除河北各藩镇世代承袭节度使的弊病。裴垍说:"李纳对朝廷跋扈不敬,王武俊却对国家有功。陛下前些时候允许李师道承袭父位,现在却要削夺王承宗的职权,有碍对藩镇的劝勉,违反事情的情理,王承宗一定不服。"李绛说:"王武俊父子相承四十余年,现在王承宗又已经总揽军务,忽然有一天要取代他,恐怕他不会接受诏命。加上河北各藩镇属于同一体制,他们必然感到不安,暗中结党互助,即使有劝朝廷取代王承宗的请求,也并非出于诚意。如果朝廷任命的人能进入成德,他们足以居功。如果不能进入成德,朝廷发兵讨伐,他们又会暗中勾结,屯兵不前,姑息敌寇。他们不论进退都能得利,而劳苦百姓、耗费物资的弊病,全由国家承担。况且如今江淮地区发生严重的水灾,官府与民间极为困顿,用兵的事,恐怕不应轻易提上议事日程。"

中尉吐突承璀想削夺裴垍的权力,自己请求领兵讨伐王承宗,宗正少卿李拭上奏说:"对王承宗不能不讨伐。吐突承璀是陛下亲近信任的内臣,应该把禁军交给他,让他统领各军。"宪宗把李拭的进状拿给各位翰林学士去看,说:"这人是奸臣,你们记住,别让他得到提拔任用。"当时昭义节度使卢从史正值为父亲守丧,朝廷许久没有加以起用。卢从史心怀恐惧,通过吐突承璀进言,请求率本军讨伐王承宗,下诏起用卢从史为金吾大将军。

**吐蕃请求和好**,唐朝应允了。 **六月,宪宗任命范希朝为河东节度使。**

朝廷决议认为沙陀在灵武,靠近吐蕃,担心他们反复无常,便命令他们一律跟范希朝前往河东。范希朝在沙陀人中选拔骁勇的骑兵,号称沙陀军,将沙陀余众安顿在定襄川,于是

朱邪执宜始保神武川之黄花堆。

**毁安国寺碑楼。**

吐突承璀领功德使，盛修安国寺，奏立圣德碑，先构楼，请敕学士撰文，欲以万缗酬之。上命李绛为之，绛言："尧、舜、禹、汤未尝立碑自言圣德，惟秦始皇刻石高自称述，未审陛下欲何所法？且叙修寺之美，岂所以光圣德耶？"上命曳倒碑楼。承璀言楼大不可曳，请徐毁撤，上厉声曰："多用牛曳之！"承璀乃不敢言，凡用百牛曳之乃倒。

**秋七月，贬杨凭为临贺尉。**

中丞李夷简弹京兆尹杨凭贪污僭侈，贬临贺尉，凭亲友无敢送者，栎阳尉徐晦独至蓝田与别。权德舆谓之曰："君送杨临贺，诚为厚矣，无乃为累乎！"对曰："晦自布衣蒙杨公知奖，今日远谪，岂得不与之别？借如明公他日为逸人所逐，晦敢自同路人乎！"德舆嗟叹，称之于朝。后数日，李夷简奏为监察御史，谓之曰："君不负杨临贺，肯负国乎！"

**九月，王承宗表献德、棣二州。诏以承宗为成德节度使，薛昌朝为保信军节度，领德、棣二州。承宗袭薛昌朝，执之以归。**

上密问诸学士曰："今欲用王承宗为成德留后，割其德、棣二州，更为一镇，使输二税，请官吏，何如？"李绛等对曰："德、棣隶成德，为日已久，一旦割之，恐其忧疑怨望，复为邻道构扇，万一旅拒，倍难处置。不若使吊祭使以其私谕承宗，令自表请。幸而听命，于理固顺，若其不听，体亦无损。"

朱邪执宜开始防守神武川的黄花堆。

**毁除安国寺的碑楼。**

吐突承璀兼任功德使,大修安国寺,奏请树立圣德碑,先建造藏碑楼,请宪宗命翰林学士撰写碑文,想以一万缗钱酬谢撰文者。宪宗命李绛撰文,李绛进言说:"唐尧、虞舜、夏禹、商汤不曾立碑称道自己的圣德,只有秦始皇刻石立碑,大力宣扬自己,不知陛下想学谁?而且陈述修建寺院的盛美,难道是光大陛下恩德的做法吗?'宪宗命令拖倒碑楼。吐突承璀说碑楼太大拖不动,请求慢慢毁除,宪宗语调严厉地说:"多用牛来拖!"于是吐突承璀才不敢再说什么,共用了一百条牛才把碑楼拖倒。

**秋七月,宪宗将杨凭贬为临贺县尉。**

御史中丞李夷简揭发京兆尹杨凭贪赃枉法,奢侈过度,杨凭被贬为临贺县尉,杨凭的亲友没有一个敢送行的,唯独栎阳县尉徐晦到蓝田来与杨凭告别。权德舆对徐晦说:"你为杨县尉送行,诚然情谊深厚,只怕要受牵累啊!"徐晦回答说:"我从身为平民时就承蒙杨公的知遇奖拔,今天杨公贬逐远方,怎能不与他告别?假如您将来被进谗之人斥逐,我敢认为自己与您如同路人吗!"权德舆赞叹不已,在朝廷中称许了他。几天后,李夷简请任徐晦为监察御史,对徐晦说:"你没有辜负杨县尉,怎么肯辜负朝廷呢!"

**九月,王承宗上表进献德、棣二州。宪宗下诏任命王承宗为成德节度使,薛昌朝为保信军节度使,兼领德、棣二州。王承宗出击薛昌朝,把他捉住带回。**

宪宗暗中问诸位翰林学士说:"现在打算任用王承宗为成德留后,由成德划出德、棣二州,再设置一个军镇,让王承宗缴纳两税,向朝廷请求任命官吏,大家认为怎么样?"李绛等人回答说:"德州和棣州隶属成德,为时已久,忽然有一天从成德划分出来,恐怕王承宗忧虑惊疑,怨恨不满,再被邻道煽动,万一聚兵抗拒朝廷,处理起来加倍困难。不如让吊祭使以个人身份开导王承宗,使他自己上表提出这一请求。王承宗幸好从命,固然顺乎情理,如不听命,也不会损害朝廷的体面。"

上又问："今刘济、田季安皆病，若其物故，又如成德，天下何时当平！议者皆言，宜乘此际代之，不受则发兵讨之，如何？"对曰："群臣见取蜀取吴易于反掌，故谄躁之徒争献策画，劝开河北，陛下亦以前日成功之易而信其言。臣窃以为，河北之势与二方异。何则？西川、浙西皆非反侧之地，其四邻皆国家臂指之臣。刘辟、李锜独生狂谋，大军一临，则涣然离耳。河北则不然。其将士、百姓怀其累代煦姁之恩，不知君臣逆顺之理。邻道各为子孙之谋，亦虑他日及此。万一或相表里，兵连祸结，戎狄乘间，其为忧患，可胜道哉！济及季安物故之际，若有隙可乘，当临事图之，于今用兵则恐未可。太平之业非朝夕可致，愿陛下审处之。且今吴少诚病必不起，淮西四旁皆国家州县，不与贼通，朝廷命帅，今正其时。万一不从，可议征讨。故臣愿舍恒冀难致之策，就申蔡易成之谋。脱或恒冀连兵，事未如意，蔡州有衅，势可兴师，复以财力不赡而赦承宗，则恩威两废，不如早赐处分。"既而承宗以未得朝命，颇惧，累表自诉。上遣裴武宣慰，承宗受诏甚恭，请献德、棣二州。武复命，以承宗为成德军节度，德州刺史薛昌朝为保信军节度，领德、棣二州。

昌朝，王氏婿，故就用之。田季安使谓承宗曰："昌朝阴与朝廷通，故受节钺。"承宗袭执昌朝，囚之。

宪宗又问:"如今刘济、田季安都得了病,如果他们一旦死了,又造成像成德那样的局面,天下什么时候才能平定!议事者都说,应趁这一时机取代他们,如不接受就派兵征讨他们,大家认为怎么样?"李绛等人回答说:"群臣见陛下攻取蜀地和吴地易于翻掌,所以阿谀躁进之徒争着献计献策,劝陛下开拓河北地区,陛下也由于以前获得成功比较容易因而相信他们的话。臣等认为,河北的形势与蜀、吴两地不同。为什么呢?西川、浙西都不是反复无常之辈盘踞的地方,其四邻都是国家可以指挥自如的臣属。唯独刘辟、李锜产生狂妄的阴谋,官府大军一到,只好归于土崩瓦解。河北却并非这种情况。当地将士与百姓感念他们累世赡养的恩惠,不懂君与臣、忠顺与叛逆的道理。相邻各道各替子孙后代打算,也顾虑将来自己落得王承宗这样的下场。万一河北及相邻各道有人与成德互相应援,战祸连绵不断,异族乘机而动,由此造成的祸患,能讲得完吗!刘济与田季安去世时,如果有机可乘,应到事情发生时再去谋取,现在诉诸武力却恐怕不够妥当。天下太平的大业并非一朝一夕可以实现,希望陛下审慎对待。而且如今吴少诚肯定一病不起,淮西周围都是国家的州县,不与贼寇疆境相毗邻,朝廷任命淮西主帅,现在正是时候。万一淮西不肯从命,可以计议出兵征讨。所以臣希望陛下丢开对付恒冀这一难达目的的计划,认定对付申蔡这一容易成功的谋略。假如与恒冀作战并不令人满意,而蔡州有机可乘,具备起兵的形势,又因财力不足而赦免王承宗,就会使朝廷在恩典与威严两方面都丧失殆尽,还不如及早颁赐赦免王承宗的处理办法。"不久王承宗因没有得到朝廷的任命,颇为恐惧,屡次上表为自己解释。宪宗派裴武前去安抚,王承宗接受诏命的态度非常恭敬,并请求进献德、棣二州。裴武回京复命,宪宗任命王承宗为成德军节度使,德州刺史薛昌朝为保信节度使,兼领德、棣二州。

薛昌朝,是王承宗的女婿,所以就地任用他。田季安让人告诉王承宗说:"薛昌朝暗中与朝廷往来,所以授给他节度使的节钺。"王承宗袭击并抓获薛昌朝,将他囚禁起来。

上以裴武为欺罔，又有谮之者曰："武使还，先宿裴垍家，明旦乃入见。"上怒甚，欲贬之。李绛曰："武昔陷李怀光军中，守节不屈，岂容今日遽为奸回！盖承宗始惧朝廷诛讨，故请献二州。而邻道不欲其然，计必有阴行间说，使不得守其初心者，非武之罪也。且今抵武罪，使后奉使者以武为戒，苟求便身，率为依阿两可之言，莫肯尽诚具陈利害，非国家之利也。况垍、武久处朝廷，谙练事体，岂有使未复命而先宿宰相家乎！此殆谗人中伤之言，愿陛下察之。"上遂不问。

**吐蕃寇振武、丰州。　以许孟容为京兆尹。**

左神策军吏李昱贷长安富人钱不偿，孟容收捕械系，立期使偿，曰："期满不足，当死。"中尉诉于上，上遣中使宣旨送本军。孟容曰："臣不奉诏，当死。然臣为陛下尹京畿，非抑制豪强，何以肃清辇下？钱未毕偿，昱不可得。"上嘉其刚直而许之，京城震栗。

**冬十月，削夺王承宗官爵，发兵讨之，以吐突承璀为招讨处置等使。**

上遣中使谕王承宗，使遣薛昌朝还镇，承宗不奉诏。制削夺其官爵，以吐突承璀为神策、河中等道行营兵马使、诸军招讨处置等使。

翰林学士白居易谏曰："国家征伐，当责成将帅。近岁始以中使为监军，已非令典。自古及今，未有征天下之兵专令中使统领者也。今神策不置行营节度使，则承璀乃制将，又充诸军招讨使，则都统也。臣恐四方闻之，必轻朝廷；

宪宗认为裴武欺蒙朝廷，还有诬陷他的人说："裴武出使归来，先到裴垍家过夜，第二天早晨才入朝觐见。"宪宗非常恼怒，想贬黜裴武。李绛说："裴武以往陷落在李怀光军中，恪守节操不肯屈服，现在怎会突然做邪恶的事情！大约王承宗起初畏惧朝廷的讨伐，所以请求献出两个州来。但是相邻各道不愿让王承宗这样做，估计必定有人暗中离间游说，使王承宗不能信守当初的心愿，这可不是裴武的罪责。而且现在让裴武抵罪，使以后奉命出使的人以裴武为戒，苟且贪求自身的便利，一概说些随声附和、模棱两可的话，不肯竭尽诚心陈述利害，这对国家是不利的。何况裴垍、裴武长期在朝廷任职，熟悉朝廷的体统，哪里会在出使归来没有复命之前就在宰相家中过夜！这大概是好进谗言的人中伤裴武的话，希望陛下明察。"于是宪宗不再追究。

　　**吐蕃侵犯振武、丰州。　　宪宗任命许孟容为京兆尹。**

　　左神策军吏李昱向长安商人借钱不还，许孟容将李昱收捕，并给他带上枷锁，立下期限，让他偿还，说："期满后还不清，依法应该处死。"中尉向宪宗申诉，宪宗派中使宣布诏旨，让许孟容将李昱交付本军。许孟容说："臣不接受诏命，该当死罪。但臣为陛下担任京畿的长官，如不抑制豪强，怎能使京城清平整肃？不把钱还清，李昱就别想得到。"宪宗嘉许许孟容刚强正直，京城为之震惊恐惧。

　　**冬十月，宪宗削除王承宗的官职爵位，调发军队前去讨伐他，任命吐突承璀为招讨处置等使。**

　　宪宗派中使告诉王承宗，让他遣送薛昌朝返回本镇，王承宗不肯接受诏命。宪宗颁布制书削除王承宗的官职爵位，任命吐突承璀为神策、河中等道行营兵马使、诸军招讨处置等使。

　　翰林学士白居易进谏说："国家征讨，应责成将帅完成任务。近年才任中使为监军，已不是完美的制度。自古至今，没有征调全国的兵力专门让中使统领的先例。现在神策军不设置行营节度使，吐突承璀就成了总领本军的主将，又充任诸军招讨使，成了统领各军的都统。臣担心各地闻讯后，一定会轻视朝廷；

四夷闻之，必笑中国。陛下忍令后代相传云，以中官为制将、都统自陛下始乎！又恐诸道耻受指麾，心既不齐，功何由立！且陛下念承璀勤劳，贵之可也，富之可也。至于军国权柄，动关理乱，朝廷制度，出自祖宗，陛下宁忍徇彼之欲，而自隳法制以损圣明乎！"度支使李元素、盐铁使李鄘及许孟容、李夷简、谏官孟简、吕元膺、穆质、独孤郁等，亦极言其不可。上不得已，削承璀四道兵马使，改处置为宣慰而已。

　　李绛尝极言宦官骄横，侵害政事，谗毁忠良，上曰："此属安敢为谗？就使为之，朕亦不听。"绛曰："此属大抵不知仁义，不分枉直，惟利是嗜。得赂则誉跖、跻为廉良，拂意则毁龚、黄为贪暴。能用倾巧之智，构成疑似之端，朝夕左右，侵润以入之，陛下必有时而信之矣。自古宦官败国者备载方册，陛下岂得不防其渐乎！"

　　**十一月，彰义节度使吴少诚卒。**
　　初，吴少诚宠其大将吴少阳，名以从弟，出入如至亲。少诚病，少阳杀其子，自摄副使，知军州事。少诚死，少阳遂自以为留后。

　　**云南王寻阁劝死。**
　　子劝龙晟立。
　　**田季安取堂阳。**
　　田季安闻吐突承璀讨王承宗，聚其徒曰："师不跨河，二十五年矣。今一旦越魏伐赵，赵虏，魏亦虏矣，为之奈何？"

周边各族闻讯后,必然会笑话中原无人。陛下能忍受让后世相传说,任命宦官为一军主将、各军都统是由陛下开始的吗!臣还担心各道耻于接受指挥,既然军心不齐,怎能建立功勋!而且陛下顾念吐突承璀辛勤劳苦,使他尊贵可以,使他富有也可以。至于军国权力,经常关系到政治修明与祸乱丛生的局面,朝廷的制度,是祖宗制定的,陛下怎能忍心顺从那人的欲望,从而毁坏法令制度,损害自己的圣明!"度支使李元素、盐铁使李鄘以及许孟容、李夷简、谏官孟简、吕元膺、穆质、独孤郁等人,也极力说这一任命不妥当。宪宗不得已,削去吐突承璀四道兵马使的职务,将处置使改为宣慰使了事。

李绛曾极力进言说宦官傲慢专横,侵扰损害政事,谗言诋毁忠良,宪宗说:"这类人怎敢说别人的坏话?即使说了,朕也不听。"李绛说:"这类人大都不懂得仁义,分不清是非,唯利是图。只要得到贿赂就能赞誉盗跖、庄跻是廉洁善良之人,如果违背他们的意志就能毁谤龚遂、黄霸是贪婪暴虐之徒。他们能运用狡诈的智谋,捏造是非难辨的事端,由于时刻在陛下身旁,可以将谗言逐渐渗透进去,陛下必然有时也会相信他们的。自古以来宦官败坏国家的事件都记录在典籍之中,陛下怎能不防备他们的浸染!"

**十一月,彰义节度使吴少诚去世。**

起初,吴少诚宠爱部下大将吴少阳,称吴少阳为堂弟,吴少阳出入吴少诚家,如同最亲近的亲属一般。吴少诚病后,吴少阳杀死吴少诚的儿子,由自己代理节度副使,掌管军州事务。吴少诚死后,吴少阳就自任为留后。

**云南王寻阁劝死去。**

儿子劝龙晟继立。

**田季安占领堂阳。**

田季安听闻吐突承璀讨伐王承宗,聚合自己的徒众说:"朝廷的军队不能跨过黄河,已经二十五年了。现在一旦越过魏博攻打成德,如果成德成了俘虏,魏博也就成了俘虏,我们该怎么办?"

其将有超伍而言者曰："愿借骑五千,以除君忧。"季安欲从之。

幽州牙将谭忠使魏,知其谋,入谓季安曰："如某之计,是引天下之兵也。往年王师取蜀取吴,算不一失,是皆相臣之谋。今王师越魏伐赵,不使耆臣宿将而专付中臣,不输天下之甲而多出秦甲,君知谁为之谋?此乃天子自为之谋,欲将夸服于臣下也。若师未叩赵而先碎于魏,是上之谋反不如下,能不耻且怒乎!既耻且怒,必任智士画长策,仗猛将练精兵,毕力再举。鉴前之败,必不越魏而伐赵;校罪轻重,必不先赵而后魏矣。"季安曰："然则若之何?"忠曰："王师入魏,君厚犒之,而悉甲压境,号曰伐赵,阴遗赵书,使解陴障,遗魏一城,持以奏捷,则魏之霸基安矣。"季安曰："善。"遂与赵阴计,得其堂阳。

## 庚寅(810) 五年

春正月,卢龙节度使刘济将兵讨王承宗,拔饶阳、束鹿。

谭忠归幽州,欲激刘济讨赵,会济合诸将言曰："天子知我怨赵,今必命我伐之,赵亦必大备我。伐与不伐,孰利?"忠曰："是必皆将无之。"济怒曰："我与承宗反乎?"命系忠狱。使人视成德之境,果不为备,而诏至,亦止令济护北边。济乃召忠问："何以知之?"忠曰："卢从史外亲燕,

部下将领中有人从队伍中站出来说:"希望能拨给我五千骑兵,以解除您的忧虑。"田季安想依言而行。

幽州牙将谭忠出使魏博,得知魏博的图谋后,前去对田季安说:"据我估计,这是把天下的军队引来对付魏博。往年朝廷的军队破蜀败吴,筹划万无一失,这都出于宰相的谋划。现在朝廷的军队越过魏博去攻打成德,不任用老臣宿将反而专门把兵权交给宦官,不征调全国的军队反而派出大批的关中兵马,您知道是谁的主意吗?这是天子自己想出的主意,想要向群臣夸耀,使群臣敬服。如果官军在攻打成德之前先被魏博打败,这就表示天子的谋划反而不如臣下的谋划,天子能不羞愧恼怒吗!既羞愧又恼怒,就一定会任用能谋善断的人来筹划长远的计策,依靠勇猛善战的将领来训练精锐兵马,然后再全力起兵。官军吸取以往失败的教训,一定不会越过魏博去攻打成德;衡量罪责轻重,一定不会先攻成德,后攻魏博了。"田季安说:"果真如此,该怎么办?"谭忠说:"官军进入魏博时,你要好好犒劳官军,同时将全部兵马压向边境,号称攻打成德,暗中写信给成德,让他们解除城防,送给魏博一座城,魏博拿此城上奏报捷,魏博的霸主基业就奠定了。"田季安说:"太好了。"于是与成德暗中商议,得到成德的堂阳县。


### 庚寅(810) 唐宪宗元和五年

春正月,卢龙节度使刘济领兵讨伐王承宗,攻克了饶阳、束鹿两城。

谭忠回到幽州,想用计鼓动刘济攻打王承宗,适值刘济召集诸将领说:"天子知道我怨恨成德,现在命令我讨伐成德,成德必然全力防备我。讨伐成德与否,哪种做法有利?"谭忠说:"这些肯定都将是没有的事。"刘济愤怒地说:"你说我与王承宗谋反吗?"命令将谭忠押入监狱囚禁。刘济让人察看成德边境,果然没有设防,而诏书下达,也只让刘济防护北部边疆。于是刘济叫来谭忠问道:"你是怎么知道的?"谭忠说:"卢从史表面与卢龙亲近,

内实忌之,外绝赵,内实与之。此为赵画曰:'燕以赵为障,虽怨赵,必不残赵,不必为备。'一示赵不敢抗燕,二使燕获疑天子,此忠所以知天子之不使君伐赵,而赵之不备燕也。"济曰:"今则奈何?"忠曰:"天子伐赵,君坐燕之甲,不济易水,使潞人得以藉口。是燕贮忠义之心,卒染私赵之谤,不见德于赵人,恶声徒嘈嘈于天下耳。惟君熟思之。"济曰:"吾知之矣。"乃下令军中曰:"五日毕出,后者醢以徇。"时诸军皆未进,济自将兵七万,独前击赵,拔饶阳、束鹿。

**吐突承璀讨王承宗,战不利。**

吐突承璀至行营,威令不振,与承宗战屡败,大将军郦定进战死,军中夺气。

**贬元稹为江陵士曹。**

河南尹房式有不法事,东台监察御史元稹奏摄之,擅令停务。朝廷以为不可,罚俸召还。至敷水驿,有内侍后至,破驿门入,击稹伤面。上复引稹前过贬之,李绛、崔群言稹无罪,白居易言:"中使陵辱朝士,中使不问而稹先贬,恐自今中使出外益暴横,人无敢言者。又稹为御史,多所举奏,不避权势,切齿者众。恐自今无人肯为陛下当官执法,有大奸猾,陛下无从得知。"上不听。

**三月,以吴少阳为淮西留后。**

上以河朔方用兵,不能讨少阳,以为留后。

时河北用兵久,无功,白居易言:"河北本不当用兵。

实际却忌恨卢龙，表面不与成德来往，实际却援助成德。他为成德这样筹划说：'卢龙把成德当作自己的屏障，虽然卢龙怨恨成德，但肯定不会伤害成德，所以成德不必防备卢龙。'这种做法一是显示成德不敢抗拒卢龙，二是使卢龙遭受天子的怀疑，这就是我知道天子不会让您攻打成德，而成德也不会防备卢龙的道理所在。"刘济说："现在怎么办？"谭忠说："天子讨伐成德，您却让卢龙披甲不卧，坐以待敌，不去横渡易水，使潞州人找到借口。这就使卢龙虽然内含信守忠义的心愿，终于招惹来偏袒成德的诽谤，既不能使成德感激卢龙，又使辱骂卢龙的呼声在天下喧嚣不止。请你周密考虑这个问题吧！"刘济说："我明白啦。"便向军中下令说："五天内全部出动，谁落后了就将谁剁成肉酱示众。"当时各军都没有向前挺进，只有刘济亲自领兵七万，进军攻打成德，攻克饶阳和束鹿。

**吐突承璀讨伐王承宗，作战不利。**

吐突承璀来到行营，军威政令不振，与王承宗作战屡次失败，大将军郦定进军战死，军中士气低落。

**宪宗将元稹贬为江陵士曹。**

河南尹房式做了不法的事情，东台监察御史元稹奏请予以拘捕，擅自命令房式停止办理本职事务。朝廷认为不妥，罚了元稹的薪俸，并将他召回长安。来到敷水驿时，有一个内侍宦官从后面赶到，撞开驿站的大门，进去打元稹，打伤了脸。宪宗又指出元稹以前的过失，贬黜他，李绛、崔群都说元稹无罪，白居易说："中使欺凌羞辱朝廷官员，不追究中使的罪责反而先将元稹贬官，恐怕今后中使外出会愈加暴虐骄横，无人敢言。再者元稹担任御史，提出不少检举奏报，对权贵势要无所避忌，痛恨他的人很多。这样做恐怕今后没人愿意为陛下尽职执法，一旦出现特别奸险狡猾的人，陛下无法得知。"宪宗不予理睬。

**三月，宪宗任命吴少阳为淮西留后。**

宪宗认为河朔正在用兵，不能讨伐吴少阳，所以任他为留后。

当时河北用兵日久，毫无建树，白居易说："河北本来不该用兵。

今承璀未尝苦战,已失大将,迁延进退,久未有功。师道、季安元不可保,察其情状,似相计会,各收一县,遂不进军。观此事势,速须罢兵,若复迟延,所费滋多。河北诸将见吴少阳已受制命,必引事例轻重,请雪承宗,章表继来,义无不许。如此则是与夺皆由邻道,恩信不出朝廷,此臣所为陛下痛惜者也。况今天时已热,兵气相蒸,饥渴疲劳,疾疫暴露,一有奔溃,诸军必摇。西戎北虏乘虚入寇,兵连祸生,何事不有!万一及此,实关安危,此臣所为陛下深忧者也。"不听。

**吐突承璀诱卢从史执送京师,以乌重胤为河阳节度使。**

卢从史阴与王承宗通谋,上甚患之。会从史遣牙将王翊元入奏事,裴垍引与语,为言为臣之义,微动其心,翊元遂输诚,言从史阴谋及可取之状。垍令翊元还本军经营,遂得其都知兵马使乌重胤款要。垍言于上曰:"从史必为乱,今与承璀对营而不设备。失今不取,后虽兴大兵,未可以岁月平也。"上许之。

承璀乃召从史入营与博,伏壮士擒缚之,驰诣京师。昭义士卒闻之,皆甲以出,乌重胤当军门叱之曰:"天子有诏,从者赏,违者斩。"遂皆散。

上嘉重胤功,欲即以为昭义帅,李绛以为不可,请授重胤河阳。会吐突承璀奏,已牒重胤勾当昭义留后,绛上言:

现在吐突承璀不曾苦战，已经失去一员大将，仍然拖延不前，许久不见功效。李师道、田季安本来就不可靠，观察他们的情形，好像互相盘算过似的，各自占领一个县，就不再进军。看这种情势，必须迅速停止用兵，如果再拖延下去，需要的费用更多。河北诸将领看到吴少阳已经得到制书的任命，一定会援引处理这一事件的宽严标准，请求为王承宗昭雪，表章相继上呈，按理说不能不答应。这样就是给予与剥夺都按照王承宗邻道的意见来决定，恩德与信义都不出自朝廷，这是臣为陛下痛切惋惜的。况且现在天气已热，战事的杀气到处蒸腾，士兵饥饿干渴，疲乏劳累，感染瘟疫，露宿荒野，若有一支军队溃逃，其他各军必然也要动摇。西戎、北房乘虚入侵，战事连续不断，灾祸从中产生，什么事情不会出现！万一到了这般田地，实在是关系到国家的安危，这就是臣为陛下深切忧虑的。"宪宗不听。

**吐突承璀诱捕卢从史送往京城，宪宗任乌重胤为河阳节度使。**

卢从史暗中与王承宗共同谋划对付朝廷，宪宗甚为忧虑。适逢卢从史派牙将王翊元进京奏事，裴垍将他领到一旁交谈，对他讲述为臣大义，暗暗打动他的内心，于是王翊元也表示自己的诚意，将卢从史阴谋和潞州可以攻取的状况说出。裴垍让王翊元返回本军经营其事，随即赢得潞州都知兵马使乌重胤的诚心。裴垍向宪宗进言说："卢从史一定会发动变乱，现在在吐突承璀对面扎营，没设置防备。如果失去现在的时机不拘捕他，以后即使征集大批兵马加以讨伐，也不能在短时间内将他平定。"宪宗答应实施拘捕卢从史的计划。

于是吐突承璀叫卢从史到营中来玩博戏，埋伏的壮士将卢从史捉住，绑上了他，急奔京城。昭义士兵闻讯，都穿好铠甲涌出营来，乌重胤站在军营门前呵斥他们说："天子下达诏令，服从的奖赏，违抗的斩首。"士兵随即解散。

宪宗嘉许乌重胤的功劳，想立即任命他为昭义主帅，李绛认为不太妥当，请任命乌重胤为河阳节度使。适值吐突承璀上奏说，他已经发出文书，指令乌重胤勾当昭义留后，李绛进言说：

"昭义五州据山东要害,魏博、恒、幽诸镇蟠结,朝廷惟恃此以制之,诚国之宝地,安危所系也。昨为从史所据,使朝廷旰食。计不获已,诱而执之,已失大体。今又以承璀文牒差本军牙将为重镇留后,物情顿沮,纪纲大紊,校计利害,更不若从史为之。何则?从史虽蓄奸谋,已是朝廷牧伯,重胤出于列校,以承璀一牒代之,窃恐河南北诸侯闻之愤怒,耻与为伍。且谓承璀诱重胤使逐从史,而代其位,必将人人自危,万一连表罪状承璀,不知陛下何以处之?不报则众怒益甚,若为改除则朝廷之威去矣。"上悦,乃以重胤镇河阳,而徙河阳节度使孟元阳镇昭义,贬从史为骥州司马。

**秋七月,制雪王承宗,复其官爵,加刘济中书令。**

王承宗遣使自陈为卢从史所离间,乞输贡赋,请官吏,许其自新。李师道等亦数上表请雪之,白居易复奏请罢兵。于是制洗雪承宗,复以德、棣二州与之,悉罢诸道行营,加刘济中书令。

**瀛州刺史刘总弑其父济及其兄绲。**

济之讨王承宗也,以长子绲为副大使,掌留务。济军瀛州,次子总为刺史。济有疾,总与判官张玘谋,使人从长安来,曰:"朝廷以相公逗留无功,已除副大使为节度使矣。"济愤怒,追绲诣行营。总因进毒杀济,绲至,又杀之,遂领军务。

**九月,罢吐突承璀为军器使。**

"昭义的泽、潞、邢、洺、磁五州占据崤山以东的要害地形,魏博、恒州、幽州各军镇盘曲纠结,朝廷只有倚仗这五州来控制他们,诚然是国家的宝地,关系到国家的安危。不久前昭义被卢从史占有,使朝廷为此忙得顾不上按时吃饭。朝廷不得已,用计诱捕卢从史,已经有失原则。现在又由吐突承璀的文书指派本军牙将担任这一重要军镇的留后,众望顿时沮丧,法度大为紊乱,比较估计利弊,还不如由卢从史担当节度使。为什么这样说呢?虽然卢从史暗蓄奸谋,但已是朝廷的州道长官,乌重胤众多将官中的一员,用吐突承璀的一纸文书接替卢从史的职务,我怕河南河北各镇长官闻讯愤怒,以与他同列为耻辱。他们将会说吐突承璀诱使乌重胤驱逐卢从史,从而取代他的职位,必将人人自危。万一连名上表陈述吐突承璀的罪状,不知陛下如何处理?如果不予答复,大家就更加愤怒;倘若为此改为任命他人,朝廷就失去威严了。"宪宗很高兴,便委任乌重胤镇守河阳,而将河阳节度使孟元阳改为镇守昭义,将卢从史贬为骧州司马。

秋七月,宪宗颁布制书为王承宗平反,恢复他原有的官职爵位,加封刘济为中书令。

王承宗派使者陈述自己遭到卢从史的离间,请求缴纳赋税,由朝廷任命官吏,允许他改过自新。李师道等人也屡次上表请求为王承宗平反,白居易又奏请停止用兵。于是宪宗颁布制书为王承宗平反,再把德、棣二州授给他,将诸道行营完全撤销,加封刘济为中书令。

**瀛州刺史刘总杀死父亲刘济和哥哥刘绲。**

刘济讨伐王承宗时,任命长子刘绲为副大使,掌管留后事务。刘济驻兵瀛州,而次子刘总担任瀛州刺史。刘济得了病,刘总与判官张玘商量,派人声称从长安前来,说:"朝廷认为您逗留不前,毫无建树,已经任命副大使为节度使了。"刘济大怒,召刘绲前往行营。刘总乘机毒死刘济,刘绲来到,刘总又把他杀死,于是得以统领军务。

**九月,宪宗将吐突承璀罢免为军器使。**

裴垍言于上曰:"承璀首唱用兵,疲弊天下,卒无成功。陛下纵以旧恩,不加显戮,岂得全不贬黜以谢天下乎!"李绛奏曰:"陛下不责承璀,他日复有败军之将,何以处之?若诛之,则同罪异罚,彼必不服。若释之,则谁不保身而玩寇乎!"上即罢承璀中尉,中外相贺。

**以权德舆同平章事。**

上问宰相:"为政宽猛何先?"权德舆对曰:"秦以惨刻而亡,汉以宽大而兴,先后可见矣。"上善其言。

**冬十月,以任迪简为义武节度使,张茂昭为河中节度使。**

义武节度使张茂昭请除代,河北诸镇互遣人说止之,不从。凡四上表,上乃许之,以任迪简为义武行军司马。茂昭悉以簿书、管钥授之,遣其妻子先行,曰:"吾不欲子孙染于污俗。"

茂昭既去,虞候杨伯玉、张佐元相继作乱,将士共杀之,奉迪简主军务。时府库罄竭,闾阎亦空,迪简无以犒士,乃设粝饭与士卒共食之,居戟门下经月,士卒感之,共请还府,然后得安。上闻之,命以绫绢十万赐易定将士,授迪简节钺,徙茂昭镇河中。

**十一月,贬伊慎为右卫将军。**

金吾将军伊慎以钱三万缗赂中尉第五从直,求河中,从直奏之,上贬慎官,坐死者三人。

初,慎自安州入朝,留其子宥主留事。会宥母卒于长安,宥不发丧。鄂岳观察使郄士美遣僚属以事过其境,宥出

裴垍向宪宗进言说："吐突承璀首先提倡使用武力，使天下百姓穷乏困苦，最终无所建树。即使陛下因往日的恩情不将他处决示众，为了向天下百姓道歉，怎能对他全然不加贬斥！"李绛上奏说："现在陛下不肯处罚吐突承璀，将来再有战败的将领，会怎样处治？如果诛杀他，那就是同样的罪责实行不同的处罚，他们一定不服。如果免予治罪，谁不保全自身，姑息贼寇！"宪宗立即免去吐突承璀中尉的职务，朝廷内外都互相祝贺。

**宪宗任命权德舆为同平章事。**

宪宗问宰相说："执掌大政的宽和与严厉应当以哪个居于首位？"权德舆回答说："秦朝因残酷苛刻而灭亡，汉朝因宽和大度而兴盛，哪个居于首位于此可见。"宪宗认为他说的很对。

**冬十月**，宪宗任命任迪简为义武节度使，张茂昭为河中节度使。

义武节度使张茂昭请求任命接替自己的人员，河北诸藩镇交互派人前来劝说阻止，张茂昭不听。张茂昭上表四次，宪宗才答应他的请求，任命任迪简为义武行军司马。张茂昭把账簿文书和锁头钥匙悉数交给任迪简，打发妻子儿女先走，说："我不想让子孙后代沾染污浊的习俗。"

张茂昭离开后，虞候杨伯玉、兵马使张佐元相继发起变乱，将士共同杀死二人，拥戴任迪简主持军务。当时库存消耗已尽，居民也流散一空，任迪简拿不出什么东西来犒劳将士，就办备粗米饭与士兵共同进餐，在官署大门前住了一个月，士兵为之感动，一起请他回府，此后义武才得安宁。宪宗得知后，命令拿出绫绢十万匹，赐给易定将士，授给任迪简节度使的节钺，改派张茂昭去镇守河中。

**十一月**，宪宗将伊慎贬为右卫将军。

金吾将军伊慎以三万缗钱去贿赂中尉第五从直，谋求镇守河中，第五从直奏报其事，宪宗将伊慎贬官，三人因此获罪致死。

起初，伊慎由安州进京朝见，留下儿子伊宥主持留后事务。适值伊宥的母亲在长安去世，伊宥没有将死讯公布于众。鄂岳观察使郗士美派属官以办事的名义经过安州辖境，伊宥出来

迎,因告以凶问,先备篮舆,即日遣之。

**以王锷为河东节度使。**

上左右受锷厚赂,多称誉之,上命锷兼平章事。李藩固执以为不可,权德舆曰:"宰相非序进之官。今锷既无忠勋,朝廷又非不得已,何为遽以此名假之?"上乃止。

锷有吏才,工于完聚。范希朝以河东全军出屯河北,耗散甚众。锷到镇之初,兵不满三万人,马不过六百匹。岁余,兵至五万人,马有五千匹,器械精利,仓库充实,又进家财三十万缗。上复欲加锷平章事,李绛谏曰:"锷在太原,虽颇著绩效,今因献家财而命之,若后世何?"乃止。

**裴垍罢为兵部尚书。**

垍得风疾,上甚悼惜之。

**十二月,以吕元膺为鄂岳观察使。**

元膺尝欲夜登城,门已锁,守者不为开。左右曰:"中丞也。"对曰:"夜中谁辨真伪,虽中丞亦不可。"元膺乃还。明日,擢为重职。

**以李绛为中书舍人。**

上每有军国大事,必与诸学士谋之。尝逾月不见学士,绛等上言:"臣等饱食不言,其自为计则得矣,如陛下何? 陛下询访理道,开纳直言,实天下之幸,非臣等之幸也。"上遂召对。

白居易因论事言"陛下错",上色庄而罢,密召绛谓曰:"居易小臣不逊,须令出院。"绛曰:"陛下容纳直言,故群臣

迎接,便把死讯告诉伊宥,事先准备好竹轿,当天打发伊宥上路。

**宪宗任命王锷为河东节度使。**

宪宗身边的人收受王锷丰厚的贿赂,总是称赞王锷,宪宗让王锷兼任平章事。李藩坚持认为此举不妥,权德舆说:"宰相不是按等次晋升的官职。现在王锷既没有显示忠心,建立功勋,朝廷又不是出于不得已,为什么要忙着把这个名号给他?"于是宪宗未加任命。

王锷具有治理地方的才能,擅长掌管修城储粮一类的事务。范希朝率河东全军到河北驻扎,人力物力损耗很大。王锷刚到河东就任时,兵员不满三万,战马不超过六百匹。经过一年多的时间,兵员达到五万人,战马拥有五千匹,军事器具精良犀利,仓库充实,还进献家财三十万缗钱。宪宗又想加封王锷为平章事,李绛进谏说:"王锷任职太原,虽然成绩颇为显著,但是现在由于进献家财就任命为宰相,后世将怎么看?"于是没有任命。

**裴垍罢免为兵部尚书。**

裴垍得了风疾,宪宗很是为他惋惜。

**十二月,宪宗任命吕元膺为鄂岳观察使。**

有一次,吕元膺曾想在夜间登城,城门已经上锁,守卫城门的人不给开门。吕元膺身边的人说:"是吕中丞。"回答说:"夜间谁能分辨真假,即使吕中丞也不行。"于是吕元膺返回。第二天,守卫城门的人被提拔担任重要的职务。

**宪宗任命李绛为中书舍人。**

宪宗每当遇到军国大事,一定要与诸位翰林学士商量。宪宗曾一个多月没召见翰林学士,李绛等人进言说:"臣等饱食终日,沉默不言,若为个人着想本来挺好,但陛下会怎么看?陛下征询访求治国方策,开辟言路,采纳直言,实在是国家的幸运,而不是臣等的幸运。"宪宗随即召见诸人奏对。

白居易因在议论事情时脱口说"陛下错了",宪宗面色严肃地停止谈话,暗中召见李绛,告诉他说:"白居易这个小臣出言不逊,必须让他退出翰林院。"李绛说:"陛下容纳直言,所以群臣

敢竭诚无隐。居易言虽少思,志在纳忠。陛下今日罪之,臣恐天下各思箝口,非所以广聪明,昭圣德也。"上悦,待居易如初。

上尝欲近猎苑中,至蓬莱池西,谓左右曰:"李绛必谏,不如且止。"

绛尝面陈吐突承璀专横,语极恳切,上作色曰:"卿言太过。"绛泣曰:"陛下置臣于腹心耳目之地,若臣畏避左右,爱身不言,是臣负陛下。言之,而陛下恶闻,乃陛下负臣也。"上怒解,曰:"卿所言皆人所不能言,真忠臣也。他日尽言,皆应如是。"遂以为中书舍人,学士如故。

绛尝从容谏上聚财,上曰:"今政令不及两河,河、湟沦于左衽,朕日夜思雪祖宗之耻,而财力不赡,故不得不蓄聚耳。不然,朕宫中用度极俭薄,多藏何用邪?"

**辛卯**(811) **六年**

春正月,以李吉甫同平章事。 二月,李藩罢为太子詹事。

上尝与宰相语及神仙,李藩对曰:"秦始皇、汉武帝学仙之效具载前史,太宗服天竺僧长年药致疾,此古今之明戒也。陛下春秋鼎盛,励志太平,宜拒绝方士之说。苟道盛德充,人安国理,何忧无尧、舜之寿乎!"

**以李绛为户部侍郎。**

才敢竭尽诚心发言,不做隐瞒。白居易的话虽然有欠考虑,但本意在于效忠。倘若陛下现在加罪于他,臣担心天下人都要闭口不语,这不是拓广视听,显示陛下圣德的办法。"宪宗高兴起来,对待白居易还像往常一样。

宪宗曾想就近在禁苑中打猎,来到蓬莱池的西面时,对随侍人员说:"李绛一定会来进谏,不如姑且停止。"

李绛曾当着宪宗的面陈诉吐突承璀骄横专断,言辞极为恳切,宪宗气得变了脸色说:"你说得太过分了。"李绛流着眼泪说:"陛下将臣安排在亲近信任的职位上,如同腹心耳目,如果臣在陛下身边畏葸退缩,爱惜自身不肯进言,这是臣辜负陛下。臣把话说出来,陛下却讨厌去听,这是陛下辜负臣。"宪宗的怒气消除,说:"你讲的都是别人不能讲的,你是真正的忠臣。以后言无不尽,都应像现在这个样子。"于是任命李绛为中书舍人,仍然担任翰林学士。

李绛曾从容不迫地规劝宪宗不要聚敛财赋,宪宗说:"现在河南、河北都没实行国家的政教法令,河、湟地区还沦陷在异族手中,朕日夜考虑洗雪祖宗的耻辱,但财力不够丰足,所以不得不积蓄聚敛。否则,朕在宫廷中的花费极为俭约,多储藏财物有什么用?"

### 辛卯(811) 唐宪宗元和六年

春正月,宪宗任命李吉甫为同平章事。 二月,李藩罢免为太子詹事。

宪宗曾与宰相谈到神仙,李藩回答说:"秦始皇、汉武帝学习仙术的结果都详细记载在以往的史书中,太宗服用天竺僧人的长生不老之药招致疾病,这是古今的明戒。陛下年富力强,正勉励心志,再造太平盛世,应该拒绝方士的说教。如果道德盛大充盈,人民安居乐业,国家政治修明,还用担心没有唐尧、虞舜那样的年寿吗!"

宪宗任命李绛为户部侍郎。

宦官恶李绛在翰林,以为户部侍郎判本司。上问绛:"故事,户部皆进羡余,卿独无进,何也?"对曰:"守土之官厚敛于人以市私恩,天下犹共非之,况户部所掌,皆陛下府库之物,给纳有籍,安得羡余?若自左藏输之内藏,以为进奉,是犹东库移之西库,臣不敢踵此弊也。"上嘉其直,益重之。

**夏四月,以卢坦判度支。**

或告泗州刺史薛謇有异马不以献,事下度支,使巡官往验,未返。上迟之,使品官刘泰昕按其事。卢坦曰:"陛下既使有司验之,又使品官继往,岂大臣不足信于品官乎?臣请先就黜免。"上乃召泰昕还。

**五月,以李惟简为凤翔节度使。**

陇州地与吐蕃接,旧常更入攻抄,人不得息。惟简以为边将当谨守备,蓄财谷以待寇,不当睹小利起事。益市耕牛,铸农器,以给农之不能自具者,增垦田数十万亩。属岁屡稔,公私有余,贩者流及他方。

**六月,诏有司省吏员,并州县,减仕涂,均俸给。**

李吉甫奏:"中原宿兵见在八十余万,商贾、僧、道不服田亩者什有五六。是常以三分劳筋苦骨之人奉七分待衣坐食之辈也。今内外官以税钱给俸者不下万员,天下或以一县之地而为州,一乡之民而为县者甚众。旧制,一品月俸三千缗,职田禄米不过千斛。艰难以来,增置使额,厚给俸钱。

宦官不愿意让李绛在翰林院任职,使他担任户部侍郎,兼管户部。宪宗问李绛:"根据旧例,户部都要进献额外税收,为什么只有你不肯进献?"李绛回答说:"守卫疆土的地方官员通过征收沉重的赋税来换取私人的恩惠,天下人尚且共同非难他们,何况户部掌管的,都是陛下府库中的物品,支出与交纳都有账目,怎么会有额外盈余? 如果把财物从左藏库转运到内藏库,以此作为进献的贡物,这如同将财物从东库房搬到西库房,臣不敢因袭这一弊病。"宪宗喜欢李绛的耿直,对他更加器重。

**夏四月,宪宗任命卢坦判度支。**

有人告发泗州刺史薛謇有一匹不同寻常的好马没有进献,事情交付度支查问,度支让巡官前去验察,尚未返回。宪宗嫌办得太慢,让品官刘泰昕按察其事。卢坦说:"既然陛下交付有关部门验察,接着又让品官前去插手,难道大臣不如品官可信吗? 请让臣先接受罢免。"于是宪宗将刘泰昕召回。

**五月,宪宗任命李惟简为凤翔节度使。**

陇州地与吐蕃接壤,以前经常交替深入对方攻打抄掠,人们不得宁息。李惟简认为,边防将领应周密设防,积蓄钱粮等待敌军的到来,不应着眼小利滋事生非。李惟简增购耕牛,铸造农用器具,以供给不能自己备办农具的人们,增加垦田数十万亩。适值连年屡获丰收,公私都有了余粮,商人把粮食贩运到外地。

**六月,宪宗下诏有关部门裁减吏员,合并州县,减少入仕途径,平均薪俸。**

李吉甫奏称:"中原地区屯驻的军队现在有八十余万人,商人、僧人、道士等不从事农业的人口有十分之五六。这就是说,要经常以十分之三劳苦筋骨的人去养活十分之七不织而衣、不劳而食的人。现在朝廷内外需要以税收钱财供给薪俸的官员不少于一万人,全国各地有时以一个县的地方设置一个州,以一个乡的人口设置一个县的情况很多。根据以往的典章制度,一品官员每月薪俸钱三千缗,职田所得禄米不超过一千斛。国运艰难以来,增加设置诸使的名额,发给优厚的薪俸钱。

大历中,权臣月至九千缗,州无大小,刺史皆千缗。常衮始立限约,李泌稍复增加。然有名存职废,或额去俸存,闲剧之间,厚薄顿异。请敕有司详定省吏员,并州县,减入仕之涂,定俸给之数。"于是诏段平仲、韦贯之、许孟容、李绛同详定,于是省并八百八员,诸司流外千七百余员。

### 秋九月,梁悦报仇杀人,杖而流之。

富平人梁悦报父仇,杀秦杲,自诣县请罪。敕:"复仇,据《礼经》,则义不同天,征法令则杀人者死。宜令都省集议闻奏。"职方员外郎韩愈议曰:"律无复仇之条,非阙文也,盖不许则伤孝子之心,而乖先王之训;许之则人将倚法专杀,而无以禁止其端。故圣人丁宁其义于经,而深没其文于律,其意将使法吏一断于法而经术之士得引经而议也。宜定其制曰:'凡复父仇者,事发,具事申尚书省,集议奏闻。'酌其宜而处之,则经、律无失其旨矣。"于是杖悦一百,流循州。

### 冬十一月,弓箭库使刘希光伏诛。以吐突承璀为淮南监军。

希光受羽林大将军孙琦钱二万缗,为求方镇,事觉,赐死。事连知内侍省事吐突承璀,出为淮南监军。上问李绛:"朕出承璀何如?"对曰:"外人不意陛下遽能如是。"上曰:"此家奴耳。向以其驱使之久,故假以恩私。若有违犯,

大历年间，权臣每月的薪俸钱达到九千缗，无论大州小州，刺史每月的薪俸钱都是一千缗。常衮开始设置限制约束，李泌又逐渐增加薪俸。但是存在只有职名而职事废弃，或者名额免除而薪俸犹存的情形，在职务的清闲与繁重之间，薪俸的优厚与菲薄顿时就显出差别。请敕令有部门详细制定减除吏员，合并州县，减少入仕途径，厘定薪俸数额的方案。"于是宪宗下诏段平仲、韦贯之、许孟容、李绛一起详细参定，于是裁减合并官员八百八十人，各部门九品以下的吏员一千七百余人。

**秋九月，梁悦报仇杀人，朝廷杖打流放了他。**

富平人梁悦为父亲报仇，杀死秦果，自己到县衙请求治罪。敕书称："关于复仇，根据《礼记》的说法，在道义上说，应与仇人不共戴天，但引征法令条文，杀人者应处以死刑。应让尚书都省召集有关人员计议，奏报朝廷闻知。"职方员外郎韩愈议论说："刑律中没有报仇的条文，并不是刑律有阙文，而是由于不许报仇会伤害孝子的心愿，并违背先王的教诲；允许报仇将使人凭借法令擅自杀人，却无法禁止此类事情的发生。所以圣人在经书里反复强调报仇的含义，在刑律中又将报仇的条文深深隐没，其用意是让执法官吏一概依法裁决，而尊奉经学之士可以援引经典加以议论。应这样规定这项制度：'凡是为父亲报仇的，被举发后，应写明事实申报尚书省，由尚书省召集有关人员计议，奏报朝廷闻知。'考虑在合适的时候处理它，经书与刑律就不会有失其意了。"于是将梁悦杖打一百下，流放到循州。

**冬十一月，弓箭库使刘希光被处死。宪宗任命吐突承璀为淮南监军。**

刘希光接受羽林大将军孙璹的二万缗钱，为孙璹谋求节度使的职务，案发后，宪宗命他自杀。此事牵连到知内侍省事吐突承璀，吐突承璀被外放为淮南监军。宪宗问李绛说："朕将吐突承璀任为外官怎么样？"李绛回答说："外人没想到陛下忽然能这么做。"宪宗说："他不过是个家奴。过去朕觉得役使他的时间很长了，所以因私情恩宠而宽宥了他。假如他有违纪犯法的行为，

朕去之轻如一毛耳。"

试太子通事舍人李涉知上于承璀恩顾未衰,乃投匦上疏称:"承璀有功,希光无罪。"知匦使孔戣见其副章,诘责不受,上疏极言:"涉奸险欺天,请加显戮。"诏贬峡州司仓。戣,巢父之子也。

## 十二月,封恩王等女为县主。

十六宅诸王既不出阁,其女嫁不以时,选尚者皆由宦官纳赂自达。李吉甫为上言其弊,诏封恩王等六女为县主,委中书、门下、宗正、吏部选门地人才称可者,嫁之。

## 以李绛同平章事。

李吉甫为相,多修旧怨,上颇知之,故擢绛为相。吉甫善逢迎上意,而绛鲠直,数争论于上前,上多直绛而从其言,由是二人有隙。

上御延英,吉甫言:"天下已太平,陛下宜为乐。"绛曰:"汉文帝时兵木无刃,家给人足,贾谊犹以为厝火积薪之下,不可谓安。今法令所不能制者河南北五十余州,犬戎腥膻,近接泾、陇,烽火屡惊,加之水旱时作,仓库空虚,此正陛下宵衣旰食之时,岂得谓之太平,遽为乐哉!"上欣然曰:"卿言正合朕意。"退谓左右曰:"吉甫专为悦媚,如李绛,真宰相也。"

上尝问:"贞元中政事不理,何乃至此?"吉甫对曰:"德宗自任圣智,不信宰相,使奸臣得乘间弄威福故也。"上曰:"然此亦未必皆德宗之过。朕幼在德宗左右,见事有得失,当时宰相亦未有再三执奏者,今日岂得专归咎于德宗邪?

朕抛弃他就像拔掉一根毫毛一样容易！"

试太子通事舍人李涉知道宪宗对吐突承璀的恩宠眷顾并未减弱,就通过接受臣民意见的铜匦上疏说:"吐突承璀有功,刘希光无罪。"知匦使孔戣见到上疏的副本,加以责问,不肯受理,上疏极力陈言:"李涉奸邪阴险,欺骗上天,请将他处决示众。"有诏将孔戣贬为峡州司仓。孔戣,是孔巢父的儿子。

**十二月,宪宗将恩王等人的女儿封为县主。**

十六宅诸王不再做封地上的藩王,他们的女儿不能按时出嫁,择偶下嫁者都通过贿赂宦官才办成的。李吉甫向宪宗说了这一弊病,宪宗下诏将恩王等人的六个女儿封为县主,委托中书、门下、宗正和吏部选择门第人才相当的人,许配给他们。

**宪宗任命李绛为同平章事。**

李吉甫担任宰相,往往报复以往与自己结怨的人,宪宗也略微了解一些情况,所以提拔李绛为宰相。吉甫善于迎合宪宗的意旨,而李绛刚正不阿,两人屡次在宪宗面前争执,宪宗多认为李绛有理,听从他的主张,因此两人有了嫌隙。

宪宗驾临延英殿,李吉甫说:"天下已经太平,陛下应该作乐。"李绛说:"汉文帝时兵器变钝,没了锋刃,家家富裕,人人丰足,贾谊还认为这是将火种放在堆积的柴火下面,不能说是安定的。现在朝廷的法纪号令不能控制的地区有河南、河北五十余州,异族的秽恶气息,近处已与泾州、陇州连接,边境的烽火屡次报警,再上水旱灾害经常发生,仓库储备空虚,这正是陛下勤于政事的时候,怎能说已经太平,就忙着作乐呢!"宪宗欣然说:"你的话正合朕意。"退朝后对身边的人说:"李吉甫专门阿谀献媚,像李绛那样,才是真正的宰相。"

宪宗曾问:"贞元年间政事不甚修明,为什么竟然到了这种地步?"李吉甫回答说:"因为德宗自逞超人的智慧,不信任宰相,使奸臣能够乘机作威作福的缘故。"宪宗说:"但这也未必都是德宗的过错。朕幼年在德宗身边,看到政事有了缺失,当时的宰相也没有再三坚持上奏的,现在怎么能专门把过错都归到德宗身上呢?

卿辈宜用此为戒。事有非是，当力陈不已，勿畏朕谴怒而遽止也。"

吉甫尝言："人臣不当强谏，使君悦臣安，不亦美乎？"李绛曰："人臣当犯颜苦口，指陈得失。若陷君于恶，岂得为忠！"上曰："绛言是也。"吉甫至中书，卧不视事，长吁而已。李绛或久不谏，上辄诘之曰："岂朕不能容受邪？将无事可谏也？"吉甫又尝言于上曰："赏罚，人主之二柄，不可偏废。今惠泽已深而威刑未振，中外懈惰，愿加严以振之。"上顾李绛曰："何如？"对曰："王者之政，尚德不尚刑，岂可舍成、康、文、景而效秦始皇父子乎！"上曰："然。"后旬余，于頔入对，亦劝上峻刑，上谓宰相曰："于頔大是奸臣。劝朕峻刑，卿知其意乎？"皆对曰："不知也。"上曰："此欲使朕失人心耳。"吉甫失色，退而抑首不言笑竟日。

**太子宁卒。　　大稔。**

是岁，天下大稔，米斗有直二钱者。

**壬辰（812）　七年**

**春正月，以元义方为鄜坊观察使。**

义方媚事吐突承璀，李吉甫欲自托于承璀，擢义方为京兆尹，李绛恶而出之。义方入谢，因言："绛私其同年许季同，以为京兆少尹，故出臣鄜坊，专作威福。"明日，上以诘绛曰："人于同年固有情乎？"对曰："同年乃四海九州之人偶

你们应以此为戒。事情有过失,应尽力陈述不止,别怕朕发怒因而赶紧闭口不言。"

李吉甫曾说:"人臣不应该极力进谏,让君主喜欢臣下安宁,不也很好吗?"李绛说:"人臣应该敢于冒犯圣上的威严,讲出逆耳但又恳切的谏言,指陈过失。如果使君主陷溺到邪恶中,怎么算得上忠于君主!"宪宗说:"李绛说得好。"李吉甫来到中书省,躺在那里不去办事,只是长声叹息。有时李绛很长时间没有进谏,宪宗总是问他说:"难道是朕不能接受意见吗?还是没有事情可以进谏?"李吉甫又曾向宪宗进言说:"奖赏与惩罚,是人君的两大权柄,不能偏废。现在施行的恩泽已够深厚,只是威刑未能振举,内外官员松懈懒惰,希望采用严厉的刑罚,使内外官员振作起来。"宪宗看着李绛说:"这种说法怎么样?"李绛回答说:"帝王为政,推尚仁德而不推尚刑罚,怎么能抛开周成王、周康王和汉文帝、汉景帝的榜样,反而效法秦始皇父子呢!"宪宗说:"讲得对。"十多天后,于顿入朝奏对,也劝宪宗采用严刑峻法,宪宗对宰相说:"于顿是个大大的奸臣。他劝朕采用严刑峻法,你们知道其中的用意吗?"宰相都回答说:"不知道。"宪宗说:"这是想使朕失去人心。"李吉甫惊慌失色,退朝后一整天都低着头,不说不笑。

**太子李宁去世。　大丰收。**

这一年,全国大丰收,每斗米有仅值二钱的。


**壬辰**(812)　唐宪宗元和七年

**春正月**,宪宗任命元义方为鄜坊观察使。

元义方巴结谄媚吐突承璀,李吉甫想自己依靠吐突承璀,因而提拔元义方为京兆尹,李绛憎恶元义方便将他逐出朝廷。元义方入朝谢恩,乘机说:"李绛为同年许季同徇私,任命许季同为京兆少尹,所以把臣外放到鄜坊,这是擅作威福。"第二天,宪宗就以此责问李绛说:"难道人们对于自己的同年应该有私情吗?"李绛回答说:"同年就是来自全国各地的人偶然

同科第,情于何有?且陛下不以臣愚,备位宰相,宰相职在量才授任。若其人果才,虽在兄弟子侄之中,犹将用之,况同年乎!避嫌而弃才,是乃便身,非徇公也。"上曰:"善。"遂趣义方之官。

**夏四月**,以崔群为中书舍人。

上嘉翰林学士崔群谠直,命学士自今奏事必取群连署,然后进之。群曰:"翰林举动,皆为故事。必如是,后来万一有阿媚之人为之长,则下位直言无从而进矣。"遂不奉诏。

**五月**,诏蠲淮、浙租赋。

上谓宰相曰:"卿辈屡言淮、浙去岁水旱,近有御史自彼还,言不至为灾,事竟如何?"绛对曰:"臣按淮、浙诸道奏状,皆云水旱人流,求设法招抚,其意似恐朝廷罪之者,岂肯无灾而妄言灾邪?此盖御史欲为奸谀,以悦上意耳。愿得其主名,按致其法。"上曰:"卿言是也。国以人为本,闻有灾,当亟救之,岂可复疑之邪!"因命速蠲其租赋。上尝与宰相论治道于延英殿,日旰暑甚,汗透御服,宰相求退,上留之曰:"朕入禁中,所与处者独宫人、宦官耳,故乐与卿等且共谈为理之要,殊不知倦也。"

**秋七月**,立遂王恒为皇太子。　**八月**,魏博节度使田季安卒。

魏博牙内兵马使田兴有勇力,颇读书,性恭逊。季安淫虐,兴数规谏,季安以为收众心,欲杀不果。季安病,军政

同时科考登第，私情又在哪里？况且陛下不嫌臣愚昧，让臣充数担任宰相，宰相的职责在于酌量才能，授给职任。如果有人果真有才能，即使该人是自己的兄弟子侄一辈人，尚且要加以任用，何况同年呢！为避嫌而舍弃人才，这是利己的做法，不是舍身为公的态度。"宪宗说："讲得好。"于是催促元义方去就任。

**夏四月**，宪宗任命崔群为中书舍人。

宪宗嘉许翰林学士崔群的正直，命令翰林学士从今以后奏事必须在取得崔群的联名签署后才能将奏疏进呈。崔群说："翰林学士的行为，都会成为惯例。如果一定这样办，万一后来有阿谀谄媚的人担当翰林学士的长官，那么官位在下的直言就无从进献了。"于是没有接受诏命。

**五月**，宪宗下诏蠲免淮南、浙江的赋税。

宪宗对宰相说："你们这些人屡次提到淮南、浙江地区去年发生水旱灾害，近来有一位御史从那里回来，说没有达到造成灾害的程度，这事究竟怎么样？"李绛回答说："臣考察淮南、浙江各道奏报的文状，都说发生水旱灾害，百姓流散，请求设法安抚，那意思似乎担心朝廷加罪于他们，难道愿意没有灾情就胡说遭灾？这大约是御史想干奸邪逢迎的勾当，以讨陛下的欢心。臣希望得知发言人的姓名，加以按察，依法制裁。"宪宗说："你说得对。国家以百姓为本，听说发生灾情，应赶快救济他们，怎能再怀疑灾情的存在！"于是命令赶快蠲免那里的赋税。宪宗曾与宰相在延英殿谈论治国之道，当时天色向晚，暑气甚重，汗水湿透了宪宗的衣服，宰相请求退下，宪宗挽留他们说："朕进入宫廷后，只能与宫女和宦官接触相处，所以朕喜欢与你们暂且一起谈论治国的要领，一点也不觉得疲倦。"

**秋七月**，宪宗将遂王李恒立为皇太子。　**八月**，魏博节度使田季安去世。

魏博牙内兵马使田兴勇武有力，颇读过一些书，性情恭谨谦逊。田季安放荡而又暴虐，田兴屡次规劝进谏，田季安认为这是收揽人心，想杀田兴，没有杀成。田季安得了病，军政

废乱,夫人元氏立其子怀谏为副大使,知军务,时年十一。召兴为都知兵马使。

上与宰相议魏博事,李吉甫请兴兵讨之,李绛曰:"魏博不必用兵,当自归朝廷。"上意以吉甫议为然,绛曰:"两河藩镇之跋扈者,恐诸将权重而谋己,故常分兵以隶之,不使专在一人。诸将势均力敌,莫能相制,虽欲为变,莫敢先发。跋扈者恃此以为长策,然亦必常得严明主帅能制诸将之死命者以临之,然后粗能自固。今怀谏乳臭子,不能自听断,军府大权必有所归。诸将不服,怨怒必起,然则向者分兵之策,反为今日祸乱之阶矣。田氏不为屠肆则悉为俘囚,何足烦天兵哉!然彼自列将起代主帅,邻道之所深恶,不倚朝廷之援则无以自存,故臣以为不必用兵,可坐待魏博之自归也。但愿陛下按兵养威,严敕诸道选练士马,以须后敕,不过数月,必有自效于军中者矣。至时惟在朝廷应之敏速,中其机会,不爱爵禄,以赏其人。使两河藩镇闻之,恐其麾下效之以取朝廷之赏,必皆恐惧,争为恭顺矣。此所谓不战而屈人兵者也。"上曰:"善。"

**冬十月,魏博兵马使田兴请吏奉贡,诏以兴为节度使。**

田怀谏幼弱,军政皆决于家僮蒋士则,数以爱憎移易诸将,众皆愤怒。朝命久未至,军中不安。田兴晨入府,士卒

废弛混乱，夫人元氏将自己的儿子田怀谏立为副大使，掌管军务，当时只有十一岁。并将田兴召回来担任都知兵马使。

宪宗与宰相计议有关魏博的事宜，李吉甫请求起兵讨伐田怀谏，李绛说："不必对魏博采取军事行动，田怀谏自然就会归顺朝廷。"宪宗认为李吉甫的意见正确，李绛说："河南、河北骄横强暴的藩镇，担心部下诸将领职权过重，会想办法对付自己，所以通常将兵力分开，再归诸将领管辖，不让兵力专门由一人掌握。诸将领势均力敌，不能互相节制，即使想发动变乱，也不敢率先发难。骄横跋扈的藩镇仗着这种做法作为长远的计策，但也必须经常有个能控制诸将领竭尽死力效命的严明的主帅加以驾驭，才能大致巩固自己的地位。现在田怀谏是个乳臭小儿，不能自己听政断事，军府大权必然有一个归向。诸将领心中不服，必然产生怨恨，这就使以往分散兵力的策略，反而成为现今滋生祸乱的条件。即使田氏不被举家屠杀，陈尸示众，也都会成为被俘的囚徒，还用烦劳朝廷的兵马吗！然而田怀谏由众将领的一员来接替主帅的职务，正是邻道深为憎恶的局面，田怀谏不倚靠朝廷的援助就无法使自己存在下去，所以臣认为不必采取军事行动，可以坐待魏博主动归附。但愿陛下按兵不动，蓄养声威，严令各道选拔并操练兵马，以待日后的敕令，不超过几个月的时间，军中一定会出现自动效命的人。到时候，只在于朝廷敏捷迅速地做出反应，看准时机，不爱惜官爵俸禄，用来奖赏效命之人。假如河南、河北的藩镇得知这一消息，唯恐自己的部下效法魏博，以获取朝廷的奖赏，肯定都会害怕起来，争着向朝廷表示恭敬顺从。这就是所谓不用作战就使敌兵屈服的道理。"宪宗说："讲得好。"

冬十月，魏博兵马使田兴请朝廷任命官吏，向朝廷纳贡，宪宗下诏任命田兴为节度使。

田怀谏幼稚弱小，军政都由家仆蒋士则决断，蒋士则屡次凭个人的爱憎调动诸将领，大家都为之愤怒。朝廷的任命许久没有送到，军中将士感到惶恐不安。田兴早晨走进军府，士兵

大噪，环拜，请为留后。兴惊仆，久之起谓众曰："汝肯听吾言乎？"皆曰："惟命。"兴曰："勿犯副大使，守朝廷法令，申版籍，请官吏，然后可。"皆曰："诺。"兴乃杀蒋士则等十余人，迁怀谏于外。

监军以闻，上亟召绛曰："卿揣魏博若符契。"吉甫请遣中使宣慰，以观其变，绛曰："今田兴奉其土地兵众，坐待诏命。不乘此际推心抚纳，必待敕使至彼持将士表来，然后与之，则是恩出于下，而其感戴之心非今日比矣。"吉甫素与枢密使梁守谦相结，守谦亦为之言，上竟遣中使张忠顺如魏。绛复上言："朝廷恩威得失在此一举，时机可惜，奈何弃之！计忠顺之行，甫应过陕，乞明旦即降白麻，除兴节度使，犹可及也。"上欲且除留后，绛曰："田兴恭顺如此，自非恩出不次，无以深慰其心。"上从之。忠顺未还，制命已至，兴感恩流涕，士众鼓舞。

**十一月**，遣知制诰裴度宣慰魏博。

李绛言："魏博五十余年不沾皇化，一旦来归，不有重赏过其所望，则无以慰士卒之心，使四邻劝慕。请发内库钱百五十万缗以赐之。"宦官以为太多，上以语绛，绛曰："田兴不贪专地之利，不顾四邻之患，归命圣朝，陛下奈何爱小费而遗大计，不以收一道人心？钱用尽更来，机事一失，不可复追。借使国家发十五万兵以取六州，期年而克之，其费岂止如此而已乎！"上悦，曰："朕所以恶衣菲食，蓄聚

大声喊叫,围着田兴行礼,请田兴担任留后。田兴惊惶得仆倒在地,许久才起身对大家说:"你们愿意听我的话吗?"大家都说:"听您的命令。"田兴说:"不许冒犯副大使,遵守朝廷法令,申报版图户籍,请求任命官吏,做到这些才行。"大家都说:"好。"田兴于是杀死蒋士则等十余人,让田怀谏搬出军府。

监军上报宪宗,宪宗连忙召见李绛说:"你对魏博势态的揣测与事实吻合。"李吉甫请求派中使前去安抚,以观察事态的变化,李绛说:"现在田兴献出魏博的土地和军队,正在等待诏命。如果不趁此时机诚心抚慰接纳,一定要等敕使到魏博拿回将士的奏表,然后再任命田兴为节度使,这是恩惠来自下边,而田兴对朝廷的感激和爱戴之心就不能与现在相比了。"李吉甫一向与枢密使梁守谦互相勾结,梁守谦也为李吉甫说话,宪宗最终还是派中使张忠顺前往魏博。李绛再次进言说:"朝廷施加恩典与声威的成败在此一举,当前这一时机值得珍惜,怎能放弃!考虑张忠顺的行程,应刚过陕州,请陛下明天早晨立即下达白麻纸诏书,任命田兴为节度使,还来得及。"宪宗想暂且任命田兴为留后,李绛说:"田兴这样恭敬顺从,不破格施加恩典,自然无法深慰其心。"宪宗依言而行。张忠顺还没回朝,制命已到达魏博,田兴感恩流泪,士兵欢欣雀跃。

**十一月,**宪宗派知制诰裴度安抚魏博。

李绛进言说:"魏博五十余年没有沾润朝廷的教化,现在忽然前来归顺,如果没有超过他们所希望的重赏,就无法安慰士兵的心,使四邻各道受到勉励,感到美慕。请调拨内库钱一百五十万缗赐给魏博。"宦官认为太多,宪宗把这件事告知李绛,李绛说:"田兴不贪图独霸一方的好处,不顾隐伏在四邻各道的祸患,归顺本朝,陛下怎能吝惜微小的费用,反而丢掉国家大计,不拿这点钱去收揽一道的民心呢!钱用完了还会再有,一旦失去这一时机,就不能重新挽回。假如国家调集十五万兵力去攻占魏博六州,经过整整一年才攻克其地,这费用哪里只这点钱就够!"宪宗高兴地说:"朕之所以穿粗劣的衣服,吃薄味的食品,积蓄

货财,正为欲平定四方。不然,徒贮之府库何为!"十一月,遣知制诰裴度宣慰魏博,颁赏军士,六州百姓给复一年。军士受赐,欢声如雷。成德、兖郓使者数辈见之,相顾失色,叹曰:"倔强者果何益乎!"

度为兴陈君臣上下之义,兴听之终久不倦。请度遍行所部,宣布朝命。又奏所部缺官,请有司注拟,奉法令,输税赋,室屋僭侈者皆避不居。郓、蔡、恒遣游客间说百方,兴终不听。李师道使人谓韩弘曰:"我世与田氏约相保援,今兴非其族,又首变两河事,亦公之所恶也,我与成德合军讨之。"弘曰:"我不知利害,知奉诏行事耳。若兵北渡河,我则以兵东取曹州。"师道惧,不敢动。

**置振武、天德营田。**

李绛奏:"振武、天德左右良田可万顷,请择能吏开置营田,可以省费足食。"上从之,命度支使卢坦经度。四年之间,开田四千八百顷,收谷四千余万斛,岁省度支钱二十余万缗。

**吐蕃寇泾州。**

吐蕃数入寇,上患之。李绛言:"京西、京北始置神策镇兵,欲以备御吐蕃,使与节度使掎角相应。今则鲜衣美食,坐耗县官,每有寇至,节度使邀与俱进,则云申取中尉处分,比其得报,虏去远矣。纵有果锐之将,闻命奔赴,节度使无刑戮以相制,相视如平交,左右前却,莫肯用命。请据

物资钱财，正是为了平定四方。否则，钱财白白储存在府库里有什么用!"十一月，宪宗派知制裴诰度前去安抚魏博，向将士颁发奖赏，宣布魏博六州百姓免除一年的赋税徭役。将士得到赏赐，欢声如雷。成德、兖郓的几个使者看见这一场景，相顾失色，叹息说:"对朝廷强硬不屈的藩镇到底有什么好处!"

裴度向田兴讲述君臣上下的道理，田兴听了整整一个晚上都没有倦意。田兴请裴度走遍自己管辖的州县，去宣布朝廷的命令。田兴还奏报部下缺少的官员，请求有关部门登录姓名，拟定官职，行使朝廷的法纪命令，向朝廷交纳赋税，过度奢华的宫室一概回避不住。郓州、蔡州、恒州派说客想方设法进行离间游说，田兴始终不肯听信。李师道让人对韩弘说:"我与田氏世代约定互相保全，彼此援助，如今田兴不是田氏家族的成员，又第一个改变河南、河北的先例，这也是您所憎恶的，我想与成德合兵讨伐田兴。"韩弘说:"我不懂你说的这些利弊得失，只知道遵照诏书办事。如果你的军队北渡黄河，我就领兵东进，攻占曹州。"李师道害怕了，没敢用兵。

**朝廷在振武、天德设置屯田。**

李绛奏称:"振武、天德周围的良田可达一万顷，请选择强干的官吏开设屯田，可以节省开支，使粮食充足。"宪宗依言而行，命度支使卢坦去经营规划。在四年时间里，开辟田地四千八百顷，收获谷物四千余万斛，每年节省度支钱二十余万缗。

**吐蕃侵犯泾州。**

吐蕃屡次侵犯内地，宪宗甚为担忧。李绛进言说:"京西、京北开始设置神策军赴镇驻守的兵马，为的是防御吐蕃，使神策军与节度使的兵马互相呼应。如今神策军鲜衣美食，白白消耗官府的物资供给，每当吐蕃到来，节度使邀请神策军与自己共同进军，神策军却说需要上报，听候神策军中尉的处理，等得到答复时，吐蕃早已远去。纵然神策军有果决勇猛的将领，接受命令就奔赴敌军，但节度使无法行使刑杀的权力来加以控制，只能视为平级交往，军队前进或退却时，他们都不肯服从命令。请根据

所在之地割隶本镇，使号令齐一，则军威大振，虏不敢入寇矣。"上曰："朕不知旧事如此，当亟行之。"既而神策军骄恣日久，不乐隶节度使，竟为宦者所沮而止。

**癸巳**（813） **八年**
**春正月，以田融为相州刺史。**
融，兴之兄也。兴幼孤，融长养而教之。兴尝于军中角射，一军莫及，融退而抶之，曰："尔不自晦，祸将及矣。"故兴能自全于猜暴之时。

**权德舆罢。**
李吉甫、李绛数争论于上前，德舆居中，无所可否，上鄙之，故罢。
**赐田兴名弘正。 贬于頔为恩王傅。**
頔久留长安，郁郁不得志。有梁正言者，自言与梁守谦同宗，頔使其子敏赂之，求出镇。寻觉其诈，索赂不得，诱其奴支解之。事觉，頔素服诣阙请罪，左授恩王傅，绝朝谒，敏流雷州。

事连僧鉴虚。鉴虚自贞元以来以财交权幸，受方镇赂遗，厚自奉养，吏不敢诘。至是，权幸争为之言，上欲释之，中丞薛存诚不可。上遣中使诣台宣旨，存诚对曰："陛下必欲释此僧，请先杀臣，不然臣不奉诏。"上嘉而从之，杖杀鉴虚。

**征西川节度使武元衡入知政事。 夏六月，大水。**

上以为阴盛之象，出宫人二百车。
**徙受降城于天德军。**

神策军的所在地划归本镇节度使管辖,使号令统一,这样就会军威大振,吐蕃也不敢入侵了。"宪宗说:"朕不知道以往的制度竟是这个样子,应当赶快实行你的建议。"不久由于神策军骄横放纵日久,不愿意归节度使管辖,终究被宦官阻挠,没有实行。

### 癸巳(813) 唐宪宗元和八年

**春正月,宪宗任命田融为相州刺史。**

田融,是田兴的哥哥。田兴幼年丧父,田融年长,抚养教育田兴。有一次田兴曾在军中比赛射箭,全军无人可比,田融回来用鞭子抽打田兴,说:"你不收敛自己的锋芒,祸事就要到来。"所以田兴能在田季安猜忌暴虐之时保全自己。

**权德舆罢相。**

李吉甫、李绛多次在宪宗面前争论,权德舆置身其间,不置可否,为宪宗轻视,所以罢相。

**宪宗为田兴赐名叫田弘正。** **将于頔贬为恩王傅。**

于頔长期留在长安,郁郁不得志。有个叫梁正言的人,自己说与梁守谦是本家,于頔让儿子于敏贿赂梁正言,谋求离京担任节度使。不久于敏察觉梁正言纯属欺诈,要不回贿赂,就诱使梁正言的奴仆将梁正言肢解。案发后,于頔穿着白色丧服到宫门前请罪,被降职为恩王傅,不得入朝谒见,于敏流放雷州。

事情牵连到僧人鉴虚。鉴虚自贞元年间以来,与有权受宠的奸佞之人交往,收受节度使的贿赂,使自己获得优厚的供养,吏人不敢追问。至此,有权受宠的奸佞之人争着为鉴虚讲情,宪宗想释放鉴虚,御史中丞薛存诚认为不妥。宪宗派中使到御史台宣旨,薛存诚回答说:"如果陛下一定要释放此僧,请先把臣杀了,否则臣不接受诏命。"宪宗表示嘉许,依言而行,将鉴虚杖打而死。

**宪宗征调西川节度使武元衡回朝执掌政事。** **夏六月,发生严重的水灾。**

宪宗认为这是阴气满盈的物象,将二百车宫女打发出宫。

**朝廷将受降城迁移到天德军。**

先是，振武河溢，毁受降城，节度使李光进奏请修城，兼理河防。李吉甫请徙于天德故城，以避河患。李绛、卢坦以为："受降城，张仁愿所筑，当碛口，据虏要冲，美水草，守边之利地。欲避河患，退二三里可也。天德故城僻处确瘠，烽候不相应接，虏忽唐突，势无由知，是无故而蹙国二百里也。"城使周怀义奏利害，与绛、坦同，上卒用吉甫策，以受降城骑士隶天德军。

李绛言于上曰："边兵徒有其数而无其实。将帅但缘私役，使聚其货财，以结权幸而已，未尝训练以备不虞，此不可不于无事之时豫留圣意也。"受降兵籍旧四百人，及天德交兵，才五十人，器械一弓而已，故绛言及之。上惊曰："边兵乃如是其虚邪！卿曹当加按阅。"会绛罢相而止。

**秋九月，吐蕃作乌兰桥。**

初，吐蕃欲作乌兰桥，先贮材于河侧，朔方常潜遣人投之于河，终不能成。虏知节度王佖贪，先厚赂之，然后并力成桥，仍筑月城守之，自是朔方御寇不暇。

**冬十月，回鹘击吐蕃。　振武军乱，逐其节度使李进贤。**

振武节度使李进贤不恤士卒，使牙将杨遵宪将五百骑趣东受降城以备回鹘，士卒还攻进贤，进贤奔静边军。

诏以张煦为振武节度使，将夏州兵二千赴镇，诛乱者二百余人。贬进贤为通州刺史，监军骆朝宽坐纵乱者杖八十，配役定陵。

在此之前,振武一带黄河泛滥,冲毁受降城,振武节度使李光进奏请修筑受降城,同时治理黄河堤防。李吉甫请求将受降城迁移到天德军故城,以避免黄河的危害。李绛、卢坦认为:"受降城,是张仁愿修筑的,地处大漠的出口,占据着控制异族的交通要冲,水草丰美,是守卫边疆的好地方。要避免黄河的危害,后退两三里就行了。天德军故城处于荒远之地,地质瘠薄多石,烽火台示警告急时,不能互相呼应,异族忽然前来横冲直撞,势必无从得知,这是无故使国家减缩二百里的土地。"受降城使周怀义奏陈利弊得失,与李绛、卢坦意见相同,但宪宗最终还是采用李吉甫的计划,将受降城的骑兵隶属于天德军。

　　李绛对宪宗说:"边疆的军队空有数额,实际没有那么多兵员。将帅只知通过私自役使士兵,积聚物资钱财,用来结交有权得宠的奸佞之徒,从不进行训练以防意外事件的发生,这种情形不能不在没有事端时请陛下预先留意。"受降城士兵名册原有四百人,及至向天德军移交兵员时,只有五十人,军用器具只有一张弓而已,所以李绛提到此事。宪宗惊讶地说:"边境的兵力竟然如此空虚吗! 你们应当加以按察。"适值李绛罢相,就没有兑现。

　　**秋九月,吐蕃架设乌兰桥。**

　　起初,吐蕃准备架设乌兰桥,预先在黄河岸边储存木材,朔方军经常暗中派人把木材扔进黄河,乌兰桥始终没有建成。吐蕃知道节度使王佖贪财,先重加贿赂,然后全力架起乌兰桥,还修筑新月形的城墙加以守卫,从此朔方只能忙于抵御吐蕃。

　　**冬十月,回鹘攻打吐蕃。　振武军哗变,驱逐本镇节度使李进贤。**

　　振武节度使李进贤不体恤士兵,派牙将杨遵宪带领五百名骑兵奔赴东受降城去防备回鹘,士兵折回来攻打李进贤,李进贤逃奔静边军。

　　宪宗下诏任命张煦为振武节度使,带领夏州的两千名士兵前往振武就任,张煦处死哗变者二百余人。宪宗将李进贤贬为通州刺史,监军骆朝宽因纵容哗变者杖责八十,发配到定陵服役。

甲午(814) 九年

**春正月,李绛罢为礼部尚书。**

上尝谓宰相曰:"卿辈当为朕惜官,勿用之私亲故。"李吉甫、权德舆皆谢不敢,李绛曰:"崔祐甫有言:'非亲非故,不谙其才。'谙者尚不与官,不谙者何敢复与?但问其才器与官相称否耳。若避亲故之嫌,使圣朝亏多士之美,此乃偷安之臣,非至公之道也。苟所用非其人,则朝廷自有典刑,谁敢逃之?"上以为然。

又尝问绛:"人言外间朋党太盛,何也?"李绛对曰:"自古人君所盛恶者,莫若朋党,故小人潛君子者,必曰朋党,盖言之则可恶,寻之则无迹。以此目之,则天下之贤人君子无能免者,此东汉之所以亡也,愿陛下深察之。夫君子固与君子合,岂可必使之与小人合,然后谓之非党邪!"绛屡以疾辞位,至是遂罢。

**以吐突承璀为神策中尉。**

初,上欲相绛,先出吐突承璀为淮南监军。至是,召还承璀,复以为左神策中尉。

**夏五月,复置宥州。**

李吉甫奏:"开元中置宥州以领降户,宝应以来,因循遂废。今请复之,以备回鹘、抚党项。"上从之。先是,回鹘屡请昏,朝廷以费广未许。李绛言:"回鹘凶强,不可无备。淮西穷蹙,事要经营。万一北边有警,则非步骑数万不足抗御,而淮西遗丑复延岁月之命,为国家费,岂特降主之比哉!"上不听。

甲午（814） 唐宪宗元和九年

**春正月，李绛罢免为礼部尚书。**

宪宗曾对宰相说："你们应当替朕珍惜官位，不要用来偏袒亲戚故旧。"李吉甫、权德舆都说没有那样的胆量。李绛说："崔祐甫说过：'既不是亲属又不是故交，就无法了解他的才干。'对自己了解的人尚且不能授以官职，对不了解的人怎么敢授以官职？只需衡量一个人的才能器识与所授官职是否相称而已。假如回避亲戚故旧的嫌疑，使本朝少了人才济济的局面，这就是苟且偷安的臣下，不符合大公无私的原则。如果任用的人不合适，那么朝廷自有刑罚，谁敢逃呢？"宪宗认为他说的对。

宪宗又曾问李绛说："人们说外面朋党太严重了，为什么？"李绛回答说："自古以来，人君特别憎恶的，莫过于朋党，所以小人诬陷君子，一定称之为朋党，这是因为提到朋党就使人厌恶，追查起来却没有痕迹。以朋党看待别人，那么天下的贤人君子都不能逃脱这一指责，而这正是东汉灭亡的原因，希望陛下深入考察。君子当然与君子相合，难道一定使君子与小人相合，然后才能说君子没有朋党吗！"李绛屡次因病要求辞去宰相的职位，到这时终被罢免。

**宪宗任命吐突承璀为神策中尉。**

起初，宪宗想任命李绛为宰相，先将吐突承璀外放为淮南监军。到这时，宪宗召回吐突承璀，又任命他为左神策中尉。

**夏五月，朝廷重新建置宥州。**

李吉甫上奏说："开元年间建置宥州以统领降户，宝应年间以来，由于墨守旧法，宥州随即撤销。现在请重新建置宥州，以防御回鹘、安抚党项。"宪宗依言而行。此前，回鹘屡次请求通婚，朝廷因开支很大没有答应。李绛进言说："回鹘凶猛强悍，不能不加防备。淮西形势窘困，需要筹措规划。万一北部边疆有警，那么没有数万步兵、骑兵就难以抵御，淮西的残余小丑又能苟延残喘一些时间，成为国家开支的负担，岂是仅仅下嫁公主的费用能相比的！"宪宗不听劝告。

六月，以张弘靖同平章事。　秋七月，以岐阳公主适司议郎杜悰。

翰林学士独孤郁，权德舆之婿也。上曰："德舆得婿郁，我反不及邪！"先是，尚主皆取勋戚之家，上始命宰相选公卿子弟可居清贯者。诸家多不愿，惟杜佑孙悰不辞，遂以悰尚岐阳公主。公主，上长女，郭妃所生也，有贤行。杜氏大族，尊行不翅数十人，公主卑委怡顺，一同家人礼度，二十余年，人未尝以丝发间指为贵骄。始至，则与悰谋曰："上所赐奴婢卒不肯穷屈，奏请纳之，悉自市寒贱可制指者。"自是闺门落然，不闻人声。

**闰月，彰义节度使吴少阳卒。**

少阳在蔡州，阴聚亡命，抄掠寿州茶山以实其军。既死，其子元济匿丧，自领军务。

初，少阳闻吴武陵名，请为宾友，武陵不答。至是，以书喻元济曰："人情一也，足下反天子，部曲亦欲反足下，易地而处，则情可知矣。"少阳判官苏兆、杨元卿、大将侯惟清皆劝少阳入朝，元济杀兆，囚惟清。元卿先奏事在长安，具以淮西虚实及取元济之策告吉甫，元济杀其妻子，而以董重质为谋主。

李吉甫言于上曰："淮西非如河北，四无党援，而国家常宿数十万兵以备之，劳费不支。失今不取，后难图矣。"上将讨之，张弘靖请先为少阳辍朝、赠官，遣使吊赠，待其有不顺之迹，然后加兵。上从之，遣工部员外郎李君何吊祭。不得入而还。

六月,宪宗任命张弘靖为同平章事。　秋七月,宪宗将岐阳公主嫁给司议郎杜悰。

翰林学士独孤郁,是权德舆的女婿。宪宗说:“权德舆能让独孤郁当女婿,我反而赶不上权德舆吗!”此前,公主下嫁都找皇家内外亲族及功臣子弟,宪宗开始命宰相挑选可以置身清流的公卿子弟。不过各家多不愿意,只有杜佑的孙子杜悰没有推辞,于是让杜悰娶了岐阳公主。岐阳公主,是宪宗的长女,为郭德妃所生,品行贤淑。杜氏是大族,行辈高的不只数十人,岐阳公主谦卑随和,一概采用家人的礼数,二十余年间,人们从没有因丝毫的隔阂而指责她恃贵骄慢。才到杜家时,岐阳公主就与杜悰商量说:“皇上赐给的奴婢终究不肯听使唤,可以奏请收回,一概由自己去买出身低微、可以指使的奴婢。”从此闺阁门户清静,听不见说话的声音。

**闰八月,彰义节度使吴少阳去世。**

吴少阳在蔡州,暗中聚集逃亡的罪犯,抢劫寿州茶山以充实军需。吴少阳死后,其子吴元济隐瞒死讯,由自己统领军务。

起初,吴少阳听说吴武陵很有名望,就邀请吴武陵当自己的宾友,吴武陵不做答复。到这时,吴武陵写信开导吴元济说:“人情都一样,您反叛皇上,部下也要反叛您,换到对方的角度看问题,情况很清楚。”吴少阳的判官苏兆、杨元卿、大将侯惟清都劝吴少阳进京朝见,吴元济杀死苏兆,囚禁侯惟清。事前,杨元卿在长安奏事,将淮西的情况和捉拿吴元济的计策一一告知李吉甫,吴元济杀了杨元卿的妻子儿女,而让董重质充当主谋人。

李吉甫向宪宗进言说:“淮西与河北不同,周围没有同伙的援助,而国家经常屯驻数十万军队加以防备,耗费人力物力,难以支撑下去。错过现在攻取吴少阳的时机,以后就难以对付了。”宪宗准备讨伐吴少阳,张弘靖请求先为吴少阳停止上朝、追赠官爵,派使者吊赠,等吴元济做出对朝廷不恭的事来,然后以武力相加。宪宗依言而行,派工部员外郎李君何前去吊唁祭奠。李君何无法进入淮西,只好回朝。

**以乌重胤为汝州刺史。**

李吉甫以为："汝州扞蔽东都，而河阳宿兵本以制魏博。今田弘正归顺，则河阳为内镇，不应屯重兵以示猜阻。"以乌重胤兼汝州刺史，使徙镇之。加弘正检校右仆射，赐其军钱二十万缗。弘正曰："吾未若移河阳军之为喜也。"

**冬十月，李吉甫卒。　十二月，以韦贯之同平章事。**

**乙未(815)　十年**

**春正月，吴元济反，制削其官爵，发兵讨之。**

吴元济纵兵侵掠，及东畿，制削其官爵，发十六道兵讨之，又诏鄂岳观察使柳公绰以兵五千授安州刺史李听，讨元济。公绰曰："朝廷以吾书生，不知兵邪！"即奏请自行，许之。至安州，署听都知兵马使，选卒六千属之，戒曰："行营之事，一决都将。"听感恩畏威，如出麾下。公绰号令整肃，区处军事，诸将皆服。士卒在行营者，厚给其家；妻淫泆者，沉之于江。士卒皆喜，故每战皆捷。公绰所乘马踶杀圉人，公绰命杀马以祭之。

**三月，以柳宗元为柳州刺史，刘禹锡为连州刺史。**

王叔文之党十年不量移，执政有怜其才欲渐进之者，悉召至京师。谏官争言其不可，上亦恶之，皆以为远州刺史，宗元得柳州，禹锡得播州。宗元曰："播州非人所居，而梦得亲在堂，万无母子俱往理。"欲请于朝，以柳易播。中丞

**宪宗任命乌重胤为汝州刺史。**

李吉甫认为："汝州起护卫东都洛阳的作用,而在河阳屯驻军队本来是为了控制魏博。现在田弘正归顺朝廷,那么河阳成了内地的军镇,不应驻扎重兵以显示对魏博的猜疑。"宪宗任命乌重胤为汝州刺史,让他改为镇守汝州。宪宗又加封田弘正为检校右仆射,向魏博军赐钱二十万缗。田弘正说:"这还不如迁移河阳驻军使我高兴呢。"

**冬十月,李吉甫去世。　十二月,任韦贯之为同平章事。**

### 乙未(815)　唐宪宗元和十年

**春正月,吴元济反叛,宪宗颁布制书削去他的官爵,发兵讨伐。**

吴元济纵容军队侵扰劫掠,到了东都洛阳周围地区,宪宗颁布制书削去吴元济的官职爵位,征调十六道的军队前去讨伐他,又下诏命鄂岳观察使柳公绰将五千士兵拨给安州刺史李听,让李听讨伐吴元济。柳公绰说:"朝廷认为我是书生,不懂用兵吗?"就上奏请求亲自前去,宪宗答应了他。到达安州后,柳公绰署任李听为都知兵马使,挑选出六千名士兵交给李听,告诫说:"有关行营的事务,都由都将决定。"李听感激柳公绰的恩德,畏惧柳公绰的威严,就像柳公绰的部下一样。柳公绰号令整肃,处理军旅事务,诸将领无不佩服。对身在行营的士兵发给家人丰厚的物品,士兵的妻子纵欲放荡的,便沉入长江淹死。士兵都很高兴,所以每次作战都取得胜利。柳公绰所骑的马将养马人踢死,柳公绰命令杀马祭奠养马人。

**三月,宪宗任命柳宗元为柳州刺史,刘禹锡为连州刺史。**

王叔文一党十年没有酌情迁官,有执政官员爱他们的才识想逐渐提拔他们,主张把他们全部召回京城。谏官争着说这种做法不妥,宪宗也讨厌他们,把他们一概任命为偏远地区各州刺史,柳宗元得任柳州刺史,刘禹锡得任播州刺史。柳宗元说:"播州不是人居住的地方,而刘禹锡的母亲尚在高堂,绝没有母子同去的道理。"想向朝廷请求,让自己由柳州改任播州。御史中丞

裴度亦以禹锡母老为上言，上曰："为人子，不自谨，贻亲忧，此则重可责也。"度曰："陛下方侍太后，恐禹锡在所宜矜。"上良久乃曰："朕所言以责为子者耳，然不欲伤其亲心。"退谓左右曰："裴度爱我终切。"禹锡得改连州。

宗元善为文，尝作《梓人传》曰："梓人不执斧斤刀锯之技，专以寻引、规矩、绳墨度材视制，指麾众工各趋其事，不胜任者退之，大厦既成，则独名其功。犹相天下者立纲纪，整法度，择天下之士，使称其职，能者进之，不能者退之，万国既理，而谈者独称伊、傅、周、召，其百官执事之勤劳不得纪焉。或者不知体要，炫能矜名，亲小劳，侵众官，听听于府庭，而遗其大者远者，是不知相道者也。"

又作《种树郭橐驼传》曰："橐驼善种树，其言曰：'凡木之性，其根欲舒，其土欲故。既植之，勿动勿虑，去不复顾，则其天全而性得矣。他人不然，根拳而土易，爱之太恩，忧之太勤，旦视而暮抚之，甚者爪其肤以验其生枯，摇其本以观其疏密，而木之性日以离矣。虽曰爱之，其实害之，故不我若也。'长人者好烦其令，若甚怜焉，而卒以祸之，亦犹是已。"

**田弘正遣其子布将兵助讨淮西。　盗焚河阴转运院。**

李师道数上表请赦吴元济，上不从。师道使大将将二千人趣寿春，声言助官军，实以援元济也。

裴度也就刘禹锡的母亲年事已高向宪宗进言，宪宗说："身为人子，自己不谨慎行事，给亲人带来忧患，这正是甚可责难的地方。"裴度说："陛下正在侍候太后，恐怕对刘禹锡任官所在地的情形也应予以怜悯。"宪宗过了许久才说："朕说的是责备做儿子这一方面的，但不想使他母亲伤心。"退朝后，宪宗对身边的人说："到底是裴度对朕爱得深切。"刘禹锡终于得以改派连州。

柳宗元善于写文章，曾写了一篇《梓人传》讲道："有位木匠不做斧砍刀锯这一类手艺活，专门用长尺、圆规、方尺、墨斗审度木料的用场，指挥众多的木工各自去干自己的活计，谁不胜任就辞退谁，大厦建成后，只以这位木匠的名字记载事功。这犹如担任天下宰相的人建立纲纪，整饬法令制度，选拔天下的人，使他们各称其职，提升有能力的人，屏退没有能力的人，全国各地得到治理后，谈论此事的人唯独称赞伊尹、傅说、周公、召公等宰相，那些百官办事的辛勤劳苦却得不到记载。有些宰相不识大体，夸耀才能与名望，侵犯百官的职责，在官署里吵吵嚷嚷地争论不休，却将重大而长远的方略遗落无存，这是不懂为相之道。"

柳宗元又写了一篇《种树郭橐驼传》，讲道："郭橐驼善于种树，他说过：'大凡树的本性，树根喜欢舒展，喜欢陈泥。已经种好了，不要挪动不必担心，离开后不用再去看管，那么树的天性就得以保全。别人并非如此，他们使树根拳曲在一起，还要更换新土，对树爱得太切，担心过多，早晨去察看晚上去抚摸，更严重的是划破树皮去查看它成活与否，摇晃树干去观察枝叶是疏是密，而树木的本性却日见脱离。虽然说是爱护树，实际却是损害树，所以别人种树都比不上我。'当长官的喜欢频频发号施令，好像对百姓非常怜悯，最终却给百姓带来祸殃，也是这个道理。"

**田弘正派他的儿子田布领兵协助讨伐淮西。　盗贼火烧河阴转运院。**

李师道多次上表请求赦免吴元济，宪宗不同意。李师道派大将带领两千人奔赴寿春，声称帮助官军，实际是援助吴元济。

师道素养刺客奸人数十人,说师道曰:"用兵所急,莫先粮储。今河阴院积江、淮租赋,请潜往焚之,因劫东都,焚宫阙,亦救蔡一奇也。"师道从之,遣攻河阴转运院,烧钱帛三十余万缗匹,谷三万余斛。人情恇惧,多请罢兵,上不许。

### 夏五月,遣御史中丞裴度宣慰淮西行营。

诸军讨淮西久未有功,上遣裴度诣行营宣慰,察用兵形势。度还,言淮西必可取之状,且曰:"观诸将惟李光颜勇而知义,必能立功。"既而光颜数败贼军,上以度为知人。知制诰韩愈亦言:"淮西三小州,残弊困剧之余,而当天下之全力,其破败可立而待。然所未可知者,在陛下断与不断耳。"因言:"诸道发兵各二三千人,势力单弱,心孤意怯,难以有功。环贼诸州壤地连接,村落百姓悉有兵器,习于战斗,识贼深浅,皆愿自备衣粮,保护乡里。若令召募,立可成军。乞悉罢诸道军,募土人以代之。"

### 六月,盗杀中书侍郎、同平章事武元衡,击裴度伤首。

上悉以兵事委武元衡。师道客曰:"天子所以锐意诛蔡者,元衡赞之也,请密往刺之。元衡死,则他相不敢主其谋,争劝天子罢兵矣。"师道资给遣之。

王承宗亦遣牙将尹少卿奏事,且诣中书为元济游说,辞指不逊,元衡叱出之,承宗又上书诋元衡。至是,元衡入朝,有贼自暗中射杀之,取其颅骨而去。又击裴度伤首,坠沟中,京城大骇。于是诏宰相出入加金吾骑士,张弦露刃以卫之。

李师道平时豢养数十名刺客和奸人，这些人劝李师道说："用兵急切需要的，以粮食储备居首。现在河阴转运院存放着江淮地区的赋税，请暗中前去烧掉，趁机劫掠东都，火烧宫廷，也算营救蔡州的一个奇计了。"李师道依言而行，派这些人攻打河阴转运院，烧掉钱帛三十余万缗匹，粮食三万余斛。人们感到恐慌不安，多请求停止用兵，宪宗没有答应。

**夏五月**，宪宗派御史中丞裴度前往淮西行营抚慰将士。

各军讨伐淮西长期毫无建树，宪宗派裴度前往淮西行营进行抚慰，察看用兵形势。裴度回朝后，讲了一定能战胜淮西的情形，并且说："我看诸将领中只有李光颜骁勇善战，深明大义，一定能建立功勋。"不久李光颜多次打败敌军，宪宗认为裴度知人。知制诰韩愈也进言说："淮西申、光、蔡三个小州，正当残灭破败、困顿艰难的末路，却面临天下的全力讨伐，他们的毁灭指日可待。而人们还不清楚的因素，就在于陛下能不能做出决断。"于是便说："各道分别派出两三千人的兵力，声势微弱，力量单薄，将士感到孤单，怀有怯意，难以成功。环绕敌军各州与敌军疆壤连接，村庄百姓都有武器，习惯当兵打仗，了解敌军的虚实，都愿意自备衣服和口粮，保护家乡。如果让人召募这些百姓，立刻可以组成军队。请将各道军队全部撤走，募集当地百姓取而代之。"

**六月**，盗贼杀死中书侍郎、同平章事武元衡，打伤裴度的头部。

宪宗把兵事全部交给武元衡处理。李师道豢养的宾客说："天子之所以坚决诛讨淮西，是由于武元衡赞成其事，请暗中前去刺杀他。武元衡一死，其他宰相不敢主持讨伐淮西的计划，就会争着劝天子停止用兵了。"李师道发给盘资，打发该人前去。

王承宗也派牙将尹少卿入朝奏事，并到中书省替吴元济游说，措辞很不谦恭，武元衡将尹少卿呵斥出去，王承宗又上书诋毁武元衡。到这时，武元衡去上朝，有一个歹徒在暗中将他射死，砍下他的头颅带走。歹徒又打伤裴度的头部，裴度跌进水沟，京城大为惊骇。于是宪宗下诏让宰相外出时加派金吾骑士，张弓搭箭，露出兵器，保卫她。

贼遗纸于金吾、府县曰："毋急捕我,我先杀汝。"故捕贼者不敢甚急。兵部侍郎许孟容见上言："自古未有宰相横尸路隅而盗不获者,此朝廷之辱也。"因涕泣。又诣中书挥涕言："请奏起裴中丞为相,大索贼党。"于是诏中外搜捕,购赏甚厚。王士则告承宗遣卒张晏所为,捕得鞫之,并出承宗表,诏议其罪,晏等具服。张弘靖以为疑,屡言之,上不听,竟诛之,而师道客潜遁去。

### 以裴度同平章事。

度病疮,卧二旬,诏以卫兵宿其第,中使问讯不绝。或请罢度官以安恒、郓之心,上怒曰："若罢度官,是奸谋得成,朝廷无复纲纪。吾用度一人,足破二贼。"遂以度为相。度言："淮西,腹心之疾,不得不除。且朝廷业已讨之,两河跋扈者将视此为高下,不可中止。"上以为然,悉以用兵事委度,讨贼愈急。初,德宗多猜忌,朝士有相过从者,金吾皆伺察以闻,宰相不敢私第见客。度奏："今寇盗未平,宰相宜招延四方贤才,与参谋议,请于私第见客。"许之。

### 秋七月,灵武节度使李光进卒。

光进与弟光颜友善。光颜先娶,其母委以家事。母卒后,光进乃娶,光颜使其妻奉管钥,籍财物,归于其姒。光进反之曰："新妇逮事先姑,先姑命主家事,不可易也。"因相持而泣。

歹徒在金吾卫和府县留下纸条说:"别急着抓我,否则我先杀了你。"所以捉拿歹徒的人不敢操之过急。兵部侍郎许孟容觐见宪宗说:"自古没有宰相横尸路旁却抓不到歹徒的先例,这一事件是朝廷的耻辱。"于是哭泣起来。许孟容又前往中书省抹着眼泪说:"请奏请起用裴度中丞为宰相,彻底搜索歹徒一伙。"于是宪宗下诏命令在朝廷内外进行搜捕,悬赏条件非常优厚。王士则告发说,这是王承宗派士卒张晏干的,朝廷予以逮捕审讯,并出示王承宗的表章,下诏议定其罪,张晏等人全都认罪。张弘靖认为此事可疑,屡次进言,宪宗不听,最终处死了张晏等人,而李师道的宾客却暗中逃走。

**宪宗任命裴度为同平章事。**

裴度创口不愈,卧病二十天,宪宗下诏派卫兵住在他的府第中,中使的问候从未间断。有人请求免去裴度的官职,好使恒州王承宗、郓州李师道放心,宪宗生气地说:"如果免去裴度的官职,等于奸谋得逞,朝廷再没有法度可言。我任用裴度一个人,足以打败王承宗和李师道两个人。"于是任命裴度为宰相。裴度进言说:"淮西,是心腹之患,不能不加以根除。而且朝廷已经讨伐淮西,河南、河北骄横强暴的藩镇都根据这一战事来决定对朝廷的态度,所以战事不能半途而废。"宪宗认为言之有理,把用兵之事都交给裴度处理,对吴元济的讨伐更加急切。起初,德宗往往猜忌臣下,对于互相有所往来的朝臣,金吾卫一概侦察上报,宰相不敢在私宅会客。裴度上奏说:"现在寇盗还没平定,宰相应当招揽各地的贤才,与之参与谋划,请允许在私宅会客。"宪宗答应了他。

**秋七月,灵武节度使李光进去世。**

李光进与弟弟李光颜关系和睦。李光颜娶妻在先,母亲把家事交给李光颜的妻子掌管。母亲去世后,李光进也娶了妻子,李光颜让自己的妻子奉管锁钥,登录好财物,交给嫂子。李光进送回锁钥和账簿,说:"弟媳赶上了事奉已故的婆婆,婆婆让他主持家事,不能换人。"于是两人相抱哭泣。

**诏绝王承宗朝贡。　八月朔，日食。　李师道遣兵袭东都，捕得伏诛。**

李师道置留后院于东都，潜内兵数百人，谋焚宫阙，纵兵杀掠。其小卒诣留守吕元膺告变，元膺发兵围之。贼众突出，望山而遁，都城震骇。时留兵寡弱，元膺坐皇城门，部分指使，意气自若，都人赖以安。

东都西南皆高山深林，民不耕种，专以射猎为生，人皆趫勇，谓之山棚。元膺设重购以捕贼。数日，有山棚遇贼，走召其侪，引官军共围获之。按验得其魁，乃中岳寺僧圆净。为师道买田伊阙、陆浑山间，以舍山棚而衣食之。捕获伏诛，党与死者凡数千人。留守将及驿卒数人，皆受其职名。元膺鞫圆净党与，始知杀武元衡者乃师道也。元膺密以闻，上业已讨王承宗，不复穷治。

**九月，以韩弘为淮西诸军都统。**

初，上以严绶在河东所遣裨将多立功，故使镇襄阳，且督诸军讨淮西。绶无它材能，但倾府库以赍士卒，赂宦官以结声援，拥众经年，无尺寸功。裴度屡言其军无政，乃以韩弘为诸军都统。

弘亦欲倚贼自重，不愿淮西速平。时李光颜战最力，弘欲结之，举大梁城索得一美妇人，容色绝世，遣使遗之。光颜乃大飨将士，谓使者曰："战士数万皆弃家远来，冒犯白刃，光颜何忍独以声色自娱悦乎！"因流涕，坐者皆泣。乃即席厚赠使者，并妓返之，曰："为光颜多谢相公，光颜以身许国，誓不与逆贼同戴日月，死无二矣。"

宪宗下诏不再让王承宗入朝进贡。　八月初一,发生日食。李师道派兵袭击东都洛阳,其党羽被抓获处死。

李师道在东都洛阳设置留后院,暗中安插士兵数百人,企图火烧宫廷,纵兵杀掠。李师道的小卒到留守吕元膺处报告发生变故,吕元膺派兵包围李师道的留后院。贼众冲出,向山地逃去,东都震惊恐骇。当时,留守东都的军队人少势弱,吕元膺坐在皇城门前,指挥部署,态度镇静自如,东都的人们赖以安定下来。

东都洛阳西南都是高山深林,山民不从事农业,专门以打猎为生,人人却矫捷勇猛,被称为山棚。吕元膺悬赏重金,捉拿贼人。数日后,有一个山棚遇到贼人,便跑去叫同伴,带领官军共同将贼人包围捉获。经审讯核实,找出了贼人的首领,竟是中岳寺的僧人圆净。圆净为李师道在伊阙、陆浑的山间购买田地,为山棚提供住处和衣食。圆净被抓获处死,死去的党羽共有几千人。留守将领以及驿卒数人,都接受了李师道的职名。吕元膺审讯圆净的党羽,才知道杀害武元衡的主谋是李师道。吕元膺秘密上报,而宪宗已经讨伐王承宗,所以不再彻底查办李师道。

九月,宪宗任命韩弘为淮西诸军都统。

起初,宪宗认为严绶在河东派出的副将有许多人建立功勋,所以派严绶镇守襄阳,并督促各军讨伐淮西。严绶没有别的才能,只是竭尽库存物资以赏赐士兵,贿赂宦官以结成互相声援的关系,掌握众多的兵员达一年之久,没有任何功劳。裴度屡次说严绶治军无方,宪宗才任命韩弘为诸军都统。

韩弘也想借助故军加强自己的地位,不愿意迅速平定淮西。当时李光颜作战最为出力,韩弘想拉拢李光颜,在整个大梁城找到一个美妇人,容色绝世,打发使者送给李光颜。李光颜于是大宴将士,对使者说:"数万名战士都离家远道而来,在雪亮的兵器间冲杀,我怎么忍心一个人以娇声美色自娱!"于是流下眼泪,在座的人也都哭泣起来。李光颜于是就在席间赠给使者许多礼物,连同那个女人也退还给他,说:"替我多谢韩相公,我以身许国,发誓不与逆贼共存于世间,死无二心!"

冬十月,盗焚柏崖仓。十一月,焚献陵寝宫、永巷。吐蕃请互市,许之。 十二月,河东节度使王锷卒。

锷家奴告锷子稷匿所献家财,上命遣中使检括。裴度谏曰:"臣恐诸将帅以身后为忧。"上遽止使者,以二奴付京兆,杖杀之。

**丙申**(816) **十一年**
**春正月,张弘靖罢为河东节度使。**
王承宗纵兵四掠,幽、沧、定三镇皆苦之,争上表请讨承宗,上欲许之。弘靖以为:"两役并兴,恐国力不支。请并力平淮西,乃征恒冀。"上不为之止,弘靖乃求罢,从之。

**翰林学士钱徽、知制诰萧俛罢。**
时群臣请罢兵者众,上患之,故黜徽、俛,以警其余。

**制削王承宗官爵,发兵讨之。**
韦贯之屡请先取吴元济,后讨承宗,曰:"陛下不见建中之事乎? 始于讨魏及齐,而蔡、燕、赵皆应之,卒致朱泚之乱。由德宗不能忍数年之愤,欲太平之速成故也。"上不听。诸军讨王承宗者互相观望,独昭义节度使郗士美引精兵压其境,大破承宗之众于柏乡。

**盗断建陵门戟。** 二月,吐蕃赞普死。
新赞普可黎足立。
**以李逢吉同平章事。** 南诏劝龙晟为其下所杀。
劝龙晟淫虐不道,其臣王嵯巅弑之,立其弟劝利。

冬十月,盗贼放火烧了柏崖仓。十一月,盗贼放火烧了献陵的寝宫和永巷。 吐蕃请求双方进行贸易,得到许可。 十二月,河东节度使王锷去世。

王锷的家奴告发王锷的儿子王稷隐瞒进献的家财,宪宗命令派中使核查。裴度进谏说:"臣恐怕诸将帅为自己身后的事情担忧。"宪宗连忙制止使者,把两个家奴交付京兆府治罪,杖打而死。

### 丙申(816) 唐宪宗元和十一年
### 春正月,张弘靖罢免为河东节度使。

王承宗纵容军队四处掳掠,幽、沧、定三镇都被搅扰得困苦不堪,争着上表请求讨伐王承宗,宪宗想答应这一请求。张弘靖认为:"讨伐吴元济与王承宗两项战事同时进行,恐怕国力难以支撑。请合力平定淮西,再去征讨恒冀。"宪宗没有因此停止讨伐王承宗,于是张弘靖要求免职,宪宗照准。

### 翰林学士钱徽、知制诰萧俛解除翰林院的职务。

当时,请求停止用兵的朝臣很多,宪宗深为忧虑,所以贬黜钱徽和萧俛,以警告其余的人。

### 宪宗颁布制书削除王承宗的官职爵位,发兵前去讨伐他。

韦贯之屡次请求先攻打吴元济,后讨伐王承宗,说:"陛下没看见建中年间的往事吗?德宗由讨伐魏博田悦和淄青李纳开始,申蔡李希烈、卢龙朱滔、恒冀王武俊都响应田悦和李纳,终于导致朱泚的变乱。这是由于德宗不能把愤怒隐忍几年,想迅速达成太平盛世的缘故。"宪宗不肯听从。讨伐王承宗的各军互相观望,只有昭义节度使郗士美带领精兵进逼恒冀辖境,在柏乡大破王承宗的兵众。

### 盗贼折断建陵门前的棨戟。 二月,吐蕃赞普去世。

新赞普可黎足即位。

### 宪宗任命李逢吉为同平章事。 南诏劝龙晟被臣属杀死。

劝龙晟荒淫暴虐,不施德政,其臣属王嵯巅将他杀死,改立其弟劝利。

三月，皇太后崩。　夏四月，以司农卿皇甫镈判度支。

镈始以聚敛得幸。

五月，李光颜、乌重胤败淮西兵于陵云栅。　六月，唐邓节度使高霞寓大败于铁城。

时诸将讨淮西者胜则虚张杀获，败则匿之。至是，大败不可掩，始上闻，中外骇愕。宰相入见，将劝罢兵，上曰："胜负兵家之常。今但当论用兵方略，察将帅之不胜任者易之，兵食不足者助之耳，岂得以一将失利，遽议罢兵邪！"于是独用裴度之言，他人言罢兵者亦稍息矣。

秋七月，贬高霞寓，以袁滋为彰义节度使。　八月，韦贯之罢为吏部侍郎。

贯之性高简，好甄别流品，又数请罢兵，故罢。

葬庄宪皇后。　九月，饶州大水。

漂失四千七百户。

李光颜、乌重胤拔陵云栅。　加李师道检校司空。

李师道闻拔陵云而惧，诈请输款。上以力未能讨，加检校司空。

冬十一月，以柳公绰为京兆尹。

公绰初赴府，有神策小将跃马冲其前导，公绰驻马，杖杀之。明日，入对，上怒诘之，对曰："京兆为辇毂师表。今视事之初，而小将敢尔唐突，此乃轻陛下诏命，非独慢臣也。臣知杖杀无礼之人，不知其为神策军将也。"上曰："何不奏？"对曰："臣职当杖之，不当奏。"上退谓左右曰："汝曹须作意，此人朕亦畏之。"

三月，皇太后去世。　夏四月，宪宗任命司农卿皇甫镈判度支。

皇甫镈因搜刮财货开始得宠。

五月，李光颜、乌重胤在陵云栅打败淮西军。　六月，唐邓节度使高霞寓在铁城大败。

当时讨伐淮西的将领们打了胜仗便凭空夸大杀伤俘获的数额，打了败仗便隐瞒实情。到这个时候，巨大的失败无法掩盖，这才向宪宗奏报，朝廷内外都很惊愕。宰相入朝进见，准备劝宪宗停止用兵，宪宗说：“胜败乃兵家常事。现在只应当讨论用兵的方略，察明不胜任的将帅加以撤换，发现军粮不足的情况给予提供帮助，怎么能够因为一个将领失利了，就忙着商量停止用兵呢！”于是只采用裴度的意见，其他人主张停止用兵的舆论也逐渐平息了。

秋七月，宪宗将高霞寓贬官，任命袁滋为彰义节度使。　八月，韦贯之罢免为吏部侍郎。

韦贯之性情清高孤傲，喜欢鉴别官员的类别，又数次请求停止用兵，所以予以罢免。

宪宗安葬庄宪皇后。　九月，饶州发生严重的水灾。

淹没冲散四千七百户人家。

李光颜、乌重胤攻克陵云栅。　宪宗加封李师道为检校司空。

李师道因得知官军攻克陵云栅而恐惧，假装请求归附。宪宗认为讨伐他的力量尚不具备，便加封他为检校司空。

冬十一月，宪宗任命柳公绰为京兆尹。

柳公绰刚到京兆府上任，有一个神策军的下级将官跃马冲撞开路的仪仗，柳公绰止住坐骑，将他杖打而死。第二天，柳公绰入朝奏对，宪宗生气地责问他，柳公绰回答说：“京兆尹是京城的表率。现在我刚就任，一个下级将官就敢这样横冲直撞，这是轻视陛下的诏命，不只是轻慢了臣。臣只知杖打不守礼法之人，不知他是神策军的将官。”宪宗说：“为什么不上奏？”柳公绰回答：“臣的职权可以实行杖打，不应上奏。”宪宗退朝后对身边的人说：“你们必须小心，连朕都畏惧这个人。”

**加李光颜等检校官。**

讨淮西诸军近九万,上怒诸将久无功,命梁守谦宣慰,因留监军。先加李光颜等检校官,而诏书切责,示以无功必罚。

**十二月,义成节度使浑镐与王承宗战,大败。**

浑镐与承宗战屡胜,引全师压其境。承宗惧,潜遣兵入镐境焚掠城邑,人心始内顾而摇。中使又督其战,镐进战,大败,奔还定州。

**以王涯同平章事。　　贬袁滋,以李愬为唐邓节度使。**

袁滋至唐州,元济围其新兴栅,滋卑辞以请之,元济由是不复以滋为意。朝廷知之,贬滋抚州刺史,以李愬代之。愬至唐州,知士卒惮战,谓之曰:"天子知愬柔懦,故使拊循尔曹。至于战攻进取,非吾事也。"众始信而安之。

愬亲行视士卒,伤病者存恤之,不事威严。或以军政不肃为言,愬曰:"吾非不知也。袁尚书专以恩惠怀贼,贼易之。闻吾至,必增备。吾故示之以不肃,彼必以吾为懦而懈惰,然后可图也。"淮西人轻愬,不为备。

**初置淮、颍水运使。**

杨子院米自淮阴沂淮入颍,至项城入溵,输于郾城,以馈淮西行营,省汴运之费七万余缗。

**丁酉**(817)　**十二年**
**春二月,置淮西行县。**

**宪宗向李光颜等人加封检校官。**

讨伐淮西各军将近九万人，宪宗恼怒诸将领长时间毫无建树，命梁守谦前去安抚，就此留下担任监军。宪宗先加封李光颜等人为检校官，然后在诏书中痛加责备，指出如果不能取得成功，一定给以惩罚。

**十二月，义成节度使浑镐与王承宗交战，被打得大败。**

浑镐与王承宗作战屡次取胜，于是带领全军进逼成德辖境。王承宗害怕了，暗中派兵到浑镐的辖境内烧杀劫掠城邑，浑镐军顾念后方，人心开始发生动摇。中使又来督促出战，浑镐进军作战，被打得大败，逃回定州。

**宪宗任命王涯为同平章事。　将袁滋贬官，任命李愬为唐邓节度使。**

袁滋来到唐州，吴元济将该州新兴栅包围，袁滋以谦卑的言辞请吴元济撤围，吴元济因此不再把袁滋放在心上。朝廷得知后，将袁滋贬为抚州刺史，让李愬接替他的职务。李愬来到唐州，知道士兵害怕作战，对他们说："天子知道我柔弱怯懦，所以让我来抚慰你们。至于用兵打仗，不是我的事。"大家相信他的话，这才安定下来。

李愬亲自去看望士兵，安慰抚恤伤病员，不摆威严的架子。有人进言说军政不够整肃，李愬说："我并非不知道。袁滋尚书专门以恩惠安抚敌人，被敌人轻视。敌人得知我来了，必然增设防备。我故意让敌人看到我军不够整肃，敌人肯定以为我懦弱懈怠，然后就可以设法对付他们了。"淮西人轻视李愬，不做防备。

**朝廷初次设置淮、颍水运使。**

杨子院的粮食从淮阴上溯淮水，进入颍水，到项城转入溵水，转运到郾城，用来供应淮西行营的口粮，节省汴水漕运开支七万余缗。

丁酉(817)　唐宪宗元和十二年
春二月，朝廷设置淮西行县。

淮西被兵数年,竭仓廪以奉战士。民多无食,采菱芡鱼鳖鸟兽,食之亦尽。多降官军,敕置行县以抚之。

**三月,淮西文城栅降。**

李愬谋袭蔡州,表请益兵,诏以步骑二千给之。愬遣十将马少良将十余骑巡逻,遇吴元济捉生虞候丁士良,与战,擒之。士良,元济骁将,常为东边患,众请刳其心,愬许之。士良无惧色,愬命释其缚。士良请尽死以报德,愬署为捉生将。

士良言于愬曰:"吴秀琳据文城栅,为贼左臂,官军不敢近者,有陈光洽为之谋主也。光洽勇而轻,好自出战。请为公擒之,则秀琳降矣。"遂擒光洽以归。

秀琳果以栅降,愬引兵入据其城。其将李宪有才勇,愬更其名曰忠义,而用之,于是军气复振,人有欲战之志。贼中降者相继,愬闻其有父母者,皆给粟帛而遣之,众皆感泣。

**夏四月,淮西郾城降。**

官军与淮西军夹溵水而军,诸军顾望,无敢先度。陈许兵马使王沛先引兵度溵水,于是诸军相继皆度,进逼郾城。李光颜败其兵三万,杀士卒什二三。李愬分兵攻下数栅。

元济以董昌龄为郾城令,而质其母,其母谓昌龄曰:"顺死贤于逆生。汝去逆而吾死,乃孝子也。从逆而吾生,是戮吾也。"会官军绝郾城归路,昌龄乃举城降,光颜入据之,元济闻之甚惧。时董重质守洄曲,元济悉发亲近及守城卒诣重质,以拒官军。

淮西一带连数年遭受战火,竭尽粮仓的储备来奉养战士。许多百姓没有吃的,就去寻找菱角、芡实、鱼鳖、鸟兽,但也吃光了。百姓多向官军投降,宪宗敕令设置行县,以安抚淮西百姓。

　　三月,淮西文城栅归降。

　　李愬谋划袭击蔡州,上表请求增兵,宪宗下诏拨给步兵、骑兵两千人。李愬派十将马少良带领骑兵十余人巡逻,遇到吴元济的捉生虞候丁士良,在交战时将他擒获。丁士良是吴元济的骁将,经常危害东部边境,大家要求剜丁士良的心,李愬应允。丁士良毫无惧色,李愬命令给他松绑。丁士良请求竭尽死力来报答恩德,李愬任命丁士良为捉生将。

　　丁士良对李愬说:"吴秀琳占据着文城栅,犹如敌人的左臂,官军不敢靠近的原因,在于有陈光洽做他的谋主。陈光洽勇敢善战,但不够稳重,喜欢亲自出战。请让我替您捉住陈光洽,吴秀琳就会投降了。"于是把陈光洽捉回。

　　吴秀琳果然率文城栅投降,李愬带领军队进占该城。吴秀琳的将领李宪才勇双全,李愬为他改名为李忠义,并重用他,于是军中士气重新振作起来,人人都有准备打仗的决心。前来投降的敌军一个接着一个,李愬听说哪个归降者家有父母,都发给粮食与布帛,打发回家,大家都感动得流下眼泪。

　　夏四月,淮西郾城投降。

　　官军与淮西军隔着溵水驻扎下来,各军互相观望,没有谁敢先渡溵水。陈许兵马使王沛率先领兵渡过溵水,于是各军都相继渡过溵水,进逼郾城。李光颜打败淮西军三万人,杀死敌军士卒的十分之二三。李愬也分兵攻下栅垒数处。

　　吴元济任命董昌龄为郾城县令,而把他的母亲押为人质。母亲对董昌龄说:"顺承朝廷而死,胜于反叛朝廷而生。你远离叛乱,我就是死了,你也是孝子。你跟着叛乱,我就是活着,也等于你把我杀了。"适值官军切断郾城的退路,于是董昌龄举城投降,李光颜进占其城,吴元济闻讯甚为恐惧。当时董重质防守洄曲,吴元济将亲信将士以及守城士兵全都派往董重质处,以抵御官军。

**五月**，罢河北行营。

六镇讨王承宗者兵十余万，回环数千里，既无统帅，又相去远，期约难一，由是历二年无功。刘总出境五里不进，月费度支钱十五万缗。李逢吉及朝士多言："宜并力先取淮西，俟淮西平，乘胜取恒冀，如拾芥耳。"上从之，罢河北行营。

**李愬擒淮西将李祐。**

愬每得降卒，必亲引问委曲，由是贼中险易、远近、虚实尽知之。厚待吴秀琳，与谋取蔡，秀琳曰："非得李祐不可，秀琳无能为也。"祐有勇略，守兴桥栅，时帅士卒刈麦于张柴村。愬召厢虞候史用诚以三百骑伏林中，诱而擒之以归，将士争请杀之。愬释缚，待以客礼。

时时召祐及李忠义，屏人语，或至夜分，他人莫敢预闻。诸将恐祐为变，多谏愬，愬待祐益厚。士卒亦不悦，诸军日牒愬，称得贼谍者言祐为贼内应。愬恐谤先达于上，己不及救，乃持祐泣曰："岂天不欲平此贼耶？何吾二人相知之深，而不能胜众口也！"乃械祐送京师，先密奏曰："若杀祐，则无以成功。"诏以还愬。愬见之喜，执其手曰："尔之得全，社稷之灵也。"署散兵马使，令佩刀巡警，出入帐中。或与同宿，密语达曙，有窃听者，但闻祐感泣声。

旧军令，舍贼谍者，屠其家。愬除其令，使厚待之，谍反以情

五月，朝廷撤销河北行营。

讨伐王承宗的六个藩镇拥兵十余万人，辗转数千里，既没有统帅，又相距甚远，约定共同遵守的事项难以统一，因此历时两年毫无建树。刘总出境仅五里就不再前进，每月消耗度支拨给的钱十五万缗。李逢吉以及朝臣多说："应先合力攻下淮西，等淮西平定后，乘胜攻取恒冀，易如拾取芥子。"宪亲依言而行，撤销河北行营。

**李愬擒获淮西将领李祐。**

每当李愬得到归降的士兵，一定领来亲自询问淮西的底细，因此完全掌握淮西的山川道路险易、远近和兵力分布的情况。李愬优待吴秀琳，跟他策划夺取蔡州，吴秀琳说："非得李祐不可，我无能为力。"李祐有勇有谋，防守兴桥栅，当时正领兵在张柴村割麦子。李愬叫厢虞候史用诚率三百名骑兵埋伏在树林里，将李祐诱捉回来，将士争着要求杀死李祐。李愬为李祐松绑，以宾客的礼节对待李祐。

李愬时常叫来李祐和李忠义，屏退外人后进行交谈，有时一直延续到半夜，别人都不敢参与过问。诸将领担心李祐制造变故，往往规劝李愬，李愬更加厚待李祐。士兵们也很不高兴，各军每天都有文书向李愬报告，声称听敌方奸细说李祐是淮西的内应。李愬担心这些诽谤先传到朝廷，自己来不及搭救，于是拉着李祐的手哭着说："难道上天不愿意平定这伙贼人吗？为什么你我二人互相了解得如此深切，却不能战胜众人的议论！"便给李祐上了枷锁押往京城，却事先秘密上奏说："如果杀了李祐，就无法取得成功。"宪宗下诏把李祐还给李愬。李愬见了李祐很高兴，握着李祐的手说："你得以生还，是社稷之福。"便任命李祐为散兵马使，让他带着佩刀巡视警戒，自由往来于自己的帐中。有时李愬与李祐一同就寝，秘密交谈到天亮，有偷听的人，只听见李祐感动的哭声。

以往的军令规定，让敌人的奸细留宿的，就屠杀留宿者全家。李愬撤除这条军令，让人优待敌人的奸细，奸细反而把实情

告愬，愬益知贼中虚实。尝遣兵攻朗山不利，众皆怅恨，愬独喜。乃募敢死士三千人，号曰突将，朝夕自教习之，使常为行备。

**六月，吴元济请降。**

元济兵势日蹙，上表请罪，愿束身自归。诏许之，而为董重质等所制，不得出。

**秋七月，大水。　以孔戣为岭南节度使。**

先是，明州岁贡蚶蛤，水陆递夫劳费，华州刺史孔戣奏罢之。至是，岭南择帅，宰相奏拟数人，上皆不用，曰："顷有谏进蚶蛤者，可与也。"乃以戣为岭南节度使。

**以裴度兼彰义节度使，充淮西宣慰招讨使。**

诸军讨淮西，四年不克，馈运疲弊，民至有以驴耕者，上亦病之。宰相李逢吉等竞言师老财竭，意欲罢兵，度独无言。上问之，度曰："臣誓不与此贼俱生，今请自往督战。且元济势实窘迫，但诸将心不一，不并力迫之，故未降耳。若臣自诣行营，诸将恐臣夺其功，必争进破贼矣。"上悦从之。度奏刑部侍郎马总为宣慰副使，右庶子韩愈为行军司马。将行，言于上曰："臣若灭贼，则朝天有期；贼在，则归阙无日。"上为之流涕，御通化门送之。

李逢吉不欲讨蔡，翰林学士令狐楚与逢吉善，度恐其合中外之势以沮军事，乃请改制书数字，且言其草制失辞，罢之。度遂行，以郾城为治所。先是，诸道皆有中使监阵，进退不由主将，胜则先使献捷，不利则陵挫百端。度悉奏

告诉李愬,李愬对敌人的情况更加了解了。李愬曾派兵攻打朗山失利,大家都惆怅恼恨,只有李愬心中欢喜。于是李愬募集了三千名敢死之士,号称突将,天天亲自加以训练,让他们经常做好出发的准备。

六月,吴元济请求投降。

吴元济兵力日益窘困,上表认罪,表示愿意绑了自己回朝。宪宗下诏应允,然而吴元济被董重质等人所控制,无法离开蔡州。

**秋七月,发生严重的水灾。 宪宗任命孔戣为岭南节度使。**

此前,明州每年进贡蚶子和蛤蜊,水陆转运的役夫耗费很大,华州刺史孔戣奏请停止这项进贡。到这时,选择岭南的主帅,宰相上奏拟定了几个人,宪宗一概不用,说:"不久前有一个劝阻进献蚶子和蛤蜊的,可加以任命。"便任命孔戣为岭南节度使。

**宪宗让裴度兼彰义节度使,充任淮西宣慰招讨使。**

各路官军讨伐淮西,四年没有取胜,物资转运困乏不堪,有些百姓甚至用驴耕地,宪宗也为此忧虑。宰相李逢吉等人争着说士气低落,财物耗尽,打算停止用兵,只有裴度一言不发。宪宗征求裴度的意见,裴度说:"臣发誓不与这帮贼人一起生存,现在请求亲自前去督战。而且吴元济面临的形势实际已很窘迫,只是诸将领心不齐,不能合力进逼,所以吴元济没有投降。假如臣亲自前往淮西行营,诸将领怕臣夺去他们的功劳,一定争先进军破敌。"宪宗大悦。裴度奏请由刑部侍郎马总担任宣慰副使,右庶子韩愈任行军司马。临行时,裴度对宪宗说:"如果能剿灭贼人,臣不久就会来朝见陛下;如果贼人尚在,臣就不会返回朝廷。"宪宗为这话流下眼泪,亲临通化门为裴度送行。

李逢吉不想讨伐淮西,而翰林学士令狐楚与李逢吉交好。裴度担心他们聚合朝廷内外的势力来阻挠战事,便请求在制书上改动了几个字,并说令狐楚起草制书所用言辞失当,宪宗免去令狐楚翰林学士的职务。裴度随即启程,在郾城设置官署。此前,各道都有中使监阵,军队的行动不能由主将决定,打了胜仗中使先派人报捷,失利了中使就对将帅百般凌辱。裴度奏请一律

去之,诸将始得专其军事,战多有功。

**九月,以崔群同平章事,李逢吉罢。**

初,上为广陵王,布衣张宿以辩口得幸。及即位,累官至比部员外郎。招权受赂,逢吉恶之。上欲以宿为谏议大夫,逢吉曰:"宿小人,岂得窃贤者之位! 必欲用宿,请先去臣。"上不悦。逢吉又与裴度异议,上方倚度以平蔡,乃罢逢吉,而竟用宿。崔群、王涯固谏,不听。宿由是怨执政及当时端方之士,与皇甫镈相表里,谮去之。

**李愬攻吴房,入其外城。**

李愬将攻吴房,诸将曰:"今日往亡。"愬曰:"吾兵少,不足战,宜出其不意。彼以往亡不吾虞,正可击也。"遂往,克其外城而还。淮西将孙献忠以骁骑五百追击其背,众惊将走。愬下马,据胡床令曰:"敢退者斩!"返施力战,斩献忠。或劝愬:"乘胜攻其子城,可拔也。"愬不听,引还。

**冬十月,李愬夜袭蔡州,擒吴元济,槛送京师。**

李祐言于李愬曰:"蔡之精兵皆在洄曲,守州城者皆羸卒。可以乘虚直抵其城,比贼将闻之,元济已成擒矣。"愬然之。十月,遣掌书记郑澥白裴度,度曰:"兵非出奇不胜,常侍良图也。"

愬乃命祐及李忠义帅突将三千为前驱,自与监军将三千人为中军,李进诚将三千人殿其后。军出,不知所之,愬曰:"但东行。"行六十里,夜至张柴村,尽杀其戍卒及烽子,

撤掉中使监军,诸将才能够专力办理军中事务,在作战中经常取得胜利。

**九月,宪宗任命崔群为同平章事,李逢吉罢相。**

起初,宪宗为广陵王时,平民张宿因能言善辩得宠。等到宪宗即位,张宿历经升迁当了比部员外郎。张宿招揽权力收受贿赂,为李逢吉所憎恶。宪宗想任命张宿为谏议大夫,李逢吉说:"张宿是小人,怎能窃居贤能之士的职位!如果陛下一定要任用张宿,请先免去臣的职务。"宪宗不高兴。李逢吉又与裴度意见有分歧,而宪宗正要依靠裴度去平定淮西,于是免去李逢吉的宰相职务,最终还是任用张宿为谏议大夫。崔群、王涯坚决劝谏,宪宗不听劝告。张宿因此怨恨执政大臣和当时的品行正直之士,与皇甫镈互相勾结,通过诬陷使他们离开。

**李愬攻打吴房,进入吴房的外城。**

李愬即将攻打吴房,诸将领说:"今天是往亡日。"李愬说:"我们兵员少,不够作战用的,应出其不意。敌人因今天是往亡日,不会戒备我们,这正是可以进击的时机。"于是前往,攻克了吴房的外城后撤回。淮西将领孙献忠率领五百名骁勇的骑兵在背后追击,大家惊慌失措准备逃跑。李愬跳下马来,靠在胡床上下令说:"谁敢退却,斩首论处!"大家回军力战,杀死孙献忠。有人劝李愬说:"乘胜攻打吴房的子城,可以攻克。"李愬不听,领兵返回。

**冬十月,李愬在夜间袭击蔡州,捉住吴元济,用囚车押送京城。**

李祐向李愬进言说:"蔡州的精兵都在洄曲,防守蔡州城的都是老弱残兵。可以乘虚直接开进到蔡州城,等敌军将领听到消息时,吴元济已经被捉住了。"李愬认为言之有理。十月,李愬派掌书记郑澥禀告裴度,裴度说:"打仗不出奇兵不能取胜,李常侍的计划很好。"

李愬便命李祐和李忠义率领三千名突将作为前导,自己与监军带领三千人作为中军,命李进诚带领三千人殿后。军队出发后,不知到哪里去,李愬说:"只管往东走。"走了六十里,夜间来到张柴村,杀死所有戍守在这里的士兵和守候烽火的人员,

据其栅。命士卒少休，食干糒，整羁鞚，留兵镇之，以断朗山救兵。又分兵以断洄曲及诸道桥梁，复夜引兵出。诸将请所之，愬曰："入蔡州，取吴元济。"诸将皆失色。监军哭曰："果落李祐奸计！"时大风雪，旌旗裂，人马冻死者相望，人人自以为必死，然畏愬，莫敢违。夜半，雪愈甚，行七十里，至州城。

自吴少诚拒命，官军不至蔡州城下三十余年，故蔡人不为备。四鼓，愬至，无一人知者。祐、忠义镵其城以先登，壮士从之。杀守门卒，而留击柝者，使击柝如故，遂开门纳众。鸡鸣，雪止，愬入居元济外宅。或告元济曰："官军至矣！"元济不信，起听于廷，闻愬军号令曰"常侍传语"，应者近万人，始惧曰："何等常侍，能至于此？"乃帅左右登牙城拒战。

时董重质拥精兵万余人，据洄曲，愬曰："元济所望者，重质之救耳。"乃访重质家，厚抚之，遣其子传道持书谕重质，重质遂单骑诣愬降。愬攻牙城，烧其南门，民争负薪刍助之。门坏，执元济，槛送京师，且告于裴度。申、光二州及诸镇兵二万余人相继来降。

自元济就擒，愬不戮一人，自官吏、帐下、厨厩之卒皆复其职，使之不疑，然后屯于鞠场，以待裴度。诸将请曰："始公败于朗山而不忧，胜于吴房而不取，冒大风甚雪而不止，孤军深入而不惧，然卒以成功，皆众人所不谕也，敢问其故？"愬曰："朗山不利则贼轻我，不为备矣。取吴房则其众

占领敌军的栅垒。李愬命士兵稍做休息，吃些干饭，整顿马具，留兵镇守张柴村，以切断朗山救兵的来路。李愬又分兵去切断洄曲和各条道路及桥梁，又在夜里带兵出发。将领们请示进军的目标，李愬说："到蔡州去捉吴元济。"将领们都大惊失色。监军哭着说："果然中了李祐的奸计！"当时风雪大作，旗帜破裂，冻死的人马到处可见，人人自以为肯定活不成了，不过都怕李愬，不敢违抗。到了半夜，雪下得更大，大家走了七十里，来到蔡州城下。

自从吴少诚抗拒朝命，官军三十多年没到过蔡州城下，所以蔡州人没有防备。四更时，李愬到了，敌军没有任何一人知晓。李祐和李忠义用锄头在城墙上掘出坑坎，率先登城，壮士跟在身后。他们杀死看守城门的士兵，让巡夜打更的人留下来，让他们仍然敲打木梆巡夜，于是打开城门，放大家进城。鸡叫时，雪停了，李愬已进入吴元济的外宅。有人向吴元济报告说："官军到啦！"吴元济不相信，起身到院子里向外聆听，听见李愬军发布号令说"常侍传话"，响应号令的将近一万人，吴元济才害怕地说："哪个常侍，能到这里来？"于是率领亲信登上牙城，抵御官军。

当时，董重质拥有精兵一万余人，盘踞在洄曲，李愬说："吴元济盼望的，是董重质前来营救。"便找到董重质的家人，厚加抚慰，派其子董传道带着书信去开导董重质，董重质于是单人匹马到李愬处投降。李愬攻打牙城，烧毁牙城的南门，百姓争先背运柴草帮助官军。城门烧毁后，李愬抓住吴元济，用囚车押送京城，同时向裴度做了报告。申、光两州以及各城镇两万余名士兵相继前来投降。

自从吴元济就擒后，李愬没有杀戮任何一个人，凡是吴元济的官吏以及帐下、厨房、马厩的士兵一概恢复原职，让他们没有疑虑，然后李愬驻兵鞠球场，等候裴度前来。诸将领请教说："最初您败在朗山却不发愁，胜在吴房却不加以占领，冒着大风暴雪行军而不肯停止，孤军深入敌境而毫不胆怯，然而您最终因此获得成功，大家都不明白为什么，我们斗胆请教其中的缘由。"李愬说："朗山失利，敌人轻视我，就不做防备了。占领吴房，那里的人马

奔蔡,并力固守,故存之,以分其兵。风雪阴晦则烽火不接,不知吾至。孤军深入则人皆致死,战自倍矣。夫视远者不顾近,虑大者不计细。若矜小胜,恤小败,先自挠矣,何暇立功乎!"众皆服。愬俭于奉己,而丰于待士,知贤不疑,见可能断,此其所以成功也。

**以李鄘同平章事。　　裴度入蔡州。**

裴度建彰义节,将降卒万余人入城,李愬具橐鞬出迎,拜于路左,度将避之。愬曰:"蔡人顽悖,不识上下之分数十年矣。愿公因而示之,使知朝廷之尊。"度乃受之,愬还军文城。

度以蔡卒为牙兵,或谏曰:"蔡人反仄者尚多,不可不备。"度笑曰:"吾为彰义节度使,元恶既擒,蔡人则吾人也,又何疑焉!"蔡人闻之感泣。先是,吴氏父子阻兵,禁人偶语,然烛,有以酒食相过从者,罪死。度除其禁,蔡人始知有生民之乐。

诏淮西百姓给复二年,近贼四州免来年夏税,官军战亡者皆为收葬,给其家。

**十一月,上御门受俘,斩吴元济。**

上御兴安门受俘,以吴元济献于庙社,而斩之。

初,淮西之人劫于李希烈、吴少诚之威虐,不能自拔,久而老者衰,幼者壮,安于悖逆,不复知有朝廷矣。自少诚以来,遣将出兵,皆不束以法制,听各以便宜自战,人人得

逃回蔡州,就会合力坚守,所以我不占领吴房,以分散敌人的兵力。急风暴雪,天色昏暗,不能用烽火取得联系,敌人就不知道我已来到。孤军深入,人人都勇于献身,打起仗来自然加倍出力。眺望远处时不必顾及近处,考虑大事时不必计较细节。如果为小胜夸耀,为小败忧虑,先搅乱了自己,哪有工夫去建立功勋!"大家都很佩服。李愬自己生活节俭,对将士却加以优待,知道哪个人贤能就任用不疑,见到可行的事机能做出决断,这就是他获得成功的缘由。

**宪宗任命李鄘为同平章事。    裴度进入蔡州。**

裴度手执彰义节度使的符节,带领一万余名降兵进入蔡州城,李愬全副武装出来迎接,在路旁叩拜,裴度准备避开行礼。李愬说:"蔡州人愚妄悖逆,不懂上下名分已有数十年了。希望您趁此做出示范,使他们知道朝廷的尊贵。"裴度这才接受行礼,李愬返回文城栅驻扎。

裴度任用蔡州士卒为牙兵,有人劝谏说:"反复不定的蔡州人还很多,不可不加防备。"裴度笑着说:"我是彰义节度使,首恶已经擒获,蔡州人就是我的百姓,还怀疑什么!"蔡州人听了感动得流下眼泪。此前,吴少阳、吴元济父子以军队为凭依,禁止人们相对私语,不许点燃灯烛,有以酒饭互相往来的人,即处以死罪。裴度除去这些限制,蔡州人才初次感觉到做百姓的快乐。

宪宗下诏规定,淮西百姓免除赋役两年,邻近淮西的四州免除下一年的夏税,阵亡的官军一律予以收殓安葬,并供养他们的家属。

**十一月,宪宗亲临兴安门接受战俘,杀死吴元济。**

宪宗亲临兴安门接受战俘,用吴元济献祭宗庙社稷,尔后将他杀死。

起初,淮西人受到李希烈和吴少诚凶恶残酷的威逼,无法摆脱出来,很久之后老者衰亡,幼者长大,他们安于悖乱忤逆的环境,不知道还有朝廷的存在。自吴少诚以来,派将领出兵时,都不用法令制度加以约束,任凭将领见机行事,各自为战,人人能够

尽其才。故以三州之众,举天下之兵环而攻之,四年然后克之。

**赐李愬爵凉国公,韩弘等迁官有差。**

愬奏请判官、大将以下官凡百五十员。上不悦曰:"愬诚有奇功,然奏请过多,使如李晟、浑瑊,又何如哉!"遂留中不下。

**以宦者为馆驿使。**

旧制,御史二人知驿,至是诏以宦者为馆驿使。左补阙裴璘谏曰:"内臣外事,职分各殊。切在塞侵官之源,绝出位之渐。事有不便,必戒于初。令或有妨,不必在大。"上不听。

**以李祐为神武将军。** 十二月,赐裴度爵晋国公,复入知政事。 贬董重质为春州司户。

重质为吴元济谋主,屡破官军,上欲杀之。李愬奏,先许重质以不死,乃贬之。

**戊戌**(818) **十三年**
**春正月,李师道奉表纳质,并献三州。**

初,李师道谋逆命,幕僚高沐、郭昈、李公度屡谏之。判官李文会、孔目官林英潜怂恿杀之,昈亦被囚。及淮西平,师道忧惧,公度说之,使遣子入侍,并献沂、密、海三州以自赎。师道从之,上遣左散骑常侍李逊诣郓州宣慰。

**二月,修麟德殿,浚龙首池,起承晖殿。**
上命六军修麟德殿。龙武统军张奉国、大将军李文悦

各尽其才。因此,为了对付淮西三州之众,朝廷调集天下的兵力环而攻之,历时四年才最终取胜。

**宪宗赐给李愬凉国公的爵位,韩弘等人晋升官职大小不等。**

李愬上奏请朝廷任命判官、大将以下官员共一百五十名,宪宗不高兴地说:"李愬诚然立下奇功,但奏请任命的官员太多,假使他立下像李晟、浑瑊那样的功劳,又怎么办!"于是把奏疏压在宫中,不再下达。

**宪宗任命宦官为馆驿使。**

以往的制度规定,由两名监察御史掌管驿站,到这时有诏任命宦官为馆驿使。左补阙裴璘进谏说:"内廷的宦官和外朝的事务,职责各不相同。要紧的是堵塞侵犯职守的根源,杜绝超越官位的苗头。遇有办理不便的事情,一定要在最初引起警惕。如果颁布的命令有所妨碍,不一定事关重大才需要纠正。"宪宗不予理睬。

**宪宗任命李祐为神武将军。 十二月,宪宗赐给裴度晋国公的爵位,裴度又重新回朝执掌政事。 宪宗将董重质贬为春州司户。**

董重质是吴元济的主谋人,屡次打败官军,宪宗想把他杀死。李愬上奏说,先前已答应不处死董重质,于是宪宗对他予以贬斥。


### 戊戌(818) 元和十三年

**春正月,李师道上表请求送交人质,进献沂、密、海三州。**

起初,李师道企图违抗朝廷的命令,幕僚高沐、郭昈、李公度屡次劝谏他。判官李文会、孔目官林英通过诬陷杀害了高沐,郭昈也被囚禁。等到淮西平定,李师道忧虑恐惧,李公度劝说李师道让他派儿子入朝侍卫,并进献沂、密、海三州为自己赎罪。李师道依言而行,宪宗派左散骑常侍李逊到郓州安抚将士。

**二月,修缮麟德殿,疏浚龙首池,兴建承晖殿。**

宪宗命六军修缮麟德殿。龙武统军张奉国、大将军李文悦

以外寇初平,营缮太多,白宰相,冀有论谏,裴度言之。上怒,贬奉国等,于是浚龙首池,起承晖殿,土木浸兴矣。

### 李鄘罢为户部尚书。

初,吐突承璀为淮南监军,鄘为节度使。性刚严,与承璀互相敬惮,故未尝相失。承璀归,引鄘为相。鄘耻由宦官进,至京师,辞疾,不入见,不视事,固辞相位,至是罢。

### 以李夷简同平章事。　横海节度使程权入朝。

权自以世袭沧景,与河朔三镇无殊,内不自安,表请举族入朝,许之。横海将士乐自擅,不听权去,掌书记林蕴谕以祸福,权乃得出。诏以蕴为礼部员外郎。

### 夏四月,王承宗纳质请吏,复献二州,诏复其官爵。

裴度之在淮西也,布衣柏耆以策干韩愈曰:"元济就擒,承宗破胆矣。愿得奉丞相书往说之,可不烦兵而服。"愈白度,为书遣之。承宗惧,求哀于田弘正,请以二子为质,及献德、棣二州,输租税,请官吏。弘正为之请,上许之,弘正遣使送其二子知感、知信及二州图印至京师。

幽州大将谭忠亦说刘总曰:"自元和以来,刘辟、李锜、田季安、卢从史、吴元济阻兵冯险,自以为深根固蒂,天下莫能危也。然顾盼之间,身死家覆,此非人力所能及,殆天诛也。况今天子神圣威武,苦身焦思,缩衣节食,以养战士,此志岂须臾忘天下哉!今国兵骎骎北来,赵人已献城十二,忠深为公忧之。"总泣曰:"闻先生言,吾心定矣。"遂专意归朝廷。

认为淮西刚刚平定,营建修缮工程太多,便禀告宰相,希望宰相能陈论劝谏,裴度也就此进言。宪宗大怒,贬斥张奉国等人,于是疏浚龙首池,兴建承晖殿,逐渐大兴土木工程。

**李鄘罢免为户部尚书。**

起初,吐突承璀担任淮南监军,李鄘担任该地节度使。李鄘性情刚正严峻,与吐突承璀互相敬畏,所以未曾失和。吐突承璀回朝,引荐李鄘任宰相。李鄘以通过宦官升官为耻,来到京城,推说有病,不入朝觐见,不任职办事,坚决推辞相位,到这时去职。

**宪宗任李夷简为同平章事。　横海节度使程权进京朝见。**

程权自认为世代承袭沧、景两州,与河朔三镇没有区别,感到不安,上表请求全家进京朝见,宪宗应允。横海将士喜欢独自行动,不让程权离去,掌书记林蕴讲明去祸就福的道理,程权才能离开横海。宪宗下诏任林蕴为礼部员外郎。

**夏四月,王承宗送交人质请朝廷任命官吏,又进献德、棣二州,宪宗下诏恢复王承宗的官职爵位。**

裴度在淮西时,平民柏耆请见韩愈献计说:"吴元济就擒后,王承宗吓破了胆。我希望能带着丞相的书信前去劝说王承宗,可以不劳朝廷用兵就使他归服。"韩愈禀告裴度,裴度写了书信,派柏耆前去。王承宗害怕了,向田弘正乞怜,请求以两个儿子当人质,并把德、棣二州献给朝廷,向朝廷交纳赋税,请朝廷任命官吏。田弘正为王承宗讲情,宪宗应允,田弘正派使者把王承宗的两个儿子王知感和王知信以及德、棣二州的图印送到京城。

幽州大将谭忠也劝刘总说:"自元和年间以来,刘辟、李锜、田季安、卢从史、吴元济倚仗手中的军队,凭借险要的地形,自以为根基坚牢,天下无能为力。然而,正当他们得意观望时,却已家破人亡,这不是个人力量所能做到的,恐怕是上天要加以诛戮。何况当今天子神圣威武,竭力操劳,忧心苦思,节衣缩食,以赡养战斗之士,这等志向怎会片刻忘记天下!现在官军迅速北进,王承宗已向朝廷进献十二座城,我很为您担忧。"刘总哭着说:"听先生一席话,我拿定主意了。"于是一心一意归附朝廷。

**赐六军辟仗使印。**

旧制，以宦官为六军辟仗使，如方镇之监军，无印。及张奉国等得罪，至是始赐印。得纠绳军政，事任专达矣。

**五月，以李光颜为义成节度使。**

李师道暗弱，军府大事，皆与妻及奴婢、孔目官王再升谋之。其妻不欲遣子入质，乃与二婢说师道曰："先司徒以来，世有此土，奈何无故割而献之？今若不献，不过以兵相加。力战不胜，献未晚也。"师道乃悔，欲杀李公度。幕僚贾直言谓其用事奴曰："若杀公度，军府危矣。"乃囚之。

会李逊至，师道陈兵迎之。逊盛气正色，为陈祸福，责其决语。师道退与其党谋之，皆曰："第许之，他日正烦一表解纷耳。"师道乃谢曰："向以父子之私，且迫于将士之情，故迁延未遣。今重烦朝使，岂敢复有二三？"逊察师道非实诚，归言于上曰："师道顽愚反覆，恐必须用兵。"既而师道表言军情不听纳质割地，上怒，决意讨之。贾直言冒刃谏师道者二，舆榇谏者一，又画缚载槛车妻子系累者以献，师道囚之。五月，以光颜镇滑州，谋讨师道也。

**六月朔，日食。　秋七月，以李愬为武宁节度使。诏诸道发兵讨李师道。　李夷简罢为淮西节度使。**

上方委裴度以用兵，夷简自谓才不及度，求出镇，故有是命。

**宪宗赐给六军辟仗使印信。**

以往的制度规定,由宦官担任六军辟仗使,犹如方镇的监军,不发给印信。等到张奉国等人获罪,到这时才赐给印信。辟仗使能够督察纠正军政,可以直接向皇上奏报情况了。

**五月,宪宗任命李光颜为义成节度使。**

李师道愚昧懦弱,幕府中的大事,都与妻子和奴婢以及孔目官王再升商量。他妻子不想派儿子到朝廷去当人质,就与两个婢女去劝李师道说:"自从已故的司徒以来,李氏世代占有这片土地,怎能无故割让进献?如果现在不献土地,朝廷不过派兵前来讨伐。假如尽力作战还不能取胜,再进献土地也不算晚。"于是李师道感到后悔,想杀死李公度。幕僚贾直言对李师道的当权家奴说:"如果杀死李公度,幕府就危险了。"于是李师道就囚禁了李公度。

适值李逊到来,李师道陈兵迎接他。李逊满脸怒气神色严肃,向李师道陈述转祸为福的道理,要求做出明确的表白。李师道退下来与同党商量,同党都说:"只管答应他,将来只需费事上一道表来排解纷乱而已。"李师道于是道歉说:"以往由于父子私情,并迫于将士的压力,所以拖延着没送交儿子入质。现在又麻烦朝廷的使者前来,我难道敢再反复不定?"李逊看出李师道没有诚意,回朝廷向宪宗进言说:"李师道顽劣愚昧,反复无常,恐怕必须用兵。"不久,李师道上表说军中将士不允许交送人质和割让土地,宪宗大怒,决意讨伐李师道。贾直言冒着被杀的危险向李师道劝谏了两次,抬着棺材劝谏了一次,还画了李师道被绑在囚车里、妻子儿女都被拘囚的图画献给李师道,李师道将他囚禁起来。五月,宪宗派李光颜镇守滑州,谋划讨伐李师道。

**六月初一,发生日食。　秋七月,宪宗任命李愬为武宁节度使。宪宗下诏命各道发兵讨伐李师道。　李夷简罢免为淮西节度使。**

宪宗把用兵之事委托给裴度,李夷简认为自己不如裴度有才,要求到方镇任职,所以有这项任命。

**八月**，王涯罢。 以皇甫镈、程异同平章事。

淮西既平，上浸骄侈。判度支皇甫镈、盐铁使程异晓其意，数进羡余，由是有宠。又以厚赂结吐突承璀，上遂以为宰相。制下，朝野骇愕，至于市道负贩者亦嗤之。裴度、崔群极陈其不可，上不听。度耻与小人同列，求退，不许。乃上疏曰："镈、异皆钱谷俗吏，佞巧小人，陛下一旦置之相位，中外骇笑。况镈在度支，专以丰取刻与为务，中外仰给之人无不思食其肉。比者裁损淮西粮料，几至溃乱。程异虽人品庸下，然心事和平，可处繁剧，不宜为相。臣若不退，天下谓臣无耻。臣若不言，天下谓臣负恩。今退既不许，言又不听，臣如烈火烧心，众镝丛体。所可惜者，淮西荡定，河北底宁，承宗敛手削地，韩弘舆疾讨贼，岂朝廷之力能制其命哉？直以处置得宜，能服其心耳。陛下建升平之业十已八九，何忍还自堕坏，使四方解体乎！"上以度为朋党，不之省。

镈自知不为众论所与，益为巧谄以自固。奏减内外官俸以助国用，给事中崔植封还敕书，极论之，乃止。时内出积年缯帛，付度支令卖，镈悉以高价买之，以给边军。其缯帛朽败，随手破裂，边军聚而焚之。度因奏事言之，镈于上前引其足曰："此靴亦内库所出，臣以钱二千买之。坚完可久服，度言不可信。"上以为然，由是镈益无所惮。

**八月**，王涯罢相。　　宪宗任命皇甫镈、程异为同平章事。

淮西平定后，宪宗逐渐骄傲奢侈起来。判度支皇甫镈、盐铁使程异知晓宪宗的心意，屡次进献额外税收，因此得宠。他们又用丰厚的礼物来结交吐突承璀，于是宪宗任命他们为宰相。制书下达后，朝廷与民间都感到惊愕，连市肆中担货贩卖的人也嗤之以鼻。裴度、崔群极力进谏说这是不适当的，宪宗不听劝告。裴度以与小人同列为耻辱，要求引退，宪宗没有答应。于是裴度上疏说："皇甫镈和程异都是掌管钱财谷物的官吏、奸诈机巧的小人，陛下突然把他们安排到宰相职位上，朝廷内外都惊骇失笑。何况皇甫镈掌管度支，专做多取少给的勾当，朝廷内外依赖度支开支的人员都想吃他的肉。近来皇甫镈裁减淮西的禄粮，几乎导致将士溃散作乱。程异虽然人品平庸低下，但是心地平和，可以处理繁杂的事务，但也不适于担任宰相。如果臣不引退，天下人会说臣不知廉耻。如果臣不进言，天下人会说臣辜负陛下的大恩。现在既不允许臣引退，又不听从臣的建议，臣仿佛感到烈火烧心，乱箭穿身。可惜的是，淮西荡平，河北安宁，王承宗拱手割让土地，韩弘抱病登车讨伐贼寇，难道朝廷的力量能控制他们吗？只因为处理得当，能让他们心服而已。陛下建立天下太平的基业已达到十分之八九，怎么忍心亲手加以毁坏，使各地人心离散呢！"宪宗认为裴度进行朋党倾轧，不予理睬。

皇甫镈知道自己不为大家赞同，愈发去干巧伪谄媚的勾当，以巩固自己的地位。皇甫镈奏请削减朝廷内外官员的薪俸来资助国家的用度，给事中崔植将诏书封合退还，极力抨击，才没有实施。当时内廷拿出积存多年的缯帛，交给度支出卖，皇甫镈用高价买下所有的缯帛，用来供给边防军队。那些缯帛已经朽烂，用手一碰就会破裂，边防军队把缯帛堆起来烧掉。裴度借奏事的机会谈到此事，皇甫镈在宪宗面前伸出脚来说："这靴子也是内库的东西，臣用两千钱买的。靴子坚固结实，能穿很长时间，可见裴度说的并不可信。"宪宗信以为然，皇甫镈从此更加肆无忌惮。

程异亦自知不合众心，能廉谨谦逊。为相月余，不敢知印秉笔，故终免于祸。其后上语宰相曰："人臣当力为善，何乃好立朋党！"度对曰："'方以类聚，物以群分。'君子、小人志趣同者，势必相合。君子为徒谓之同德，小人为徒谓之朋党，外虽相似，内实悬殊，在圣主辨其所为邪正耳。"

**冬十月，五坊使杨朝汶伏诛。**

朝汶妄捕系人，责其息钱，转相诬，引近千人，中丞萧俛劾之，裴度、崔群亦以为言。上曰："姑与卿论用兵事，此小事，朕自处之。"度曰："用兵事小，所忧不过山东耳。五坊使暴横，恐乱辇毂。"上不悦，退召朝汶责之曰："以汝故，令吾羞见宰相。"遂赐之死，尽释系者。

**十一月，以柳泌为台州刺史。**

上好神仙，诏天下求方士。宗正卿李道古因皇甫镈荐山人柳泌，云能合长生药。泌言："天台多灵草，诚得为彼长吏，庶几可求。"上以泌权知台州刺史。谏官争论奏以为："人主喜方士，未有使之临民者。"上曰："烦一州之力而能为人主致长生，臣子亦何爱焉！"由是群臣莫敢言。

**吐蕃寇夏州。　十二月，田弘正将兵渡河，逼郓州。**

先是，田弘正请自黎阳度河讨李师道，裴度曰："魏博军既度河，即当仰给度支，或与光颜互相疑阻，则必益致迁延。与其度河而不进，不若养威于河北。宜且使之秣马厉兵，俟霜降水落，自杨刘度河，直指郓州，则贼众摇心矣。"上从之。是月，弘正将魏博全师自杨刘度河，距郓州四十

程异也知道自己不得人心，但能做到廉洁谨慎谦卑自抑。程异担任宰相一个多月，不敢掌管印信执笔断事，因此终于没有犯错。后来宪宗对宰相说："人臣应当努力向善，怎能热衷于树立朋党！"裴度回答说："'道理以门类相聚合，事物以群体相区分。'君子与小人各自志趣相同，势必分别结合在一起。君子结成同一类人叫做同德，小人结成同一类人叫做朋党，外表虽然相似，实质实在相差甚远，问题就在于圣主应分清他们的行为是邪恶的还是正直的。"

**冬十月**，五坊使杨朝汶被处死。

杨朝汶胡乱逮捕囚禁百姓，索取利钱，使人辗转诬告，牵连了近一千人，御史中丞萧俛弹劾他，裴度、崔群也就此进言。宪宗说："姑且与你们讨论用兵之事，这点小事，由朕自己处理。"裴度说："用兵才是小事，所担忧的不过是山东地区。五坊使暴虐为患，恐怕会扰乱京城。"宪宗很不高兴，退朝后把杨朝汶叫来斥责说："由于你的缘故，让我不好意思见宰相。"于是赐杨朝汶自裁，放了所有在押的人。

**十一月**，宪宗任命柳泌为台州刺史。

宪宗喜欢神仙不老之术，下诏在全国寻求方士。宗正卿李道古通过皇甫镈推荐山人柳泌，说柳泌能配制长生药。柳泌说："天台山有许多灵草，如果我能担任那里的长官，就有可能找到。"宪宗让柳泌权且代理台州刺史。谏官争着上奏评论认为："君主喜欢方士，还没有让方士治理百姓的。"宪宗说："烦劳一个州的力量就能使人主长生不老，臣子有什么可吝惜的！"从此群臣都不敢进言。

**吐蕃侵犯夏州**。　**十二月**，田弘正领兵渡过黄河，进逼郓州。

此前，田弘正请求由黎阳横渡黄河去讨伐李师道，裴度说："魏博军渡过黄河后，就要依靠度支供应，万一与李光颜互相猜疑，就必然进一步导致徘徊不前。与其渡过黄河不向前开进，不如在河北保持声威。应暂且让田弘正厉兵秣马，等霜降水落时，由杨刘横渡黄河，直指郓州，敌军就会人心动摇了。"宪宗依言而行。这个月，田弘正率魏博全军由杨刘渡河，离郓州四十

里筑垒,贼中大震。既而魏博、义成军送所获郓州牙将夏侯澄等四十余人,上皆释弗诛,各付行营驱使,曰:"若有父母欲归者,优给遣之。朕所诛者,师道而已。"于是贼中闻之降者相继。

里修筑营垒,郓州城内大为震惊。不久魏博、义成两军将俘获的郓州牙将夏侯澄等四十余人送到京城,宪宗一律释放不杀,分别交付行营以供驱遣,并说:"如果家有父母打算回家,就从优发给路费,打发回家。朕要诛讨的,只有李师道一人而已。"于是闻讯投降的敌军将士接连不接。

# 资治通鉴纲目卷四十九

起己亥(819)唐宪宗元和十四年,尽丁巳(837)唐文宗开成二年。凡十九年。

### 己亥(819) 十四年

春正月,遣中使迎佛骨至京师。贬韩愈为潮州刺史。

先是,功德使上言:"凤翔法门寺塔有佛指骨,相传三十年一开,开则岁丰人安。来年应开,请迎之。"上从其言。至是,佛骨至京师,留禁中三日,历送诸寺,王公士民瞻奉舍施,惟恐弗及。

刑部侍郎韩愈上表谏曰:"佛者,夷狄之一法耳。自黄帝以至禹、汤、文、武,皆享寿考,百姓安乐,当是时未有佛也。汉明帝始有佛法,其后乱亡相继,运祚不长。宋、齐、梁、陈、元魏已下,事佛渐谨,年代尤促。惟梁武帝在位四十八年,前后三舍身为寺家奴,竟为侯景所逼,饿死台城。事佛求福,乃更得祸,由此观之,佛不足信,亦可知矣。佛本夷狄之人,不知君臣之义、父子之恩。假如其身尚在,来朝京师,陛下容而接之,不过宣政一见,礼宾一设,赐衣一袭,卫而出之于境,不令惑众也。况其身死已久,枯朽之骨,岂宜以入宫禁!乞付有司,投诸水火,永绝根本,断天下之疑,绝后代之惑。佛如有灵,能作祸福,

己亥（819） 唐宪宗元和十四年

春正月，朝廷派中使将佛骨迎到京城长安。贬韩愈为潮州刺史。

此前，功德使进言说："凤翔法门寺塔藏有释迦牟尼佛的手指骨，相传寺塔每三十年开放一次，一开放就年景丰饶，人民安泰。明年正该开放，请去迎接佛指骨。"宪宗听从了他的建议。到这时，佛骨被迎到京城，在宫中存放了三天，然后，遍送各寺，王公大臣、士绅百姓瞻仰供奉，施舍钱财，唯恐不及。

刑部侍郎韩愈上表进谏说："佛教，不过是夷狄的一种修持方法。自黄帝以至于夏禹、商汤、周文王、周武王，都享有高寿，百姓安宁快乐，在那时并没有佛。东汉明帝时佛法才开始传入，其后祸乱危亡接连不断，各朝代的世运都不甚长久。宋、齐、梁、陈、北魏以来，事奉佛法渐趋恭谨，可是各朝代的运数尤为短促。只有梁武帝在位四十八年，他曾先后三次舍身寺院为奴，最终被侯景逼迫，饿死在台城。侍奉佛本为乞求福缘，竟然又遭受灾祸，由此可见，佛不值得信奉，也是可想而知的。佛本是夷狄之人，不明了君臣之间的大义，父子之间的恩情。假如佛还活着，来京城朝拜，陛下宽宏大度，予以接待，不过在宣政殿见一面，在礼宾院设置一宴，赏赐一套衣服，然后令人护卫出境，不会让他迷惑民众。何况佛的身体久已亡故，他的枯朽之骨，怎么适宜请入宫中！请陛下将佛骨交付有关部门，扔到水火之中，永远断绝佛的根本，以解除天下人的疑问，杜绝后世的迷惑。假如佛有灵性，能降祸福，

凡有殃咎,宜加臣身。"上得表大怒,将加愈极刑。裴度、崔群言:"愈虽狂,发于忠恳,宜宽容以开言路。"乃贬潮州刺史。

自战国之世,老、庄与儒者争衡,更相是非。至汉末益之以佛,然好者尚寡。晋、宋以来,日益繁炽。自帝王至士民,莫不尊信。下者畏慕罪福,高者论难空有。独愈恶其蠹财惑众,力排之,尝作《原道》篇行于世云。

### 二月,平卢都将刘悟执李师道,斩之。

田弘正、李愬屡败平卢兵。李师道发民治城堑,役及妇人,民惧且怨。都知兵马使刘悟将兵万余人屯阳谷以拒官军,务为宽惠,使士卒人人自便,军中号曰刘父。

或谓师道曰:"悟专收众心,恐有他志。"师道潜遣二使赍帖,授行营副使张暹,令斩悟。暹素与悟善,怀帖示之。悟召诸将谓曰:"悟与公等不顾死亡,以抗官军,诚无负于司空。今司空信谗,来取悟首,悟死,诸公其次矣。且天子所欲诛者,独司空一人。今军势日蹙,吾曹何为随之族灭!欲与诸公还入郓州,奉行天子之命,岂徒免危亡,富贵可图也。"有后应者,皆立斩之。众惧,皆曰:"惟都头命。"

乃令士卒皆饱食执兵,夜半听鼓三声绝即行。人衔枚,马缚口,遇行人,执留之。天未明,军至城下,城中噪哗动地。子城门已洞开,牙中兵不满数百,皆投弓矢于地。悟勒

一切灾难罪过，应该加在我身上。"宪宗得到奏表后勃然大怒，准备将韩愈处以死罪。裴度、崔群进言说："韩愈虽然出语狂妄，但所言出于忠贞诚恳之心，应从宽处治以畅通言路。"于是宪宗将韩愈贬为潮州刺史。

自战国以来，老子、庄子与儒家互相制衡，彼此交相争辩是非长短。到东汉末年，又加进了佛家，然而喜好佛家的尚属少数。晋、宋以来，佛家日益繁盛。上自帝王，下至士绅百姓，无不尊奉信仰。品流低的人信佛畏惧获罪、乞求福缘；品流高的人则在佛理的空、有问题上展开论辩驳难。唯独韩愈憎恶佛家祸害钱财，迷惑百姓，极力加以排斥，曾经写有《原道》一文流行于世。

**二月，平卢都将刘悟将李师道抓住，杀死了他。**

田弘正、李愬屡次打败平卢的军队。李师道征发百姓修筑郓州城壕，连妇女也被征去服役，百姓恐惧怨恨。都知兵马使刘悟领兵一万余人屯驻在阳谷以抵挡官军，刘悟治军力求宽厚仁惠，令士卒人人自行方便，军中号称刘父。

有人对李师道说："刘悟专意收买众心，恐怕另有企图。"李师道暗中派两个使者带着手令来到阳谷，将手令交给行营副使张暹，命他杀死刘悟。张暹一向与刘悟要好，就怀揣李师道的手令去给刘悟看。刘悟召集众位将领，说："我与诸位不顾死亡，抗拒官军，实在没有辜负李司空。今天李司空听信谗言，来取我的人头，我死后，诸位接着也将被杀。况且天子要诛灭的，只在李师道一人。现在我军形势日渐窘迫，我们为什么要随他一同灭族！打算与诸位杀回郓州，奉行天子的旨意，岂止免除危亡，富贵也可以谋求。"有后响应的，都被立即斩首。众将畏惧，都说："大家都听都头的命令！"

于是刘悟让士兵们都饱餐一顿，带好兵器，半夜听到更鼓响过三下就出发。将士口中衔枚，战马缚口，遇见行人，就拘留在军中。天亮前，军队抵达郓州城下，城中喧哗之声震地。内城门已经大开，李师道的牙中兵不过数百人，都把弓箭扔在地上。刘悟领

兵捕师道与二子斩之，慰喻军民，斩赞师道逆谋者二十余家，文武将吏且惧且喜。悟见李公度，执手歔欷。出贾直言于狱，置之幕府。

田弘正遣使往贺。悟函师道父子三首送弘正营，弘正大喜，露布以闻，淄、青等十二州皆平。上命户部侍郎杨於陵宣抚淄、青。分其地为三道：以郓、曹、濮为一道，淄、青、齐、登、莱为一道，兖、海、沂、密为一道。自广德以来，垂六十年，藩镇跋扈，河南、北三十余州自除官吏，不供贡赋，至是尽遵朝廷约束矣。裴度纂述蔡、郓用兵以来帝之忧勤机略，因侍宴献之，请内印出付史官。帝曰："如此，似出朕志，非所欲也。"弗许。

**以刘悟为义成节度使。**

上欲移悟他镇，恐悟不受代，复须用兵，密诏田弘正察之。弘正日遣使者修好，以观其所为。悟得郓州三日，教手搏而庭观之，摇肩攘臂，离坐以助其势。弘正闻之，笑曰："是何能为！"密表以闻，上乃以悟为义成节度使。悟闻制下，手足失坠，明日遂行，而弘正已将数道兵至城西矣。悟辟李公度、李存、郭旿、贾直言以自随。

素与李文会善，亦召之。及将移镇，旿、存谋曰："文会佞人，败乱一道，灭李司空之族。不诛之，何以雪三齐之愤乎！"乃诈为悟帖，遣使斩之。比还，则悟已去矣。

兵将李师道和他的两个儿子抓住斩首,然后抚慰军民,斩杀帮助李师道谋反叛逆的约二十余家,文武将吏既畏惧又欣喜。刘悟见到李公度,两人执手歔欷。又令人放贾直言出狱,将他安置在幕府中。

田弘正派使者前来祝贺。刘悟将李师道父子三人的首级装入匣中送到田弘正的营中,田弘正十分高兴,公告天下,淄、青等十二州全部平定。宪宗命户部侍郎杨於陵安抚淄、青。将李师道的故地划分为三道:以郓州、曹州、濮州为一道,以淄州、青州、齐州、登州、莱州为一道,以兖州、海州、沂州、密州为一道。自从代宗广德年间以来,将近六十年间,藩镇割据跋扈,河南、河北三十余州自行任命官吏,不向朝廷交纳贡物赋税,至此这些州都遵奉朝廷的法令。裴度将朝廷对淮西、淄青用兵以来宪宗的忧劳勤勉、机算谋略编述成文,在陪宴时献给宪宗,请求在宫中盖印后交付史官。宪宗说:"这么做,好像是朕让你写的,朕并无此意。"因此没有准许。

**任命刘悟为义成节度使。**

宪宗打算将刘悟调往其他军镇,怕刘悟不肯被人取代,朝廷为此又须用兵,就密诏田弘正观察刘悟的动静。田弘正每天派使者与刘悟修好,借以观察他的所作所为。刘悟得到郓州三天,就教人徒手搏击,自己在庭院中观看,时而摇肩捋袖挥臂,离开座位给格斗的军士助威。田弘正听说后,笑道:"这能有什么作为!"就秘密上表奏报朝廷,宪宗就任命刘悟为义成节度使。刘悟听说制书下达,慌得手足无措,第二天就启程赴任,而田弘正已经率领数道兵马抵达郓州城西了。刘悟征聘李公度、李存、郭昈、贾直言为幕僚跟随自己。

他平素与李文会要好,也加以召用。等到将要改调义成时,郭昈、李存两人商量说:"李文会是奸佞小人,使淄、青一道败乱,李司空灭族。不杀了他,怎么能平复三齐父老的愤恨!"便伪造刘悟的手令,派使者杀死李文会。等到使者返回郓州时,刘悟已经离开了。

师道将败，闻风动鸟飞，皆疑有变，禁郓人亲识宴聚，及道路偶语。弘正悉除其禁，或谏曰："郓人久为寇敌，不可不备。"弘正曰："今为暴者既除，宜施以宽惠。若复为严察，是以桀易桀也，庸何愈焉！"

先是，贼数遣人入关，截陵戟，焚仓场，流矢飞书，以动京师。有司督察甚严，终不能绝。及弘正阅李师道簿书，有赏杀武元衡人王士元等及赏潼关、蒲津吏卒案，乃知向者皆吏卒受赂，容其奸也。弘正送士元等十六人，诏有司鞫之。皆款服，悉诛之。

**夏四月**，诏诸道支郡兵马并令刺史领之。

横海节度使乌重胤奏曰："河朔藩镇所以能旅拒朝命者，由诸州县各置镇将领事，收刺史、县令之权也。向使刺史各得行其职，则虽有奸雄如安、史，必不能以一州独反也。臣所领德、棣、景三州，已举牒各还刺史职事，应在州兵并令刺史领之。"故有是诏。其后河北诸镇，惟横海最为顺命，由重胤处之得宜故也。

**程异卒。　裴度罢为河东节度使。**

度在相位，知无不言，皇甫镈之党挤之，诏度以平章事镇河东。

镈专以掊克取媚，人无敢言者，独谏议大夫武儒衡上疏言之。镈自诉于上，上曰："卿欲报怨邪！"镈乃不敢言。

史馆修撰李翱上疏曰："定祸乱者武功也，兴太平者

李师道即将败灭时，听到风动鸟飞，都怀疑将有变故，下令禁止郓州人亲朋之间聚会饮宴，不许行人在路上交谈。田弘正全都废除这些禁令，有人进谏说："郓州人长期沦为敌寇，不可不加防备。"田弘正说："如今施暴的元凶已被诛除，应该施行宽厚仁惠之政。如果再施行严厉苛察，那好比是以夏桀来代替夏桀，比先前好在哪里呢！"

此前，逆贼多次派人进入潼关，截断皇陵门戟，焚毁官仓粮储，甚至用箭发射恐吓信，来扰乱京城。有关部门监督察办得很严，但始终不能杜绝这类事件的发生。等到田弘正翻阅李师道的文书，其中有赏赐杀武元衡的刺客王士元等人以及赏赐潼关、蒲津官吏士卒的文案，才明白先前的种种变故都是由于官吏士卒接受叛贼的贿赂，容许其作奸所致。田弘正将王士元等十六名人犯押送京城，宪宗下诏命有关部门加以审问。这些人全都服罪，一并处死。

**夏四月，宪宗下诏各道支郡兵马一律归各州刺史统领。**

横海节度使乌重胤上奏说："河朔藩镇所以能抗拒朝廷命令，是由于在各州县设置镇将掌管军政，收夺了刺史、县令的职权。假使刺史各自得以行使职权，那么即使有像安禄山、史思明那样的奸雄，也必然不能以一州的兵力单独谋反。我所统领的德、棣、景三州，已发文通令各州镇将归还刺史的分内之事，在本州的所有兵力一并让刺史统辖。"所以才有上述诏命。其后河北各藩镇当中，只有横海最顺从朝廷的旨意，原因是乌重胤对本镇军务处置得当。

**程异去世。　裴度被罢免为河东节度使。**

裴度身居相位，知无不言，皇甫镈的党羽排挤他，宪宗下诏命裴度以平章事的身份镇守河东。

皇甫镈专门以搜刮聚敛民财取媚宪宗，没有人敢指责他，唯独谏议大夫武儒衡上疏指斥他。皇甫镈在宪宗面前为自己申诉，宪宗说："你想报复吗？"皇甫镈才不敢再说。

史馆修撰李翱上疏说："平定祸乱靠的是武功，创立太平靠的是

文德也。今陛下既以武功定海内,若遂革弊事,复旧制;用忠正而不疑,屏邪佞而不迩;改税法,不督钱而纳布帛;绝进献,宽百姓租赋;厚边兵,以制戎狄;数访问待制官,以通塞蔽。此六者,政之根本,太平所以兴也。陛下既已能行其难,若何不为其易乎?以陛下天资上圣,如不惑近习容悦之辞,任骨鲠正直之士,与兴大化,可不劳而成也。若其不然,臣恐大功之后,逸欲易生,进言者必曰:'天下既平,陛下可以高枕自逸。'则太平未可期也。"

**秋七月,宣武节度使韩弘入朝。**

弘始入朝,上待之甚厚。弘献马三千、绢五千、杂缯三万、金银器千,而汴之库厩尚有钱百余万缗、绢百余万匹、马七千匹、粮三百万斛。

**群臣请上尊号。 沂州役卒王弁杀观察使王遂。**

遂本钱谷吏,性狷急,专以严酷为治。盛夏尝役士卒营府舍,督责峻急,将卒愤怨,役卒王弁与其徒四人执遂斩之。

**左、右军中尉各献钱万缗。**

自淮西用兵以来,度支、盐铁使及四方争进奉,谓之"助军"。贼平,又进"贺礼""助赏"。上加尊号,又进"贺礼"。

**以令狐楚同平章事。**

楚与皇甫镈同年进士,故镈引以为相。

文治贤德。如今陛下已经以武力平定了天下，如果接着革除弊政，恢复传统的制度；任用忠诚正直之人而不加猜疑，摒斥奸邪诌佞的小人而不加亲近；改革两税法，变以往征收钱币为交纳布帛等实物；杜绝地方官吏向朝廷进献财货，宽减百姓的租赋；优待戍边的士卒，以控制戎狄；经常访求询问那些值班以备顾问的官员，以便皇上开通蔽塞。这六项，是为政的根本，太平盛世能够形成的原因。皇上已经能成就艰难的大业，为什么不能去做那些容易的事呢？凭着皇上的天资圣明，如果不被近臣的逢迎取媚之辞所迷惑，任用骨鲠正直之臣，并和他们一起开创太平盛世，可以不劳苦圣躬就可达成。如果不是这样，我恐怕大功告成之后，贪图安逸的欲望容易滋生，向皇上进言的人一定会说：'天下已经太平，陛下可以高枕无忧，自享逸乐了。'太平盛世就没有希望了。"

**秋七月，宣武节度使韩弘进京朝见。**

韩弘开始进京朝见，宪宗以隆重的礼遇接待他。韩弘向朝廷进献马三千匹、绢五千匹、各色丝织品三万匹、金银器皿一千件，而汴州的库房、马厩中还有钱一百余万缗、绢一百余万匹、马七千匹、粮食三百万斛。

**百官请求向宪宗上尊号。　沂州役卒王弁杀死观察使王遂。**

王遂本是掌管钱谷的官吏，性情急躁，专门以严刑酷法治军。王遂曾经在盛夏时节役使士卒为自己营建府舍，督察责罚十分严厉急迫，将士无不气愤怨恨，役卒王弁与他的四个同党将王遂抓住杀死。

**神策左、右军中尉各自向朝廷进献钱一万缗。**

自从朝廷对淮西用兵以来，度支使、盐铁使及各地争先向朝廷进奉钱物，称作"助军"。逆贼平定后，又进献"贺礼""助赏"。宪宗加尊号，又进奉"贺礼"。

**任命令狐楚为同平章事。**

令狐楚与皇甫镈是同年中第的进士，所以皇甫镈引荐他担任宰相。

**八月，以韩弘为司徒兼中书令，张弘靖为宣武节度使。**

弘靖，宰相子，少有令闻，立朝简默。及帅河东，承王锷聚敛之余，帅宣武，继韩弘严猛之后，廉谨宽大，上下安之。

**魏博节度使田弘正入朝。**

上待之甚厚。

**库部员外郎李渤病免。**

渤使陈、许还，言："臣过渭南诸县，人多流亡，旧三千户者，今才千户。迹其所以然，皆由以逃户税摊于比邻，致驱迫俱逃。聚敛之臣剥下媚上，惟思竭泽，不虑无鱼。乞降诏书禁绝，计不数年，人皆复于农矣。"执政见而恶之，渤遂谢病归东都。

**以王弁为开州刺史，诱诛之。**

朝廷议兴兵讨王弁，恐青、郓相扇继变，乃除弁开州刺史。既行，所在减其导从，加以杻械，乘驴入关，腰斩东市。

先是，三分郓兵，以隶三镇。及遂死，朝廷以为师道余党凶态未除，以棣州刺史曹华为沂海观察使，引棣兵赴镇讨之。将士迎候者，华皆以好言抚之，众皆不疑。华视事三日，大犒将士，伏甲士千人于幕下。谕之曰："天子以郓人有迁徙之劳，特加优给。宜令郓人处右，沂人处左。"既定，沂人皆出，因阖门，谓曰："王常侍以天子之命为帅于此，

八月,任命韩弘为司徒兼任中书令,任命张弘靖为宣武节度使。

张弘靖,是宰相之子,年轻时即有美名,在朝为官清简静默。等到统领河东,在前任节度使王锷聚敛财富之后接任,统帅宣武,在前任节度使韩弘的严苛残酷统治之后继职,廉洁谨慎,宽容大度,两镇的上上下下由此安定下来。

**魏博节度使田弘正进京朝见。**

宪宗以隆重的礼遇接待了他。

**库部员外郎李渤因病免官。**

李渤出使陈州、许州回朝廷后,奏报说:"我经过渭南各县,看到百姓大都流落他乡,过去三千户的县,现在只有一千户。究其原因,都是由于把逃户拖欠的税摊派给近邻,以致迫使他们一块逃亡。聚敛财富的官吏搜刮百姓,取媚朝廷,只想竭泽而渔,而不考虑无鱼可捕的后果。请皇上下诏书加以禁止,这样一来,估计不用几年,逃户都会重新回来务农。"执政官员见到奏书深感憎恶,李渤于是托病返回东都洛阳。

**朝廷任王弁为开州刺史,将他诱杀。**

朝廷计议出兵讨伐王弁,又怕青州、郓州相互煽动相继发生兵变,于是任命王弁为开州刺史。王弁启程后,所经之地的官吏撤除他的前导和随从,给他戴上刑具,骑着驴入关,在长安东市处以腰斩。

先前,朝廷将郓州兵一分为三,以隶属郓、青、沂三镇。等到王遂被杀,朝廷认为这是李师道余党的凶悍气焰没有根除,就任命棣州刺史曹华为沂海观察使,让他率领棣州军队赶赴沂州讨伐郓州兵。曹华对迎候自己的将士都好言抚慰,众人对他都没有疑惧。曹华就任三天,大摆酒席犒赏将士,事先将一千名披甲持械的武士埋伏在帐幕背后。他开导众人说:"皇上考虑到郓州将士有迁徙的辛劳,特别给予优厚的赏赐。应让郓州将士站在右边,沂州将士站在左边。"众人站好后,曹华让沂州将士全部退出,随即下令关闭大门,对他们说:"王常侍奉皇上之命到这里担任主帅,

将士何得辄害之？"语未毕，伏者出，围而杀之，死者千二百人。

**以田弘正兼侍中，遣还镇。**

弘正三表请留，不许，乃加兼侍中，遣还镇。弘正恐一旦物故，魏人犹以故事继袭，故兄弟子侄皆仕诸朝，上皆擢居显列。朱紫盈庭，时人荣之。

**十月，安南遣将杨清讨黄洞蛮。清作乱，杀都护李象古。**

象古以贪纵苛刻失众心，清世为蛮酋，象古召为牙将，命将兵讨黄洞蛮。清因人心怨怒，夜还袭州，陷之。

初，蛮贼黄少卿自贞元以来数反覆，桂管观察使裴行立、容管经略使阳旻欲侥幸立功，争请讨之，上从之。岭南节度使孔戣屡谏曰："此禽兽耳，不足与论是非。"不听，大发江、湖兵会二管入讨。士卒多瘴死，安南乘之，遂杀都护。二管亦凋弊，惟戣所部晏然。

**吐蕃围盐州。**

吐蕃十五万众围盐州，刺史李文悦竭力拒守，凡二十七日，吐蕃不能克。灵武牙将史奉敬言于朔方节度使杜叔良，请兵解围，叔良以二千五百人与之。奉敬行旬余无声问，朔方人以为俱没矣。无何，奉敬自他道出吐蕃背，吐蕃大惊溃去，奉敬奋击，大破之。

**贬裴潾为江陵令。**

做将士的怎以敢杀害他?"话音未落,埋伏的武士冲出来,包围郓州将士屠杀他们,死了一千二百人。

**宪宗任命田弘正兼任侍中,让他返回本镇。**

田弘正三次上表请求留在京城,宪宗没有准许,于是加封他兼任侍中,让他返回魏博。田弘正担心一旦自己故去,魏博将吏仍然依照以往的惯例,拥戴自己的亲人袭任节度使,所以让自己的兄弟子侄都到朝廷做官,宪宗把他们都提升到显要的职位上。他们家门庭前都是身着红色、紫色官服的人,当时人把这看作是一种荣耀。

**十月,安南都护府派将领杨清讨伐黄洞蛮。杨清作乱,杀死都护李象古。**

李象古由于贪婪苛刻失去人心,杨清家世代做蛮夷酋长,李象古把他召来做牙将,命他率兵讨伐黄洞蛮。杨清趁众心怨恨李象古,领兵返回,夜袭交州,攻陷该城。

起初,蛮贼黄少卿从贞元年间以来对朝廷一直反复无常,桂管观察使裴行立、容管经略使阳旻想侥幸立功,争着请求出兵讨伐他,得到宪宗的批准。岭南节度使孔戣屡次进谏说:"这些人是一伙禽兽,不值得和他们理论是非。"宪宗不肯采纳孔戣的意见,大规模征发江淮、荆湖的兵力会同桂管、容管的军队讨伐黄洞蛮。结果士兵多染上瘴气,失去性命,安南牙将杨清乘机叛乱,于是杀死都护李象古。桂管、容管辖区也民生凋弊,唯独孔戣所管辖的地区人民安乐。

**吐蕃围攻盐州城。**

吐蕃以十五万兵众围攻盐州,盐州刺史李文悦竭尽全力拒敌坚守,共二十七天,吐蕃无法攻克盐州城。灵武牙将史奉敬把情况告知朔方节度使杜叔良,请求派兵前来解围,杜叔良拨给史奉敬二千五百人。史奉敬走了十余天杳无音讯,朔方人以为他已全军覆没。不久,史奉敬从另一条路绕到吐蕃背后,吐蕃大为惊恐,溃退而去,史奉敬奋力追击,大败吐蕃军。

**裴潾被贬为江陵县令。**

柳泌至台州，驱吏民采药，岁余，无所得而惧，逃入山中。浙东观察使捕送京师，皇甫镈、李道古保护之，上复使待诏翰林。服其药，日加躁渴。

起居舍人裴潾上言曰："除天下之害者受天下之利，同天下之乐者飨天下之福。自黄帝至于文、武，享国寿考，皆用此道也。自去岁以来，所在多荐方士，借令真有神仙，彼必深潜岩壑，惟畏人知。凡候伺权贵之门，以大言自炫，奇伎惊众者，皆不轨徇利之人，岂可信其说而饵其药邪！夫药以愈疾，非朝夕常饵之物。况金石酷烈有毒，又益以火气，殆非五藏所能胜也。古者君饮药，臣先尝之，乞令献药者先饵一年，则真伪可辨矣。"上怒，贬潾。

**崔群罢为湖南观察使。**

初，帝问宰相："玄宗之政，先理而后乱，何也？"崔群对曰："玄宗用姚崇、宋璟、卢怀慎、苏颋、韩休、张九龄则理，用宇文融、李林甫、杨国忠则乱。故用人得失，所系非轻。人皆以天宝十四年安禄山反为乱之始，臣独以为开元二十四年罢张九龄相，专任李林甫，此理乱之所分也。愿陛下以开元初为法，以天宝末为戒，乃社稷无疆之福。"皇甫镈深恨之。

及群臣议上尊号，皇甫镈欲增"孝德"字，群曰："言圣，则孝在其中矣。"镈言于上曰："群于陛下惜'孝德'二字。"上怒。时镈给边军不时，又多陈败之物，军士怨怒，流言欲为乱。

柳泌到达台州，驱使官吏百姓采药，用了一年多的时间，仍然一无所获，害怕招致罪名，就逃进山中。浙东观察使将他抓获并送往京师，由于皇甫镈、李道古的袒护，宪宗仍旧命他待诏翰林院。宪宗服用柳泌的丹药后，烦躁口渴日甚一日。

起居舍人裴潾进言说："能除掉天下祸患的人，必能享受天下的利益；能与天下人同乐的人，必能享受天下的福分。从黄帝到周文王、周武王，之所以在位久远，得享高寿，都遵循这样一条规律。自从去年以来，各地纷纷推荐方士，假使真有神仙存在，他们必然深深潜藏在岩壑林泉之下，唯恐被人知晓。凡是侍奉在达官显宦之门，用说大话来自我炫耀、用奇巧的伎俩来吸引众人的人，都是急功近利的不法之徒，怎么可以相信这些方士的胡说而服用他们的丹药！药是用来治病的，并非朝夕常服之物。况且金石这类东西药性剧烈有毒，再加上经过火炼，恐怕不是五脏能承受的。古时候君主服药，臣下必先品尝，因此，请让献丹药的方士先服食一年，所献丹药的真假就可以分辨了。"宪宗很生气，将裴潾贬官。

**崔群被罢免为湖南观察使。**

起初，宪宗询问宰相："玄宗朝的政治，先治而后乱，是为什么呢？"崔群回答说："玄宗任用姚崇、宋璟、卢怀慎、苏颋、韩休、张九龄就政治修明，任用宇文融、李林甫、杨国忠就招致祸乱。所以用人得当与否，关系重大。人们都把天宝十四年安禄山发动叛乱看作朝政大乱的开端，只有我认为开元二十四年玄宗罢黜张九龄宰相之职，专门重用李林甫，这是玄宗朝政治乱的分界。希望陛下以开元初年的治政为准则，以天宝末年的乱政为警戒，这才是国运长久之福。"由此皇甫镈对崔群怀恨在心。

及至朝廷百官议论给宪宗进献尊号时，皇甫镈想在尊号中增加"孝德"两个字，崔群说："称为圣，孝就包含其中了。"皇甫镈向宪宗进言说："崔群吝惜给陛下的尊号加上'孝德'二字。"宪宗听了很生气。当时皇甫镈对边防军队的供给很不及时，供给的物资又多是陈腐败坏之物，军士怨恨不满，有流言说准备作乱。

李光颜忧惧，欲自杀。遣人诉之，上不信，京师恼惧，群具以闻。镈密言于上曰："边赐皆如旧制，而人情忽如此者，由群鼓扇，将以卖直，归怨于上也。"上以为然，罢群，于是中外切齿于镈。

### 以狄兼谟为左拾遗。

中书舍人武儒衡有气节，好直言，上器之，顾待甚渥，人皆言其且入相。令狐楚忌之，思有以沮之。乃荐兼谟才行，擢左拾遗。兼谟，仁杰之族曾孙也。楚自草制辞，盛言："天后窃位，奸臣擅权，赖仁杰保佑，克复明辟。"儒衡泣诉于上曰："臣曾祖平一，在天后朝，辞荣终老。"上由是薄楚之为人。

### 庚子（820） 十五年

**春正月，上暴崩于中和殿。闰月，太子即位。**

初，左军中尉吐突承璀谋立澧王恽为太子，上不许。太子忧之，密问计于其舅司农卿郭钊。钊曰："殿下但尽孝谨以俟之，勿恤其他。"

上服金丹，多躁怒，左右宦官往往获罪，有死者，人人自危。至是，暴崩于中和殿。时人皆言内常侍陈弘志弑逆，其党类讳之，不敢讨贼，但云药发，外人莫能明也。

中尉梁守谦与宦官王守澄等共立穆宗，杀承璀及恽，赐左、右神策军士钱人五十缗。

**贬皇甫镈为崖州司户。以萧俛、段文昌同平章事。**

邠宁节度使李光颜忧愁恐惧，甚至想自杀。他派人将情况报告朝廷，宪宗不相信，京城上下十分恐慌，崔群将情况全都报告宪宗。皇甫镈暗中对宪宗说："对边防军队的供给都是按照以往的制度执行的，而人们的情绪忽然变成这个样子，原因在于崔群的鼓吹煽动，他是为猎取正直的名声，让皇上蒙受怨恨。"宪宗认为言之有理，就罢免崔群的宰相职务，由此朝廷内外都咬牙切齿地痛恨皇甫镈。

**任命狄兼谟为左拾遗。**

中书舍人武儒衡有节操，喜欢直言，宪宗很器重他，对他关心备至，人们都说他即将成为宰相。令狐楚妒忌武儒衡，想办法从中阻挠这件事。于是他推荐狄兼谟德才兼备，宪宗提拔狄兼谟做了左拾遗。狄兼谟，是武则天朝宰相狄仁杰一族的曾孙。令狐楚亲自草拟任命狄兼谟的制书，夸大其词地说："武则天窃夺帝位，奸臣专权，全靠狄仁杰保佑，才使李氏家族重登帝位。"武儒衡向宪宗哭诉说："我的曾祖武平一，在武则天朝，辞去官场荣华一直到老。"宪宗由此鄙薄令狐楚的为人。

### 庚子（820）　唐宪宗元和十五年

**春正月，宪宗暴死在中和殿。闰正月，太子即皇帝位。**

当初，神策左军中尉吐突承璀打算立澧王李恽做太子，宪宗不同意。太子为此十分忧虑，暗中向舅舅司农卿郭钊求教。郭钊说："殿下只需对皇上尽心孝顺恭敬，等待事情的发展，不要忧虑别的。"

宪宗服用金丹后，经常暴躁发怒，身边的宦官往往受到怪罪，有的甚至被置于死地，因此人人感到自身难保。至此，宪宗暴死在中和殿。时人都说宪宗是被内常侍陈弘志杀死的，陈弘志的同党很避讳这件事，不敢追究凶犯，只说宪宗因药性发作致死，外人无法搞清事实真相。

中尉梁守谦与宦官王守澄等人共同拥立穆宗，杀死吐突承璀和李恽，赏赐左、右神策军将士每人钱五十缗。

**皇甫镈被贬为崖州司户。任命萧俛、段文昌为同平章事。**

辍西宫朝临,集群臣于月华门外,宣制贬镈,市井皆相贺。上议命相,令狐楚荐俛,俛亦镈同年进士。上欲诛镈,俛及宦官救之,得免。

**柳泌伏诛。贬李道古为循州司马。 以薛放为工部侍郎,丁公著为给事中。**

上未听政,召太子侍读薛放、丁公著入侍禁中,参预机密,欲以为相,二人固辞。

**尊贵妃郭氏为皇太后。**

后,郭暧之女也,为广陵王妃。宪宗即位,群臣累表请立为后。宪宗以妃宗门强盛,恐正位之后,后宫莫得进,托以岁时禁忌,不许。至是,乃尊为皇太后。

**上与群臣皆释服。 二月,赦天下。**

上御楼,肆赦。事毕,盛陈倡优杂戏而观之。又幸左神策军观手搏。监察御史杨虞卿上疏曰:"陛下宜延问群臣,惠以气色,使进忠若趋利,论政若诉冤。如此而不致升平者,未之有也。"衡山人赵知微亦上疏谏上游畋无节,上虽不能用,亦不罪也。

**以柳公权为翰林侍书学士。**

上见公权书迹,爱之,问之曰:"卿书何能如是之善?"对曰:"用笔在心,心正则笔正。"上默然改容,知其以笔谏也。

**夏五月,以元稹为祠部郎中、知制诰。**

江陵士曹元稹与监军崔潭峻善。上在东宫,闻宫人诵稹歌诗而善之。及即位,潭峻归朝,荐之,上以为知制诰,朝论鄙之。会同僚食瓜于阁下,有青蝇集其上。武儒衡以扇

穆宗停止去西宫哭丧，开始上朝，在月华门外召集群臣，令人宣读制书贬斥皇甫镈，市民百姓无不互相庆贺。穆宗计议任命宰相，令狐楚推荐萧俛，萧俛也和皇甫镈同一年考中进士。穆宗想杀掉皇甫镈，萧俛及宦官出面营救，皇甫镈才得以不死。

　　**柳泌伏法被杀。李道古被贬为循州司马。　任命薛放为工部侍郎，丁公著为给事中。**

　　穆宗尚未坐朝处理政务时，召太子侍读薛放、丁公著进宫侍奉，让他们参预机密大事，打算任以宰相之职，两个人坚决推辞。

　　**穆宗尊奉贵妃郭氏为皇太后。**

　　郭太后，是郭暧的女儿，是宪宗为广陵王时的妃子。宪宗即位后，群臣屡次上表请立郭妃为皇后。宪宗考虑到郭妃宗族门户势力强大，恐怕她得到皇后的正位后，后宫的嫔妃无法再接近自己，就以岁时禁忌为托词，不肯恩准。到这时，才被尊为皇太后。

　　**穆宗与朝廷百官都服丧期满。　二月，穆宗大赦天下。**

　　穆宗驾临丹凤门楼，大赦天下。事后，穆宗命令上演乐舞杂戏来观看。又到左神策军去观看徒手搏击。监察御史杨虞卿上疏说："陛下应该召见群臣征求意见，态度要和蔼可亲，使他们尽忠如同逐利，议论朝政如同倾诉冤屈。这样还不能达到太平之世，绝不可能。"衡山人赵知微也上疏劝谏穆宗游乐打猎没有节制。穆宗虽然没有采纳他们的意见，也没怪罪他们。

　　**任命柳公权为翰林侍书学士。**

　　穆宗见到柳公权的墨迹，十分喜爱，就问柳公权说："你的书法为何能写得这么好？"柳公权回答说："写字运笔的关键在于内心，心正笔就正。"穆宗沉默不语，神色改变，明白柳公权是在用笔来进行劝谏。

　　**夏五月，任命元稹为祠部郎中、知制诰。**

　　江陵士曹元稹与监军崔潭峻关系密切。穆宗在东宫当太子时，听宫人朗诵元稹的诗就很喜欢。等到穆宗即位，崔潭峻回朝，推荐元稹，穆宗任命元稹为知制诰，朝廷的舆论都鄙薄元稹。恰好同僚在阁下一起吃瓜，有几只苍蝇落在瓜上。武儒衡用扇子

挥之曰:"适从何来,遽集于此?"同僚皆失色,儒衡意气自若。

**六月,葬景陵。　以崔群为吏部侍郎。**

上召群对别殿,谓曰:"朕升储副,知卿为羽翼。"对曰:"先帝之意,久属圣明,臣何力之有!"

**太后居兴庆宫。**

太后居南内,每朔望,上帅百官诣宫门上寿。上性侈,所以奉太后者尤华靡。

**秋七月,以郓、曹、濮节度为天平军。　令狐楚罢。**

楚为山陵使,不给工人佣直,收其钱十五万为羡余以献,怨诉盈路,故罢之。

**八月,浚鱼藻池。　以崔植同平章事。　九月,大宴。**

上甫过公除,即事游畋声色,赐与无节,欲以重阳大宴。拾遗李珏帅其同僚上疏曰:"元朔未改,山陵尚新,虽陛下就易月之期,俯从人欲,而《礼经》著三年之制,犹服心丧。合宴内庭,事将未可。"上不听。

群臣入阁退,谏议大夫郑覃、崔郾等五人进言:"陛下宴乐多过,游畋无度。今胡寇压境,忽有急奏,不知乘舆所在。又晨夕与近习、倡优狎暱,赐与过厚。夫金帛皆百姓膏血,非有功不可与。虽内藏有余,愿陛下爱之,万一四方有事,不复使有司重敛百姓。"时久无阁中论事者,上始甚讶之,谓宰相曰:"此辈何人?"对曰:"谏官。"上乃使人慰劳之,曰:"当依卿言。"宰相皆贺,然实不能用也。

驱赶苍蝇说："刚从哪里来的苍蝇,忽然落在这里?"同僚都大惊失色,武儒衡却神态自若。

**六月,朝廷在景陵安葬宪宗。　任命崔群为吏部侍郎。**

穆宗在便殿召见崔群,说道:"我能当太子,知道你有扶助之功。"崔群回答说:"先帝册立太子,一直专意陛下,我出了什么力!"

**太后居住在兴庆宫。**

太后住在兴庆宫,每月的初一和十五,穆宗都要带领百官到兴庆宫为太后祝福。穆宗喜欢奢侈,用来奉养太后的物品尤其奢华浪费。

**秋七月,穆宗命在郓、曹、濮州节度使辖区设立天平军。　令狐楚罢相。**

令狐楚担任山陵使时,不给工匠工钱,压下这笔钱的十五万缗作为节余进献朝廷,到处都是怨恨控诉之声,所以罢免了他。

**八月,穆宗命疏浚鱼藻池。　任命崔植为同平章事。　九月,穆宗大摆宴席。**

穆宗为宪宗服丧期刚满,就游玩打猎,纵情声色,赏赐毫无节制,想在重阳节大摆宴席。拾遗李珏率领同僚上疏说:"年号还没更改,先帝的陵墓尚且崭新,虽然陛下采用以日易月的丧期,是俯从人们的心愿,但《礼经》明文规定服丧三年,还应在内心哀悼。现在要在宫内聚宴,恐怕事有不妥。"穆宗不同意。

百官入殿朝见退下后,谏议大夫郑覃、崔郾等五人进言说:"陛下宴饮游乐太多,外出打猎毫无节制。现在吐蕃压境,一旦有紧急军情奏报,都不知陛下身在何处。另外陛下整天与近侍和宫内艺人厮混,对这些人的赏赐过于优厚。金银丝帛都是百姓的血汗,没有功劳不能赐予。即使内库储备尚有富余,也希望陛下加以珍惜,一旦天下发生变故,才不至于让有关部门向百姓征收苛税。"当时已经很久没有人在殿中议论朝政了,穆宗听了十分惊讶,对宰相说:"这些人是干什么的?"宰相回答:"是谏官。"穆宗于是让人慰劳郑覃等人,说:"应该按照你们的话去做。"宰相都表示祝贺,然而穆宗实际上并没有采纳他们的谏言。

上尝谓给事中丁公著曰："闻外间人多宴乐,此乃时和人安,足用为慰。"公著对曰："此非佳事,恐渐劳圣虑。"上曰:"何故?"对曰:"自天宝以来,公卿大夫竞为游宴,沉酣昼夜,优杂子女,不愧左右。如此不已,则百职皆废。陛下能无独忧劳乎? 愿少加禁止,乃天下之福也。"

**冬十月,成德节度使王承宗卒,诏以田弘正代之,王承元为义成节度使。**

王承宗卒,其下秘不发丧,立承宗之弟承元。承元时年二十,曰:"诸公未忘先德,不以承元年少,使摄军务。承元请尽节天子,以遵忠烈王之志,诸公肯从之乎?"众许诺。承元乃视事于都将听事。不称留后,表请除帅。诸将及邻道争以故事劝之,皆不听。

诏以田弘正为成德帅,承元移镇滑州。将士喧哗不受命,承元以诏旨谕之,诸将号哭不从。承元出家财以散之,谓曰:"诸公之意甚厚,然使承元违天子之诏,其罪大矣。昔李师道之未败也,朝廷尝赦其罪。师道欲行,诸将固留之,其后杀师道者亦诸将也。诸将勿使承元为师道,则幸矣。"十将李寂等固留承元,承元斩以徇,军中乃定。

**吐蕃寇泾州。**

泾州奏吐蕃入寇,距州三十里,告急求救。以梁守谦为神策行营都监,并发八镇全军救之。邠宁兵以神策受赏厚,皆愠曰:"人给五十缣,而不识战斗者,彼何人耶! 常额衣

穆宗曾对给事中丁公著说:"听说外边的人们经常饮宴游乐,这是国泰民安的表现,足以令人欣慰。"丁公著回答说:"这并不是好事,恐怕逐渐要有劳陛下的思虑。"穆宗说:"是什么原因?"丁公著回答说:"自从玄宗天宝年间以来,公卿士大夫竞相游乐饮宴,终日酣饮,和歌舞艺人男女混杂在一起,不知惭愧。这种状况不停止,必然百职废弛。陛下能不独自忧虑操劳吗?希望对这种情况稍加禁止,才是天下的福气。"

**冬十月,成德节度使王承宗去世,穆宗下诏由田弘正接替其职,由王承元出任义成节度使。**

王承宗死后,他的部下隐瞒死讯,不办丧事,拥立王承宗的弟弟王承元。王承元当时二十岁,说:"大家没有忘记我祖先的恩德,不认为我年少无知,让我主持军务。请允许我对天子保全臣节,以遵循我先祖忠烈王的心愿,诸位愿意跟从我吗?"众将领表示同意,王承元才开始在都将的厅堂里任职办公。他不称留后,上表请求委派节度使。众将领以及相邻各道争相以节度使世袭的旧例规劝王承元,王承元一概不听。

穆宗下诏任命田弘正为成德节度使,王承元改任滑州主帅。将士大声喧哗不肯领命,王承元就以诏书的旨意劝导众人,众将领号哭着不肯服从。王承元又拿出家财散发给众人,并说:"诸位的情意非常深厚,然而让我违抗天子的诏令,罪过就大了。先前李师道没有垮台时,朝廷曾赦免他的罪行,李师道想入朝,众将领坚决挽留他,后来杀掉李师道的也是他的部将。诸位将领不使我再步李师道的后尘,我就庆幸了。"十将李寂等人坚决要留下王承元,王承元下令将李寂等人斩首示众,军中才安定下来。

**吐蕃侵犯泾州。**

泾州奏报吐蕃入侵,距离州城只有三十里,告急请求援救。朝廷任命梁守谦担任神策军行营都监,同时征发八镇神策军全军前往救援。邠宁军由于神策军享受的赏赐丰厚,都生气地说:"每人赏钱五十缗,却不会打仗,那是什么人!连常规定额的衣服

资不得,而前冒白刃者,此何人耶!"汹汹不止。节度使李光颜亲为开陈大义,然后军士感悦而行。将至泾州,吐蕃惧而退。

**幸华清宫。**

上将幸华清宫,宰相帅两省官诣延英门,三上表切谏,皆不听。谏官伏门下,至暮乃退。明日上自复道出城,幸华清宫,独公主、驸马、中尉、兵千人扈从,晡时还宫。

**容管遣兵讨蛮贼黄少卿,破之。**

时黄少卿久未平,国子祭酒韩愈上言:"黄家贼居无城郭,依山傍险,寻常亦各营生,急则屯聚相保。比缘邕管经略使多不得人,德既不能绥怀,威又不能临制,侵欺虏缚,以致怨恨。遂攻劫州县,侵暴平人。或聚或散,终亦不能为事。近者裴行立、阳旻意在邀功,献计征讨。邕、容两管经此凋弊,杀伤疾疫,十室九空。如此不已,臣恐岭南未得宁息。兼此贼徒亦甚伤损,察其情理,厌苦必深。若因改元大庆,赦其罪戾,遣使宣谕,必望风降伏。仍为选择有威信者为经略使,处置得宜,自无侵叛。"上不能用。

辛丑(821) 穆宗皇帝长庆元年

春正月,诏河北诸道各均定两税。 萧俛罢。

资粮都拿不到,却要冲锋陷阵,这又是什么人!"众口嚣嚣,不能平息。节度使李光颜亲自为大家申明大义,军士感动悦服,启程出发。官军快到泾州时,吐蕃为之恐惧,于是退兵。

**穆宗驾临华清宫。**

穆宗将要到华清宫游玩,宰相率领中书、门下两省官员到延英门,三次上表极力劝谏,穆宗一概不听。谏官俯伏在延英门下,直到日暮时分才退下。第二天,穆宗从复道出了京城,来到华清宫,只有公主、驸马、中尉、禁卫士卒一千人随从,到黄昏时才返回宫中。

**容管经略使派兵讨伐蛮贼黄少卿,打败了他。**

当时,朝廷一直没有平定黄少卿,国子祭酒韩愈进言说:"黄家贼没有城郭居住,只是依山傍险,平常也是各自谋生,情况紧急时就屯聚一处彼此相保。近来由于邕管经略使的人选大多不得其人,既不能以德政感化蛮人,又不能以威严控制局面,一味侵扰欺凌,掳掠抓人,以致酿成怨恨。于是蛮人攻掠州县,侵害平民百姓。他们时聚时散,最终也成不了大事。近来裴行立、阳旻企图邀功求赏,向朝廷献计前去讨伐。而邕、容两管经过这场破坏,死伤、疾病、瘟疫接踵而至,以致十室九空。这种局面如果继续下去,我担心岭南一带无法安宁平静。加上这些蛮贼也伤亡惨重,从情理上看,他们必然厌战,深以为苦。如果朝廷借更改年号举行大庆的机会,赦免他们的罪过,并派使者前去宣布朝廷的旨意,他们必然望风降服。还应选派有威信的官吏担任经略使,只要处置得当,蛮人自然不会侵扰反叛。"穆宗没有采纳韩愈的建议。


# 唐穆宗

辛丑(821)　唐穆宗长庆元年

春正月,朝廷下诏命河北各道各自均定两税税额。　萧俛罢相。

俛介洁疾恶,为相重惜官职,少所引拔。西川节度使王播大修贡奉,且以赂结宦官求为相,段文昌复左右之。诏征播诣京师,俛屡争之,言:"播纤邪,不可以污台司。"上不听,俛遂辞位。

**段文昌罢,以杜元颖同平章事。 以王播为盐铁使。**
播奏约榷茶额,每百钱加税五十。李珏等谏曰:"榷茶近起贞元多事之际,今天下无虞,所宜宽横敛之目,而更增之,百姓何时当得息肩?"不从。

**回鹘保义可汗死。 卢龙节度使刘总弃官为僧,以张弘靖代之。**
总既杀其父兄,心常自疑,数见父兄为祟,常于府舍饭僧,使为佛事,晚年恐惧尤甚。亦见河南、北皆从化,奏乞弃官为僧,诏从之。子弟、将佐皆加超擢,百姓复给一年,军士赐钱一百万缗。总以印节授留后张玘,夜遁去,卒于定州。

初,总奏分所属为三道:以幽、涿、营为一道,平、蓟、妫、檀为一道,请除张弘靖、薛平为节度使。瀛、莫为一道,请除卢士玫为观察使。弘靖先在河东,以宽简得众。总以燕人桀骜日久,故举弘靖以安辑之。平,嵩之子,知河朔风俗,而尽诚于国。士玫,则总妻族之亲也。总又尽择麾下宿将有功难制者朱克融等,送京师,乞加奖拔,使燕人有慕羡朝廷禄位之志,又献征马万五千匹,然后委去。克融,滔之孙也。

萧俛耿介廉洁，疾恶如仇，担任宰相以来一直珍惜官职，很少向朝廷举荐提拔官吏。西川节度使王播大肆向朝廷贡献财物，并且通过贿赂巴结宦官求取宰相之职，段文昌又在为他四处活动。穆宗下诏征王播进京，萧俛屡次争辩反对，说："王播是邪恶小人，不能让这种人玷污宰相的名声。"穆宗不接受萧俛的规谏，萧俛于是辞去宰相之职。

**段文昌罢相。任杜元颖为同平章事。 任王播为盐铁使。**

王播奏请规定茶叶专卖的税额，每一百文钱的茶要加税钱五十文。李珏等人进谏说："茶叶专卖近年来起于贞元年间朝廷多难之时，现在天下没有忧患，本应减少横征暴敛的名目，却又增加茶税，百姓什么时候才能减轻负担？"穆宗不予采纳。

**回鹘保义可汗故去。 卢龙节度使刘总辞去官职当了和尚，朝廷任命张弘靖接替他的职务。**

刘总杀死父亲、兄弟后，心中常常疑神疑鬼，多次梦见父亲、兄弟的亡魂作祟危害自己，经常在自己的府邸中供给僧人饭食，让他们诵经念佛以求消灾，到了晚年他的恐惧心理尤为深重。同时看到河南、河北各藩镇都已归顺朝廷，于是上奏请求辞官为僧，穆宗下诏恩准。刘总的子弟、将佐都越级升官，百姓又免除一年的赋税，军士得到赏钱一百万缗。刘总将节度使的印信、符节交给留后张玘，然后连夜逃走，后来死在定州。

当初，刘总奏请将自己统辖的地区分为三道：以幽州、涿州、营州为一道，以平州、蓟州、妫州、檀州为一道，请委派张弘靖、薛平出任节度使。以瀛州、莫州为一道，请委派卢士玫出任观察使。张弘靖先前治理河东，因为政宽和简约深得人心。刘总认为燕地人长期以来桀骜不驯，所以推举张弘靖来安抚他。薛平是薛嵩的儿子。他知晓河朔地区的风土人情，又能对朝廷竭尽忠诚。卢士玫则是刘总妻子家族的亲戚。刘总又将立有战功又难以辖制的部下老将朱克融等人挑出来，悉数送往京城，请朝廷加以奖掖提拔，好让燕人萌生羡慕朝廷官禄的念头，还向朝廷进献战马一万五千匹，然后才弃职而去。朱克融是朱滔的孙子。

是时上方酣宴,不以天下为意。崔植、杜元颖无远略,不知安危大体。苟欲崇重弘靖,惟割瀛、莫二州以士玫领之,余皆统于弘靖。朱克融辈久羁旅京师,至假匄衣食,日诣中书求官,植、元颖不之省,寻勒归本军驱使,克融辈皆愤怨。

先是,河北节度使皆与士卒均劳逸,弘靖雍容骄贵,庄默自尊,涉旬乃一出坐决事。宾客、将吏罕得闻其言,情意不接。政事多委之幕僚,韦雍辈又皆年少轻薄,嗜酒豪纵,裁刻军士粮赐,数以反虏诟之,谓军士曰:"今天下太平,汝曹能挽两石弓,不若识一丁字。"由是军中人人怨怒。

**夏四月,贬钱徽、李宗闵为远州刺史,杨汝士为开江令。**

翰林学士李德裕,吉甫之子也,以中书舍人李宗闵尝对策讥切其父,恨之。宗闵又与翰林学士元稹争进取有隙。右补阙杨汝士与礼部侍郎钱徽掌贡举,西川节度使段文昌、翰林学士李绅各以书属所善进士。及榜出,二人所属皆不预,而郑覃弟朗、裴度子譔、宗闵婿苏巢、汝士弟殷士及第。

文昌言于上曰:"今岁礼部殊不公,所取皆以关节得之。"上以问诸学士,德裕、稹、绅皆以为然。上乃命复试,黜朗等十人而贬徽等。或劝徽奏二人属书,上必悟。徽曰:"苟无愧心,得丧一致。奈何奏人私书,岂士君子所为邪!"取而焚之,时人多之。自是德裕、宗闵各分朋党,更相倾轧,垂四十年。

当时穆宗正沉溺于酣饮宴会之中,不把国家大事放在心上。崔植、杜元颖没有深谋远略,不识安危大局。只是一心推重张弘靖,只将瀛州、莫州划归卢士玫掌管,其余全都归张弘靖统辖。朱克融等人长期客居京城,以致落到借衣乞食的地步,他们每天到中书省求官,崔植、杜元颖不加理睬,不久又勒令朱克融等人返回本军以供驱遣,克融等人都愤怒抱怨。

先前,河北节度使都能与士卒同甘共苦,张弘靖到任后雍容骄贵,庄重寡言,自重自尊,每十天才到府中办公一次。宾客和将吏很少能听到他讲话,上下关系不洽。他把政务多委托给幕僚,而韦雍之流又都年轻轻浮,嗜酒放纵,克扣将士的粮饷,多次辱骂将士为反房,对将士说:“如今天下太平,你们能拉开两石的强弓,不如认识一个字。”由此军中人人怨恨愤怒。

**夏四月,钱徽、李宗闵被贬到边远各州担任刺史,杨汝士被贬为开江县令。**

翰林学士李德裕,是李吉甫的儿子,因为中书舍人李宗闵曾在对策中讥刺自己的父亲,恨李宗闵。李宗闵又因为和翰林学士元稹争权夺势,双方产生隔阂。右补阙杨汝士和礼部侍郎钱徽主持进士考试,西川节度使段文昌、翰林学士李绅各自写信向他们推荐自己亲近的考生。等到发榜时,段、李二人推荐的考生都名落孙山,而郑覃的弟弟郑朗、裴度的儿子裴譔、李宗闵的女婿苏巢、杨汝士的弟弟杨殷士却进士及第。

段文昌向穆宗进言说:“今年礼部考试特别不公平,及第的进士都是靠人情请托考取的。”穆宗就此事询问各位翰林学士,李德裕、元稹、李绅都认为确实如此。穆宗于是下令对录取的进士进行复试,结果郑朗等十人除名,而钱徽等人贬官。有人劝钱徽上奏揭露段文昌、李绅二人写信嘱托,皇上一定会明白真相。钱徽说:“如果我无愧于心,得官和贬官是一样的。为什么要将私人书信奏报朝廷,这难道是士君子做的事吗!”说完就将书信烧掉,时人都赞美他。从此李德裕、李宗闵两人各分朋党,互相倾轧,达四十年。

**五月,遣使册回鹘崇德可汗,以太和长公主妻之。**

公主,上之妹也。吐蕃闻唐与回鹘婚,寇青塞堡。回鹘奏:"以万骑出北庭,万骑出安西,拒吐蕃以迎公主。"

**秋七月,卢龙军乱,囚节度使张弘靖,推朱克融为留后。**

韦雍出逢小将策马冲其前导,雍命杖之。河朔军士不贯受杖,不服。雍白弘靖,系治之。是夕,士卒连营呼噪,作乱,囚弘靖,杀雍等,迎朱克融为留后。众以判官张彻长者,不杀。彻骂曰:"汝何敢反,行且族灭!"众共杀之。

**贬张弘靖为吉州刺史。 成德兵马使王庭凑杀节度使田弘正,起复田布为魏博节度使,讨之。**

初,田弘正徙镇成德,自以久与镇人战,有父兄之仇,乃以魏兵二千自卫,请度支供其粮赐。户部侍郎崔倰刚褊,无远虑,恐开事例,不肯给。弘正不得已,遣魏兵归。

弘正厚于骨肉,子弟在两都者数十人,竞为侈靡,日费约二十万。弘正萃魏、镇之货以供之,相属于道,将士颇不平。都知兵马使王庭凑果悍阴狡,潜谋作乱,以魏兵故不敢发。及魏兵去,夜结牙兵杀弘正,自称留后,逼监军奏求节钺,朝廷震骇。倰于崔植为再从兄,故人莫敢言其罪。

魏博节度使李愬闻变,素服流涕令将士曰:"魏人所以得通圣化,安宁富乐者,田公之力也。今镇人不道,辄敢害之,是轻魏,以为无人也。诸君受田公恩,宜如何报之?"

五月，朝廷派使者前往回鹘册命崇德可汗，并将太和长公主许配给崇德可汗为妻。

太和长公主，是穆宗的妹妹。吐蕃听说唐朝与回鹘通婚，就派兵侵犯青塞堡。回鹘奏称："请派一万骑兵出北庭，一万骑兵出安西，抵抗吐蕃，以迎娶太和公主。"

**秋七月，卢龙军作乱，囚禁节度使张弘靖，推举朱克融为留后。**

韦雍外出遇到一员小将策马冲撞了自己的仪仗前导，韦雍命人杖罚小将。河朔军士不习惯受杖刑，不肯服从。韦雍将此事禀报张弘靖，张弘靖命令将小将拘捕治罪。这天晚上，士兵连营呼喊，发动变乱，囚禁张弘靖，杀掉韦雍等人，迎立朱克融为留后。众将士认为判官张彻是有德之人，没有杀他。张彻骂道："你们怎敢反叛朝廷，眼看就要灭族了。"众人一块将他杀死。

**贬张弘靖为吉州刺史。　成德兵马使王庭凑杀死节度使田弘正，朝廷起用居丧期间的田布为魏博节度使，命他讨伐王庭凑。**

当初，田弘正改为镇守成德，自以为长期与镇州作战，结下杀父害兄的仇恨，就带领二千魏兵自卫，并请度支供给军粮。户部侍郎崔倰性情刚愎，心胸狭窄，缺乏深思远虑，唯恐开此先例，因此不肯供给。田弘正迫不得已，只好将魏兵打发回去。

田弘正厚待自己的家人，住在长安和洛阳的子弟有几十人，竞相奢侈靡费，每天的费用约二十万钱。田弘正用车子运送魏博、镇州的物产供应他们，车子在道路上络绎不绝，将士颇为不满。都知兵马使王庭凑果敢强悍，阴险狡诈，阴谋作乱，由于魏博士兵的缘故所以不敢发难。等到魏博士兵离去，王庭凑在夜里勾结牙兵杀掉田弘正，自称留后，逼迫监军奏报朝廷，为自己求取节度使的符节和斧钺，朝廷闻讯十分震惊。崔倰是宰相崔植的族兄，所以人们不敢指责他的罪过。

魏博节度使田悦听说成德兵变，身穿丧服哭着命令将士说："魏博人之所以能得到朝廷的教化，生活安宁，富庶快乐，都是田公的功绩。如今镇州人无道，竟敢谋害他，这是小看魏博，以为魏博没有能人。诸位蒙受田公的恩惠，应如何报答他？"

众皆恸哭。深州刺史牛元翼，成德良将也。恕使以宝剑玉带遗之，曰："昔吾先人以此剑立大勋，吾又以之平蔡州，今以授公，努力翦庭凑。"元翼以剑、带徇于军，报曰："愿尽死！"会恕疾作，不果出兵。

乃起复田布为魏博节度使，布固辞，不获，与妻子、宾客诀曰："吾不还矣！"悉屏旄节导从而行。未至魏州三十里，被发徒跣，号哭而入，居于垩室。月俸千缗，一无所取，卖旧产，得钱十余万缗，以颁士卒，旧将老者兄事之。

瀛州军乱，执观察使卢士玫。 诏诸道讨王庭凑，以牛元翼为深、冀节度使。庭凑围深州。 九月，相州军乱，杀刺史邢漼。 吐蕃遣使来盟，以刘元鼎为吐蕃会盟使。

命宰相与吐蕃使者论讷罗盟于城西，遣元鼎入吐蕃，亦与其宰相以下盟。

**朱克融掠易州。** 诏两税皆输布、丝、纩。

自定两税法以来，钱日重，物日轻，民所输三倍其初。户部尚书杨於陵言："钱者所以权百货，贸迁有无，所宜流散，不应蓄聚，今税百姓钱藏之公府。又开元中天下铸钱七十余炉，岁入百万，今才十余炉，岁入十五万，又积于富室，流入四夷。如此，则钱焉得不重，物焉得不轻！今宜使天下输税课者皆用谷、帛，广铸钱，而禁滞积及出塞者，则钱日滋矣。"从之。

众人都放声痛哭。深州刺史牛元翼,是成德的出色将领。李愬派人将宝剑、玉带赠送给他,并传话说:"从前我的先人用这把宝剑立下赫赫功勋,我又用它平定蔡州吴元济的叛乱,现在我把它交给你,你要用它努力剪灭王庭凑。"牛元翼让军中将士看了宝剑和玉带,回答说:"愿尽死力!"正赶上李愬疾病发作,果然未能出兵。

于是朝廷起用居丧期间田弘正的儿子田布就任魏博节度使,田布坚决推辞,得不到批准,只好与妻子儿女及宾客诀别说:"我不打算活着回来了!"把节度使的旌节仪仗全部丢掉,就上路了。距魏州城还有三十里时,他披发赤足,一路号哭着奔入城中,住进白土粉刷的房子里为父亲服丧。对于每月的一千缗俸禄,他分文不取,还将家中旧有产业卖掉,得钱十多万缗,用来犒赏士卒,对年老的旧将,他当作自己的兄长来礼遇。

**瀛州军作乱,拘捕观察使卢士玫。** 穆宗下诏各道讨伐王庭凑,任命牛元翼为深、冀节度使。王庭凑包围深州。 九月,相州军发生变乱,杀死刺史邢漼。 吐蕃派使者前来缔结盟约,任刘元鼎为吐蕃会盟使。

穆宗下诏命宰相与吐蕃使者论讷罗在城西会盟,派刘元鼎前往吐蕃,也与吐蕃宰相以及大臣会盟。

**朱克融劫掠易州。** 有诏命两税都要交纳布、丝、丝绵。

自从实行两税法以来,钱的价值日益提高,实物的价值日益降低,人民所交纳的实物是刚实行两税法时的三倍。户部尚书杨於陵说:"钱是用来衡量各种货物的价值,贩运买卖互通有无的,所以应该流通,不应该积蓄,如今的两税却把百姓的钱收藏在官府。再者,开元年间全国铸钱七十多炉,每年收入一百万缗,如今才铸钱十多炉,每年收入十五万缗,又多集中在富人手里,或流散到夷狄那里。如此下去,那么钱的价值哪里能不高,实物的价值哪里能不低!现在应该让全国的纳税人都用谷物、布帛纳税,大规模铸钱,同时禁止钱币集中以及流入塞外,钱就会越来越多了。"穆宗依言而行。

**冬十月，以王播同平章事。**

播为相，专以承迎为事，未尝言国家安危。

**以裴度为镇州行营都招讨使。　以王智兴为武宁节度副使。**

先是，副使皆以文吏为之。上闻智兴有勇略，欲用之于河北，故以是宠之。

**以魏弘简为弓箭库使，元稹为工部侍郎。**

翰林学士元稹与知枢密魏弘简深相结，求为宰相，由是有宠。稹无怨于裴度，但以度先达重望，恐其复有功大用，妨己进取，故度所奏军事，多与弘简从中沮之。度上表曰："逆竖构乱，震惊山东。奸臣作朋，挠败军政，陛下欲扫荡幽、镇，先宜肃清朝廷。河朔逆贼只乱山东，禁闱奸臣必乱天下，是则河朔患小，禁闱患大。小者臣与诸将必能翦灭，大者非陛下觉悟制断无以驱除。臣蒙陛下委付之意不轻，遭奸臣抑损之事不少。但欲令臣失所，而于天下理乱、山东胜负悉不之顾。若朝中奸臣尽去，则河朔逆贼不讨自平。若奸臣尚存，则逆贼纵平无益。"表三上，上虽不悦，以度大臣，不得已罢弘简枢密，解稹翰林，而恩遇如故。

**宿州刺史李直臣伏诛。**

直臣坐赃当死，宦官受其赂，为之请。御史中丞牛僧孺固请诛之，上曰："直臣有才，可惜。"僧孺对曰："彼不才者安足虑？本设法令，所以擒制有才之人。安禄山、朱泚皆才过于人、法不能制者也。"上从之。

**冬十月**，任命王播为同平章事。

王播担任宰相，一味奉承迎合皇上，从来不谈国家安危的大事。

**任命裴度为镇州行营都招讨使。　任命王智兴为武宁节度副使。**

先前，节度副使都由文官担任。穆宗听说王智兴有勇有谋，想在对河北用兵时加以任用，所以通过节度副使的任命，表示对他的恩宠。

**任命魏弘简为弓箭库使，元稹为工部侍郎。**

翰林学士元稹和知枢密魏弘简有很深的交情，谋求担任宰相，由此受到宠信。元稹与裴度并无私怨，只因裴度是有功于朝的先辈，德高望重，唯恐他再建功勋大受重用，妨碍自己的仕路进取，所以对裴度上奏的军事问题，元稹多次与魏弘简从中阻挠。裴度上表说："逆臣竖子制造叛乱，震动山东。奸臣朋比勾结，阻挠败坏军政大事，陛下如果打算扫平幽州、镇州，首先应该肃清朝廷的奸党。河朔的叛贼只能祸乱山东，宫廷中的奸臣必然祸乱天下，因此河朔的叛乱危害小，而宫廷中的奸臣危害大。对于小的危害，我和诸位将领必能消灭；对于大的危害，不是陛下觉悟裁断，没有办法驱除。我承蒙陛下的重托，遭受奸臣压抑损害的事不少。他们只是想让我指挥失当，而对于天下的治乱、山东战场的胜负都弃置不顾。如果在朝廷能清除这些奸臣，那么河朔的叛贼不用讨伐自会平息。如果奸臣当道，纵然平定了叛贼也徒劳无益。"裴度接连三次上表，穆宗虽然不高兴，但考虑裴度是朝中重臣，出于无奈免去魏弘简的知枢密之职，解除元稹的翰林学士之职，而对二人的恩宠优待依然如旧。

**宿州刺史李直臣伏法被杀。**

李直臣因贪赃枉法应当处死，宦官接受他的贿赂，为他求情。御史中丞牛僧孺坚持请求杀掉他，穆宗说："李直臣有才干，杀掉可惜。"牛僧孺回答说："那些没有才干的人哪里值得忧虑？设立法令，本来就是为了制约那些有才干的人。安禄山、朱泚都是才能过人、法令不能制裁的人。"穆宗听从了牛僧孺的建议。

十二月，深州行营节度使杜叔良讨王庭凑，大败，诏以李光颜代之。

初，横海节度使乌重胤将全军救深州，独当幽、镇东南。重胤宿将，知贼未可破，按兵观衅。上怒，徙重胤山南西道。而叔良素事权幸，宦官荐之，诏以代重胤。至是，将诸道兵与镇人战，大败，诏复以李光颜代之。

**以朱克融为平卢节度使。**

自宪宗征伐四方，国用已虚。及上即位，赏赐无节，而幽、镇用兵久无功，府藏空竭。执政以王庭凑杀田弘正，而克融全张弘靖，罪有重轻，请赦克融，专讨庭凑，上从之。

**壬寅（822）二年**
**春正月，卢龙兵陷弓高。**

先是，弓高守备甚严，有中使夜至，守将不内，旦乃得入，中使大诟怒。贼谍知之，他日伪遣人为中使夜至，守将遽内之，贼众随入，又围下博。中书舍人白居易上言曰："自幽、镇逆命，朝廷征兵十七八万，四面攻围，已逾半年，王师无功，贼势犹盛。弓高既陷，粮道不通，下博、深州饥穷日急。盖由节将太众，其心不齐，未立功者或已拜官，已败衄者不闻得罪。既无惩劝，以至迁延。请令李光颜将诸道劲兵约三四万人，从东速进，开弓高粮路，合下博诸军，解深州重围，与元翼合势。令裴度将太原全军兼招讨旧职，

十二月，深州行营节度使杜叔良讨伐王庭凑，遭到惨败，穆宗下诏命李光颜接替他的职务。

当初，横海节度使乌重胤率领全军援救深州，独自在幽州、镇州的东南方面抵挡叛贼。乌重胤是一员老将，估计叛贼一时难以击败，就按兵不动，寻找对方的破绽。穆宗十分恼怒，将乌重胤调任山南西道。杜叔良平素就巴结掌权得宠的宦官，由此得到宦官的推荐，穆宗下诏命他接替乌重胤的职务。到这时，他率领各道兵马与镇州人交战，被打得大败，所以穆宗再次下诏让李光颜接替他的职务。

**任命朱克融为平卢节度使。**

自从宪宗征伐四方叛乱以来，国库用度早已虚空。等到穆宗即位，赏赐毫无节制，而对幽州、镇州用兵一直不能取胜，致使国库告罄。宰相认为王庭凑杀害田弘正，而朱克融保全了张弘靖的性命，罪有轻重之别，因此请求赦免朱克融，以便全力讨伐王庭凑，穆宗采纳了这一建议。

### 壬寅（822） 唐穆宗长庆二年
春正月，卢龙军攻陷弓高。

先前，弓高的守备很严密，有个中使夜间进城，守将拒不接纳，直到天明才得以进城，中使大怒，破口大骂。叛军奸细探知后，另有一天派人冒充中使夜至城下，守将马上放他进城，众贼兵随后进城，接着又包围下博。中书舍人白居易进言说："自幽州、镇州违抗命令以来，朝廷征发十七八万官军，四面攻围敌人，已过半年，官军没有战果，叛军依然强大。弓高失守后，粮道断绝，下博、深州饥饿窘困的局面日益加剧。这大概是由于节度使太多，人心不齐，有些没有立功的人却已授给官职，已打了败仗的人又没有受到惩处。赏罚不明，就导致军队拖延不进。请命令李光颜率各道精兵约三四万人，从东面迅速挺进，打开通往弓高县城的粮道，会合下博各路兵马，解除深州的重围，与牛元翼合力对敌。命令裴度率领太原全军兼任招讨使原职，

西面压境，观衅而动。若乘虚得便，即令同力翦除。若战胜贼穷，亦许受降纳款。如此，则夹攻以分其力，招谕以动其心，必未及诛夷，自生变故。仍诏光颜选留诸道精兵，余悉遣归本道。盖兵多而不精，岂惟虚费资粮，兼恐挠败军阵故也。诸道监军，请皆停罢，众齐令一，必有成功。又朝廷本用田布，令报父仇，今全师出界，数月不进，盖由此军累经优赏，兵骄将富，莫肯为用。况其月费计钱二十八万缗，若更迁延，将何供给？此尤宜早令退军者也。苟兵数不抽，军费不减，食既不足，众何以安？不安之中，何事不有！况有司迫于供军，百端敛率，不许即用度交阙，许即人心无憀。自古安危皆系于此，惟陛下念之。"疏奏，不省。

**成德兵掠官军粮运。**

度支馈沧州粮车六百乘，皆为成德所掠。时诸军匮乏，衣粮在途，皆邀夺之。其悬军深入者，皆冻馁无所得。

**魏博将史宪诚杀其节度使田布，诏以宪诚为节度使。**

初，田布从弘正在魏，善视牙将史宪诚，及为节度使，遂寄以腹心，军中精锐悉以委之。至是，布以魏兵讨镇军于南宫。以馈运不继，发六州租赋以供军，将士不悦，宪诚因鼓扇之。会有诏分魏博军与李光颜，使救深州，布军遂溃，多归宪诚，布独与中军八千人还魏。

从西面压向镇州辖境,相机而动。如果乘虚得手,就让两军同心协力翦灭叛军。如果官军取胜,叛军困窘,也应该允许官军接受投降。这样部署,用两面夹击来分散叛军的兵力,用招降安抚来动摇叛贼的军心,不等官军诛杀叛军,其内部就会发生变故。还要下诏李光颜挑选留在各道的精兵,余众全都遣返本道。兵多而不精,岂止虚耗国家的资财粮饷,恐怕还会干扰破坏官军的阵脚。派往各道的监军,请全都撤回,队伍整齐号令统一,必然取得成功。再者,朝廷任用田布的本意,是让他替父亲报仇,如今魏博全军出境,数月不见前进,这恐怕是由于魏博军屡次受到优厚的犒赏,兵士骄横将帅富有,不肯为朝廷效命。况且魏博军每月的开销总计二十八万缗,如果再拖延下去,朝廷拿什么供给他们? 这就尤其应该命令他们及早退兵。假如不抽减兵员,不削减军费,军粮不足,众将士怎能安心? 军心不稳,什么变故不会发生! 况且有关部门迫于军需供给,千方百计搜刮百姓,如果朝廷不准许这么做,就会军需匮乏;如果准许,必然人心惶惶。自古以来这是关系朝政安危的关键,请陛下予以考虑。"奏折上呈后,穆宗不予理睬。

**成德军劫掠官军的粮运。**

度支运送给沧州的六百车军粮,都被成德士兵劫掠。当时各军军需匮乏,凡在途中运送的衣物粮食,都被各军拦路夺去。那些孤军深入的军队,全都饥寒交迫,得不到一点给养。

**魏博将领史宪诚杀死节度使田布,穆宗下诏命史宪诚继任节度使。**

当初,田布跟随田弘正在魏博时,对牙将史宪诚很有好感。等到田布当了节度使后,就把史宪诚当作心腹,军中精锐兵全都委托他统领。到这时,田布率领魏博军讨伐镇州,驻扎在南宫。由于朝廷的军需供给中断,田布就下令征收魏博六州的租赋供应军需,将士很不满意,史宪诚趁机煽动军心。正巧这时朝廷下诏命魏博分兵交由李光颜指挥,让他去援救深州,田布的军队于是溃散,多数兵力归史宪诚,田布独自率领八千亲兵返回魏博。

复召诸将议出兵,诸将益偃蹇,曰:"尚书能行河朔旧事,则死生以之。若使复战,则不能也。"布叹曰:"功不成矣!"即日作遗表曰:"臣观众意,终负国恩。臣既无功,敢忘即死!伏愿陛下速救光颜、元翼,不则义士忠臣皆为河朔屠害矣。"奉表号哭,拜授幕僚李石。乃入启父灵,抽刀而言曰:"上以谢君父,下以示三军!"遂刺心而死。宪诚闻之,遂喻众以河朔旧事,众拥宪诚为留后,诏以为节度使。宪诚虽外奉朝廷,然内实与幽、镇连结。

**二月,以王庭凑为成德节度使,遣兵部侍郎韩愈宣慰其军。**

庭凑围牛元翼于深州,官军三面救之,皆以乏粮不能进,虽李光颜亦闭壁自守。朝廷不得已,以庭凑为成德节度使,而遣韩愈宣慰其军。

上之初即位也,两河略定。萧俛、段文昌以为:"天下已平,渐宜消兵,请密诏军镇,每岁百人之中限八人逃、死。"上方荒宴,不以国事为意,遂可其奏。军士落籍者皆聚山泽为盗,及幽、镇作乱,一呼而亡卒皆集。诏征诸道兵讨之,皆临时召募乌合之众以行。又诸节度既有监军,主将不得专号令。战小胜,则飞骑奏捷自以为功;不胜;则迫胁主将以罪归之。悉择军中骁勇以自卫,遣羸懦者就战,故每战多败。又凡用兵举动,皆自禁中授以方略,朝令夕改,

又召集众将领商议出兵，众将领益发狂傲无礼，说："田尚书如果能按河朔惯例行事，我们就誓死相从。如果又让我们出战，就不能从命了。"田布慨叹道："杀敌立功的愿望无法实现了。"当天田布给朝廷上遗表说："我观察众人的意向，终究要辜负国家的恩典。我既然不能立功，只有以死自责！希望陛下快速救援李光颜、牛元翼，否则义士忠臣都要被河朔逆贼杀害了。"写毕呈表号啕大哭，将遗表拜托给幕僚李石。然后他来到父亲的灵位前，拔出刀来说道："用我的死上对皇上、父亲大人谢罪，下对三军将士表明我的心迹。"于是刺心而死。史宪诚听到田布的死讯后，就劝众将士按河朔惯例行事，众将士拥戴史宪诚为留后，穆宗下诏任命史宪诚为节度使。史宪诚虽然外表遵奉朝廷的旨意，暗地里却和幽州、镇州的叛贼相互勾结。

**二月，朝廷任命王庭凑为成德节度使，派兵部侍郎韩愈前往抚慰成德军。**

王庭凑将牛元翼围困在深州，官军从三面援救深州，都由于军粮匮乏不能前进，即使是李光颜也只好紧闭营垒自守。朝廷出于无奈，就任命王庭凑为成德节度使，派韩愈前往抚慰成德军。

穆宗即位之初，河南、河北的藩镇已基本平定。萧俛、段文昌认为："天下已经太平，应该逐渐裁减兵员，请皇上秘密下诏命各军镇，每年每一百名士兵中因逃跑或死亡而注销军籍的人数，以八人为限。"穆宗正沉溺于荒淫的饮宴，不把国家大事放在心上，就批准了二人的奏议。那些被注销军籍的兵士都聚集在荒山野泽中当了强盗，及至幽州、镇州发生叛乱，一声召唤，逃亡的士兵全都云集到叛军一边。穆宗下诏征发各道兵马前往讨伐叛军，各道都临时募集乌合之众出行。又因各节度使身边都有监军，致使主将不能专行号令。作战时稍有小胜，监军就让人飞骑奏捷朝廷，将战功归于自己；如果作战失利，就胁迫主将承担罪责。监军把军中骁勇善战的士卒全都挑选出来护卫自己，而派羸弱怯懦的士兵参战，所以每次交战失败居多。再者，凡是前线的军事行动，都要由朝廷授予作战方略，而且朝令夕改，

不知所从。不度可否,惟督令速战,中使道路如织。故虽以诸道十五万之众,裴度元臣宿望,乌重胤、李光颜皆当时名将,讨幽、镇万余之众,屯守逾年,竟无成功,财竭力尽。

崔植、杜元颖、王播为相,皆庸才,无远略。史宪诚既逼杀田布,朝廷不能讨,遂并朱克融、王庭凑以节钺授之,由是再失河朔,迄于唐亡,不能复取。克融既得旌节,乃出张弘靖等,而庭凑不解深州之围。

诏愈至境更观事势,勿遽入。愈曰:"止,君之仁。死,臣之义。"遂往。至镇,庭凑拔刀弦弓以逆之,及馆,甲士罗于庭。庭凑言曰:"所以纷纷者,乃此曹所为,非庭凑心。"愈厉声曰:"天子以尚书有将帅材,故赐之节钺,不知尚书乃不能与健儿语邪!"甲士前曰:"先太师为国击走朱滔,血衣犹在。此军何负朝廷,乃以为贼乎!"愈曰:"汝曹尚能记先太师则善矣。夫逆顺之为祸福,岂远邪!自禄山、思明以来,至元济、师道,其子孙有今尚存者乎!田令公以魏博归朝廷,子孙孩提皆为美官。王承元以此军归朝廷,弱冠建节。刘悟、李祐皆为节度使,汝曹亦闻之乎?"庭凑恐众心动,麾之使出,谓愈曰:"侍郎来欲何为?"愈曰:"神策诸将如牛元翼者不少,但朝廷顾大体,不可弃之耳,尚书何为

将士不知所从。朝廷不考虑作战方略是否可行，只是一味督促责令将士快速出战，以致派出的中使在道路上往来穿梭。所以虽然凭着各道集结的十五万兵力，有裴度这样素有威望的朝中元老坐镇指挥，乌重胤、李光颜也都是当时的名将，讨伐幽州、镇州一万多叛军，屯兵驻守一年多，最后竟然没有取胜，使国家财源枯竭，力气耗尽。

崔植、杜元颖、王播为宰相时，都是庸碌之辈，没有深谋远虑。史宪诚逼迫田布自尽后，朝廷无力讨伐，于是就将节度使的符节和斧钺一并授给他和朱克融、王庭凑，因此朝廷再次失去河朔地区，直到唐朝灭亡，没能重新收复。朱克融得到节度使的仪仗后，才放出张弘靖等人，而王庭凑却不肯解除对深州的包围。

穆宗下诏命韩愈到镇州边境再去观察事态变化，不要急于入城。韩愈说："皇上说不让我进城，是出于君主爱惜臣子的仁义之心。不辱君命，舍生忘死，是臣子对君主应尽的忠义。"于是他动身前往。到了镇州城，王庭凑命人拔刀张弓迎接韩愈，等来到下榻之处，全副武装的士卒布满了庭院。王庭凑说道："之所以这么纷乱，都是这些人干的，并不是我的本意。"韩愈正颜厉色地大声说："天子认为您有将帅之才，所以才将节度使的符节和斧钺赐给您，想不到您竟不能管束这些骄兵悍卒！"有一个拿着兵器的士卒上前说："已故的王太师为国家击溃朱滔，他的血衣尚在。我们这一军怎么辜负了朝廷，竟然被当作叛贼！"韩愈说："你们这些人还能记得已故的王太师就好。叛逆或归顺会造成遭祸或得福，这样的事例难道离你们还远吗！从安禄山、史思明叛乱以来，直到吴元济、李师道，他们的子孙有幸存到今天的吗！田弘正以魏博归附朝廷，他的子孙尚在孩提时就都被朝廷封为高官。王承元率成德军归顺朝廷，二十岁就当了节度使。刘悟、李祐也都做了节度使，你们也听说了吧？"王庭凑唯恐众将士听了韩愈的话会军心动摇，就挥手命令他们出去，对韩愈说："韩侍郎此番为何前来？"韩愈说："神策军众位将领中像牛元翼这样的将才为数不少，但朝廷顾全大局，不能对他弃置不管，王尚书为什么

围之不置?"庭凑曰:"即当出之。"因与愈宴礼而归之。未几,元翼将十骑突围出深州。

**以傅良弼为沂州刺史,李寰为忻州刺史。**

乐寿兵马使傅良弼、博野镇遏使李寰,所戍在幽、镇之间。朱克融、王庭凑互加诱胁,二人不从,各以其众坚壁,贼竟不能取,故赏之。

**崔植罢。以元稹同平章事。　以裴度为司空、东都留守。**

元稹怨裴度,欲解其兵柄,故劝上雪王庭凑而罢兵,以度为司空、平章事、东都留守。谏官争上言:"时未偃兵,度有将相全才,不宜置之散地。"上乃命度入朝。

**以李听为河东节度使。**

初,听为羽林将军,有良马。上为太子,遣左右讽求之。听以职总亲军不敢献。及河东缺帅,上曰:"李听不与朕马,是必可任。"遂用之。

**昭义节度使刘悟执监军刘承偕。**

承偕恃恩陵轹悟,数众辱之,阴与磁州刺史张汶谋,缚悟送阙下。悟知之,讽其军士杀汶,围承偕,欲杀之。幕僚贾直言责悟曰:"公欲为李司空耶? 安知军中无如公者?"悟遂谢直言,免承偕而囚之。上诏悟送承偕,悟不奉诏。

会裴度入朝,上问度宜如何处置,度对曰:"承偕骄纵不法,臣尽知之。陛下必欲收天下心,止应下半纸诏书,具陈其罪,令悟集将士斩之。则藩镇之臣孰不思为陛下

对他实行围困,不肯放手?"王庭凑说:"马上就让他出城。"于是设宴款待韩愈,按照礼数送他返回京城。不久,牛元翼率领十名骑兵突围,冲出深州。

**任命傅良弼为沂州刺史,李寰为忻州刺史。**

乐寿兵马使傅良弼、博野镇遇使李寰,所戍守的地区位于幽州、镇州之间。朱克融、王庭凑交相加以威胁利诱,二人不肯屈从,各自率领部下加固壁垒坚守,叛贼始终不能攻破他们的防区,所以朝廷予以奖赏。

**崔植罢相。任命元稹为同平章事。 任命裴度为司空、东都留守。**

元稹怨恨裴度,想解除他的兵权,所以劝穆宗为王庭凑平反,停止对幽州、镇州用兵,任命裴度为司空、平章事、东都留守。谏官争相上言说:"此时尚未息兵,裴度有将相全才,不应安置在闲散的职位上。"于是穆宗命裴度入朝。

**任命李听为河东节度使。**

当初,李听任羽林将军,有一匹好马。穆宗当时是东宫太子,派手下的人向李听暗示,索求这匹马。李听考虑到自己的职务是统领禁卫军,不敢进献。等到河东缺节度使,穆宗说:"李听不肯送我好马,这种人肯定可以任用。"于是就任用了他。

**昭义节度使刘悟抓捕监军刘承偕。**

刘承偕仗恃皇帝的恩宠欺凌刘悟,多次当众侮辱他,还暗中与磁州刺史张汶密谋,将刘悟绑上送到京城。刘悟知道他的奸诈,暗示军士杀死张汶,并围住刘承偕,想将他也杀掉。幕僚贾直言责备刘悟说:"您想效法李师道吗?怎么知道军中没人想效法你呢?"于是刘悟向贾直言道歉,不杀刘承偕,把他囚禁起来。穆宗下诏命刘悟将刘承偕送往京城,刘悟拒不执行。

正巧裴度入朝,穆宗问裴度这件事应如何处置。裴度回答说:"刘承偕骄横放纵,无法无天,他的情况我都清楚。陛下如果决心收揽天下人心,只应该下达半张纸的诏书,逐一陈述刘承偕的罪行,命令刘悟召集将士将他斩首。那么藩镇各节度使谁不想着为陛下

效死，非独悟也。"上曰："朕不惜承偕，然太后以为养子，卿更思其次。"度奏请流承偕于远州，上从之，悟乃释承偕。

### 三月，诏内外诸军将士有功者奏与除官。

初，上在东宫，闻天下厌苦宪宗用兵，故即位务优假将卒，以求姑息。诏："神策六军及南牙常参武官，悉加奖擢。诸道大将久次及有功者，悉奏闻除官。"于是商贾、胥吏争赂藩镇，牒补列将而荐之，即升朝籍，士大夫皆扼腕叹息。

### 武宁副使王智兴作乱，诏以为节度使。

诏遣智兴以精兵三千讨幽、镇，崔群忌之，奏请以为他官，未报。会有诏罢兵，智兴引兵先入其境。群惧，遣使迎劳，且使释甲而入。智兴不从，引兵入府逐群，遣兵送至埇桥，遂掠盐铁院钱帛，及诸道进奉而返。朝廷以新罢兵，力未能讨，以智兴为节度使。

### 诏留裴度辅政。

言事者皆谓裴度不宜出外，上亦自重之，制留度辅政。

### 王播罢。　夏四月朔，日食。　诏免江州逃户欠钱。

户部侍郎、判度支张平叔言："官自粜盐，可获倍利。"又请："令所由将盐就村粜易。"又乞："令宰相领盐铁使，以粜盐

尽心效命,就不仅仅是一个刘悟了。"穆宗说:"我并非舍不得刘承偕,然而皇太后把他认为养子,你再想个别的办法吧。"于是裴度上奏请将刘承偕流放到偏远州县,穆宗依言而行,刘悟这才释放刘承偕。

**三月,穆宗下诏命朝廷及各地军队将有功将士奏报朝廷授给官职。**

当初,穆宗在东宫当太子时,听说天下人对宪宗的连年用兵深感厌倦愁苦,所以即位后专门优待宽容将士,以求姑息迁就。并且下诏说:"神策六军以及南牙常参武官,都要加以奖赏提拔。各道大将久在其职以及立有战功的,都要奏报朝廷授以官职。"于是商贾、官府小吏争相向节度使行贿,先将自己的名字补写在列将的花名册上,再被推荐到朝廷,这样就可官列朝籍,士大夫对此都扼腕叹息。

**武宁节度副使王智兴发动变乱,穆宗下诏任命他为节度使。**

穆宗下诏派王智兴率三千精兵讨伐幽州、镇州,节度使崔群忌恨王智兴,奏请授给王智兴其他官职,朝廷没有答复。正巧穆宗下诏罢兵,王智兴领兵率先进入武宁境。崔群十分恐惧,就派使者迎接慰劳,并让他们解除武装后进城。王智兴不肯从命,领兵冲进节度使府署驱逐崔群,派兵将崔群一行押送到埇桥,随后,王智兴命手下劫掠盐铁院的钱财、丝帛,以及各道进奉的物品后才返回。朝廷考虑到刚刚罢兵,没有能力进行讨伐,就任命王智兴为节度使。

**穆宗下诏命裴度留在朝廷辅佐朝政。**

议论朝政的臣僚都认为裴度不应到外地任职,穆宗本人也很器重裴度,就下制书命裴度留在朝廷辅政。

**王播罢相。　夏四月初一,发生日食。　穆宗下诏免除江州逃户拖欠的赋税。**

户部侍郎、判度支张平叔上奏说:"官府自己卖盐,可以获取成倍的利益。"又向朝廷建议:"让各地主管盐业的官吏把盐送到村子里出卖交易。"还请求:"命宰相兼领盐铁使,以卖盐

多少为刺史、县令殿最。检责所在实户，据口给一年盐，使其四季输价。富商大贾有邀截喧诉者，所在杖杀。"诏百官议。

兵部侍郎韩愈曰："城郭之外少有见钱，籴盐多用杂物贸易。盐商则无物不取，或赊贷徐还，用此取济，两得利便。今令人吏坐铺自粜，非得见钱，必不敢受。如此，贫者无从得盐，自然坐失常课，如何更有倍利！若令人吏将盐家至户到而粜之，必索百姓供应，骚扰极多。又刺史、县令职在分忧，岂可惟以盐利多少为之升黜，不复考其理行！又贫家食盐至少，或有旬月淡食。若据口给盐，依时征价，官吏畏罪，必用威刑。臣恐因此所在不安，此尤不可之大者也。"

中书舍人韦处厚曰："宰相处论道之地，杂以醝务，实非所宜。窦参、皇甫镈皆以钱谷为相，卒蹈祸败。又欲以重法禁人喧诉，夫强人之所不能，事必不立。禁人之所必犯，法必不行。"事遂寝。平叔又奏征远年逋欠，江州刺史李渤上言："度支征当州贞元二年逃欠户钱四千余缗，当州今岁旱灾，田损什九，陛下奈何于大旱中征三十六年前逋负？"诏悉免之。

**六月，裴度罢为右仆射，元稹罢为同州刺史。**
王庭凑之围牛元翼也，和王傅于方言于元稹："请遣客

多少作为考核刺史、县令政绩优劣的标准。核查各地实际户口,根据户口实数供给一年所需的食盐,让民户按四季向官府交纳盐钱。那些富商大贾如果有人出面阻拦官府专卖食盐,或者喧闹不满、向上告状的,当地官府可用杖刑将其处死。"穆宗下诏文武百官议论此事。

兵部侍郎韩愈说:"城郭以外的地区难得有现钱,百姓买盐大多用各种实物进行交换。盐商为了卖盐什么东西都要,有的采取先赊借慢慢再还的方式,采用这样的交易形式,买卖双方都十分便利。如今让官吏坐在盐铺里卖盐,拿不到现钱,一定不敢收受实物。如此下去,穷苦的百姓无处买盐,朝廷自然白白失去盐业买卖的正常税收,又怎会有成倍的利益!如果让官吏带着盐到各家各户去出卖,这些官吏必然勒索百姓的财物来供养自己,对百姓的骚扰是很多的。再说刺史、县令的职责在于为皇上分忧,怎么可以仅以卖盐多少来决定官职的升降,而不再去考核他们的治绩呢!加上穷苦的百姓吃盐极少,有的十天半月淡食。如果根据人口供给食盐,按时征收盐钱,官吏害怕受到责罚,必然动用严刑威吓百姓。我担心由此会造成各地人心不安,这是决不可实行食盐专卖的关键一条。"

中书舍人韦处厚说:"宰相处在议论治国大道的地位上,再兼管盐务,实在不合适。窦参、皇甫镈都由掌管钱谷的官吏晋升为宰相,最终走上祸败之途。再说,想用严峻的刑法禁止人们喧闹上诉,这是强人所难,这种做法一定站不住脚。在人们必定要犯法的事情上加以禁止,这样的法律也必然是行不通的。"官卖食盐的事就此搁置下来。张平叔又奏请朝廷征收百姓多年拖欠的赋税,江州刺史李渤上言说:"度支征收本州贞元二年逃户欠钱四千多缗,本州今年遇到旱灾,田地毁坏十分之九,陛下怎么能在大旱之年还要征收三十六年前拖欠的赋税呢?"穆宗全部予以免除。

**六月,裴度被罢免为右仆射,元稹被罢免为同州刺史。**

王庭凑围攻牛元翼时,和王傅于方对元稹说:"请派说客

间说贼党，使出元翼。仍赂兵、吏部令史，伪出告身二十通，令以便宜给赐。"积皆然之。有李赏者，知其谋，乃告裴度，云方为积结客刺度。度隐而不发，赏诣神策告之，诏仆射韩皋等鞫按，事皆无验。

六月，度及积皆罢相。谏官言："度无罪，不当免相。积为邪谋，责之太轻。"上不得已，削积长春宫使。

**以李逢吉同平章事。** 秋七月，宣武押牙李齐作乱，讨平之。

初，张弘靖镇宣武，屡赏以悦军士。李愿性奢侈，薄赏劳而峻威刑。其妻弟窦瑗典宿直兵，瑗骄贪，军中恶之。牙将李臣则等作乱，斩瑗，愿奔郑州。众推齐为留后，监军以闻。

诏三省官与宰相议，皆以为宜如河北故事，授齐节。李逢吉曰："河北之事，盖非获已。今若并汴州弃之，则江、淮以南亦非国家有矣。"杜元颖、张平叔争之曰："奈何惜数尺之节，不爱一方之死乎！"议未决。会宋、亳、颍州各奏请命帅，上大喜。逢吉请："征齐入朝，而以韩弘弟充镇宣武。充素宽厚得众心。脱齐旅拒，则命徐、许两军攻其左右，而滑军蹙其北，充必得入矣。"上皆从之。

齐不奉诏，忠武李光颜、兖海曹华皆以兵讨齐，屡败其兵。韩充入汴境，又败其兵于郭桥。

暗中游说叛贼,让他们放出牛元翼。同时贿赂兵部、吏部令史,让他们伪造二十张文官、武官的委任书,让说客在适当场合赐给叛贼。"元稹都肯定了这些建议。有个叫李赏的人,得知这一密谋,就告诉裴度,说于方为元稹结交刺客,要刺杀裴度。裴度将此事压下没有声张,李赏就到神策军去告发此事,穆宗下诏命仆射韩皋等人审讯查办此案,结果都没有找到任何证据。

六月,裴度及元稹都被免去相职。谏官进言说:"裴度无罪,不应该受到罢相的处分。元稹搞奸谋,对他的责罚太轻。"穆宗不得已,削去元稹长春宫使的职务。

**任命李逢吉为同平章事。** 秋七月,宣武押牙李㳙发动叛乱,被讨伐平定下去。

当初,张弘靖为宣武节度使,屡次实行犒赏以取悦将士。继任李愿性情奢侈,很少赏赐犒劳将士,却以严刑峻法严加管束。李愿的内弟窦瑗掌管护卫亲兵,窦瑗骄横贪婪,军中将士憎恶他。牙将李臣则等人发动变乱,杀死窦瑗,李愿逃奔郑州。大家推举李㳙担任留后,监军将此事奏报朝廷。

穆宗下诏命中书、门下、尚书三省官员和宰相议决此事,大家都认为应该按照以往处理河北藩镇的作法,任命李㳙为节度使。李逢吉说:"对河北藩镇的处理,是出于不得已。如今如果连汴州也放弃了,那么长江、淮河以南的广大地区也就不归朝廷所有了。"杜元颖、张平叔争辩说:"为什么要吝惜几尺长的节度使符节,不顾惜一方百姓的生死!"议论没有结果。正巧宣武治下的宋、亳、颍三州各自奏请朝廷任命节度使,穆宗十分高兴。李逢吉提议:"请征召李㳙入朝,而让韩弘的弟弟韩充出任宣武节度使。韩充素来宽容仁厚,深受将士爱戴。如果李㳙举兵抗拒朝廷旨意,就命徐州、许州两军从左右两面夹击,而让滑州军队进入他的北境,韩充肯定能进入宣武。"穆宗都依言而行。

李㳙不肯奉旨进京,忠武节度使李光颜、兖海节度使曹华都先后出兵讨伐李㳙,屡次打败李㳙的军队。韩充进入汴州境内,又在郭桥打败李㳙军。

初，齐以兵马使李质为腹心，及齐不奉诏，质屡谏不听。会齐疽发卧家，质擒杀之。以充未至，权知军务。时牙兵三千人，日给酒食，力不能支。质曰："若韩公始至而罢之，则人情大去矣，不可留此弊以遗吾帅。"即令罢给而后迎充。充既视事，人心粗定，乃密籍军中为恶者千余人，一朝悉逐之，曰："敢少留境内者斩。"于是军政大治，以李质为金吾将军。

**冬十一月**，太后幸华清宫。上畋于骊山。　**十二月，立景王湛为太子。**

上与宦者击球于禁中，有宦者坠马，上惊，得疾，不能履地。宰相屡乞入见，不报。裴度三上疏请立太子，且请入见言之，诏立景王湛为皇太子，上疾浸瘳。

**初行《宣明历》。**

**癸卯**（823）　**三年**
**春三月**，以牛僧孺同平章事。

户部侍郎牛僧孺素为上所厚。初，韩弘以财结中外。弘薨，孙幼，主藏奴与吏讼于御史府。上怜之，取其簿自阅视，凡中外主权，多纳弘货，独僧孺不纳，上大喜，遂以僧孺为相。时僧孺与李德裕皆有入相之望，德裕出为浙西观察使，八年不迁，以为李逢吉排己，而引僧孺，由是怨愈深。

**夏四月**，以郑权为岭南节度使。

起初，李岕把兵马使李质当做心腹，及至李岕违抗朝廷旨意，李质屡次劝谏，李岕不肯听从。恰巧李岕生了毒疮，卧病在家，李质趁机将他抓住杀死。由于韩充尚未到任，李质暂时掌管军中事务。当时有三千牙兵，每日要供给酒食，官府的财力难以支撑。李质说："如果韩公刚上任就废除这一弊端，就会大失人心，所以不能把这一弊端留给我们的主帅。"就下令罢除对牙兵的供给，然后才去迎接韩充。韩充上任之后，军心大体安定下来，就秘密将一千多名为非作歹的将士登记造册，然后一次将他们全部驱逐出境，并下令说："胆敢在境内稍事逗留者，斩首是问！"于是军政治理大见成效，朝廷任命李质为金吾将军。

冬十一月，皇太后到华清宫游玩。穆宗到骊山打猎。 十二月，景王李湛被立为太子。

穆宗与宦官在宫中击球，有个宦官不慎从马上坠落，穆宗受到惊吓，得了疾病，不能下地行走。宰相屡次请求进宫去见穆宗，一直没有答复。裴度三次上疏请求册立太子，并且请求进宫去见穆宗谈论此事，穆宗下诏立景王李湛为皇太子，穆宗的病情渐渐好转。

开始使用《宣明历》。


### 癸卯（823） 唐穆宗长庆三年

春三月，任命牛僧孺为同平章事。

户部侍郎牛僧孺一向受到穆宗的器重。当初，韩弘用财货结交朝廷内外权贵。韩弘去世后，他的孙子年幼，主管库藏财物的家奴和官吏到御史府告发韩弘行贿之事。穆宗怜悯韩弘的后人，调来韩弘家的账簿亲自查看，发现凡是朝廷内外掌权的官员，大多收受韩弘的贿赂，只有牛僧孺拒绝接受，穆宗十分高兴，就让牛僧孺出任宰相。当时，牛僧孺和李德裕都有当宰相的希望，可李德裕却被外放为浙西观察使，此后八年职位没有升迁。他以为是李逢吉排斥自己，而引荐牛僧孺，由此积怨越来越深。

夏四月，任命郑权为岭南节度使。

翼城人郑注巧谲倾诡，善揣人意，以医游四方。李愬饵其药颇验，署为牙推。浸预军政，妄作威福，军府患之。监军王守澄请去之，愬曰："注，奇才也，将军试与之语，苟无可取，去之未晚。"乃使注见守澄。守澄不得已，见之。坐语未久，大喜促膝，恨相见之晚。守澄入知枢密，挈注以西，荐于上，上亦厚遇之。

自上有疾，守澄专制国事，势倾中外。注日夜出入其家，与之谋议，人莫能窥其迹。始则微贱巧宦之士或因以进，数年之后，达官车马满其门矣。工部尚书郑权家多姬妾，禄薄不能赡，因注通于守澄，以求节镇，遂得岭南。

**五月，以柳公绰为山南东道节度使。**

公绰过邓县，有二吏一犯赃，一舞文。众谓公绰必杀犯赃者。公绰判曰："赃吏犯法，法在。奸吏乱法，法亡。"竟诛舞文者。

**六月，以韩愈为京兆尹。**

愈为京兆尹，六军不敢犯法。私相谓曰："是尚欲烧佛骨，何可犯也！"

**秋八月，幸兴庆宫。**

幸兴庆宫，至通化门楼，投绢二百匹施山僧。上之滥赐皆此类，不可悉记。

**以裴度为司空、山南西道节度使。**

李逢吉恶度，出之山南，不兼平章事。

**九月，复以韩愈为吏部侍郎、李绅为户部侍郎。**

李逢吉结王守澄，势倾朝野。惟翰林学士李绅尝排抑

翼城人郑注机巧狡诈,专好阿谀奉承,善于揣摩人心,以行医四处游荡。李愬服用他的药很灵验,就安置他担任牙推。郑注由此得以渐渐干预军政,滥施淫威,军府中的官吏都深以为患。监军王守澄请求把郑注赶走,李愬说:"郑注是个奇才,将军可以试着与他交谈一次,如果一无可取,再赶他走也不晚。"于是让郑注来见王守澄。王守澄不得已,只好与他相见。坐下来交谈不久,王守澄十分喜悦,与之促膝交谈,竟有相见恨晚之感。王守澄入朝担任知枢密,带着郑注一同西行,并把他推荐给穆宗,穆宗也加以优待。

自从穆宗患病,王守澄专制国事,势倾朝野。郑注日夜出入王守澄家,与他密谋计议,外人无法了解他们的活动。开始时只是一些地位低贱又善于钻营的官吏凭借郑注得到升迁,几年之后,郑注家门前已经满眼都是达官显贵的车马了。工部尚书郑权家里蓄养了许多妻妾,由于俸禄菲薄难以供养,便通过郑注打通王守澄的关节,谋求节度使的官职,于是得以镇守岭南。

**五月,任命柳公绰为山南东道节度使。**

柳公绰路经邓县,有两个官吏一个贪赃,一个舞文弄墨。众人推测公绰肯定会杀掉贪赃的官吏。柳公绰判决说:"贪赃的官吏犯法,法律依然存在。奸诈的官吏乱法,法律就不复存在。"最后杀了舞文弄墨的官吏。

**六月,任命韩愈为京兆尹。**

韩愈当了京兆尹后,六军不敢犯法。将士私下互相议论说:"这个人连佛骨都想烧,怎敢冒犯!"

**秋八月,穆宗驾临兴庆宫。**

穆宗驾临兴庆宫途中,路经通化门楼时,扔下二百匹绢施舍给山僧。穆宗滥施赏赐都大体如此,不可能全部记载下来。

**任命裴度为司空、山南西道节度使。**

李逢吉忌恨裴度,将他外放到山南西道,不再兼任平章事。

**九月,再次任命韩愈为吏部侍郎,李绅为户部侍郎。**

李逢吉勾结王守澄,势倾朝野。只有翰林学士李绅曾抵制

之,逢吉患之,而上遇绅厚,不能远也。会御史中丞缺,逢吉荐绅清直,宜居风宪之地,上以中丞亦次对官,可之。会绅与京兆尹韩愈争台参,文移往来,辞语不逊。逢吉奏二人不协,以愈为兵部侍郎,绅为江西观察使。愈、绅入谢,上问其故,乃寤,故有是命。

### 甲辰(824) 四年

**春正月,帝崩,太子即位。**

上饵金石之药,处士张皋上疏曰:"神虑澹则血气和,嗜欲胜则疾疹作,药以攻疾,无疾不可饵也。昔孙思邈有言:'药势有所偏助,令人藏气不平。借使有疾用药,犹须重慎,况无疾乎!'庶人尚尔,况天子乎!先帝信方士妄言,饵药致疾。此陛下所详知也,岂得复循其覆辙乎!"上善其言,而求之不获。

既而疾作,命太子监国。宦官欲请郭太后临朝,太后曰:"昔武后称制,几倾社稷。我家世守忠义,非武氏比也。太子虽少,但得贤宰相辅之。卿辈勿预朝政,何患国家不安!自古岂有女子为天下主而能致唐、虞之理乎!"取制书手裂之。太后兄太常卿钊亦密上笺曰:"若果循其请,臣请先帅诸子纳官爵,归田里。"太后泣曰:"祖考之庆,钟于吾兄。"是夕,上崩。敬宗即位。

初,穆宗之立,神策军士人赐钱五十千,至是宰相议以太厚难继,乃下诏曰:"宿卫之勤,诚宜厚赏。属频年旱歉,

他,李逢吉深以为患,而穆宗对李绅很赏识,无法让穆宗疏远他。正巧御史中丞一职出了空缺,李逢吉就推荐李绅,说他清白正直,适合处在御史中丞的位置上,穆宗认为御史中丞也是次对官,就同意了。适值李绅与京兆尹韩愈就京兆尹该不该到御史台参见一事发生争执,往来文书的措辞都很不客气。李逢吉趁机上奏韩、李二人关系不睦,穆宗任命韩愈为兵部侍郎,李绅为江西观察使。韩愈、李绅二人上殿谢恩,穆宗询问事情的原委,才明白其中的缘由,所以才重新加以任命。

### 甲辰(824) 唐穆宗长庆四年
**春正月,穆宗去世,太子即皇帝位。**

穆宗服用金石药物,有个叫张皋的处士上疏说:"精神淡泊就血气和顺,嗜好欲望强烈就会生病,药是用来治病的,无病不可服用。从前孙思邈说过:'药力对疾病的治愈会产生副作用,使人五脏之气失去平和。假使有病用药,仍须小心谨慎,何况没有病呢!'平民百姓尚且如此,何况天子! 先帝迷信方士的胡言乱语,乱服药物以致成疾。这是陛下一清二楚的事,难道要重蹈他的覆辙吗!"穆宗赞赏张皋的见解,四处访求张皋,都没找到。

不久,穆宗疾病发作,下令太子监理国事。宦官想请郭太后临朝执政,郭太后说:"从前武皇后称帝,几乎断送了国家。我家世代恪守忠义,不能和武氏同日而语。太子虽然年少,但会得到贤能宰相的辅佐。你们不干预朝政,还担心国家会不安定吗!自古以来哪有女子执掌天下而能达到唐尧、虞舜那样政治修明的!"说完将事先拟定的制书亲手撕了。太后的哥哥太常卿郭钊也秘密上书太后说:"如果您答应宦官的请求,我先率领郭氏子弟把官位爵号交还朝廷,返回乡里。"太后哭着说:"祖宗之福,都汇聚到我哥哥身上了。"这天晚上,穆宗过世。敬宗即位。

当初,穆宗即位时,赐给神策军将士每人五十千钱,到这时宰相认为穆宗当时赏赐太重,难以继续效法,敬宗就下诏说:"禁军宿卫皇宫很辛劳,真应当厚赏。但是连续多年发生旱灾,庄稼歉收,

御府空虚,边兵尚未给衣,沾恤期于均济。人但赐绢十匹、钱十千,仍出内库绫二百万匹付度支,充边军春衣。"时人善之。

**二月,贬李绅为端州司马。**

初,穆宗既留李绅,李逢吉愈忌之。绅族子虞自言不乐仕进,而以书与从父耆,使荐己,绅闻而诮之。虞深怨之,悉以绅平日密论逢吉之语告之。逢吉益怒,使虞与从子仲言及补阙张又新伺求绅短。

敬宗即位,逢吉令王守澄言于上曰:"陛下之所以为储贰,逢吉力也。如杜元颖、李绅辈,皆欲立深王。"上时年十六,疑未信。会逢吉亦言绅谋不利于上,请加贬谪。乃贬之,逢吉帅百官表贺。百官复诣中书贺,逢吉方与又新语,门者不内。良久,又新出,旅揖百官曰:"端溪之事,又新不敢多让。"众骇愕。右拾遗吴思独不贺,逢吉怒,遣使吐蕃。又新等犹忌绅,日上书言贬绅太轻,上许为杀之,朝臣莫敢言。独翰林侍读学士韦处厚上疏,指述绅为逢吉之党所谮,上稍开寤。会阅禁中文书,有穆宗所封一箧,发之,得裴度、杜元颖及绅请立上为太子疏,乃焚潜绅书,后有言者,不复听矣。

**尊皇太后为太皇太后,上母王妃为皇太后。　幸中和殿击球。**

自是数游宴、击球、奏乐,赏赐宦官、乐人不可悉纪。赐宦官服色,有今日赐绿而明日赐绯者。

府库空虚，戍边的士兵尚无衣物供给，皇帝的恩泽应该让大家平均沾润。因此神策军将士每人赐绢十匹，钱十千，同时从内库中拿出二百万匹绫交给度支，充作戍边将士的春衣。"时人很赞扬这件事。

**二月，李绅被贬为端州司马。**

当初，穆宗将李绅留在朝廷之后，李逢吉越发忌恨他。李绅家族子弟李虞自我标榜不愿做官，却写信给他的叔父李耆，让李耆推荐自己做官。李绅听说后就讥诮李虞。李虞对此深怀怨恨，就把李绅平日私下议论李逢吉的话告知李逢吉。李逢吉益发恼怒，指使李虞和侄子李仲言及补阙张又新寻找李绅的短处。

敬宗即位后，李逢吉让王守澄对敬宗说："陛下之所以被立为太子，全靠李逢吉极力争取。像杜元颖、李绅这些人，都想立深王为太子。"敬宗当时只有十六岁，听到后有所怀疑，并未相信。适逢李逢吉也说李绅的想法对皇上不利，请将他贬谪。敬宗这才贬了李绅的官职，李逢吉率领文武百官上表庆贺。百官又到中书省去庆贺，赶上李逢吉与张又新交谈，守门的卫士不让百官进去。许久，张又新出来，向百官作揖后说："李绅被贬端州的事，我不能再加退让。"众人听了感到很吃惊。当时只有右拾遗吴思不肯表示庆贺，李逢吉一怒之下，派他出使吐蕃。张又新等人还忌恨李绅，每天上书说对李绅贬得太轻，敬宗准许杀死李绅，朝中大臣没人敢站出来讲话。只有翰林侍读学士韦处厚上疏，指出李绅被李逢吉一党谮害的事实，敬宗才稍微有所省悟。正好敬宗阅读宫中文书时，发现一箱穆宗亲手封存的文书，打开一看，看到裴度、杜元颖以及李绅请立自己为太子的奏折，就把诋毁李绅的奏疏烧掉，以后再有人讲李绅的坏话，敬宗都不听了。

**郭太后被尊奉为太皇太后，敬宗的生母王妃被尊为皇太后。敬宗到中和殿击球。**

从此，敬宗多次游乐宴饮、击球、奏乐、赏赐宦官、乐工的事难以一一记载。赏赐宦官的官服颜色，竟有今天刚赏赐绿色官服，明天就赏赐绯红官服的。

**三月,赦。**

诏诸道常贡之外无得进奉。

**以刘栖楚为起居舍人,不拜。**

上视朝晏,百官班于紫宸门外,老病者几至僵踣。谏议大夫李渤白宰相曰:"昨日疏论坐晚,今晨愈甚。请出阁待罪于金吾仗。"既坐,班退。左拾遗刘栖楚独留,进言曰:"陛下富于春秋,嗣位之初,当宵衣求理。而嗜寝乐色,日晏方起。梓宫在殡,鼓吹日喧,令闻未彰,恶声遐布。臣恐福祚之不长,请碎首玉阶,以谢谏职之旷。"遂以额叩龙墀,见血不已,响闻阁外。李逢吉宣曰:"刘栖楚休叩头,俟进止。"栖楚捧首而起,更论宦官事,上连挥令出。栖楚曰:"不用臣言,请继以死。"牛僧孺宣曰:"所奏知,门外俟进止。"栖楚乃出,待罪金吾仗,于是宰相赞成其言。上命中使就仗,并李渤宣慰令归。寻擢栖楚为起居舍人,栖楚辞疾,不拜。

**夏四月,以李虞为拾遗。**

李逢吉用事,所亲厚者张又新、李仲言、李虞、刘栖楚等八人,又有从而附丽之者,时人目之为八关、十六子。

**盗入清思殿,中尉马存亮遣兵讨平之。**

卜者苏玄明与染坊供人张韶善,谓之曰:"我为子卜,当升殿坐,与我共食。今主上昼夜球猎,多不在宫,大事可图也。"韶以为然,乃与玄明谋结染工无赖者百余人,匿兵

三月，大赦天下。

敬宗下诏命各道在常规的贡奉之外，不得再向朝廷进奉其他物品。

**任命刘栖楚为起居舍人，刘栖楚不肯就职。**

敬宗上朝很晚，百官在紫宸门外列班恭候，年老多病的官员站得双腿僵直，几乎跌倒。谏议大夫李渤对宰相说："昨天我上疏论说皇上上朝太晚，今天比昨天更晚。我请求出殿到金吾仗前等待皇上的责罚。"敬宗升朝之后，百官退下。左拾遗刘栖楚单独留下，进谏说："陛下正年富力强，刚继承皇位，应当天未明就起身，以求政治修明。而陛下却贪睡好色，日高才起。先帝的棺木等待下葬，治丧的哀乐天天喧响于耳，好名声没有彰显，坏名声已经传扬很远。臣担心国家的世运不会长久，请让臣在玉阶上磕碎头颅，为臣担任谏官失职谢罪。"于是用前额去叩龙墀，血流不止，叩撞声传到殿外。李逢吉宣布敬宗的诏旨说："刘栖楚不要叩头了，等候皇上处置。"刘栖楚这才捧头而起，又论说起宦官问题，敬宗连连挥手让他出去。刘栖楚说："陛下不采纳臣的谏言，请让臣以死继之。"牛僧孺宣布敬宗意旨说："你上奏的事皇上知道了，到门外听候处理。"刘栖楚这才出去，到金吾仗前等待处置，于是宰相对刘栖楚的意见表示赞同。敬宗命令宦官到金吾仗前抚慰刘栖楚、李渤，让他们回家。不久，朝廷提拔刘栖楚担任起居舍人，刘栖楚以有病为托词，没有就任。

**夏四月，任命李虞为拾遗。**

李逢吉把持朝政，他亲近重用的人有张又新、李仲言、李虞、刘栖楚等八人，还有一些追随依附他们的人，时人把他们称为八关、十六子。

**强盗进入清思殿，中尉马存亮派兵讨伐平定了这次变乱。**

占卜术士苏玄明和官家染坊的工匠张韶友善，他对张韶说："我为你占卜了，你应当升殿就座，和我一同进餐。如今皇上昼夜击球打猎，多数时间不在宫中，正是图谋大事的时机。"张韶以为言之有理，就与苏玄明密谋结交染坊的无赖工匠一百多人，将兵器藏

于紫草,车载以入。有疑其重而诘之者,韶急杀之,斩关而入。

先是,右军中尉梁守谦有宠,每两军角伎,上常佑右军。至是,上狼狈,欲幸右军,以远不能,遂幸左军。左军中尉马存亮走出迎,自负上入军,遣大将康艺全将骑卒入宫讨贼。上忧二太后隔绝,存亮复以骑迎至军。韶升清虚殿,坐御榻,与玄明同食,曰:"果如子言。"玄明惊曰:"事止此邪!"韶惧而走。艺全兵至,击杀之,余党悉获,上乃还宫。盗所历诸门监门宦者法当死,诏并杖之,使仍旧职。存亮不自矜,委权求出,监淮南军。

**五月**,以李程、窦易直同平章事。

上好治宫室,欲营别殿,制度甚广。李程谏,请以所具木石回奉山陵,上即从之。既而波斯献沉香亭子材,拾遗李汉言:"此何异瑶台、琼室!"上虽怒,亦优容之。

**六月**,加裴度同平章事。

初,牛元翼镇襄阳,数赂王庭凑以请其家,庭凑不与。闻元翼薨,尽杀之。上闻之,叹宰相非才,使凶贼纵暴。翰林学士韦处厚言:"裴度勋高中夏,声播外夷,若置之岩廊,委其参决,河北、山东必禀朝算。理乱之本非有他术,顺人则理,违人则乱。伏承陛下当食叹息,恨无萧、曹,今有一裴度

在紫草当中，企图用车拉进宫中。有人怀疑车子荷载过重，提出盘问，张韶急忙把盘问者杀掉，攻破宫门，冲进宫中。

先前，右神策军中尉梁守谦深得敬宗的宠爱，每当左、右神策军在一起较量伎艺，敬宗总是偏袒右军。到这时，敬宗狼狈不堪，想到右神策军避难，由于距离太远，不能前往，于是来到左神策军营。左神策军中尉马存亮跑出来迎接，亲自背着敬宗来到军中，并派大将康艺全率领骑兵冲入宫中，讨伐乱贼。敬宗担忧太皇太后和皇太后被阻隔在宫中，存亮又派骑兵将两位太后迎到军中。张韶登上清思殿，坐在皇帝的御榻上，和苏玄明一块进餐。张韶说："事情果然像你说的那样。"苏玄明吃惊地说："你起事就只为这一顿饭吗？"张韶听罢畏惧而逃。正好康艺全率兵赶到，杀死张韶、苏玄明，他们的余党也被一网打尽，敬宗这才回到宫中。盗贼所经过的各道宫门，监门宦官依法应当处死，敬宗下诏对他们一并用杖刑处罚，然后仍旧各司其职。马存亮不因有功而骄矜，反而放弃在左神策军的职位，请求出任地方官，于是当了淮南监军使。

**五月**，任命李程、窦易直为同平章事。

敬宗喜好兴建宫室，打算营造别殿，规模十分宏大。李程进谏，请求将所有的木材、石料用于修建穆宗的陵寝，敬宗立刻表示同意。不久，波斯国向朝廷进献建造亭榭用的沉香木，拾遗李汉说："这和瑶台、琼室有什么不同！"敬宗虽然很生气，但也宽容了他。

**六月**，加封裴度为同平章事。

当初，牛元翼镇守襄阳，多次贿赂王庭凑，请求将自己的家眷送还，王庭凑不答应。后来听说牛元翼死了，王庭凑就将他的家眷全部杀掉。敬宗得知此事，慨叹宰相无能，致使凶贼王庭凑任意施暴。翰林学士韦处厚说："裴度功高华夏，声名远扬四夷。如果把他安置在朝廷，委任他参与决断朝中事务，河北、山东的藩镇必然秉承朝廷的旨意。从根本上说，治理祸乱没有其他办法，顺乎人心就政治修明，违背人心就祸乱丛生。听说陛下对着饭食叹息，遗憾没有萧何、曹参那样的相才，现在有一个裴度

尚不能留,此冯唐所以谓汉文得廉颇、李牧不能用也。夫御宰相,当委之信之,亲之礼之。于事不效,于国无劳,则置之黜之。如此,则在位者不敢不厉,将进者不敢苟求。臣与逢吉素无私嫌,尝为裴度无辜贬官。今之所陈,上答圣明,下达群议耳。"上见度奏状无同平章事,以问处厚,处厚具言逢吉排沮之状,李程亦劝上加礼于度,上乃加度同平章事。

**夏绥节度使李祐进马百五十匹,却之。**

侍御史温造弹祐违敕进奉,请论如法,诏释之。祐谓人曰:"吾夜半入蔡州城取吴元济,未尝心动。今日胆落于温御史矣。"

**冬十月,赐韦处厚锦绿、银器。**

翰林学士韦处厚谏上宴游,曰:"先帝以酒色致疾损寿,臣时不死谏者,以陛下年已十五故也。今皇子才一岁,臣安敢畏死而不谏乎!"上感其言,故有是赐。

**十一月,葬光陵。 十二月,以刘栖楚为谏议大夫。**

淮南节度使王播以钱十万缗赂王守澄,求领盐铁。谏议大夫独孤朗等数人请开延英论之。上问:"前廷争者,不在中邪?"即日除栖楚谏议大夫,而竟以播兼盐铁转运使。

**罢泗州戒坛。**

徐泗观察使王智兴以上生日,请于泗州置戒坛,度僧尼以资福,许之。自元和以来,敕禁此弊,智兴欲聚货,首请置之,于是四方辐凑,智兴由此赀累巨万。浙西观察使

尚且不能留在朝廷，这就和冯唐说文帝即使得到廉颇、李牧也不能任用是一样的。皇上任用宰相，应当委托信任他，亲近礼遇他。如果宰相办事无能，对于国家没有功劳，就应该加以罢免与贬黜他。这样，身居相位的人就不敢不励精图治，要进升相职的人就不敢随便求取。我与李逢吉一向没有私人恩怨，曾经被裴度无辜贬官。今天陈述的一切，不过向上报答皇上的厚爱，向下传达群臣的议论。"敬宗见裴度的奏折没有同平章事的官衔，就询问韦处厚，韦处厚详细陈说李逢吉排挤裴度的情况，李程也劝敬宗应对裴度加以礼遇，于是敬宗就加封裴度为同平章事。

**夏绥节度使李祐向朝廷进献马一百五十匹，被退了回去。**

侍御史温造弹劾李祐的进奉有违敕命，请求依法论处，敬宗下诏免于治罪。李祐对人说："我当年夜入蔡州城捉拿吴元济，都不曾胆怯，今天在温御史面前倒被吓破了胆。"

**冬十月，敬宗赏赐韦处厚锦绥、银器。**

翰林学士韦处厚劝谏敬宗不要耽于宴饮游乐，说："先帝由于贪恋酒色而导致疾病，损折寿命，臣当时没有冒死规谏，是由于陛下年已十五的缘故。如今皇子才一岁，臣怎敢怕死而不加规谏！"敬宗被他的忠言所感动，所以才有上述赏赐。

**十一月，在光陵安葬穆宗。** **十二月，任刘栖楚为谏议大夫。**

淮南节度使王播用十万缗钱贿赂王守澄，谋求兼任盐铁转运使。谏议大夫独孤朗等数人请求开延英殿论说此事。敬宗问："上次在殿上谏诤的那一位在不在其中？"当日任命刘栖楚为谏议大夫，而最终仍让王播兼任盐铁转运使。

**取缔泗州戒坛。**

徐泗观察使王智兴以敬宗要过生日为由，请求在泗州设置戒坛，剃度僧尼以积蓄福德，得到敬宗的批准。自从元和年间以来，朝廷敕令禁止这一弊事。王智兴打算聚敛财货，首先请求重置戒坛，于是四方人士纷纷汇集于泗州，由此王智兴家资极多。浙西观察使

李德裕上言："若不钤制,至降诞日方停,计两浙、福建当失六十万丁。"奏至,即日罢之。

**回鹘崇德可汗死。**

乙巳(825)　敬宗皇帝宝历元年
春正月,赦。

先是,鄠令崔发闻五坊人殴百姓,命擒以入,曳之于庭,诘之,乃中使也。上怒,收发系台狱。是日,与诸囚立金鸡下,忽有品官数十人执梃乱捶,发气绝数刻始苏,诏复系之。给事中李渤上言："县令曳中人,中人殴御囚,其罪一也。然县令所犯在赦前,中人所犯在赦后。中人横暴,若不早正刑书,臣恐四夷、藩镇闻之,则慢易之心生矣。"谏议大夫张仲方亦上言曰："鸿恩将布于天下而不行御前,霈泽遍被于昆虫而独遗崔发。"上皆不听。李逢吉从容言于上曰："崔发辄曳中人,诚大不敬。然其母年垂八十,自发下狱,积忧成疾。陛下方以孝理天下,所宜矜念。"上乃憬然曰："比谏官但言发冤,未尝言其不敬,亦不言有老母。如卿所言,朕何为不赦之?"即命中使释其罪,送归家,仍慰劳其母,母对中使杖发四十。

**牛僧孺罢为武昌节度使。**

牛僧孺以上荒淫,嬖幸用事,又畏罪不敢言,但累表求出。

李德裕上奏说："如不立即禁止，到陛下诞辰才停止的话，估计两浙、福建会失去六十万劳动力。"奏折上呈后，当日取缔了戒坛。

**回鹘崇德可汗死去。**

# 唐敬宗

### 乙巳（825） 唐敬宗宝历元年
**春正月，大赦天下。**

此前，鄠县令崔发听说五坊人员殴打百姓，就下令将打人者抓进官署，拽到庭中，一经责问，才知是一个中使。敬宗很生气，将崔发收押在御史台监狱。敬宗大赦天下这天，崔发和囚徒站在宫城下的金鸡旁，等待赦免。忽然有数十个宦官赶来，手执棍棒将崔发乱打一顿，崔发被打得昏死过去，过了好长时间才开始苏醒，敬宗下诏将崔发再次关押起来。给事中李渤进言说："县令拽宦官，宦官打御史台监狱的囚犯，他们的罪过是一样的。然而县令所犯罪过在大赦之前，宦官所犯罪过在大赦之后。宦官骄横强暴，如果不及早依法制裁，我担心四夷以及各地藩镇听说此事，就会对朝廷产生轻视之心。"谏议大夫张仲方也进言说："皇恩浩荡，将要遍布天下，却不能给予御驾前的罪囚。充沛的甘露遍及小小昆虫，惟独遗漏了崔发。"对这些谏言，敬宗全都不予理会。李逢吉态度平和地对敬宗说："崔发扯拽宦官实在是大不敬，然而他的母亲已年过八十，自从崔发下狱，已经忧虑成疾。陛下正在以孝道治理天下，应当予以垂怜。"敬宗这才哀悯地说："近日这些谏官只是为崔发喊冤，从来不说他对我大不敬，也不说他家有老母。如果像你说的这样，我怎能不加赦免！"当即命中使赦免崔发的罪过，送他回家，同时还慰劳崔发的母亲。崔母当着中使的面杖责崔发四十棍。

**牛僧孺罢免为武昌节度使。**

牛僧孺认为敬宗荒淫无度，受宠的亲信小人专揽朝政，但又害怕获罪，不敢直言劝告敬宗，只是连连上表请求出任地方官。

乃升鄂岳为武昌军,以僧孺为节度使。僧孺过襄阳,节度使柳公绰服橐鞬候于馆舍。将佐曰:"襄阳地望,高于夏口,此礼太过。"公绰曰:"奇章公甫离台席,方镇重宰相,所以尊朝廷也。"竟行之。

**册封回鹘昭礼可汗。** 二月,浙西观察使李德裕献《丹扆六箴》。

上游幸无常,昵比群小。视朝月不再三,大臣罕得进见。德裕献《丹扆六箴》,一曰《宵衣》,以讽视朝稀晚。二曰《正服》,以讽服御乖异。三曰《罢献》,以讽征求玩好。四曰《纳海》,以讽侮弃谠言。五曰《辨邪》,以讽信任群小。六曰《防微》,以讽轻出游幸。其《纳海箴》略曰:"汉骛流湎,举白浮钟。魏睿侈汰,陵霄作宫。忠虽不忤,善亦不从。以规为瑱,是谓塞聪。"《防微箴》略曰:"乱臣猖獗,非可遽数。玄服莫辨,触瑟始仆。柏谷微行,豺豕塞路。睹貌献餐,斯可戒惧。"上优诏答之。

**夏四月,群臣上尊号,赦天下。**

赦文不言未量移者,韦处厚上言:"逢吉恐李绅量移,故有此处置。如此,则是应近年流贬官,因李绅一人,皆不得量移也。"上即追改之,绅由是得移江州刺史。

敬宗就下令将鄂岳升格为武昌军,任牛僧孺为节度使。牛僧孺路经襄阳,节度使柳公绰披挂整齐地到客馆恭候牛僧孺。将佐说:"襄阳的地位与名望,高于武昌,用这种礼节迎接牛僧孺太过分。"柳公绰说:"牛僧孺刚离开宰相的职位,藩镇看重宰相,是为了表示对朝廷的尊重。"最终还是用这一礼节迎接牛僧孺。

**朝廷册封回鹘昭礼可汗。 二月,浙西观察使李德裕进献《丹扆六箴》。**

敬宗四处游乐没有定准,亲近身边的小人。每月上朝不过几次,大臣很少能够见到他,为此德裕进献了这篇《丹扆六箴》。第一箴名为《宵衣》,用以讽谏敬宗上朝太少太晚。第二箴名为《正服》,用以讽谏敬宗衣服车马有违法度。第三箴名为《罢献》,用以讽谏敬宗到处索求供自己赏玩喜好的物品。第四箴名为《纳诲》,用以讽谏敬宗不听朝臣的正直之言。第五箴名为《辨邪》,用以讽谏敬宗宠信任用群小。第六箴名为《防微》,用以讽谏敬宗随意外出游玩。其中《纳诲箴》的大意说:"汉成帝刘骜沉溺于酒,酣饮无度。魏明帝曹睿淫逸奢侈,建造的宫殿耸入云霄。他们对忠直的谏言虽不阻挠,可对好的建议也不采纳。这种做法如同把善意的规劝当成塞耳的玉饰,叫做堵塞言路,无法耳聪目明。"《防微箴》的大意说:"乱臣贼子犯上作乱的事,不可能一下子都列举出来。任章趁夜黑难以辨物穿着黑衣前来行刺汉宣帝而未遂;马何罗密谋行刺汉武帝,因撞到宝瑟跌倒才被擒获。汉武帝又曾微服出游到柏谷,被人误认为强盗,险遭不测;幸有客店主妇见武帝相貌不凡,杀鸡献食,这些事陛下应引以为戒,时时警惕。"敬宗以褒美嘉奖的诏书予以答复。

**夏四月,朝廷百官为敬宗进献尊号,大赦天下。**

大赦令没有言及被贬官吏尚未酌情移至近处安置的问题,韦处厚进言说:"李逢吉担心李绅由于大赦会被酌情内移,所以才有如此安排。这样一来,凡是在近几年被流放贬黜的官吏,由于李绅一人的缘故就都不能被移至近处安置了。"敬宗立即追回赦令,加以修改,李绅因此得以内移,担任江州刺史。

**秋七月,盐铁使王播进羡余绢百万匹。**

播领盐铁,诛求严急,正入不充,而羡余相继。

**造竞渡船。**

诏王播造竞渡船二十艘,计用转运半年之费。张仲方
等力谏,乃减其半。

**八月,昭义节度使刘悟卒。**

悟薨,子从谏匿丧,谋以悟遗表求知留后。司马贾直
言责之曰:"尔父提十二州地归朝廷,其功非细。只以张汶
之故,自谓不洁淋头,竟至羞死。尔孺子,何敢如此! 父死
不哭,何以为人!"从谏恐,乃发丧。

**冬十月,袁王长史武昭伏诛。**

武昭罢石州刺史,为袁王长史,郁郁怨执政。李逢吉
与李程不相悦,程族人仍叔激怒昭云:"程欲与昭官,为逢
吉所沮。"昭因酒酣,对茅汇言欲刺逢吉,为人所告,下吏。
李仲言谓汇曰:"君言程与谋则生,不然必死。"汇曰:"冤死
甘心,诬人自全,汇不为也。"狱成,昭杖死,仍叔、仲言、汇
皆远贬。

**十一月,幸骊山温汤。**

上欲幸骊山温汤,左仆射李绛、谏议大夫张仲方等屡
谏,不听。拾遗张权舆伏紫宸殿下,叩头谏曰:"昔周幽王
幸骊山而为犬戎所杀,秦始皇幸骊山而国亡,玄宗宫骊山
而禄山乱,先帝幸骊山而享年不长。"上曰:"骊山若此之凶

秋七月，盐铁转运使王播以赋税盈余的名义进献丝绢一百万匹。

王播兼任盐铁转运使以来，对百姓的征索严厉苛刻，常规赋税总是征收不齐，而赋税盈余却源源不断地进献朝廷。

**建造竞渡船只。**

敬宗下诏王播建造竞渡船二十艘，估计需要用去盐铁转运半年的收入。张仲方等人极力谏阻，才将造船费用减为原来的一半。

**八月，昭义节度使刘悟去世。**

刘悟死后，儿子刘从谏秘不发丧，密谋以刘悟的遗表求取留后之职。行军司马贾直言责备刘从谏："你父亲当年统领十二州之地归顺朝廷，功绩不小。只是由于杀了磁州刺史张汶，自认为背上了坏名声，最后羞惭至死。你是年轻后生，怎么敢如此大胆！父亲死了不哭丧，还怎么做人！"刘从谏听了十分畏惧，这才给刘悟发丧。

**冬十月，袁王长史武昭伏法。**

武昭被罢免石州刺史的官职后，任袁王长史，心中郁闷，怨恨朝中当权宰相。李逢吉与李程关系不好，李程的族人李仍叔就去激怒武昭，说："李程打算给你官做，被李逢吉阻止。"武昭趁着酒意正浓，对茅汇说想要刺杀李逢吉。这件事被人告发，交由执法官吏审讯。李仲言对茅汇说："你只要说李程参与密谋就可活命，否则必死无疑。"茅汇说："我甘心含冤而死，通过诬陷别人来保全自己，我不干。"定案后，武昭受杖刑而死，李仍叔、李仲言、茅汇全被贬往边远地区。

**十一月，敬宗前往骊山温泉。**

敬宗想到骊山温泉游玩，左仆射李绛、谏议大夫张仲方等人屡次劝谏，敬宗就是不听。拾遗张权舆跪伏在紫宸殿下，一边叩头一边劝谏说："从前周幽王到骊山游玩被犬戎杀掉，秦始皇游骊山而秦国灭亡，玄宗在骊山建造宫殿，结果安禄山叛乱。先帝到骊山游玩，寿命不能长久。"敬宗说："骊山真的这么不吉利

邪？我宜一往，以验彼言。"幸温汤还，谓左右曰："彼叩头者之言，安足信哉！"

**十二月**，以刘从谏为昭义留后。

朝廷得刘悟遗表，议者多言上党内镇，与河朔异，不可许。李绛上疏曰："兵机尚速，威断贵定，人情未一，乃可伐谋。刘悟死已数月，朝廷尚未处分，中外人意，惜此事机。所幸从谏未尝久典兵马，而昭义素贫。必无优赏，其众必不尽与从谏同谋。但速除近地一将，令兼程赴镇，使从谏未及布置，新使已至潞州，则军心自有所系矣。今朝廷久无处分，彼军不晓朝廷之意，犹豫之间，若有奸人为之画策，虚张赏设，军士觊望，尤难指挥。伏望速下明敕，宣示军众，奖其从来忠节，赐新使缯五十万匹，使之赏设，续除从谏一刺史，必无违拒。臣尝熟计利害，决无即授从谏之理。"时李逢吉、王守澄计议已定，竟不用绛等谋。

以李绛为太子少师、分司。

仆射李绛好直谏，李逢吉恶之。故事，仆射上日，宰相送之。百官立班，中丞列位于庭，尚书以下每月当牙。元和中，以旧仪太重削去之。御史中丞王播恃逢吉之势，与绛相遇于涂，不之避。绛引故事上言："仆射，国初为正宰相，礼数

吗？我应该去一次，以此检验他的话是否可信。"于是，敬宗去了骊山温泉；回宫后，敬宗对身边的人说："那个叩头的人说的话，怎么值得相信呢。"

**十二月**，任命刘从谏为昭义留后。

朝廷得到刘悟的遗表后，议政者多数认为上党是内地的军镇，与河朔藩镇不同，不能准许刘从谏自任留后。李绛上疏说："用兵的关键在于迅速，权威的裁断贵在当机立断，只有在对方的思想尚未趋于一致时，才可以破坏他们的计划。刘悟死去已有数月之久，朝廷一直没有做出处理，朝廷内外的人们都把这件事当作一个时机而十分看重。所庆幸的是，刘从谏没有长期统领军队的经历，而昭义一向贫穷，必然没有优厚的犒赏，全军将士必定与刘从谏的谋划不尽相同。只要马上将节度使的官职授给一个邻近昭义的藩镇将领，命令他日夜兼程赶赴昭义上任，使刘从谏来不及安排布置，新任节度使已经抵达潞州任所，昭义一军的军心自然就有所依归。现在朝廷迟迟不作处置，昭义一军不明白朝廷的用意，迟疑当中如果有奸邪之人为刘从谏出谋划策，空口张扬要犒赏军士，而军士对此又心存非分之想，就尤其难以指挥了。希望陛下快速下令，宣谕晓示昭义全军，奖励全军长久以来对朝廷尽忠尽节，同时赐给新任节度使缯五十万匹，让他犒赏昭义全军，接下来任命刘从谏一个刺史的官衔，他必然不会拒绝。我曾反复思考利害得失，认为决没有立即任命刘从谏为节度使的道理。"当时李逢吉、王守澄已经商议决定了，最终没有采用李绛等人的建议。

**任命李绛为太子少师、分司东都。**

仆射李绛喜好直言进谏，李逢吉厌恶他。以往的惯例，仆射在每月初一上朝这天，宰相要为他送行。百官按品秩站立，御史中丞列位于殿中，尚书以下官员每月要到仆射府署参见。元和年间，有人认为旧的礼仪过于隆重，就废除了它。御史中丞王播倚仗李逢吉的势力，与李绛半路相遇，不肯回避。李绛援引以前的惯例进言说："仆射，立国之初是正宰相，对仆射的礼数

至重。傥人才忝位，自宜别授贤良。若朝命守官，岂得有亏法制？乞下百官详定。"议者多从绛议，上听行旧仪。至是，以绛有足疾，出之东都。

### 丙午（826） 二年

**春二月，以裴度为司空、同平章事。**

言事者多称裴度贤，不宜弃之藩镇。上数遣使劳问，度因求入朝。逢吉之党大惧，百计毁之。

先是，民间谣云："绯衣小儿坦其腹，天上有口被驱逐。"又长安城中有横亘六冈，如乾象，度宅偶居第五冈。张权舆上言："度名应图谶，宅占冈原，不召而来，其旨可见。"上虽年少，悉察其诬谤，待度益厚。

度至京师，朝士填门，度留之饮。京兆尹刘栖楚附度耳语，侍御史崔咸举觞罚度曰："丞相不应许所由官咕嗫耳语。"度笑而饮之。栖楚不自安，趋出。度复知政事，左右忽白失中书印，闻者失色，度饮酒自如。顷复白已得之，度亦不应。或问其故，度曰："此必吏人盗之，以印书券耳。急之则投诸水火，缓之则复还故处。"人服其识量。

**三月，罢修东都。**

非常隆重。倘若我这个人辱没了仆射的职位，自应将这一官职改授给贤能良善之人。如果朝廷还让我担任这一职务，怎能容忍有损法纪的行为存在？请求将此事交给百官详加论定。"参议者多数同意李绛的意见，敬宗同意群臣意见，下令对仆射仍然实行过去的礼仪。到这时，由于李绛患有脚病，所以派他到东都洛阳供职。

### 丙午（826）　唐敬宗宝历二年

**春二月，任命裴度为司空、同平章事。**

议论朝政的臣僚多称颂裴度贤能，不应被弃置在藩镇节帅的职位上。敬宗多次派使者前去问候裴度，裴度乘此请求进京朝见。李逢吉一伙闻讯大为惊恐，千方百计地诋毁他。

此前，民间流传的歌谣说："绯衣小儿坦其腹，天上有口被驱逐。"绯衣，"绯"谐"非"，两字相合是"裴"字。上句指裴度。下句，"天上有口"是"吴"字，指代叛将吴元济。此两句民谣赞颂裴度当年平淮西，擒获吴元济的功勋。再者，长安城横亘着六个高坡，很像乾卦的卦象，裴度的宅第恰好在第五个高坡上。张权舆进言说："裴度的名字应了图谶，他的宅第占据高冈，朝廷没有召他，他就自动前来，其用意可以想见。"敬宗虽然年轻，但对张权舆的诬蔑诽谤看得一清二楚，对裴度越发器重。

裴度刚到京城，满门都是前来探望的朝廷官员，裴度留这些人饮宴。京兆尹刘栖楚附在裴度耳边说话，侍御史崔咸见了就举起酒杯罚裴度饮酒，并说："宰相不应该允许京兆尹在耳旁窃窃私语。"裴度笑着饮了罚酒。刘栖楚觉得很不自在，就赶紧出去了。裴度重新主持朝政，身边的人忽然说丢了中书省的印信，得知此事的人都大惊失色，只有裴度饮酒自如。一会儿，身边的人又禀告说，中书省的印信已经找到，裴度也不理会。有人问他为什么这样，裴度说："这印信一定是被吏人偷去伪造文书了，急于追查，恐怕要被投入水火之中，不动声色的话，他就会把印信放回原处。"人们都敬佩裴度的见识与度量。

**三月，停止东都洛阳宫殿的修缮工程。**

上欲幸东都，谏者甚众，上皆不听，已使按修宫阙。裴度从容言曰："国家本设两都以备巡幸，然自多难以来，宫阙、营垒、百司廨舍率已荒弛。陛下傥欲行幸，宜命有司徐加完葺，然后可往。"上曰："从来言事者，皆云不当往。如卿所言，不往亦可。"会幽、镇皆请以兵匠助修东都，乃敕罢之。

先是，朝廷遣中使赐朱克融时服，克融以为疏恶，执留敕使，奏以："春衣不足，乞度支给三十万端匹。"又奏："欲将兵马及丁匠五千助修宫阙。"上患之，以问宰相，欲遣重臣宣慰，仍索敕使。裴度对曰："克融无礼已甚，殆将毙矣。譬如猛兽，自于山林中咆哮跳踉，久当自困，必不敢辄离巢穴。愿陛下勿遣宣慰，亦勿索敕使，旬日之后，徐赐诏书云：'闻中官至彼，稍失去就，俟还，朕自有处分。时服有司制造不谨，朕甚欲知之，已令区处。其将士春衣，非朕所爱，但素无此例，不可独与。'所称助修宫阙，皆是虚语，若欲直挫其奸，宜云'丁匠宜速遣来'，若欲且示含容，则云'不假丁匠远来'，如是而已，不足劳圣虑也。"上悦，从之。

夏五月，幽州军乱，杀节度使朱克融而立其子。秋八月，都将李载义杀之。　遣使迎周息元入禁中。

道士赵归真说上以神仙，有润州人周息元，自言数百岁。上遣中使迎至京师，馆之禁中山亭。

敬宗想到东都洛阳巡游,劝谏的人很多,敬宗一概不理。已经派人前往东都察看,准备修缮宫殿城阙。裴度从容不迫地进言说:"国家设置东、西两都,本来就是供皇上巡视的。然而自从国家遭逢安史之乱以来,东都的宫城、营垒、各官署办公的府舍大都已经荒废,陛下如果想去东都巡视,应该事先命令有关部门逐渐加以修葺,然后才能前往。"敬宗说:"一直以来进言的人,都说不应当前往。如果像你说的这样,不去也可以。"正巧幽州、镇州都请求派兵士、工匠前来帮助修缮东都,敬宗这才下诏罢修东都。

先前,朝廷派中使赏赐朱克融四季的服装,克融认为质地粗劣,就拘留敕使,上奏说:"我这里春衣不充足,请度支供给三十万端匹衣料。"又奏称:"打算率领兵马以及工匠五千人,前来帮助修葺东都宫城。"敬宗对此十分忧虑,就去征询宰相的意见,想派使臣前往幽州安抚朱克融,并索回敕使。裴度回答说:"朱克融对朝廷太无礼了,恐怕要自取灭亡。这好比一只猛兽,自己在山林中咆哮蹦跳,时间一长自然会感到困窘,必然不敢立即离开巢穴。希望陛下不要派使者前去安抚,也不要索求宦官,冷落他十天之后再慢慢赐他一道诏书,就说:'听说中使到达幽州后,举动稍有失礼,等他返回朝廷,朕自有处置。赏赐给你的四季衣服,有关部门制作得不够认真,我很想了解这一情况,已下令分别处置。至于由朝廷供给幽州将士春衣,并不是我吝惜,只是向来没有这个先例,不能单独给予。'朱克融说的帮助修建宫城,全是空话,如果想直接揭露他的奸谋,应该说'工匠应火速派来',如果想要姑且宽容,就说'不想借助远道而来的工匠',如此而已,这些事不值得烦劳皇上的思虑。"敬宗高兴地采纳了裴度的建议。

**夏五月,幽州军发生兵变,杀掉节度使朱克融,拥立他的儿子为主帅。秋八月,都将李载义杀死朱克融的儿子。 朝廷派使者将周息元迎入宫中。**

道士赵归真向敬宗游说神仙之术,润州有个叫周息元的,说自己有几百岁的高寿。敬宗派中使将他迎到京城,安置在皇宫的山亭中下榻。

九月，李程罢为河东节度使。　冬十月，以李载义为卢龙节度使。　十一月，李逢吉罢。　十二月，宦官刘克明等弑帝于室内，立绛王悟。王守澄等讨克明，杀悟，立江王涵。

上游戏无度，狎暱群小，善击球，好手搏，禁军及诸道争献力士。又以钱万缗召募力士，昼夜不离侧，又好深夜自捕狐狸。性复褊急，力士或恃恩不逊，辄配流籍没。宦官小过，动遭捶挞，皆怨且惧。夜猎还宫，与宦官刘克明、击球军将苏佐明等二十八人饮酒。上酒酣，入室更衣，殿上烛灭，克明等弑帝于室内。

克明矫称上旨，命学士路隋草遗制，以绛王悟权勾当军国事，又欲易置内侍之执权者。于是枢密使王守澄、杨承和、中尉魏从简、梁守谦定议，以卫兵迎江王涵入宫，发左、右神策、飞龙兵进讨贼党，尽斩之，绛王为乱兵所害。

时事起苍猝，守澄等欲号令中外，而疑所以为辞，问于学士韦处厚。处厚曰："正名讨罪，于义何嫌？"又问江王践祚之礼，处厚曰："诘朝，当以王教布告中外以已平内难，然后群臣三表劝进，以太皇太后令册命即位耳。"守澄等从其言。

以裴度摄冢宰。百官谒江王于紫宸外庑，王素服涕泣。明日，即位，更名昂，是为文宗。

**尊帝母萧氏为皇太后。**
时郭太后居兴庆宫，宝历王太后居义安殿，萧太后居

九月，李程罢免为河东节度使。　　冬十月，任命李载义为卢龙节度使。　　十一月，李逢吉罢相。　　十二月，宦官刘克明等人在室内杀死敬宗，拥立绛王李悟。王守澄等人讨伐刘克明，杀死李悟，拥立江王李涵。

敬宗游乐嬉戏毫无节制，亲昵身边群小，擅长击球，喜好徒手搏斗，禁军以及各道争相进献力士。此外，还用上万缗钱召募力士，让这些人昼夜不离左右，还喜好深夜自己去猎捕狐狸。他心性又狭隘急躁，有些力士仗恃皇上恩宠出言不逊，就予以流放，没收家财。宦官犯了小的过失，动不动就棍棒加身，这些人都怨恨而惧怕敬宗。有一天夜里，敬宗打完猎回到宫中，和宦官刘克明、击球军将苏佐明等二十八人一起饮酒。酒兴正浓时，敬宗到室内更换衣服，殿上的蜡烛突然熄灭，刘克明等人在室内将敬宗杀死。

刘克明假称圣旨，命令学士路隋起草遗诏，让绛王李悟暂时代理军国大事，又打算更换内侍省的当权者。于是，枢密使王守澄、杨承和、中尉魏从简、梁守谦定计，派卫兵迎接江王李涵进宫，出动左、右神策军、飞龙军进攻讨伐贼党，将这些人全部处死，绛王李悟也被乱兵杀害。

当时事情来得仓促，王守澄等人打算对朝廷内外发号施令，却不知怎样措辞合适，就去求教学士韦处厚。韦处厚说："端正名分，讨伐罪人，在道义上有什么嫌疑！"又请教江王登基的礼仪，韦处厚说："明天一早，应当以江王教令的名义公告朝廷内外，说明宫廷内乱已经平息。然后让朝廷百官再三上表劝江王继承皇位，最后由太皇太后下令，册命江王即皇帝位。"王守澄等人依言而行。

任命裴度暂时代理朝政。百官在紫宸殿外廊拜见江王，江王身着丧服，涕泣相见。第二天，正式即皇帝位，更名为昂，这就是文宗。

**尊奉文宗的母亲萧氏为皇太后。**

当时郭太后住在兴庆宫，宝历王太后住在义安殿，萧太后住在

大内。上性孝谨,事之如一。每得珍异,先荐郊庙,次奉三宫,然后进御。

**以韦处厚同平章事。** 出宫人,放鹰犬,省冗食,罢别贮、宣索。

上自为诸王,深知两朝之弊。及即位,励精求治,去奢从俭。诏宫女非有职事者出三千余人,放五坊鹰犬,省教坊、总监冗食千二百余员,近岁别贮钱谷悉归之有司,宣索组绣、雕镂之物悉罢之。敬宗之世,每月视朝不过一二,上始复旧制,每奇日视朝,对宰相、群臣,延访政事,久之方罢。待制官旧虽设之,未尝召对,至是屡蒙延问。中外翕然相贺,以为太平可冀。

### 丁未(827) 文宗皇帝大和元年
夏四月,韦处厚请避位,不许。

上虽虚怀听纳,而不能坚决,与宰相议事已定,寻复中变。韦处厚于延英极论之,因请避位,上再三慰劳之。

**以高瑀为忠武节度使。**

自大历以来,节度使多出禁军大将。皆以倍称之息贷钱以赂中尉,动逾亿万,然后得之,未尝由执政。至镇则重敛以偿所负。至是,裴度、韦处厚始奏用瑀,中外相贺,曰:"自今债帅鲜矣!"

内宫。文宗性情孝顺恭谨,侍奉三位太后如同一人。每次得到珍奇之物,首先进献祖庙,其次献给三位太后,然后自己享用。

**任命韦处厚为同平章事。** **外放宫女,放走鹰犬,裁减宫廷中多余的人员,停止在国库之外另行贮存钱财和用皇帝的诏旨向官府索取财物。**

文宗自当亲王时,就十分了解穆宗、敬宗两朝政事的弊端。等到即位,文宗励精图治,摒弃奢侈,厉行节俭。下诏外放后宫没有职务的宫女三千多人,放走五坊豢养的猎鹰、猎犬,裁减教坊、宫苑总监中多余人员一千二百多人,将近年来在国库之外蓄积的钱谷全部归还有关部门,以皇上的诏旨向官府索要的华美的丝绣服饰、雕刻镂空的器物也一概停罢。敬宗在世时,每月上朝不过一两次,文宗开始恢复以往的制度,每逢单日上朝,向宰相、群臣请教朝政,很晚才退朝。先前朝中虽设有待制官,但从未受到召见咨询,到这时才多次承蒙皇上的请教询问。朝廷内外纷纷相互庆贺,以为太平之世指日可待。

# 唐文宗

### 丁未(827) 唐文宗大和元年

**夏四月,韦处厚请求辞职让位,文宗没有批准。**

文宗虽能虚心听取臣僚的意见,可是缺乏决断,与宰相已经商议决定的事情,不久又中途改变。为此韦处厚在延英殿极力批评这种做法,请求辞职让位,文宗再三加以慰劳。

**任命高瑀为忠武节度使。**

自从大历年间以来,节度使多由禁军高级将领担任。这些人都以高出本钱一倍的利息借钱去贿赂中尉,行贿的金额动不动就超过亿万钱,然后才能得到官职,从不经过宰相。这些人到职后就拼命搜刮百姓以偿还债务。到这个时候,裴度、韦处厚才上奏任用高瑀,朝廷内外互相庆贺,说:"从今以后负债的节度使少了。"

**五月，以李同捷为兖海节度使。**

初，横海节度使李全略卒，其子同捷擅知军务，朝廷经岁不问。同捷冀易世之后或加恩贷，遣使奉表，请遵朝旨，乃移同捷镇兖海。朝廷犹虑河南、北诸镇构扇同捷，使拒命，乃悉加检校官。

**六月，以王播同平章事。**

播入朝，力图大用。所献银器以千计，绫、绢以十万计，遂得宰相。

**秋七月，葬庄陵。　李同捷不受诏。　八月，削其官爵，发诸道兵讨之。**

李同捷遣其子弟以珍玩、女妓赂河北诸镇。李载义执其侄，并所赂献之。史宪诚与全略为昏，独以粮助同捷。裴度不之知，以为无二心。韦处厚谓吏请事者曰：“晋公于上前以百口保汝使，处厚则不然。但仰俟所为，自有朝典耳。”宪诚惧，不敢复与同捷通。

**冬十一月，横海节度使乌重胤卒。**

**戊申（828）　二年**
**春三月，亲策制举人。**

自元和之末，宦官益横，建置天子，在其掌握，威权出人主之右，人莫敢言。贤良方正刘蕡对策，极言其祸，其略曰：“陛下宜先忧者，宫闱将变，社稷将危，天下将倾，海内将乱。”又曰：“陛下将杜篡弑之渐，则居正位而近正人，

五月,任命李同捷为兖海节度使。

当初,横海节度使李全略去世,他的儿子李同捷代理主持军务,历经一年,朝廷不闻不问。李同捷希望改朝换代后文宗能施恩宽恕,就派使者带着奏折前往京城,请求遵奉朝廷的旨意,朝廷这才调李同捷镇守兖海。朝廷还是担心河南、河北各藩镇煽动李同捷,让他抗拒朝廷的命令,就将这些藩镇的节帅都加封检校官的头衔。

六月,任王播为同平章事。

王播进京朝见,力图得到重用。进献的银器数以千计,绫、绢以十万匹计,于是得任宰相。

秋七月,朝廷在庄陵安葬敬宗皇帝。 李同捷拒不接受诏命。 八月,朝廷削去他的官职爵位,征发各道兵马前去讨伐。

李同捷派自家子弟用珍贵的赏玩器物、歌姬舞女贿赂河北各藩镇。李载义扣押李同捷的侄子,连同他所行贿的物品一并进献朝廷。史宪诚与李全略有姻亲关系,单独以粮食帮助李同捷。裴度对此一无所知,以为史宪诚对朝廷没有二心。韦处厚对史宪诚派到朝廷奏请公事的官吏说:"晋国公裴度在皇上面前百般为你们节度使担保,我就不以为然。只需静观他的所作所为,朝廷自有法典加以制裁。"史宪诚闻言十分恐惧,不敢再与李同捷勾结。

冬十一月,横海节度使乌重胤去世。


戊申(828) 唐文宗大和二年

春三月,文宗亲自出题策问应试的举人。

自从元和末年以来,宦官益发蛮横跋扈,皇帝的废立全在他们掌握之中,威势权力在皇帝之上,朝臣没人敢指责这种现象。贤良方正科考生刘蕡在回答文宗的策问中,极力阐述宦官专权的祸害,文章大意说:"陛下首先应忧虑的是,宫禁将要发生变乱,国家将要出现危机,天下将要倾覆,海内将要大乱。"又说:"陛下要杜绝篡位弑君之风的侵染,就要立身端正接近正直君子,

远刀锯之贱,亲骨鲠之直,辅相得以专其任,庶职得以守其官,奈何以褻近五六人总天下大政,祸稔萧墙,奸生帷幄?臣恐曹节、侯览复生于今日。"又曰:"忠贤无腹心之寄,阍寺恃废立之权,陷先君不得正其终,致陛下不得正其始。"又曰:"威柄陵夷,藩臣跋扈。或有不达人臣之节,首乱者以安君为名,不究《春秋》之微,称兵者以逐恶为义,则政刑不由乎天子,征伐必自于诸侯。"又曰:"陛下何不塞阴邪之路,屏褻狎之臣,制侵陵迫胁之心,复门户扫除之役,戒其所宜戒,忧其所宜忧?既不能治于前,当治于后。既不能正其始,当正其终。则可以虔奉典谟,克承丕构矣。昔秦之亡也,失于强暴。汉之亡也,失于微弱。强暴则贼臣畏死而害上,微弱则奸臣窃权而震主。伏见敬宗皇帝不虞亡秦之祸,不翦其萌。伏惟陛下深轸亡汉之忧,以杜其渐。"又曰:"臣闻昔汉元帝即位之初,更制七十余事,其心甚诚,其称甚美。然而纪纲日紊,国祚日衰,奸宄日强,黎元日困者,以其不能择贤明而任之,失其操柄也。"又曰:"陛下诚能揭国权以归相,持兵柄以归将,则心无不达,行无不孚矣。"又曰:"法宜画一,官宜正名。今分外官、中官之员,立南司、北司之局。或犯禁于南则亡命于北,或正刑于外则破律于中。

疏远受过阉割的宦官,亲近正直耿介的朝臣,使宰相能专任其职权,众官员能忠于职守,怎能让陛下亲近的五六个小人总揽天下政务,致使祸患酝酿在宫廷内部,奸邪出现在宫闱当中?我担心汉桓帝时的宦官曹节、侯览又会在今天重新出现。"又说:"忠正贤能的朝臣,没有被当作心腹来信任,宦官把持废立君主的大权,害得先帝不得善终,使陛下不得名正言顺地登基。"又说:"朝廷权力扫地,藩镇将领飞扬跋扈。有些不明臣礼的将领,带头作乱会以安定君位为借口,不懂《春秋》阐述的微言大义,举兵叛乱的将领会以驱逐君侧恶臣为名义,致使政令和刑罚不由天子做主,征讨杀伐必然产生于藩镇之间。"又说:"陛下为何不堵塞阴险邪恶小人的进取之路,摒弃亲近宠幸的宦官,制裁他们侵陵胁迫人主的险恶用心,恢复他们在宫中看门打扫的差役,警戒应该引以为戒的问题,忧虑应该担忧的事情?既然没有政治修明的开端,就应有政治修明的结局。既然不能名正言顺地开始亲政,就应名正言顺地执政到最后。这样就可以虔诚地信奉儒家经典,能够承继祖宗所开创的大业。先前秦朝的灭亡,过失在于皇帝过分强暴。汉朝的灭亡,过失在于君主过分懦弱。过于强暴,逆臣贼子畏惧身死,就萌生害主之心。过于懦弱,奸臣就会窃取朝中大权,震慑人主。眼见敬宗皇帝不考虑秦朝灭亡的历史教训,没有翦灭灾祸的萌芽。我想陛下应该十分忧虑汉朝的灭亡,用以杜绝皇权衰弱这一局面的出现。"又说:"我听说从前汉元帝刚登基时,更改朝廷旧制七十多项,励精图治之心极为虔诚,由此获得很好的名声。然而朝廷的法度日益紊乱,国家的气运日益衰弱,奸诈不法之徒日益强盛,百姓日益困苦,是由于他不能选择贤明之臣委以重任,失去对朝政的控制造成的。"又说:"陛下若能把国家大权交给宰相,把兵权交给将军,那么心中希望的就没有不能实现的,实行起来就没有不守信的。"又说:"朝廷的法规应该统一,官职的设立应该名正言顺。如今有外官、中官之分,形成南司、北司的格局。有的在南司犯法就躲到北司去逃命,有的在南司受到制裁而在北司却枉法释罪。

法出多门，人无所措，实由兵农势异而中外法殊也。"又曰："今夏官不知兵籍，六军不主兵事，军容合中官之政，戎律附内臣之职。首一戴武弁，疾文吏如仇雠；足一蹈军门，视农夫如草芥。谋不足以翦除凶逆，而诈足以抑扬威福，勇不足以镇卫社稷，而暴足以侵轶里闾。羁绁藩臣，干陵宰辅，隳裂王度，汩乱朝经。张武夫之威，上以制君父；假天子之命，下以御英豪。有藏奸观衅之心，无伏节死难之义，岂先王经文纬武之旨邪！"又曰："臣非不知言发而祸应，计行而身戮。盖痛社稷之危，哀生人之困，岂忍姑息时忌，窃陛下一命之宠哉！"

考官散骑常侍冯宿等见贲策皆叹服，而畏宦官，不敢取。裴休、李郃、杜牧、崔慎由等二十二人中第，皆除官，物论嚣然称屈。谏官、御史欲论奏，执政抑之。李郃曰："刘贲下第，我辈登科，能无厚颜！"乃上疏曰："贲所对策，汉魏以来无与为比。今有司以贲指切左右，不敢以闻，恐忠良道穷，纲纪遂绝。况臣所对不及贲远甚，乞回臣所授以旌贲直。"不报。贲由是不得仕于朝，终于使府御史。

王庭凑阴以兵粮助李同捷。秋九月，诏削其官爵，诸军讨之。　王智兴拔棣州。

法令出自许多部门，弄得人们手足无措，这实在是由于兵农分离，对待中官和对待外官的法律不同造成的。"又说："如今兵部不掌握兵士的名册，六军将领不能执掌兵权，军容使的设立正好适合宦官专权的政治，军中的法令成了监军的附庸。宦官一旦身着戎装，憎恨文职官吏如同仇敌一般；一旦涉足军界，就把农夫看得如同草芥一般轻贱。他们的智谋不足以铲除逆臣贼子，而他们的奸诈却足以在军中作威作福，他们的勇气不足以保卫国家，而他们的暴戾却足以侵害平民百姓。控制束缚各藩镇的节度使，居高临下地欺凌宰相，他们毁坏王法，搅乱朝纲。张扬武夫的威风，向上用来辖制君王；又假借天子的诏命，向下用来统治英雄豪杰。这些人有暗藏奸谋、窥测时机的野心，而毫无为君殉节、为国殉难的义举，这难道是先王提倡用文治武功治理天下的主旨吗！"又说："我并非不知道这番话说出来会招来灾祸，即使实行这些计策，我也会遭到杀戮。只是痛感国家濒临危机，哀怜百姓的困苦，怎么忍心姑息时人所忌讳的丑恶现象，而窃取陛下的一官半职呢！"

担任考官的散骑常侍冯宿等人看了刘蕡的对策都十分赞叹佩服，可是由于畏惧宦官的势力，不敢录取刘蕡。裴休、李郃、杜牧、崔慎由等二十二人中第，全部拜官授职，舆论哗然，认为刘蕡受了冤屈。谏官和御史打算就此上奏论说，被宰相阻止。李郃说："刘蕡落第，而我们这些人考中了，能不感到厚颜无耻吗！"就上疏朝廷说："刘蕡的对策所说的，是汉魏以来无与伦比的。如今有关部门由于刘蕡指责陛下身边的宦官切中要害，不敢上报陛下让他知道，恐怕忠正贤良之辈的仕进之途将会断绝，朝廷的法纪将会毁坏。况且我所对答的问题和刘蕡相比差得太远了，请求陛下将授给我的官职转授给刘蕡，以表彰刘蕡的忠直。"这一上疏没有得到答复。刘蕡由此不能在朝廷做官，一直都在节度使的幕府当幕僚。

王庭凑暗中用兵器、粮食援助李同捷。秋九月，文宗下诏削去他的官职爵号，由各路兵马前去讨伐。　王智兴攻占棣州。

时诸军久无功，每小胜则虚张首虏以邀赏。朝廷竭力奉之，江、淮为之耗弊。

**冬十二月，中书侍郎、同平章事韦处厚卒。　魏博军乱。**

李同捷军势日蹙，王庭凑不能救，乃遣人说魏博大将亓志绍，使杀史宪诚父子，取魏博。志绍遂作乱，引所部兵二万人还逼魏州。诏发义成军讨之。

**以路隋平章事。**

隋言于上曰："宰相任重，不宜兼金谷琐碎之务。如杨国忠、元载、皇甫镈皆奸臣，所为不足法也。"上以为然。于是裴度辞度支，上许之。

己酉（829）　三年

春正月，义成节度使李听讨魏博乱军，平之。　二月，横海节度使李祐帅诸道兵击李同捷，破之。夏四月，同捷降，沧景平。

李祐帅诸道兵击李同捷，拔德州。同捷请降，祐遣大将万洪守沧州。宣慰使柏耆疑同捷之诈，自将数百骑驰入沧州，以事诛洪，取同捷，诣京师。或言："王庭凑欲以奇兵篡之。"耆斩其首。诸道兵攻同捷三年，仅能下之，而耆取为己功，诸将疾之。争上表论，贬耆为循州司户。初，祐病，闻耆杀洪，大惊，遂剧。上曰："祐若死，是耆杀之也。"祐寻薨，赐耆自尽。

六月，魏州军乱，杀其节度使史宪诚，推何进滔知留后以拒命。秋八月，以进滔为魏博节度使。

当时各军进讨一直没有进展，每当获取小胜，就向朝廷夸张虚报斩获敌军的数目，以求取厚赏。朝廷竭尽全力供养各军，致使江、淮一带资财耗尽，人民疲弊。

**冬十二月，中书侍郎、同平章事韦处厚去世。　魏博军作乱。**

李同捷的兵力日趋窘迫，王庭凑无法前去救援，就派人劝说魏博大将亓志绍，让他杀死史宪诚父子，夺取魏博。亓志绍于是发动叛乱，率领所属二万兵马回师进逼魏州。文宗下诏征发义成军讨伐他。

**任命路隋为平章事。**

路隋对文宗说："宰相责任重大，不宜兼管钱粮等琐碎事务。例如杨国忠、元载、皇甫镈都是奸臣，他们当宰相时兼管财政的做法不值得效法。"文宗认为言之有理。于是裴度要求辞去度支使的职务，文宗予以批准。

### 己酉（829）　唐文宗大和三年

**春正月，义成节度使李听讨伐魏博叛军，平定了叛乱。　二月，横海节度使李祐率领各道兵马进击并打败李同捷。夏四月，李同捷投降，沧景得以平定。**

李祐率各道兵马进击李同捷，攻克德州。李同捷请求投降，李祐派大将万洪驻守沧州。宣慰使柏耆怀疑李同捷有诈，亲自率领数百名骑兵冲进沧州，寻找借口杀了万洪，将李同捷捉送京城。有人说："王庭凑想出奇兵夺回李同捷。"柏耆就将李同捷斩首。各道兵马进攻李同捷达三年之久，仅能攻下沧州，而柏耆却将平定李同捷的功劳据为己有，各将领都憎恨他。他们争相上表论说此事，朝廷将柏耆贬为循州司户。起初，李祐患病，听说柏耆杀了万洪，大吃一惊，病情急剧加重。文宗说："李祐如果死了，就是柏耆杀的。"李祐不久病故，朝廷赐柏耆自杀而死。

**六月，魏州发生兵变，军士杀掉节度使史宪诚，推举何进滔主持留后事务，以抗拒朝廷命令。秋八月，任命何进滔为魏博节度使。**

初,宪诚闻沧景将平而惧,使其子唐奉表请入朝,且以所管听命。诏徙宪诚镇河中,而以李听镇魏博。宪诚竭府库以治行,将士怒,杀宪诚,奉兵马使何进滔知留后。听至魏州,不得入。七月,进滔出兵击听,走之。时河北久用兵,馈运不给,遂以进滔为节度使。

**以殷侑为齐、德、沧、景节度使。**

沧州承丧乱之余,骸骨蔽地,户口存者十无三四。侑至镇,与士卒同甘苦,招抚流散,劝之耕桑。三年之后,户口滋殖,仓廪充盈。

**赦王庭凑,复其官爵。**

庭凑因邻道微露请服之意,遂赦之。

**以李宗闵同平章事。**

征李德裕为兵部侍郎,裴度荐以为相。会宗闵有宦官之助,遂以宗闵同平章事。宗闵恶德裕逼己,出之滑州。

**九月,命宦官毋得衣纱縠绫罗。**

上性俭素,听朝之暇,惟以书史自娱,声乐游畋未尝留意。驸马韦处仁著夹罗巾,上谓曰:"朕慕卿门地清素,故有选尚。如此巾服,听其他贵戚为之,卿不须尔。"

**冬十一月,禁献奇巧及织纤丽布帛。　南诏寇成都,入其郭。**

西川节度使杜元颖以文雅自高,不晓军事,专务蓄积,

起初，史宪诚听说沧景即将平定，十分恐惧，让他的儿子史唐带着奏折前往京城请求入朝参拜，并请求以自己统辖的地区接受朝廷诏命。文宗下诏调史宪诚任河中节度使，而命李听出任魏博节度使。史宪诚倾尽府库所有的财物为自己治办行装，将士对此十分气愤，就杀了史宪诚，推举兵马使何进滔暂任留后。李听到魏州上任，无法入境。七月，何进滔出兵进击李听，李听大败逃走。当时，朝廷考虑河北一带连年战乱，军需运输往往中断，于是任命何进滔为节度使。

**任命殷侑为齐、德、沧、景节度使。**

沧州继死丧祸乱之后，尸骨遍野，幸存的人口不到十分之三四。殷侑到任后，与士卒同甘共苦，招抚流离失所的百姓，鼓励他们从事农耕与桑蚕。三年之后，沧州的户口有了增长，粮仓里堆满粮食。

**朝廷赦免王庭凑，恢复他的官职爵号。**

王庭凑通过邻近藩镇略微透露请求归顺朝廷的意愿，于是朝廷赦免他的罪行。

**任命李宗闵为同平章事。**

朝廷征召李德裕担任兵部侍郎，裴度推荐他担任宰相。恰好李宗闵得到宦官的帮助，于是文宗任命李宗闵为同平章事。李宗闵忌恨李德裕可能威胁自己的地位，就把他外放到滑州。

**九月，文宗命令宦官不得穿纱、縠、绫、罗之类的服装。**

文宗性情节俭朴素，处理朝政的闲暇时间，只以阅读书史自娱自乐，不曾在歌舞声乐和外出游猎方面用过心思。驸马韦处仁头戴夹罗巾，文宗见了对他说："我仰慕你家门第清白，所以挑选你与公主成婚。这样的头巾，听凭那些皇亲贵戚去戴，你不要这样戴。"

**冬十一月，文宗下令禁止进献奇技淫巧之物以及织造精致华丽的布帛。 南诏侵犯成都，攻入外城。**

西川节度使杜元颖自命文雅不凡，不懂军事，专门积攒钱财，

减削士卒衣粮。戍卒皆入蛮境钞盗自给,蛮人反以衣食资之。由是蜀中虚实动静,蛮皆知之,南诏嵯颠遂谋入寇。边州屡以告,元颖不信。嵯颠以蜀卒为乡导,袭陷嶲、戎、邛州,诏发近镇兵救之。嵯颠自引兵径抵成都,陷其外郭。元颖保牙城以拒之,欲遁去者数四,蛮大掠子女、百工数万人及珍货而去。嵯颠遣使上表曰:"杜元颖不恤军士,军士竞为乡导,祈诛虐帅。诛之不遂,无以慰蜀士之心,愿陛下诛之。"诏贬元颖循州司马。

### 庚戌(830) 四年

**春正月,以牛僧孺同平章事。**

李宗闵引僧孺为相,相与排摈李德裕之党,稍稍逐之。

**二月,兴元军乱,杀节度使李绛。**

南诏之寇成都也,诏山南西道发兵救之。节度使李绛募兵千人赴之,蛮退而还,诏悉罢之。绛召新军谕旨,赐以廪麦而遣之,皆怏怏而退。监军杨叔元素恶绛不奉己,以赐物薄激之。众怒,大噪,掠库兵,趋使牙。绛方宴,走登北城、或劝绛缒而出,绛曰:"吾为元帅,岂可逃去?"麾推官赵存约令去,存约曰:"存约受明公知,何可苟免!"牙将王景延战死,绛、存约等皆遇害,叔元奏绛收新军募直以致乱。三省官上疏共论绛冤,及叔元激怒乱兵之罪,上始悟。

削减士卒的衣食供给。戍卒全都跑到南诏境内掠夺偷盗以求自给，南诏反而用衣物、食品资助他们。由此蜀地的一举一动，南诏全都了如指掌，南诏的嵯颠于是密谋进犯西川。边界上的州郡多次报告这一军情，杜元颖却不相信。嵯颠让蜀地士卒充任向导，袭击攻陷巂州、戎州和邛州，朝廷下诏征发邻近藩镇的兵力前去救援。嵯颠亲自率领人马直抵成都，攻陷外城。杜元颖退守牙城进行抵抗，多次打算弃城逃跑，南诏兵大肆掳掠妇女、工匠几万人以及大量珍宝财货，然后才离去。嵯颠派使者上表说：“杜元颖不体恤将士，致使将士竞相为我做向导，祈求诛杀这个残虐的节度使。如果没有将他杀掉，我已无法安抚蜀中将士之心，请陛下杀掉他。”文宗下诏将杜元颖贬为循州司马。

### 庚戌（830） 唐文宗大和四年

**春正月，任命牛僧孺为同平章事。**

李宗闵引荐牛僧孺出任宰相，共同排斥李德裕一党，将他们逐渐贬出朝廷。

**二月，兴元军叛乱，杀害节度使李绛。**

南诏侵犯成都时，朝廷下诏命山南西道出兵去救成都。节度使李绛招募一千名兵士赶赴成都，南诏退兵，李绛率军返回。朝廷命令将新募兵员悉数遣散，李绛召集新兵宣谕朝廷旨意，并赏给麦子，打发他们回家，新兵个个不满地退了下去。监军杨叔元一直痛恨李绛不事奉自己，就以赐给新兵的东西太少为借口激怒新兵。于是众人大怒，大声喊叫，抢劫库存的兵器，然后奔向节度使的公署。李绛正在饮宴，急忙跑上北城。有人劝李绛用绳子缒下城墙逃走，李绛说：“我是元帅，怎么可以逃跑！”他让推官赵存约赶快离去，赵存约说：“我受明公的知遇之恩，怎么可以在危难之际苟全幸免！”牙将王景延力战而死，李绛、赵存约等人全都被害。杨叔元奏称李绛私自收取招募新兵的钱财，导致作乱。门下省、中书省、尚书省的官员上疏一致论说李绛的冤屈，以及李叔元激怒乱兵的罪行，文宗才开始省悟。

**三月**，以柳公绰为河东节度使。

先是，回鹘入贡及互市，所过惧其为变，常严兵防卫之。公绰至镇，回鹘遣梅录李畅以马万匹互市。公绰但遣牙将单骑迎劳于境，至则大辟牙门，受其礼谒，畅感泣，戒其下无得侵扰。

沙陀素骁勇，为九姓、六州胡所畏伏。公绰奏以其酋长朱邪执宜为阴山都督使，居云、朔塞下，捍御北边。执宜入谒，神彩严整，进退有礼。公绰谓僚佐曰："执宜外严而内宽，言徐而理当，福禄人也。"使夫人与其母妻饮酒，馈遗之。执宜感恩，为之尽力，自是虏不敢犯塞。

**以温造为山南西道节度使**，讨乱兵，平之。

造行至襃城，遇兴元都将卫志忠征蛮归。密与之谋，以其兵八百人为牙队，五百人为前军，入府，分守诸门。既视事，飨士卒，志忠密以牙兵围新军，杀之，八百人皆死。杨叔元起拥造靴求生，造命囚之，诏流康州。

**夏六月**，以裴度为司徒、平章军国重事。

度以老疾辞位，故有是命，仍诏三五日一入中书。

**秋七月**，以宋申锡同平章事。

上患宦官强盛，元和、宝历逆党犹在，而中尉王守澄尤专横。尝密与申锡言之，申锡请渐除其偪。上以申锡沉厚忠谨，可倚以事，擢为宰相。

三月,任命柳公绰为河东节度使。

此前,回鹘派人进贡以及与唐互通贸易时,在经过的地方,人们惧怕回鹘生发变故,常常用重兵加以防卫。柳公绰到任后,回鹘派梅录李畅带着一万匹马前来贸易。柳公绰只派一个牙将骑马到边境上迎接慰劳,李畅等人到达之后,就打开官署的大门接受李畅的拜谒。李畅感动得流下眼泪,告诫属下不得侵扰百姓。

沙陀素来以骁勇闻名,为九姓回鹘和六州胡所畏惧折服。柳公绰上奏建议让沙陀酋长朱邪执宜担任阴山都督使,让沙陀居住在云、朔塞下,以便捍卫防御北部边境。朱邪执宜前来进见柳公绰,神色庄重严肃,言谈举止极有礼数。柳公绰对僚佐说:"朱邪执宜外表严厉,内心宽和,说起话来不紧不慢,合于道理,是个有福禄相的人。"柳公绰还让自己的夫人与朱邪执宜的母亲、妻子一同饮酒,向她们馈赠礼品。朱邪执宜感激柳公绰的恩德,因此愿意为他效尽全力,从此蛮夷不敢进犯边塞。

任命温造为山南西道节度使,讨伐叛乱士卒,平定叛乱。

温造走到褒城时,遇到兴元都将卫志忠征讨蛮人归来。温造与卫志忠密谋,让他的八百士卒作为自己的亲兵卫队,五百人作为前军,进入节度使府衙后,分别把守各个大门。温造开始办公后,犒劳士卒,卫志忠秘密派亲兵包围新兵,然后开始杀戮,八百名新兵全被杀死。杨叔元起身抱住温造的靴子乞求饶命,温造命人将他囚禁起来,文宗下诏将杨叔元流放康州。

夏六月,文宗任命裴度为司徒、平章军国重事。

裴度以年老疾病为由请求辞去宰相之职,所以才有这一任命,仍然下诏他每三五天到中书省办公一次。

秋七月,任命宋申锡为同平章事。

文宗担心宦官势力过于强盛,宪宗元和年间和敬宗宝历年间弑杀二主的宦官依然存在,而中尉王守澄尤其专横跋扈。文宗曾经与宋申锡秘密谈论宦官问题,宋申锡请求逐渐翦除宦官的威胁。文宗因宋申锡为人沉着仁厚、忠诚严谨,可以倚重以成大事,就将他擢升为宰相。

**九月**，以裴度为山南东道节度使。

初，裴度征淮西，奏李宗闵为判官，由是渐获进用。至是怨度荐李德裕，因其谢病出之。

**冬十月**，以李德裕为西川节度使。

蜀自南诏入寇，一方残弊。德裕至镇，作筹边楼，图蜀地形，南入南诏，西达吐蕃。日召老于军旅、习边事者，访以山川、城邑、道路险易广狭远近，未逾月，皆若身尝涉历。

上命德裕修塞清溪关，以断南诏入寇之路，德裕上言："通蛮细路至多，不可塞。惟重兵镇守，可保无虞。"时北兵皆归本道，惟河中、陈许三千人在成都，有诏来年亦归，蜀人恼惧。德裕奏乞郑滑五百人、陈许千人以镇蜀，且言："蜀兵脆弱，新为蛮寇所困，皆破胆，不堪征戍。若北兵尽归，则与杜元颖时无异。朝臣建言罢兵，盖由祸不在身。望人责一状，留入堂案。他日败事，不可令臣独当国宪。"朝廷皆从其请。德裕乃练士卒，葺堡鄣，积粮储以备边，蜀人粗安。

辛亥（831） 五年
**春正月**，卢龙将杨志诚逐其节度使李载义。**二月**，以志诚为留后。

上闻志诚作乱，召宰相谋之，牛僧孺曰："范阳自安史以来，非国所有，刘总暂献其地，朝廷费钱八十万缗而无丝毫所获。今日志诚得之，犹前日载义得之也。因而抚之，

九月，任命裴度为山南东道节度使。

当初，裴度征讨淮西时，曾奏请让李宗闵担任判官，由此李宗闵渐渐获得擢拔任用。到这时，李宗闵怨恨裴度推荐李德裕，趁裴度因病辞职的机会，将他排挤到藩镇任职。

冬十月，任命李德裕为西川节度使。

蜀地自从南诏入侵后，境内残破凋弊。李德裕上任后，建造筹边楼，绘制蜀地地图，南入南诏，西到吐蕃。每日召集熟悉军旅生活和边界事务的人，询问有关山川、城镇、道路的险易广狭及远近情况，不出一个月，对蜀地了解得如同亲身游历过一般。

文宗命令李德裕修缮堵塞清溪关，以截断南诏的入犯之路。李德裕上奏说："通往南诏的小路极多，无法堵塞。只有派重兵镇守，才可确保没有闪失。"当时前来救援西川的北方兵马都已经返回各藩镇，只有河中、陈许的三千兵马尚在成都，朝廷下诏明年也将返回，蜀人为此惶恐不安。李德裕上奏请求将郑滑五百人、陈许一千人留下继续镇守蜀地，并说："蜀兵习性懦弱，最近又被南诏打败。个个胆战心惊，不能担负征战戍边的重任。如果北方的兵力全部撤回，形势与杜元颖在时就毫无二致。朝臣建议罢兵，是由于灾祸不会殃及他们自身。希望朝廷责令他们每人都将建议写成状文，在政事堂存档。有朝一日由此招致失败，不能让我一个人独自接受国法处治。"朝廷完全同意李德裕的请求。于是，李德裕训练士卒，修葺城堡屏障，积聚粮草等物资储备，以加强边防，蜀地百姓大致安定下来。

辛亥（831）　唐文宗大和五年

春正月，卢龙将领杨志诚驱逐本镇节度使李载义。二月，朝廷任命杨志诚为留后。

文宗听说杨志诚作乱，就召见宰相商议对策，牛僧孺说："范阳自安史之乱以来，已非朝廷所有，刘总当权时曾暂时归顺朝廷，朝廷为此破费八十万缗钱，却一无所获。如今杨志诚夺取此地，就如同以前李载义夺取它一样。应该乘机安抚杨志诚，

使捍北狄，不必计其逆顺。"上从之，以载义恭顺有功，拜太保，以志诚为留后。

**三月，贬漳王凑为巢县公，宋申锡为开州司马。**

上与申锡谋诛宦官，申锡引王璠为京兆尹，以密旨谕之，璠泄其谋。王守澄、郑注知之，使人诬告申锡谋立漳王，上甚怒。守澄欲遣骑屠申锡家，飞龙使马存亮固争曰："如此，则京城自乱矣。"守澄乃止。

上命捕所告品官晏敬则等，于禁中鞫之。皆自诬服，狱成。左常侍崔玄亮、给事中李固言、谏议大夫王质、补阙卢钧等，请以狱事付外覆按。上曰："吾已与大臣议之矣。"玄亮叩头流涕曰："杀一匹夫，犹不可不重慎，况宰相乎！"上意稍解，复召宰相入议。牛僧孺曰："人臣不过宰相，申锡复欲何求？且申锡殆不至此。"注恐覆按诈觉，乃劝守澄请止行贬黜。存亮即日致仕，坐死徙者数十百人，申锡竟卒于贬所。质，通之五世孙也。

**夏五月，命有司葺太庙。**

上以太庙两室破漏，逾月不葺，罚将作、度支、宗正俸，命中使帅工徒葺之。补阙韦温谏曰："国家置百官，各有所司，苟为堕旷，宜择能者代之。今旷官者止于罚俸，而以其事委之内臣，是以宗庙为陛下所私，而百官皆为虚设也。"上善其言，即命有司葺之。

**李德裕索南诏所掠百姓得四千人。　秋八月，以崔郾为鄂岳观察使。**

让他捍卫北疆,抵御狄人的侵扰,不必计较此举是叛逆还是顺从。"文宗依言而行,考虑到李载义对朝廷恭顺有功,就授给他太保的官职,而让杨志诚担任留后。

三月,漳王李凑被贬为巢县公,宋申锡被贬为开州司马。

文宗与宋申锡密谋诛杀宦官,宋申锡引荐王璠担任京兆尹,并把文宗的密旨告诉他,王璠泄露了文宗与宋申锡的计谋。王守澄、郑注得知后,指使人诬告宋申锡图谋另立漳王,文宗特别生气。王守澄打算派骑兵前去屠杀宋申锡全家,飞龙使马存亮坚决争辩说:"这样一来,京城就自会大乱了。"王守澄这才罢手。

文宗命令逮捕被告发的品官晏敬则等人,在宫中审讯他们。这些人都承认了被诬陷的不实之词,冤案铸成。左常侍崔玄亮、给事中李固言、谏议大夫王质、补阙卢钧等人,请求将这一案件交付御史台复审。文宗说:"我已经和大臣计议过了。"崔玄亮一边叩头一边流泪说:"杀一个百姓,还不能不慎重,何况宰相呢!"文宗的情绪稍微缓和下来,又召集宰相入宫商议。牛僧孺说:"臣子的最高职位不过宰相,宋申锡还能有什么企图?况且宋申锡大概不至于如此。"郑注唯恐复审时会阴谋败露,就劝说王守澄请求文宗只对宋申锡实行贬黜。马存亮当日辞官回家,受到此案牵连被处死或流放的达数十百人之多。宋申锡最终死在贬所。王质,是王通的第五代孙。

夏五月,文宗命令有关部门修葺太庙。

文宗因为太庙的两间房子破旧漏雨,超过一个月没有得到修缮,扣罚将作、度支、宗正的俸禄,让宦官率领工匠去修缮太庙。补阙韦温劝谏说:"国家设置百官,各有各的职责,假如有人荒废其职,就应该选择贤能之人取代他。如今失职官员仅被扣罚俸禄,而把他们的职事委派给宦官,这样做就把宗庙当成陛下的私产,百官都形同虚设了。"文宗认为说得很对,立即命有关部门修葺太庙。

李德裕向南诏索回被掳掠的百姓四千人。 秋八月,任命崔郾为鄂岳观察使。

鄂岳多盗,剽行舟。鄘训卒治兵,作蒙冲追讨,悉诛之。初,鄘在陕,以宽仁为治,或经月不笞一人。及至鄂,严峻刑罚。或问其故,鄘曰:"陕土瘠民贫,吾抚之不暇,尚恐其惊。鄂地险民杂,慓狡为奸,非用威刑,不能致治。政贵知变,盖谓此也。"

**九月,吐蕃将悉怛谋以维州来降,不受。**

李德裕简蜀兵羸弱者去四千余人,复募少壮者千人,募北兵得千五百人。与土兵参居,转相训习,日益精练,所作兵器无不坚利。

至是,吐蕃维州副使悉怛谋请降,尽帅其众奔成都。德裕遣兵据其城,具奏其状。事下尚书省,集百官议,皆请如德裕策。牛僧孺曰:"吐蕃之境,四面各万里,失一维州,未能损其势。比来修好,约罢戎兵,中国御戎,守信为上。彼若来责曰:'何事失信?'养马蔚茹川,上平凉阪,万骑缀回中,怒气直辞,不三日至咸阳桥,此时西南数千里外得百维州,何所用之?徒弃诚信,有害无利,此匹夫所不为,况天子乎!"上以为然,诏德裕以其城及悉怛谋等悉归之吐蕃。吐蕃诛之于境上,极其惨酷,德裕由是怨僧孺益深。

壬子(832) 六年
春正月,以水旱降系囚。  群臣上尊号,不受。

鄂岳盗贼很多,经常剽劫过往的航船。崔郾训练士卒,治备兵器,制造战船追讨盗贼,全部诛除了他们。当初,崔郾在陕虢,为政宽厚仁惠,有时一个月不鞭笞一个人。等到了鄂岳任职,崔郾以严刑峻法治理。有人问他是什么缘故,崔郾说:"陕虢土地瘠薄,百姓贫困,我安抚他们还来不及,还担心他们会受惊扰。鄂岳地势险要,人口复杂,人们剽悍狡诈,为非作歹,不动用重刑,就无法治理。为政贵在懂得变通,说的就是这个意思。"

**九月,吐蕃将领悉怛谋率维州城前来归降,朝廷没有接受。**

李德裕将蜀兵当中体质瘦弱的四千多人淘汰之后,又招募了一千名年轻力壮的士卒,招募到北方士卒一千五百人。让北方兵与当地兵杂居在一起,相互影响,军队日益精干,制造的兵器都非常坚实锋利。

到这时,吐蕃维州副使悉怛谋请求归降,率领全部人马奔往成都。李德裕派兵占领维州城,将这件事详细上奏朝廷。文宗将此事交给尚书省,召集百官计议,大家都请求按照李德裕的计策行事。牛僧孺说:"吐蕃的边境,四面各有万里之遥,丢失一个维州,并不能损害他们的国势。近来唐与吐蕃修好,约定双方停止交战,中原制御戎狄,应以信守诺言为上策。如果吐蕃前来责问说:'为什么失信?'然后在蔚茹川放养战马,派兵直上平凉阪,千军万马驻扎在回中,怒气冲天理直气壮,不到三天就会打到咸阳桥,这时即使征西南数千里之外得到一百个维州,又有什么用处?白白地丢弃诚信,只有害处没有好处,这是连一个百姓都不会做的事,何况天子呢!"文宗以为言之有理,下诏命李德裕将维州城以及悉怛谋等人全部送归吐蕃。吐蕃在边境上诛杀悉怛谋等人,手段极其残酷狠毒,李德裕由此加深了对牛僧孺的憎恨。

**壬子**(832) **唐文宗大和六年**

春正月,由于水旱灾害,朝廷给关押在狱中的囚犯减刑。群臣向文宗进献尊号,文宗没有接受。

韦温言:"今水旱为灾,恐非崇饰徽称之时。"上善之,辞不受。

**回鹘昭礼可汗为其下所杀。**

从子胡特勒立。

**冬十月,立鲁王永为太子。　十二月,牛僧孺罢为淮南节度使。**

西川监军王践言入知枢密,数为上言:"缚送悉怛谋以快房心,绝降者,非计也。"上亦悔之,尤僧孺失策,僧孺内不自安。会上谓宰相曰:"天下何时当太平,卿等亦有意于此乎?"僧孺对曰:"太平无象。今四夷不至交侵,百姓不至流散,虽非至理,亦谓小康。陛下若别求太平,非臣所及。"因累表请罢,乃出镇淮南。

**昭义节度使刘从谏入朝。　以李德裕为兵部尚书。**

初,李宗闵与德裕有隙,及德裕还自西川,上注意甚厚,朝夕且为相。宗闵百方沮之不能,深以为忧。京兆尹杜悰谓曰:"德裕有文学,而不由科第,常用此为慊慊。若使之知举,则可以平宿憾矣。"宗闵曰:"更思其次。"悰曰:"不则用为御史大夫。"宗闵曰:"可矣。"悰乃诣德裕告之,德裕惊喜泣下,寄谢重沓。宗闵复与给事中杨虞卿谋之,事遂中止。

癸丑（833）　七年

**春正月,加刘从谏同平章事,遣归镇。**

初,从谏以忠义自任,入朝,欲请他镇。既至,见朝廷事柄不一,心轻朝廷,故归而益骄。

韦温说:"现在水旱成灾,恐怕不是文饰陛下美好称号的时候。"文宗认为他的意见好,就没有接受尊号。

**回鹘昭礼可汗被他的部下杀害。**

昭礼可汗的侄子胡特勒即位。

**冬十月,册立鲁王李永为太子。　十二月,牛僧孺罢免为淮南节度使。**

西川监军王践言回朝担任枢密官,多次在文宗面前说:"将悉怛谋捆绑起来送还,让吐蕃人心大快,断绝了归降者的路径,不是好主意。"文宗也很懊悔,怪罪牛僧孺失策,牛僧孺内心不安。恰好文宗对宰相说:"天下什么时候才能太平,你们也有这个想法吗?"牛僧孺回答说:"太平盛世本无固定的景象。如今周边的蛮夷不至于交相侵犯,老百姓不至于流离失所,虽然达不到大治,也可称得上小康。陛下如果另外追求太平盛世,我力所不及。"于是牛僧孺屡次上表请求罢相,文宗就命他出任淮南节度使。

**昭义节度使刘从谏进京朝见。　任命李德裕为兵部尚书。**

起初,李宗闵与李德裕有隔阂,及至李德裕自西川回朝,文宗对他非常器重,很快就将出任宰相。李宗闵千方百计地加以阻挠也不能得逞,为此十分忧虑。京兆尹杜悰对李宗闵说:"李德裕有文学才能,却没有经过科举考试,常常因此感到怅恨。如果让他主持科举考试,就可以平息积怨了。"李宗闵说:"再想想其他的办法。"杜悰说:"不然就任命他为御史大夫。"李宗闵说:"可以。"杜悰去告诉李德裕,李德裕又惊又喜,流下眼泪,反复请杜悰转达谢意。李宗闵又将此事与给事中杨虞卿商量,事情就此半途搁置下来。

### 癸丑(833)　唐文宗大和七年
**春正月,加封刘从谏为同平章事,打发他返回本镇。**

起初,刘从谏以忠义为己任,入朝参拜文宗,想请求调往其他藩镇。入朝后,见到朝廷政事分歧,权柄不一,于是产生轻视朝廷之意,所以回到藩镇后益发骄狂。

**二月，以李德裕同平章事。**

德裕入谢，上与之论朋党事。时给事中杨虞卿与从兄中书舍人汝士等善交结，依附权要。上闻而恶之，故与德裕言，首及之，德裕因得以排其所不悦者。他日，上复言及朋党，李宗闵曰："臣素知之，故虞卿辈臣皆不与美官。"李德裕曰："给、舍非美官而何？"宗闵失色。

**夏四月，册回鹘彰信可汗。　六月，以李载义为河东节度使。**

先是，回鹘每入贡，所过暴掠，州县不敢诘，但严兵防卫而已。载义至镇，回鹘使者李畅入贡，载义谓之曰："可汗遣将军入贡修好，非遣将军陵践上国也。将军不戢部曲，使之侵盗，载义亦得杀之，勿谓中国之法可忽也。"于是悉罢防卫兵，但使二卒守其门。畅畏服，不敢犯令。

**以郑覃为御史大夫。**

初，李宗闵恶覃在禁中数言事，奏罢其侍讲。上从容谓宰相曰："殷侑经术颇似郑覃。"宗闵对曰："覃、侑经术诚可尚，然论议不足听。"李德裕曰："覃、侑议论，他人不欲闻，惟陛下欲闻之，幸甚。"后旬日，宣出，除覃御史大夫。宗闵谓枢密使崔潭峻曰："事皆宣出，安用中书？"潭峻曰："八年天子，听其自行事，亦可矣。"宗闵愀然而止。

**李宗闵罢。　秋七月，以王涯同平章事，兼度支盐铁转运使。　以李程为宣武节度使。**

二月,任命李德裕为同平章事。

李德裕进宫向文宗谢恩,文宗与他谈论朋党问题。当时给事中杨虞卿和堂兄中书舍人杨汝士等人密切勾结,依附朝廷权要人物。文宗听说后很厌恶他们,所以与李德裕谈话,首先谈到这一问题,李德裕借机得以排挤那些自己不喜欢的人。又一天,文宗又一次谈到朋党问题,李宗闵说:"我历来知道这个问题,所以我都没有给杨虞卿等人好的官职。"李德裕说:"给事中、中书舍人不是好官又是什么?"李宗闵听了脸色很难看。

夏四月,朝廷册封回鹘彰信可汗。 六月,任命李载义为河东节度使。

此前,回鹘每次入朝进贡,所到之处必定大肆掳掠,州县官府不敢责难,只能派重兵防卫。李载义上任后,回鹘使者李畅入朝进贡,李载义对他说:"可汗派将军入朝进贡是为了修好,不是派将军侵凌践踏大唐百姓的。如果将军不能约束部下兵士,致使他们侵暴为盗,我也有权诛杀他们,不要以为中原的法律可以轻视。"于是下令解除各州县进行防卫的军队,只派两个士卒守卫城门。李畅畏惧慑服,不敢触犯法令。

任命郑覃为御史大夫。

当初,李宗闵憎恶郑覃在宫中多次议论朝政,奏请罢去郑覃翰林侍讲学士的职务。文宗从容地对宰相说:"殷侑的儒家经术水平和郑覃很接近。"李宗闵回答说:"郑覃、殷侑在经术上的成就确实值得推崇,不过他们对朝政的议论不值得听取。"李德裕说:"郑覃、殷侑对朝政得失的议论,别人不爱听,只有陛下想听他们的意见,值得庆幸。"事后十来天,朝廷宣布文宗的诏命,任命郑覃担任御史大夫。李宗闵对枢密使崔潭峻说:"什么事都由皇上亲自决定,还用中书省干什么?"崔潭峻说:"陛下登基已经八年,听凭他自行处理政事,也是应该的。"李宗闵愀然变色,不敢再说什么。

李宗闵罢相。 秋七月,任王涯为同平章事,兼度支盐铁转运使。 任李程为宣武节度使。

宣武阙帅,李德裕请徙刘从谏镇之,因拔出上党,不使与山东连结。上以为未可,乃以命程。

**八月,诏诸王出阁。停进士试诗赋。**

上患近世文士不通经术,李德裕请依杨绾议,罢诗赋。又言:"昔玄宗以临淄王定内难,疑忌宗室,不令出阁,议者以为幽闭骨肉,亏伤人伦。天宝之末、建中之初,所以悉为安禄山、朱泚所鱼肉者,由聚于一宫故也。陛下诚能听其年高属疏者出阁,又除诸州上佐,使携其男女出外昏嫁,此则百年弊法一旦去之,海内孰不欣悦?"上曰:"兹事朕久知其不可。今诸王岂无贤才,无所施耳。"于是下诏并停诗赋。然诸王出阁,竟以议所除官不决而罢。

**加卢龙节度使杨志诚右仆射。**

初,以志诚为吏部尚书,志诚怒不得仆射,留官告使。朝廷不得已,加志诚仆射,别遣使慰谕之。

杜牧愤河朔三镇之桀骜,而朝廷议者专事姑息,乃作《罪言》曰:"上策莫如先自治,中策莫如取魏,最下策为浪战,不计地势,不审攻守是也。"

又伤府兵废坏,作《原十六卫》曰:"贞观中,内以十六卫蓄养戎臣,外开折冲果毅府五百七十四以储兵伍。有事则戎臣提兵居外,无事则放兵居内。其居内也,富贵恩泽以奉养之,所部之兵散舍诸府,三时耕稼,一时治武。籍藏

宣武节度使出了空缺,李德裕奏请调刘从谏镇守宣武,借机将他调离上党,避免他与山东的藩镇势力勾结。文宗认为不妥,就任命李程为宣武节度使。

**八月,文宗下诏宗室诸王出就封国。停止进士科考试诗赋。**

文宗担忧近代以来文人士大夫不通晓儒家经学,李德裕请求依照杨绾的建议,停止以诗赋取士。又说:"从前玄宗以临淄王的身份平定宫廷变乱,之后就怀疑猜忌宗室成员,不让他们出就封国,议论此事的人认为幽禁骨肉亲人,损伤人伦大道。天宝末年、建中初年,宗室之所以全遭到安禄山、朱泚的杀害,就是由于诸王聚居在一座宫里的缘故。陛下如果真能听任那些年事已高、亲属关系又疏远的诸王出就封国,并且任命他们在各州做僚佐,让他们携带子女到地方上完婚出嫁,这就使实行百年之久的弊法得以一朝废除,天下人谁不为此高兴?"文宗说:"朕早就知道此事不合情理。如今诸王中怎能没有贤才,只是无处施展罢了。"于是文宗下诏同时停止诗赋取士。然而诸王出就封国之事,最终因为对他们任什么职位意见不一而不了了之。

**加封卢龙节度使杨志诚为右仆射。**

起初,朝廷任命杨志诚为吏部尚书,杨志诚没有得任仆射,十分恼怒,便将官告使扣留。朝廷出于无奈,加封杨志诚为仆射,另外派使者前去抚慰。

杜牧感愤于河朔三镇桀骜不驯,而朝廷议论此事的人一味主张姑息迁就,就写了《罪言》一文说:"最上策不如先治理内部,中策不如夺取魏博,最下策是轻率出战,是不考虑地势优劣,不明白攻守方略的做法。"

杜牧又为府兵制的废弛而痛心,写了《原十六卫》一文,说:"贞观年间,在朝廷设置十六卫用来蓄养武将,在各地设立折冲果毅府五百七十四处用来储备兵员。遇有战事,武将就统领军队在外征战;没有战事,就交出军队供职朝廷。武将供职朝廷时,皇上用富贵恩惠来供养他们,部下士卒被分散安置在各个折冲果毅府,一年春、夏、秋三季务农,冬季操练军事。士卒的军籍保存

将府，伍散田亩，力解势破，人人自爱，虽有蚩尤为帅，亦不可使为乱耳。及其居外也，缘部之兵被檄乃来，斧钺在前，爵赏在后，飘暴交捽，岂暇异略，虽有蚩尤为帅，亦无能为叛也。自贞观至于开元百三十年间，戎臣兵伍未始逆篡，此大圣人所以柄统轻重，制郭表里圣算神术也。至于开元末，愚儒请罢府兵，武夫请搏四夷，于是府兵内铲，边兵外作，尾大中乾，成燕偏重，而天下掀然，根萌烬燃矣。盖兵居外则叛，居内则篡，使外不叛，内不篡，其置府立卫乎！近代以来，为将者率皆市儿辈，多赍金玉，负倚幽阴，折券受质而得之，绝不识礼义之教，复无慷慨之气。其强杰愎悖者，则挠削法制，斩族忠良，力一势便，罔不为寇。其阴眤巧狡者，亦能家算口敛，委于邪幸，由卿市公，去郡得都，四履所治，指为别馆。是以天下兵乱不息，齐人干耗，靡不由是矣。呜呼，文皇帝十六卫之旨，其谁原而复之乎！”

又作《战论》曰：“河北视天下犹珠玑也，天下视河北犹四支也。河北气俗浑厚，果于战耕，加以土息健马，便于驰敌。是以出则胜，处则饶，不窥天下之产，自可封殖，亦犹大农之家，不待珠玑然后以为富也。国家无河北，则精甲锐卒、良弓健马无有也。河东、盟津、滑台、大梁、彭城、

在军府,兵员散在田间,势力分散,人人自珍自重,所以即使由蚩尤担任统帅,也不可能使他们作乱。及至武将征战在外,因为所统领的士卒接到征召公文才能前来,这时前有斧钺军法,后有爵禄赏赐,军情十万火急,士卒哪里有闲暇另作图谋,所以即使由蚩尤担任主帅,也无法使他们反叛。从贞观到开元一百三十年间,武将、士卒从不叛逆篡乱,这是大圣人太宗能够以皇权控制局面,号令内外的神机妙算的法术。到了开元末年,愚钝的儒生请求取消府兵,武将请求进击周边蛮夷,于是府兵废除于内,边兵兴起于外,形成尾大不掉、外强中干的局面,使得安禄山在幽州拥有重兵,天下为之掀动,如同根已发芽,柴已成火。大约武将拥兵在外就会反叛朝廷,内居朝廷就会篡夺皇位,要使武将在外不反叛,居朝不篡逆,最好的措施难道不是设置折冲果毅府和十六卫吗!近世以来,出任将领的人大都是市井好利之徒,他们以大量的金银玉帛行贿,依附掌权宦官,在宦官毁弃债券、接受财货后,才得到武将的职务,根本不懂礼义之道,又没有慷慨激昂的正气。那些强悍凶暴、违乱忤逆的武将,破坏朝廷法律,残杀忠良,一旦大权独揽,形势于己有利,没有不成为匪寇的。那些阴险狡谲的武将,又能将挨家挨户按人头盘剥来的赋税,用来贿赂邪佞宠臣,由九卿一下子就买到三公的头衔,由州郡长官一下子就得到都城府尹的职位,将自己的辖区任意指为自家的别馆。所以天下战乱不止,百姓消耗殆尽,无不由于这个缘故。呜呼,太宗文皇帝设置十六卫的用意,谁能按照原样恢复起来呢!"

杜牧又写了《战论》一文说:"从河北看全国,河北犹如一颗珍珠;从全国看河北,河北犹如人的四肢。河北民俗温和朴厚,长于征战和农耕,加上当地出产骏马,十分便于奔驰抗敌。因此出兵作战就取胜,闭门自处就富饶,不必窥视全国的物产,就可以由自己培育繁殖,就像农家大户,不必等有了珠宝然后才算富足。国家失去河北,那么精良的甲胄、精锐的士卒、优良的弓箭、矫健的战马就失去来源。河东、盟津、滑台、大梁、彭城、

东平尽宿厚兵,不可他使。六镇之师低首仰给,咸阳西北戎夷大屯,赤地尽取,始能应费。四支尽解,头腹兀然,其能以是久为安乎!诚能治其五败,则一战可定,四支可生。战士离落,兵甲钝弊,是不蒐练之过,其败一也。百人荷戈,千夫仰食,此不责实之过,其败二也。小胜则张皇邀赏,贵极富溢,则不肯搜奇出死以勤于我,此厚赏之过,其败三也。多丧兵士,跳身而来,回视刀锯,气色甚安,此轻罚之过,其败四也。大将兵柄不得自专,恩臣敕使迭来挥之,慌骇之间,虏骑乘之,遂取吾之鼓旗,此不专任之过,其败五也。今诚欲调持干戈,洒扫垢污,以为万世安,而乃踵前非,是不可为也。”

“议者曰:‘夫倔强之徒,吾以良将劲兵为衔策,高位美爵充饱其肠,安而不挠,外而不拘,亦犹豢扰虎狼而不拂其心,则忿气不萌。此大历、贞元所以守邦也,亦何必疾战,焚煎吾民,然后以为快也?’愚曰:生人油然多欲,欲而不得,则争乱随之。是以教笞于家,刑罚于国,征伐于天下,此所以裁其欲而塞其争也。大历、贞元之间尽反此道,提区区之有而塞无涯之争,是以首尾指支几不能相运掉也。不知非此,而反用以为经,愚见为盗者非止于河北而已。”

东平全都驻扎重兵,不能派往别处。以上六镇的军队全都恭顺地等待朝廷的衣食供给,朝廷又要在咸阳西北屯驻重兵以防御戎夷,只有把土地榨取得空无所有,才能维持军用开支。这等于四肢全被分解,仅剩下头和身子突兀可见,难道以这种局面能长久保持安定吗!如果朝廷能根治五个方面的失败,只要一战就可稳定全局,四肢也有望再生。士卒离散流落,武器装备钝坏,这是没有抓紧训练的过失,是一败。明明只是一百个士卒手执干戈,但花名册上却有一千人需要供给衣食,这是朝廷没有求实的过失,是二败。遇有小胜就张狂仓促地向朝廷请求封赏,一旦官爵贵盛,财产富足,就不肯搜求奇计死力效命,这是奖赏过重的过失,是三败。作战中士卒大量伤亡,将领只身逃回,面对刀锯刑罚,神色十分镇静,这是朝廷处罚太轻的过失,是四败。主帅不能独揽兵权,派往前线的恩臣敕使轮流发号施令,恍惚惊骇之际,敌人的骑兵乘机来犯,就夺走我军的旗鼓,这是朝廷不肯让主帅专掌兵权的过失,是五败。现在,如果朝廷真的要调动军队,洗刷污浊,以开创千秋万代国泰民安的局面,而竟然重蹈先前的错误,这样做是不可行的。"

"议论朝政的人说:'对于桀骜不驯的武夫,我们应该用精兵良将来加以控制,用高官贵爵来满足他们的愿望,让他们安分守己而不敢犯法,行动自由而不受拘束,就像豢养驯服虎狼,不违背它们的心意,它们的怒气就不会萌发。这就是大历、贞元年间安邦守国的方法,又何必急于内战,让百姓遭受煎熬,然后才感到痛快?'我认为:人类自然有许多欲望,欲望得不到满足,接着就要发生争夺与祸乱。所以在家庭中用竹板教训子弟,在一方用刑罚约束百姓,在全国用军队征讨叛逆,这就是减少私欲、杜绝争夺的办法。大历、贞元年间的做法完全背离这一正道,朝廷企图用仅有的那么一点官爵去禁止藩镇将领无限贪欲的争夺,所以才出现首尾四肢几乎瘫痪,不能互相照应的局面。没有认识到大历、贞元年间的做法是错误的,反而看作常道,我看当强盗的人就不仅局限在河北了。"

又注《孙子》，为之序曰："兵者刑也，刑者政事也，为夫子之徒，实仲由、冉有之事也。不知自何代分为二道，搢绅之士不敢言兵，苟有言者，世以为粗暴异人，人不比数。不知自古主兵者，必圣贤、才能、多闻博识之士，乃能有功。议于廊庙之上，兵形已成，然后付之于将耳。彼为相者曰：'兵非吾事，吾不当知。'君子曰：'叨居其位可也。'"

**九月，以郑注为右神策判官。**

注依倚王守澄，权势熏灼，上深恶之。侍御史李款阁内奏弹之，旬日之间，章数十上，守澄匿注于右军。左军中尉韦元素恶注，军将李弘楚说元素召而杀之，因见上请罪，元素从之。注至，蠖屈鼠伏，佞辞泉涌。元素不觉执手款曲，以金帛厚遗而遣之。弘楚怒，解职去。

王涯为相，注有功焉，且畏王守澄，遂寝李款之奏。守澄言注于上而释之。寻奏为侍御史，充右神策判官，朝野骇叹。

**冬十二月，群臣上尊号，不受。**

群臣上尊号，会中使薛季稜自同、华还，言间阎凋弊，上叹曰："关中小稔，百姓尚尔，况江、淮比年大水，其人如何？吾无术以救之，敢崇虚名乎！"因以通天犀带赏季稜。群臣四上表，竟不受。

**上有疾。**

杜牧又注释《孙子》一书,在为该书写的序言中说:"军事就是刑罚,刑罚就是政治,在孔夫子的学生中,那实际是仲由、冉有去做的事。不知从什么时代开始分为文武二道,士大夫不敢谈论军事,假若有人谈及,世人就视之为粗暴怪异之人,不屑于与他为伍。人们不知道自古以来主持用兵的人,一定是圣明贤德、才能出众、见多识广的人,才能有所建树。他们在庙堂之上计议作战方案时,整个军事部署已经成熟,然后才交给领兵的武将去执行。那些身为宰相的人说:'军事与我无关,我不用知晓。'君子应该对他说:'你该离开宰相的职位了。'"

**九月,任命郑注为右神策军判官。**

郑注依靠王守澄,权势炙手可热,文宗对他十分憎恶。侍御史李款在殿上弹劾郑注,十天之间,呈上奏章数十份,王守澄将郑注藏匿在右神策军中。左神策军中尉韦元素痛恨郑注,军中将领李弘楚劝韦元素将郑注召来杀掉,再去见文宗请求治罪,韦元素依言而行。郑注来到韦元素处,像蠖一样缩着身子,像老鼠一样蜷伏一团,花言巧语像泉水一样滔滔不绝。韦元素不知不觉地竟然拉住他的手倾诉衷肠,并赠送他大量的金银丝帛,打发他回去。李弘楚十分生气,辞掉官职离去。

王涯能当宰相,郑注为他出过力,况且王涯又畏惧王守澄,就将李款的奏章压下。王守澄在文宗面前为郑注说好话,得到文宗的宽容。不久王守澄又奏举郑注为侍御史,充任右神策军判官,朝廷内外无不惊骇感叹。

**冬十二月,群臣向文宗进献尊号,文宗没有接受。**

群臣向文宗进献尊号时,恰巧中使薛季稜从同州、华州回来,讲述了民间衰败的情形,文宗叹息说:"关中一带今年小有丰收,百姓尚且如此,何况江、淮一带近年连发大水,那里的人民将如何生活? 我没有办法拯救他们,怎敢看重徒有其名的尊号!"于是文宗就把通天犀带赏给薛季稜。群臣四次上表,文宗始终不肯接受。

**文宗生病。**

上始得风疾，不能言。王守澄荐郑注，上饮其药，颇有验，遂有宠。然上自是神识耗减，不能复故。

**甲寅**（834） **八年**

春二月朔，日食。 夏六月，旱。

上以久旱，诏求致雨之方。司门员外郎李中敏上表曰："仍岁大旱，直以宋申锡之冤滥，郑注之奸邪。今斩注而雪申锡，天必雨矣。"不从，中敏乃谢病归东都。

冬十月，幽州军乱，逐节度使杨志诚，推史元忠主留务，志诚伏诛。

元忠献志诚所造衮衣僭物，诏流岭南，道杀之。

以李宗闵同平章事。李德裕罢为山南西道节度使。以李仲言为翰林侍读学士。

初，李仲言流象州，遇赦，还东都。会留守李逢吉思复入相，仲言自言与郑注善，逢吉使仲言厚赂之。注引仲言见王守澄，守澄荐于上，言其善《易》。仲言仪状秀伟，倜傥尚气，颇工文辞，有口辩，多权数。上见之大悦，欲以为谏官，置之翰林。李德裕曰："仲言向所为计，陛下必尽知之，岂宜置之近侍？"上曰："然岂不容其改过？"对曰："臣闻惟颜回能不二过。彼圣贤之过，但思虑不至，或失中道耳。仲言之恶著于心本，安能悛改邪？"上曰："逢吉荐之，朕不欲食言。"对曰："逢吉身为宰相，乃荐奸邪以误国，亦罪人也。"上曰："然则别除一官。"对曰："亦不可。"上顾王涯，

文宗开始得了中风，不能讲话。王守澄举荐郑注来医治，文宗吃了他的药，很灵验，于是郑注受到宠信。然而自此以后文宗神智损耗，不能恢复到从前的状态。

## 甲寅（834） 唐文宗大和八年

**春二月初一，发生日食。　夏六月，发生干旱。**

文宗因久旱无雨，下诏访求能降雨的方术。司门员外郎李中敏上表说："连年大旱，只是由于宋申锡的冤气弥漫，郑注的奸诈邪佞。如今如果杀死郑注，为宋申锡洗雪冤屈，天一定会下雨。"文宗不肯采纳，李中敏就托病辞官，回东都洛阳去了。

**冬十月，幽州军作乱，驱逐节度使杨志诚，推举史元忠主持留后事务，杨志诚伏法被杀。**

史元忠将杨志诚制作的皇帝龙袍及僭越之物呈献给朝廷，文宗下诏将杨志诚流放岭南，在半路上将他杀死。

**任命李宗闵为同平章事。李德裕罢免为山南西道节度使。任命李仲言为翰林院侍读学士。**

当初，李仲言流放象州，遇到大赦，返回东都洛阳。正巧东都留守李逢吉想再次入朝出任宰相，李仲言自称与郑注关系密切，李逢吉就指使李仲言重金贿赂郑注。郑注将李仲言引荐给王守澄，王守澄将他举荐给文宗，并说他精通《周易》。李仲言容貌俊秀，身材魁伟，潇洒豪迈，很善于辞令，有口才，又有权谋手段。文宗见到他非常高兴，打算让他担任谏官，安插在翰林院。李德裕说："李仲言先前所做的打算，陛下想必全都知晓，这种人怎么适宜安置在近侍人员之列？"文宗说："然而难道不容许他改正过错吗？"李德裕回答说："我听说只有颜回能做到不重犯先前的过失。况且圣贤的过失，只是由于思虑不周，或者偏离了正道。李仲言的邪恶来自本心，怎么能悔改？"文宗说："是李逢吉举荐的，我不想食言。"李德裕回答说："李逢吉身为宰相，竟然举荐奸邪之人危害国家，他也是罪人！"文宗说："那么就另外任命他一个官职。"李德裕回答说："那也不行。"文宗回头看王涯，

涯对曰："可。"德裕挥手止之，上回顾适见，不怿而罢。始，涯闻上欲用仲言，草谏疏极愤激，既而见上意坚，且畏其党盛，遂中变。

寻以仲言为四门助教，给事中郑肃、韩佽封还敕书。德裕出中书，王涯诈谓二人曰："李公适留语，令二阁老不用封敕。"二人即行下。德裕闻之，大惊曰："有司封驳，岂当禀宰相意邪！"仲言及注皆恶德裕，以宗闵与德裕不相悦，引宗闵以敌之。上遂相宗闵，而出德裕于兴元。是日，以仲言为侍读，给事中高铢、郑肃、韩佽、谏议大夫郭承嘏、中书舍人权璩等争之，不能得。仲言寻改名训。

**令进士复试诗赋。　以李德裕为兵部尚书。**

德裕见上，请留京师故也。
**十一月，成德节度使王庭凑卒，子元逵自知留后。**

元逵改父所为，事朝廷甚谨。
**以李德裕为镇海节度使。**
李宗闵言德裕制命已行，不宜自便，诏复以德裕镇浙西。时德裕、宗闵各有朋党，互相挤援，上患之，每叹曰："去河北贼易，去朝中朋党难。"

**以王璠为尚书左丞。**
郑注深德璠，李训亦与之善，共荐之。

王涯回答说:"可以授官。"李德裕挥手制止他,正好被文宗回头看到,文宗很不高兴,将此事搁置下来。起初,王涯听说文宗打算起用李仲言,草拟进谏奏疏时措辞非常愤慨激烈,不久看到文宗起用李仲言的态度十分坚决,又畏惧李仲言一党势力强大,就中途改变了立场。

不久任命李仲言担任四门助教,给事中郑肃、韩佽封还敕书,打算驳回对李仲言的任命。李德裕离开中书省,王涯欺骗郑肃、韩佽说:"李德裕刚才留下话,让你们二位阁老不要驳回敕书。"二人当即将敕命下发。李德裕闻讯,大吃一惊说:"有关部门封还驳回敕书,难道应当秉承宰相的意图吗!"李仲言以及郑注都憎恨李德裕,由于李宗闵与李德裕关系不好,就引荐李宗闵来顶替李德裕。文宗于是任命李宗闵为宰相,而将李德裕外放为兴元节度使。这一天,文宗任命李仲言为侍读,给事中高铢、郑肃、韩佽、谏议大夫郭承嘏、中书舍人权璩等人极力反对,没有获得文宗同意。李仲言不久改名李训。

**有诏恢复进士考试中诗赋取士的制度。　任李德裕为兵部尚书。**

这是由于李德裕面见文宗,请求留在京城的缘故。

**十一月,成德节度使王庭凑去世,儿子王元逵自行主持留后事务。**

王元逵一改父亲的所作所为,侍奉朝廷非常谨慎小心。

**任命李德裕为镇海节度使。**

李宗闵进言说关于李德裕的任命已经下达,不应该为了他自己方便而更改,文宗又一次降诏委派李德裕出镇浙西。当时李德裕、李宗闵各有同党,互相间都支援自己一方,而排挤对方。文宗对此十分忧虑,每每叹息说:"除去河北的逆贼容易,除去朝廷的朋党太难。"

**任命王璠为尚书左丞。**

郑注十分感激王璠,李训也同王璠关系友善,郑、李二人共同举荐王璠任此官职。

乙卯（835） 九年

春正月，以王元逵为成德节度使。 浚曲江及昆明池。郑注言秦地有灾，宜兴役以禳之也。

三月，以史元忠为卢龙节度使。 夏四月，以李德裕为宾客分司。 以郑注守太仆卿，兼御史大夫。

注举李款自代，曰："加臣之罪，虽于理而无辜，在款之诚乃事君而尽节。"人皆哂之。


**路隋罢为镇海节度使。**

初，李德裕为浙西观察使，漳王傅母杜仲阳，坐宋申锡事放归金陵，诏德裕存处之。至是，王璠等奏德裕厚赂仲阳，阴结漳王，图为不轨。上怒甚，路隋曰："德裕不至此。果如所言，臣亦应得罪。"乃以德裕为宾客分司，而以隋代之，不得面辞而去。


**以贾𫗧同平章事。**

𫗧性褊躁轻率，与李德裕有隙，而善于宗闵、郑注，故上用之。

**贬李德裕为袁州长史。**

制以上初得疾，王涯呼德裕问起居，不至。又在蜀征逋悬钱，百姓愁困，贬之。


**五月，以仇士良为神策中尉。**

初，宋申锡获罪，宦官益横，上不能堪。李训、郑注揣知上意，数以微言劝上，上意其可与谋大事，遂密以诚告之。训、注遂以诛宦官为己任，二人言，无不从，声势烜赫。注多在禁中，或时休沐，宾客填门，赂遗山积。外人但

乙卯(835) 唐文宗大和九年

春正月,任命王元逵为成德节度使。 疏通曲江以及昆明池。

郑注说秦地发生灾害,应该大兴劳役来驱难消灾。

三月,任命史元忠为卢龙节度使。 夏四月,任命李德裕为太子宾客,分司东都。 任命郑注代理太仆卿,兼御史大夫。

郑注推举李款代替自己的职务,并说:"李款加在我头上的罪名,虽然从情理上看我实属无辜,然而对于李款的忠诚来说,是侍奉君主而竭尽臣节。"人们听说后都讥笑他。

**路隋被罢免为镇海节度使。**

当初,李德裕任浙西观察使时,漳王李凑的傅母杜仲阳,因受到宋申锡一案的牵连被逐回金陵,文宗下诏李德裕抚慰安置杜仲阳。到这时,王璠等人奏称李德裕重金贿赂杜仲阳,暗中勾结漳王李凑,图谋不轨。文宗十分恼怒,路隋说:"李德裕不至于此。如果真像王璠他们说的那样,我也应该获罪。"于是让李德裕担任太子宾客,分司东都,由路隋代替他镇海节度使的职务,不准他当面向文宗辞行,直接离开。

**任命贾𫗧为同平章事。**

贾𫗧心胸狭隘,性情急躁而又轻率,与李德裕有矛盾,而和李宗闵、郑注关系密切,所以文宗任用他。

**李德裕被贬为袁州长史。**

制书说,文宗刚生病时,王涯招呼李德裕前来问候病情,李德裕没去。又说李德裕在剑南西川征收拖欠的税钱,导致百姓愁苦困窘,因此加以贬谪。

**五月,任命仇士良为神策军中尉。**

当初,宋申锡蒙受罪名,宦官越发骄横,文宗不能忍受。李训、郑注猜透文宗的心思,多次委婉地劝说文宗,文宗觉得可以和他们二人计议大事,就秘密将自己的真实意图告诉二人。于是李训、郑注把诛除宦官为己任,他们两人的建言,文宗无不采纳,二人的声威权势显赫至极。郑注多数时间住在宫中,有时休假在家,来访的宾客堵在门前,贿赂馈赠的财物堆积如山。外人只

知训、注倚宦官作威福，不知其与上有密谋也。

上之立也，仇士良有功，王守澄抑之，由是有隙。训、注为上谋，进擢士良以分守澄之权。

**六月，贬李宗闵为明州刺史。秋七月，以李固言同平章事。**

京城讹言郑注为上合金丹，须小儿心肝，民间惊惶。郑注素恶京兆尹杨虞卿，与李训共构之，云此语出于虞卿家人。上怒，下虞卿狱。注求为两省官，李宗闵不许，注毁之于上。会宗闵救虞卿，上怒，叱出，贬之，虞卿亦贬虔州司马，而以李固言为相。

训、注为上画太平之策，以为当先除宦官，次复河湟，次清河北。开陈方略，如指诸掌。上以为信，宠任日隆，连逐三相，威震天下，于是平生丝恩发怨无不报者。

**贬李甘为封州司马。**

时人皆言郑注朝夕且为相，侍御史李甘扬言于朝曰："白麻出，我必坏之于庭。"故及于贬。然训亦忌注，不欲使为相，事竟寝。

**以郑注为翰林侍读学士，贬李珏为江州刺史。**

注好服鹿裘，以隐沦自处，上以师友待之。注之初得幸，上尝问翰林学士李珏曰："卿知有郑注乎？"对曰："臣岂不知，其人奸邪，陛下宠之，恐无益圣德。臣忝在近密，安敢与此人交通！"

至是，以注为工部尚书、翰林侍读学士，珏贬江州。

知道李训、郑注倚仗宦官作威作福，不知道他们和文宗有密谋。

文宗得以即位，仇士良有大功，王守澄压制他，由此两人产生了矛盾。李训、郑注为文宗谋划献计，提拔仇士良以分散王守澄的权力。

六月，李宗闵被贬为明州刺史。秋七月，任命李固言为同平章事。

京城谣传郑注为文宗配制金丹，须用小孩的心肝，百姓惊恐万状。郑注平素憎恨京兆尹杨虞卿，就与李训一同构陷他，说谣言出自杨虞卿家人之口。文宗大怒，将杨虞卿下狱治罪。郑注谋求在中书、门下两省当官，李宗闵不同意，郑注就在文宗面前诋毁李宗闵。正巧李宗闵在文宗面前营救杨虞卿，文宗大怒，将他呵斥出去，并贬谪了他，杨虞卿也被贬为虔州司马，而让李固言出任宰相。

李训、郑注为文宗谋划天下太平的计策，认为应当首先铲除宦官，其次收复河湟地区，再次肃清黄河以北的藩镇势力。二人开列治国计策，好像了如指掌。文宗认为真实可行，对二人的宠爱信任日甚一日，接连驱逐三个宰相，二人的威势震撼天下，于是对平时与自己有丝毫恩怨的人，他们无不予以报答或报复。

**李甘被贬为封州司马。**

当时人们都认为郑注不久将要出任宰相，侍御史李甘在朝廷扬言说："如果白麻诏书任命郑注为宰相，我一定当众把它撕了。"所以遭到贬黜。然而李训也忌讳郑注，不想让他当宰相，最后这事就不了了之。

**任命郑注为翰林院侍读学士，贬李珏为江州刺史。**

郑注好穿鹿皮衣，以隐士自居，文宗把他当作师友看待。郑注刚得宠时，文宗曾问翰林学士李珏说："你听说过郑注这个人吗？"李珏回答说："我怎么不知道，这个人奸诈邪佞，宠信他，恐怕对陛下的美德没有好处。我愧居在陛下身边供职的职务，怎敢与这种人来往！"

到这时，以郑注为工部尚书、翰林侍读学士，李珏被贬江州。

时注、训所恶，皆目为二李之党，贬逐无虚日，班列殆空。

**改江淮、岭南茶法，增其税。**

从王涯之请也。

**陈弘志伏诛。**

时弘志为兴元监军，李训为上谋讨元和之乱，召之至青泥驿，封杖杀之。

**李固言罢为山南西道节度使，以郑注为凤翔节度使。**

初，注求镇凤翔，固言不可。乃出固言镇兴元，而以注为凤翔帅。李训虽因注得进，及势位俱盛，心颇忌注，托以中外协势以诛宦官，故出注于凤翔，其实俟既诛宦官，并图注也。注请礼部员外郎韦温为副使，温不可。或曰："拒之必为患。"温曰："择祸莫若轻。拒之止于远贬，从之有不测之祸。"卒辞之。

**以王守澄为神策观军容使。**

训、注为上谋，以虚名尊守澄，实夺之权。

**以舒元舆、李训同平章事。**

元舆为中丞，凡训、注所恶者则为之弹击，由是得为相。上惩二李朋党，以贾𫗧及元舆皆孤寒新进，故擢为相，庶其无党。训起流人，期年致位宰相，天子倾意任之，天下事皆决于训，王涯辈承顺其风指，惟恐不逮。

**冬十月，以王涯兼榷茶使。**

当时凡是郑注、李训憎恶的人，都被视为李德裕、李宗闵的党羽，每天都有人被贬谪驱逐，百官上朝的行列几乎为之一空。

**更改江淮、岭南一带茶税征收办法，增加茶税。**

这是采纳王涯的建议。

**陈弘志伏法被诛。**

当时陈弘志担任兴元监军，李训为文宗献计诛讨元和年间弑杀宪宗的逆乱之人，将陈弘志召回京城，陈弘志走到青泥驿时，文宗命人携带刑杖，将他打死。

**李固言被罢免为山南西道节度使，任命郑注为凤翔节度使。**

当初，郑注要求出任凤翔节度使，李固言不同意。于是文宗让李固言出任兴元军节度使，让郑注担任凤翔主帅。李训虽然通过郑注得以进用，等到权势地位都隆盛起来之后，对郑注颇为妒忌，借口朝廷内外合力诛除宦官，所以让郑注出任凤翔节度使，其实想等诛除宦官后，接着谋算郑注。郑注请礼部员外郎韦温出任节度副使，韦温没有答应。有人说："你拒绝郑注，必然给自己招来祸患。"韦温说："选择灾祸不如选择危害小的。拒绝他的灾祸不过是被贬到边远的地方去，追随他将有无法预料的灾祸。"最终还是拒绝了。

**任命王守澄为神策观军容使。**

李训、郑注为文宗谋划，用虚名衔推重王守澄，实际要削夺他的实权。

**任命舒元舆、李训为同平章事。**

舒元舆担任御史中丞，凡是李训、郑注所忌恨的人，就替他们弹劾抨击，由此得以升为宰相。文宗有鉴于李德裕、李宗闵朋党勾结的事实，考虑到贾𫗧以及舒元舆都出身寒微，又是新近才得到任用，所以权且让他们充任宰相，估计他们或许没有朋党。李训由流放的罪人起家，只一年时间就当了宰相，文宗全心全意地任用他，国家政事全由李训一人决断，王涯之流完全按着他的意图行事，唯恐做得不周全。

**冬十月，王涯兼任榷茶使。**

郑注每自负经济之略，上问以富人之术，注无以对，乃请榷茶，人甚苦之。

**杀王守澄。**

训、注请除守澄，遣中使就第赐鸩杀之。训、注本因守澄以进，卒谋而杀之。人皆快守澄之受佞，而疾训、注之阴狡，于是元和之逆党略尽矣。

**加裴度兼中书令。**

李训所奖拔，率皆狂险之士，然亦时取天下重望以顺人心。如裴度、令狐楚、郑覃，皆累朝耆俊，久在散地，训皆引居崇秩。由是士大夫亦有望其真能致太平者，不惟天子惑之也。然识者见其横甚，知将败矣。

**十一月，李训、舒元舆、郑注等谋诛宦官，不克。以郑覃、李石同平章事。仇士良杀训、注、元舆及王涯、贾𫗧等。**

始，郑注与李训谋，至镇选壮士数百为亲兵，奏请入护王守澄葬，仍请令内臣尽集送之，因令亲兵杀之，使无遗类。约既定，训与其党谋：“如此事成，则注专有其功。”乃以郭行余镇邠宁，王璠镇河东，使多募壮士为部曲，以罗立言知京兆府事，韩约为金吾卫大将军，及与御史中丞李孝本谋并注去之。宰相惟舒元舆与其谋，他人莫知也。

及是日，上御紫宸殿，百官班定，韩约奏：“左金吾听事后石榴夜有甘露。”因蹈舞再拜，宰相亦帅百官称贺。训、元舆劝上往观以承天贶，上许之，先命宰相视之。训还奏：

郑注每每自负有经国济民的谋略,文宗向他询问使百姓致富的办法,郑注无言以对,竟然请求征收茶税,百姓因此不胜其苦。

**诛杀王守澄。**

李训、郑注请求诛除王守澄,文宗派宦官到王守澄的府邸,赐予毒酒,杀死了他。李训、郑注本来凭借王守澄的势力得到进用,最终二人竟密谋杀了王守澄。人们都为王守澄受到佞人算计而感到痛快,同时痛恨李训、郑注的阴险狡诈,至此宪宗元和年间的逆党被大致铲除。

**加封裴度兼任中书令。**

李训奖励提拔的人,大都是狂妄凶险之人,然而有时也任用一些在朝中很有威望的人以顺应人心。例如裴度、令狐楚、郑覃,都是几朝元老,长期官居散职,李训都举荐他们官居高位。由此士大夫也有人希望李训真能使国家太平,不仅仅是文宗受到他的迷惑。然而有识之士见他骄横已极,知道他终将垮台。

**十一月,李训、舒元舆与郑注等人图谋诛除宦官,没有成功。任命郑覃、李石为同平章事。仇士良杀死李训、郑注、舒元舆以及王涯、贾𫗧等人。**

起初,郑注与李训谋划,到凤翔就任后,挑选几百名壮士作为亲兵,奏请进京护卫王守澄的葬礼,还请求命令宦官全部集合起来,为王守澄送葬,趁机让亲兵诛杀宦官,一个不剩。两人约定后,李训与同党密谋说:"如果事情这么办成了,郑注就会独占其功。"便命令郭行余镇守邠宁,王璠镇守河东,让他们大量招募壮士作为士卒,并命罗立言主持京兆府事务,韩约担任金吾卫大将军,李训又与御史中丞李孝本密谋连同郑注一起铲除。宰相当中只有舒元舆参与密谋,其他人一无所知。

到了这一天,文宗驾临紫宸殿,文武百官的班列已经排好,韩约奏称:"左金吾衙门后院的石榴树上夜里降下甘露。"并向文宗行蹈舞之礼表示敬贺,接着又拜了两拜,宰相也率领百官向文宗祝贺。李训、舒元舆劝文宗前去观看,以承受上天赠予的祥瑞,文宗同意了,首先命令宰相前去观看。李训回来禀奏说:

"非真,未可宣布。"上顾仇士良帅诸宦者往视之。宦者既去,训召行余、璠受敕,璠股栗不敢前,独行余拜殿下。时二人部曲数百,皆执兵立丹凤门外,训召之入。

士良等至,韩约变色流汗,士良怪之。俄风吹幕起,执兵者盛众,士良等惊走,诣上告变。训呼:"金吾卫士上殿,卫乘舆者,人赏钱百缗。"宦者即举软舆迎上,决殿后罘罳,疾趋北出。罗立言帅京兆逻卒三百,李孝本帅御史台从人二百,皆登殿纵击宦官,死伤者十余人。训知事不济,脱从吏绿衫衣之,走马而出,王涯、贾𫗧、舒元舆还中书。士良等知上豫其谋,怨愤,出不逊语,上惭惧不复言。

士良等命左、右神策兵五百人露刃出讨贼,杀金吾吏卒千六百余人,诸司吏卒及民酤贩在中者皆死,又千余人。擒舒元舆、王涯、王璠、罗立言等,皆系两军。涯年七十余,不胜苦,自诬服与李训等谋行大逆。禁兵及坊市恶少年乘势剽掠,尘埃蔽天。

明日百官入朝,上御紫宸殿,问:"宰相何为不来?"仇士良曰:"王涯等谋反系狱。"因以涯手状呈上。上召左、右仆射令狐楚、郑覃示之,悲愤不自胜,谓曰:"是涯手书乎?"对曰:"是也。"命楚、覃参决机务,使楚草制宣告中外。楚

"不是真的甘露,不可以向全国宣布。"文宗回头用眼神命仇士良率领众宦官前去观看。宦官走后,李训招呼郭行余、王璠前来领受敕命,王璠腿吓得发抖不敢上前,只有郭行余在殿前下拜。当时郭行余、王璠手下的士卒有几百人,全都手执兵器站在丹凤门外,李训将这些士卒召进宫中。

　　仇士良等人来到左金吾衙门后院,韩约紧张得变了脸色,汗水直淌,仇士良见了感到很奇怪。一会儿,院中帐幕随风掀起,暴露出许多手执兵器的士兵,仇士良等人大吃一惊,急忙跑到文宗那里禀报说发生了兵变。李训招呼说:"金吾卫士上殿,护卫皇上车驾的人,每人赏钱一百缗。"宦官立即抬起软轿迎接文宗上轿,撞破宫殿后面拦挡燕雀的丝网,从北面急速奔出。罗立言率领京兆府的巡逻士卒三百人,李孝本率领御史台的随从二百人,都登上宫殿大肆击杀宦官,打死打伤十多个人。李训知道事情无法补救,就将随从官吏的绿色官服脱下,穿在自己身上,飞马奔驰而去,王涯、贾餗、舒元舆回到中书省。仇士良等人发觉文宗参与了这次铲除宦官的密谋,怨恨愤怒,出言不逊,文宗既惭愧又畏惧,不敢再说话。

　　仇士良等人命令左、右神策军五百人亮出兵器出殿讨伐乱贼,杀死金吾卫官吏士兵一千六百余人,各部门的官吏士兵以及夹在其中的民间卖酒小贩全部被杀,又有一千多人。舒元舆、王涯、王璠、罗立言等人被擒,全被关押在左、右神策军中。王涯已年逾七十,不堪忍受痛苦,平白无故地承认自己与李训等人密谋大逆。禁军士兵以及街市上的顽劣少年乘机大肆剽窃掠夺,整个京城乌烟瘴气。

　　第二天百官上朝,文宗驾临紫宸殿,问道:"宰相为什么不来上朝?"仇士良说:"王涯等人谋反,已被关押在狱中。"于是把王涯手书的供词呈递上来。文宗召左、右仆射令狐楚、郑覃上前,让他们看王涯的供词,悲愤不能自已,对他们说:"是王涯的手迹吗?"回答说:"是的。"文宗命令狐楚、郑覃参与决断机要事务,让令狐楚草拟制书向朝廷内外宣告这一事件。令狐楚

叙涯等反事浮泛，仇士良等不悦，由是不得为相，而以郑覃、李石同平章事。擒获贾𫗧、李孝本，李训为人所杀，传其首。左、右神策出兵，以训首引涯、璠、立言、𫗧、元舆、孝本献于庙社，徇于两市，命百官临视，腰斩于独柳之下，亲属皆死，孩稚无遗。百姓怨涯榷茶，或诟骂，或投瓦石击之。数日之间，杀生除拜，皆决于中尉，上不豫知也。

郑注将亲兵至扶风，知训已败，复还凤翔，监军伏甲斩之，灭其家，僚属皆死。右军获韩约，斩之。士良等进阶迁官有差。自是天下事皆决于北司，宰相行文书而已。宦官自是气益盛，迫胁天子，下视宰相，陵暴朝士如草芥。每延英议事，士良等动引训、注折宰相，郑覃、李石曰："训、注诚为乱首，但不知训、注始因何人得进？"宦者稍屈，搢绅赖之。

时中书惟有空垣破屋，百物皆阙。江西、湖南献衣粮百二十分，充宰相召募。李石上言："宰相若忠正无邪，神灵所祐，纵遇盗贼，亦不能伤。若内怀奸罔，虽兵卫甚设，鬼得而诛之。愿止循故事，以金吾卒导从。两道所献，并乞停寝。"从之。

**十二月**，诏罢榷茶。
从令狐楚之请也。
**召六道巡边使还京师。**

在制书中叙述王涯等人谋反的事，讲得很浮泛，仇士良等人很不高兴，因此令狐楚没有被提为宰相，而任命郑覃、李石为同平章事。贾𫗧、李孝本都被擒获，李训被人杀掉，首级传送京城。左、右神策军出兵，以李训的首级为前导，紧跟着押出王涯、王璠、罗立言、贾𫗧、舒元舆、李孝本等人，用他们献祭太庙、太社，然后在东、西两市示众，命百官前来观看，在独柳树下将这些人全部腰斩，他们的亲属也全被杀死，连幼小的孩子也没留下。老百姓怨恨王涯征收茶税，有的辱骂他，有的用瓦片石块打他。几天之间，生杀予夺及任命官吏，全都取决于左、右神策军中尉，文宗不能预先知道。

郑注率领军队来到扶风，知道李训已经失败，又返回凤翔，监军预先埋伏好甲士杀死郑注，诛灭他的家族，僚属都被杀死了。右神策军抓住韩约，将他斩首。仇士良等人进阶升官大小不等。自此以后国家大事全都取决于北司，宰相不过奉命下达文书罢了。宦官从此以后益发盛气凌人，逼迫威胁皇帝，轻视宰相，凌辱强暴百官视同草芥一样。每次在延英殿商议政事，仇士良等人动不动就提起李训、郑注贬抑宰相的事，郑覃、李石说："李训、郑注确实是祸乱之首，只是不知道李训、郑注开始时是通过什么人得以进用的？"宦官稍稍感到理屈，朝中士大夫都依赖郑覃、李石。

当时中书省只有空旷的围墙和残破的屋子，什么都缺乏。江西、湖南两地进献够一百二十人用的衣服、粮食，充作宰相召募侍卫之用。李石上疏说："宰相如果忠诚正直不邪恶，就会受到神灵的保佑，纵然遇上盗贼，也不会受到伤害。如果内心奸诈欺罔，即使警卫密布，也会被鬼捉去杀死。希望停止以往的惯例，用金吾卫士卒作导引随从。江西、湖南两道进献衣粮，请予停办。"文宗采纳了他的意见。

**十二月，文宗下诏停止征收茶税。**

这是采纳令狐楚的请求。

**六道巡边使被召回京城。**

初，王守澄恶宦者田全操等六人，李训、郑注因遣分诣盐、灵等道巡边，诏六道使杀之。会训败，六道得诏，皆废不行，至是召之。

全操等追忿训、注之谋，在道扬言："我入城，凡儒服者尽杀之。"乘驿疾驱而入，京城讹言寇至，民惊走，诸司奔散。郑覃、李石在中书，覃谓石曰："耳目颇异，宜出避之。"石曰："宰相位尊望重，人心所属，不可轻也。今事虚实未可知，坚坐镇之，庶几可定。若宰相亦走，则中外乱矣。且果有祸乱，避亦不免。"覃然之。石坐视文案，沛然自若。敕使传呼"闭皇城诸司门"，左金吾卫大将军陈君赏曰："贼至闭门未晚，请徐观其变，不宜示弱。"至晡乃定。是日，坊市恶少年皆望皇城闭，即欲剽掠，非石与君赏镇之，京城几再乱矣。

## 以薛元赏为京兆尹。

时禁军暴横，京兆尹张仲方不敢诘，以薛元赏代之。元赏尝诣李石第，闻石方坐听事，与一人争辩甚喧，元赏使觇之，云有神策军将诉事。元赏趋入责石曰："相公纪纲四海，不能制一军将，使无礼如此，何以镇服四夷？"即命左右擒出。士良召之，元赏曰："属有公事，行当至矣。"乃杖杀之，而白服以见士良，曰："中尉、宰相皆大臣也，宰相之人若无礼于中尉，如之何？中尉之人无礼于宰相，庸可恕乎？中尉与国同体，为国惜法。元赏已囚服而来，惟中尉

当初，王守澄恨宦官田全操等六人，李训、郑注就势打发人分别到盐州、灵武等道去巡视边关，并下诏命六道长官杀掉这六人。正值李训垮台，六道得到诏令，全都搁在一边，没有执行，到这时朝廷召六人回京。

田全操等人对李训、郑注的阴谋愤恨不已，在路上扬言说："我一进城，见到凡是穿儒生衣服的人都要杀掉。"他们乘驿马飞奔入城，京城谣传盗寇来了，百姓惊惶奔逃，各衙门的官员也一哄而散。郑覃、李石正在中书省办公，郑覃对李石说："我看情况很反常，应该出去躲避一下。"李石说："宰相地位尊贵，威望极高，可以维系人心，不能轻举妄动。现在事情的真假还未搞清，我们坐着不动，稳住局面，事情或许可以平息。如果宰相也逃走，朝廷内外就乱作一团了。况且，真有祸乱的话，逃避也无法幸免。"郑覃觉得言之有理。李石坐在那里批阅公文，精神饱满，态度自若。命使者下达命令："关闭皇城各衙门的大门！"左金吾卫大将军陈君赏说："贼寇到了再关城门不晚，请慢慢观察事态的变化，不应示弱。"直到黄昏时分，骚乱才平息下来。这一天，长安的市井恶少都指望皇城门一旦关闭，就要大肆剽窃抢劫，若不是李石和陈君赏稳住阵脚，京城几乎再度陷入混乱。

**任命薛元赏为京兆尹。**

当时，禁军暴虐横行，京兆尹张仲方不敢责问，于是让薛元赏接替他的职务。薛元赏有一次去李石的府邸，听见李石正坐在厅堂上和一个人大声争吵辩论，薛元赏让人上前探看，回报说有个神策军的军将在陈诉事情。薛元赏快步闯入厅中责备李石说："您治理天下，竟不能制服一个军将，让他这么无礼，怎能慑服周边的戎夷呢？"马上命令手下的人将军将抓起来带出厅堂。仇士良让人召薛元赏前来，薛元赏说："正好有点公事，我这就去。"就命人将那个军将用棍棒打死，然后穿了素色的衣服来见仇士良，说："中尉和宰相都是朝中大臣，宰相手下的人如果冒犯您，将如何处治？您手下的人冒犯宰相，怎可宽恕？中尉与国家一体，应为国家看重法律。如今我已经穿了囚服来见您，全凭你

死生之。"士良无可如何,乃呼酒与元赏欢饮而罢。

丙辰(836)　开成元年
**春二月,加刘从谏检校司徒。**

昭义节度使刘从谏上表请王涯等罪名,且言:"涯等荷国荣宠,安肯构逆! 训等实欲讨除内臣,两中尉遂诬以反逆。若其实有异图,亦当委之有司,正其刑典。岂有内臣擅领甲兵,恣行剽劫,延及士庶,横被杀伤! 臣欲身诣阙庭,面陈臧否,恐并陷孥戮,事亦无成。谨当修饰封疆,训练士卒,如奸臣难制,誓以死清君侧。"士良等惧,乃加从谏检校司徒。

从谏复表让曰:"臣之所陈,系国大体。可听则涯等宜蒙湔洗,不可听则赏典不宜妄加,安有死冤不申而生者荷禄!"因暴扬仇士良等罪恶,士良等惮之。由是郑覃、李石粗能秉政,天子倚之,亦差以自强。

**诏京兆收葬王涯等。**

令狐楚从容奏:"王涯等身死族灭,遗骸弃捐,请收瘗之。"上惨然久之,命京兆收葬涯等十一人。仇士良潜使人发之,弃骨渭水。

**夏四月,以李固言同平章事。**

固言荐崔球为起居舍人,郑覃以为不可。上曰:"公事莫相违。"覃曰:"若宰相尽同,则事必有欺陛下者矣。"

上与宰相语,患四方表奏华而不典,李石对曰:"古人因事为文,今人以文害事。"

裁断生死。"仇士良无可奈何,就命人上酒,与薛元赏畅饮作罢。

### 丙辰(836) 唐文宗开成元年

**春二月,加封刘从谏检校司徒的头衔。**

昭义节度使刘从谏上表请问王涯等人的罪名,并说:"王涯等人身负执掌国柄的荣耀恩宠,怎能制造逆乱!李训等人实际想诛讨剪除宦官,左、右神策军中尉就用谋反叛逆的罪名诬陷他们。如果他们确实图谋不轨,也应该交付有关部门,按照国家法律予以制裁。哪能让宦官擅自率领武士,大肆抢劫,殃及士绅百姓,使人横遭杀伤!我本想亲自到朝廷当面陈述看法,又担心自己和家人一起被杀,于事无补。我当加强边界防御,训练士卒,如果朝中奸臣难以制服,我誓死肃清皇帝左右的逆党。"仇士良等人十分恐惧,就加封刘从谏为检校司徒。

刘从谏又上表辞让说:"我陈述的事情,关系国家的大局。如果朝廷认为可以采纳,王涯等人就应该得到洗雪;不予采纳,就不应该随便给我以赏赐的恩典。哪有冤死的不给洗雪,而活着的人加官进爵的道理!"他趁机极力暴露仇士良等人的罪恶,仇士良等人很畏惧他。由此郑覃、李石勉强能够秉持朝政,文宗倚仗刘从谏的支持,也大致可以自作主张。

**文宗下诏令京兆府收敛安葬王涯等人。**

令狐楚从容上奏说:"王涯等人身死族灭,尸骸被丢弃,请将他们的尸体收敛掩埋。"文宗神色惨然良久,命京兆府收敛安葬王涯等十一人。仇士良暗中派人掘开坟墓,将尸骨扔入渭水。

**夏四月,任命李固言为同平章事。**

李固言举荐崔球担任起居舍人,郑覃认为不行。文宗说:"不要在公事上互相对立。"郑覃说:"如果宰相对什么事都意见一致,必然会有欺瞒陛下的事。"

文宗与宰相交谈,对各地所陈表奏文辞华丽却有失准则感到忧虑,李石回答说:"古人为陈述事情才作文章,现在的人是以文章损害所要陈述的事情。"

上与宰相论诗,覃曰:"诗之工者,无若三百篇,皆国人作之,以刺美时政,王者采之以观风俗耳,不闻王者为诗也。陈后主、隋炀帝皆工于诗,不免亡国,陛下何取焉?"覃笃于经术,上甚重之。

上尝欲置诗学士,李珏曰:"诗人浮薄,无益于理。"乃止。

上谓宰相曰:"荐人勿问亲疏。朕闻窦易直为相,未尝用亲故。若亲故果才,避嫌而弃之,是亦不为至公也。"

**闰月,以李听为河中节度使。**
上尝叹曰:"付之兵不疑,置之散地不怨,惟听为可以然。"

**秋七月,以魏谟为补阙。**
李孝本二女配没右军,上取之入宫。拾遗魏谟上疏曰:"窃闻数月以来,教坊选试以百数,庄宅收市犹未已。又召李孝本女,不避宗姓,大兴物论,臣窃惜之。"上即出之,擢谟为补阙,谓曰:"朕选市女子,以赐诸王耳。怜孝本女孤露,故收养宫中。谟于疑似之间,皆能尽言,可谓爱我,不忝厥祖矣。"命中书优为制辞以赏之。谟,徵之五世孙也。

后为起居舍人,上就取记注观之,谟不可,曰:"记注兼书善恶,所以儆戒人君。陛下但力为善,不必观史。"上曰:"朕向尝观之。"对曰:"此向日史官之罪也。若陛下自观史,则史官必有所讳避,何以取信于后?"上乃止。又尝命

文宗和宰相谈论诗歌,郑覃说:"诗写得最好的,没有超过《诗经》三百篇的了,都是国人写的,用来讥刺或赞美当时的政治,君主采集它们来了解风俗民情,没有听说君主作诗的。陈后主、隋炀帝都擅长作诗,但都免不了亡国之祸,陛下为什么要取法于他们呢?"郑覃对儒家经术深有造诣,文宗非常器重他。

文宗曾打算设置诗学士,李珏说:"诗人浮薄,无益于治国。"文宗就放弃了这一想法。

文宗对宰相说:"举荐贤才不要考虑亲疏远近。我听说窦易直当宰相时,从未任用亲朋故旧。如果亲朋故旧果然贤能,为了避嫌就弃之不用,这也不算很公正。"

**闰月,任命李听为河中节度使。**

文宗曾经感叹说:"交给他兵权而不用怀疑,把他放到闲散的位置上而没有怨言,只有李听能够这样。"

**秋七月,任命魏谟为补阙。**

李孝本的两个女儿被发配到右神策军中为奴,文宗将她们接到宫中。拾遗魏谟上疏说:"我私下听说几个月以来,经教坊挑选考试擅长乐舞的宫女在百人左右,而庄宅使仍在继续物色人选。现在又把李孝本的女儿召入宫中,也不避讳同宗同姓,弄得议论纷纷,我为陛下深感痛惜。"文宗立即放李孝本的女儿出宫,擢升魏谟为补阙,并说:"我挑选宫女,是为了赐予诸王。我怜惜李孝本的女儿失去父亲,所以把她们收养在宫中。不管事情是不是这样,魏谟都能竭尽忠诚,可见他对我的爱护,也无愧他的祖先。"文宗命令中书省起草褒奖的制书,用来奖赏魏谟。魏谟,是魏徵的五世孙。

后来魏谟当了起居舍人,文宗到他那里取起居注看,魏谟不同意,说:"起居注上善恶都写,是为了警戒君主。陛下只应努力向善,不必翻看史书。"文宗说:"我先前曾看过。"魏谟回答说:"这是前任史官的过失。如果陛下亲自看起居注,史官书写时就一定有所避讳,怎么能取信于后世?"文宗这才作罢。文宗又曾命

谟献其祖文贞公笏,郑覃曰:"在人不在笏。"上曰:"亦甘棠之比也。"

**复宋申锡官爵。**

李石为上言宋申锡忠直被诬,未蒙昭雪。上流涕曰:"兹事朕久知其误,当时被奸人所逼,兄弟几不能保,申锡仅全腰领耳。此皆朕之不明,向使遇汉昭帝,必无此冤矣。"郑覃、李固言亦以为言,上深惭恨,乃复其官爵。

**冬十月,贬韩益为梧州司户。**

李石用金部员外郎韩益判度支,而益坐赃三千余缗,系狱。石按之曰:"臣始以益颇晓钱谷,故用之,不知其贪乃如是。"上曰:"宰相但知人则用,有过则惩,如此则人易得。卿所用人,不掩其恶,可谓至公。从前宰相用人,好曲蔽其过,不欲人弹劾,此大病也。"乃贬益官。

**十二月,以卢钧为岭南节度使。**

李石言于上曰:"卢钧除岭南,朝士皆相贺。以为岭南富饶,近岁皆厚赂北司而得之,今北司不挠朝权,陛下宜有以褒之,庶几内外奉法,此致理之本也。"上从之。钧至镇,以清惠著名。

丁巳(837) 二年
**春三月,彗星出。**

彗星出于张,长八丈。诏撤乐减膳,以一日之膳,分充十日。

**夏四月,以柳公权为谏议大夫。**

魏谟进献他的先祖文贞公魏徵的笏板,郑覃说:"在人不在笏板。"文宗说:"周人思念召公而爱惜他栽种的甘棠,我也是这个意思。"

**恢复宋申锡的官职爵号。**

李石在文宗面前申诉宋申锡忠诚正直,被诬陷致死,还没有得到昭雪。文宗流泪说:"我早就知道这事处理错了,当时受奸邪小人的逼迫,手足兄弟几乎不能保全,宋申锡仅仅没有身首异处。这都是我昏庸不明,假使遇上汉昭帝,必然不会蒙此冤屈!"郑覃、李固言也为宋申锡鸣冤,文宗深感惭愧遗憾,于是恢复宋申锡的官职爵号。

**冬十月,韩益被贬为梧州司户。**

李石任用金部员外郎韩益判度支,韩益贪污三千多缗钱,获罪下狱。李石审查讯问此案后说:"开始我认为韩益很精通钱粮,所以任用他,没想到他竟贪赃到如此地步。"文宗说:"宰相只需发现人才就任用,发现过错就惩处,这样做才容易得到人才。你任用人,不掩盖他的罪过,可称得上大公无私。以前的宰相用人,喜欢掩盖自己任用的人的过失,不想受别人的弹劾,这是一大弊病。"于是贬了韩益的官职。

**十二月,任命卢钧为岭南节度使。**

李石对文宗说:"卢钧授职岭南,朝中百官都互相庆贺。他们认为岭南富饶,近年来到此做官的人,都是重金贿赂北司当权宦官,才如愿以偿的。如今北司不再阻挠朝政,陛下应该对他们予以褒奖,也许可以使宦官、朝官都遵纪守法,这是达到政治修明的根本。"文宗采纳了他的建议。卢钧到任后,以清廉仁惠闻名。

丁巳(837) 唐文宗开成二年

**春三月,彗星出现。**

彗星出现在张宿星座,有八丈多长。文宗下诏撤减乐舞减少膳食,将一天的膳食量,分作十天食用。

**夏四月,任命柳公权为谏议大夫。**

上对中书舍人柳公权等于便殿，上举衫袖示之曰："此衣已三浣矣。"众皆美上之俭德，公权独无言。上问其故，对曰："陛下贵为天子，富有四海，当进贤退不肖，纳谏诤，明赏罚，乃可以致雍熙。服浣濯之衣，乃末节耳。"上曰："朕知舍人不应复为谏议，以卿有诤臣风采，须屈卿为之。"故有是命。

以陈夷行同平章事。　六月，河阳军乱，逐其节度使李泳。

泳，长安市人，寓籍禁军，以赂得方镇。所至贪残，其下不堪命，故乱作。

秋七月，太子侍读韦温罢。

温晨诣东宫，日中乃得见，因谏曰："太子当鸡鸣而起，问安视膳，不宜专事宴安。"太子不能用其言，温乃辞侍读。

冬十月，国子监石经成。　李固言罢。

文宗在便殿向中书舍人柳公权等人问话,文宗举起衣袖给这些人看,并说:"这件衣服已经洗过三次了。"当时在场官员都赞美文宗节俭的美德,只有柳公权没有说话。文宗问他什么缘故,柳公权回答说:"陛下贵为天子,拥有四海,应该进用贤才退黜不肖之徒,接纳直言规劝,严明赏罚,才能使天下和乐。穿洗过的衣裳,不过是细枝末节之事。"文宗说:"我知道中书舍人不应该再做谏议大夫,因为考虑到你具有诤臣的风度,仍须委屈你担任谏官。"所以有了这项任命。

**任命陈夷行为同平章事。** **六月**,河阳军发生骚乱,驱逐该镇节度使李泳。

李泳,是长安市肆中的商人,挂名在禁军,靠贿赂得以出任河阳节度使。所到之处贪婪残暴,下属无法忍受他的驱使,所以骚乱发生了。

**秋七月**,太子侍读韦温罢职。

韦温早晨到太子东宫,直到中午才能见到太子,于是规谏太子说:"太子应当鸡鸣即起,给皇上请安查看皇上的膳食,不应该只顾自己安乐。"太子没有采纳他的意见,韦温就辞去侍读的职务。

**冬十月**,国子监刻成石经。 **李固言罢相。**

# 资治通鉴纲目卷五十

起戊午（838）唐文宗开成三年，尽丁亥（867）唐懿宗咸通八年。凡三十年。

戊午（838） 三年

**春正月，盗射伤李石。**

李石入朝，有盗射之，微伤，马惊驰归。又有盗邀击于坊门，断其马尾，仅而得免。上大惊，敕中外捕盗甚急，竟无所获。

**以杨嗣复、李珏同平章事，李石罢为荆南节度使。**

上自甘露之变，意忽忽不乐，两军球鞠之会什减六七，或徘徊眺望，或独语叹息。尝谓宰相曰："朕每读书，耻为凡主，然与卿等论天下事，则不免愁。"李石曰："为理不可以速成。今内外小人尚多疑阻，愿陛下更以宽御之。彼有公清奉法如刘弘逸、薛季稜者，陛下亦宜褒赏以劝为善。"上曰："我与卿等论天下事，有势未得行者，退但饮醇酒求醉耳。"石承甘露之乱，人情危惧，宦官恣横，忘身徇国，故纪纲粗立。仇士良深恶之，潜遣盗杀之，不果。石惧，辞位。上深知其故而无如之何，从之。

**戊午**（838） 唐文宗开成三年

春正月，强盗用弓箭射伤宰相李石。

李石上朝时，有强盗用弓箭向他射击，受了轻伤，李石的马受惊后跑回他的住宅。又有强盗在街坊门口进行阻击，斩断了马的尾巴，李石幸免于难。唐文宗得知后非常震惊，颁布敕令，命朝廷内外派人加紧捉捕强盗，最后竟一无所获。

唐文宗任命杨嗣复、李珏为同平章事，李石被罢免为荆南节度使。

唐文宗李昂自甘露之变以后，心情经常闷闷不乐，两军的球鞠之会减去十分之六七，有时在宫廷中来回踱步向远处眺望，有时独自一人唉声叹气。曾经对宰相说："朕每当读书时总以做平凡的君主为耻，然而与你们谈论国家大事时，心里总不免犯愁。"李石说："致力于政治修明，不可以急于求成。如今朝廷内外小人尚多疑惑与隔阂，希望陛下更要以宽厚对待他们。对那些像刘弘逸、薛季稜一样公正清廉奉公守法的人，陛下也应当褒奖赏赐他们，来劝勉别人做好事。"唐文宗说："我与你们谈论国家大事，有时由于形势不能实行时，我就退朝只管饮酒，求得心灵麻醉。"李石自甘露之乱后，人心恐惧不安，宦官恣意骄横，为国家忘我操劳，因此国家法制初步恢复正常。仇士良十分痛恨李石，便暗地派刺客谋杀他，没有达到目的。李石心里非常恐惧，上表请求辞职。唐文宗深知李石辞职的原因，但也无可奈何，便同意了李石的请求。

**以李宗闵为杭州刺史。**

杨嗣复欲援进李宗闵，恐为郑覃所沮，乃先令宦官讽上。上以语宰相，覃果对曰："陛下若怜宗闵，只可量移。若欲用之，臣请避位。"陈夷行亦曰："宗闵纤人，向以朋党乱政，陛下奈何爱之？"杨嗣复曰："事贵得中。"因与嗣复互相诋讦以为党。上曰："与一州无伤。"覃等退。上谓魏谟曰："宰相喧争如此，可乎？"对曰："诚为不可，然覃等尽忠愤激，不自觉耳。"李固言与嗣复、李珏善，故引居大政以排郑覃、陈夷行。每议政之际，是非锋起，上不能决也。

**夏五月**，禁诸道言祥瑞。

大和之末，杜悰镇凤翔，时有诏沙汰僧尼。会有五色云见于岐山，近法门寺，民间讹言佛骨降祥，以僧尼不安之故。监军欲奏之，悰曰："云物变色，何常之有？"未几，获白兔，监军又欲奏。悰曰："野兽未驯，且宜畜之。"旬日而毙，监军不悦，画图献之。及郑注代悰，奏紫云见，又献白雉，是岁，遂有甘露之变。

及悰判度支，河中奏驺虞见，百官称贺。上谓悰曰："李训、郑注皆因瑞以售其乱，乃知瑞物非国之庆。卿在凤翔不奏白兔，真先觉也。"对曰："昔河出图，伏羲以画八卦；洛出书，大禹以叙九畴；皆有益于人，故足尚也。至于禽兽

**任命李宗闵为杭州刺史。**

杨嗣复想向朝廷推荐李宗闵，但担心被郑覃所阻挠，就先让宦官向唐文宗暗示此意。唐文宗就此事征询宰相意见，郑覃果然回答说："陛下如果怜悯李宗闵，只可以酌情改任官职。如果想重用他，我请求辞职。"陈夷行也说："李宗闵是卑鄙小人，以往以朋党扰乱朝政，陛下为什么喜爱他呢？"杨嗣复说："处理事情贵在公道。"于是郑覃、陈夷行与杨嗣复互相诋毁攻击对方为朋党。唐文宗说："授予李宗闵一个州刺史没有多大伤害吧。"郑覃等人退下。唐文宗对魏谟说："宰相之间如此喧哗争论，可以吗？"魏谟回答说："这样下去诚然不行，然而郑覃等人是对陛下竭尽孝忠而态度激愤，不自觉这样了。"李固言与杨嗣复、李珏关系好，所以引荐二人为宰相，以便排挤郑覃、陈夷行。朝廷每次商议朝政大事时，双方便争论不休，是非竞起，唐文宗不能决断。

**夏五月，朝廷禁止各道上奏祥瑞之事。**

大和末年，杜悰镇守凤翔，当时朝廷曾下诏令各地淘汰寺院僧尼。适逢当时在岐山天空上出现五色彩云，靠近法门寺附近，民间谣传佛骨降祥，这是僧尼恐惧不安的缘故。凤翔监军打算奏报朝廷，杜悰说："天上的云彩变换不同颜色，有什么常规呢？"不久，又抓获一只白兔，凤翔监军又准备奏报朝廷。杜悰说："这种野兽没有驯服，应当暂且畜养起来。"十天后白兔死了，监军很不高兴，便把这种现象画成图画献给朝廷。等到郑注代替杜悰为凤翔节度使后，奏报天空出现紫色云彩，又向朝廷奉献白色雉鸡，当年便发生了甘露之变。

等到杜悰担任判度支时，河中府奏报发现不吃其他兽类的驺虞，文武百官都向唐文宗祝贺。唐文宗对杜悰说："李训、郑注都是利用发现祥瑞的东西而趁机作乱，由此可知祥瑞的东西并不是国家太平的象征。爱卿在凤翔时不向朝廷奏报发现白兔，真可谓是先知先觉。"杜悰回答说："以前黄河出现河图，伏羲依据它来画出八卦；洛水出现天书，大禹依据它来制定治理天下的九种法则；这些都是对百姓有益的，所以值得崇尚。至于禽兽

草木之瑞,何时无之？刘聪桀逆,黄龙三见；季龙暴虐,得苍麟白鹿,以驾芝盖。以是观之,瑞岂在德？愿陛下专以百姓富安为国庆,自余不足取也。"上善之。他日,谓宰相曰:"时和岁丰,是为上瑞。嘉禾灵芝,诚何益于事？"宰相因言:"《春秋》记灾异以儆人君,而不书祥瑞,用此故也。"

遂诏:"诸道有瑞,皆勿以闻,亦勿申牒所司。其祠飨、受朝奏祥瑞,皆停。"

**秋八月,义武节度使张璠卒。**

璠在镇十五年,为幽、镇所惮。及有疾,请入朝,未报,戒其子元益举族归朝,毋得效河北故事。及薨,诏以李仲迁代之。

**诏神策将吏改官皆先奏闻。**

开成以来,神策将吏迁官,多不闻奏,直牒中书令复奏施行,迁改殆无虚日。至是,始诏皆先奏闻,状至中书,然后检勘施行。

**冬十月,太子永卒。**

初,太子永之母王德妃无宠,为杨贤妃所谮而死。太子颇好游宴,昵近小人,贤妃日夜毁之。上召宰相及两省、御史、郎官议废之,皆言:"太子年少,容有改过。国本

草木一类的祥瑞之物，什么时候没有呢？刘聪桀骜不驯背叛朝廷，却三次发现黄龙；石季龙残暴肆虐，却得到了苍麟白鹿，用来驾驶自己的车辆。由此可见，祥瑞之物与帝王的圣德怎么会有关系呢？希望陛下专心把百姓的富足安乐作为国家兴旺的象征，其余的都不可取。"唐文宗很赞赏杜悰的意见。过了几天，唐文宗对宰相说："现在风调雨顺庄稼丰收，这是最好的祥瑞。至于嘉禾灵芝，对国家的大事又有什么好处呢？"宰相于是说："《春秋》只记载自然灾害和某些怪异现象，以警告帝王要勤政爱民，而不记载祥瑞之物，也就是这个原因吧。"

随后唐文宗下诏："各道凡发现祥瑞之物，都不得向朝廷奏报，也不准向有关部门报告。凡腊月到祠堂太庙祭祀及正月向朝廷上奏祥瑞等活动，一律停止。"

**秋八月，义武节度使张璠去世。**

张璠在任十五年，邻近的幽州、镇州两个藩镇都对他有所忌惮。等到他有病时，向朝廷请求离职赴京，朝廷还没有答复，就告诫儿子张元益率领全家族人返回京城，不准效法河北藩镇的旧例。等到张璠去世后，朝廷诏令李仲迁代替张璠为义武节度使。

**唐文宗诏令神策军将领官吏升迁都要首先向朝廷奏报。**

开成年间以来，神策军将领官吏升迁，大多不向朝廷奏报，直接把牒文送中书省，让中书省重行上奏后施行，因此神策军将领官吏升迁几乎没有一天停止过。到这时，唐文宗开始下诏令，都必须首先奏报朝廷，朝廷批准后再将奏状送到中书省，之后经复核再施行。

**冬十月，皇太子李永去世。**

当初，皇太子李永的母亲王德妃不受唐文宗的宠爱，被杨贤妃诬陷致死。太子十分喜好游玩宴饮，亲近小人，杨贤妃昼夜不停地在唐文宗面前诽谤太子。唐文宗召集宰相以及中书与门下两省官员、御史台官员和尚书省各司的郎官，商议废除皇太子李永，群臣都说："太子年纪还小，应当允许他改正错误。太子

至重,岂可轻动?"中丞狄兼谟论之尤切,至于涕泣。给事中韦温曰:"陛下惟一子,不教,陷之至是,岂独太子之过乎?"翰林及六军使数十人复表论之,上意稍解。宦官、宫人坐流死者数十人。至是,暴薨。

**以郭旼为邠宁节度使。**

上问柳公权以外议,对曰:"郭旼除邠宁,外间颇以为疑。"上曰:"旼,尚父之侄,太后叔父,自金吾作小镇,外间何尤焉?"对曰:"非谓旼不应为节度使也,闻陛下近取旼二女入宫,有之乎?"上曰:"然。入参太皇太后耳。"公权曰:"外间不知,皆云旼纳女后宫,故得方镇。"上曰:"然则奈何?"对曰:"独有自南内遣归其家,则外议自息矣。"上即日从之。

**以张元益为代州刺史。**

易定监军奏军中不纳李仲迁,请以张元益为留后。宰相议发兵讨之,上曰:"易定地狭人贫,军资半仰度支。急之则靡所不为,缓之则自生变。但谨备四境以俟之。"乃除元益代州刺史。顷之,军中果有异议,元益出定州。

**吐蕃彝泰赞普死。**

彝泰多病,不能为边患。弟达磨立,荒淫残虐,国人不附,灾异相继,吐蕃益衰。

作为皇位的继承人至关重要，怎么能轻易废除？"御史中丞狄兼谟劝阻得尤其恳切，以至于流涕哭泣。给事中韦温说："陛下只有这么一个儿子，平时不注意教育，以致落到今天这种地步，难道这只是太子的过错吗？"翰林学士及六军军使数十人再次上表劝阻，唐文宗心情才稍微好转。宦官、宫女因此事牵连而被流放、处死的有几十人。这时，皇太子李永突然去世。

**任命郭旼为邠宁节度使。**

唐文宗询问柳公权最近外面有什么议论，柳公权回答说："郭旼被任命为邠宁节度使，外面不少人对此很有疑问。"唐文宗说："郭旼是尚父郭子仪的侄子，是太后的叔父，从金吾大将军而转任邠宁小地方的节度使，不知外面有何指责？"柳公权回答说："并不是说郭旼不应当做节度使，听说陛下最近把郭旼的两个女儿选入宫中，有这回事吗？"唐文宗说："有这回事。是我让她俩入宫参见太皇太后的。"柳公权说："外面不知道陛下的用意，都认为是郭旼把女儿送入后宫，所以才被任命为邠宁节度使。"唐文宗说："那么应该如何平息这种非议呢？"回答说："只有把郭旼女儿从南内宫中遣送回家，那么外面的非议自然就平息了。"唐文宗当天就按柳公权的意见派人把郭旼的两个女儿送回了家。

**任命张元益为代州刺史。**

易定监军奏报，军中将士不接纳新任节度使李仲迁，请求任命张元益为留后。宰相商议发兵征讨易定，唐文宗说："易定地方狭小，百姓贫困，军需有一半靠朝廷度支调拨供给。如果急于讨伐，那么他们什么事都可以干出来；如果暂缓讨伐，那么内部自然会发生变化。现在只要严密地防守四邻藩镇，等待它内部发生变化。"于是任命张元益为代州刺史。不久，军中果然产生分歧，张元益从定州出发赴代州上任。

**吐蕃彝泰赞普去世。**

彝泰赞普身体多病，很久不能挑起唐朝边疆的祸患。他弟弟达磨被立为新赞普，达磨荒淫残暴，国内人民离心离德，各种灾害和怪异的现象接连发生，吐蕃因此更加衰败。

己未（839） 四年

春三月，司徒、中书令、晋文忠公裴度卒。

度镇河东，以疾求归东都，诏入知政事。正月，至京师，不能入见，劳赐旁午。至是，薨，上怪度无遗表，问其家，得半稿，以储嗣未定为忧，言不及私。度身貌不逾中人，而威望远达四夷。四夷见唐使，辄问度老少用舍。以身系国家轻重如郭子仪者二十余年。

夏五月，郑覃罢为右仆射，陈夷行罢为吏部侍郎。

上与宰相论政事，陈夷行言：“不宜使威权在下。”李珏曰：“夷行意疑宰相中有弄陛下威权者耳。臣屡求退，苟得王傅，臣之幸也。”郑覃曰：“陛下开成元年、二年政事殊美，三年、四年渐不如前。”嗣复曰：“元年、二年郑覃、夷行用事，三年、四年臣与李珏同之，罪皆在臣。”因叩头曰：“臣不敢更入中书。”遂趋出，上召还劳之。覃起谢曰：“此乃嗣复不容臣耳。”嗣复曰：“覃言政事一年不如一年，非独臣应得罪，亦上累圣德。”退，三表辞位。上召出之，而罢覃及夷行。覃性清俭，夷行亦耿介，故嗣复等深疾之。

以姚勖检校礼部郎中。

上以盐铁推官姚勖能鞫疑狱，命权知职方员外郎。右丞韦温奏：“郎官，朝廷清选，不宜以赏能吏。”上乃以勖检校礼部郎中，仍充旧职。杨嗣复曰：“温志在澄清流品，若

己未(839) 唐文宗开成四年

**春三月**,司徒、中书令、晋文忠公裴度去世。

裴度镇守河东,因为身体有病请求返回东都洛阳,唐文宗下诏命裴度来京入朝参与朝政决策。正月,裴度到达京师,因身体患病不能入朝拜见唐文宗,唐文宗接连派使者到他家中慰劳赏赐。到裴度去世,唐文宗奇怪裴度没有留下遗表,派人询问他的家人,找到一份没有写完的手稿,手稿中只说自己为皇上没有立太子而担忧,没有提及私人的事情。裴度的身材、相貌不超过一般人,但威望却闻名四周夷蛮各族。四周夷蛮各族的首长见到唐朝的使者,经常询问裴度多大年纪,是否还得到朝廷重用。他和郭子仪一样,维系国家安危达二十多年。

**夏五月**,郑覃被罢免为右仆射,陈夷行被罢免为吏部侍郎。

唐文宗与宰相一起议论朝政,陈夷行说:"不应该使权力威信下移。"李珏说:"陈夷行的意思是怀疑宰相中有玩弄陛下权威的。我多次请求辞退,若能担任皇子诸王的太傅,也就是我的幸运了。"郑覃说:"陛下在开成元年、二年处理朝政都很好,三年、四年逐渐不如以前。"杨嗣复说:"开成元年、二年是郑覃、陈夷行担任宰相,三年、四年是我与李珏一同担任宰相,罪责都在我身上。"于是叩头说:"我不敢再入中书省。"随即快步退出,唐文宗把他召回好言安慰。郑覃起身谢罪说:"这是杨嗣复不能容忍我呀。"杨嗣复说:"郑覃说朝政一年不如一年,不仅是我应当有罪,也有损皇上的圣德。"于是退下,再三上表请求辞职。唐文宗召回杨嗣复上朝,罢免了郑覃、陈夷行的宰相职务。郑覃性情清正俭约,陈夷行也性情耿直,所以杨嗣复等人十分痛恨他们。

**任命姚勖为检校礼部郎中。**

唐文宗因为盐铁推官姚勖擅长审断疑难狱案,就任命他暂时担任职方员外郎。尚书右丞韦温上奏说:"郎官,历来是朝廷挑选有名望的士大夫担任,不应当用它来奖赏有才干的吏人。"唐文宗于是任命姚勖为检校礼部郎中,仍然让他担任原来的职务。杨嗣复说:"韦温的目的在于澄清官员的出身和等级,如果

有吏能者皆不得清流,则天下之事孰为陛下理之？恐似衰晋之风。"然上素重温,终不夺其所守。

**秋七月,以崔郸同平章事。　冬十月,立陈王成美为皇太子。**

杨妃请立皇弟安王溶为嗣,上谋于宰相,李珏非之,乃立敬宗少子陈王成美为皇太子。

上幸会宁殿作乐,有童子缘橦,一夫来往走其下如狂。上怪之,左右曰:"其父也。"上泫然流涕曰:"朕贵为天子,不能全一子。"召教坊刘楚材、宫人张十十等数人责之曰:"构害太子,皆尔曹也。"付吏杀之。因是感伤,旧疾遂增。

十一月,疾少间,坐思政殿,召当直学士周墀问曰:"朕可方前代何主?"对曰:"陛下尧、舜之主也。"上曰:"朕岂敢比尧、舜?所以问卿者,何如周赧、汉献耳。"墀惊曰:"彼亡国之主,岂可比圣德?"上曰:"赧、献受制于强诸侯,今朕受制于家奴,以此言之,殆不如也。"因泣下沾襟,墀伏地流涕,自是不复视朝。

**回鹘相掘罗勿弑彰信可汗。**

国人立阖馺特勒为可汗。会岁疫,大雪,羊马多死,回鹘遂衰。

**是岁,天下户数:**
四百四十九万六千七百五十二。

吏人有能力都不能担任有名望的职务,那么天下的各种事务谁为陛下去处理呢? 这恐怕是晋朝的衰败遗风。"然而唐文宗向来器重韦温,最后还是不能违背他的奏请。

**秋七月,任命崔郸为同平章事。　冬十月,立陈王李成美为皇太子。**

杨妃请求立唐文宗的弟弟安王李溶为皇位的继承人,唐文宗与宰相商议,李珏表示反对,于是立唐敬宗的小儿子陈王李成美为皇太子。

唐文宗亲临会宁殿观赏音乐杂技,有个童子表演爬杆,下面有一个人来往狂奔进行保护。唐文宗很奇怪,左右侍从说:"这个人是童子的父亲。"唐文宗顿时伤心流泪说:"朕贵为天子,却不能保全自己的一个儿子。"于是召见教坊刘楚材、宫女张十十等数人,斥责他们说:"当初设计陷害皇太子李永,都是你们这些人。"随即命人把他们全部杀死。唐文宗由此感伤不已,旧病于是加重。

十一月,唐文宗病情稍有好转,坐在思政殿,召见当时值班的翰林学士周墀,问他说:"朕可以和前代哪些帝王相比呢?"周墀回答说:"陛下是尧、舜一类的帝王。"唐文宗说:"朕怎么敢与尧、舜相比? 我要问你的是,我与周赧王、汉献帝相比怎么样?"周墀惊讶地说:"周赧王和汉献帝都是亡国的君主,怎么能与陛下的大圣大德相比?"唐文宗说:"周赧王、汉献帝当时受制于各地强大的诸侯,现在朕受制于宦官家奴,就此而言,我大概还不如他们。"唐文宗因此流泪沾襟,周墀也伏地痛哭流涕,从此唐文宗不再上朝亲政。

**回鹘国相掘罗勿杀死彰信可汗。**

国人立馺驳特勒为可汗。适逢草原连年发生瘟疫,天下大雪,羊马大批死亡,回鹘逐渐衰败。

**这年,天下户口总数:**

为四百四十九万六千七百五十二户。

庚申（840） 五年

**春正月，立颍王瀍为皇太弟，废太子成美为陈王。**

上疾甚，命知枢密刘弘逸、薛季稜引杨嗣复、李珏至禁中，欲奉太子监国。中尉仇士良、鱼弘志以太子之立，功不在己，乃言太子幼且有疾，矫诏立瀍为太弟，成美冲幼，复封陈王。瀍沉毅有断，喜愠不形于色，与安王溶皆素为上所厚。

**帝崩。太弟杀陈王成美，遂即位。**

上崩。仇士良说太弟赐杨贤妃、安王溶、陈王成美死。敕大行以十四日殡，成服。谏议大夫裴夷直上言期日太远，不听。时士良等追怨文宗，凡乐工及内侍得幸者，诛贬相继。夷直复上言：“陛下继统，宜速行丧礼，早议大政，以慰天下。而未及数日，屡诛戮先帝近臣，惊率土之视听，伤先帝之神灵，人情何瞻？国体至重，若使此辈无罪，固不可刑。若其有罪，旬日何晚！”不听。太弟即位，是为武宗。

**夏五月，杨嗣复罢，以崔珙同平章事。　秋八月，葬章陵。　李珏罢。九月，以李德裕同平章事。**

初，上之立非宰相意，故杨嗣复、李珏相继罢去，召德裕而相之。

德裕入谢，言于上曰：“致理之要，在于辨群臣之邪正。夫邪、正二者，势不相容，正人指邪人为邪，邪人亦指正人

**庚申**（840） **唐文宗开成五年**

**春正月，立颍王李瀍为皇太弟，废除皇太子李成美，仍封为陈王。**

唐文宗病重，命知枢密刘弘逸、薛季稜引导宰相杨嗣复、李珏到宫中，准备由二人辅佐太子代行皇上职权处理朝政。中尉仇士良、鱼弘志因为皇太子初立的时候，功劳不在自己身上，于是上言说皇太子年幼而且身体有病，假称唐文宗诏令立李瀍为皇太弟，以李成美年幼再次封为陈王。李瀍性情深沉刚毅，处事果断，喜怒不形于色，他与安王李溶都向来为唐文宗所厚爱。

**唐文宗驾崩。皇太弟李瀍杀死陈王李成美，随后即皇帝位。**

唐文宗驾崩。仇士良劝说皇太弟李瀍下令赐杨贤妃、安王李溶、陈王李成美自杀。李瀍又下敕令于本月十四日举行唐文宗入棺大殓仪式，凡亲属和文武百官都一律穿丧服。谏议大夫裴夷直上言大殓日期太远，李瀍不听。当时仇士良等人仍旧怨恨唐文宗，凡是教坊的乐工和曾经被唐文宗宠爱的宦官，相继被诛杀贬逐。裴夷直又上言说："陛下继承帝位，应当迅速举行丧礼，尽早商议国家大政，以便安抚天下人心。而现在文宗皇帝去世还不到几天，就多次诛杀先帝的亲近臣僚，以致全国各地的官员都被惊扰，也伤害了先帝的神灵，这样人们会怎样看待陛下呢？国家的体面最重要，如果这些先帝的近臣无罪，固然不应受到惩罚。如果这些先帝的近臣有罪，等十天后先帝入棺大殓结束再加惩罚怎么会晚呢！"李瀍不听。皇太弟李瀍即皇帝位，这就是唐武宗。

**夏五月，杨嗣复罢相，任命崔珙为同平章事。** **秋八月，唐文宗安葬在章陵。** **李珏罢相。九月，任命李德裕为同平章事。**

当初，唐武宗被立为皇太弟不是出于宰相的建议，所以杨嗣复、李珏被相继罢免宰相职务，召李德裕入朝授予他宰相职务。

李德裕入朝向唐武宗谢恩，对唐武宗说："治理天下的关键，在于辨别群臣中的邪恶、正直。邪恶和正直之间，势不两立，正直的君子指责邪恶的小人为邪恶，邪恶的小人也指责正直的君子

为邪,人主辨之甚难。臣以为正人如松柏,特立不倚,邪人如藤萝,非附他物不能自起。故正人一心事君,而邪人竞为朋党。先帝深知朋党之患,然所用卒皆朋党之人,良由执心不定,故奸邪得乘间而入也。夫宰相不能人人忠良,或为欺罔,主心始疑,于是旁询小人以察执政。如德宗末年,所听任者惟裴延龄辈,宰相署敕而已,此政事所以日乱也。陛下诚能慎择贤才以为宰相,有奸罔者立黜去之,常令政事皆出中书,推心委任,坚定不移,则天下何忧不理哉?"又曰:"先帝于大臣好为形迹,小过皆含容不言,日累月积,以至祸败,兹事大误,愿陛下以为戒。臣等有罪,陛下当面诘之。小过则容其悛改,大罪则加之诛谴,如此君臣之际无疑间矣。"上嘉纳之。

初,德裕在淮南,敕召监军杨钦义知枢密,德裕待之无加礼,钦义衔之。德裕一日延之堂中,赠以珍玩数床,钦义大喜过望。行至汴州,诏复还淮南,钦义尽归德裕所赠,德裕卒与之。后钦义竟知枢密,德裕柄用,颇有力焉。

**冬十月,黠戛斯攻回鹘,破之。回鹘嗢没斯款塞求内附。**

初,伊吾之西,焉耆之北,有黠戛斯部落,即古之坚昆,唐初结骨也。乾元中为回鹘所破,不通中国。其人

为邪恶,以致君主很难正确辨别。我认为正直的君子就像松柏一样,独立正直生长不依赖别的物体;邪恶的小人就像藤萝一样,不攀附其他物体就不能自立生长。所以正直的君子一心一意地事奉君主,而邪恶的小人则竞相朋比为党。先帝文宗深知朋党的危害,然而他所信用的官员却都是朋党的成员,这主要是因为他自己没有主见,所以奸邪之人便乘间而入。宰相不可能人人都是忠臣,君主有时发现一个宰相欺骗自己,心中就开始猜疑其他宰相,于是就通过身边的侍从和宦官调查宰相的执政情况。例如德宗皇帝晚年,只信任裴延龄一个人,宰相不过是在朝廷的敕书中签名而已,这是当时朝政日益紊乱的重要原因。陛下如果真的能谨慎地选拔德才兼备的人担任宰相,把那些奸邪欺诈的官员立即罢免,凡是朝廷政令都由中书省审定颁布,推心置腹地委托任用宰相,做到坚定不移,那么还忧虑国家治理不好吗?"又说:"先帝文宗在大臣面前很注意言行举止,大臣有小的过失一般都容忍不说,这样日积月累,以致酿成大祸,这是一次大的失误,希望陛下引以为戒。大臣如果有罪,陛下应该当面责问。如果是小的过失应当允许他改过自新,如果有大罪就加以惩罚直至诛杀,这样君臣之间就不会产生猜疑了。"唐武宗称赞并采纳了他的意见。

当初,李德裕任淮南节度使时,朝廷曾下敕召监军杨钦义任枢密使,李德裕待杨钦义并没有礼节,杨钦义心中十分痛恨。李德裕有一天在正堂设宴款待杨钦义,向他赠送好几床的珍宝器玩,杨钦义大喜过望。杨钦义走到汴州,朝廷下诏命他又返回淮南,杨钦义把李德裕赠送的珍玩如数奉还,李德裕最后都赠给了杨钦义。后来杨钦义果然当了枢密使,李德裕做了握有大权的宰相,与杨钦义有直接关系。

**冬十月,黠戛斯攻打回鹘,打败了回鹘。回鹘嗢没斯前来通好,请求归附唐朝。**

当初,伊吾之西,焉耆镇之北,有个黠戛斯部落,是古代的坚昆,唐初的结骨。乾元年间被回鹘击败,从此不通中原。黠戛斯人

悍勇,吐蕃、回鹘常赂遗之,假以官号。回鹘既衰,其酋长阿热始自称可汗。回鹘击之,连兵二十余年,反为所败。

虏驱破杀,诸部逃散,可汗兄弟嗢没斯等及其相赤心、那颉啜各帅其众抵天德塞下,贸谷食,且求内附。天德军使温德彝奏回鹘溃兵侵逼西城,诏振武节度使刘沔屯云迦关以备之。

**魏博节度使何进滔卒,子重顺知留后。　萧太后徙居积庆殿。　十一月,以裴夷直为杭州刺史。**

故事,新天子即位,两省官同署名。上之即位也,夷直漏名,由是出为刺史。

**以李中敏为婺州刺史。**

内谒者监仇士良请以开府荫其子为千牛,给事中李中敏判云:"开府阶诚宜荫子,谒者监何由有儿?"士良惭恚。李德裕亦以中敏为杨嗣复之党,恶之,出为刺史。

辛酉(841)　武宗皇帝会昌元年

春二月,回鹘立乌介可汗。　三月,以陈夷行同平章事。　杀知枢密刘弘逸、薛季稜,贬杨嗣复、李珏远州刺史,裴夷直骊州司户。

刘弘逸、薛季稜有宠于文宗,仇士良恶之。上之立非二人及宰相意,故嗣复、李珏既罢。士良屡谮弘逸等,

剽悍勇敢,吐蕃、回鹘经常贿赂它,并授予各种官位名号。回鹘既已衰落,它的首长阿热开始自称可汗。回鹘攻击黠戛斯,双方大战二十多年,反而被黠戛斯所打败。

厖馺兵败被杀,各个部落四下逃散,可汗的兄弟嗢没斯等人以及宰相赤心、那颉啜各率其部众抵达唐朝天德军的边塞一带,依靠各族部落贸易生活,并且请求归附唐朝。天德军使温德彝奏报:回鹘国溃逃士兵侵逼西部边城,唐武宗下诏,命振武节度使刘沔派兵屯守云迦关以防备回鹘入侵。

**魏博节度使何进滔去世,他的儿子何重顺掌管留后事宜。**
**萧太后迁居到积庆殿。** 十一月,任命裴夷直为杭州刺史。

按照惯例,新皇帝即位,中书、门下两省的官员要在册书上共同署名。唐武宗即位时,裴夷直没有署名,由此被调出朝廷担任杭州刺史。

**任命李中敏为婺州刺史。**

内谒者监仇士良请求朝廷根据自己开府仪同三司的等级,授予他的儿子千牛备身的职务,给事中李中敏批文说:"按照开府仪同三司的品级,应该授予他儿子官位,但谒者监仇士良是宦官,怎么能有儿子呢?"仇士良既惭愧又恼怒。李德裕也因为李中敏是杨嗣复的党羽,厌恶李中敏,所以把他调出朝廷担任婺州刺史。

# 唐武宗

辛酉(841) 唐武宗会昌元年

春二月,回鹘立乌介可汗。 三月,任命陈夷行为同平章事。诛杀知枢密刘弘逸、薛季稜,贬杨嗣复、李珏为边远州府刺史,贬裴夷直为骧州司户。

刘弘逸、薛季稜很得唐文宗的宠信,仇士良很厌恶他们。唐武宗即位,并不是刘弘逸、薛季稜及宰相的本意,所以杨嗣复、李珏被罢免宰相职务。仇士良又多次在唐武宗面前诋毁刘弘逸等人,

劝上除之,于是赐二人死,仍遣中使就诛嗣复及珏。杜悰奔马见李德裕曰:"天子年少,新即位,兹事不宜手滑。"德裕乃与崔珙、崔郸、陈夷行三上奏曰:"德宗疑刘晏动摇东宫而杀之,中外咸以为冤,两河不臣者得以为辞,德宗后悔,录其子孙。文宗疑宋申锡交通藩邸,窜谪至死,既而追悔,为之出涕。嗣复等若有罪,当先行讯鞫,俟罪状著白,诛之未晚。今遽遣使诛之,人情震骇,愿开延英赐对。"

遂入,泣涕极言。上命之坐者三,德裕等曰:"臣等愿陛下免二人于死,勿使既死而众以为冤。今未奉圣旨,臣等不敢坐。"久之,上乃曰:"特为卿等释之。"德裕等跃下阶舞蹈。上召升坐,叹曰:"朕嗣位之际,宰相何尝比数?李珏、季稜志在陈王,嗣复、弘逸志在安王。陈王犹是文宗遗意,安王则专附杨妃。向使安王得志,朕那复有今日?"德裕等曰:"兹事暧昧,虚实难知。"遂追还二使,更贬嗣复等。

**夏六月,诏群臣言事毋得乞留中。**

诏:"臣下言人罪恶,并应请付御史台按问,毋得乞留中,以杜谗邪。"

其后,上复谓宰相曰:"文宗好听外议,谏官言事多不著名,有如匿名书。"李德裕曰:"臣顷在中书,文宗犹不尔,此

劝说唐武宗铲除他们,于是唐武宗赐他们二人自杀,并派宦官前去诛杀杨嗣复和李珏。杜悰急忙骑马去见李德裕,说:"天子年轻,新近即位,这件事不应当让他任意妄为。"李德裕于是和崔珙、崔郸、陈夷行多次上奏说:"德宗皇帝曾怀疑刘晏动摇自己皇太子的地位而把他诛杀,朝廷内外的官员都认为刘晏冤枉,黄河南北割据跋扈的藩镇因为这个缘故更加骄横,德宗皇帝后来悔悟,录用刘晏的子孙做官。文宗皇帝曾怀疑宋申锡与漳王李凑勾结,贬逐宋申锡以至于死,不久又后悔莫及,为宋申锡冤死而流泪。杨嗣复等人如果有罪,应当先进行审讯,等他们的犯罪事实都弄清楚明白,再诛杀他们也不晚。如今急忙派使者诛杀他们,人心震惊恐惧,希望陛下打开延英殿让我们当面奏对。"

随后李德裕等人入延英殿,哭泣着极力劝阻。唐武宗几次命他们坐下,李德裕等人说:"我们希望陛下赦免杨嗣复、李珏二人死刑,不要让二人死后而众人都认为冤枉。如今没有得到圣上批准,我们不敢坐下。"过了很久,唐武宗才说:"特为你们的请求而赦免他们。"李德裕等人高兴地跳下台阶向唐武宗行舞蹈礼。唐武宗召李德裕等人向前坐下,叹息说:"朕继位的时候,当时的宰相哪里曾想到要我继位?李珏、薛季稜的意图是立陈王李成美,杨嗣复、刘弘逸的意图是立安王李溶。立陈王,还算是文宗皇帝的意愿,立安王则是专意阿附杨妃。假如立安王继承帝位,朕哪里还会有今天?"李德裕等人说:"这些事还不清楚,是真是假难以知道。"于是派人追回诛杀二人的使者,再次贬黜杨嗣复等人。

**夏六月,唐武宗下诏,百官议论政事,不得请求将奏章留在宫中。**

唐武宗下诏:"今后群臣百官奏言别人罪恶时,应当同时奏请将犯罪人交付御史台审问,不得请求将奏章留在宫中,以便杜绝奸臣的谗言。"

后来,唐武宗又对宰相说:"文宗皇帝喜欢听朝廷外面的议论,所以谏官奏论政事大多不签署自己的名字,就好像写匿名信一样。"李德裕说:"我刚到中书省时,文宗皇帝还不是这样的,这

乃李训、郑注教文宗以术御下，遂成此风。人主但当推诚任人，有欺罔者威以明刑，孰敢哉？"上善之。

**以何重顺为魏博节度使。**

赐名弘敬。

**上受法箓于赵归真。**

拾遗王哲切谏，坐贬。

**秋九月，诏河东、振武备回鹘。**

天德军使田牟欲击回鹘以求功，奏称："回鹘叛将嗢没斯等侵逼塞下，请自出兵驱逐。"上命朝臣议之，议者以为击之便。李德裕曰："穷鸟入怀，犹当活之，况回鹘屡建大功。今为邻国所破，远依天子，未尝犯塞，奈何乘其困而击之？宜遣使者镇抚，赐以粮食，此汉宣帝所以服呼韩邪也。"陈夷行曰："此所谓借寇兵资盗粮也，不如击之。"德裕曰："今天德城兵才千余，若战不利，城陷必矣。不若以恩义抚而安之，必不为患。"

上问德裕："嗢没斯降可保信乎？"对曰："朝中之人，臣不敢保，况敢保数千里外戎狄之心乎？然嗢没斯自去年九月至天德，今年二月乌介始立，自无君臣之分，岂可谓之叛将？愿且诏河东、振武严兵保境以备之，仍诏田牟毋得邀功生事。"从之。

**以牛僧孺为太子太师。**

先是，僧孺镇襄阳，汉水溢，坏民居，李德裕以为僧孺罪而废之。

是李训、郑注教文宗皇帝驾驭臣下的方法，随后形成这个风气。君主只应当推心置腹地任用贤人，有欺骗君主的要明确判以重刑，谁还敢这样？"唐武宗认为李德裕的意见很好。

**任命何重顺为魏博节度使。**

赐名叫弘敬。

**唐武宗接受道士赵归真的道家法箓。**

右拾遗王哲极力劝谏阻止，遭到贬黜。

**秋九月，唐武宗下诏令，命河东、振武严兵防备回鹘的入侵。**

天德军使田牟想出兵攻击回鹘以便求取功名，于是上奏称："回鹘叛将嗢没斯等人侵逼天德边塞，请求朝廷批准我们出兵驱逐回鹘。"唐武宗命令朝廷大臣商议此事，议者大多认为应当出兵驱逐回鹘。李德裕说："飞不动的鸟落入人的怀抱，尚且应当保护存活，况且回鹘为唐朝多次建立大功。如今回鹘被邻国黠戛斯击败，远来归附皇上，并不曾侵犯边塞，为什么要乘他们窘困时而攻击他们呢？现在应当派遣使者前去安抚他们，赐给他们粮食，这是当年汉宣帝所以能臣服匈奴呼韩邪单于的策略。"陈夷行说："这是所说的借给侵略者兵器，资助强盗者粮食，不如出兵攻击他们。"李德裕说："如今天德城仅有一千多士兵，如果出战不利，该城必定陷落。不如用恩德仁义进行安抚，使他们在边塞安定下来，必定不会成为国家的祸患。"

唐武宗问李德裕说："嗢没斯请求投降能保证他们守信用吗？"李德裕回答说："朝廷中的人能否讲信用，我都不敢保证，何况保证几千里外的戎狄不变心？然而嗢没斯从去年九月到达天德城，今年二月开始立乌介可汗，他们自然没有君臣之间的名分，怎能说他是叛将呢？希望陛下下诏，命河东、振武严兵保卫边境，防备不测，同时下诏命田牟等人不得为了立功而妄生事端。"唐武宗听从了李德裕的意见。

**任命牛僧孺为太子太师。**

先前，牛僧孺镇守襄阳，汉江发生水灾，毁坏很多百姓的房屋，李德裕认为牛僧孺有罪责，因此让他赋闲。

卢龙军乱。冬十月，雄武军使张仲武讨平之。诏以仲武知留后。

初，卢龙军乱，杀节度使史元忠，推牙将陈行泰主留务，表求节钺。李德裕曰："河朔事势，臣所熟谙。比来朝廷遣使太速，故军情遂固。若置之数月不问，必自生变，今请勿遣使以观之。"既而，军中果杀行泰，立张绛，以求节钺，朝廷亦不问。雄武军使张仲武起兵击绛，且遣军吏吴仲舒奏表以闻。

诏宰相问状，仲舒言："行泰、绛皆游客，故人心不附。仲武幽州旧将，性忠义，通书习事，人心向之。计今军中已逐绛矣。"李德裕问："雄武士卒几何？"对曰："军士、土团合千余人。"德裕曰："兵少何以立功？"对曰："在得人心，不在兵多。"德裕又问："万一不克如何？"对曰："幽州粮食皆在妫州及北边七镇，万一未能入，则据居庸关，绝其粮道，幽州自困矣。"

德裕奏："行泰、绛皆使大将上表，胁朝廷，邀节钺，故不可与。今仲武奏请讨乱，与之有名。"乃以仲武知卢龙留后，仲武寻克幽州。

十一月，遣使访问太和公主。

李德裕言："回鹘破亡，太和公主未知所在。若不遣使访问，则戎狄必谓国家降主虏庭，本非爱惜，既负公主，又伤虏情。请遣使赍诏诣嗢没斯，令转达公主。"从之。

崔郸罢。　十二月，遣使慰问回鹘乌介可汗。

卢龙军发生哗乱。冬十月，雄武军使张仲武讨伐平息了这次哗变。唐武宗下诏，任命张仲武为幽州留后。

当初，卢龙军发生兵变，杀死节度使史元忠，推举牙将陈行泰主持留后事务，上表朝廷请求授任自己为留后。李德裕说："对于河朔藩镇的情况，我熟悉。近来那里发生兵变，朝廷往往急忙下诏，所以军心于是稳定下来。如果朝廷搁置几个月不理，他们内部必定会再次发生动变，现在我请求朝廷不要派使者前往幽州，以观察情况变化。"不久，军中果然杀死陈行泰，拥立张绛，请求朝廷任命，朝廷仍然不理。这时雄武军使张仲武起兵攻击张绛，并且派遣军中官吏吴仲舒到京上奏朝廷表章。

唐武宗下诏命宰相询问幽州情况，吴仲舒说："陈行泰、张绛都是外地来幽州的游客，所以人心不附。张仲武是幽州老将，性情忠义，精通书理，熟悉军事，人心所向。估计现在军中已经驱逐了张绛。"李德裕问："雄武军有多少士兵？"吴仲舒回答说："士兵和不脱离生产的土团共有一千多人。"李德裕说："士兵这么少，怎么能打胜仗立功？"吴仲舒回答说："关键在是否得人心，不在士兵的多少。"李德裕又问："万一打不胜怎么办？"吴仲舒回答说："幽州的粮食都储存在妫州和北边的七个军镇，万一打不下幽州，就据守居庸关，断绝通往幽州的粮食通道，幽州自然就会被困死。"

李德裕上奏说："陈行泰、张绛都是让军中大将上表，胁迫朝廷授予他们留后，所以不能同意。如今张仲武上奏朝廷请求讨伐叛乱，授予他留后还有点名分。"于是唐武宗任命张仲武为卢龙留后，张仲武不久攻克幽州。

**十一月，派遣使者访问太和公主。**

李德裕说："回鹘国破人亡，太和公主不知去向。倘若不派使者访问寻找，那么回鹘定认为国家把公主嫁给可汗，本来就不珍惜，这样既辜负公主，又伤害回鹘的感情。请求皇上派遣使者携带陛下诏书去见嗢没斯，让他转送公主。"唐武宗听从了李德裕的意见。

**崔郸罢相。** 十二月，唐武宗派遣使者慰问回鹘乌介可汗。

初，黠戛斯自谓李陵之后，与唐同姓。既破回鹘，得太和公主，遣达干十人奉以归唐。回鹘乌介可汗引兵邀击杀达干，质公主，南渡碛，屯天德军境上。公主遣使上表，为可汗求册命。乌介又使其相上表，借振武一城以居。上乃遣使慰问，赈米二万斛，赐敕书，谕以："宜帅部众渐复旧疆，漂寓塞垣，殊非良计。借城未有此比，或欲但求声援，亦须且于漠南驻止。朕当许公主入觐，亲问事宜。傥须应接，必无所吝。"

寻遣使行册命，而乌介屡扰边境，遂不果行。

初，李德裕议遣使慰抚回鹘，且运粮以赐之，陈夷行深以为不可。德裕曰："今征兵未集，天德孤危。傥不以此啖之，且使安静，万一天德陷没，咎将谁归？"夷行遂不敢言。

壬戌（842） 二年

春正月，以张仲武为卢龙节度使。 二月，以李绅同平章事。 以柳公权为太子詹事。

散骑常侍柳公权素与李德裕善，崔珙奏为集贤学士，德裕以恩非己出，因事左迁之。

三月，以刘沔为河东节度使。

初，上以回鹘近塞，遣兵部侍郎李拭巡边，察将帅能否。拭还，称沔有威略，可任大事，遂以沔镇河东。

当初,黠戛斯自认为是汉朝李陵的后裔,与唐朝皇帝同姓。既打败回鹘,得到太和公主,派遣达干十人送公主回唐。回鹘乌介可汗率兵袭击杀死达干,把太和公主当作人质,越过沙漠向南迁移,屯兵在天德军的北面边境。太和公主派遣使者上表朝廷,为回鹘新可汗继位请求朝廷册封。乌介可汗又让他的宰相上表朝廷,请求暂借振武城以便和太和公主共同居住。唐武宗于是派遣使者慰问回鹘,赈济大米两万斛,并赐乌介可汗一封敕书,告诉说:"你应当率领部众逐渐收复失去的国土,像现在这样漂流不定,暂时寓居边塞,绝不是好的计策。借城没有先例,如果打算迁移到其他地方,只求我们声援,也须把牙帐设置在沙漠以南。现在朕同意太和公主进京入朝,以便向她亲自询问有关情况。倘若确实需要朝廷接应的话,我们肯定不会吝惜。"

唐武宗随后派遣使者给回鹘颁布册命,而乌介可汗多次扰乱边境,并没有很好地实行。

当初,李德裕建议派遣使者慰问安抚回鹘,并且运送粮食以赈济它,陈夷行深以为不能这样。李德裕说:"如今朝廷征发各道的兵马尚未到前线集中,天德城孤立无援处在危急之中。倘若不用这些粮食救济回鹘,使饥饿的回鹘人暂且安静下来,万一天德城被回鹘攻陷,这个罪责由谁来担当?"陈夷行于是不敢再言。

### 壬戌(842) 唐武宗会昌二年

**春正月,任命张仲武为卢龙节度使。** **二月,任命李绅为同平章事。** **任命柳公权为太子詹事。**

散骑常侍柳公权向来与李德裕关系密切,宰相崔珙奏请皇上提拔柳公权为集贤学士,李德裕认为提拔柳公权的恩德不是出于自己,因故贬柳公权为太子詹事。

**三月,任命刘沔为河东节度使。**

当初,武宗认为回鹘靠近北部边塞,派遣兵部侍郎李拭巡视边疆,审察将帅能否胜任。李拭回到朝廷称赞刘沔有威望谋略,可以担当大任,随后唐武宗任命刘沔镇守河东。

**夏四月,嗢没斯帅众来降。**

嗢没斯以赤心桀黠难知,先告田牟云:"赤心谋犯塞。"乃诱杀之,那颉啜收众东走。

田牟奏:"回鹘侵扰不已,已出兵拒之。"李德裕曰:"田牟殊不知兵。戎狄长于野战,短于攻城,牟但应坚守以待诸道兵集。今全军出战,万一失利,城中空虚,何以自固?望亟遣中使止之。如已交锋,即诏塞下羌、浑各出兵奋击;而诏田牟招诱降者,转致太原。嗢没斯诚伪,虽未可知,然要早加官赏,令诸蕃知但责可汗犯顺,非尽欲灭回鹘。石雄善战无敌,请以为天德副使,佐田牟用兵。"上皆从之。

嗢没斯帅其众二千余人来降。

**群臣上尊号。**

上信任德裕,仇士良恶之。会上受尊号,将御楼宣赦,士良扬言于众曰:"宰相与度支议减禁军衣粮刍粟,如此则军士必于楼前喧哗。"德裕闻之,自诉于上。上怒,遽遣中使宣谕两军:"初无此事,且赦出朕意,非由宰相。"士良乃惶愧称谢。

**五月,以嗢没斯为怀化郡王。**

赐姓李氏,名思忠,以其所部为归义军。

**张仲武击回鹘,破之。**

那颉啜南趣雄武军,窥幽州。张仲武遣兵迎击,大破之,降七千帐。那颉啜走,乌介杀之。

夏四月，嗢没斯率领部众前来归降。

嗢没斯认为宰相赤心桀骜狡黠，内心难测，首先告诉田牟说："赤心密谋侵犯边塞。"于是引诱杀害了赤心，那颉啜收留余众向东逃去。

田牟上奏说："回鹘不断侵扰边境，我已经派兵抵抗。"李德裕说："田牟根本不懂军事。戎狄军队擅长野外作战，不善于攻城，田牟只应该坚守天德城，等待各道增兵赶到。如今田牟率领全军出战，万一失利，城中空虚，将来怎样防守天德城？希望陛下赶快派中使阻止他。如果现在双方已经交战，请陛下立即下诏，命边塞一带的党项和吐谷浑各自出兵奋勇攻击回鹘；并且下诏命田牟引诱招降，然后把他转送太原。嗢没斯的态度真假虽然还不知道，然而要尽早加官奖赏，让边远的各戎狄部落明白，朝廷只是责备乌介可汗侵扰边境，并非要灭绝回鹘。石雄善于作战而没有对手，请皇上任命他为天德都团副使，辅佐田牟用兵。"唐武宗全部采纳了李德裕的意见。

嗢没斯率领部众两千多人前来归降。

**群臣给唐武宗上尊号。**

唐武宗很信任宰相李德裕，仇士良因此仇恨厌恶李德裕。适逢唐武宗接受尊号，将御临丹凤楼宣赦天下，仇士良在众人面前扬言说："宰相与度支正商议减少禁军衣粮草料的供应，如果这样禁军军士必定会在丹凤楼前喧哗闹事。"李德裕听说后，亲自告诉唐武宗。唐武宗大怒，立即派遣中使转告左、右神策中尉说："赦书最初就根本没有这方面的内容，况且赦书内容都出自朕意，并不是宰相的意思。"仇士良于是恐慌惭愧，连连谢罪。

**五月，任命嗢没斯为怀化郡王。**

唐武宗赐给嗢没斯姓李氏，名思忠，以嗢没斯所部设置归义军。

**张仲武率兵攻击回鹘，打败回鹘。**

那颉啜率领所部向南逃到雄武军，窥测幽州。张仲武派兵迎战，大败那颉啜，收降部落七千帐。那颉啜逃跑，被乌介可汗抓住杀掉。

乌介众尚十万,驻于大同军北,表求粮食牛羊,且请执送嗢没斯等。诏报:"粮食听于振武籴三千石。牛,稼穑之资,中国禁人屠宰。羊,出于北边杂虏,国家未尝科调。嗢没斯自本国初破,先投塞下,已受其降,难亏信义。前可汗正以猜虐无亲,致内离外叛。今可汗失地远客,尤宜深矫前非。若复骨肉相残,则左右谁敢自保?"

**陈夷行罢。　秋七月,以李让夷同平章事。　八月,回鹘入寇,诏诸道出兵御之。**

先是,屡诏乌介可汗帅众北还,乌介不奉诏。至是,突入大同川,驱掠河东杂虏牛马数万,转斗至云州。

诏诸道发兵俟来春讨之,赐可汗书曰:"可汗来投,抚纳备至。今尚近塞,未议还蕃,侵掠云、朔,钞击羌、浑。中外将相,咸请诛剪。朕情深屈己,未欲幸灾。可汗宜速择良图,无贻后悔。"

又命李德裕代刘沔答回鹘相书曰:"回鹘远来依投,当效呼韩邪遣子入侍,身自入朝。而乃睥睨边城,桀骜自若。求援继好,岂宜如是?所云胡人易动难安,若令忿怒,不可复制。回鹘为纥吃斯所破,遗骸弃于草莽,坟墓隔在天涯。忿怒之心,不施于彼,而蔑弃仁义,逞志中华。昔郅支不事大汉,竟自夷灭,往事之戒,得不在怀!"

乌介可汗所属部众尚有十万人，驻扎在大同军北面，上表请求朝廷救济粮食牛羊，并且请求逮捕嗢没斯送还等。唐武宗下诏说："朝廷同意振武向你们出售三千石粮食。牛是百姓耕地的资助，中国禁止宰杀。羊出产于北部边境杂居的各夷族部落，国家未曾向他们课取调拨，嗢没斯自从回鹘被黠戛斯击败，率先投奔到天德边塞，朝廷已经接受归降，难以不守信义。前可汗正是由于猜忌臣下，残虐无道，内外无亲，以致众叛亲离。如今可汗失地远来，客居边塞，尤其应该痛改前非。倘若还是兄弟之间互相残杀，那么可汗身边的亲信大臣谁能保全自己呢？"

**陈夷行罢相。　秋七月，任命李让夷为同平章事。　八月，回鹘入侵，唐武宗下诏命各道出兵抵抗。**

先前，朝廷多次下诏督促乌介可汗率众向北回国，乌介可汗拒不听命。到这时，乌介可汗突然入侵大同川，驱赶掠夺河东杂居各戎狄民族牛马几万头，转战运送到云州。

唐武宗下诏命各道发兵等来年春天讨伐回鹘，并赐给乌介可汗书信说："可汗前来投奔，朝廷安抚接纳关怀备至。至今仍居住在边塞，没有商议返回事项，不断入侵掠夺云州、朔州等地，抄掠攻击党项、吐谷浑等各戎族部落。朝廷内外的将相大臣，都一致请求讨伐诛杀你们。朕以感情为重，宁愿自己受委屈，也不忍心让你们遭受灾难。可汗应迅速做出正确抉择，不要留下后悔。"

又命宰相李德裕代河东节度使刘沔答复回鹘宰相书信说："回鹘远来投奔依附，应当效法当年匈奴呼韩邪单于投靠汉朝时，派遣儿子入京侍卫，并亲自来京拜见汉宣帝。而你们却鄙视我国边城军将，一直桀骜不驯。你们一再请求援助继续和好，难道就是这样吗？来信所说胡人性情暴躁难以安定，如果满足不了要求把他们激怒，就无法再制止。回鹘被黠戛斯灭亡，将相大臣的遗骨丢弃在荒野之中，历代可汗的坟墓远隔天涯海角。回鹘人的怒气，不往黠戛斯身上发泄，反而蔑视朝廷抛弃仁义，在中华面前逞威。从前匈奴郅支单于不顺从汉朝，结果被消灭，往事的教训，怎么不认真汲取呢！"

德裕言："若如前诏，俟来春驱逐回鹘，则乘彼羸困，而官军免盛寒之苦。若虑河水既合，回鹘复有驰突，须早驱逐，则当及天时未寒，决策于数日之间。今闻外议互有异同，若不一询群情，终为浮辞所挠。"乃诏公卿集议，议者多以为宜俟来春。

初，奚、契丹羁属回鹘，各有监使督贡赋，伺唐事。至是，张仲武遣牙将石公绪统二部，杀其监使，回鹘移营避之。振武节度使李忠顺与李思忠进击，破之。

**以白敏中为翰林学士。**

上闻白居易名，欲相之，以问李德裕。德裕素恶居易，乃言居易衰病，不任朝谒。其从弟敏中辞学不减居易，且有器识，故有是命。

**冬十一月，遣使赐太和公主冬衣。**

黠戛斯遣使言先遣达干奉送公主，久无声问，恐为奸人所隔。

上遣使入回鹘赐公主冬衣，仍命李德裕为书赐公主曰："先朝割爱降婚，义宁家国。今回鹘所为，甚不循理，姑为国母，足得指挥。若不禀命，则是弃绝姻好，今日已后，不得以姑为辞。"

**以高少逸为给事中，郑朗为谏议大夫。**

初，上颇好畋猎及武戏，五坊小儿赏赐甚厚。尝谒太后，

宰相李德裕上言说："若按照陛下前日的诏书,等来年春天出兵驱逐回鹘,这样可以趁回鹘人困马乏的大好时机,又可以使官军免受严寒的困苦。如果考虑黄河在冬天结冰后,回鹘会再次纵兵侵扰,打算早日驱逐他们,就应当在天气尚未寒冷之前,在几天之内尽早做出决策。如今听说朝廷议论意见各不相同,如果不广泛听取百官意见,最终会被不切实际的意见所阻挠。"唐武宗于是下诏,让公卿百官集体商议此事,多数人认为等来年春天出兵为宜。

当初,奚族、契丹族都隶属于回鹘,回鹘在这两个部落民族分别设置了监使,督促交纳贡品赋税,并且侦察唐朝的动向。到这时,张仲武派遣牙将石公绪统率两个部落,杀死了回鹘的监使,回鹘军队就迁移营地躲避起来。振武节度使李忠顺和李思忠进兵攻击回鹘,打败回鹘军。

**任命白敏中为翰林学士。**

唐武宗听说白居易很有名望,打算任命他为宰相,于是征询宰相李德裕的意见。李德裕向来厌恶白居易,因而说白居易衰老多病,不能担任朝廷重任。白居易的堂弟白敏中学问不在白居易之下,并且很有器量见识,所以有这个任命。

**冬十一月,唐武宗派遣使者赐给太和公主冬天的衣服。**

黠戛斯派遣使者到天德军说,先前派遣达干护送太和公主,很长时间没有消息,很怕半路被奸人劫持。

唐武宗派遣使者到回鹘赐给太和公主冬衣,还命宰相李德裕给太和公主起草书信,说:"先帝穆宗皇帝割爱让你出嫁回鹘可汗,目的是为了国家安宁。如今回鹘所作所为,根本不遵循常理,姑姑作为回鹘的国母,完全应该指使他们。如果回鹘不听你的指令,就断绝两国长期和亲的友好关系,从今以后,回鹘不得再以姑姑的理由和朝廷交往。"

**任命高少逸为给事中,郑朗为谏议大夫。**

当初,唐武宗十分喜爱打猎和武戏,他给予五坊使下属当差杂役十分优厚的赏赐。唐武宗曾经去拜谒他的祖母郭太后,

从容问为天子之道，太后劝以纳谏。上退阅谏疏，多以游猎为言，自是出畋稍希，五坊无复横赐。至是，复幸泾阳校猎，谏官高少逸、郑朗谏曰："陛下比来游猎稍频，出城太远，侵星夜归，万机旷废。"上改容谢之。

谓宰相曰："本置谏官，使之论事，朕欲时时闻之。"宰相皆贺，乃递迁以赏之。

### 吐蕃达磨赞普死。

初，达磨赞普有佞幸之臣，以为相。达磨卒，无子，佞相立其妃綝氏兄子乞离胡。才三岁，首相结都那见之不拜，曰："赞普宗族甚多，而立綝氏子，国人谁服其令，鬼神谁飨其祀？国必亡矣。老夫无权，不得正其乱以报赞普，有死而已。"拔刀剺面，恸哭而出。佞相杀之，国人愤怨。其将论恐热悍忍多诈，以诛綝妃、佞相为名，举兵屠渭州，大破其国兵，有众十余万。

### 癸亥（843） 三年

### 春正月，刘沔大破回鹘，迎太和公主以归。

回鹘乌介可汗侵逼振武，刘沔遣石雄帅沙陀朱邪赤心三部袭其牙帐，沔自以大军继之。雄至振武，登城望回鹘，见毡车数十乘，从者类华人。使谍问之，曰："公主帐也。"雄使谍告之，曰："公主至此，当求归路。今将出兵击可汗，请

从容不迫地问她做天子之道，太后劝他虚心听取百官的劝谏。唐武宗回宫后阅览百官的劝谏上疏，结果百官大多劝谏他游乐打猎，从此唐武宗外出打猎逐渐减少，五坊的当差杂役也不再得到优厚的赏赐。这时唐武宗再次到泾阳围猎，谏议大夫高少逸、郑朗劝谏他说："陛下近来游猎逐渐频繁，出离京城太远，还要早出晚归，荒废了朝政。"唐武宗脸色一变表示承认错误。

唐武宗后来对宰相说："朝廷设置谏官的本意，就是让他们议论朝政得失，朕愿经常听到他们的劝谏。"宰相都齐声庆贺，于是提拔升迁来奖赏高少逸、郑朗。

**吐蕃达磨赞普去世。**

当初，吐蕃达磨赞普有个靠谄媚阿谀而得到宠信的大臣，被任命为宰相。达磨去世，没有儿子继位，这个宰相立达磨妃子綝氏哥哥的儿子乞离胡为赞普。乞离胡当时才三岁，首席宰相结都那见乞离胡不下拜，说："赞普的同宗后代很多，却立綝氏家的为赞普，国内人民谁愿服从他，他死后有哪个鬼神愿意祭祀他？这样国家必然要灭亡。老夫我手中无权，不能纠正朝政紊乱来报答达磨赞普的恩德，只有一死而已。"于是拔刀刺向自己脸面，悲痛地哭着出宫。这个谄媚宰相杀了他，国内人民愤怒抱怨。将领论恐热性情剽悍残忍，奸诈而有谋略，以诛杀綝妃、佞相为名，率兵屠杀渭州军民，打败唐朝军队，论恐热军队当时有十多万人。

### 癸亥（843）　唐武宗会昌三年
**春正月，刘沔率兵大败回鹘，迎接太和公主回归。**

回鹘乌介可汗率兵入侵逼近振武，刘沔派遣石雄率领沙陀朱邪赤心三部袭击可汗的牙帐，刘沔亲率大军随后赶到。石雄到达振武，登城观望回鹘的兵力，看见回鹘的队伍中有几十辆毡车，跟随毡车的很像汉人。派间谍前去询问，回答说："这是太和公主的幕帐。"石雄派遣间谍告诉太和公主说："公主来到这里，应当寻求安全返回的办法。现在官军即将出兵攻击可汗，请求

公主驻车勿动。"雄乃凿城为十余穴，引兵夜出，直攻可汗牙帐。可汗大惊，弃辎重走，雄追击，大破之于杀胡山，可汗被疮遁去，保黑车子族。雄迎公主以归，斩首万级，降其部落二万余人，溃兵多降幽州。

**二月朔，日食。　黠戛斯遣使献马。**
黠戛斯遣使献名马二，诏太仆卿赵蕃饮劳之。

上欲就求安西、北庭，李德裕等言："安西去京师七千余里，北庭五千余里，借使得之，当复置都护，戍兵万人。不知此兵于何处追发，馈运从何道得通？此乃用实费以易虚名，非计也。"上乃止。

**崔珙罢。　太和公主至京师。**
公主至京师，诏宰相帅百官迎谒。公主诣光顺门，去盛服，脱簪珥，谢和亲无状之罪。上遣中使慰谕，然后入宫。

**三月，以赵蕃为安抚黠戛斯使。**
初，黠戛斯求册命，上恐其不修臣礼，复求岁遗及卖马。李德裕曰："回鹘有平安史之功，故有岁赐和市。黠戛斯未尝有功于中国，岂敢遽求赂遗乎？若虑其不臣，当与之约，必称臣叙同姓，执子孙礼，乃行册命。"

上以为然。乃以赵蕃为安抚使，命德裕草书赐之曰："贞观中，黠戛斯先君身自入朝，朝贡不绝。回鹘陵虐诸蕃，

公主的毡车驻守原地不要乱动。"石雄于是下令从城里向城外挖掘十多个地道，率兵半夜从地道冲出，直攻可汗的牙帐。可汗大惊，丢弃辎重逃跑，石雄率兵追击，在杀胡山大败回鹘兵，可汗被刺伤慌忙逃去，依附黑车子族。石雄迎接太和公主返回。这一仗斩首回鹘一万人，收降回鹘部落两万多人，逃兵大多到幽州投降。

**二月初一，出现日食。　黠戛斯派遣使者向唐武宗奉献名马。**

黠戛斯派遣使者向唐武宗奉献两匹名马，唐武宗下诏命太仆卿赵蕃设宴招待慰劳黠戛斯使者。

唐武宗打算要求黠戛斯把安西、北庭归还唐朝，宰相李德裕等人上言说："安西离京城七千余里，北庭距京城五千多里，如果黠戛斯归还这两个地方，朝廷就应当重新设置都护府，还要派上万人防守。不知道这些士兵从哪里征发？运输军事物资从哪条路打通？这实在是花费大量钱财去换取一个收复失地的虚假名声，这恐怕不是好计策。"唐武宗于是作罢。

**崔珙罢相。　太和公主到达京城。**

太和公主到达京城，唐武宗下诏命宰相率领文武百官迎接拜见。太和公主到达光顺门，脱去华丽的盛装，卸掉头上的首饰，对自己和亲没有达到预期目的表示谢罪。唐武宗派遣中使慰问公主，然后公主进入皇宫。

**三月，任命赵蕃为安抚黠戛斯特使。**

当初，黠戛斯请求唐武宗下诏正式册封自己为可汗，唐武宗担心黠戛斯被册封可汗后不守臣礼，黠戛斯再次要求朝廷每年赐给绢丝及进行卖马交易。李德裕说："回鹘有平安史之乱的功劳，所以才每年赐给绢丝及允许进行边境贸易。黠戛斯对中原唐朝未曾有过功劳，怎么敢要求朝廷赐绢丝给他们呢？如果担心黠戛斯不称臣纳贡，应当与他们签订条约，必须向朝廷称臣并理顺同姓的关系，执行同姓子孙的礼节，才能加封册命。"

唐武宗认为应该这样。于是任命赵蕃为安抚使，命宰相李德裕给黠戛斯起草书信说："贞观年间，黠戛斯的前代君王亲自入朝称臣，每年不断向朝廷进贡。回鹘凌辱虐待周围各藩国，

可汗能复仇雪怨,茂功壮节,近古无俦。今其残兵不满千人,须尽歼夷,勿留余烬。又闻可汗与我同族,国家承北平太守之后,可汗乃都尉苗裔,以此合族,尊卑可知。今欲册命可汗,且遣赵蕃谕意。"自回鹘至塞上,及黠戛斯入贡,每有诏敕,上多命德裕草之。德裕请委翰林,上曰:"学士不能尽人意,须卿自为之。"

## 赠悉怛谋右卫将军。

李德裕言:"维州据高山绝顶,三面临江,在戎虏平川之冲,是汉地入兵之路。初,河、陇尽没,惟此独存。吐蕃潜以妇人嫁此州门者,二十年后两男长成,窃开垒门,引兵夜入,遂为所陷,号曰无忧城,从此得以并力西边,凭陵近甸。韦皋欲经略河、湟,须此城为始,急攻数年,卒不可克。臣到西蜀,空壁来归。南蛮震慑,山西八国皆愿内属,可减八处镇兵,坐收千余里旧地。且维州未降前一年,吐蕃犹围鲁州,岂顾盟约?当时不与臣者,望风疾臣,执诏送悉怛谋等,令彼自戮。臣累表陈论,乞垂矜舍,答诏严切,竟令执还。将吏对臣无不陨涕,蕃帅即以此人戮于境上。绝忠款之路,快凶虐之情。乞追奖忠魂,各加褒赠。"故有是命。

可汗能够举兵复仇雪怨,这样的大功和豪壮气节,是古今都没有人可相比的。如今回鹘只有残兵不到一千人,可汗应出兵把回鹘全部歼灭,不要留下后患。又听说可汗与我们是李氏同族,大唐是汉朝北平太守李广的后代,可汗是汉朝都尉李陵的后裔,这样我们合为同族一姓,尊卑的名分就很清楚了。如今朝廷打算册封你为可汗,并且派遣赵蕃传达朝廷的意图。"自从回鹘亡国后逃到北面边境,及黠戛斯入朝进贡,唐武宗每次有诏书敕令发布,大多命李德裕起草。李德裕请求委托翰林学士起草,唐武宗说:"学士的手笔不能尽如人意,我要你亲自动手起草。"

**唐武宗追赠悉怛谋为右卫将军。**

李德裕说:"维州城位居高山峻岭之上,城的三面临江,是吐蕃与西川平原之间的交通要道,也是中原出兵攻打吐蕃的必经之路。当初,河西、陇右地区被吐蕃攻占后,只有维州还在我们手中。后来吐蕃秘密把一个妇人嫁给维州的守门人,二十年后生下的两个儿子长大成人,私自打开城门,夜间把吐蕃兵引进城中,维州随即被吐蕃攻陷,号称无忧城,从此吐蕃得以称霸西部边境,连年侵犯京畿地区。西川节度使韦皋准备出兵收复河、湟地区,但必须从维州首先下手,虽然加紧攻击几年,但始终未能攻克维州城。我初到西川担任节度使时,维州守将举城前来归降。南蛮受到震惊和威慑,邛崃山以西八国,都表示愿意前来归附,这样我国可以减少八个地方的镇守兵力,收复一千多里的失地。况且在维州归降的前一年,吐蕃就围攻鲁州,怎么能顾及两国签订的盟约?当时朝廷中专门与我作对的人,百般对我进行攻击,文宗皇帝下诏命将悉怛谋等人拘捕送还任凭吐蕃诛杀。我多次上表朝廷陈述意见,请求可怜赦免他们,答复的诏书严厉急切,最后命令必须拘捕送还。西川的将领官吏对我无不流泪哭泣,吐蕃把悉怛谋等人全部杀死在边境上。这种做法是断绝效忠归降朝廷的门路,大快吐蕃凶暴残虐的心情。请求追念奖励悉怛谋等人的忠魂,对他们各加褒奖并追赠官爵。"所以有这个任命。

**夏四月,李德裕乞罢,不许。**

德裕乞闲局,上曰:"卿每辞位,使我旬日不得所。今大事皆未就,卿岂得求去?"

**昭义节度使刘从谏薨,其子稹自为留后。诏诸道发兵讨之。**

初,从谏累表言仇士良罪恶,遂与朝廷相猜恨。招纳亡命,缮完兵械。榷马牧及商旅,卖铁煮盐,假大商以牙职,使通好诸道,因为贩易,岁入数十万。及疾病,与幕客张谷等谋效河北诸镇,以弟之子稹为都知兵马使。至是,薨,稹秘不发丧。押牙王协曰:"正当如宝历年样为之,不出百日,旌节至矣。"于是逼监军崔士康奏称从谏疾病,请命其子稹为留后。上遣供奉官薛士幹往谕从谏,使就东都疗疾,遣稹入朝。

宰相、谏官多以为回鹘余烬未灭,边鄙犹须警备,复讨泽、潞,国力不支。李德裕独曰:"泽、潞事体与河朔三镇不同,河朔习乱已久,人心难化,是故累朝以来置之度外。泽、潞近处腹心,一军素称忠义。如李抱真成立此军,德宗犹不许承袭。敬宗不恤国务,宰相又无远略,刘悟之死,因授从谏,使其跋扈。垂死之际,复以兵权擅付竖子。若又因

**夏四月,宰相李德裕乞请辞职,唐武宗没应许。**

宰相李德裕乞请退居闲散的职位,唐武宗说:"你每次提出辞职,都让我十来天心情不安宁。如今朝廷的大政方针都没有安排就绪,你怎么能辞退离去呢?"

**昭义节度使刘从谏去世,他的儿子刘稹自封为留后。唐武宗下诏命各道发兵讨伐。**

当初,昭义节度使刘从谏多次上表诉说仇士良的罪恶,从此与朝廷之间互相猜忌怨恨。刘从谏于是招收亡命之徒,修造完善各种军械兵器。对昭义境内的马场和商业实行专卖,官府主持卖铁卖盐,向大商人授予军职,派他们出使各个藩镇发展友好关系,同时贩运贸易各种商品,每年收入几十万。后来刘从谏身患疾病,与幕僚政客张谷等人密谋效法河北各藩镇的做法,任命他弟弟的儿子刘稹为牙内都知兵马使。到刘从谏去世,刘稹保守秘密不为刘从谏治丧。押牙王协对他说:"你只要按照宝历元年刘悟去世、刘从谏得以世袭为节度使那样去做,不出一百天,朝廷任命你为节度使的旌节自然就会送到这里来。"于是刘稹就逼迫监军崔士康向朝廷上奏,说刘从谏身患重病,请求朝廷任命他的侄子刘稹为留后。唐武宗派遣供奉官薛士幹前往昭义向刘从谏传达旨意,让他到东都洛阳去治病,并派遣刘稹进京入朝。

宰相、谏官多数认为,回鹘的残余还没有消灭,边境仍然需要加强防备,现在又要讨伐昭义,恐怕国家的财政支持不了。只有宰相李德裕说:"昭义的情况与河朔三个割据藩镇不同,河朔三个藩镇割据已有很长时间,人心难以感化,所以几朝皇上都置之不理。泽、潞则临近京城处在国家的腹心,昭义的军队向来以忠义闻名。如李抱真建立昭义军队很有功劳,德宗皇帝仍不允许他的儿子世袭继承节度使。敬宗皇帝不理朝政,当时宰相又没有谋略眼光,在节度使刘悟死后,就任命他的儿子刘从谏世袭担任节度使,致使刘从谏专横跋扈。现在刘从谏在临死的时候,又擅自把兵权交给自己的侄子。如果朝廷又沿袭过去的惯例,

而授之,则诸镇谁不思效其所为,天子威令不复行矣。"上曰:"卿以何术制之?果可克否?"对曰:"稹所恃者三镇,但得镇、魏不与之同,则稹无能为也。若遣重臣往谕王元逵、何弘敬,以河朔自艰难以来,列圣许其传袭,已成故事,与泽、潞不同。今将加兵泽、潞,不欲更出禁军,其山东三州委两镇攻之。贼平之日,将士并当厚加官赏。苟两镇听命,不从旁沮挠官家,则稹必成擒矣。"上喜曰:"吾与德裕同之,保无后悔。"遂决意讨稹,群臣言者不复入矣。

上命德裕草诏赐元逵、弘敬曰:"泽、潞一镇与卿事体不同,勿为子孙之谋,欲存辅车之势。但能显立功效,自然福及后昆。"上曰:"当如此直告之是也。"又赐张仲武诏,令专御回鹘。元逵、弘敬得诏,悚息听命。

士幹入境,不问从谏之疾,直为已知其死之意。都押牙郭谊等大出兵迎之,请用河朔事体,遂扶稹出见。将士发丧,不受敕命。

黄州刺史杜牧上李德裕书曰:"牧尝问董重质以淮西四岁不破之由,重质以为由朝廷征兵太杂,客军数少,势羸力弱,心志不一,多致败亡。其时朝廷若使鄂、寿、唐州

任命刘稹为节度使，那么全国各地藩镇谁不想效法他的做法，这样君主的威严命令也就难以在全国贯彻执行了。"唐武宗说："你用什么办法制止呢？果真能奏效吗？"李德裕回答说："刘稹所依赖的是河朔三个割据藩镇，只要使成德、魏博两个藩镇不与他相互勾结，那么刘稹就无所作为了。如果朝廷能派遣重要的大臣前往成德、魏博向这两藩镇的节度使王元逵、何弘敬传达皇上旨意，说明河朔从安史之乱以来，历代皇上准许他们传位子孙世袭节度使，已经成为惯例，与昭义情况不同。如今朝廷准备出兵讨伐昭义，不打算再派禁军攻打山东，山东的邢州、洺州、磁州委托成德、魏博两藩镇攻伐。在昭义被平定后，朝廷将给予将领士兵优厚的官爵和奖赏。如果成德、魏博两藩镇听从朝廷命令，不从旁阻挠官军的行动，那么刘稹必定会成为俘虏。"唐武宗高兴地说："我与李德裕的意见相同，保证今后不会后悔。"随后决定讨伐刘稹，群臣百官再有人上言劝阻，唐武宗不再听取。

唐武宗命李德裕给王元逵、何弘敬起草诏书说："昭义一镇与你们两镇的情况不同，你们不要为子孙考虑，想与刘稹相互勾结相互依存。只要你们能在讨伐刘稹时卓立战功，自然会给子孙带来福利。"唐武宗说："就应当这样直言不讳地告诉他们。"又赐诏令给张仲武，命他专门抵御回鹘入侵。王元逵、何弘敬得到诏令后，都震惊恐慌表示听命。

供奉官薛士幹抵达昭义境内后，不过问刘从谏的病情怎样，好像他已经知道刘从谏去世的样子。昭义都押牙郭谊等人出动大批人马迎接薛士幹，请他按照河朔藩镇的惯例，上奏朝廷任命刘稹为昭义留后，随后扶着刘稹出面接见。将士开始为刘从谏治丧，刘稹不接受朝廷命他赴京另有任命的敕令。

黄州刺史杜牧曾上书李德裕说："我曾询问淮西大将董重质，当年淮西不足三个州的兵力被官军围攻四年而不能攻克的原因，董重质认为，朝廷征发各藩镇的兵力太杂，从远地调来兵力人数太少，这样官军各部兵马势单力弱，众心不齐，这是官军招致失败的主要原因。当时朝廷如果让鄂州、寿州、唐州不出兵

只保境土，但用陈许、郑滑两道全军，帖以宣、润弩手，令其守隘，即不出一岁，无蔡州矣。今上党叛逆，镇、魏虽尽节效顺，亦不过围一城，攻一堡，系累稚老而已。若使河阳万人为垒，窒天井之口，高壁深堑，勿与之战，只以忠武、武宁两军，帖以青州五千精甲，宣、润二千弩手，径捣上党，不过数月，必覆其巢穴矣。"

德裕又以议者多言刘悟有功，稹未可亟诛，请下百官议。

上曰："悟迫于救死耳，非素心徇国也。借使有功，父子为将相二十余年，国家报之足矣，稹何得复自立？朕以为凡有功当显赏，有罪亦不可苟免也。"

德裕又以分司宾客李宗闵与刘从谏交通，不宜置之东都，奏以为湖州刺史。

制削夺从谏及稹官爵，以王元逵、何弘敬为招讨使，与河东节度使刘沔、河阳节度使王茂元合力攻讨。先是，河北诸镇有自立者，朝廷必先有吊祭使、册赠使、宣慰使继往商度，然后用兵。故常及半岁，军中得以为备。至是，宰相亦欲遣使，上即下诏讨之。元逵即日出师屯赵州。又诏以李彦佐为晋绛行营招讨使。

**以崔铉同平章事。**

上夜召学士韦琮，以铉名授之，令草制，宰相、枢密皆不之知。时枢密使刘行深、杨钦义皆愿悫，不敢预事，老宦者

只保卫边境，只用陈许、郑滑两个藩镇的全部兵力攻打淮西，命宣州、润州的弓箭手防守淮西周围的交通要道，这样不出一年就没蔡州了。如今昭义叛变，成德、魏博这两个藩镇尽管表示全力效忠朝廷，如果让他们出兵昭义，也不过是围一城，攻一堡，然后趁机掠夺那里的人口而已。如果让河阳出动万人在天井关修筑营垒，堵塞昭义南逃的通道，高壁深沟，坚守而不出战，只征调忠武、武宁两个藩镇的军队，加上青州的五千精兵，宣州、润州的两千弓箭手，大军长驱直捣上党，不出几个月，必定会倾覆刘稹的巢穴。"

李德裕因为议论昭义的官员大多说刘悟曾立过战功，对他的孙子刘稹不可匆忙诛讨，请求陛下将此事交百官商议。

唐武宗说："刘悟当初是迫于李师道要杀他，为了自救而已，并非一贯忠于朝廷。即使他有战功，父子二人担任将领宰相职务达二十多年，国家对他的报答也足够啦，刘稹有什么理由又要世袭自立？朕认为凡是对国家有功的应当重赏，对国家有罪的也不可苟且赦免。"

李德裕又因分司宾客李宗闵曾与刘从谏结交密切，不宜再让他继续留在东都，上奏请任命他为湖州刺史。

唐武宗下制令削除刘从谏和他侄子刘稹的官爵，任命王元逵、何弘敬为招讨使，与河东节度使刘沔、河阳节度使王茂元联合讨伐刘稹。先前，河北各藩镇有世袭自立的，朝廷必定先派遣吊祭使、册赠使、宣慰使相继前往商议了解，然后再出兵征讨。所以经常拖延半年时间，以致军队有时间做好防守的准备。这时宰相仍打算先派遣使者前往昭义，唐武宗立即下诏命令讨伐昭义。王元逵接到诏令当天出兵屯驻赵州。唐武宗又下诏任命李彦佐为晋绛行营招讨使。

**任命崔铉为同平章事。**

唐武宗夜间召见翰林学士韦琮，把崔铉的名字告诉他，命他起草任命的制书，当时宰相和枢密使都不知道此事。这时的枢密使刘行深、杨钦义二人都谨慎朴实，不敢干预朝政，老宦官们

尤之曰："此由杨、刘懦怯,堕败旧风故也。"

**筑望仙观于禁中。　六月,内侍监仇士良致仕。**

上外尊宠士良,内实忌之。士良颇觉,遂以老病致仕。

其党送归私第,士良教之曰："天子不可令闲,常宜以奢靡娱其耳目,使日新月盛,无暇更及他事,然后吾辈可以得志。慎勿使之读书,亲近儒生,彼见前代兴亡,心知忧惧,则吾辈疏斥矣。"其党拜谢而去。

**吐蕃论恐热攻尚婢婢于鄯州。**

吐蕃鄯州节度使尚婢婢好读书,不乐仕进,国人敬之。年四十余,彝泰赞普强起之,使镇鄯州。婢婢宽厚沉勇,有谋略,训练士卒多精勇。

论恐热谋篡国,恐婢婢袭其后,举兵击之。婢婢谓其下曰："恐热之来,以我为不足屠也,不如迎伏以骄之,然后可图也。"乃遣使犒师,且致书深自卑屈。恐热喜曰:"婢婢惟把书卷,安知用兵? 待吾得国,当位以宰相,坐之于家,无所用也。"乃引兵归。婢婢笑曰:"我国无主,则归大唐,岂能事此犬鼠乎?"

**秋七月,以卢钧为昭义节度使。**

朝廷以钧在襄阳有惠政,得众心,故使领昭义以招怀之。

**遣御史中丞李回宣慰河北三镇。**

埋怨二人说:"这是由于杨钦义、刘行深怯懦,败坏旧风气的缘故。"

**唐武宗下令在宫中修筑望仙观。　六月,内侍监仇士良辞职。**

唐武宗在表面上尊重、宠信仇士良,其实内心很忌恨厌恶他。仇士良也逐渐感觉出来,于是以年老多病请求辞职。

仇士良的党羽送他回到家中,仇士良教导他们说:"不可让天子有空闲的时间,应当经常让他沉湎在骄奢淫逸的生活之中,不断变换花样供他游戏玩乐,让他没有时间顾及其他事情,然后我们才可以得志。千万不要让他读书,亲近儒生,如果天子喜欢读书,明白了以前各个朝代兴亡更替的经验教训,心中忧虑恐惧丧失政权,就会励精图治,我们就会被斥责疏远。"他的党羽行拜礼感谢而后离去。

**吐蕃论恐热在鄯州攻击节度使尚婢婢。**

吐蕃鄯州节度使尚婢婢喜好读书,不愿做官,国人都很尊敬他。在他四十多岁时,彝泰赞普强迫他出来做官,让他镇守鄯州。尚婢婢性情宽厚大度,深沉果敢,很有计谋策略,他训练的士兵大多精锐勇敢。

论恐热阴谋篡国夺权,害怕尚婢婢袭击他的后方,便出兵攻击尚婢婢。尚婢婢对部下说:"论恐热这次来攻打我们,以为可以轻易地把我们消灭,现在我们不如假装欢迎并服从他,使他更加骄横而不防备,然后可以趁机消灭他。"于是派遣使者带着大批东西前往犒劳论恐热的军队,并且给论恐热去信深表谦卑屈从。论恐热高兴地说:"尚婢婢只懂得读书,怎么会用兵打仗?等我夺得国家大权,就任命他做宰相,让他坐在家里,必定无所作为。"于是引兵退去。尚婢婢笑着说:"即使我们国家没有君主,那么就归降大唐,怎么能屈服这些犬狗鼠辈一样的败类呢?"

**秋七月,任命卢钧为昭义节度使。**

朝廷认为卢钧在襄阳任职很有政绩,得到众人的拥护,所以任命他担任昭义节度使,以便招抚昭义的将士、官吏和百姓。

**唐武宗下诏派遣御史中丞李回出使安抚河北幽州、成德、魏博三个藩镇。**

诏遣御史中丞李回宣慰河北,令幽州早平回鹘,镇、魏早平泽潞。回至河朔,弘敬、元逵、仲武皆具橐鞬郊迎,立于道左,不敢令人控马,让制使先行,自兵兴以来,未之有也。回明辩,有胆气,三镇无不奉诏。

**以石雄为晋绛行营节度副使。**

李德裕言:"向日河朔用兵,诸道利于出境仰给度支。或阴与贼通,借一县一栅据之,自以为功,坐食转输,延引岁时。今请诏诸军令王元逵取邢州,何弘敬取洺州,王茂元取泽州,李彦佐、刘沔取潞州,毋得取县。"上从之。彦佐行甚缓,德裕请赐诏切责,仍以石雄为副,因以代之。

**王元逵破昭义兵,拔宣务栅。**

元逵奏拔宣务栅,击刘稹,败之。诏加元逵平章事,切责李彦佐、刘沔、王茂元,使速进兵,且称元逵之功,以激励之。

**八月,昭义大将李丕降。**

昭义大将李丕来降,议者或谓贼故遣丕降,欲以疑误官军。李德裕曰:"自用兵半年,未有降者,今安问诚之与诈,且须厚赏,以劝将来,但不可置之要地耳。"

**诏王宰趣磁州。何弘敬拔肥乡、平恩。**

王元逵前锋入邢州境已逾月,何弘敬犹未出师,元逵密表弘敬怀两端。李德裕言:"忠武累战有功,军声颇振。

唐武宗诏命派遣御史中丞李回出使安抚河北，命令幽州尽早平定回鹘，命令成德、魏博尽早平定昭义。李回到达河朔地区，何弘敬、王元逵、张仲武都佩带橐鞬到城郊迎接，站在路旁，不敢让人为自己牵马，让制使走在前面，自从安史之乱以来，还没有这种现象。李回明辨是非，很有胆量气节，三个藩镇节度使都表示服从朝廷诏令。

**任命石雄为晋绛行营节度副使。**

李德裕说："过去朝廷在河朔地区发兵讨伐叛乱藩镇时，各藩镇都贪图出兵离开自己管辖的区域后，由朝廷度支供给军需。有的甚至与敌军暗中勾通，暂借敌人一个县城或一个营地驻扎，然后向朝廷谎报战功，坐食朝廷的军需供给，故意拖延时间。现在请求朝廷下诏各军，命王元逵攻取邢州，命何弘敬攻取洺州，命王茂元攻取泽州，命李彦佐、刘沔攻取潞州，不能攻县。"唐武宗同意李德裕的意见。李彦佐行动很缓慢，李德裕请求朝廷赐给诏令，严厉斥责他，并任命石雄为晋绛行营节度副使，代替李彦佐。

**王元逵攻破昭义军队，拔掉宣务栅。**

王元逵奏报攻拔昭义的宣务栅，又进攻刘稹，打败了他。唐武宗下诏任命王元逵为平章事，严厉斥责李彦佐、刘沔、王茂元，让他们快速进兵，并且称赞王元逵的战功，以便激励他们三人。

**八月，昭义军大将李丕投降。**

昭义军大将李丕前来投降，议论者有人认为这是刘稹故意派李丕投降，想以此迷惑官军。李德裕说："自从出兵半年以来，还没有人来投降，现在怎么分辨是真是假，暂且要给予优厚的奖赏，以便鼓励再来投降的将士，只是不要把他安置到重要的地方。"

**唐武宗下诏命王宰赶往磁州。何弘敬攻拔肥乡、平恩两县。**

王元逵的前锋兵力进入邢州境内已经超过一个月了，而何弘敬还没有出动军队，王元逵秘密表奏朝廷说何弘敬心怀两端。李德裕说："忠武军过去曾经多次立有战功，军队的声誉很高。

王宰年力方壮,谋略可称。请诏弘敬以河阳、河东未能进军,贼屡出兵焚掠晋、绛,今遣王宰将忠武全军径魏博抵磁州,以分贼势。弘敬必惧,此攻心伐谋之术也。"从之。

弘敬苍黄出师,拔肥乡、平恩,杀伤甚众。上曰:"弘敬已拔两县,可释前疑。既有杀伤,虽欲持两端,不可得已。"

**昭义兵陷科斗寨。**

刘稹使牙将薛茂卿拔河阳科斗寨,距怀州十余里。议者鼎沸,以为泽、潞不可取,上亦疑之。李德裕曰:"小小进退,兵家之常。愿陛下勿听外议,则成功必矣。"上乃谓宰相曰:"为我语朝士,有上疏沮议者,我必于贼境上斩之。"议者乃止。

**九月,以王宰兼河阳行营攻讨使,敬昕为河阳节度使。**

李德裕奏:"河阳兵力寡弱,茂元习吏事而非将才,复有疾。请以宰为河阳行营攻讨使,使亟以军援河阳,兼可临制魏博。"

茂元寻薨,德裕奏:"河阳节度先领怀州刺史,常以判官摄事,割河南五县租赋隶河阳。不若遂以五县置孟州,其怀州别置刺史,俟昭义平日,仍割泽州隶河阳,则太行之险不在昭义,而河阳遂为重镇,东都无复忧矣。"上采其言,以敬昕为河阳节度。王宰将行营以扞敌,昕供馈饷而已。

**吐蕃尚婢婢遣兵击论恐热,大破之。　以石雄为晋、绛行营节度使。**

节度使王宰正值年富力强，足智多谋，为人称道。请求陛下诏令何弘敬，说河阳、河东两道不能进兵，致使贼军多次出兵焚烧掠夺晋州、绛州，现在派王宰率领忠武全军经过魏博，直抵磁州，以便分散贼军的兵力。何弘敬必定恐惧，这是攻心伐谋的策略。"唐武宗同意这样做。

何弘敬仓皇出兵，拔取肥乡、平恩两个县，杀伤很多贼兵。唐武宗说："何弘敬已经攻克两个县，可以消除以前对他的怀疑。既然他已杀伤昭义的兵马，再想保持观望的态度已经不可能了。"

**昭义军攻陷河阳科斗寨。**

刘稹派牙将薛茂卿率兵拔取河阳科斗寨，距怀州才十几里。朝廷内外议论纷纷，认为昭义军不能夺取，唐武宗也感到疑惑。李德裕说："小小失败，是兵家常事。希望陛下不要听外面的议论，讨伐昭义必定能成功。"唐武宗于是对宰相说："请代我转告朝廷文武百官，如果有人上疏劝阻讨伐昭义的，我一定在贼军的边境上斩首他。"百官的议论这才停止。

**九月**，唐武宗任命王宰兼河阳行营攻讨使，任命敬昕为河阳节度使。

李德裕上奏说："河阳兵力寡弱，王茂元习练政事而没有打仗的才能，而且身体又生病。请任命王宰为河阳行营攻讨使，让他率军急速援救河阳，同时还能制约魏博。"

王茂元不久去世，李德裕上奏说："河阳节度使先前曾兼怀州刺史，通常由判官代行主持州里政事，并割让河南府五个县的租税隶属河阳。不如就以这五个县设置孟州府，怀州另外设置刺史，等昭义平定的时候，仍然割让泽州隶属河阳，那么太行山的天险就不全在昭义，而河阳就能成为重要的藩镇，东都洛阳的安危就不必再忧虑了。"唐武宗采纳了李德裕的建议，任命敬昕为河阳节度使。王宰率领行营士兵攻讨昭义敌人，敬昕只管军队供给而已。

**吐蕃尚婢婢派兵攻击论恐热，大败论恐热。 任命石雄为晋绛行营节度使。**

石雄代李彦佐之明日,即引兵逾乌岭,破五寨,杀获千计。上得捷书喜甚,谓宰相曰:"雄真良将。"德裕因言:"比年潞州市有男子磬折唱曰:'石雄七千人至矣。'刘从谏以为妖言,斩之。破潞州者必雄也。"诏赐雄帛,雄悉置军门,自取一匹,余悉分将士,故士卒乐为之致死。

**冬十月,以刘沔为义成节度使,李石为河阳节度使。**

沔与张仲武有隙,故徙之。

**十一月,以兖王岐为安抚党项大使,李回副之。**

邠宁奏党项入寇,李德裕奏:"党项分隶诸镇,剽掠于此,则亡逃归彼,无由禁戢。请以皇子兼统诸道,择廉干之臣副之,居于夏州,理其辞讼。"故有是命。

**十二月,王宰克天井关。**

忠武军素号精勇,王宰治军严整,贼甚惮之。薛茂卿以科斗寨之功,意望超迁。或谓刘稹曰:"留后所求者节耳。茂卿深入多杀,激怒朝廷,此节所以来益迟也。"由是无赏。茂卿愠怼,密与王宰通谋。宰引兵攻天井关,茂卿小战遽走,宰遂克之。茂卿入泽州,密使谍召宰进攻,当为内应,宰疑不敢进。稹诱茂卿杀之,以刘公直代茂卿,宰进击破之。

**河东克石会关。**

石雄替代李彦佐的第二天，即率兵越过乌岭，攻破昭义五个营寨，斩杀和擒获近千人。唐武宗接到石雄上奏的捷报后，很高兴，对宰相说："石雄真是个优秀的将领。"李德裕趁机说："近年潞州街市有个男子卷曲身子喊道：'石雄率七千人来了。'刘从谏认为是妖言，将这人斩首。看来能攻破潞州的必定是石雄了。"唐武宗下诏赐给石雄很多丝帛，石雄把丝帛全都放在军营门口，自己取了一匹，剩下的全部分给将士，所以士兵都乐意为他尽死效力。

冬十月，唐武宗任命刘沔为义成节度使，任命李石为河阳节度使。

刘沔与张仲武有矛盾，所以调迁刘沔为义成节度使。

十一月，唐武宗任命兖王李岐为安抚党项大使，李回为安抚党项副使。

邠宁奏报党项族侵扰，李德裕上奏说："党项以往分别隶属各个藩镇，他们在这里剽掠后，就逃到另一个地方，因此一直不能禁止。请任命皇子兼领辖有党项的各个藩镇，挑选一位廉洁能干的大臣做他的副手，居留在夏州，统一处理党项的诉讼。"所以朝廷有这个任命。

十二月，王宰攻克天井关。

忠武军向来以精锐勇敢闻名，王宰治军严整，昭义人对王宰很害怕。薛茂卿以科斗寨战役的功劳，期望能够得到升迁。有人对刘稹说："您所企求的是节度使的职位。薛茂卿深入河阳境内杀死官军太多，激怒了朝廷，这正是朝廷所以迟迟不任命您节度使的根本原因。"由此刘稹不再奖赏薛茂卿。薛茂卿对此十分怨恨，秘密与王宰通谋。王宰率兵攻打天井关，薛茂卿假装交战一会儿就急忙率兵退走，王宰于是攻克天井关。薛茂卿进入泽州，秘密派间谍召王宰进攻泽州，表示愿做内应，王宰仍有疑虑，不敢进兵。刘稹诱杀薛茂卿，任命刘公直替代薛茂卿，王宰率兵进攻刘公直，打败刘公直的军队。

河东奏报攻克石会关。

洺州刺史李恬，石之从兄也。以书与石云："刘稹愿举族归命。"石以闻。李德裕言："今官军四合，贼势穷蹙，故伪输诚款，冀以缓师。宜诏石答恬书云：'前书未敢闻奏，若郎君诚能悔过，面缚境上，则石当往受降，护送归阙。若虚为诚款，则石必不敢以百口保人。'仍望诏诸道乘其上下离心，速进兵攻讨。"上从之。

### 甲子（844） 四年

**春正月，河东都将杨弁作乱，讨平之。**

初，河东行营兵马使王逢奏乞益榆社兵，诏河东以兵二千赴之。时河东无兵，李石召横水戍卒千五百人，使杨弁将之诣逢。先是，军士出征，人给绢二匹。刘沔之去，竭府库以自随，石初至，军用乏，以己绢益之，人才得一匹。时已岁尽，军士求过正旦而行，监军吕义忠趣之，弁遂作乱。石奔汾州，弁据军府，使其侄诣刘稹约为兄弟。石会关守将复以关降于稹。

朝议喧然，言两地皆应罢兵。王宰又言："游奕将得刘稹表，有意归附。"李德裕言："宰擅受稹表，似欲擅招抚之功。昔韩信破田荣，李靖擒颉利，皆因其请降，潜兵掩袭。止可令王宰失信，岂得损朝廷威命？建立奇功实在今日，必不可以太原小扰，失此事机。望即遣使督其进兵，必稹与诸将举族面缚，方可受纳。兼谕石雄以宰若纳稹，则

洺州刺史李恬是李石的堂兄。李恬写信告诉李石说："刘稹愿意率全族归降。"李石将书信上奏朝廷。李德裕说："现在官军四面围攻昭义,贼军穷途末路,所以伪装投降,企图暂缓官军的讨伐。应下诏命李石写信答复李恬说:'先前来信未敢向朝廷奏报,如果刘稹确实能悔过,就应当反绑双手到边境上投降,我将亲自前往接受归降,然后护送他返回京城。如果他是伪装投降,我必定不敢用我家族一百多人的性命为刘稹做保人。'希望陛下下诏命各道趁刘稹上下离心离德的时机,迅速进兵讨伐。"唐武宗听从了李德裕的意见。

### 甲子（844） 唐武宗会昌四年

**春正月,河东都将杨弁作乱,朝廷派兵讨伐平息了这次叛乱。**

当初,河东行营兵马使王逢上奏请向榆社增兵,朝廷下诏命河东出兵两千赴援。当时河东无兵可发,李石召集横水戍卒一千五百人,让都将杨弁率领增援王逢。先前,军士每次出征,赠送每人绢帛两匹。刘沔离开河东时,几乎全部把府库的储备随身带走,李石刚上任时,军需物资非常贫乏,李石便把自己私人的绢丝拿出来添补,这样每人才能得到一匹。当时已到年终,士卒要求过了正月初一上路,监军吕义忠多次催促,杨弁趁机发动兵变。李石逃到汾州,杨弁占据河东节度使府衙,派他的侄子去见刘稹,并与刘稹结拜为兄弟。石会关守将又以石会关投降刘稹。

朝廷百官议论哗然,说昭义、河东两地都应罢兵休战。王宰又说："我部下的游弈将得到刘稹送来的上表,发现贼军确实有诚意归降。"李德裕说："王宰擅自接受刘稹的表章,似乎想独占招降刘稹的功劳。从前韩信打败田荣,李靖擒获突厥颉利可汗,都趁他们请求投降时,秘密出兵,突然袭击。现在只能让王宰失信,怎能损害朝廷的威严命令? 官军建立奇功就在今天,决不可由于太原的小小骚扰,丧失良机。希望陛下立即派使者督促各个藩镇急速进兵,刘稹和他的部将及亲族必须全部反绑双手前来投降,才能接受。同时转告石雄,王宰如果招降刘稹成功,那么

雄无功可纪。当于垂成之际，自取奇功。”又为相府与宰书，言："昔王承宗虽逆命，犹遣子弟奉表入朝，宪宗犹未之许。今积置章表于衢路之间，游奕将不即毁除，实恐非是。且积逆状如此，而将帅受之，是私惠归于臣下，不赦在朝廷，事体之间，交恐不可。自今更有章表，宜即所在焚之，惟面缚而来始可容受。”德裕又上言："太原人心从来忠顺，止是贫虚，赏犒不足，况千五百人何能为事？必不可纵。且用兵未罢，深虑所在动心。望诏李石还赴太原，召兵讨乱。”上皆从之。

诏王逢留太原兵守榆社，以易、定、汴、充兵还讨弁。又遣中使马元实至太原晓谕，且觇之。元实受弁赂，还，于众中大言："相公须早与之节。"德裕曰："何故？"元实曰："自牙门至柳子列，十五里曳地光明甲，若之何取之？"德裕曰："李相正以无兵，故发横水兵赴榆社，弁何能遽致如此之众乎？"元实曰："召募所致耳。"德裕曰："召募须有货财，李相止以欠军士绢一匹，故致此乱，弁何从得之？"元实辞屈。德裕曰："从其有十五里光明甲，必须杀此贼。"因奏："弁微贼，决不可恕。如国力不支，宁舍刘稹。"河东兵戍榆社者闻朝廷令客军取太原，恐妻孥为所屠灭，乃拥监军吕

石雄就无功可言。现在石雄正处在垂手可破昭义的时候，他肯定会自动进兵建立奇功。"李德裕又为宰相府起草一封给王宰的书信，说："从前成德节度使王承宗虽然背叛朝廷，但还派遣他的子弟奉送表章进京入朝，宪宗皇帝还是不允许。现在刘稹把请求投降的章表在野外的道上递交游弈，游弈接到章表也不及时烧毁，恐怕很不妥当。况且刘稹背叛朝廷如此严重，而你作为朝廷的将帅接受他的欺诈，是把私人的恩惠归于臣下，把不予赦免的决定推给朝廷，从国家大局出发，这样处理事情恐怕不妥。今后刘稹再有请求投降的表章，应当就地立即烧毁，刘稹只有反绑双手前来投降才能接受。"李德裕又上奏说："太原的人心从来都忠于朝廷，只是由于贫乏，对士卒犒赏不足才发生兵乱，况且只有一千五百人怎么能闹事成功？但对杨弁决不能姑息放纵。而且现在朝廷正用兵讨伐昭义，还没结束，如果不深思熟虑处理好，可能还会有人效法作乱。希望陛下诏命李石返回太原行营，召集兵马讨伐叛乱。"唐武宗都听从了李德裕的意见。

唐武宗诏命王逢将太原的军队全部留守榆社，率领易州、定州、汴州、兖州军队讨伐杨弁。又派中使马元实到太原开导乱兵，同时察看动静。马元实受到杨弁的贿赂，从太原回到京城，在众人面前夸大其词地说："宰相应当早日任命杨弁为节度使。"李德裕问："为什么？"马元实说："从河东节度使衙门到柳子列之间，十五里遍地都是光明甲，怎能讨伐夺取呢？"李德裕说："李石正因为太原无兵可发，所以征发横水栅的军队奔赴榆社增援，杨弁怎能骤然有这么多的兵力？"马元实说："这都是杨弁招募的，"李德裕说："招募士兵必须有钱财，李石正因为欠缺士兵一匹绢帛，所以导致兵乱，杨弁从哪里得到那么多钱财呢？"马元实被问得无言以对。李德裕说："从他有十五里光明甲这一点看，也必须诛杀这个叛贼。"因而李德裕上奏说："杨弁小贼，决不能宽恕。如果考虑国家财力不足，宁愿暂时舍掉刘稹也要讨伐杨弁。"这时屯戍在榆社的河东兵听说朝廷命其他藩镇的军队攻取太原，恐怕自己的妻子儿女遭到屠杀，于是拥护监军吕

义忠自取太原,擒杨弁,尽诛乱卒,送弁京师,并其党斩之。

**三月朔,日食。　以刘沔为河阳节度使。**

李德裕言于上曰:"事固有激发而成功者。陛下命王宰趣磁州,而何弘敬出师;遣客军讨太原,而戍卒先取杨弁。今王宰久不进军,请徙刘沔镇河阳,仍令以义成精兵二千直抵万善,处宰肘腋之下。若宰识此意,必不敢淹留。若宰进军,沔以重兵在南,声势亦壮。"上从之。

**黠戛斯遣使入贡。　以刘濛为巡边使。**

朝廷以回鹘衰微,吐蕃内乱,议复河、湟四镇十八州。乃遣给事中刘濛为巡边使,先备器械糇粮,令天德、振武、河东训卒砺兵,以俟今秋。

**以赵归真为道门教授先生。**

上好神仙,归真得幸。李德裕谏曰:"归真,敬宗朝罪人,不宜亲近。"上曰:"朕宫中无事时与之谈道涤烦耳。至于政事,朕必问卿等与次对官,虽百归真不能惑也。"德裕曰:"小人见势所在,则奔趣之。旬日以来,归真之门车马辐凑,愿陛下深戒之。"

**夏六月,减州县冗员。**

李德裕以州县佐官太冗,奏令吏部郎中柳仲郢裁减,凡一千二百一十四员。仲郢,公绰之子也。

**诏削仇士良官爵,籍没家资。**

宦官有发士良宿恶,于其家得兵仗数千,故有是命。

义忠自动出兵夺取太原，擒获杨弁，全部杀掉叛变士兵，把杨弁押解到京城，和他的党羽一并斩首。

**三月初一，出现日食。　任命刘沔为河阳节度使。**

李德裕对唐武宗说："有些事本来给予必要的刺激使其奋发才能成功。陛下命王宰取道魏博攻打昭义的磁州，而魏博节度使何弘敬担忧内部发生变故急忙出兵讨伐昭义；陛下派遣其他藩镇军队讨伐太原叛乱的杨弁，结果屯驻在榆社的河东士兵恐怕伤害自己的妻子儿女而率先攻取杨弁。如今王宰拖延很久而不进兵，请调义成节度使刘沔镇守河阳，仍令他率领义成两千精兵直达万善，驻扎在王宰的旁边。如果王宰能识别朝廷的意图，必定不敢再观望停留。如果王宰能加紧出兵，刘沔率领精兵在南面，声势也很壮大。"唐武宗听从了李德裕的意见。

**黠戛斯派使者入朝贡献物品。　任命刘濛为巡边使。**

朝廷因为回鹘衰败，吐蕃国发生内乱，商议收复河、湟地区的四个藩镇十八个州的失地。于是派给事中刘濛任巡边使，命他先筹备兵器干粮，令天德、振武、河东三个藩镇训练士卒，磨砺兵器，等待今年秋季再采取军事行动。

**任命赵归真为道门教授先生。**

唐武宗喜好道教神仙，道士赵归真得到宠爱。李德裕劝谏说："赵归真是敬宗朝的罪人，不应当亲近这种人。"唐武宗说："朕不过是在宫中无事时与他谈论道教，以便解除烦闷。至于朝廷大事，朕必定询问你们和依次奏对的官员，即使有一百个赵归真也不能迷惑我。"李德裕说："小人见到有利的地方，就投机钻营。近十天以来，赵归真的门口车马聚集，希望陛下深加戒备。"

**夏六月，裁减州县多余官员。**

李德裕认为州县僚佐官员太多，奏请命吏部郎中柳仲郢裁减官员共一千二百一十四人。柳仲郢，是柳公绰的儿子。

**唐武宗下诏削除仇士良的官爵，没收他的家产。**

有个宦官揭发仇士良过去的罪恶，在他家中发现几千件兵器，所以下达了这项命令。

**秋七月,遣王逢屯翼城。**

上与李德裕议以王逢将兵屯翼城,上曰:"闻逢用法太严,有诸?"对曰:"臣亦尝以此语之,逢言:'前有白刃,法不严,其谁肯进?'"上曰:"言亦有理,卿更召而戒之。"

**以杜悰同平章事。**

上闻扬州倡女善为酒令,敕监军选而献之。监军请节度使杜悰,不从。监军怒,表其状,左右因请敕悰同选,上曰:"敕藩方选倡女入宫,岂圣天子所为?杜悰得大臣体,朕甚愧之。"遽敕勿选。召悰入相,劳之曰:"卿不从监军之言,朕知卿有致君之心,今相卿,如得一魏徵矣。"

**闰月,李绅罢。昭义将高文端降。**

李德裕访文端破贼之策,文端曰:"官军今直攻泽州,泽州兵约万五千人,贼常分兵太半,潜伏山谷,伺官军攻城疲弊,则四集救之,官军必失利。请令陈许军过乾河立寨,连延筑为夹城,环绕泽州,日遣大军布陈于外,以扞救兵。贼见围将合,必出战,待其败北,然后乘势可取。固镇寨四崖悬绝,势不可攻,然寨中无水,宜令王逢绝其水道,不过三日,贼必遁去。又都头王钊将万兵戍洺州,以积数诛大将疑惧,召之不入。但钊及士卒家属皆在潞州,招之必不肯来。若谕以引兵取积,事成即除他镇,仍厚有赐与,庶几肯从。"

**秋七月,朝廷派王逢率兵屯驻翼城。**

唐武宗与李德裕商议,命王逢率兵屯驻翼城,唐武宗说:"听说王逢执法太严,有这回事吗?"李德裕回答说:"我也曾经当面问过王逢,王逢说:'军队打仗前有刀枪,执法不严,士兵谁肯冒死前进?'"唐武宗说:"此话也有道理,不过你还是要把他叫来加以告诫。"

**唐武宗任命杜悰为同平章事。**

唐武宗听说扬州的歌女擅长行酒令,命监军挑选擅长酒令的歌女奉献宫中。监军请求节度使杜悰一同参加挑选,杜悰不答应。监军大怒,把杜悰的情况上奏皇上,左右侍从也请求唐武宗下敕命杜悰一同参加挑选,唐武宗说:"敕令藩镇挑选美女入宫,难道这是圣明天子所应该做的事吗?杜悰的做法很符合大臣的身份,朕感到非常惭愧。"立即敕令监军停止挑选美女。召杜悰入朝任宰相,并安慰他说:"你不屈从监军的请求,朕知道你有爱护君主的心意,现在任命你为宰相,如同得到一个魏徵。"

**闰七月,李绅罢相。昭义将领高文端归降。**

李德裕询访高文端破贼的计策,高文端说:"官军现在直接攻取泽州,泽州兵力约有一万五千人,叛贼经常分出一大半兵力,暗中埋伏在中谷,伺机等官军攻城疲惫不堪时,便从四周集中救援城镇,官军必然失利。请求朝廷命陈许的军队渡过乾河扎下营寨,从寨城连延筑成夹城,环绕泽州,每天派大军在夹城外布阵,以抵御救援的贼兵。叛贼看到夹城即将合围,必定出城决战,等出城的贼军被击败后,然后乘势夺取泽州城。叛贼所占据的固镇寨四面悬崖绝壁,形势险要,不可攻取,然而寨中没有水,应该命令王逢断绝固镇寨的水源,这样不过三天,贼军必定逃去。叛军都头王钊率领士兵万人戍守洺州,因为刘稹多次诛杀大将而产生怀疑恐惧,刘稹召王钊,王钊不肯入潞州城。只是王钊及其士兵的家属都住在潞州,招抚他们必定不肯前来。如果告诉王钊让他率兵攻取刘稹,事成后许诺任命他为别道节度使,并给予丰厚的赏赐,或许王钊能够听从。"

镇州奏事官高迪密陈二事，其一以为，"贼中好为偷兵术，潜抽诸处兵聚于一处。官军多就迫逐，以致失利。官军须知此情，自非来攻，慎勿与战。彼淹留不过三日，须散归旧屯，如此数四空归，自然丧气。官军密遣谍者诇其抽兵之处，乘虚袭之，无不捷矣"。其二，"镇、魏下营不离故处，每三两月一深入，烧掠而去。贼但固守城栅，城外百姓，贼亦不惜。宜令进营据其要害，以渐迫之"。德裕皆请以其言谕诸将。

**八月，邢、洺、磁三州降。郭谊斩刘稹以降。**

刘稹年少懦弱，押牙王协、兵马使李士贵用事，专聚货财，府库充溢。而将士有功无赏，由是人心离怨。协请税商人，每州遣军将一人主之，并籍编户家资，十分取二，民恼恼不安。邢州将裴问，稹之舅也，所将兵多富商子弟。问以其父兄被拘，为之请，不得，乃杀税商军将，而请降于王元逵。洺州守将王钊、磁州守将安玉闻之，皆请降于何弘敬。

李德裕曰："昭义根本尽在山东，三州降，则上党不日有变矣。"上曰："郭谊必枭刘稹以自赎。"德裕曰："诚如圣料。"上曰："于今所宜先处者何事？"德裕曰："万一镇、魏请占三州，朝廷难于可否，请以给事中卢弘止为三州留后。"上从之，诏卢钧乘驿赴镇。

镇州奏事官高迪秘密向朝廷陈述两条建议：第一条建议认为，"贼军喜好突然袭击战术，暗中抽调各处兵马聚集在一处。官军往往就其聚兵之处进行攻击追逐，以致失利。官军必须了解这些情况，除了贼军前来进攻，谨慎地不与贼军接战。贼军停留不会超过三天，就必须分散返回旧驻地，如果这样往返几次不战而空归，士兵就会垂头丧气。官军秘密派间谍探知贼军抽调兵马的地方，乘虚袭击贼军，没有不取胜告捷的。"第二条建议是，"镇州、魏州两藩镇军队扎营没有远离旧营地，每三两个月派军队深入敌境，烧杀掠夺一番才离去。叛贼只需固守城栅寨，对城外的百姓，叛贼也不怜惜。朝廷应该命令两藩镇军队进兵占据要害之处，逐渐进逼叛贼"。李德裕请求唐武宗将这些建议都告诉各位将领。

八月，邢州、洺州、磁州三州归降朝廷。郭谊斩杀了刘稹后归降。

刘稹年轻懦弱，押牙王协、兵马使李士贵掌权用事，二人专门搜刮财货，使财货充满府库。而部下将士有功得不到赏赐，于是人心离散怨恨。王协请刘稹向商人收税，每州派军将一人主持其事，并把百姓的所有财产都登记造册，按其价值收取十分之二的税，百姓愤怒不安。邢州守将裴问是刘稹的舅舅，所部将领士兵大多是富商子弟。裴问因为他父亲哥哥被拘捕，曾为他们求情，没有得到允许，于是便杀死主管税商的军将，向成德节度使王元逵请求投降。洺州守将王钊、磁州守将安玉闻讯后，都请求向何弘敬投降。

李德裕说："昭义军的根本全在太行山以东，邢、洺、磁三州归降后，上党在不久就会发生变故。"唐武宗说："郭谊必定会斩下刘稹的首级挂在竹竿上向朝廷归降来赎自己的罪行。"李德裕说："的确像皇上预料的那样。"唐武宗说："现在应该先处理什么事呢？"李德裕说："万一镇、魏二镇请求占有邢、洺、磁三州，朝廷就很难表态，请任命给事中卢弘止为三州留后。"唐武宗听从了李德裕的意见，下诏命卢钧乘驿马前去镇守。

潞人闻三州降，大惧。郭谊、王协谋说刘稹以兵授谊，束身归朝，稹许之。遂杀稹，灭其族，函首遣使奉表降于王宰。

宰以状闻，宰相入贺。上曰："郭谊宜如何处之？"德裕对曰："刘稹骄孺子耳，阻兵拒命，皆谊为之谋主。及势孤力屈，又卖稹以求赏，此而不诛，何以惩恶？宜及诸军在境，并谊等诛之。"上曰："朕意亦以为然。"乃诏石雄将七千人入潞州，以应谣言。杜惊请赦谊等，上不应。

诏："昭义五州给复一年，横增赋敛悉从蠲免。所籍团兵并纵归农，诸道将士等级加赏。"雄至潞州，尽执谊等送京师。卢钧素宽厚爱人，襄州士卒在行营者，对陈辄扬其美。及赴镇，散卒归之者，皆厚抚之，人情大治，昭义遂安。郭谊、王协等至京师，皆斩之。

**加李德裕太尉，赐爵赵国公。**

加李德裕太尉、赵国公，德裕辞，上曰："恨无官赏卿耳。"

初，德裕以"比年将帅出征屡败，其弊有三：一者，诏令下军前者，日有三四，宰相多不预闻。二者，监军各以意见指挥军事，将帅不得专进退。三者，每军各有宦者为监使，悉选军中骁勇数百为牙队，其在陈战斗者，皆怯弱之士。每战视事势小却，辄引旗先走，陈从而溃"。德裕乃与

潞州人听说邢、洺、磁三州归降朝廷,大为恐惧。郭谊、王协密谋劝刘稹把军队交给郭谊,然后捆绑双手归降朝廷,刘稹同意这样做。随后杀死刘稹,并灭掉他的家族,郭谊将刘稹的首级装在盒子里,派使者上表向王宰投降。

王宰将奏状上报朝廷,宰相们入朝向唐武宗祝贺。唐武宗说:"郭谊应当怎样处置呢?"李德裕回答说:"刘稹是个傻小子,他调兵遣将抗拒朝廷命令,都是郭谊为他出谋策划。等到刘稹势单力竭不能支持时,又出卖刘稹以求得朝廷的赏赐,对这种人不加诛杀,怎能惩罚邪恶之人? 应该趁各军压境之时,一并将郭谊等人诛除。"唐武宗说:"朕的意见也认为这样处置为好。"于是下诏命石雄率领七千人进入潞州,以顺应先前的谣言。杜悰请求唐武宗赦免郭谊等人,唐武宗不答应。

下诏说:"昭义镇所属泽、潞、邢、洺、磁五州减免赋役一年,过去所增加的赋税,全部免除。从前所抽调平民百姓组建的土团全部解散回家务农,各道将士按等级给予赏赐。"石雄到达潞州,将郭谊等人全部抓起来送到京城。卢钧平素待人宽厚,爱护百姓,襄州士兵在征讨行营作战时,常对敌阵喊话宣扬卢钧的美德。到卢钧赴镇上任后,溃散的士兵归镇者,都从优抚恤,人情大为融洽,昭义镇于是安定下来。郭谊、王协等人押送到京城,都被斩首。

**唐武宗加封李德裕为太尉,赐爵赵国公。**

唐武宗加封李德裕为太尉、赵国公,李德裕坚决推辞,唐武宗说:"只恨没有更好的官爵赏给你。"

当初,李德裕认为"近年来将帅出征屡遭失败,探究其中的弊端有三条:第一条,诏令下达军队之前,总有三四天时间,宰相大多不能预先了解。第二条,监军都以个人的意见来指挥军队打仗,将帅不能指挥军队的进退。第三条,每军都有宦官做监军使,在军队中都选择骁勇精壮的士兵数百人组成牙队,而在阵上作战的人,都是胆怯体弱的人。每次战斗看到军队稍有退却,监军就带着旗帜率先逃跑,阵势接着溃散"。李德裕于是就与枢密

枢密使杨钦义、刘行深议，约敕监军不得预军政，每兵千人听取十人自卫，有功随例沾赏。二枢密皆以为然，白上行之。自非中书进诏意，更无他诏自中出者。号令既简，将帅得以施其谋略，故所向有功。元和后数用兵，宰相或不休沐，或继火乃得罢，德裕从容裁决，率午漏下还第，休沐辄如令，沛然若无事时。

河北三镇每遣使者至京师，德裕常面谕之曰："河朔兵力虽强，不能自立，须藉朝廷官爵威命以安军情。语汝使，与其使大将邀敕使以求官爵，何如自奋忠义，立功立事，结知明主乎。且李载义为国家平沧景，及为军中所逐，不失作节度使。杨志诚遣大将遮敕使马求官，及为军中所逐，朝廷竟不赦其罪。此二人祸福足以观矣。"由是三镇不敢有异志。

**冬十一月，贬牛僧孺为循州长史，流李宗闵于封州。**

李德裕言于上曰："刘从谏据上党十年，大和中入朝，僧孺、宗闵执政，不留之，加宰相纵去，以成今日之患。"又使昭义孔目官郑庆言从谏每得二人书疏，皆自焚毁。河南少尹吕述与德裕书言，僧孺闻积破，失声叹恨。德裕奏之，上大怒，贬僧孺等。

初，甘露之乱，李训、王涯、贾𫗧等子弟数人皆归从谏，至是，皆为郭谊所杀。德裕复下诏称："逆贼涯、𫗧，已就昭义诛其子孙。"识者非之。

使杨钦义、刘行深商议，约束监军不得干预军政，军队每一千人听任监军选取十人自卫，有战功的监军照例可以得到奖赏。两位枢密使都认为应该这样，于是禀报唐武宗下诏令执行。在朝廷，除了中书宰相向皇帝进言颁布诏书旨意，便没有其他诏书旨意从宫中出来。号令简明统一后，将帅们得以施展谋略，所以每战所向无敌必有战功。元和年间之后几次用兵打仗，宰相有时不能休息，有时要到掌灯后才能完事，李德裕从容决断，每天总是午后回家休息，上朝、休息都很有规律，泰然自若，好像没有事情发生一样。

河北三镇经常派使者到京师长安，李德裕时常当面告谕他们说："河朔藩镇的兵力虽然强大，但不能自立，必须凭借朝廷的委任官爵及权威命令来安定军情。回去告诉你们的节度使，与其派大将请敕使代为邀求官职爵位，还不如自己奋发忠义，为朝廷建功立业，获得明主的知遇。且如李载义为国家平定沧景叛乱，到后来被幽州军队驱逐，朝廷仍任命他为节度使。杨志诚派大将拦住敕使的马来邀求官爵，到后来被军队驱逐，朝廷终究不赦免他的罪行。这两个人的荣辱祸福足以成为后人的借鉴。"由此河北三个藩镇不敢对朝廷三心二意。

**冬十一月，朝廷贬牛僧孺为循州长史，李宗闵被流放到封州。**

李德裕对唐武宗说："刘从谏占据上党十年，大和年间曾经入朝，当时牛僧孺、李宗闵执政掌权，没有扣留刘从谏，反而加上宰相头衔放他返回上党，以致造成今天的祸患。"又指使昭义孔目官郑庆说刘从谏每次得到牛僧孺、李宗闵的书信，都亲自烧毁。河南少尹吕述给李德裕写信，称牛僧孺听说刘稹被歼灭后，失声叹息，表示遗憾。李德裕将这些情况都奏报给唐武宗，唐武宗大怒，贬降牛僧孺等人。

当初，发生甘露之乱时，李训、王涯、贾餗等子弟数人都投奔刘从谏，到这时，都被郭谊杀死。李德裕又下诏称："逆贼王涯、贾餗等人在昭义的子孙已被诛杀。"有见识的人对这件事颇有非议。

乙丑（845） 五年

春，群臣上尊号。

李德裕等请上尊号，上不受。凡五上表，乃许。

**义安太后王氏崩。　以卢弘宣为义武节度使。**

弘宣性宽厚而难犯，为政简易，其下便之。诏赐粟三十万斛，在飞狐西，计运致之费逾于粟价。弘宣遣吏守之，会春旱，弘宣命军民随意往取，约秋稔偿之，境内足食。

**杀江都令吴湘。**

淮南节度使李绅按湘盗用程粮钱，强娶所部百姓女，估其资装为赃，罪当死。湘，武陵之兄子也。李德裕素恶武陵，议者多言其冤，诏御史崔元藻、李稠覆之，与前狱异。德裕贬二人远州司户，不复更推，亦不付法司详断，即如绅奏处死。

**夏五月，葬恭僖皇后。　杜悰、崔铉罢，以李回同平章事。　册黠戛斯为英武诚明可汗。　秋七月朔，日食。诏毁天下佛寺，僧尼并勒归俗。**

上恶僧尼耗蠹天下，欲去之，道士赵归真等复劝之，乃先毁山野招提、兰若。至是，敕上都、东都各留二寺，每寺留僧三十人。天下节镇各留一寺，寺分三等，留僧有差，余僧及尼并勒归俗。寺皆立期毁撤，仍遣御史分道督之，财货田产并没官，寺材以葺公廨、驿舍，铜像、钟磬以铸钱。

**乙丑**（845） **唐武宗会昌五年**

**春季**，群臣给唐武宗上尊号。

李德裕等人请求给唐武宗上尊号，唐武宗不接受。经五次上奏请求，唐武宗才允许。

**义安太后王氏去世。　任命卢弘宣为义武节度使。**

卢弘宣性情宽厚，人们却不敢冒犯，他为政比较简易，部下都称方便。唐武宗下诏赐给义武粮食三十万斛，粮食放在飞狐之西，算来把粮食运到义武镇的费用超过粮食本身的价值。卢弘宣派官吏去看守飞狐仓，适逢春季大旱，卢弘宣命令义武军民随意到飞狐仓领取粮食，相约等秋季粮食丰收时再偿还官府，所以境内都有吃的。

**朝廷下令处死江都令吴湘。**

淮南节度使李绅按查吴湘擅自盗用程粮钱，并强娶管下百姓的女儿，将他的资产装备抵作赃款，论其罪当处死刑。吴湘是吴武陵哥哥的儿子。李德裕平素就厌恶吴武陵，议论此案的人大多说吴湘冤枉，唐武宗下诏派御史崔元藻、李稠复审此案，复查的结果与初审有差异。李德裕上奏唐武宗贬崔元藻、李稠二人为边远州的司户，对吴湘案不再复审，也不交付司法官署依法详细论罪，即按李绅所奏将吴湘处死。

**夏五月**，安葬恭僖皇后。　杜悰、崔铉罢相，任命李回为同平章事。　唐武宗册封黠戛斯为英武诚明可汗。　秋七月初一，出现日食。　唐武宗下诏拆毁天下佛教寺庙，僧尼一并勒令还俗。

唐武宗厌恶僧侣、尼姑像蠹虫一样耗费天下的财物，打算让他们还俗，道士赵归真等人再次劝唐武宗废除佛教，于是先拆毁山野间的招提、兰若。到这时，朝廷敕令上都长安、东都洛阳各留两座佛寺，每座寺院留僧侣三十人。天下各节镇留一所寺院，寺庙分三个等级，留的僧侣多少各有差别，其余的僧侣、尼姑一并勒令还俗。其余的寺庙都命令限期拆毁，并派御史到各道监督执行。寺庙的财物、田产一并收归官府，寺庙的建筑材料用以修缮官舍和驿站的房屋，铜像、钟磬等熔化后用以铸造钱币。

凡天下所毁寺四千六百余区，招提、兰若四万余区，归俗僧尼二十六万五百人，收良田数千万顷，奴婢十五万人。五台僧多亡奔幽州，德裕召进奏官谓曰："汝速白本使，五台僧为将必不如幽州将，为卒必不如幽州卒，何为虚取容纳之名染于人口？ 独不见刘从谏招聚无籍闲人，竟有何益？"张仲武乃封二刀付居庸关，曰："有游僧入境则斩之。"

### 昭义戍卒作乱，讨平之。

诏发昭义兵戍振武，潞卒素骄，惮于远戍，闭门大噪，卢钧奔潞城。乱兵奉都将李文矩为帅，文矩为祸福谕之，乱兵听命，乃遣人谢卢钧。钧还上党，复遣之，行一驿，乃潜选兵追而杀之。

### 置备边库。

李德裕请置备边库，令户部岁入钱帛十二万缗匹，度支、盐铁岁入钱帛十三万缗匹，明年减其三之一。凡诸道所运助军财货皆入焉，以度支郎中判之。

### 冬十月，以道士刘玄静为崇玄馆学士。

玄静固辞，还山，许之。

### 十二月，贬韦弘质为某官。

李德裕秉政日久，好徇爱憎，人多怨之。左右言其太专，上亦不悦。给事中韦弘质上疏，言宰相权重，不应更领三司钱谷。德裕奏曰："制置职业，人主之柄。弘质受人教导，

当时全国共拆毁大佛寺四千六百余区,拆毁招提、兰若四万余区;还俗的僧侣、尼姑二十六万五千人;收回寺庙良田数千万顷,奴婢十五万人。五台山的僧侣有很多逃奔到幽州,李德裕召集进奏官对他说:"你回去告诉本地的节度使,五台出的僧侣充当将领,必定不如幽州的将领,充当士兵必定不如幽州的士兵,何必要落个容纳僧侣的恶名,成为人家的口实?难道没有看见刘从谏招纳收聚无数闲人,最终有什么好处呢?"幽州节度使张仲武于是将两把刀封好送给居庸关守将,宣称:"如果有游僧入幽州境内一律斩首。"

**昭义戍兵作乱,全部被讨伐平定。**

唐武宗下诏调发昭义军队戍守振武,潞州士兵向来骄横,害怕出门远戍,关闭城门大声喧噪,卢钧逃奔潞城。昭义乱兵推举都将李文矩为帅,李文矩用祸福利害告诉乱兵,乱兵渐渐听命,于是派人到潞城向卢钧谢罪。卢钧回到上党城,又派这些士兵去戍守振武,刚走过一个驿程,卢钧便暗中挑选士兵追上这些作乱的士卒,把他们全部杀死。

**设置备边库。**

李德裕请求设置备边库,命令户部每年输入钱帛十二万缗匹,度支使、盐铁使每年输入钱帛十三万缗匹,第二年减少三分之一。凡是全国各道所进的军事物资财货都输入备边库,由度支郎中来掌管。

**冬十月,任命道士刘玄静为崇玄馆学士。**

刘玄静坚决推辞,请求回衡山继续修道,唐武宗同意了他的请求。

**十二月,贬给事中韦弘质为某官。**

李德裕在朝廷掌权时间久了,喜欢根据自己的好恶来处理问题,使很多人怨恨他。唐武宗身边的人说李德裕太专权,唐武宗也感到不高兴。给事中韦弘质上疏,说宰相的权力太重,不应该再兼管户部、度支、盐铁三司的钱粮。李德裕上奏唐武宗说:"设置各种职官,这本来是皇上的权柄。韦弘质受人教唆,

所谓贱人图柄臣,非所宜言。"弘质贬官,由是众怒愈甚。

**诏罢来年正旦朝会。**

初,上饵方士金丹,性加躁急,喜怒不常。问李德裕以外事,对曰:"陛下威断不测,外人颇惊惧。天下既平,愿陛下以宽理之,使得罪者无怨,为善者不惊,则天下幸甚。"

上自秋来已觉有疾,而道士以为换骨,至是,诏罢正旦朝会。

**吐蕃论恐热击尚婢婢,大败。**

论恐热击尚婢婢,婢婢拒之,恐热大败。婢婢传檄河、湟,数恐热罪曰:"汝辈本唐人,吐蕃无主,则相与归唐,无为恐热所猎如狐兔也。"

**是岁天下户数:**

四百九十五万五千一百五十一。

**丙寅**(846) **六年**

**春二月,以米暨为招讨党项使。**

党项侵盗不已,攻陷邠、宁、盐州界城堡。上决意讨之,故有是命。

**三月,立光王忱为皇太叔。帝崩,太叔即位。**

上疾久未平,以为唐土德,不可以王气胜君名,乃改名炎。

初,宪宗纳李锜姜郑氏,生光王怡。幼时宫中皆以为不慧,大和以后,益自韬匿,群居游处,未尝发言。文宗好诱

真是所谓卑贱之人企图谮害掌管权柄的大臣,这些话不是韦弘质应该说的。"韦弘质贬官,由此朝臣更加怨恨李德裕。

**唐武宗下诏停罢明年正旦的朝会。**

先前,唐武宗吃下道教方士炼的金丹,性情更加暴躁,喜怒无常。唐武宗问李德裕朝外的事,李德裕回答说:"陛下的严厉决断人们无法猜测,朝外人士颇感惊惶恐惧。现在天下既已太平,希望陛下宽厚处理各种事情,让犯罪的人没有怨言,为善的人不感到惊慌,那么天下就很幸运了。"

唐武宗自入秋以来已察觉自己有病,而道士却认为是换骨,到这时,唐武宗下诏停罢明年元旦的朝会。

**吐蕃的论恐热攻击吐蕃宰相尚婢婢,被尚婢婢打得大败。**

论恐热攻击尚婢婢,尚婢婢进行抵抗,把论恐热打得大败。尚婢婢传布檄文到河、湟地区,历数论恐热的罪状,说:"你们本是大唐的臣民,吐蕃没有了君主,你们应该一起归附唐朝,不要被论恐热好像抓狐狸兔子一样控制。"

**这一年全国的户数有:**

四百九十五万五千一百五十一户。

### 丙寅(846)　唐武宗会昌六年

**春二月,朝廷任命米暨为招讨党项使。**

党项族侵扰唐朝边境一直没有停止,并攻陷了唐朝邠州、宁州、盐州边界的城堡。唐武宗决意讨伐党项族,所以才有了这个任命。

**三月,立光王李忱为皇太叔。唐武宗驾崩,皇太叔李忱继承帝位。**

唐武宗久病不愈,认为唐朝属土德,不可以王气胜过君主的名字,于是改名为李炎。

起初,唐宪宗纳李锜的妾郑氏为妃,生下光王李怡。李怡年幼时,宫中的人都认为他不聪明,大和年间以后,李怡更是韬光养晦,在大家聚首游乐相处时,从没有说过话。唐文宗喜欢引逗

其言,以为戏笑。上性豪迈,尤所不礼。及上疾笃,旬日不能言。诸宦官密于禁中定策下诏,以皇子冲幼,立怡为皇太叔,更名忱,令权勾当军国政事。太叔见百官,哀戚满容,裁决庶务,咸当于理,人始知有隐德焉。

上崩,以李德裕摄冢宰。宣宗即位,德裕奉册。既罢,上谓左右曰:"适近我者非太尉邪?每顾我,使我毛发洒淅。"

**夏四月,尊帝母郑氏为皇太后。 李德裕罢为荆南节度使。**

德裕秉权日久,位重有功,众不谓其遽罢,闻之莫不惊骇。

**赵归真等伏诛。五月,诏上京增置八寺,复度僧尼。以白敏中同平章事。 六月,定太庙为九代十一室。**

复祀代宗,以敬、文、武宗自为一代,为九代十一室。

**秋七月,回鹘杀乌介可汗。**

乌介之众降散馁死,所余不及三千人。其相杀之,而立其弟遏捻。

**八月,葬端陵。**

初,王才人宠冠后庭,武宗欲立以为后,李德裕以其寒族无子,恐不厌天下之望,乃止。武宗疾,顾之曰:"我死,汝当如何?"对曰:"愿从陛下于九泉。"武宗以巾授之。武宗崩,才人即缢。上闻而矜之,赠贵妃,葬于端陵柏城之内。

李怡说话,作为戏耍笑料。唐武宗性情豪迈,对光王李怡尤其无礼。等到唐武宗病危,十来天不能说话。诸宦官在宫禁中密谋策划立新皇帝,并以唐武宗的名义颁发诏书,宣称因为皇子太年幼,立李怡为皇太叔,更名为李忱,命他暂时处置所有军国政事。皇太叔李忱接见文武百官时,满脸悲戚的样子,但裁决大小军政事务都恰当合理,人们开始了解他有内在的品德。

唐武宗驾崩,命李德裕摄冢宰。唐宣宗李忱即皇帝位,李德裕献上册封的诏书。册封仪式结束,唐宣宗对左右近侍说:"刚才靠近我的不是李太尉吗?他每看我一眼,都使我毛发耸然。"

**夏四月**,唐宣宗尊自己的生母郑氏为皇太后。 **李德裕罢为荆南节度使。**

李德裕掌握权柄时间很长,职位重,有大功,众朝官想不到他突然被罢免,他们听到消息后无不感到惊骇。

**赵归真等人被诛杀。五月**,唐宣宗下诏上京长安增置八座寺庙,寺庙的僧侣、尼姑再次发给他们度牒准许出家。 **任命白敏中为同平章事。** **六月,朝廷定太庙为九代十一室。**

朝廷再次祭祀唐代宗,以唐敬宗、唐文宗、唐武宗为同一代,共立九代十一室神主像。

**秋七月,回鹘杀死乌介可汗。**

乌介可汗的部众有的投降唐朝,有的离散,有的被冻死饿死,剩下的总计不到三千人。回鹘宰相将乌介可汗杀死,立乌介可汗的弟弟特勒过捻为可汗。

**八月,唐宣宗将唐武宗安葬在端陵。**

起初,王才人在后宫最受唐武宗宠爱,唐武宗打算立她为皇后,宰相李德裕认为王才人出身贫寒又没有生儿子,担心不能满足天下人的心愿,唐武宗于是作罢。唐武宗病重,望着王才人说:"我死后,你打算怎么办?"王才人回答说:"我愿意随您一同到九泉之下。"唐武宗送给她一条绫巾。等唐武宗驾崩,王才人即用绫巾自缢而死。唐宣宗听说后深感怜悯,赠给她贵妃的名号,把她安葬在端陵柏城之内。

**以牛僧孺为衡州长史,李宗闵为郴州司马。**

僧孺、宗闵及崔珙、杨嗣复、李珏等五相,皆武宗所贬逐,至是,同日北迁。宗闵未行而卒。

**九月,郑肃罢,以卢商同平章事。　罢册黠戛斯可汗使。**

或以为僻远小国,不足与之抗衡。回鹘未平,不应遽有建置,事遂寝。

**以李景让为浙西观察使。**

初,景让母郑氏性严明,早寡,家贫子幼,每自教之。宅后墙陷,得钱盈船,母祝之曰:"吾闻无劳而获,身之灾也。天必以先君余庆,矜其贫而赐之,则愿诸孤学问有成,此不敢取。"遽命掩而筑之。景让宦达,发已斑白,小有过,不免捶楚。

在浙西,有牙将忤意,杖之而毙。军中愤怒,将为变。母闻之,出坐听事,立景让于庭而责之曰:"天子付汝以方面,岂得以国家刑法为喜怒之资,而妄杀无罪之人乎?万一致一方不宁,岂惟上负朝廷,使垂老之母衔羞入地,何以见汝之先人哉?"命左右褫其衣坐之,将挞其背。将佐皆为之请,久乃释之,军中遂安。

弟景庄老于场屋,每被黜,母辄挞景让。然景让终不肯属主司,曰:"朝廷取士,自有公道,岂可效人求关节乎?"

**任命牛僧孺为衡州长史,任命李宗闵为郴州司马。**

牛僧孺、李宗闵和崔珙、杨嗣复、李珏等五位前宰相,都是唐武宗所贬逐的,到这时,五人同日北迁。李宗闵还没有上路就去世了。

**九月,郑肃罢相,任命卢商为同平章事。　撤销册封黠戛斯可汗的使者。**

有人认为黠戛斯是偏远的小国,不足以与大国抗衡。回鹘的侵扰并未平定,不应该马上有所建置,册封黠戛斯可汗的事也就停了下来。

**唐宣宗任命李景让为浙西观察使。**

起初,李景让生母郑氏性格严明,早年守寡,家境贫寒,儿子年幼,由郑氏亲自教育。李景让住宅的后墙因下雨而塌陷,得到的钱能装满一船,李景让母亲烧香祷告说:"我听说不劳而获是自身的灾祸。老天必定是因为我死去的丈夫积下功德,可怜我家贫穷而赐给我们的钱财,但愿几个孤儿将来学问有成,这些钱财我不敢取。"随即命人将钱掩埋原处,重新修筑好墙壁。李景让当上大官,头发已经斑白,在家稍有过错,仍不免遭母亲的杖打。

李景让在浙西做官,有个牙将违背他的旨意,李景让竟将他杖毙。此事在军中引起愤怒,军中酝酿变乱。李景让的母亲听说后,出来坐在厅堂上过问此事,让李景让站在庭中责备他说:"天子交付你镇守一方的重任,岂能拿国家的刑法作为自己喜怒的资本,由你随意杀害无罪的人?万一造成一方不得安宁,岂止上负于朝廷,也使年老的母亲含羞死去,有何脸面去见你的先人?"说完命左右家人剥下李景让的衣服加以惩罚,要用棍棒抽挞李景让的后背。将佐都为李景让求情,很久才将李景让释放,军中随后安定下来。

弟弟李景庄入贡院参加科举考试考到老,每当被黜退时,母亲郑氏都要责打李景让。然而李景让始终不肯向主考官请托,李景让说:"朝廷科举取士,自有公道,岂可仿效别人去打通关节呢?"

冬十月，禘于太庙。

礼院奏祝文于穆、敬、文、武，但称"嗣皇帝臣某昭告"，从之。

上受三洞法箓。　十二月朔，日食。

丁卯（847）　宣宗皇帝大中元年

春二月，旱。

上以旱故，减膳撤乐，出宫女，纵鹰隼，止营缮，命卢商与御史中丞封敖疏理京城系囚。大理卿马植奏曰："官典犯赃及故杀人，大赦所不免，今因疏理而原之，使贪吏无所惩畏，死有衔冤无告，恐非所以消旱灾、致和气也。"诏两省议之。

谏议大夫张鹭等言："所原死罪，无冤可雪。恐凶险侥幸之徒，常思水旱为灾，宜如植奏。"诏从之，以植为刑部侍郎。植素以文学政事有名于时，李德裕不之重。及白敏中秉政，凡德裕所薄者，皆不次用之。

以李德裕为太子少保、分司。

初，德裕引白敏中入翰林，及德裕失势，敏中竭力排之，使其党讼德裕罪，故有是命。

卢商罢。　以崔元式、韦琮同平章事。　闰月，敕复废寺。

冬十月,唐宣宗在太庙祫祭。

礼院奏称,在唐穆宗、唐敬宗、唐文宗、唐武宗的祫祭祝文上,只称"嗣皇帝臣某昭告",唐宣宗表示同意。

**唐宣宗接受道教三洞法篆。** **十二月初一,出现日食。**

# 唐宣宗

**丁卯**(847) **唐宣宗大中元年**
**春二月,出现旱灾。**

唐宣宗因为出现旱灾,减少自己的膳食,撤除乐队,将宫女放回家,将宫廷中养的鹰隼放飞,停止营修宫廷,命令卢商和御史中丞封敖疏理京城被关押在监狱中的囚徒。大理卿马植上奏说:"据官典对贪赃枉法和故意杀人的官吏,即使平时遇到大赦也不能免罪,如今因为卢商等人的疏理而获得赦免,这样做必定使贪官污吏得不到应有的惩罚,被无辜杀死的人含冤无处告状,恐怕不是消除旱灾、导致和气的好办法。"唐宣宗下诏命中书、门下两省官员商议如何处理。

谏议大夫张鹭等人向唐宣宗启奏说:"所有原来犯有死罪的囚徒,本来就没有冤情可以昭雪。担心凶恶阴险而心存侥幸的罪犯,时常希望发生水旱灾害,所以应该听从马植的奏请。"唐宣宗下诏同意马植的奏议,任命马植为刑部侍郎。马植平素以有文学才能和善理政事而闻名于当时,李德裕不加重用。到白敏中执掌朝政时,凡李德裕所鄙薄的人,都不拘等次地加以重用。

**任命李德裕为太子少保、分司东都。**

起初,李德裕提拔白敏中入翰林为学士,等到李德裕失势,白敏中竭力排挤李德裕,指使李德裕的党羽揭发李德裕的罪过,所以有这项任命。

**卢商罢相。** **任命崔元式、韦琮为同平章事。** **闰四月,唐宣宗颁布敕令恢复被废除的寺庙。**

是时君臣务反会昌之政,故僧尼之弊皆复其旧。

**积庆太后萧氏崩。** **吐蕃寇河西,河东节度使王宰击破之。**

吐蕃论恐热乘武宗之丧,诱党项及回鹘余众寇河西。诏河东节度使王宰将诸军击之。以沙陀朱邪赤心为前锋,战于盐州,破走之。

**夏六月,复遣使册黠戛斯可汗。** **以令狐绹为考功郎中、知制诰。**

上谓白敏中曰:"朕昔从宪宗之丧,道遇风雨,百官皆散,惟山陵使长而多髯,攀灵驾不去,谁也?"对曰:"令狐楚。"上曰:"有子乎?"敏中以绹对,且称其有才器,上即擢绹知制诰。问以元和故事,绹条对甚悉,上悦,遂有大用之意。

**秋八月,李回罢。** **葬贞献皇后。** **作雍和殿。**

上敦睦兄弟,作雍和殿于十六宅,数临幸,置酒作乐,击球尽欢。诸王有疾,常亲至卧内存问,忧形于色。

**冬十二月,贬李德裕为潮州司马。**

吴汝纳讼其弟湘罪不至死,为李德裕所枉杀。御史鞫之,再贬德裕。

**复增州、县官三百八十三员。**

**戊辰**(848) **二年**

**春正月,群臣上尊号。** **贬丁柔立为南阳尉。**

这时君主、大臣都竭力反对会昌年间的政策,所以僧侣、尼姑的弊端都恢复原样。

**唐文宗的母亲积庆太后萧氏驾崩。** **吐蕃入侵唐朝河西诸郡,河东节度使王宰击败吐蕃。**

吐蕃论恐热趁唐武宗丧事的机会,引诱党项族以及回鹘余众入侵唐朝河西地区。唐宣宗下诏命河东节度使王宰率领诸军征讨论恐热。王宰任命沙陀族首领朱邪赤心为前锋,与论恐热战于盐州,把论恐热击败赶走。

**夏六月,唐宣宗再次派使者册封黠戛斯可汗。** **任命令狐绹为考功郎中、知制诰。**

唐宣宗对白敏中说:"朕从前为宪宗皇帝发丧时,途中遇到大风雨,群臣百官都四下逃散,只有长得高大而多胡须的山陵使,扶着宪宗皇帝的灵柩车驾没有离去,这个人是谁呢?"白敏中回答说:"是令狐楚。"唐武宗说:"他有儿子吗?"白敏中以令狐绹作回答,并且称赞令狐绹很有才气,唐宣宗立即提拔令狐绹为知制诰。唐宣宗问令狐绹元和年间的旧事,令狐绹逐条对答非常熟悉,唐宣宗很高兴,于是内心有重用令狐绹的意思。

**秋八月,李回罢相。** **朝廷安葬贞献皇后。** **唐宣宗下令建造雍和殿。**

唐宣宗为了诚心与兄弟们和睦友爱,在十六宅建造雍和殿,并多次亲临此殿,设置酒宴,游玩作乐,共同击球,尽情欢乐。诸王如果患病,唐宣宗经常亲自到卧室慰问,脸上现出忧虑焦急的神情。

**冬十二月,朝廷贬李德裕为潮州司马。**

吴汝纳上表申诉他弟弟吴湘犯罪不至于处死,被李德裕所冤枉杀死。经御史审问,朝廷再次贬斥李德裕。

**再次增加州、县官吏三百八十三员。**

**戊辰(848) 唐宣宗大中二年**
春正月,群臣给唐宣宗上尊号。 朝廷贬丁柔立为南阳县尉。

初，李德裕执政，有荐丁柔立清直可任谏官者，德裕不能用。至是，为右补阙，上疏讼德裕冤，坐阿附贬。

**黠戛斯攻室韦，大破之。**

回鹘遏捻可汗日益耗散，所存贵臣以下不满五百人，依于室韦。使者入贺正，过幽州，张仲武使归取遏捻等。遏捻闻之，夜与妻子九骑西走，室韦分其余众。黠戛斯帅诸胡兵取之，大破室韦，悉收回鹘余众归碛北。

**二月，以令狐绹为翰林学士。**

上尝以太宗所撰《金镜》授绹，使读之，至"乱未尝不任不肖，治未尝不任忠贤"，止之曰："凡求致太平，当以此言为首。"又书《贞观政要》于屏风，每正色拱手而读之。上欲知百官名数，绹曰："六品以下吏部注拟，五品以上政府制授，各有籍，命曰具员。"上命宰相作《具员御览》五卷，置于案上。

**作五王院。**

上欲作五王院，以处皇子之幼者，召术士柴岳明，使相其地。岳明对曰："臣庶迁徙不常，故有祸福之说，阴阳书本不言帝王家也。"上善其言，赐以束帛。

**夏五月朔，日食。　崔元式罢，以周墀、马植同平章事。**

初，墀为义成节度使，辟韦澳为判官。及为相，谓澳曰："何以相助？"澳曰："愿相公无权。"墀愕然。澳曰："官赏刑罚，与天下共其可否，勿以己之爱憎喜怒移之。天下

起初，李德裕执掌朝政大权，有人举荐丁柔立清廉正直可以担任谏官，李德裕不予任用。到这时，任丁柔立为右补阙，上疏为李德裕申冤，朝廷以丁柔立阿附李德裕而将他贬官。

**黠戛斯攻打室韦，把室韦打得大败。**

回鹘国逼捻可汗的部众日益走失离散，所存留的贵族以下人员不满五百人，转而依附于室韦部落。回鹘派遣使者入唐朝祝贺正旦佳日，路过幽州，张仲武让使者回去擒捉逼捻可汗等人。逼捻可汗听说后，连夜与妻子、儿子九人骑马西逃，室韦分掉回鹘的剩余部众。黠戛斯率领诸胡军队夺取回鹘，大破室韦，把回鹘余众全部收归于沙漠以北。

**二月，任命令狐绹为翰林学士。**

唐宣宗曾经把唐太宗撰写的《金镜》一书授给令狐绹，让他读给自己听，读到“乱世从来都是委任不肖之徒，治世从来都是委任忠贤之士”时，唐宣宗止住令狐绹说：“大凡要求致太平的，应当以这句话为首要信条。”又将《贞观政要》书写到屏风上，经常严肃地拱手细读。唐宣宗想知道朝廷百官的名字和数额，令狐绹说：“六品以下的官吏由吏部注册授职，五品以上的官吏由政事堂颁制授职，他们各有名籍，名叫具员。”唐宣宗命宰相作《具员御览》五卷，经常放在书桌上。

**朝廷建造五王院。**

唐宣宗打算在大明宫内建造五王院，以便让年龄幼小的皇子居处，叫术士柴岳明来相风水。柴岳明回答说：“一般臣民之家经常迁徙不定，所以有祸福利害的说法，阴阳家的书是不谈帝王家的。”唐宣宗认为柴岳明说得对，赐给他一束帛。

**夏五月初一，出现日食。　崔元式罢相，任命周墀、马植为同平章事。**

起初，周墀为义成节度使，招聘韦澳为判官。等周墀做了宰相，对韦澳说：“你将如何帮助我呢？”韦澳说：“希望相公没有权力。”周墀愕然。韦澳说：“对于官吏的赏赐、用刑和处罚，您应该与天下人持相同的意见，不要以自己的爱憎喜怒为转移，天下

自理，何权之有？"墀深然之。

**太皇太后郭氏暴崩于兴庆宫。**

初，宪宗之崩，上疑郭太后预其谋。又郑太后本郭太后侍儿，有宿怨，故上即位，待郭太后礼殊薄，郭太后怏怏。一日登勤政楼，欲自陨，上闻之，大怒。是夕暴崩，外人颇有异论。上不欲以郭后附葬宪宗，有司请葬景陵外园。礼院检讨官王皞奏宜合葬祔庙，上大怒。白敏中召皞诘之，皞曰："太皇太后，汾阳王之孙，宪宗在东宫为正妃，母天下历五朝，岂得以暧昧之事遽废正嫡之礼乎？"敏中怒甚，皞气愈厉。周墀见之，举手加额，叹其孤直。皞竟坐贬句容令。

**秋九月，贬李德裕为崖州司户。　以石雄为神武统军。**

雄诣政府自陈黑山、乌岭之功，求一镇以终老。执政以雄李德裕所荐，除神武统军，雄怏怏而薨。

**冬十一月，万寿公主适起居郎郑颢。**

颢以文雅著称。公主，上之爱女，故选尚之。旧例以银装车，上曰："吾欲以俭约化天下，当自亲者始。"令依外命妇以铜装车。仍诏公主执妇礼，皆如臣庶之法，戒以毋得轻夫族，预时事。颢弟颛尝得危疾，上遣使视之，还问："公主何在？"曰："在慈恩寺观戏场。"上怒，叹曰："我怪士大夫家不欲

自然会得到治理,何必去谋求权力呢?"周墀听后深表赞同。

**太皇太后郭氏在兴庆宫突然驾崩。**

起初,唐宪宗驾崩,唐宣宗怀疑郭太后参与了谋害唐宪宗的密谋。又加上郑太后原本是侍候郭太后的小婢,她们之间有宿怨,所以唐宣宗即帝位后,对郭太后持礼甚薄,郭太后内心快快不快。一天郭太后登上勤政楼,想跳楼自杀,唐宣宗听说后,勃然大怒。这天夜里郭太后突然驾崩,宫外人们对此颇有异议。唐宣宗不打算把郭太后祔葬在唐宪宗旁边,主管部门请求安葬在景陵的外园。礼院检讨官王皞奏请将郭太后与唐宪宗合葬,神主像应放在同一庙室,唐宣宗看后勃然大怒。白敏中招来王皞责问,王皞说:"太皇太后,是汾阳王郭子仪的孙女,宪宗皇帝在东宫时就是正妃,为天下国母历经五朝,岂可因为不明不白的事就突然废止按正宫嫡妻安葬的礼仪呢?"白敏中听后更加愤怒,王皞越说语气越严厉。周墀看到这些情况,不由得举手按住脑门,赞叹王皞为人正直。最后王皞被贬为句容县令。

**秋九月,朝廷再次贬李德裕为崖州司户。 任命石雄为神武统军。**

石雄来到政事堂,向宰相们陈述自己在黑山、乌岭建立的功劳,请求领一藩镇直到终老。当朝宰相认为石雄是李德裕所推荐,于是任石雄为神武统军,石雄快快不乐而死。

**冬十一月,万寿公主嫁给起居郎郑颢。**

郑颢以文才儒雅而著称。万寿公主是唐宣宗的爱女,所以唐宣宗选郑颢娶公主。按着旧制应当用银子装饰马车,唐宣宗说:"我正想用俭朴节约来教化天下,应当从我的亲族开始。"于是命令礼官依照外朝命妇的标准用铜装饰马车。唐宣宗又颁下诏书令万寿公主执守妇人礼节,一切规矩都依照臣下庶民的习惯,告诫万寿公主不得轻视丈夫家族的人,不得干预时事。郑颢的弟弟郑颐曾经得了急病,唐宣宗派遣使者前去探视,回宫后,唐宣宗问道:"万寿公主在哪里?"使者回答说:"在慈恩寺观戏场。"唐宣宗听后大怒,叹惜说:"我一直奇怪士大夫家族不想

与我家为昏,良有以也。"亟召公主责之曰:"岂有小郎病,不往省视,乃观戏乎?"由是贵戚皆守礼法,如衣冠之族。

**葬懿安皇后于景陵之侧。　韦琮罢。**

己巳(849)　三年
**春正月,以韦宙为御史。**

上与宰相论元和循吏孰为第一,周墀曰:"臣尝守土江西,闻观察使韦丹功德被于八州,没四十年,老稚歌思,如丹尚存。"诏史馆修撰杜牧撰丹《遗爱碑》,仍擢其子宙为御史。

**二月,吐蕃三州七关来降。　夏四月,周墀罢为东川节度使。**

王宰入朝,以货结贵幸,求以使相领宣武。周墀上疏论之,宰遂还镇。驸马都尉韦让求为京兆尹,墀言:"京兆尹非才望不可为。"让议竟寝。墀又谏上开边,忤旨,遂罢。翰林学士郑颢言于上曰:"周墀以直言入相,亦以直言罢。"上深感悟,加检校右仆射。

**以崔铉、魏扶同平章事。　卢龙节度使张仲武卒。**
子直方为留后。
**五月,武宁军乱,逐其节度使李廓,诏以卢弘止代之。**

李廓在镇不治,右补阙郑鲁上言其状,且曰:"臣恐新麦未登,徐师必乱,速命良帅救此一方。"上未之省。

与我家通婚，看来是有原因的。"立即召万寿公主回宫，并责备她说："哪有小叔子病危，嫂子不去探视，反而有兴致去看戏的道理？"从此皇亲贵戚都遵守礼节法度，像士大夫家族一样。

将懿安皇后安葬在景陵的旁边。　　韦琮罢相。

己巳（849）　唐宣宗大中三年
春正月，朝廷任命韦宙为御史。

唐宣宗与宰相讨论唐宪宗元和年间循职守法的官吏谁为第一，周墀说："我曾经在江西做官，听说江西观察使韦丹的功德遍及江西道所辖八州，在他死后四十年，江西无论是老人还是小孩都在歌颂思念他，就像韦丹还活着一样。"唐宣宗下诏令史馆编修杜牧撰写韦丹的《遗爱碑》来纪念他，并提拔韦丹的儿子韦宙为御史。

二月，吐蕃占领的秦、原、安乐三州及石门等七座关隘，派使者向唐朝投降。　　夏四月，周墀被罢免为东川节度使。

王宰入朝，用财货结交权贵幸臣，请求让自己以使相的身份统领宣武节度使。周墀向唐宣宗上疏评论此事，王宰随后回到河东镇。驸马都尉韦让请求任京兆尹，周墀说："京兆尹这官如果没有才能声望是不可以担当的。"韦让的请求最终没有实现。周墀又谏阻唐宣宗开拓疆土，违背了唐宣宗的旨意，随即罢相。翰林学士郑颢向唐宣宗上言说："周墀因为敢于直言而升任宰相，也因为敢于直言被罢免宰相。"唐宣宗听后深为感动而觉悟，于是给他加检校右仆射的名衔。

朝廷任命崔铉、魏扶为同平章事。　　卢龙节度使张仲武去世。
张仲武的儿子张直方为卢龙留后。

五月，武宁军发生叛乱，驱逐节度使李廓，唐宣宗下诏任命卢弘止代替李廓为节度使。

节度使李廓在镇不修政治，右补阙郑鲁上言陈述其情状，并且说："我恐怕等不到新麦收获，徐州的军队必定发生叛乱，请皇上迅速派一位优秀统帅来解救这一方灾难。"唐宣宗对此没有省悟。

徐州果乱,逐廓。上思鲁言,擢为起居舍人,以卢弘止为节度使。

武宁士卒素骄,有银刀都尤甚,屡逐主帅。弘止至镇,都虞候胡庆方复谋作乱,弘止诛之,抚循其余,训以忠义,军府遂安。

**六月,以张直方为卢龙节度使。 秋七月,克复河、湟。**

泾原节度使康季荣取原州及六关,灵武节度使朱叔明取长乐州,邠宁节度使张君绪取萧关。八月,改长乐州为威州。河、陇老幼千余人诣阙,上御延喜门楼见之,欢呼舞跃,解胡服,袭冠带。

诏:"募百姓垦辟三州、七关土田,五年不收租税。将吏能为营田者,官给牛及种粮。温池盐利,委度支制置。成卒倍给衣粮,二年一代。余没蕃州、县,亦令量力收复。"

**冬十月,改备边库为延资库。 取维州。 闰十一月,加顺宗、宪宗谥号。**

宰相以克复河、湟,请上尊号,上曰:"宪宗尝有志复河、湟,未遂而崩,今乃克成先志耳。其议加顺、宪二庙尊谥,以昭功烈。"

**张直方归京师。**

直方暴忍,喜游猎。军中将作乱,直方知之,举族逃归京师。军中推牙将周綝为留后。

**李德裕卒。**

不久徐州果然发生了叛乱,乱军驱逐了节度使李廓。唐宣宗回想起郑鲁的话,于是提拔郑鲁为起居舍人,任命卢弘止为武宁节度使。

武宁士卒一向骄横,其中银刀都尤其严重,多次驱逐主帅。卢弘止到达武宁,都虞候胡庆方又企图作乱,卢弘止杀了胡庆方,安抚其余的人,用忠义训导他们,武宁军府于是安定下来。

**六月,唐宣宗任命张直方为卢龙节度使。** **秋七月,唐朝攻克收复河、湟地区。**

唐朝泾原节度使康季荣夺取原州及石门等六座关隘,灵武节度使朱叔明夺取长乐州,邠宁节度使张君绪夺取萧关。八月,改长乐州为威州。河西、陇右地区百姓老幼一千多人来到长安,唐宣宗亲自登上延喜门楼接见他们,河西、陇右人欢呼跳跃,脱下胡人服装,戴上唐朝人的冠带。

唐宣宗颁布诏书说:"招募百姓开垦耕种河西、陇右三州、七关的土地农田,官府五年免收租税。将领官吏有能耕种农田的,官府发给牛和粮食种子。温池的盐利,可以委托度支安排。凡三州、七关地区镇守的士兵,加倍发给衣服粮食,两年轮换一次。其余被吐蕃陷没的州、县,也命令他们根据自己的军事力量来加以收复。"

**冬十月,唐朝改备边库为延资库。** **西川节度使杜悰从吐蕃手中夺取维州。** **闰十一月,朝廷给唐顺宗、唐宪宗加谥号。**

宰相以攻克收复河、湟地区为由,请求给唐宣宗上尊号,唐宣宗说:"唐宪宗曾有志收复河、湟地区,未能如愿而驾崩,如今才完成了先辈的遗志。现在应该商议给顺宗、宪宗二庙加封尊谥,以昭示先辈的功烈。"

**张直方回京师。**

卢龙节度使张直方凶暴残忍,喜欢郊游打猎。军队中将要发生叛变,张直方知道情况,带着全家族人逃归京师。卢龙军中推举牙将周綝为留后。

**崖州司户李德裕去世。**

庚午（850） 四年

**夏四月，贬马植为常州刺史。**

上之立也，中尉马元贽有力焉，由是有宠。植与之叙宗姓，上赐元贽宝带，元贽以遗植。植服之以朝，上见而识之，收其亲吏鞫之，尽得交通之状，故贬之。

**六月，魏扶卒。以崔龟从同平章事。 秋八月，卢龙节度使周𬘭卒。军中推张允伸为留后。 九月，贬孔温裕为柳州司马。**

党项为边患，发兵讨之，连年无功。补阙孔温裕上疏切谏，上怒，贬之。温裕，戣之兄子也。既而戣弟子吏部侍郎温业亦求补外，白敏中谓同列曰："我辈须自点检，孔吏部不肯居朝廷矣。"

**吐蕃论恐热击尚婢婢，遂掠河西。**

论恐热击尚婢婢，婢婢拒之，不利，粮乏，留拓跋怀光守鄯州，帅部落就水草于甘州西。恐热自将追之，大掠河西八州，五千里间赤地殆尽。

**冬十月，以令狐绹同平章事。**

辛未（851） 五年

**春二月，沙州降。 以裴休为盐铁转运使。**

自大和以来，岁运江、淮米不过四十万斛，吏卒侵盗、沉舟，达渭仓者什不三四，大堕刘晏之法。休穷究其弊，立漕法十条，岁运百二十万斛。

庚午（850） 唐宣宗大中四年

夏四月，朝廷贬马植为常州刺史。

唐宣宗被立为皇帝，中尉马元贽出了大力，由此受宠。马植与马元贽攀亲序为同姓宗族，唐宣宗赐给马元贽金宝腰带，马元贽把腰带送给马植。马植系着宝带上朝，被唐宣宗看见并认出，收捕马植的亲信胥吏送交御史台加以审问，将马植与马元贽内外勾结的情状全部查清，所以贬斥马植。

六月，魏扶去世。唐宣宗任命崔龟从为同平章事。　秋八月，卢龙节度使周綝去世。军中推举张允伸为留后。　九月，贬孔温裕为柳州司马。

党项族成为唐朝边境的祸患，朝廷调发军队讨伐，连年没有获得成功。补阙孔温裕上疏恳切谏阻，唐宣宗发怒，把孔温裕贬为柳州司马。孔温裕是孔戣哥哥的儿子。不久，孔戣弟弟的儿子、吏部侍郎孔温业也请求到地方上任官，白敏中对同行宰相说："我们这些当朝宰相应该检点些，孔吏部不肯居于朝廷为官了。"

吐蕃论恐热攻击尚婢婢，烧杀掠夺河西地区。

论恐热派兵攻打尚婢婢部，尚婢婢派兵抗拒，交战不利，粮食缺乏，留下拓跋怀光据守鄯州，率领剩余部众来到甘州西部有水有草的地区。论恐热亲自率领部将追赶，在河西八州大肆烧杀抢掠，方圆五千里几乎不生五谷。

冬十月，唐宣宗任命令狐绹为同平章事。


辛未（851） 唐宣宗大中五年

春二月，沙州刺史张义潮派使者向唐朝归降。　唐宣宗任命裴休为盐铁转运使。

自大和年间以来，每年漕运到京师的江、淮地区的大米不过四十万斛，路上遭受官吏士兵侵吞偷盗以及米船沉没，运到渭仓的粮食不到十分之三四，使刘晏创立的漕运法遭到极大破坏。裴休坚决追究漕运过程的弊端，制定漕运法规十条，使每年漕运大米达到一百二十万斛。

**以李福为夏绥节度使。**

上颇知党项之反，由边帅利其羊马，数欺夺诛杀之。自是继选儒臣以代边帅之贪暴者。行日复面加戒励，党项遂安。

**三月，以白敏中充招讨党项都统、制置使。**

上以党项久未平，颇厌用兵。崔铉建议宜遣大臣镇抚，乃以白敏中为制置使。

初，上令敏中为万寿公主选佳婿，敏中荐郑颢。时颢已约昏卢氏，甚衔之，由是数毁敏中。敏中将赴镇，言于上曰："郑颢不乐尚主，怨臣入骨髓。今臣出外，颢必中伤，臣死无日矣。"上曰："朕知之久矣。"命左右于禁中取小柽函以授敏中曰："此皆郑郎谮卿之书也。朕若信之，岂任卿以至今日？"敏中遂行。

军于宁州定远城使史元破党项九千余帐，敏中奏党项平。诏："南山党项犹行钞掠，宜于银、夏境内授以闲田。或复入山林，不受教令，则诛讨无赦。若边将贪鄙，致其怨叛，当先罪边将，后讨寇虏。"南山党项寻亦请降，赦之。

**夏五月，吐蕃论恐热入朝。**

恐热残虐，所部多叛。恐热势孤，乃扬言曰："吾今入朝，借兵于唐，来诛不服者。"至是，入朝，求为河渭节度使，上不许。召对遣还，恐热怏怏而去。众稍散，才有三百余人，奔于廓州。

**唐宣宗任命李福为夏绥节度使。**

唐宣宗很清楚党项反叛是由于边镇将帅贪图党项的羊马，经常欺侮掠夺党项人，有时甚至妄加诛杀他们。朝廷从此继续选派文臣来替代边镇贪婪残暴的将帅。临行前唐宣宗还要当面告诫、勉励文臣，党项于是安定下来。

**三月，唐宣宗任命白敏中充任招讨党项都统、制置使。**

唐宣宗因党项叛乱长时间没有平息，又厌烦诉之于武力。崔铉建议该派朝中大臣去进行招抚，于是任命白敏中为制置使。

起初，唐宣宗命白敏中为万寿公主挑选佳婿，白敏中推荐郑颢。当时郑颢已与卢氏订婚，为此郑颢对白敏中很痛恨，屡次诋毁白敏中。白敏中将要赶赴边镇，对唐宣宗说："郑颢不乐意娶万寿公主，对我恨之入骨。如今我要外出，郑颢必定会趁机恶语中伤，我恐怕离死不远了。"唐宣宗说："朕知道此事已经很久了。"命令左右近侍从宫禁中取出一个红柳木盒子交给白敏中，说："这里面都是郑郎诋毁你的上书。朕如果相信它，哪能任用你到今天？"白敏中于是出发。

白敏中驻军在宁州，定远城使史元攻破党项族九千余帐，白敏中上奏说党项已经平定。唐宣宗颁布诏令称："南山党项部落仍在进行抢掠，应该在银州、夏州境内授给他们一些闲置的田地。如果有人再入山林进行抢劫，不服从教令，就对他们进行征讨诛杀，决不赦免。如果唐朝边镇将领官吏贪婪残暴，导致党项人怨恨反叛，应当首先向边镇将领官吏问罪，然后再讨伐流寇叛贼。"南山党项部落不久也请求归降，唐宣宗下令赦免了他们。

**夏五月，吐蕃论恐热进京朝见。**

论恐热残忍暴虐，所属部众大多背叛了他。论恐热势力孤单，于是扬言说："我现在准备进京朝见，向大唐借兵，来诛杀不服从我的人。"到这时论恐热进京朝见，请求担任河渭节度使，唐宣宗没有允许。并召论恐热问对，然后将论恐热遣返回去，论恐热快快不快地离开京城。其部众逐渐散去，仅剩下三百余人，投奔廓州。

**冬十月,以魏谟同平章事。**

时上春秋已高,未立太子,群臣莫敢言。谟入谢,因言:"今海内无事,惟未建储副,使正人辅导,臣窃以为忧。"且泣。时人重之。

**以白敏中为邠宁节度使。　十一月,以张义潮为归义节度使。**

先是,义潮以沙州降,发兵略定其旁瓜、伊、西、甘、肃、兰、鄯、河、岷、廓十州,遣其兄义泽奉图籍入见,于是河、湟之地尽入于唐。诏置归义军于沙州,以义潮镇之。

**崔龟从罢。**

壬申(852)　六年

**春二月,鸡山群盗寇掠果州,刺史王赞弘讨平之。**

初,蓬、果群盗依阻鸡山,寇掠三川。诏果州刺史王赞弘讨之。山南西道亦奏巴南妖贼言辞悖慢,上怒甚。崔铉曰:"此皆陛下赤子,迫于饥寒,盗弄兵于溪谷间,不足辱大军,但遣一使者可平矣。"乃遣京兆少尹刘潼招谕之。潼言:"使之归命,其势甚易,所虑者武臣耻不战之功,议者责欲速之效耳。"潼至山中,盗弯弓待之,潼直前曰:"我面受诏,赦汝罪,使汝复为平人。汝真欲反,可射我。"贼皆投弓,列拜请降。潼归馆,而赞弘引兵已至山下,竟击灭之。

**三月,诏大将军郑光赐庄,免税役,寻罢之。**

冬十月，唐宣宗任命魏谟为同平章事。

当时唐宣宗年事已高，还未立皇太子，群臣没有谁敢谈这件事。魏谟入朝向唐宣宗谢恩，趁机上言说："如今海内已经没有战事，只是至今还没有建立储君，让正人君子加以辅导，我内心对此深感忧虑。"说着流下眼泪。时人都特别敬重他。

唐宣宗任命白敏中为邠宁节度使。　十一月，任命张义潮为归义节度使。

先前，张义潮率沙州归降唐朝，调发军队大致平定沙州近旁的瓜、伊、西、甘、肃、兰、鄯、河、岷、廓十州，派他的哥哥张义泽带着版图户籍进京谒见唐宣宗，于是河、湟地区全部归入唐朝版图。唐宣宗下诏在沙州设置归义军，由张义潮镇守其地。

崔龟从罢相。

壬申（852）　唐宣宗大中六年

春二月，鸡山群盗入侵抢掠果州，被果州刺史王赞弘讨伐平定。

当初，蓬州、果州的群盗以鸡山为根据地，入侵掠夺东川、西川、山南西道等三川地区。唐宣宗下诏命果州刺史王赞弘讨伐群盗。山南西道也奏称巴南的妖贼言辞傲慢狂悖，唐宣宗更加愤怒。崔铉说："这些人都是陛下的赤子，由于饥寒交迫，在溪谷山林间使刀弄枪，不值得调集大军，只要派遣一个使者就可以平定他们。"于是派遣京兆少尹刘潼前去招抚劝谕。刘潼说："让他们归服听命，做到这点很容易，所忧虑的是武臣把不战之功作为耻辱，议论者要求急于求成的功效。"刘潼来到山中，盗贼都拉满弓接待他，刘潼直接走向前说："我面受皇帝的诏令，赦免你们的罪行，让你们重新做平民百姓。你们如果真想造反可以射死我。"盗贼都把弓箭扔到一边，列队向刘潼拜谢请求投降。刘潼回到馆舍，而王赞弘率领军队已经到达山下，竟然袭击歼灭了他们。

三月，唐宣宗下诏原先赐给大将军郑光的庄园免除税役，不久又停止免税。

敕先赐郑光鄠县等庄,并免税役。中书、门下奏:"税役之法,天下皆同。郑光独免,似乖法意。"敕曰:"朕以郑光元舅,初不细思。亲戚之间,人所难议,卿等苟非爱我,岂进嘉言?庶事能尽如斯,天下何忧不理?有始有卒,当共守之。并依所奏。"

**夏六月,以毕诚为邠宁节度使。**

党项复扰边,上欲择帅而难其人,从容与翰林毕诚论边事。诚援古据今,具陈方略。上悦,曰:"不意颇、牧近在禁庭。卿其为朕行乎?"诚欣然奉命。

**闰月,以卢钧为河东节度使。**

河东节度使李业纵吏民侵掠杂虏,由是北边扰动,诏以钧代之。业内有所恃,人莫敢言,魏谟独请贬黜,上不许。

钧奏韦宙为副使,遣诣塞下,谕以祸福,禁其侵掠,杂虏遂安。掌书记李璋杖一牙职,明日,牙将百余人诉于钧,钧杖其为首者,谪戍外镇,曰:"边镇百余人无故横诉,不可不抑也。"

**秋八月,以裴休同平章事。 冬十月,毕诚招谕党项,降之。 十二月,复禁私度僧尼。**

先是,进士孙樵上言:"百姓男耕女织,不自温饱,而群僧安坐华屋,美衣精馔,率以十户不能养一僧。武宗愤其然,

唐宣宗下敕令先前赐给郑光在鄠县等地的庄园,一并免除税役。中书、门下二省为此上奏说:"交税服役的法规天下人都应当共同遵守。唯独免除郑光的税役,这似乎违背法规的意图。"唐宣宗下敕令说:"朕以为郑光是皇帝的长舅,起初没有细加思考。况且又是亲戚之间,正是人们难以议论的,你们如果不是爱护我,怎么能向我进这么好的意见? 其他一般性事务如果都能做到这样,天下何忧不能治理? 事情有始有终,君臣百姓都应当共同遵守。按着你们所奏请的意见去办。"

夏六月,唐宣宗任命毕诚为邠宁节度使。

党项部族又侵扰边境,唐宣宗想选择可担任邠宁的统帅却难以找到合适人选,便从容地与翰林学士毕诚议论边境之事。毕诚引古论今,向唐宣宗详细地陈述方略。唐宣宗很高兴,说:"想不到廉颇、李牧就近在宫廷中。你愿意为朕出使边镇吗?"毕诚欣然奉命前往。

闰七月,唐宣宗任命卢钧为河东节度使。

河东节度使李业放纵所部官吏百姓侵扰掠夺杂居的各族人,由此北部边境出现动乱,唐宣宗下诏任命卢钧替代李业为河东节度使。李业在宫内因为有所依恃,人们都不敢说他的罪过,唯独魏谟请求贬黜李业,唐宣宗没有同意。

卢钧奏请任命韦宙为河东节度副使,派他走遍塞下,告谕祸福利害,禁止侵占掠夺,边境杂居的胡人部落从此安定下来。掌书记李璋用木棍杖打了一名牙职小官,第二天,牙将一百多人向卢钧申诉,卢钧杖打其中为首者,将他贬谪外镇戍守,说:"边镇一百多人无故横加申诉,不可不加抑制。"

秋八月,唐宣宗任命裴休为同平章事。 冬十月,毕诚招抚告谕党项叛乱部众,使他们全部归降。 十二月,再次禁止私自剃度僧侣、尼姑。

先前,进士孙樵向唐宣宗上言:"百姓男耕女织,不能使自己获得温饱,而成群的僧侣闲坐在华丽的屋内,穿着好看的衣服,吃着精美的食物,一般十户农家也养不起一个僧侣。武宗皇帝对此很愤慨,

发十七万僧,是天下百七十万户始得苏息也。陛下即位以来,修复废寺,度僧几复其旧。纵不能如武宗除积弊,奈何兴之于已废乎?愿早降明诏罢之,庶几百姓犹得以息肩也。"

至是,中书、门下奏:"陛下崇奉释氏,群下莫不奔走,恐财力有所不逮,因之生事扰人。望委长吏量加撙节,仍禁私度僧尼。"从之。

### 癸酉(853) 七年
**夏四月,定杖笞法。**

敕:"自今法司处罪,用常行杖。杖脊一,折法杖十。杖臀一,折笞五。"

**冬十二月,以郑光为右羽林统军。**

上事郑太后甚谨,不居别宫,朝夕奉养。郑光镇河中,入朝,上与论政,光对鄙浅,上不悦,留为统军。太后数言其贫,上辄厚赐金帛,终不复任以民官。

**度支奏岁入之数:**

钱九百二十五万缗,内五百五十万缗租税,八十二万余缗榷酤,二百七十八万余缗盐利。

### 甲戌(854) 八年
**春正月朔,日食。罢元会。**

初,左补阙赵璘请罢元会,止御宣政。宰相曰:"天下无事,元会大礼,不可罢也。"上曰:"近华州有贼,关中少雪,

勒令十七万僧侣蓄发还俗，使得天下一百七十万户农民开始得到休养生息。而陛下即位以来，下令修复被废除的寺庙，重新剃度的僧尼几乎恢复到原来的数目。您即使不能像武宗皇帝那样革除僧侣的弊端，又为何使已废除的弊端重新复兴呢？希望您尽早降下圣明的诏书，停止这种活动，或许使百姓仍能够免除徭役获得的机会。"

到这时，中书、门下二省奏称："陛下崇尚信奉佛教，使群下莫不为之奔走，恐怕国家的财力无法承受，因此引发事端，骚扰百姓。希望陛下命令有关长官修建寺庙时注意节约费用，仍然要禁止私自剃度为僧侣尼姑。"唐宣宗表示同意。

### 癸酉（853） 唐宣宗大中七年

**夏四月，朝廷规定杖笞的刑法标准。**

唐宣宗颁布敕令："自今以后司法部门处置刑罚，通常使用杖刑。杖打脊背一下，依法规折算为杖打臀部十下。杖打臀部十下，折算为用鞭、竹板打五下。"

**冬十二月，唐宣宗任命郑光为右羽林统军。**

唐宣宗事奉郑太后非常谨慎，不让她居住于别宫，以便能自己朝夕服侍。舅舅郑光镇守河中，进京入朝，唐宣宗与他讨论国家政治，郑光对答浅薄，唐宣宗很不高兴，留郑光在朝廷任右羽林统军。郑太后多次向唐宣宗说郑光贫困，唐宣宗只赐给郑光优厚的金帛，但始终不再委任他以治民之官。

**度支上奏每年收入的数量：**

钱九百二十五万缗，其中五百五十万缗是租税，八十二万余缗是专卖酒的钱，二百七十八万余缗是盐利钱。

### 甲戌（854） 唐宣宗大中八年

**春正月初一，出现日食。停止元旦朝会。**

起初，左补阙赵璘请求停止元旦朝会，让皇上只到宣政殿面见朝臣们。宰相们反驳说："现在天下太平，元旦朝会是大礼，不能停止。"唐宣宗说："近来华州出现盗贼，关中地区下雪很少，

皆朕之忧，何谓无事？虽宣政亦不可御也。"

二月，以牛丛为睦州刺史。

中书、门下奏谏官、阙员请补。上曰："谏官要在举职，不必人多，如张道符、牛丛、赵璘辈数人，使朕日闻所未闻，足矣。"

久之，丛出为刺史，入谢，上赐之紫。丛曰："臣所服绯，刺史所借也。"上遽曰："且赐绯。"上重惜服章，有司常具绯、紫衣数袭从行，以备赏赐，或半岁不用其一，故当时以绯、紫为荣。上重翰林学士，然迁官必校岁月，以为不可以官爵私近臣也。

秋九月，以高少逸为陕虢观察使。

有敕使过硖石，怒饼黑，鞭驿吏见血。少逸以闻，上责敕使，谪配恭陵。

其后，上召翰林学士韦澳，屏左右问之曰："近日内侍权势如何？"对曰："陛下威断，非前朝之比。"上闭目摇首曰："全未，全未。尚畏之在，策将安出？"对曰："若与外庭议之，恐有大和之变，不若就其中择有才识者与之谋。"上曰："此乃末策，朕已试之矣。自衣绯以下皆感恩，才衣紫则相与为一矣。"上又与令狐绹谋尽诛宦官，绹恐滥及无辜，密奏曰："但有罪勿舍，有阙勿补，自然渐耗，至于尽矣。"宦者窃见其奏，由是益与朝士相恶，南北司如水火矣。

这都是朕的忧虑,怎么能说天下无事? 即使宣政殿也不能去。"

二月,唐宣宗任命牛丛为睦州刺史。

中书、门下二省奏称谏官、补缺官员缺额,请求增补。唐宣宗说:"谏官主要在于称职,不必人多,如张道符、牛丛、赵璘等数人,使朕每天能听到许多自己所没有听说的事,这就足够了。"

一段时间之后,牛丛出任睦州刺史,入朝向唐宣宗谢恩,唐宣宗赐给他紫衣。牛丛说:"我现在所穿的绯衣,就是刺史的凭借。"唐宣宗立即说:"再赐你一件绯衣吧。"唐宣宗很重视和珍惜代表官吏身份和地位的官服,有关部门经常准备好几套绯衣、紫衣紧随唐宣宗,以备赏赐用,有时半年也不用其中一件,所以当时人都以穿绯衣、紫衣为荣耀。唐宣宗很重视翰林学士,然而翰林学士升迁官位时,唐宣宗必定查对他们任官的年月,认为不可以将官爵私自赏赐给亲近的臣下。

**秋九月,唐宣宗任命高少逸为陕虢观察使。**

有一位敕使路过硖石县,对驿馆供给他吃的饼太黑而发怒,把驿馆官吏用鞭抽打得出血。高少逸将此事报告给朝廷,唐宣宗斥责敕使,将他降职发配去守卫恭陵。

事后唐宣宗招来翰林学士韦澳,屏去左右近侍问韦澳说:"你对近来宫中内侍宦官的权势如何看待?"韦澳回答说:"陛下对宦官的处置威严果断,不是前朝所能相比的。"唐宣宗闭目摇头说:"全不是这样,全不是这样。朕对宦官还有些畏惧,你有什么良策对付他们?"韦澳回答说:"如果与宫廷外的宰相大臣谋议诛除宦官,恐怕会发生像大和年间那样的变故,不如在宦官当中选择有才识的人,与他们谋议如何办好。"唐宣宗说:"这是下策,朕已试行过。当朕提拔他们穿绯衣时,他们感恩戴德,一旦让他们穿上紫衣,就与作恶为首的宦官抱成一团。"唐宣宗又与令狐绹密谋将宦官全部杀掉,令狐绹害怕会滥杀无辜,便密奏唐宣宗说:"只要对有罪的宦官不放过,宦官有缺不予补充,让他们自然慢慢消耗,到最后死光为止。"宦官偷偷见到令狐绹的奏章,由此对外朝士大夫们更加仇恨,南衙朝官与北司宦官势如水火不能相容。

**冬十月**，以李行言为海州刺史。

上猎于苑北，遇樵夫，问其县令为谁，曰："李行言。""为政如何？"曰："性执。有强盗数人，军家索之，竟不与，尽杀之。"上归，帖其名于寝殿之柱。及除刺史，入谢，上赐之金紫，取帖示之。

**诏雪王涯、贾𫗧等。**

上以甘露之变，惟李训、郑注当死，余人无罪，诏雪其冤。

**乙亥**（855） **九年**

**春正月**，成德节度使王元逵卒，军中立其子绍鼎为留后。 **二月**，以李君奭为怀州刺史。

初，上校猎渭上，有父老十数聚于佛祠。上问之，对曰："醴泉百姓也。县令李君奭有异政，考满当罢，诣府乞留。故此祈佛，冀谐所愿耳。"及怀州刺史阙，上手笔除君奭。

上聪察强记，天下奏狱吏卒姓名，一览皆记之。度支奏误"渍"为"清"，枢密承旨孙隐中足成之，上怒，推按谪罚之。

尝密令翰林学士韦澳纂次州县境土风物及诸利害为书，书号曰《处分语》。他日，邓州刺史薛弘宗入谢，出谓澳曰："上处分本州事惊人。"澳询之，皆《处分语》中事也。

**冬十月,唐宣宗任命李行言为海州刺史。**

唐宣宗在苑城之北打猎,遇到一位樵夫,问他这个县的县令是谁,樵夫回答说:"县令叫李行言。"唐宣宗又问:"他为政怎么样?"樵夫回答说:"他的性格很固执。有几个强盗关押在县监狱,宦官掌管的北司禁军来县府要人,李行言竟然坚决不放人,并把这些强盗全部处死。"唐宣宗回宫后,将李行言的名字事迹书写成帖子挂在自己的寝殿柱子上。唐宣宗任命李行言为海州刺史,李行言入朝谢恩,唐宣宗赐给他金紫衣裳,并让人取来挂在寝殿柱子上的帖文给李行言看。

**唐宣宗颁布诏书为王涯、贾𫗧等人昭雪。**

唐宣宗认为甘露之变,只有李训、郑注应当处死,其余的人都无罪,便颁布诏书为他们的冤案昭雪。

### 乙亥(855) 唐宣宗大中九年

**春正月,成德节度使王元逵去世,军中立他的儿子王绍鼎为留后。 二月,唐宣宗任命李君奭为怀州刺史。**

起初,唐宣宗在渭水边打猎,碰见十几位父老聚集在佛祠前。唐宣宗问他们做什么,他们回答说:"我们是醴泉县的百姓。县令李君奭有优异的政绩,任期届满当离职,我们到官府乞求让他继续留任。所以先到佛祠祈祷,希望我们的愿望能够实现。"到后来怀州刺史空缺,唐宣宗亲手书写诏敕任命李君奭为怀州刺史。

唐宣宗聪敏明察,记忆力很强,各地上奏的狱吏小卒的姓名,唐宣宗一看便都能记住。一次度支给唐宣宗上奏疏文中将"渍"误作"清",枢密承旨孙隐中将错字补上笔画改正后送交中书、门下,唐宣宗看后大怒,将擅自修改奏章的人加以降职的处罚。

唐宣宗曾经密令翰林学士韦澳按次第将各州县境内的风俗名物及各种利害关系编纂成书,书名叫《处分语》。有一天,邓州刺史薛弘宗入朝向唐宣宗谢恩,出宫后对韦澳说:"皇上对邓州的事务处置、分析得令人惊讶。"韦澳询问此事,结果都是《处分语》中所写的事。

**夏闰四月,诏州县作差科簿。**

诏以"州县差役不均,自今每县据人贫富及役轻重作簿,送刺史检署讫,锁于令厅,每有役事,委令据簿轮差"。

**秋七月,浙东军乱,逐观察使李讷。**

讷性卞急,遇将卒不以礼,故乱作。

**崔铉罢为淮南节度使。**

淮南饥,民多流亡。节度使杜悰荒于游宴,政事不治。上闻之,罢悰,以铉代之。

**九月,贬李讷为朗州刺史。杖监军王宗景,配恭陵。**

诏:"自今戎臣失律,并坐监军。"

**冬十一月,以柳仲郢为盐铁转运使。**

有医工刘集,交通禁中,上敕盐铁补场官。仲郢上言:"医工术精,宜补医官。若委务铜盐,何以课其殿最?且场官贱品,非特敕所宜亲。"上遽赐绢遣之。他日,见仲郢,劳之曰:"卿论刘集事甚佳。"

上尝有疾,医工梁新治之,良已,自陈求官,但敕月给钱三百缗而已。

**十二月,贬康季荣为夔州长史。**

季荣前为泾原节度使,擅用官钱,事觉,请以家财偿之。上以"季荣有河、湟功"许之。给事中封还敕书,谏官亦上言,乃贬之。

**以郑祗德为宾客分司。**

**夏闰四月,唐宣宗下诏命各州县制作差科簿。**

唐宣宗颁布诏令,认为"各州县征派的差役不平均,自今以后每县根据百姓的贫富情况及差役的轻重制作差科簿,送交州刺史检查签署完毕后,再收藏于县令衙署存档,每当派遣差役时,即根据差科簿来选派差役"。

**秋七月,浙东军发生叛乱,驱逐观察使李讷。**

李讷性情急躁,对部下将士不以礼相待,所以引起军队作乱。

**崔铉被罢免为淮南节度使。**

淮南发生饥荒,民众大多流亡他乡。节度使杜悰迷恋于游玩宴请,不理政事。唐宣宗听说后,罢黜杜悰的节度使职务,任命崔铉替代杜悰为淮南节度使。

**九月,贬李讷为郎州刺史。杖打监军王宗景,将他发配守恭陵。**

唐宣宗颁布诏书:"从今以后,凡镇守一方的武臣违法乱纪,监军也要一同判罪。"

**冬十一月,唐宣宗任命柳仲郢为盐铁转运使。**

有一位医工名叫刘集,通过关系交接宫廷,唐宣宗下敕令任命刘集为盐铁补场官。柳仲郢向上言说:"医工刘集医术精湛,应该补为医官。如果让他管理铜盐事务,怎么考察他的政绩是优是劣?况且场官是品位低贱的小官,本不是陛下的特别敕令所应该亲自任命的。"唐宣宗立即赐给刘集绢帛把他遣送回去。有一天,唐宣宗见到柳仲郢,慰劳他说:"你所议论刘集的事很好。"

唐宣宗曾经有病,医工梁新给他治病,病治好后,梁新亲自开口向唐宣宗要求赏给一个官职,唐宣宗只允许一个月给钱三千缗了事。

**十二月,康季荣被贬为夔州长史。**

康季荣先前为泾原节度使,擅自动用官府的钱财,案发后,请求用自己的家财偿还。唐宣宗以"康季荣有开辟河、湟地区的战功",准许康季荣的请求。给事中封还敕书,谏官也向唐宣宗上书劝谏,于是贬康季荣为夔州长史。

**唐宣宗任命郑祗德为太子宾客,分司东都。**

江西观察使郑祗德以其子颢尚主通显,固求散地,从之。

丙子(856) 十年

**春正月,以郑朗同平章事。 夏五月,以韦澳为京兆尹。**

澳为人公直,既视事,豪贵敛手。郑光庄吏恣横,积年租税不入,澳执而械之,具奏其状,欲置于法。上曰:"郑光甚爱之,何如?"对曰:"如此则是陛下之法独行于贫户耳,臣不敢奉诏。"上曰:"然则痛杖而贷其死,可乎?"澳归即杖之,督租数百斛足,乃释。

**六月,裴休罢为宣武节度使。**

初,上命休极言时事,休请早建太子。上曰:"若建太子,则朕遂为闲人。"休不敢复言,以疾辞位,从之。

**冬十月,以郑颢为秘书监。**

颢营求作相甚切,其父祗德闻之,与书曰:"闻汝已判户部,是吾必死之年。又闻欲求宰相,是吾必死之日也。"颢惧,表辞,从之。

**十一月,册回鹘为怀建可汗。**

先是,诏以"回鹘有功于国,世为婚姻,会昌奸臣遽加殄灭。近闻已庱历今为可汗,尚寓安西,俟归牙帐,当加册命"。至是,回鹘遣使入贡,册拜可汗。

**诏议迁穆宗已下出太庙。**

吏部尚书李景让上言:"穆宗乃陛下兄,敬宗、文宗、

江西观察使郑祗德因为他的儿子郑颢娶公主为妻,位望通显,坚决要求散官衔,唐宣宗同意了他的要求。

### 丙子(856) 唐宣宗大中十年

**春正月,任命郑朗为同平章事。** **夏五月,任命韦澳为京兆尹。**

韦澳为人公正爽直,到京兆府上任处理事务后,豪门贵族均有所收敛不敢为非作歹。郑光庄园的庄吏恣意骄横,多年的租税不交官府,韦澳将他抓起来,上了镣铐,上奏他的罪状,打算将他绳之以法。唐宣宗说:"郑光很喜欢这位庄吏,怎么办?"韦澳回答说:"如果这样,则是陛下所制定的法律只用来约束贫困的百姓,我实在不敢从命。"唐宣宗说:"这样的话,那么你用棍杖狠狠地痛打庄吏而免他一死,可以吗?"韦澳回到京兆府即重杖庄吏,督促他交满几百斛租税后,才将他释放。

**六月,裴休被罢免为宣武节度使。**

起初,唐宣宗让裴休尽情谈论时事,裴休请求早立皇太子。唐宣宗说:"如果立了皇太子,那么朕就成为闲人了。"裴休不敢再言此事,以身体有病要求辞去官位,唐宣宗听从了他的意见。

**冬十月,任命郑颢为秘书监。**

郑颢钻营做宰相十分急切,他的父亲郑祗德听说后,给他写信说:"听说你已掌管户部事务,这是我必死之年。又听说你想谋求宰相职位,这是我必死之日。"郑颢看信后非常害怕,向唐宣宗上表请求辞去繁重的政务,唐宣宗同意了他的请求。

**十一月,册封回鹘国可汗为怀建可汗。**

先前,唐宣宗颁布诏书认为"回鹘曾有功于国家,世代与皇室通婚,会昌年间奸臣忽然对回鹘残部加以歼灭。近来听说已 厖历现在当了可汗,目前寓居安西地区,等到他回到回鹘王廷的牙帐,当正式加以册命"。到这时,回鹘国派使者向朝廷进贡,便册拜回鹘国可汗为怀建可汗。

**唐宣宗诏命朝廷百官商议将唐穆宗以下神主迁出太庙。**

吏部尚书李景让上表说:"穆宗皇帝是陛下的兄长,敬宗、文宗、

武宗乃兄之子,陛下拜兄尚可,拜侄可乎? 宜迁四主出太庙,还代宗以下入庙。"诏百官议,不决而止,时人以是薄景让。

**以崔慎由同平章事。**

上命相,左右无知者。前此令枢密宣旨,以萧邺为相,枢密使王归长等复奏邺所判度支应罢否,上以为归长等佑之,即手书慎由名付学士院,云仍罢判度支。

**诏内园使李敬寔剥色,配南牙。**

内园使李敬寔遇郑朗不避马,朗奏之,上责敬寔,对曰:"供奉官例不避。"上曰:"汝衔敕命,横绝可也,岂得私出而不避宰相乎?"命剥色,配南牙。

丁丑(857) 十一年
春正月,以韦澳为河阳节度使。

澳尝奏事,上欲以澳判户部。以心力衰耗、难处繁剧为辞,上不悦。及归,其甥柳玭尤之。澳曰:"主上不与宰辅金议,私欲用我,人必谓我以他歧得之,何以自明? 且尔知时事浸不佳乎,由吾曹贪名位所致耳。"遂去镇河阳。玭,仲郢之子也。

**二月,魏谟罢为西川节度使。**

上乐闻规谏,凡谏官论事、门下封驳苟合于理,多

武宗皇帝是陛下兄长的儿子,陛下敬拜兄长还可以,敬拜侄子可以吗？应该将穆宗以下四位神主迁出太庙,将代宗以下各宗迁入太庙。"唐宣宗诏命朝廷百官商议此事,无法决断,不了了之。时人对李景让表示鄙薄。

**唐宣宗任命崔慎由为同平章事。**

唐宣宗任命宰相,左右近臣没有谁能事先知道的。先前唐宣宗命枢密使宣旨,任命萧邺为宰相,枢密使王归长等人复奏萧邺所任判度支是否当该罢黜,唐宣宗认为宦官王归长等人想在宫廷助萧邺一把,当即手书崔慎由的名字交付学士院,仍然罢免萧邺的判度支职位。

**唐宣宗诏命内园使李敬寔脱去标志内官身份地位的色服,发配到南衙服役。**

内园使李敬寔在路上遇到宰相郑朗不躲避他的马,郑朗上奏唐宣宗,唐宣宗责备李敬寔,李敬寔回答说:"供奉官按惯例不用回避。"唐宣宗说:"如果你奉朕的敕命办公事骄横点还可以,岂能私自出宫而不避宰相的马呢?"唐宣宗命李敬寔脱去标志内官身份地位的色服,发配到南衙服役。

### 丁丑(857)　唐宣宗大中十一年

**春正月,任命韦澳为河阳节度使。**

韦澳曾经向唐宣宗奏事,唐宣宗想任命韦澳为判户部。韦澳以自己身体衰老、难以处置繁重事务为由加以推辞,唐宣宗很不高兴。等回到家中,他的外甥柳玭埋怨韦澳说错了话。韦澳说:"皇上不与宰辅官商议,私下打算任用我,人们必定会认为我通过其他关系得到官位,这怎么能自己说得清楚? 况且你也知道当今的政治状况越来越不好,这都是由于我们这些当官的贪图名位所引起的。"韦澳于是出任河阳节度使。柳玭,是柳仲郢的儿子。

**二月,魏谟被罢免为西川节度使。**

唐宣宗好听规谏,凡谏官论事、门下省封驳,只要合理,大多

屈意从之。得大臣章疏，必焚香盥手而读之。尝欲幸华清宫，谏官论之，上为之止。谟为相，每议事正言无所避，上每叹曰："谟绰有祖风，我心重之。"然竟以刚直为令狐绹所忌而出之。

**秋七月，以萧邺同平章事。　流祝汉贞于天德军。**

教坊使祝汉贞，滑稽敏给，宠冠诸优。一日抵掌诙谐，颇及外事，上正色谓曰："我畜养尔曹，正供戏笑耳，岂得辄预朝政邪？"会其子坐赃，流之。

乐工罗程善琵琶，有宠。杀人系狱，众工为请曰："程负陛下万死，然臣等惜其绝艺，不复得奉宴游矣。"上曰："汝曹所惜者罗程艺，朕所惜者高祖、太宗法。"竟杖杀之。

**八月，成德军节度使王绍鼎薨，军中立其弟绍懿。　冬十月，以尚延心为河、渭都游奕使。**

先是，吐蕃酋长尚延心以河、渭二州部落来降，秦成防御使李承勋利其羊马，诱之入居秦州之西，谋尽掠其财。延心知之，谓承勋曰："延心欲入见天子，请尽帅部众分徙内地，使西边永无扬尘之警，但惜秦州无所复恃耳。"承勋默然。明日，诸将皆曰："明公首开营田，置使府，拥万兵，仰给度支，将士无战守之劳，有耕市之利。若从延心之谋，则西陲无事，朝廷必罢府省戍，还以秦州隶凤翔，吾属无所复

都能虚心接受。得到大臣的表章奏疏，必定会烧香洗手而后才阅读。唐宣宗曾经想去华清宫，谏官们上言加以劝阻，唐宣宗为此就不去了。魏谟为宰相，每次议论政事都敢直言无所避讳，唐宣宗每次都赞叹说："魏谟多有先祖魏徵的遗风，我内心无比敬重他。"然而魏谟竟然因为刚直不阿却为令狐绹所妒忌，被排挤出朝廷外任节度使。

**秋七月，任命萧邺为同平章事。　祝汉贞被流放到天德军。**

教坊使祝汉贞，为人滑稽敏捷，在伎优中最为受宠。一天，祝汉贞拍着手掌表演诙谐戏，戏中多涉及外朝政事，唐宣宗立刻正色训斥祝汉贞说："我养活你们这些优人，正是要你们演戏供我嬉笑游戏，岂能随意干预朝政？"适逢祝汉贞儿子贪赃判刑，祝汉贞被流放到天德军。

宫廷乐工罗程，善于弹奏琵琶，很得唐宣宗宠幸。罗程因杀人被逮捕入狱，众乐工为他求情说："罗程辜负陛下的恩情罪该万死，然而我们可惜罗程演奏琵琶的绝艺天下无双，恐怕以后在宴会和游乐中陛下再也听不到这样精美的表演了。"唐宣宗说："你们可惜的是罗程演奏琵琶的技艺，朕所可惜的是高祖、太宗遗留的法律。"最后罗程被判杖刑打死。

**八月，成德军节度使王绍鼎去世，军中立他的弟弟王绍懿为留后。　冬十月，任命尚延心为河、渭两州都游弈使。**

先前，吐蕃酋长尚延心率领河、渭两州部落归降唐朝，秦成防御使李承勋贪图尚延心部众的羊马，引诱尚延心进入秦州以西地区居住，图谋将尚延心部众的羊马全部夺走。尚延心得知后，对李承勋说："我想到朝廷去见天子，请求率领部众分别迁徙内地，使唐朝西部边境永远不再出现战马扬尘的警报，只可惜秦州再也没有依恃了。"李承勋听后无话可说。第二天，诸将都说："您首先开置营田，设置防御使府，拥有军队万人，由朝廷度支发给军饷，将士没有作战防守的劳苦，却能收到耕垦交易的厚利。如果听从尚延心的谋议，西部边陲就没有战事，朝廷必定要罢除防御使府，裁减戍边军队，将秦州归还凤翔镇管辖，我们就再也没有什么

望矣。"承勋以为然,即奏延心为河、渭都游奕使,使统其众居之。

**郑朗罢。　遣使迎道士轩辕集于罗浮山。**

上好神仙,迎轩辕集至长安,问曰:"长生可学乎?"对曰:"王者屏欲而崇德,则自然受大遐福,何处更求长生?"留数月,求还山,乃遣之。

**戊寅**(858)　**十二年**
**春正月,以王式为安南都护。**

式有才略,至安南,树艻木为栅,深堑其外,寇不能冒,选教士卒甚锐。顷之,南蛮大至,去城半日,式意思安闲,遣译谕之,中其要害,蛮夜引去。都校罗行恭久专府政,麾下精兵二千,都护中军才赢兵数百,式杖而黜之。

**以刘瑑同平章事。**

瑑与崔慎由议政于上前,慎由曰:"惟当甄别品流,上酬万一。"瑑曰:"昔王夷甫祖尚浮华,妄分流品,致中原丘墟。今当循名责实,使百官各称其职,而遽以品流为先,臣未知致理之日。"慎由无以对。

**二月,崔慎由罢。**

上欲御楼肆赦,令狐绹曰:"御楼所费甚广,事须有名,且赦不可数。"上不悦,曰:"遣朕于何得名?"慎由曰:"陛下未建储宫,四海属望。若举此礼,虽郊祀亦可,况于御楼?"

希望了。"李承勋认为说得有理,立即上奏请求任命尚延心为河、渭两州都游弈使,让他统率其部众居住在这两个州。

**郑朗罢相。　唐宣宗派使者到罗浮山迎接道士轩辕集。**

唐宣宗喜欢神仙道术,把道士轩辕集迎接到长安,问道士说:"人生长寿可以学会吗?"道士回答说:"君王摒除欲望而崇尚仁德,自然就会得到大福大寿,何必再求长生福寿?"轩辕集在长安逗留几个月,要求返回罗浮山,唐宣宗于是派人把他遣送回去。

**戊寅**(858)　**唐宣宗大中十二年**
**春正月,任命王式为安南都护。**

王式雄才大略,到达安南,用棘树木扎栅寨,栅寨外挖掘很深的壕堑,使寇贼不能冒犯,挑选并教练的士兵非常勇敢精锐。不久,南蛮大军入侵,距城只有半天路程,王式心意安闲,派翻译告谕南蛮军队,抓住他们的要害,南蛮军队连夜引退。南安都校罗行恭长久专制府政,麾下有精兵两千人,都护府的中军才有几百名弱兵,王式到安南杖打罗行恭并把他贬黜。

**任命刘瑑为同平章事。**

刘瑑与崔慎由在唐宣宗面前议论政事,崔慎由说:"应该甄别百官的等级名分,皇上据此赐予官职爵位。"刘瑑说:"西晋时王夷甫祖尚浮华,妄将官员分为清浊流品,结果导致中原地区变成废墟。如今应当根据实际才能任命职官,使百官各称其职,如果为政就以甄别百官的品流为先务,我不知道哪一天才能使国家得到治理。"崔慎由无言以对。

**二月,崔慎由罢相。**

唐宣宗想登丹凤楼宽赦罪犯,令狐绹说:"皇上登楼实行大赦所需费用太大,做这事必须有正当的名分,况且这种大赦不可能多次举行。"唐宣宗听后很不高兴,说:"朕这次登楼大赦用什么名分最合适?"崔慎由说:"陛下至今还没建立储宫,确立皇位继承人是四海之内广大臣民所盼望的事。如果举行册封皇太子的典礼,即使举行郊祀典礼也可以,更何况皇上登楼实行大赦礼呢?"

时上饵方士药,已觉燥渴,疑忌方深,闻之,俯首不复言。旬日,慎由罢相。

**夏四月,岭南军乱。诏以李承勋为节度使,讨平之。**

初,上命李燧镇岭南,已命中使赐之节,给事中萧放封还制书。上方奏乐,不暇别召中使,使优人追之,节及燧门而返,改授承勋讨乱平之。

**以夏侯孜同平章事。　五月,刘瑑卒。**

瑑病笃,犹手疏论事,上甚惜之。

**湖南军乱,逐观察使韩琮。六月,江西军乱,逐观察使郑宪。　蛮寇安南。**

初,安南都护李涿为政贪暴,强市蛮中马牛,群蛮怨怒,导南诏侵盗边境,自是安南始有蛮患。

**秋七月,宣州军乱,逐观察使郑薰。**

右补阙张潜上疏曰:"藩府代移之际,皆奏仓库羡余以为课绩,朝廷因而甄奖。夫藩府财赋,所出有常,苟非赋敛过差,及停废将士,减削衣粮,则羡余何从而致?比来南方诸镇数有不宁,皆此故也。一朝有变,所蓄之财悉遭剽掠,又发兵致讨,费用百倍,然则朝廷竟有何利?乞自今藩府长吏不增赋敛,不减粮赐,独节游宴,省浮费,能致羡余者,然后赏之。"上嘉纳之。

当时唐宣宗吃了方士所炼的丹药,已经感觉烦躁口渴,对臣下猜忌怀疑正深,听到崔慎由的话,低头不再说话。十天以后,崔慎由罢相。

夏四月,岭南发生军队叛乱。唐宣宗下诏任命李承勋为节度使,讨伐平定了这次叛乱。

起初,唐宣宗命李燧镇守岭南,已经命令中使赐给李燧岭南节度使的符节,给事中萧放把制书封驳退还。当时唐宣宗正在奏乐游玩,没有时间再召中使执行,便派身边一名伎优去追回符节,结果符节刚送到李燧家门口就被追回,改授李承勋为岭南节度使,征讨平定岭南发生的军队叛乱。

任命夏侯孜为同平章事。　五月,刘瑑去世。

刘瑑病重,仍然亲手书写奏疏议论政事,唐宣宗对他的去世深感惋惜。

湖南军发生变乱,驱逐了观察使韩琮。六月,江西军发生变乱,驱逐了观察使郑宪。　蛮人军队入侵安南。

起初,安南都护李涿为政贪鄙残暴,强迫蛮人将马牛卖给他,广大蛮人怨恨恼怒,便勾结南诏军队侵犯唐朝边境,从此安南开始有南蛮入侵的边患。

秋七月,宣州军发生变乱,驱逐了观察使郑薰。

右补阙张潜上疏说:"藩镇使府每当主政官调迁的时候,都要上奏把仓库多余的钱粮作为吏部考课的治绩,朝廷以此来进行甄别奖励。藩镇使府的财赋,出入都有常数,如果不是对民众聚敛过多,停废军队将士军饷,削减士兵的衣粮,那么多余的钱粮从何而来?近来南方各藩镇常发生变乱,都是这个原因。一旦发生动乱,使府仓库所积蓄的财粮都遭到抢掠,而朝廷要调发军队去征讨,所需费用超过仓库所蓄财物的上百倍,这对朝廷又有什么利益?期望今后各藩镇使府主政官吏不许增加对民众的赋敛,不减少军队的粮食供应,只许节制府帅长官的游宴费用,省下一切浮华费用,这样能增加余额的,然后加以奖赏。"唐宣宗赞同并采纳了张潜的建议。

**河南北、淮南大水。**

**徐、泗水深五丈，流没数万家。**

**冬十月，以于延陵为建州刺史。**

延陵入辞，上曰："建州去京师几何？"对曰："八千里。"上曰："卿到彼为政善恶，朕皆知之，勿谓其远，此阶前则万里也，卿知之乎？"

令狐绹拟李远杭州刺史，上曰："吾闻远诗云：'长日惟消一局棋。'安能理人？"绹曰："诗人托此为高兴耳，未必实然。"上曰："且令往试观之。"

诏刺史毋得外徙，必令至京师，面察其能否，然后除之。令狐绹尝徙其故人为邻州刺史，便道之官。上以问绹，对曰："以其道近，省送迎耳。"上曰："朕以刺史多非其人，为百姓害，故欲一一访问，知其优劣，以行黜陟。而诏命既行，直废格不用，宰相可谓有权。"时方寒，绹汗透重裘。

上临朝接对群臣如宾客，虽左右近习，未尝见其有惰容。每宰相奏事，旁无一人立者，威严不可仰视。奏事毕，忽怡然曰："可以闲语矣。"因问闾阎细事，或谈宫中游宴，无所不至。一刻许，复整容曰："卿辈善为之，朕常恐卿辈负朕，后日不复得再相见。"乃起入宫。令狐绹谓人曰："吾十年秉政，最承恩遇。每延英奏事，未尝不汗沾衣也。"

**山南东道节度使徐商讨湖南乱军**，平之。

**河南、河北、淮南地区发生大水灾。**

徐州、泗州地区的洪水深达五丈，被洪水淹没的有数万家之多。

**冬十月，任命于延陵为建州刺史。**

于延陵入朝向唐宣宗辞行，唐宣宗说："建州距离京师有多远？"于延陵回答说："八千里。"唐宣宗说："你到建州后为政的善恶，朕都知道，不要以为建州远，万里之遥就好像在这台阶前一样，你知道吗？"

令狐绹打算任用李远为杭州刺史，唐宣宗说："我听说李远写过这么一句诗：'长日惟消一局棋。'棋迷怎能处理好人事？"令狐绹说："诗人假托下棋表现清高的雅致，未必当真如此。"唐宣宗说："可暂且让李远任杭州刺史试看一下吧。"

唐宣宗下诏命各州刺史不得外调到他处做官，必须让他们先到京师，由皇帝当面考察其是否有才干，然后再委任官职。令狐绹曾经将其故旧迁任为邻州刺史，顺道上任。唐宣宗就这件事询问令狐绹，令狐绹回答说："因为所迁州治任所路近，以省去迎送的礼节。"唐宣宗说："朕以为各州刺史大多用非其人，成为百姓的祸害，所以朕想一一召见询问，以便了解他们的优劣，以实行升降黜陟。而我的诏命已颁发，你却废弃搁置不用，宰相可真是有权力。"当时天气正寒冷，令狐绹吓得汗流浃背湿透了几层毛皮衣服。

唐宣宗临朝接待问对群臣犹如对待宾客，即使是他的左右近侍，也不曾见过他有倦意。每次宰相奏对政事，近旁没有一人站立的，其威严的神态令人不可仰视。奏对政事完毕，唐宣宗会忽然和悦地说："可以说说闲话。"便问民间小事，有时谈论宫中的游宴之事，各种小事无所不谈。谈了一刻钟左右，唐宣宗又板起面孔说："你们要好自为之，朕经常害怕你们会辜负朕，使以后不得再相见。"于是起身入宫。令狐绹对身边的人说："我秉政当宰相十年，最得皇上恩遇。每次在延英殿与皇上奏对政事，没有不汗流沾衣的。"

**山南东道节度使徐商讨伐湖南乱军，平定叛乱。**

商以封疆险阔,素多盗贼,选精兵数百人,别置营训练,号捕盗将。及湖南逐帅,诏商讨平之。

**以崔铉为宣歙观察使,讨乱军,平之。 以韦宙为江西观察使,讨乱军,平之。**

宙过襄州,徐商遣都将韩季友帅捕盗从行。至江州,自间道一夕至洪州,讨平之。

**十二月,以蒋伸同平章事。**

伸从容言于上曰:"近日官颇易得,人思侥幸。"上惊曰:"如此则乱矣。"对曰:"乱则未乱,但侥幸者多,乱亦非难。"上称叹再三曰:"异日不复得独对卿矣。"伸不谕,寻拜相。


**己卯**(859) **十三年**
**夏四月,以广德公主适校书郎于琮。**

初,上欲以琮尚永福公主,既而中寝。宰相请其故,上曰:"朕近于此女子食,对朕辄折匕箸,性情如是,岂可为士大夫妻?"乃更命琮尚广德公主。

**武宁军乱,诏以田牟为节度使。**

武宁军节度使康季荣不恤士卒,士卒噪而逐之。上以田牟尝镇徐州,有能名,复以为帅,一方遂安。

**秋八月,帝崩,郓王漼即位。**

初,上长子郓王温无宠,爱第三子夔王滋,欲以为嗣,为其非次,故久不建东宫。

上饵李玄伯等药,疽发于背,宰相不得见。上密以夔王属王归长等三人,使立之。独左军中尉王宗实素不同心,

徐商所管辖的疆域因为险峻辽阔,向来就多有盗贼出没,于是挑选精兵几百人,另外编制营队进行训练,号称捕盗将。等湖南驱逐主帅时,唐宣宗诏命徐商讨伐平定军乱。

**任命崔铉为宣歙观察使,讨伐乱军,平定叛乱。** **任命韦宙为江西观察使,讨伐乱军,平定叛乱。**

韦宙路过襄州,徐商派遣都将韩季友率领捕盗将跟随韦宙讨贼。到达江州,从小道一夜赶到洪州,讨伐平定乱军。

**十二月,任命蒋伸为同平章事。**

蒋伸从容地向唐宣宗上言说:"近日得到官位似乎很容易,人们都存在侥幸心理。"唐宣宗惊奇地说:"如果这样就乱了。"蒋伸接着说:"乱倒不至于乱,只是心存侥幸的人太多,要乱也不难。"唐宣宗再三感叹说:"别的时间就不能再单独与你谈论政事了。"蒋伸不解唐宣宗的意思,不久便拜任蒋伸为宰相。

### 己卯(859) 唐宣宗大中十三年

**夏四月,唐宣宗把广德公主嫁给了校书郎于琮。**

起初,唐宣宗想让于琮娶永福公主,后又将婚事搁置下来。宰相问其中缘故,唐宣宗说:"朕近日与这个女儿一起吃饭,当着朕的面把筷子折断,性情如此不好,怎么可以做士大夫的妻子?"于是命于琮改娶广德公主为妻。

**武宁发生军乱,唐宣宗下诏任命田牟为武宁节度使。**

武宁军节度使康季荣不体恤部下士卒,士卒一哄而起把康季荣驱逐出境。唐宣宗因为田牟曾经镇守过徐州,很有名望,再次任命田牟为武宁军统帅,徐州一方随后安定下来。

**秋八月,唐宣宗驾崩,郓王李漼即皇帝位。**

起初,唐宣宗的长子郓王李温不受父亲宠爱,唐宣宗喜爱第三个儿子夔王李滋,打算立他为皇位继承人。因为李滋上有兄长,按礼法轮不到他当皇太子,所以唐宣宗迟迟不建东宫。

唐宣宗吃了医官李玄伯等人配的药,背上长起毒疮,宰相都不得朝见。唐宣宗私底上将夔王李滋托付给王归长等三人,让他们扶立李滋。唯独左军中尉王宗实向来不与他们三人同心,

三人相与谋,出宗实为淮南监军。宗实已授敕,将出,左军副使亓元实谓曰:"圣人不豫逾月,中尉何不一见圣人而出乎?"宗实感悟,复入,至寝殿,上已崩,东首环泣矣。宗实叱归长等,责以矫诏,皆捧足乞命。乃迎郓王,立为太子,权勾当军国政事,更名漼,取归长等杀之。太子即位,是为懿宗。

宣宗性明察沉断,用法无私,从谏如流,重惜官赏,恭谨节俭,惠爱民物,故大中之政,讫于唐亡,人思咏之,谓之小太宗。

**尊皇太后为太皇太后。 李玄伯等伏诛。 冬十一月,萧邺罢。十二月,以杜审权同平章事。 令狐绹罢,以白敏中同平章事。**

绹执政岁久,忌胜己者,中外侧目,其子滈颇招权受贿。宣宗崩,言事者竞攻其短,至是,罢,复以敏中为相。

**南诏僭号,寇陷播州。**

初,韦皋开青溪道以通群蛮,使入贡。又选群蛮子弟聚之成都,教以书数,以羁縻之。既而军府厌于廪给,又蛮使入贡利于赐与,所从傔人浸多,杜悰奏减其数。南诏丰祐怒,入贡不时,颇扰边境。

丰祐卒,子酋龙立。朝廷以名近玄宗讳,遂不行册礼。酋龙乃自称皇帝,改国号大礼,遣兵陷播州。

三人密谋将王宗实挤出禁宫任淮南监军。王宗实已接受敕令，将要出宫赴任，左军副使亓元实对王宗实说："皇上卧病不起已经一个多月了，中尉为什么不亲自见到皇上再出来呢？"王宗实恍然大悟，再入禁宫，走到唐宣宗的寝殿，唐宣宗已经驾崩，周围的人都在失声痛哭。王宗实大骂王归长等人，斥责他们伪造皇帝的诏书，王归长等人都跪下捧足请求饶命。于是迎接郓王李温进宫立为皇太子，暂时掌管军国政事，并改名为李漼，将王归长等人抓起来全部杀掉。皇太子李漼即皇帝位，是为唐懿宗。

唐宣宗性情精明细致，沉着果断，用法不徇私情，纳谏如流，重视珍惜官位的赏赐，恭敬谨慎，生活节俭，爱护百姓的财物，所以大中年间的政治比较清明，直到唐朝灭亡，人们都思念歌咏他，称他为"小太宗"。

**唐懿宗尊皇太后为太皇太后。　李玄伯等人伏法被处死。冬十一月，萧邺罢相。十二月，任命杜审权为同平章事。　令狐绹罢相，任命白敏中为同平章事。**

令狐绹执掌朝政多年，猜忌排挤才能胜过自己的人，朝里朝外的人士都怨恨他，他的儿子令狐滈多擅揽权力接受贿赂。唐宣宗驾崩，言事的人竞相攻击令狐绹的短处，直到这时，唐懿宗罢免令狐绹，再次任命白敏中为宰相。

**南诏王僭越称帝，入侵攻陷播州。**

起初，韦皋开辟青溪道以通各蛮族区域，让他们向朝廷入贡。又挑选各蛮族人的子弟聚居到成都，教他们读书计数，以此来约束他们。不久，西川军府厌烦供给资金粮食，南诏蛮人使者向朝廷入贡的目的是贪图得到丰厚的赏赐，所带的随从私仆越来越多，西川节度使杜悰上奏要求减少随从人数。南诏王丰祐发怒，从此不按时入贡，并时常侵扰唐朝边境。

南诏王丰祐去世，他儿子酋龙被立为国王。唐懿宗以酋龙的名字与唐玄宗讳字音近，不给酋龙行册封礼。酋龙于是自称皇帝，改国号为大礼，派兵攻陷唐朝播州。

**庚辰**（860） **懿宗皇帝咸通元年**

**春正月，浙东贼裘甫作乱。**

初，裘甫攻陷象山，官军屡败。观察使郑祇德遣兵讨之，大败。甫遂陷剡县，开府库，募壮士，众至数千人。时二浙久安，人不习战，甲兵朽钝，见卒不满三百。祇德更募新卒，遣以击贼，又大败。

于是诸道云集，众至三万，小帅有谋略者推刘暀，勇力推刘庆、刘从简。铸印改元，自称天下都知兵马使，声振中原。

**葬贞陵。** **三月，以王式为浙东观察使，发诸道兵讨裘甫，破之。**

郑祇德求救于邻道，浙西、宣歙遣兵赴之。祇德馈之，比度支多十三倍，而将士犹以为不足。宣、润将士请土军为导，诸将或称病不行，或先邀职级，竟不果遣，城中各谋逃溃。

朝廷议选将代之，夏侯孜曰："浙东山海幽阻，可以计取，难以力攻，西班中无可语者。王式虽儒家子，前在安南有功，可任也。"乃以为浙东观察使。

召入问以方略，对曰："但得兵，贼必可破。"有宦官侍侧，曰："发兵所费甚大。"式曰："兵多贼速破，其费省矣。若兵少不能胜，延引岁月，贼势益张，江、淮不通，则上自九庙，下及十军，皆无以供给，其费岂可胜计哉？"上顾

# 唐懿宗

**庚辰**（860） **唐懿宗咸通元年**

**春正月，浙东叛贼裘甫作乱。**

起初，裘甫率众攻陷象山，官军屡次败北。观察使郑祗德派兵讨伐裘甫，被打得大败。裘甫随即攻陷剡县，打开县府仓库，招募壮丁，部众发展到几千人。当时两浙地区长期平安无事，人们不习惯打仗，各种铠甲兵器朽蚀变钝，现役士兵不满三百人。郑祗德再次招募新兵，派兵攻击盗贼，又被大败。

于是各道盗贼从四面八方云集到裘甫的旗帜下，部众发展到三万，所部各队小帅中较有谋略的首推刘昈，勇武有力的当推刘庆、刘从简。铸造国家大印，改年号称罗平，裘甫自称天下都知兵马使，声势震动中原。

**唐宣宗被安葬到贞陵。** **三月，任命王式为浙东观察使，征调各道军队讨伐裘甫，大破裘甫军。**

浙东观察使郑祗德向邻近各道求救，浙西、宣歙派兵赶赴救援。郑祗德重赏援军，所掌钱物比朝廷度支发给的要多十三倍，然而将士仍感到不满足。宣州、润州将士请当地军队为先导，其余诸将有的假称患病不出征，有的先要求提升官职级别再出征，最后竟派不出军队出征，城中百姓各自谋求逃散。

朝廷商议挑选武将代替郑祗德，夏侯孜说："浙东地区山海幽深道路险阻，可以用计谋夺取，难用武力强攻，朝中武将没有谁是智勇双全的。王式虽然是儒生文士的儿子，以前在安南建有战功，可以任用他。"于是唐懿宗任命王式为浙东观察使。

唐懿宗把王式召入朝中询问方略，王式回答说："只要给我军队，贼军必定可攻破。"侍立在近侧的宦官说："征发军队所需费用很大。"王式说："征发的军队越多贼军越能迅速攻破，所需费用反而节省。如果征发军队少不能取胜，战事拖延岁月，贼军的势力日益壮大，江、淮的道路不通，就会使上自九庙，下及北门十军，都无法保证供给，所需费用哪里能算过来？"唐懿宗回头望着

宦官曰："当与之兵。"乃诏发诸道兵授之。

裘甫分兵掠衢、婺、明、台，所过俘其少壮，及王式除书下，浙东人心稍安。甫方与其徒饮酒，闻之不乐。刘暀曰："宜急引兵取越州，凭城郭，据府库，遣兵过大江，掠扬州，还修石头城而守之，宣歙、江西必有响应者。遣刘从简以万人循海而南，袭取福建。如此，国家贡赋之地尽入于我矣。"进士王辂曰："刘副使谋，乃孙权所为，未易成也。不如拥众据险自守，陆耕海渔，急则逃入海岛，此万全策也。"甫犹豫未决。

式军所过若无人，至西陵，甫遣使请降。式曰："是必欲窥吾所为，且欲使吾骄怠耳。"乃谓使者曰："甫面缚以来，当免而死。"

式入越州，送郑祗德，乐饮而归，始修军令，于是告馈饷不足者息矣，称疾卧家者起矣，先求迁职者默矣。

贼别帅洪师简、许会能帅所部降，式曰："汝降是也，当立效以自异。"使帅其徒为前锋，与贼战有功，乃奏以官。

先是，贼谍入越州，军吏匿而饮食之，及是或诈引贼将来降，实窥虚实，式悉捕索斩之。严门禁，警夜周密，贼始不知我所为矣。

式命诸县开仓廪以赈贫乏，或曰："军食方急，不可散也。"式曰："非汝所知。"

宦官说:"应当给王式军队。"于是朝廷下诏征调各道军队交给王式指挥。

裘甫分别派兵攻掠衢州、婺州、明州、台州,所经过的地方都要俘获年轻力壮的,到王式的委任文书下达浙东后,人心才稍稍安定。裘甫当时正与部下徒众饮酒,闻讯心中不乐。刘暀说:"我们应当加紧率兵夺取越州,凭借越州高大的城郭,占据官府的仓库,派遣大军越过长江,掠夺扬州,再回军修缮石头城,据城坚守,这时宣歙、江西地区必定会有人响应。您再派刘从简率领军队一万人沿海南征,袭取福建。这样,唐朝收取贡赋的东南地区全部归入我们手中。"有个进士王辂说:"刘暀副使的计谋,正是当年孙权的做法,现在这样做未必能成功。不如率领部众占据险要地方自卫防守,在陆地耕种,在海中捕鱼,情况紧急时就逃往海岛,这才是万全的计策。"裘甫当时犹豫不决。

王式军所过之处如入无人之境,到达西陵,裘甫派使者请求投降。王式说:"裘甫必定是来刺探我的行动,并且想使我军骄傲懈怠。"于是对使者说:"裘甫如果把自己捆绑起来当面前来投降,当免他一死。"

王式进入越州,欢送郑祗德,痛饮而归,开始重修军令,于是先前报告军饷用度不足的人不再吭声了,称病卧床不起的也起来开始做事,以前要求先升迁官职再出战的人也默不作声了。

贼军小头目洪师简、许会能率领所部投降,王式说:"你们投降是件好事,应当立功自效以区别于贼军。"让他们率领部众充当先锋,与裘甫军队作战有功的,就上奏朝廷授以官爵。

先前,裘甫派间谍潜入越州,越州军府官吏把他们藏起来供给饮食,到这时有人假装引导贼军将领前来投降,实际是来刺探虚实,王式把他们抓起来全部斩首。同时严格门禁法规,夜间安排周密的警戒,贼军开始不了解官军的动向。

王式命令越州各县打开粮仓赈济贫苦百姓,有人说:"现在军队打仗正急于用粮,不可散发给百姓。"王式说:"这不是你所知道的。"

官军少骑卒，式曰："吐蕃、回鹘比配江、淮者，其人习险阻，便鞍马。"举籍管内，得数百人。虏久羁旅，困馁甚，式既犒饮，又赒其家，皆泣拜欢呼，愿效死。悉以为骑卒，使骑将石宗本将之。又奏得龙陂监马二百匹，于是骑兵足矣。

或请为烽燧以诇贼，式笑而不应。选懦卒，使乘健马，少给之兵，以为候骑。众怪之，不敢问。

于是阅诸营见卒，及土团子弟，得四千人，使导诸军分路讨贼。令之曰："毋争险易，毋焚庐舍，毋杀平民以增首级，胁从者募降之，得贼金帛，官无所问。"

自是诸军与贼十九战，贼连败。刘眭谓裘甫曰："向从吾谋，宁有此困耶？"收王辂等斩之。式曰："贼窘且饥，必逃入海。"命罗锐军海口以拒之。贼皆弃船走山谷，帅其徒屯南陈馆下，众尚万余人。

**夏五月，禁州县税外科率。**
左拾遗薛调言："兵兴以来，赋敛无度，所在群盗，半是逃户，固须剪灭，亦可悯伤。望敕州、县税外无得科率。"从之。

**六月，王式擒裘甫送京师，斩之。**
浙东兵大破裘甫于南陈馆，斩首数千级，贼委弃缯帛盈路。昭义将跌跌戣令士卒："敢顾者斩。"贼复入刿，式曰："贼来就擒耳。"命趣诸军围之。贼城守甚坚，三日凡八

官军缺少骑兵,王式说:"发配到江、淮地区的吐蕃、回鹘的俘虏,习惯艰难险阻的生活,熟悉骑马,可以起用他们。"于是官府在管区内查明户籍,得到几百人。这些胡虏长期被流放,生活非常困苦,王式将他们召来供给酒食后,又接济他们的家庭,于是他们全都哭拜欢呼,愿为王式誓死效力。王式全部将他们编为骑兵,让骑兵将领石宗本统率他们。又上奏求得汝州龙陂监好马两百匹,于是成立骑兵足够了。

有人请求设置烽火台以警报贼寇的来犯,王式只是笑而不答。王式挑选懦弱的士兵,让他们骑健壮的战马,配给很少的武器,作为侦察骑兵。部下众人感到奇怪,也不敢多问。

王式于是查阅越州城内各军营的士兵,及土团私家子弟,得四千人,让他们引导援军分路讨伐贼军。王式下命令说:"行军打仗不许在艰险和容易之处争夺,不许焚烧百姓的房屋茅舍,不准杀死平民百姓来增加首级领功,平民百姓被胁从参加贼军的应招募归降,缴获贼寇的金帛财产,官府不再过问。"

从此,王式率领诸军与贼军作战十九次,贼军接连被击败。刘晔对裘甫说:"如果您听从我的谋划,哪会有今天的困境?"把王辂等人都抓起来斩首。王式说:"贼寇穷困饥饿,必定会逃入海岛。"于是命令高罗锐驻军海口拒守。贼军都丢弃船舰逃入山谷,裘甫率领徒众屯驻宁海县的南陈馆下,部众仍然有一万多人。

**夏五月,朝廷下令禁止州县在正税外再增加税率。**

左拾遗薛调上言:"自国家兴兵打仗以来,赋税征收无度,地方上的群盗多半是逃亡的农户,贼盗固然须要消灭,但他们处境也很可怜。希望朝廷颁布敕令命州、县在正税外不得再增加各种赋税。"唐懿宗表示同意。

**六月,王式擒获裘甫押送京师长安,将其斩首。**

王式率浙东军在南陈馆大破裘甫军,斩首数千人,贼盗把丝绸缯帛扔满道路。昭义将领跌跌戣命令士兵:"敢回头看者斩首。"贼军再次进入剡县,王式说:"贼军来束手就擒罢了。"命令催促诸军包围剡县。贼军守卫县城十分坚固,三天内共交战八

十三战,贼请降。式曰:"贼欲少休耳,益谨备之。"贼果复出,又三战,甫等从百余人出降,离城数十步,官军疾趋断其后,遂擒之。式斩眭等,械甫送京师,斩之。

诸将还越,式大置酒。诸将请曰:"某等生长军中,久更行陈,今幸得从公破贼。然私有所不谕者,敢问公之始至,军食方急,而遽散之,何也?"式曰:"此易知耳,贼聚谷以诱饥人,吾给之食,则彼不为盗矣。且诸县无守兵,贼至则仓谷适足资之耳。""不置烽燧,何也?"式曰:"烽燧所以趣救兵也,今兵尽行,无以继之,徒惊士民,使自溃乱耳。""使懦卒为候骑而少给兵,何也?"式曰:"彼勇卒操利兵,遇敌且不量力而斗,斗死则贼至不知矣。"皆拜曰:"非所及也。"

先是,上每以越盗为忧,夏侯孜曰:"王式才有余,不日告捷矣。"与式书曰:"公专以执裴甫为事,军须细大,此期悉力。"故式所奏无不从,由是能成其功。

秋九月,以白敏中为司徒、中书令。 冬十月,追复李德裕官爵,赠左仆射。

右拾遗刘邺上言:"李德裕父子为相,有声迹功效,窜逐以来,血属将尽,生涯已空,宜赐哀悯,赠以一官。"从之。

夏侯孜罢,以毕诚同平章事。

辛巳(861) 二年
春正月,白敏中罢,以杜惊同平章事。

十三次,贼军请求投降。王式又说:"贼军企图获得稍许时间休整,我们应当更加谨慎守备。"贼军果然再出城,又与官军交战三次,裘甫等百余人出城投降,在他们距城有几十步远,官军迅速截断后路,随后将他们擒获。王式下令将刘暀等人斩首,给裘甫上了镣铐,押送京师斩首。

官军诸将回到越州,王式大摆酒宴庆功。诸将向王式请教说:"我们这些人身处军队行伍之中,久经征战,如今有幸随您攻破贼军。然而我们私下里有些事仍不明白,敢问您刚到越州时,军粮正值紧张,而您为何立即下令散发粮食?"王式说:"这个道理很容易理解,贼军屯聚粮食来引诱饥民入伙,我给百姓分发粮食,他们就不会去当强盗。况且各县没有守兵,贼军到达后仓库的粮食正好为盗贼所用。"诸将又问:"不设置烽火,这是为什么?"王式说:"设置烽火是为赶快求取援兵,如今军队都已出动,没有军队用作援兵,设烽火只是惊扰士民,使我军自行溃乱罢了。"诸将又问:"您让疲弱的士卒做侦察骑兵并配给很少的武器,这是为什么?"王式说:"侦察骑兵如果选派勇武敢斗的士兵,并配给锋利的武器,遇到敌人就会不自量力上前拼搏,搏斗战死,贼军来到的情报就无从知道了。"诸将都拜服说:"我们见不及此。"

先前,唐懿宗经常为越州的盗贼忧虑,夏侯孜说:"王式才干有余,不久就会送来捷报。"夏侯孜给王式写信说:"您专心以擒获裘甫为事,军队所需要办的大小事情,我们一定按期尽力办好。"所以王式上奏所要求的事情,朝廷无不应允,因此能成就大功。

**秋九月,任命白敏中为司徒、中书令。　冬十月,唐懿宗颁布敕令追认恢复李德裕的官爵,赠左仆射衔。**

右拾遗刘邺上奏说:"李德裕父子为宰相时,有名望功劳,自从流放以来,亲属所剩无几,现在李德裕已死,陛下应该发扬哀怜之心,赠给他一个官爵。"唐懿宗表示同意。

**夏侯孜罢相,任命毕诚为同平章事。**

辛巳(861)　唐懿宗咸通二年
春正月,白敏中罢相,任命杜悰为同平章事。

一日，两枢密使诣中书，宣徽使杨公庆继至，独揖惊，出斜封文书以授惊，发之，乃宣宗大渐时宦官请郓王监国奏也。曰："当时宰相无名者，当以反法处之。"惊曰："此非臣下所宜窥。"复封以授公庆，曰："主上欲罪宰相，当于延英面示圣旨，明行诛谴。"公庆去，惊谓两枢密曰："内外之臣，事犹一体。今主上新践祚，未熟万机，当以仁爱为先，岂得遽赞成杀宰相事？若习以性成，则中尉、枢密岂得不自忧乎？"既而事寝。是时，士大夫深疾宦官，事有小相涉，则众共弃之。建州进士叶京尝预宣武军宴，识监军之面，既而及第，遇之于途，马上相揖。因之谤议喧然，遂沉废终身。其不相悦如此。

**秋七月**，南蛮攻陷邕州。

先是，广、桂、容三道共发兵三千人戍邕，三年一代。经略使段文楚请以三道衣粮自募土军，朝廷许之，所募才得五百人。文楚入为金吾将军，经略使李蒙利其阙额衣粮以自入，悉罢遣三道戍卒，止以所募兵戍守左、右江，比旧什减七八，故蛮人乘虚入寇，遂陷邕州。

**九月**，以孟穆为南诏吊祭使。

杜惊上言："南诏强盛，西川兵食单寡，未可轻与之绝。且应遣使吊祭，谕以新王名犯庙讳，故未行册命，待其更名谢恩，然后遣使，庶全大体。"上从之。会南诏寇巂州，遂不行。

有一天，两位枢密使来到中书省，宣徽使杨公庆接着也来了，只向杜悰作揖，然后拿出一札斜封的文书交给杜悰，杜悰启封一看，原来是唐宣宗病重时宦官请求郓王李温监国的奏折。杨公庆说："凡当时在位的宰相没有题名的，应当以谋反罪论处。"杜悰说："这些奏折不是我所应该窥视的。"重新将奏折封好还给杨公庆，说："皇上如果想加罪宰相，应当在延英殿当面出示圣旨，公开进行谴责。"杨公庆离去，杜悰对两位枢密使说："内臣和外臣同样都是服侍辅佐皇上的。现在皇上刚登基不久，对纷繁的政务还不熟悉，应当以仁爱为先，怎能骤然赞成诛杀宰相的事？如果习以成性，中尉、枢密使难道就不为自己担忧吗？"不久此事也就不了了之。这时，士大夫深恶宦官，谁如果与宦官稍有接触，就会遭到众人的唾弃。建州进士叶京曾经参加过宣武军的宴会，在宴会上认识一个监军，后来进士及第，在路上遇到那位监军，二人马上互相作揖行礼。因为此事叶京遭到各种议论毁谤，于是终身废置。士大夫讨厌宦官竟竟达到这种程度。

**秋七月，南诏蛮军攻陷唐朝的邕州。**

先前，广州、桂州、容州三道总共调发军队三千人戍守邕州，三年一轮换。经略使段文楚请求用三道的衣粮自己招募土军，朝廷准许了段文楚的请求，段文楚在邕州只招募了五百人。段文楚入朝任金吾将军，经略使李蒙贪图兵员缺额所余的衣粮，归入自己腰包，于是将三道戍卒全部罢除遣还，只用所招募的土军戍守左、右江地区，比原有的军队减少十分之七八，所以蛮人乘虚入侵，随后攻陷邕州。

**九月，任命孟穆为南诏吊祭使。**

杜悰上言："南诏强盛，而西川军队及粮草都很单薄，不可轻易与南诏断绝关系，而且应该派使者前去吊祭，告知他们新国王的名字触犯了唐玄宗的庙讳，所以没有颁行册命，等新国王改名谢恩后，再派使者册命，这样似乎更能顾全大体。"唐懿宗表示同意。当时适逢南诏军队入侵巂州，便没有实行。

壬午（862） 三年

春正月，群臣上尊号。 蒋伸罢。 二月，南诏复寇安南，以蔡袭为经略使，发兵御之。

南诏复寇安南，经略使王宽数来告急，朝廷以袭代之，仍发许、滑、徐、汴、荆、襄、谭、鄂等道兵合三万人，以授袭。兵势既盛，蛮遂引去。

夏四月，置戒坛度僧尼。

上奉佛太过，怠于政事，于禁中设讲席，自唱经，手录梵夹；又数幸诸寺，施与无度。吏部侍郎萧放上疏曰："玄祖之道，慈俭为先；素王之风，仁义为首。垂范百代，必不可加。佛之为道，殊异于此，非帝王所宜慕也。愿陛下时开延英，接对四辅，力求人瘼，虔奉宗祧，罢去讲筵，躬勤政事。"上不能从。

五月，分岭南东、西二道，以韦宙、蔡京为节度使。

左庶子蔡京性贪虐多诈，时相以为有吏才，奏遣制置岭南事。岭南旧分五管，广、桂、邕、容、安南，皆隶岭南。蔡京奏请分为两道，以广州为东道，邕州为西道，使韦宙及京分领之。蔡袭将诸道军在安南，蔡京忌之，恐其立功，奏称："南蛮远遁，边徼无虞，请罢戍兵。"从之。袭累奏"群蛮伺隙，不可无备，乞留兵五千"，不听。袭作十必死状申中书，时相信蔡京之言，终不之省。

壬午（862） 唐懿宗咸通三年

春正月，群臣给唐懿宗上尊号。 蒋伸罢相。 二月，南诏再次入侵安南，任命蔡袭为经略使，调发军队抵御南诏。

南诏再次入侵安南，安南经略使王宽几次告急，朝廷派蔡袭取代王宽任安南经略使，并调发许、滑、徐、汴、荆、襄、谭、鄂等诸道军队共三万人，交给蔡袭指挥。安南的唐军兵势既已强盛，南诏蛮军便引兵退去。

夏四月，唐懿宗命设置戒坛，剃度僧侣、尼姑。

唐懿宗信奉佛教太过分，厌倦处理朝政事务，在禁宫中设置佛经讲席，亲自诵读佛经，亲手抄写梵文贝叶经，又多次来到各大寺庙，施舍财物没有限度。吏部侍郎萧放上疏说："玄祖老子的大道，以慈爱节俭为先；素王孔子的作风，以仁义道德为首。他们已经成为百代的楷模，必定没有人能超越他们。佛教的大道宗旨，都与这些不太一样，这不是帝王所应该羡慕的。希望陛下能经常开延英殿召对宰相，与四辅官商讨国家大政，力求除去百姓疾苦，虔诚地事奉宗庙，停止去讲席，亲自处理政事。"唐懿宗没能听从萧放的意见。

五月，将岭南地区分作东、西两道，分别任命韦宙、蔡京为两道节度使。

左庶子蔡京生性贪婪暴虐，善于欺诈，当时宰相认为他有做官的才能，奏请唐懿宗派遣他处置岭南事务。岭南地区过去分为五管，即广、桂、邕、容、安南，都隶属于岭南节度使。蔡京奏请唐懿宗将岭南分为两道，以广州为东道，邕州为西道，让韦宙、蔡京分别任两道节度使。蔡袭率领诸道军队屯驻安南，蔡京极为妒忌他，恐怕他立功，于是奏称："南诏军遁逃远去，边境地区没有危险，请罢除安南的戍兵。"朝廷听从了蔡京的意见。蔡袭连续上奏朝廷，称"群蛮时刻准备乘隙入侵，不可没有防备，请留下戍兵五千人"，朝廷不听蔡袭的奏请。蔡袭写了十道必死的状子向朝廷中书申诉，当时宰相只相信蔡京的话，对蔡袭始终不予理睬。

**秋七月，徐州军乱，逐节度使温璋。诏以王式代之。**

初，王智兴既得徐州，募勇悍之士三千人以自卫，其后节度使多儒臣，其兵浸骄，小不如意，一夫大呼，其众和之，节度使即自后门逃去。田牟至，与之杂坐饮酒，犒赐之费日以万计，犹时喧哗，邀求不已。牟薨，璋代之，骄兵素闻璋性严，惮之。璋开怀慰抚，而骄兵终猜忌，竟聚噪而逐之。

忠武、义成两军从王式讨裘甫者犹在浙东，诏式帅以赴徐州，骄兵益惧。式至，视事三日，飨两镇将士，遣还。既而擐甲执兵，命围骄兵，尽杀之，数千人皆死。敕改武宁为徐州团练使，隶兖海，以濠州归淮南，更置宿泗观察使，留二千人守徐州，余皆分隶兖、宿。委式分配将士赴诸道讫，然后将两道兵至汴、滑，遣归本道，身诣京师。

**以夏侯孜同平章事。　蔡京伏诛。**

京为政苛惨，设炮烙之刑，阖境怨之，为军士所逐。贬崖州司户，不肯之官，还，至零陵，敕赐自尽。

**冬十一月，南诏寇安南。**

南诏率群蛮寇安南，蔡袭告急，敕发荆、湖兵二千，桂管兵三千赴之。未至，南诏已围交趾，袭婴城固守，救兵不得至。

秋七月,徐州军变乱,驱逐节度使温璋。唐懿宗下诏命王式替代温璋任武宁节度使。

起初,王智兴夺取徐州后,招募勇敢强悍之士三千人来自卫,其后节度使大多是儒生大臣,士兵逐渐骄横,稍不如意,只要一人振臂大呼,其他士兵就一齐响应,节度使就从后门逃走。田牟到徐州后,与士兵混坐在一起饮酒,犒赏士兵的费用每天都以一万计,即使这样士兵仍然喧哗闹事,要求提个没完。田牟死后,温璋代替田牟任节度使,骄兵早就听说温璋性情严厉,内心有些忌惮他。温璋敞开心扉慰问安抚士兵,而骄兵对温璋始终猜忌,竟聚集在一起大声鼓噪将温璋驱逐走。

忠武、义成两军随王式讨伐裘甫仍然留在浙东,唐懿宗下诏命王式率领两镇军队赶赴徐州,骄兵更加恐惧。王式到达后,处理了三天军务,然后为忠武、义成两镇将士设宴,声称将他们遣送回本镇。接着让他们披上铠甲拿起武器,命他们包围骄兵,全部杀死,几千骄兵全都被诛杀。唐懿宗下敕令改武宁节度使为徐州团练使,隶属兖海节度使管辖,将濠州归还淮南道,再设置宿泗观察使,留下将士两千人守卫徐州,其余都分别隶属兖海、宿泗两镇。朝廷委托王式把将士分配到各道完毕,然后将忠武、义成两道的军队调到汴州、滑州,再分别遣回本道,王式完成任务后赶赴京师。

**任命夏侯孜为同平章事。** **蔡京伏法被诛。**

蔡京为政奇刻残暴,设立用烧红的铁烙犯人肉体的惨烈刑法,管辖境内人们都怨恨他,于是邕州将士把蔡京驱逐出境。朝廷将蔡京贬为崖州司户,蔡京不肯到崖州任官,擅自回朝,到达零陵,唐懿宗敕令赐他自杀。

**冬十一月,南诏入侵安南。**

南诏率领群蛮入侵安南,蔡袭向朝廷告急,唐懿宗下敕令调发荆南、湖南军队两千人,桂管军队三千人赶赴安南。援军还未赶到安南,南诏已包围交趾,蔡袭关闭城门据城固守,唐朝援兵不能立即赶到。

癸未（863） 四年

**春正月，南诏陷交趾，经略使蔡袭死之。**

交趾城陷，蔡袭左右皆尽，徒步力战，身集十矢，欲趣监军船，船已离岸，遂溺海死。荆南将士四百余人走至城东水际，虞候元惟德等谓众曰："吾辈无船，入水则死。不若还与蛮斗，人以一身易二蛮，亦为有利。"遂还向城，纵兵杀蛮二千余人而死。南诏两陷交趾，所杀虏且十五万人。留兵二万，使其将杨思缙据交趾城，溪洞夷獠皆降之。诏诸道兵悉召还保岭南。

上游宴无节，左拾遗刘蜕上疏曰："今西凉筑城，南蛮侵轶，陛下不形忧闵，何以责其死力？"弗听。

**二月朔，上历拜十六陵。 三月，归义军奏克复凉州。夏四月，毕诚罢为兵部尚书。**

诚以同列多徇私不法，称疾辞位。

**以康承训为岭南西道节度使。 五月，以杨收同平章事。**

收与中尉杨玄价叙宗相结，故得为相。

**杜审权罢。 六月，杜悰罢，以曹确同平章事。 秋七月朔，日食。 以宋戎为安南都护。**

时诸道兵援安南者屯聚岭南，馈运劳费，润州人陈磻石上言请造千斛大舟，自福建运米，从海一月至广州，从之，军食以足。然有司以和雇为名，夺商人舟入海，或遇风涛没溺，有司囚系纲吏、舟人，使偿其米，人颇苦之。

### 癸未（863） 唐懿宗咸通四年

**春正月，南诏攻陷交趾，经略使蔡袭战死。**

交趾城失陷，蔡袭左右侍卫全部战死，蔡袭仍然徒步奋力拼杀，身上中了十箭，打算爬上监军的战船，但船已离岸，于是溺海而死。荆南将士四百余人走到交趾城东边临海的地方，虞候元惟德等对众人说："我们没有船，入海只能一死。不如回去与南诏蛮人搏斗，每人能以一条命换回蛮人两条命，也死得合算。"于是返回交趾城，纵兵杀死蛮人两千多而战死。南诏第二次攻陷交趾，杀死、俘虏唐朝军队将近十五万人。南诏留下两万人，让其将领杨思缙据守交趾城，周围水边、山洞的夷人獠人都归降于杨思缙。唐懿宗下诏命各道军队全部召还保卫岭南西道。

唐懿宗游玩宴饮毫无节制，左拾遗刘蜕上疏说："如今西部凉州请求修筑城堡，南面蛮人不断入侵，陛下如果连忧虑哀悯的样子都没有，又怎能责求将士臣民拼死卖力呢？"唐懿宗不听。

**二月初一，唐懿宗逐一拜谒十六座先帝陵墓。 三月，归义军上奏攻克收复凉州。 夏四月，毕诚被罢免为兵部尚书。**

毕诚因为同列宰相中多徇私舞弊，目无法纪，声称身体有病，请求辞去宰相职务。

**任命康承训为岭南西道节度使。 五月，任命杨收为同平章事。**

杨收与中尉杨玄价攀叙为同姓宗亲，互相交结，所以被任命为宰相。

**杜审权罢相。 六月，杜悰罢相，任命曹确为同平章事。秋七月初一，出现日食。 任命宋戎为安南都护府经略使。**

当时诸道援助安南的军队都屯聚在岭南，运送粮食的费用很高，润州人陈磻石上言请求制造运送千斛粮食的大船，从福建运送大米走海上一个月到达广州，朝廷听从了这个意见，于是岭南军粮充足。然而有关官员以和雇的名义，抢夺商人的海船入海，有时遇到海风巨浪，船没人死，有关官员就逮捕押船运粮的官吏和船夫，让他们偿还米价，人们受尽了苦头。

**八月，以吴德应为馆驿使。**

台谏上言："故事，御史巡驿，不应忽以内臣代之。"上谕以敕命已行，不可复改。左拾遗刘蜕上言："自古明君所尚者，从谏如流，岂有已行而不改？且敕自陛下出之，自陛下改之，何为不可？"弗听。

**冬十月，以令狐滈为詹事司直。**

初，以令狐滈为左拾遗，拾遗刘蜕上言："滈专家无子弟之法，布衣行公相之权。"起居郎张云言："滈父绚用李涿为安南，致南蛮至今为梗。由滈纳贿，陷父于恶。绚执政时，人号滈'白衣宰相'。"滈亦引避，故有是命。

**甲申（864）　五年**

**春正月，贬张云兴元少尹，刘蜕华阴令。**

令狐绹为其子滈讼冤，故贬之。

**三月，彗星出。**

彗出于娄，长三尺。司天监奏："按《星经》，是名含誉，瑞星也。"上大喜。请宣示中外，于是编诸史策，从之。

**夏四月，以萧寘同平章事。　南诏寇邕州，官军败没。加康承训检校右仆射。**

承训至邕州，不设斥候。南诏帅六万将入境，承训遣六道兵凡万人拒之。敌至不设备，五道八千人皆没，惟天平军后至得免。承训不知所为，副使李行素帅众治濠栅甫毕，蛮军已合围。四日攻具将就，诸将请夜分道斫蛮营，

八月,任命吴德应为馆驿使。

御史和谏官上奏说:"按照惯例,御史掌管馆驿事务,不应该突然用内廷宦官来取代。"唐懿宗告谕敕令已经开始实行,不可再更改。左拾遗刘蜕上奏说:"自古以来,圣明君主所崇尚的是纳谏如流,哪有借口已经实行就不改正的?况且敕令是由陛下发出,再由陛下出面更改,有什么不可以的?"唐懿宗不听。

冬十月,任命令狐滈为太子詹事府司直。

起初,任命令狐滈为左拾遗,拾遗刘蜕上奏说:"令狐滈治家没有官家子弟的家法,任用他犹如让平民百姓行使公卿宰相的权力。"起居郎张云说:"令狐滈的父亲令狐绹任用李涿为安南都护,致使南蛮至今仍不断侵犯。当时是令狐滈接受李涿的贿赂,结果使父亲陷入罪恶。令狐绹当宰相执政时,人称令狐滈为'白衣宰相'。"令狐滈也上表要求引退回避,所以有这项任命。

## 甲申(864) 唐懿宗咸通五年

春正月,贬张云为兴元府少尹,贬刘蜕为华阴县令。

令狐绹为他的儿子令狐滈诉冤,所以唐懿宗贬斥张云、刘蜕。

三月,彗星出现。

有彗星出现在娄宿,长三尺。司天监奏报说:"按照《星经》的记载,这颗彗星名叫含誉,是一颗象征祥瑞的星。"唐懿宗听后极为高兴。司天监请求将此事宣告中外,于是编入史册,唐懿宗表示同意。

夏四月,任命萧寘为同平章事。　南诏入侵邕州,官军被击败。唐懿宗给康承训加检校右仆射的官衔。

康承训到达邕州,不设哨兵。南诏率领群蛮六万人即将入境,康承训派六道兵共一万人去抵抗。蛮军抵达,唐军不设戒备,五道八千人全被消灭,只有天平军后来赶到,得以幸免。康承训不知怎么办,岭南西道节度副使李行素率领部众开挖壕沟,修筑栅栏,刚修治完毕,南诏蛮军已包围邕州城。围攻四天,制造攻城器械即将完工,唐军诸将请康承训夜间分道袭击蛮军营帐,

承训不许。有天平小校再三力争,乃许之。将勇士三百夜
缒而出,散烧蛮营,斩五百余级,蛮大惊,解围去。承训腾
奏告捷,中外皆贺。加承训检校右仆射,子弟亲昵,皆奏功
受赏,烧营小校不迁一级,由是军中怨怒,声流道路。


　　五月,发徐州兵三千人戍邕州。　秋七月,以康承训
为将军分司,高骈为岭南西道节度使。
　　韦宙具知承训所为,以书白宰相,乃罢承训而以张茵
代之。茵不敢进,夏侯孜荐骁卫将军高骈代之。骈颇读
书,好谈今古,两军宦官多誉之。


　　冬十一月,夏侯孜罢,以路岩同平章事。


　　乙酉(865)　六年
　　春正月,始以懿安皇后配飨宪宗。
　　时王皞复为礼官,申前议,朝廷从之。
　　以杜宣猷为宣歙观察使。
　　宦官多闽人,宣猷为福建观察使,每寒食,遣吏分祭其
先茔,宦官德之,故有是命,时人谓之"敕使墓户"。


　　三月,萧寘卒。　夏四月,以高璩同平章事。　六月,
高璩卒。以徐商同平章事。　冬十月,太皇太后郑氏崩。


　　丙戌(866)　七年
　　春三月,以刘潼为西川节度使。
　　初,南诏遣清平官董成等诣成都,节度使李福盛仪卫
以见之。故事,南诏使见节度使拜伏于庭,成等曰:"骠信

康承训没有允许。有一位天平军小校再三力争，康承训才同意。天平军小校率领勇士三百人夜间用绳索吊出城墙，分散火烧蛮军营帐，斩蛮军首级五百余，南诏蛮军大为惊恐，随即解围而去。康承训立即上表告捷，朝廷内外都互相庆贺。唐懿宗给康承训加官检校右仆射，康承训的子弟、亲信都报功受到奖赏，而火烧敌军营帐的天平小校却没升迁一级，由此军中将士怨恨愤怒，流言蜚语到处流传。

五月，朝廷调发徐州军队三千人戍守邕州。　秋七月，任命康承训为右武卫大将军，分司东都，任命高骈为岭南西道节度使。

岭南东道节度使韦宙全都知道康承训的所作所为，写信告诉宰相，于是罢免康承训岭南西道节度使的官职，而由张茵代替。张茵不敢进军，夏侯孜推荐骁卫将军高骈代替张茵。高骈颇好读书，喜欢谈论古今，左、右神策军宦官对他多有称誉。

冬十一月，夏侯孜罢相，任命路岩为同平章事。

乙酉（865）　唐懿宗咸通六年
春正月，开始以懿安皇后与唐宪宗合祭。

当时王暤再任礼官，重申先前的议论，朝廷听从了他的奏议。

任命杜宣猷为宣歙观察使。

宦官大多是福建人，杜宣猷当时任福建观察使，每当寒食之时，都派官吏分别去祭祀宦官祖先的坟墓，宦官对他感恩戴德，所以有这项任命，时人戏称杜宣猷是"宦官敕使的守墓户"。

三月，萧寘去世。　夏四月，任命高璩为同平章事。　六月，高璩去世。任命徐商为同平章事。　冬十月，太皇太后郑氏驾崩。

丙戌（866）　唐懿宗咸通七年
春三月，任命刘潼为西川节度使。

起初，南诏派遣清平官董成等人到达成都，西川节度使李福排列盛大的仪仗队来欢迎接见他们。按照以前惯例，南诏的使者见唐朝的节度使要在庭院行伏拜礼，董成等人说："南诏骠信

已应天顺人,我见节度使当抗礼。"传言往返,自旦至日中不决。将士皆愤怒,福械系之。刘潼至镇,释之,奏遣还国。召至京师,厚赐而遣之。

**成德节度使王绍懿卒。**

绍懿在镇十年,为政宽简,军民便之。疾病,召兄子景崇告之曰:"吾兄以汝之幼,以军政授我,今汝长矣,我复以归汝。努力为之,上忠朝廷,下和邻藩,勿坠吾兄之业。"言竟而薨。

**夏五月,葬孝明皇后。**

葬于景陵之侧,祔于别庙。

**六月,魏博节度使何弘敬卒。**

军中立其子全暤为留后。

**高骈大破南诏蛮,复取交趾。**

初,高骈治兵于海门,未进。监军李维周恶骈,欲去之,屡趣骈,使进军。骈以五千人先济,约维周发兵应援。骈既行,维周拥余众不发。骈至南定、峰州,蛮众近五万获田。骈掩击,大破之,收其所获以食军。

进击南诏,屡破之。捷奏至海门,维周皆匿之,奏骈玩军不进。上怒,欲贬骈,以王晏权代之。是月,骈复大破南诏,杀获甚众,遂围交趾城。

十余日,蛮困蹙甚,城且下,会得王晏权牒,即以军事授监军韦仲宰,与麾下百余人北归。先是,骈遣小校曾衮入告交趾之捷,至海中,望见旌旗东来,云新经略使与监军也。

已应天顺人,我见贵国节度使应当分庭抗礼。"传话的人往返多次,从早晨直到中午不能决定。西川将士对南诏使者的傲慢都极为愤怒,李福命令把董成等人捆绑起来。刘潼到达成都,将董成等人释放,奏请将董成遣还南诏。还把董成等人召到京师长安,给予很厚的赏赐,送他们回国。

**成德节度使王绍懿去世。**

王绍懿在成德主政十年,处理政事宽厚简便,部下军民都觉得很便利。王绍懿患病,招来哥哥的儿子王景崇,告诉他说:"我兄当时因为你年纪太幼,把军政大权交给我,如今你已长大成人,我再把军政大权归还给你。望你努力效劳,上要忠于朝廷,下要与邻镇关系和好,不要毁坏我兄开创的事业。"说完就去世了。

**夏五月,安葬孝明皇后。**

将孝明皇后安葬在景陵旁边,将她的神主配放在别的庙室。

**六月,魏博节度使何弘敬去世。**

魏博军中立他的儿子何全皞为留后。

**高骈大破南诏蛮军,再次占领交趾城。**

起初,高骈在海门整治军队,尚未出兵。监军李维周厌恶高骈,企图把高骈挤走,多次催促高骈,让他赶快向安南出兵。高骈先派五千人渡海进发,约好李维周发兵前去支援。高骈既已出发,李维周接受海门其余军队不发一兵支援。高骈到达南定、峰州时,近五万蛮人正在田里收割粮食。高骈采取突然袭击,大破蛮人,夺取所收获的粮食来供应军队。

高骈进击南诏,多次击破南诏。捷报送到海门,李维周都把它藏匿起来,奏称高骈驻军峰州不敢进兵。唐懿宗大怒,打算贬降高骈官职,用王晏权来替代高骈。这个月,高骈又大破南诏,杀死、俘虏大量蛮军,于是包围交趾城。

十多天后,南诏蛮军困乏至极,交趾城即将攻下,恰好得到王晏权的牒文,高骈立即将军权交给监军韦仲宰,带领部下一百多人北归。先前,高骈派小校官曾衮进京入朝报告交趾大捷,走到海中,迎面望见挂着大旗的船队东来,说是新经略使与监军的船队。

衮意维周必夺其表，乃匿于岛间，维周过，即驰诣京师。上得奏大喜，加骈检校工部尚书，复镇安南。骈至海门而还。

晏权暗懦，维周凶贪，诸将不为之用，遂解重围，蛮遁去者太半。骈至，复督励将士攻破，克之，斩首三万余级，土蛮帅众归附者万七千人。

**冬十月，杨收罢。**

杨玄价兄弟受方镇之赂，屡有请托，收不能尽从，玄价怒，出之。

**吐蕃拓跋怀光斩论恐热，传首京师。**

吐蕃自是衰绝，乞离胡君臣不知所终。

**以高骈为静海军节度使。**

自李涿侵扰群蛮，为安南患殆将十年，至是，始平。乃置静海军于安南，以骈为节度使。

**十二月，黠戛斯遣使入贡。**

丁亥（867） 八年

**春二月，归义节度使张义潮入朝。　三月，以李可及为左威卫将军。**

上好音乐宴游，供奉乐工常近五百人，每月宴设不减十余，水陆皆备。每行幸，内外诸司扈从十余万人，所费不可胜纪。

可及善为新声，上以为将军，曹确谏曰：“太宗定文武官六百余员，谓房玄龄曰：‘朕以待天下贤士，工商杂流不可处也。’大和中，文宗欲以乐工为王府率，拾遗窦洵

曾衮心想李维周必定要夺走告捷的表文,于是便躲藏在海岛之间,等李维周的船队过去,就骑马赶往京师长安。唐懿宗得到告捷表文大为高兴,立即给高骈加检校工部尚书的官衔,恢复高骈镇守安南的军职。高骈到达海门后又返还交趾。

王晏权昏庸胆小,李维周凶狠贪婪,诸道将领不听他的指挥,随后解除交趾城的包围,南诏军逃跑的有一大半。高骈赶到交趾城下,重新督促勉励将士攻破敌军,攻克交趾城,斩首三万余级,南诏军率众归附唐朝的有一万七千人。

**冬十月,杨收罢相。**

杨玄价兄弟接受藩镇贿赂,多次请托杨收办事,杨收不能全部听从,杨玄价大怒,随后将将杨收赶出朝廷。

**吐蕃将领拓跋怀光斩杀论恐热,将论恐热的首级送到京师长安。**

吐蕃从此以后衰败灭绝,乞离胡君臣的去向无人知道。

**任命高骈为静海军节度使。**

自从李涿侵扰南方群蛮,成为安南边患将近十年,到这时,才开始平定下来。朝廷于是在安南设置静海军,任命高骈为节度使。

**十二月,黠戛斯派遣使臣到京师长安入朝进贡。**


丁亥(867)　唐懿宗咸通八年

春二月,归义军节度使张义潮进京朝见。　三月,任命李可及为左威卫将军。

唐懿宗喜好音乐、宴请、游玩,在内廷供奉他的乐工经常有近五百人,每月设宴不下十多次,水里陆地的名贵产品一应俱全。每次出宫游玩,朝廷内外的官员和各部门的随从人员达十余万人,所用花费不可胜计。

乐工李可及擅长谱写新曲,唐懿宗任命李可及为将军,曹确劝谏说:"太宗皇帝当年确定朝廷文武官员六百多名,他对房玄龄说:'朕用官爵接纳天下贤能之士,工匠、商人、杂职人员不能委任官爵。'大和年间,文宗皇帝想任命乐工为王府率,拾遗窦洵

直谏,即改光州长史,乞别除可及官。"不从。

**秋七月,怀州民逐刺史刘仁规。**

民诉旱,仁规揭榜禁之。民怒,相与作乱,逐仁规,掠其家资,久之乃定。

**以于琮同平章事。**

当面向文宗皇帝劝谏,当即改任光州长史,请陛下委任李可及别的官职。"唐懿宗不听。

**秋七月,怀州百姓驱逐了刺史刘仁规。**

怀州百姓向官府申诉旱灾,刺史刘仁规张榜禁止百姓诉灾。激起百姓愤怒,相互串联发动暴乱,驱逐刘仁规出境,抢掠刘仁规家的资产,很久才安定下来。

**任命于琮为同平章事。**

# 资治通鉴纲目卷五十一

起戊子(868)唐懿宗咸通九年,尽甲辰(884)唐僖宗中和四年五月。凡十六年有奇。

戊子（868） 九年

夏六月,以李师望为定边节度使。

师望上言:"嶲州控扼南诏,为其要冲,成都道远,难以节制。请建定边军,屯重兵于嶲州,以邛州为理所。"诏以师望充节度使。师望利于专制方面,故建此策。其实邛距成都才百六十里,嶲距邛千里,其欺罔如此。

秋七月,桂州戍卒作乱,判官庞勋将之。冬十月,陷宿、徐州,囚观察使崔彦曾。十一月,诏遣康承训发诸道兵讨之。十二月,贼陷滁、和州,攻泗州,不克。

初,南诏陷安南,敕徐、泗募兵二千赴援,分八百人别戍桂州,初约三年一代。至是,戍桂者已六年,屡求代还。徐、泗观察使崔彦曾性严刻,押牙尹戡、杜璋、徐行俭等用事。以军帑空虚,不能发兵,请令更留戍一年,彦曾从之。戍卒闻之怒。

都虞候许佶等作乱,杀都将王仲甫,推粮料判官庞勋为主,劫库兵北还。所过剽掠,州县莫能御。八月,诏遣中使赦其罪,部送归徐。

**戊子**（868） **唐懿宗咸通九年**

夏六月，唐懿宗任命李师望为定边节度使。

李师望向朝廷进言说："巂州控制南诏，是当地的交通要道，成都离这里很远，难以指挥。请建置定边军，在巂州屯驻重兵，以邛州为治所。"唐懿宗下诏让李师望充任节度使。李师望贪图控制一个节镇的权力，所以提出这一建议。其实，邛州距成都只有一百六十里，巂州距邛州却有千里之遥，李师望就这样欺瞒朝廷。

秋七月，桂州戍兵作乱，由判官庞勋率领这支军队。冬十月，庞勋攻破宿、徐二州，囚禁观察使崔彦曾。十一月，唐懿宗下诏派康承训征调各道军队讨伐庞勋。十二月，庞勋军攻破滁、和二州，进攻泗州，未能攻克。

起初，南诏攻破安南，唐懿宗敕令徐、泗二州募集兵员前去增援，分出八百人另去戍守桂州，最初约定三年轮换一次。到这时，戍守桂州的士兵已满六年，屡次要求接替自己返回。徐、泗观察使崔彦曾性情严酷刻薄，押牙尹戡、杜璋、徐行俭等人当权。由于军费空虚，不能派兵接替，他们建议让戍兵再留下戍守一年，崔彦曾依言而行。戍兵闻讯大怒。

都虞候许佶等人作乱，杀死都将王仲甫，推举粮料判官庞勋为首领，抢劫府库的兵器北还。他们在经过的地方抢劫掳掠，州县不能抵御。八月，唐懿宗下诏派中使去赦免桂州戍兵的罪过，押送他们返回徐州。

　　至湖南,监军诱之,使悉输其甲兵。勋等谋曰:"吾辈罪大,朝廷见赦,虑缘道攻劫耳。若至徐州,必菹醢矣。"乃各以私财造甲兵、旗帜,招集亡命,众至千人。入淮南,节度使令狐绹遣使慰劳。

　　押牙李湘曰:"徐卒擅归,势必为乱。虽无敕令诛讨,藩镇大臣当临事制宜。高邮岸峻而水深狭,请将奇兵伏于其侧,焚荻舟以塞其前,以劲兵蹙其后,可尽擒也。纵之渡淮,为患必大。"绹素懦怯,曰:"彼在淮南不为暴,听其自过,余非吾事也。"

　　朝廷屡敕崔彦曾慰抚之,彦曾遣使谕以敕意,道路相望。勋至徐城,乃言于众曰:"吾辈擅归,思见妻子耳。今闻已有密敕下本军,至则灭族。与其自投网罗,曷若相与戮力同心,赴汤蹈火。岂徒脱祸,富贵可求也。"众皆呼跃称善。遂于递中申状,乞停尹戡等职任。

　　彦曾召诸将谋之,皆曰:"戍兵猖狂,若纵使入城,必为逆乱。不若乘其远来疲弊,发兵击之。我逸彼劳,往无不捷。"彦曾乃命都虞候元密等将三千人讨勋,戒以毋伤敕使,仍命宿、泗州出兵邀之。

　　密至任山,顿兵不进,思所以夺敕使之计,欲俟贼入馆,乃击之。贼诇知之,夜遁,官军引退。

　　贼至符离,宿州戍卒出战,望风奔溃,贼遂攻城,陷之。悉聚城中货财募兵,得数千人,勒兵乘城,勋自称兵马留后。

　　官军至,以为贼必固守,但为攻取之计。贼夜掠城中大船以载资粮,顺流而下,欲入江湖为盗。

来到湖南时，监军诱骗戍兵，让他们交出所有的铠甲兵器。庞勋等人商量说："我们犯了大罪，朝廷予以赦免，是怕我们沿途攻杀劫掠。如果到了徐州，准被剁成肉酱。"便分别用私财制造兵器、旗帜，招集亡命之徒，部众多达千人。进入淮南时，节度使令狐绹派使者前来慰劳。

押牙李湘说："徐州籍戍兵擅自返回，势必作乱。即使没下诛讨的敕令，藩镇大臣也应因事制宜。运河流经高邮，堤岸高峻，河窄水深，请让我带领奇兵埋伏在岸边，点燃草船，堵塞在前面，派精锐兵马在后面追赶，可以将他们全部捉获。如果放他们渡过淮水，为害必然很大。"令狐绹一向怯懦，说："只要他们在淮南不逞强暴，就由着他们渡过淮水，其余的事与我无关。"

朝廷屡次敕令崔彦曾抚慰桂州戍兵，崔彦曾派使者去说明皇上的旨意，使者在道上接连不断。庞勋来到徐城县，对大家说："我们擅自返回，是想见妻子儿女。现在听说已有秘密敕令下达本军府，说是等我们一到徐州，就予以灭族。与其自投网罗，怎比得上在一起同心合力，赴汤蹈火。这哪里只是摆脱祸难，还可以谋求富贵。"大家都欢呼跳跃，连连叫好。于是庞勋由驿站进呈状文申诉，要求停止尹戡等人的职务。

崔彦曾把诸将领叫来商量，大家都说："桂州戍兵太猖狂了，如果放进城来，势必作乱。不如趁他们远道而来，非常疲乏之时，发兵攻打他们。我们以逸待劳，无往不胜。"于是崔彦曾命都虞候元密等人带领三千人讨伐庞勋，告诫他们不要伤害敕使，还命宿、泗二州出兵截击。

元密来到任山，把军队驻扎下来，不向前推进，考虑夺回敕使的计策，打算等戍兵进入驿馆时才出击。乱军探知后，在夜间逃走，官军也领兵撤退。

乱军来到符离，宿州戍兵出城迎战，望风败逃，乱军随即攻城，攻破了宿州城。庞勋聚集城中所有的财物来募集兵员，得到数千人，率领军队登城防守，庞勋自称兵马留后。

官军赶到宿州，以为庞勋必然据城坚守，只做了攻占宿州城的打算。乱军夜间在城中抢来大船装载钱粮，顺流而下，想进入江湖去当强盗。

明旦官军乃觉，狼狈追之。士卒皆未食，比追及，已饥乏。贼陈堤外，伏舟中，夹攻之，官军大败。密及士卒死者殆千人，其余皆降于贼，无得还者。

贼知彭城无备，还聚彭城。彦曾始选城中丁壮为守备，内外震恐，无复固志。或劝彦曾奔兖州，彦曾怒曰："吾为元帅，城陷而死职也。"立斩言者。贼至，城陷，囚彦曾，杀尹戣等，即日城中愿从者万余人。

勋召温庭皓，使草表求节钺，庭皓请还家草之。明日，来曰："昨日欲一见妻子耳。今谨来就死。"勋熟视，笑曰："书生敢尔，不畏死邪！庞勋能取徐州，何患无人草表？"遂释之。

有周重者，每以才略自负，为勋草表，略曰："臣之军乃汉室兴王之地，顷因节度使刑赏失中，遂致迫逐。陛下夺其节制，剪灭一军，或死或流，冤横无数。臣见利不失，遇时不疑。伏乞圣慈复赐旌节，不然挥刀曳戟，诣阙非迟。"

勋遣其将刘行及屯濠州，李圆屯泗州，梁丕屯宿州，要害县镇悉缮完戍守，远近群盗皆倍道归之。

行及引兵至涡口，濠州刺史卢望回开门迎之。泗州刺史杜慆完守备以待贼，李圆至，攻之不克。

初，辛云京之孙谠寓居广陵，喜任侠，年五十，不仕，与慆有旧。闻勋作乱，诣泗州劝慆避之，慆曰："安平享其禄位，危难弃其城池，吾不为也。誓与将士共死此城！"谠曰：

第二天清晨，官军才发觉其事，于是仓促追击。士兵都没吃饭，等追上乱军时，已经又饿又累。乱军在堤外列阵，船中伏兵，两面夹攻，官军大败。元密及其士兵约有一千人战败而死，其余的都投降乱军，没有人能逃回徐州。

乱军知道彭城没有防备，回军聚集在彭城之下。崔彦曾这才挑选城中的成年男子进行防守，彭城内外震惊恐惧，再没有坚定的意志。有人劝崔彦曾逃奔兖州，崔彦曾愤怒地说："我是主帅，城攻破了，只有殉职。"立刻杀死进言的人。乱军赶到，攻破彭城，囚禁崔彦曾，杀死尹戡等人，当天城中愿意跟随庞勋的有一万余人。

庞勋把温庭皓叫来，让他草拟要求颁赐节钺的表章，温庭皓请求回家起草。第二天，温庭皓前来说："我昨天想跟妻子儿女见一面。今天前来就死。"庞勋仔细端详温庭皓一番，笑着说："书生敢这么干，不怕死吗！既然我能攻下徐州，还愁没人起草表章吗？"便把温庭皓放走了。

有个叫周重的，一向认为自己才略出众，替庞勋起草表章，大略说："臣的军队来自西汉高祖开创基业的地方，不久前因节度使赏罚不公，便遭到驱逐。陛下撤销徐州节度使的建置，剪灭全军，有处死的，有流放的，无数人蒙受屈冤，惨遭横祸。臣抓住有利时机，不会放过，也不会犹豫。万望陛下再赐节度使的旌节，否则挥动刀枪拖着剑戟，直指京城，为时不晚。"

庞勋派部下将领刘行及屯驻濠州，李圆屯驻泗州，梁丕屯驻宿州，对要害县镇都修缮城垣，派兵戍守，远近各地群盗都兼程赶来归附。

刘行及领兵来到涡口，濠州刺史卢望回打开城门迎接。泗州刺史杜慆修缮好防御设施等候乱军，李圆赶到，攻打泗州，未能攻克。

起初，辛云京的孙子辛谠寄居广陵，喜欢行侠仗义，已五十岁，没有做官，与杜慆有旧交。辛谠得知庞勋作乱，到泗州去劝杜慆躲避乱军，杜慆说："平安时享受国家的俸禄官位，危难时放弃国家的城池，我不干。我誓与将士共同战死在此城！"辛谠说：

"公能如是,仆当与公同死。"乃还广陵,与其家诀,复如泗州。

时勋募人为兵,人利于剽掠,皆断锄首而锐之,执以应募。由是贼众日滋,官军数不利,贼遂破鱼台等县。诏以康承训为行营都招讨使,王晏权、戴可师为南北面招讨使,大发诸道兵以隶之。承训奏乞沙陀三部落,使朱邪赤心帅以自随,诏许之。

勋以李圆攻泗州久不克,遣其将吴迥代攻,昼夜不息。时敕使郭厚本将淮南兵千五百人救泗州,至洪泽,畏贼强,不敢进。辛谠夜乘小舟潜渡,说厚本,不听而还。贼攻益急,谠复往说,厚本乃许之。淮南都将袁公弁曰:"贼势如此,何暇救人!"谠拔剑欲击之,厚本起,抱止之。谠乃回望泗州,恸哭终日,士卒皆为之流涕,厚本乃许分五百人与之。谠帅以进击贼,贼败走。

勋遣其将刘佶将精兵数千助迥,刘行及遣将王弘立引兵会之。十二月,陷都梁城,据淮口,漕驿路绝。

承训军新兴,兵才万人,以众寡不敌,退屯宋州。勋乃分遣其将,南寇舒、庐,北侵沂、海,破沭阳、下蔡、乌江、巢县,攻陷滁州,杀刺史高锡望。又寇和州,刺史崔雍引贼入城,贼遂大掠。

泗州援绝粮尽,谠夜帅敢死士十人,执长柯斧,乘小舟,破贼水寨而出。明旦,贼以五千人追之,谠力斗三十余里,乃得免。至扬州,见令狐绹;至润州,见杜审权,审权乃遣兵二千人,与淮南共输米五千斛、盐五百斛,以救泗州。

"您能如此，我当与您一起死。"便回广陵与家人诀别，然后回到泗州。

当时，庞勋招募百姓当兵，人们贪图抢劫财物，纷纷砍去锄头，把锄杆削尖，拿着去应募。从此，乱军部众日增，官军屡战失利，乱军随即攻破鱼台等县。唐懿宗下诏任命康承训为行营都招讨使，王晏权、戴可师为南北面招讨使，大规模征调各道军队隶属于他们。康承训奏请调用沙陀三部落，使朱邪赤心率部跟随自己，唐懿宗下诏应允。

庞勋因李圆攻打泗州许久没有攻克，派部下将领吴迥接替李圆攻城，昼夜不息。当时，敕使郭厚本率领一千五百名淮南军去救泗州，抵达洪泽时，畏惧乱军的强盛，不敢进军。辛谠夜间乘小船暗中渡过淮水，去劝说郭厚本，遭拒绝后返回。乱军攻城愈发猛烈，辛谠又前去劝说，郭厚本才表示同意。淮南都将袁公弁说："乱军声势如此盛大，哪有工夫去救别人！"辛谠拔出剑来，想刺袁公弁，郭厚本起身抱住辛谠，加以制止。辛谠回头望着泗州痛哭了一整天，士兵都为他流下眼泪，郭厚本这才答应抽出五百人交给辛谠。辛谠率领这五百人前去攻打乱军，乱军战败逃走。

庞勋派部下将领刘佶带领数千名精兵去援助吴迥，刘行及派将领王弘立统兵与刘佶会回。十二月，乱军攻破都梁城，占据淮口，漕运和驿站的通道都被切断。

康承训驻扎在新兴，只有一万人的兵力，因为寡不敌众，退至宋州屯驻。于是庞勋分派部下将领向南进攻舒、庐二州，北侵沂、海二州，攻破沭阳、下蔡、乌江、巢县，攻陷滁州，杀死刺史高锡望。庞勋又侵犯和州，刺史崔雍率领乱军进入城中，于是乱军大肆掳掠。

泗州外援断绝，粮食吃光，辛谠夜间率领十名敢死之士，握着长柄大斧，驾着小船，冲破乱军的水寨离去。第二天清早，乱军派五千人追赶，辛谠奋战三十余里，才得以脱身。辛谠到扬州去见令狐绚；到润州去见杜审权，杜审权于是发兵两千人，与淮南共转运粮食五千斛、盐五百斛，以援救泗州。

戴可师将兵三万渡淮,转战而前,恃胜不设备,王弘立引兵数万奄至纵击,官军大败,可师及监军皆死。

勋自谓无敌于天下,作露布散示诸寨,乘胜围寿州,掠诸道贡献商货,益自骄,日事游宴。

既而诸道兵大集于宋州,勋始惧。应募者益少,勋乃驱人为兵,敛富室及商旅财,什取七八,由是境内之民不聊生矣。

晏权兵数退蚵,朝廷以曹翔代之。

谠以浙西军至楚州,贼水陆布兵,锁断淮流。谠募敢死士数十人,先以四舟乘风直进死战,斧断其锁,帅众扬旗鼓噪而前。贼见其势猛锐,避之,遂得入城。

**是岁,江、淮旱、蝗。**

己丑(869) 十年

**春正月,同昌公主适右拾遗韦保衡。**

公主,郭淑妃之女,上特爱之。倾宫中珍玩以为资送,赐第窗户皆饰以杂宝,井栏、药臼亦以金银为之,赐钱五百万缗,他物称是。

**二月,流杨收于骧州,寻赐死。**

初,尚书右丞裴坦子娶收女,资送甚盛,器用饰以犀玉。坦见之,怒曰:"破我家矣!"立命坏之。已而收竟以贿败。

**康承训大败贼将王弘立于鹿塘。**

康承训将诸道兵七万余人屯柳子之西,自新兴至鹿塘三十里,壁垒相属。徐贼寇海州,官军戍海州者断贼所过桥柱而弗殊,仍伏兵以待之。贼过桥崩,苍黄散乱,伏兵

戴可师领兵三万人横渡淮水,一边在各地作战,一边率军挺进,自恃打了胜仗,不做防备。王弘立领兵数万人突然赶到,纵兵进击,官军大败,戴可师及监军都被杀死。

庞勋认为自己无敌于天下,写成公告,散发到各寨,乘胜包围寿州,掳掠各道的贡物和商货,越发骄纵,每天都在游乐宴饮。

不久,各道军队大规模会集在宋州,庞勋这才感到恐惧。应募的人越来越少,庞勋就驱赶百姓当兵,征收富户及商人的财物,十成中拿走七八成,从此辖境内民不聊生。

王晏权的军队屡遭挫败,朝廷派曹翔接替了他。

辛谠率浙西军来到楚州,乱军水陆排军布阵,用铁链封锁淮水。辛谠募集数十名敢死之士,先派四艘船乘风挺进,拼死作战,用斧头砍断铁索链,再率众高举旗帜,擂鼓呐喊,向前推进。乱军见来势锐不可当,退避不战,于是辛谠得以进城。

**这一年,江、淮地区发生旱灾和蝗灾。**

### 己丑(869) 唐懿宗咸通十年
**春正月,同昌公主嫁给右拾遗韦保衡。**

同昌公主是郭淑妃的女儿,唐懿宗特别疼爱她。用尽宫中的珍宝器玩给她做嫁妆,赐给的府第连窗户都用各种珍宝装饰,井栏、药白也以金银装饰,赐给五百万缗钱,别的物品在气派上与此相称。

**二月,唐懿宗将杨收流放到驩州,不久即命他自裁。**

起初,尚书右丞裴坦的儿子娶了杨收的女儿,陪送的嫁妆非常气派,器皿用具用犀角和玉石装饰。裴坦见了,愤怒地说:"败坏我的家风!"立刻命令毁掉。后来,杨收终究因受贿垮台。

### 康承训在鹿塘大败乱军将领王弘立
康承训带领各部军队七万余人驻扎在柳子西面,从新兴到鹿塘三十里内,壁垒相连。徐州乱军侵犯海州,戍守海州的官军弄断乱军需要经过的桥梁的支柱,看上去却与好桥无异,并伏兵等候。乱军过桥时,桥柱崩塌,士兵惊慌失措,乱作一团,伏兵

发,尽殪之。

承训使朱邪赤心将沙陀三千骑为前锋,陷陈却敌,十镇之兵服其骁勇。承训数与贼战,败之。

王弘立自矜淮口之捷,独将三万人夜袭鹿塘寨,黎明围之,自谓功在漏刻。沙陀左右突围,出入如飞,贼纷扰移避。沙陀纵骑蹂之,贼遂大败。官军蹙之,溺死者不可胜计,自鹿塘至襄城,伏尸五十里,斩首二万余级,弘立走免。时有救诸军破贼得农民皆释之,自是贼每与官军遇,其驱掠之民先自溃。

## 夏四月,庞勋杀崔彦曾,自称天册将军,与官军战,大败。

康承训进与贼将姚周战,一月数十合,遂围柳子。会大风,四面纵火,贼弃寨走,沙陀以精骑邀之,屠杀殆尽。周奔宿州,守将梁丕斩之。

勋闻之大惧,议自将出战,周重曰:"柳子地要兵精,姚周勇敢有谋,今一旦覆没,危如累卵。不若遂建大号,悉兵四出,决死力战,杀崔彦曾以绝人望。"勋以为然,杀彦曾、庭皓等,选丁壮得三万人,给以精兵。许佶等推勋为天册将军。

勋以父举直为大司马,留守徐州。或曰:"将军方耀兵威,不可以父子之亲,失上下之节。"乃令举直趋拜于庭,勋据按而受之。

勋夜至丰,击魏博军,败之,诸将宵溃。

勋约诸寨兵合五六万人,乘胜攻柳子,康承训设伏

涌出，将乱军全部歼灭。

康承训让朱邪赤心率沙陀骑兵三千人充当前锋，冲锋陷阵，击退敌军，十镇士兵都佩服沙陀的骁勇。康承训屡次与乱军作战，都打败了乱军。

王弘立认为自己取得淮口的胜利很了不起，独自带领三万人在夜间袭击鹿塘寨，黎明时包围官军，自以为很快就能取胜。不料，沙陀横冲直撞，奋力突围，来去如飞，乱军一片混乱，纷纷躲避。沙陀骑兵纵马践踏乱军，于是乱军大败。官军追逼乱军，淹死的乱军多得无法计算，从鹿塘到襄城，倒在地上的尸体延续五十里，斩首两万余级，只有王弘立逃脱。当时，有敕书规定各军攻破乱军所掳到的农民一律释放，从此乱军每次与官军遭遇时，被强行抓来的百姓就先自行溃散。

**夏四月，庞勋杀死崔彦曾，自称天册将军，与官军交战，被打得大败。**

康承训进军与乱军将领姚周作战，一月交锋数十次，随即包围柳子。赶上刮起大风，官军四面放火，乱军放弃城寨逃跑，沙陀以精锐骑兵截击，屠杀乱军，几乎一个不剩。姚周逃奔宿州，宿州守将梁丕将他杀死。

庞勋闻讯极为恐惧，商议亲自领兵出战，周重说："柳子地势险要，兵马精良，姚周勇敢而有谋略，现在姚周军一旦覆灭，形势危若累卵。不如就建立国号，用所有的兵力四面出击，拼死奋战，杀死崔彦曾，以杜绝众人的企盼。"庞勋认为言之有理，杀死崔彦曾、温庭皓等人，挑选三万丁壮，发给精良的兵器。许佶等人拥戴庞勋为天册将军。

庞勋任命父亲庞举直为大司马，留守徐州。有人说："将军正需要显示军威，不能因父子亲情就不要上下之间的礼节。"便让庞举直快步走上去，在厅堂中叩拜，自己靠着几案接受。

庞勋在夜间抵至丰县，进攻并打败了魏博军，魏博诸将领连夜溃退。

庞勋集各寨军队合计五六万人，乘胜攻打柳子，康承训设埋伏

以待之，贼兵先至者遇伏败走，勋所将皆不战而溃。承训命诸将急追之，贼狼狈自相蹈藉，死者数万人，勋走归彭城。

**马举救泗州，杀贼将王弘立，泗州围解。**

辛谠复自泗州引骁勇四百人迎粮于扬、润，贼夹岸攻之，转战百里，乃得出。至广陵，舟载盐米二万石，钱万三千缗。还至斗山，贼将帅众万余拒之于盱眙，密布战舰以塞淮流，又纵火船逆之。谠命以长叉托过，自卯战及未，官军不利。急命勇士乘小舟入贼舰旁战棚之下，以枪揭火牛焚之，贼遂溃走，官军乃得入城。

马举将精兵三万救泗州，分军三道渡淮，至中流大噪，声闻数里。贼大惊，敛兵屯城西寨。举就围之，纵火烧栅，贼众大败，王弘立死，吴迥退保徐城，泗州之围始解。

**六月，陕民作乱，逐观察使崔荛。**

荛以器韵自矜，不亲政事。民诉旱，荛指庭前树曰："此尚有叶，何旱之有？"杖之。民怒，逐之。荛走，渴求饮，民以溺饮之。

**徐商罢，以刘瞻同平章事。　秋八月，贼将张玄稔以宿州降，引兵进平徐州。**

七月，康承训克临涣，拔襄城、留武、小睢等寨。曹翔拔滕县，进击丰、沛。贼诸寨戍兵多相帅保据山林，有陈全裕者为之帅，凡叛勋者皆归之，至数千人。承训遣人招之，遂举众来降。贼将朱玫亦以蕲、沛降于曹翔，承训乘胜进抵宿州。

初，庞勋怒梁丕杀姚周，使张玄稔代之，以其党张儒、张实等将城中兵数万拒官军。

等候,先到的乱军遭到伏击,战败逃跑,庞勋率领的士兵都不战自溃。康承训命诸将领赶紧追击,乱军狼狈逃窜,自相践踏,死了数万人,庞勋逃回彭城。

**马举去救泗州,杀死乱军将领王弘立,泗州解围。**

辛谠又从泗州率领四百名勇猛的士兵到扬、润二州去接粮饷,乱军沿两岸夹攻,辛谠转战一百里,才得以脱险。辛谠来到广陵,用船运去盐米两万石,钱一万三千缗。辛谠回到斗山时,乱军将领率部众万余人在盱眙拦截阻击,布置密集的战舰以堵塞淮水航道,同时放出火船来撞辛谠的船只。辛谠命令用长叉把火船拖走,从卯时打到未时,官军失利。辛谠急令勇士驾小船驶到乱军战舰两旁的战棚下面,用长枪举起燃烧的火把来焚烧战舰,乱军随即溃逃,官军这才得以进城。

马举率领精兵三万人去救泗州,分兵三路横渡淮水,到水中央时大声呼喊,声音传出好几里远。乱军大惊,收兵屯驻在泗州城西寨。马举前去包围,放火烧掉木栅,乱军大败,王弘立被杀,吴迥退守徐州,泗州这才解围。

**六月,陕州百姓作乱,赶走观察使崔荛。**

崔荛以自己器量风度过人自傲,不亲自处理政事。百姓申诉旱情,崔荛指着庭院里的树说:"这树还有叶子,有什么旱情?"便杖打百姓。百姓怒不可遏,赶走崔荛。崔荛逃跑,口渴了,要水喝,百姓让他喝尿。

**徐商罢相,唐懿宗任命刘瞻为同平章事。　秋八月,乱军将领张玄稔举宿州归降,领兵前进,平定徐州。**

七月,康承训攻克临涣,攻下襄城、留武、小睢等寨。曹翔攻克滕县,进击丰、沛二县。乱军各寨许多戍兵相继盘踞山林自保,有个陈全裕充当他们的头领,凡是叛离庞勋的都来归附,多达数千人。康承训派人招降,陈全裕于是率众前来投降。乱军将领朱玫也率蕲、沛二县向曹翔投降,康承训乘胜进抵宿州。

起初,庞勋恼怒梁丕杀死姚周,让张玄稔接替梁丕的职务,派同伙张儒、张实等人带领宿州城中数万兵众抵御官军。

承训攻之不能克,遣辩士招谕之。玄稔尝戍边有功,虽胁从于贼,心常忧愤。召所亲数十人谋归国,众多从之,乃勒兵斩儒等,开门出降。承训即宣敕,拜御史中丞,赐遗甚厚。

玄稔复言:"今举城归国,四远未知,请诈为城陷,引众趋符离及徐州,贼党不疑,可尽擒也。"承训许之。宿州旧兵三万,承训益以数百骑,皆赏劳而遣之。玄稔复入城,暮发平安火,明日积薪数千束,纵火焚之,如城陷军溃之状。直趋符离,符离纳之,斩其守将,收其兵复得万人。

北趋徐州围之,谕城上人曰:"朝廷唯诛逆党,不伤良人,汝曹奈何为贼城守? 若尚狐疑,须臾之间,同为鱼肉矣。"于是守城者稍稍弃甲投兵而下,崔彦曾故吏路审中开门纳官军。庞举直、许佶自北门出,玄稔遣兵追斩之。悉诛戍桂州者,亲族皆死,徐州遂平。

勋将兵二万自石山出,承训引步骑八万西击之,使朱邪赤心将数千骑为前锋。勋袭宋州,陷其南城,南掠亳州。沙陀追及之,官军亦大集,纵击,杀贼近万人,余皆溺死,勋亦死,数日乃获其尸。贼诸寨皆杀其守将而降。

冬十月,马举克濠州。 以张玄稔为骁卫大将军,康承训为河东节度使,杜慆为义成节度使,朱邪赤心为大同军节度使,赐姓李,名国昌,辛谠为亳州刺史。

康承训攻打宿州，不能攻克，派辩士以朝廷的名义进行招抚。张玄稔曾戍守边疆，立下功劳，虽然被迫参加乱军，却经常心怀忧愤。他召集亲信数十人，商量归降朝廷，多数人表示同意，于是他率领军队杀死张儒等人，打开城门出来投降。康承训立即宣布敕书，任命张玄稔为御史中丞，赏赐赠送的物品很是丰厚。

张玄稔又进言说："如今我举城归顺国家，周围边远之地还不知道，请假装成宿州失陷的样子，由我带领部队奔赴符离和徐州，贼人一伙不会怀疑，可以全部抓获。"康承训应允。宿州原有军队三万人，康承训增派骑兵数百人，一律予以奖赏犒劳，送他们出发。张玄稔重新进了宿州城，傍晚点燃表示平安的烽火，第二天堆起数千捆柴禾，放火烧着，做出城池失陷、军队溃散的样子。张玄稔直奔符离，符离放张玄稔进城，张玄稔杀死守将，收降符离士兵，又得到一万人。

张玄稔北进包围徐州城，劝导城上的士兵说："朝廷只杀逆党，不伤良民，你们何苦为逆贼守城？如果你们还犹豫不决，不一会儿的工夫，就一齐成为案上的鱼肉。"于是守城士兵逐渐有人丢下铠甲兵器，缒下城来，崔彦曾往日的属吏路审中打开城门，放官军进城。庞举直、许佶从北门出城，张玄稔派兵把他们追上杀死。张玄稔杀死所有戍守桂州的士兵及其宗族亲属，徐州于是平定。

庞勋带领军队两万人由石山进发，康承训带领步兵、骑兵八万人西进讨击，让朱邪赤心带领数千名骑兵担任前锋。庞勋袭击宋州，攻破宋州的南城，南下掳掠亳州。沙陀追上庞勋军，官军也源源不断地集中到那里，纵兵出击，杀死乱军近万人，余众都被淹死，庞勋也死了，几天后才找到他的尸首。乱军各寨都杀死守将投降。

冬十月，马举攻克濠州。 唐懿宗任命张玄稔为骁卫大将军，康承训为河东节度使，杜慆为义成节度使，朱邪赤心为大同军节度使，赐姓名为李国昌，辛谠为亳州刺史。

谍在泗州，犯围出迎兵粮，往返凡十二。及除亳州，上表言："臣之功，非杜慆不能成也。"

**流陈蟠叟于爱州。**

上荒宴，不亲庶政，委任路岩。岩奢靡，颇通赂遗。至德令陈蟠叟上书言："请破边咸一家，可赡军二年。"上问："咸为谁？"对曰："路岩亲吏。"上怒，流之，自是无敢言者。

**南诏入寇。十二月，陷嘉、黎、雅州。**

初，南诏遣使来谢释董成之囚，定边节度使李师望欲激怒南诏以求功，遂杀之。师望贪残，戍卒怨怒，欲生食之，师望以计免。诏以窦滂代之，贪残尤甚，蛮寇未至而定边已困。

是月，南诏骠信酋龙倾国入寇，陷犍为及嘉州，窦滂自将拒之大渡河。骠信诈遣清平官数人来约和，滂与语未毕，蛮乘船栰争渡。诸将勒兵出战，滂单骑宵遁，蛮遂陷黎、雅。诏左神武将军颜庆复将兵赴援。

**庚寅**（870） **十一年**

**春正月，群臣上尊号。** **贬康承训为恩州司马。**

路岩、韦保衡上言："承训讨庞勋时，逗桡不进，又贪虏获，不时上功。"贬之。

**二月，南诏进攻成都。**

西川民闻蛮寇将至，争走入成都。节度使卢耽与前泸州刺史杨庆复共修守备，选将校，分职事，造器备，严警逻，募骁勇之士，厚给粮赐，应募者云集。庆复乃谕之曰："汝曹

辛谠在泗州时,冲出包围去迎接军粮,共往返十二次。等至辛谠受职亳州,上表说:"没有杜慆,臣就不能立功。"

**陈蟠叟被流放到爱州。**

唐懿宗沉溺于饮宴,不亲自处理各项政事,信任路岩。路岩奢侈浪费,颇收受贿赂。至德县令陈蟠叟上书说:"没收边咸一家的财产,可以赡养军队两年。"唐懿宗问:"边咸是谁?"陈蟠叟回答说:"是路岩的亲信小吏。"唐懿宗大怒,流放了他,从此无人敢言。

**南诏入侵。十二月,南诏攻破嘉、黎、雅三州。**

起初,南诏派使者前来感谢唐朝释放被囚禁的董成,定边节度使李师望想激怒南诏,谋求立功,便将使者杀死。李师望贪婪残酷,戍卒怨恨不满,想生吃李师望的肉,李师望设法逃脱。唐懿宗下诏让窦滂接替李师望的职务,窦滂比李师望更要贪婪残酷,南诏入侵之前,定边已很困乏。

这月,南诏骠信酋龙率领全国兵力入侵,攻破犍为和嘉州二地,窦滂亲自率领士卒在大渡河抵御。骠信酋龙派数名清平官前来佯装订约讲和,窦滂与清平官谈话还没有结果,南诏驾起木筏争先渡水过河。诸将领整兵出战,窦滂单人匹马在夜间逃跑,于是南诏攻破黎、雅二州。唐懿宗下诏命左神武将军颜庆复领兵前去救援。

**庚寅**(870) **唐懿宗咸通十一年**

**春正月,群臣进献尊号。 唐懿宗将康承训贬为恩州司马。**

路岩、韦保衡进言说:"康承训讨伐庞勋时,逗留不进,又贪图俘获的物品,不及时呈报军功。"唐懿宗贬了他们的官。

**二月,南诏进攻成都。**

西川百姓听说南诏即将到来,争着逃进成都。节度使卢耽与前泸州刺史杨庆复共同修缮防御设施,选拔将校,分派职务,制造器械,加强警戒巡逻。卢耽、杨庆复二人招募骁勇之士,从优发给粮饷和赏赐,应募者云集麾下。杨庆复就劝导他们说:"你们

皆军中子弟,年少材勇,平居无由自进。今蛮寇凭陵,乃汝曹取富贵之秋也,可不勉乎!"于是使之各试所能,察其勇怯而进退之,得选兵三千人,号曰突将。

蛮进军定边北境,耽遣使致书其用事之臣,问所以来之意,蛮留之不还。耽乃告急于朝廷,且请遣使与和,以纾一时之急,诏太仆卿支详为宣谕通和使。蛮亦以耽待之恭,为之盘桓,由是成都守备粗完。

蛮进陷双流,抵成都。时兴元、凤翔援兵已至汉州,会窦滂奔汉州,自以失地,欲西川相继陷没以分其责,每援军至,辄说之曰:"蛮众多于官军数十倍,未易遽前。"诸将皆疑不进。

二月,蛮合梯、冲,四面攻城。城上以钩缳挽之使近,投火沃油焚之。庆复与押牙李骧各帅突将出战,杀伤蛮二千余人,焚其攻具三千余物而还。蜀人素怯,其突将新为庆复所奖拔,且利于厚赏,勇气自倍,其不得出者皆愤郁求奋。

时支详遣使与蛮约和,蛮遣使迎详,详谓蛮使曰:"受诏诣定边约和,冀其不犯成都也。今矢石昼夜相交,何谓和乎?"蛮以和使不至,复攻城,城中出兵击之,乃退。

初,韦皋招南诏以破吐蕃,以蛮无甲弩,使匠往教之。数岁,蛮中甲弩皆精利。

朝廷贬窦滂康州司户,以颜庆复为东川节度使,凡援蜀诸军皆受节制,蛮分兵拒之,乃为所败。会将军宋威继至,又败蛮军,遂进军,距成都二十里。蛮数遣使请和,城

都是军中将士的子弟，年纪轻，有膂力，很勇敢，平时无从自谋仕进。现在南诏前来侵犯，正是你们获取富贵的时候，能不自勉吗！"于是让这些人分别就自己擅长的本领进行演试，考察勇怯，决定录用与否，得以选出三千名士兵，号称"突将"。

南诏进军到定边的北境，卢耽派使者送信给南诏的当权大臣，询问前来的用意，南诏扣留使者不放。于是卢耽向朝廷告急，并请求派使者与南诏媾和，以缓解当前的急难，唐懿宗下诏命太仆卿支详担任宣谕通和使。南诏认为卢耽对自己态度恭敬，也徘徊不前，因此成都的防御设施大致得到修缮。

南诏进军攻破双流，抵达成都。当时，兴元、凤翔的援军已经到达汉州，适值窦滂逃到汉州，由于自己丧失守地，想使西川接着失陷，以减轻自己的罪责，所以每当援军到来时，就劝援军说："南诏人众比官军多数十倍，不适于忙着前去。"诸将领都心怀疑虑，不肯进军。

二月，南诏集中云梯、冲车，四面攻打成都城。城上官军用钩繶把云梯、冲车拉到近处，投火把，浇油脂，把这些东西烧掉。杨庆复与押牙李骧分别率领突将出战，杀伤南诏两千余人，烧毁攻城器具三千余件，才率军回城。蜀人一向怯懦，当地的突将新近受到杨庆复的奖励提拔，加之贪图丰厚的奖赏，因此勇气倍增，那些未能出城作战的人都愤恨抑郁，要求奋力效命。

当时，支详派使者与南诏相约讲和，南诏派使者迎接支详，支详对南诏使者说："我接受诏命到定边相约讲和，是希望南诏不侵犯成都。现在，流箭飞石，日夜交战，能叫讲和吗？"南诏因媾和的使者没到，再次攻城，城中出兵还击，这才退去。

起初，韦皋招抚南诏，打败吐蕃，因南诏没有铠甲弓弩，便派工匠前去传授制造方法。几年后，南诏铠甲精良，弓弩犀利。

朝廷将窦滂贬为康州司户，任命颜庆复为东川节度使，所有援蜀的诸路军队全都受颜庆复的指挥，南诏分兵抵御，于是被颜庆复打败。适值将军宋威接着赶到，又打败南诏军，随即进军到距成都二十里的地方。南诏屡次派遣使者前去请求讲和，城

中依违答之，蛮复急攻。会威军至城下与战，遂夜遁去。

初，朝廷使颜庆复救成都，命威为后继。威乘胜先至城下，破蛮军，庆复疾之。威饭士，欲追蛮军，庆复牒威，夺其军，勒归汉州。蛮至双流，阻水狼狈，造桥三日乃得过，蜀人甚恨之。

颜庆复始教蜀人筑瓮城，穿堑引水满之，植鹿角，分营铺。蛮知有备，自是不复犯成都矣。

西川牙将以功补官者，堂贴人输堂例钱三百缗，贫者苦之。

三月，曹确罢。夏四月，以韦保衡同平章事。　五月，光州民逐刺史李弱翁。

左补阙杨堪等上言："刺史不道，百姓负冤，当诉于朝廷，置诸典刑，岂得群聚，擅自斥逐，乱上下之分？此风殆不可长，宜加严诛，以惩来者。"

**六月，复置徐州观察使，统三州。**

徐贼余党犹相聚闾里为群盗，上令百官议处置之宜。

太子少傅李胶等曰："徐州虽屡构祸乱，未必比屋顽凶。盖由统御失人，是致奸回乘衅。今使名虽降，兵额尚存，以为支郡则粮饷不给，分隶别藩则人心未服，或旧恶相济，更成披猖。惟泗州向因攻守，结衅已深，宜有更张，庶为两便。请复为观察使，统徐、濠、宿三州。"

**秋八月，同昌公主卒。**

同昌公主薨，上痛悼不已，杀医官二十余人，收其

中做了模棱两可的回答,南诏又猛烈攻城。正赶上宋威军来到城下,与南诏交战,南诏于是在夜间逃走。

起初,朝廷派颜庆复去救成都,命宋威居后续进。宋威乘胜先到城下,打败南诏军,受到颜庆复的嫉妒。宋威命将士进餐,想追赶南诏,颜庆复行文通知宋威不再指挥本军,勒令宋威返回汉州。南诏来到双流,被新穿水拦住去路,处境狼狈,用三天时间架设桥梁,才得以过河,蜀人都甚感遗憾。

颜庆复开始教蜀人修筑雍门城,开挖城壕,并引水把城濠灌满,遍插鹿角,分设营铺。南诏知道已有防备,从此不再侵犯成都。

西川牙将因功补授官职,政事堂行文通知每人交纳堂例钱三百缗,贫寒的补授官职的人深以为苦。

三月,曹确罢相。夏四月,唐懿宗任命韦保衡为同平章事。五月,光州百姓赶走刺史李弱翁。

左补阙杨堪等人进言说:"刺史胡作非为,百姓蒙受冤屈,应当向朝廷申诉,使他受到常刑的惩处,怎能聚众擅自驱逐,搅乱上下名分? 这种风气恐怕不能助长,应给予严厉的斥责,以告诫后人。"

六月,朝廷重新设置徐州观察使,以统辖三州。

徐州庞勋的余党仍然聚集在乡里成群为盗,唐懿宗让百官计议处理办法。

太子少傅李胶等人说:"虽然徐州屡次发生祸乱,未必家家户户都顽劣凶残。恐怕是由于任用统领百姓的人失当,致使奸恶邪僻的人钻了空子。现在,虽然将节度使降为观察使,但是原有的兵员名额仍然存在,将徐州划为支郡,粮饷就会供应不上,交由别的藩镇统辖,又会人心不服,或许过去的仇恨与此互相作用,更成猖狂。只是泗州因以往的攻守战事与徐州结下的怨仇已深,应有所调整,大概还能两便。请恢复徐州观察使的建置,以统辖徐、濠、宿三州。"

秋八月,同昌公主去世。

同昌公主去世,唐懿宗痛悼不已,杀死医官二十余人,收捕他们的

亲族三百余人系狱。宰相刘瞻召谏官言之,莫敢进,乃自奏曰:"修短之期,人之定分。昨公主有疾,医者非不尽心,而祸福难移,竟成差跌。械系老幼,物议沸腾。奈何以达理知命之君,涉肆暴不明之谤!"上不悦。瞻又与京兆尹温璋等力谏,上大怒,叱出之。


**魏博逐其节度使何全皞。**

推大将韩君雄为留后。

**九月,贬刘瞻为骧州司户,温璋为振州司马。**

刘瞻罢为荆南节度使,温璋贬振州司马。璋叹曰:"生不逢时,死何足惜!"仰药卒。韦保衡又与路岩共谮刘瞻,云与医官通谋,投毒药,贬康州刺史。翰林学士承旨郑畋草制曰:"安数亩之居,仍非己有。却四方之赂,惟畏人知。"岩谓畋曰:"侍郎乃表荐刘相也。"坐贬梧州刺史。岩素与瞻论议不叶,既贬,犹不快,阅《十道图》,以骧州去长安万里,再贬之。


**冬十一月,以王铎同平章事。** **复以徐州为感化军。**
**十二月,以李国昌为振武节度使。**

**辛卯**(871) **十二年**
**春正月,葬文懿公主。**

服玩每物皆百二十舆,锦绣、珠玉辉焕三十余里。乐工李可及作《叹百年曲》,舞者数百人,以杂宝为首饰,绅八百匹为地衣,舞罢,珠玑覆地。

**夏四月,路岩罢。**

岩与韦保衡素相表里,既而争权有隙,保衡遂短岩于上,出镇西川。出城之日,路人以瓦砾掷之。岩谓京兆尹

亲属宗族三百余人入狱。宰相刘瞻叫来谏官,提议就此进言,谏官不敢去说,于是亲自上奏说:"寿命的长短,人命中注定。过去同昌公主生病,医官并非没有尽心,只因祸福难以改变,终究造成闪失。医官的老少家属都戴着刑具,遭受囚禁,舆论为之沸腾。知命达理的君主怎能沽慈肆行暴虐、昏庸不明的非难!"唐懿宗很不高兴。刘瞻又与京兆尹温璋等人极力劝谏,唐懿宗大怒,将他们呵斥出去。

**魏博将士赶走本镇节度使何全皞。**

推举大将韩君雄为留后。

**九月,唐懿宗将刘瞻贬为骧州司户,温璋贬为振州司马。**

刘瞻罢免为荆南节度使,温璋贬为振州司马。温璋叹息说:"生不逢时,死何足惜!"便服毒自杀。韦保衡又与路岩共同诬陷刘瞻,说刘瞻与医官共同策划投了毒药,刘瞻贬为康州刺史。翰林学士承旨郑畋起草制书,说:"在数亩田地上安居,田地还不属于自己。拒收各地的贿赂,只怕被别人知道。"路岩对郑畋说:"郑侍郎这是上表推举刘宰相。"郑畋因此贬为梧州刺史。路岩与刘瞻意见不合,刘瞻贬官后,路岩仍感不快,经查阅《十道图》,发现骧州离长安一万里,于是将刘瞻再加贬斥。

**冬十一月,唐懿宗任命王铎为同平章事。** 朝廷又以徐州建置感化军。 **十二月,唐懿宗任命李国昌为振武节度使。**

### 辛卯(871) 唐懿宗咸通十二年

**春正月,安葬文懿公主。**

每种服玩都装满一百二十车,锦绣、珠玉辉映三十余里。乐工李可及作《叹百年曲》,表演舞蹈的有数百人,以各色珍宝作为首饰,以粗绸八百匹铺作地毯,舞蹈表演结束后,地上都是珠宝。

**夏四月,路岩罢相。**

路岩与韦保衡一向互相勾结,不久二人因为争夺权力发生矛盾。韦保衡于是在唐懿宗面前指责路岩的短处,使路岩离京镇守西川。出城那天,行人向路岩投掷瓦砾。路岩对京兆尹

薛能曰："临行,烦以瓦砾相饯。"能曰："向来宰相出府司,无例发人防卫。"岩甚惭。

**五月,上幸安国寺。**

赐沉檀讲坐二,各高二丈。设万人斋。

**冬十月,以刘邺同平章事。**

**壬辰**(872) **十三年**
**春正月,幽州节度使张允伸薨。**

允伸镇幽州二十三年,勤俭恭谨,边鄙无警,上下安之。得疾,请委军政就医,许之,以其子简会为留后。病甚,表纳旌节而薨。

**二月,于琮罢,以赵隐同平章事。** **夏四月,以张公素为平卢留后。**

平州刺史张公素,素有威望,为幽人所服。张允伸薨,公素帅州兵来奔丧,张简会惧,奔京师。诏以公素为留后。

**五月,杀国子司业韦殷裕。**

国子司业诣阁门告郭淑妃弟阴事,上怒,杖杀之。阁门使亦坐受状,夺紫配陵。

**贬于琮为韶州刺史。**

于琮为韦保衡所谮,贬官。琮妻广德公主,上之妹也。与琮偕之韶州,行则肩舆门相对,坐则执琮之带,琮由是获全。时诸公主多骄纵,惟广德动遵法度,事于氏宗亲无不如礼,内外称之。

**秋七月,以李璋为宣歙观察使。**

韦保衡欲以其党裴条为郎官,惮左丞李璋方严,恐其

薛能说:"临走还有劳大家用瓦砾钱行。"薛能说:"向来宰相离开府司,没有派人防卫的惯例。"路岩非常惭愧。

**五月,唐懿宗亲临安国寺。**

赐给用沉香、檀香木制作的讲座两个,均两丈高。施舍一万人的斋饭。

**冬十月,唐懿宗任命刘邺为同平章事。**

**壬辰**(872) **唐懿宗咸通十三年**

**春正月,幽州节度使张允伸去世。**

张允伸镇守幽州二十三年,作风勤俭恭谨,边境没有战事,上下相安。张允伸得病后,请求交出军权,就医治疗,朝廷应允,任命他的儿子张简会为留后。病情严重时,张允伸上表交出旌节后去世。

**二月,于琮罢相,由赵隐为同平章事。** **夏四月,唐懿宗任命张公素为平卢留后。**

平州刺史张公素一向有威望,深为幽州人敬服。张允伸去世,张公素率本州军队前来奔丧,张简会恐惧,逃奔京城。唐懿宗下诏任命张公素为留后。

**五月,国子司业韦殷裕被杀。**

国子司业韦殷裕到阁门告发郭淑妃的弟弟的隐私,唐懿宗大怒,用刑杖把他打死。阁门使也因接受呈状,被收回紫色朝服,发配到陵寝办事。

**唐懿宗将于琮贬为韶州刺史。**

于琮因遭到韦保衡的诬陷而贬官。于琮的妻子广德公主是唐懿宗的妹妹。与于琮同往韶州,赶路时与于琮轿门相对,休息时拉着于琮的衣带,于琮因此得以保全性命。当时,各位公主往往骄横放纵,只有广德公主凡事遵循法度,对于氏的宗族亲属无不以礼相待,受到家族内外的称赞。

**秋七月,唐懿宗任命李璋为宣歙观察使。**

韦保衡想让同党裴条为郎官,忌惮尚书左丞李璋严正,怕他

不放上，先遣人达意。璋曰："朝廷迁除，不应见问。"保衡怒，出之。

八月，归义节度使张义潮卒，以其长史曹义金代之。

是后中原多故，朝命不及，回鹘陷甘州，余州亦为羌胡所据。

癸巳（873） 十四年

春正月，遣使迎佛骨。夏四月，至京师。

上遣敕使诣法门寺迎佛骨，群臣谏者甚众，至有言宪宗迎佛骨寻晏驾者。上曰："朕生得见之，死亦无恨。"及至京师，仪卫之盛，过于郊祀。上降楼膜拜，流涕沾臆。迎入禁中，宰相已下竞施金帛，因下德音，降中外系囚。

六月，王铎罢。

时韦保衡挟恩弄权，铎薄其为人，保衡谮而逐之。

秋七月，帝崩，普王俨即位。

上疾大渐，中尉刘行深、韩文约立上少子普王俨为皇太子，权勾当军国政事。上崩，太子即位，时年十二，是为僖宗。

八月，关东、河南大水。 九月，贬韦保衡为贺州刺史，寻赐死。 冬十月，以萧放同平章事。 十一月，贬路岩为新州刺史。

岩喜声色游宴。在西川，委政于亲吏边咸、郭筹，军中不安，坐贬。

不让裴条赴省供职，先打发人来致意。李璋说："是朝廷升迁除授官职，不应问我。"韦保衡大怒，将李璋贬到外地当官。

八月，归义节度使张义潮去世，由本镇长史曹义金接替他的职务。

此后中原变乱频仍，朝廷的命令无法传达到这里，回鹘攻破甘州，其余各州也被羌胡占据。

### 癸巳（873）　唐懿宗咸通十四年

春正月，唐懿宗派使者迎接佛骨。夏四月，佛骨迎到京城。

唐懿宗派敕使到法门寺迎接佛骨，进谏的群臣很多，甚至有人说出唐宪宗迎接佛骨后不久去世的话。唐懿宗说："朕活着见到佛骨，死了也不遗憾。"及至佛骨迎到京城，仪仗卫队的盛大排场超过郊祭。唐懿宗下楼顶礼膜拜，流泪沾襟。佛骨迎到宫中，宰相以下官员争着施舍金帛，唐懿宗为此颁布德音，为朝廷内外在押的囚犯减刑。

六月，王铎罢相。

当时，韦保衡恃恩弄权，王铎鄙视韦保衡的为人，韦保衡通过诬陷加以斥逐。

秋七月，唐懿宗去世，普王李俨即位。

唐懿宗病危，中尉刘行深、韩文约立他的小儿子普王李俨为皇太子，权且掌管军国政事。唐懿宗去世，皇太子李俨即位，当时十二岁，这就是唐僖宗。

八月，关东、河南发生严重的水灾。　九月，唐僖宗将韦保衡贬为贺州刺史，不久又命韦保衡自杀。　冬十月，唐僖宗任命萧放为同平章事。　十一月，唐僖宗将路岩贬为新州刺史。

路岩沉溺声色，游宴无度。在西川时，把政事交给亲近的吏人边咸、郭筹处理，军中将士不安，路岩因此贬官。

甲午（874）　僖宗皇帝乾符元年

春正月，关东旱饥。

翰林学士卢携上言曰："国家之有百姓，如草木之有根柢，若秋冬培溉，则春夏滋荣。今关东旱灾，所至皆饥，人无依投，待尽沟壑。其蠲免余税，实无可征，而州县督趣甚急，动加捶挞。虽撤屋伐木，雇妻鬻子，止可供所由酒食之费，未得至于府库也。朝廷倘不抚存，百姓实无生计。乞敕州县一切停征，仍发义仓，亟加赈给。"敕从其言，而有司竟不能行。


**赐路岩死。**

岩之为相也，密奏三品以上赐死，皆令使者剔取结喉三寸以进，验其必死。至是，自罹其祸，所死之处乃杨收之榻也。边咸、郭筹皆伏诛。


岩自淮南崔铉幕府入为御史，不出长安十年至宰相。其入翰林也，铉闻之曰："路十已入翰林，如何得老！"果如其言。

二月，葬简陵。　赵隐罢。　以裴坦同平章事，夏五月，卒。　以刘瞻同平章事，秋八月，薨。


瞻之贬也，人无贤愚，莫不痛惜。及还长安，两市人率钱雇百戏迎之，瞻闻之，改期，由他道而入。


初，瞻南迁，刘邺附于韦、路，共短之。至是，邺惧，延瞻置酒，瞻归而薨，人以为邺鸩之也。

# 唐僖宗

甲午（874）　唐僖宗乾符元年

春正月，关东发生旱灾饥荒。

翰林学士卢携进言说："国家之有百姓，犹如草木之有根柢。如果秋冬两季培植灌溉，春夏时节就会生长繁茂。现在关东发生旱灾，到处都是饥荒，百姓无依无靠，等着饿死，弃尸沟壑。所谓蠲免农家自给有余后交纳的赋税，实际什么也征收不到，而州县催逼甚急，动不动就鞭抽杖打。即使百姓拆房屋，伐树木，卖妻子儿女，也只够请有关官吏酒饭的开销，什么也不会装进府库。倘若朝廷不加抚慰，百姓实在没有活路。请敕令州县停止征缴所有的赋税，打开义仓，赶紧给予赈济。"唐僖宗下敕令依言实施，而有关官员最终没有奉行。

**唐僖宗赐路岩自杀。**

路岩担任宰相时，秘密上奏建议命三品以上官员自裁时，一律让中使剔下喉结三寸上呈，以验证自裁者确实死去。至此，路岩本人也遭受这种惩治，杨收的卧榻就是他的死地。边咸、郭筹都被处死。

路岩由淮南崔铉幕府进京担任御史，在长安不到十年，官至宰相。路岩进翰林院时，崔铉闻讯说："路岩已进翰林院，怎能算完！"果然如崔铉所料。

二月，唐懿宗安葬在简陵。　赵隐罢相。　唐僖宗任命裴坦为同平章事，夏五月，裴坦去世。　唐僖宗任命刘瞻为同平章事，秋八月，刘瞻去世。

刘瞻被贬时，无论贤愚，无不痛切惋惜。等到刘瞻返回长安时，东、西两市百姓凑钱雇人表演百戏来欢迎刘瞻，刘瞻闻讯后改变回京日期，由另一条路进城。

起初，刘瞻贬放南方，刘邺附和韦保衡、路岩，共同诋毁刘瞻。至此，刘邺恐惧，请刘瞻赴宴，刘瞻回家后就死了，人们认为刘瞻是刘邺毒死的。

以崔彦昭同平章事。 冬十月,刘邺罢,以郑畋、卢携同平章事。 十一月,群臣上尊号。 魏博节度使韩允中卒。

允中,君雄赐名也。薨,子简为留后。

**南诏寇西川,陷黎州,入邛崃关。**

南诏作浮梁,济大渡河,防河兵马使黄景复俟其半济击之,蛮败走,断其浮梁。蛮以中军多张旗帜当其前,而分兵潜出上、下流各二十里济,袭破诸城栅,夹攻景复。景复阳败走,而设三伏以待之。蛮兵大败归,至之罗谷,遇国中发兵继至,新旧相合,复寇大渡河,与景复战连日。援兵不至,景复军遂溃。

蛮乘胜陷黎州,入邛崃关,攻雅州,成都惊扰,大为守备。骠信遗节度使牛丛书云:"欲入见天子,面诉冤抑,今假道贵府,留止数日。"丛素懦怯,欲许之。杨庆复以为不可,斩使者,留二人遣还,授以书詈辱之,蛮兵乃退。

**遣使册回鹘可汗。**

回鹘屡求册命,遣册立使郗宗莒诣其国。会回鹘为吐谷浑、嗢末所败,逃遁不知所之,宗莒乃还。

**濮州人王仙芝作乱。**

自懿宗以来,奢侈日甚,用兵不息,赋敛愈急。关东连年水旱,州县不以实闻。百姓流殍,无所控诉,相聚为盗,所在蜂起。州县兵少,人不习战,每与盗遇,官军多败。是岁,王仙芝聚众数千人,起于长垣。

乙未(875) 二年
春正月,以高骈为西川节度使。

唐僖宗任命崔彦昭为同平章事。　　冬十月，刘邺罢相，唐僖宗任命郑畋、卢携为同平章事。　　十一月，群臣进献尊号。　　魏博节度使韩允中去世。

　　韩允中，是韩君雄得到的赐名。韩允中去世，儿子韩简担任留后。

　　**南诏侵犯西川，攻破黎州，进入邛崃关。**

　　南诏架设浮桥，渡过大渡河，防河兵马使黄景复等南诏军渡过一半时出去，南诏败逃，黄景复毁除浮桥。南诏在中军前面竖起许多旗帜，却分兵暗中由上游、下游各二十里处渡过大渡河，击破各城堡营栅，夹攻黄景复。黄景复佯装败逃，却在三处设下埋伏，等候南诏军的到来。南诏军大败而回，抵达罗谷时，遇到国内增派的军队赶到，两军合兵一处，又去侵犯大渡河，与黄景复连日作战。由于援军到不了，黄景复军终于溃败。

　　南诏乘胜攻破黎州，进入邛崃关，攻打雅州，成都惊慌骚乱，全力进行防守。骠信酋龙写给节度使牛丛的书信说："我要进京去见天子，当面陈诉冤屈，现向贵府借道，停留几天。"牛丛一向怯懦，打算答应。杨庆复认为不能同意，杀死使者，留下二人放回，回信辱骂骠信酋龙，南诏军这才退去。

　　**唐僖宗派使者册命回鹘可汗。**

　　回鹘屡次请求册命，唐僖宗派册立使郗宗莒前往回鹘国。适值回鹘被吐谷浑、嗢末打败，不知逃到哪里，郗宗莒只好返回。

　　**濮州人王仙芝作乱。**

　　自唐懿宗以来，日益奢侈，用兵不止，赋税征收更加急迫。关东连年发生水旱灾害，州县不据实上报。百姓流亡饿死，无处控诉，只好聚集在一起当盗贼，到处蜂拥而起。州县兵员很少，不习惯打仗，每当遇到盗贼时，官军多半要被打败。这一年，王仙芝聚众数千人，在长垣起事。

　　乙未（875）　唐僖宗乾符二年

　　春正月，唐僖宗任命高骈为西川节度使。

骈至剑州,先遣使开成都门。或谏曰:"蛮寇逼近,万一豨突,奈何?"骈曰:"蛮闻我来,逃窜不暇,何敢辄犯成都?今春气向暖,数十万人蕴积城中,将成疠疫,不可缓也。"使者至,纵民出城,各复常业,民大悦。蛮方攻雅州,闻之遣使请和,引去。

骈发兵追至大渡河,杀获甚众,擒其酋长数十人。修复邛崃关、大渡河诸城栅,各置兵数千戍之,自是蛮不复入寇。骈召黄景复,责以失守,斩之。

先是,南诏督爽屡牒中书,辞语怨望,中书不答。卢携以为:"如此,则蛮益骄,宜数其罪责之。然自中书发牒,则嫌于体敌,请诏高骈,使录报之。"从之。

**以田令孜为中尉。**

上之为普王也,小马坊使田令孜有宠。及即位,使知枢密,遂擢为中尉。上专事游戏,政事一委令孜,呼为"阿父"。令孜颇读书,多巧数,纳贿除官,不复关白。每见,常自备果食,与上对饮。上与内园小儿狎昵,赏赐动以万计,府藏空竭。令孜说上籍两市商货悉输内库,有陈诉者,付京兆杖杀之,宰相以下钳口莫敢言。

**夏四月,西川军乱,讨平之。**

初,杨庆复以右职优给募突将以御蛮兵,高骈至,悉罢之。

突将作乱,大噪,突入府廷,骈走匿厕间。监军遣人招谕,许复职名廪给,乃肯还营。骈使人夜围其家,悉杀之,死者数千人。

高骈来到剑州，先派使者去开成都的城门。有人规劝说："南诏逼近成都，万一横冲直撞，流窜侵扰，怎么办？"高骈说："南诏听说我来了，连逃窜的功夫都没有，怎敢就来侵犯成都？现在春天气温很暖和，数十万人拥挤在城中，将发生瘟疫，所以要打开城门，不能拖延。"使者到达成都，放百姓出城，各自恢复本业，民众大悦。南诏正在攻打雅州，闻讯派使者请求讲和，领兵退去。

高骈发兵追赶到大渡河，杀伤俘获甚众，活捉南诏酋长数十人。随后，高骈命修复邛崃关和大渡河各处的城栅，分别安排一千名士兵戍守其地，从此南诏不再入侵。高骈叫来黄景复，责备他没有守住大渡河，处以斩刑。

先前，南诏的督爽屡次向中书省发文，措辞怨恨不满，中书省不做答复。卢携认为："这样下去，南诏会更加骄傲，应力数南诏的罪过，加以责备。不过，由中书省发文有南诏与朝廷地位彼此相等的嫌疑，请下诏命高骈使人抄录诏书原文，答复南诏。"唐僖宗依言而行。

**唐僖宗任命田令孜为中尉。**

唐僖宗当普王时，小马坊使田令孜得宠。等唐僖宗即位，让田令孜担任知枢密，随即提升为中尉。唐僖宗一心喜欢玩耍，把政事都交给田令孜处理，称田令孜为"阿父"。田令孜颇读过一些书，有许多机巧的花样，收受贿赂，任命官吏，不需要禀告。每次去见唐僖宗，总是自备果品食物，与唐僖宗相对饮酒。唐僖宗与内园小儿亲昵，对他们的赏赐动不动就数以万计，致使府库空竭。田令孜劝唐僖宗征收东、西两市的货物，一律送交内库，谁敢申诉，交付京兆府用刑杖打死，宰相以下官员闭口不敢发言。

**夏四月，西川军作乱被讨平。**

起初，杨庆复用武职和优裕的供给招募突将，以抵御南诏军，高骈来到后，命全部停职。

于是突将作乱，大声呼喊着冲进公堂，高骈赶忙跑到厕所里躲藏起来。监军派人招抚，答应恢复职衔和俸禄，突将才肯回营。高骈派人夜间包围突将的家宅，将他们全部杀死，杀了数千人。

**浙西镇遏使王郢作乱,陷苏、常州。**

浙西镇遏使王郢等有战功,节度使赵隐赏以职名,而不给衣粮。郢等遂劫库兵作乱,收众万人,攻陷苏、常,泛江入海,转掠入浙,南及福建,大为人患。

**五月,萧放卒。　六月,以李蔚同平章事。　王仙芝陷濮、曹州,冤句人黄巢聚众应之。**

仙芝及其党尚君长攻陷濮、曹州,天平节度使薛崇出兵击之,不利。

冤句人黄巢善骑射,喜任侠,粗涉书传,屡举进士不第,遂与仙芝共贩私盐。至是,聚众应之,攻剽州县,民之困于重敛者争归之,数月之间,众至数万。

**秋七月,大蝗。**

飞蝗蔽日,所过赤地。京兆尹杨知至奏:"蝗不食稼,皆抱荆棘而死。"宰相以下皆贺。

**冬十月,贬董禹为郴州司马。**

左补阙董禹谏上游畋击球,上赐金帛以褒之。邠宁节度使李侃奏为假父求赠官,禹上疏论之,语侵宦官,枢密使杨复恭等诉于上,遂坐贬。

**十二月,以宋威为诸道行营招讨使。**

王仙芝寇沂州,平卢节度使宋威请帅兵讨贼,故有是命,仍诏诸道兵并取处分。

**丙申(876)　三年**
**春正月,天平军乱,诏本军宣慰之。**
天平军遣将士张晏等救沂州还,闻北境有盗,使留扞御。

**浙西镇遏使王郢作乱,攻破苏、常二州。**

浙西镇遏使王郢等人立下战功,节度使赵隐赏给职衔,却不发给衣粮。于是王郢等人抢走府库的兵器作乱,聚众万人,攻破苏、常二州,乘船由长江驶入大海,辗转劫掠浙东、浙西,南至福建,成为人们巨大的祸患。

**五月,萧放去世。 六月,唐僖宗任命李蔚为同平章事。王仙芝攻破濮、曹二州,冤句人黄巢聚众响应。**

王仙芝及其同党尚君长攻破濮、曹二州,天平节度使薛崇出兵进击失利。

冤句人黄巢擅长骑马射箭,喜欢行侠仗义,粗略涉猎经书史传,屡次参加进士科考试不能中第,于是与王仙芝共同贩卖私盐。到这时,黄巢聚众响应王仙芝,攻打劫掠州县,深受苛税困扰的百姓争先恐后地投奔黄巢,数月时间,部众达到数万人。

**秋七月,发生严重的蝗灾。**

纷飞的蝗虫遮天蔽日,蝗虫经过的地方,地面空无所有。京兆尹杨知至奏称:"蝗虫不吃庄稼,都附着在荆棘上死去。"宰相以下官员都表示庆贺。

**冬十月,唐僖宗将董禹贬为彬州司马。**

左补阙董禹规劝唐僖宗节制打猎击球,唐僖宗赐给他金帛加以褒奖。邠宁节度使李侃上奏为养父谋求追赠官职,董禹上疏弹劾,说了触犯宦官的话,枢密使杨复恭等人向唐僖宗申诉,董禹因此贬官。

**十二月,唐僖宗任命宋威为诸道行营招讨使。**

王仙芝侵犯沂州,平卢节度使宋威请求率军队讨贼,所以有这项任命,还下诏命各道军队都受宋威的指挥。


**丙申(876) 唐僖宗乾符三年**

**春正月,天平军哗变,唐僖宗下诏命本军给予安抚。**

天平军派遣将士张晏等人前去救援沂州,大军返回时,朝廷听说沂州北境有盗贼活动,于是让他们留在当地进行防御。

晏等不从，喧噪趣府。都将张思泰出城慰谕，然后定。诏本军宣慰，无得穷诘。

　　二月，令天下乡村各置弓刀鼓板以备群盗。　三月，崔彦昭罢，以王铎同平章事。　夏五月，以李可举为卢龙节度使。

　　初，可举父茂勋逐张公素而代之，至是，致仕，请以军授可举。

　　**六月，雄州地震，裂，水涌出。**

坏州城及公私庐舍皆尽。

　　**秋七月，宋威击王仙芝于沂州，大破之。**

　　宋威击王仙芝，大破之，仙芝亡去。威奏仙芝已死，纵遣诸道兵，百官皆入贺。居二日，州县奏仙芝尚在，攻剽如故。时兵始休，诏复发之，士皆忿怨思乱。

　　**诏忠武节度使崔安潜发兵讨王仙芝。　九月朔，日食。王仙芝陷汝州，又陷阳武，攻郑州。冬十月，攻唐、邓。高骈筑成都罗城。**

　　高骈将筑成都罗城，使僧景仙规度。周二十五里，悉召县令庀徒赋役，吏受百钱以上皆死。蜀土疏恶，以甓甃之，取土皆划丘垤平之，无得为坎垍以害耕种。役者十日而代。众乐其均，不费扑挞，凡九十六日而毕。

　　役之始作也，骈恐南诏扬声入寇以惊役者，乃奏遣景仙托游行入南诏，说谕骠信，许以公主妻之。又声言欲巡边，蛮中慑恐。由是讫于城成，边候无警。先是，西川遣使至南诏，骠信皆坐受其拜。骈以其俗尚浮屠，故遣景仙往。

张晏等人拒不服从，大声喊叫着前往军府。都将张思泰出城加以宽慰劝导，才安定下来。唐僖宗下诏由本军予以安抚，不得追究。

二月，唐僖宗令全国各地乡村都备办弓箭、刀枪、鼓板，以防备群盗。　三月，崔彦昭罢相，唐僖宗任命王铎为同平章事。夏五月，任命李可举为卢龙节度使。

起初，李可举的父亲李茂勋赶走张公素，取代了他的职位，到这时，李茂勋辞官归居，请求将本军交给李可举。

六月，雄州发生地震，地面裂开，大水涌出。

冲毁州城，公私房舍荡然无存。

秋七月，宋威在沂州攻打王仙芝，将王仙芝打得大败。

宋威攻打王仙芝，将王仙芝打得大败，王仙芝逃走。宋威上奏说王仙芝已死，遣散各道军队，百官都入朝祝贺。过了两天，州县上奏说王仙芝还在，依旧攻杀劫掠。当时，士兵刚刚休战，有诏再次征兵，将士都怨恨不满，想要造反。

唐僖宗下诏命忠武节度使崔安潜发兵讨伐王仙芝。　九月初一，出现日食。　王仙芝攻破汝州，接着攻破阳武，攻打郑州。冬十月，攻打唐、邓二州。　高骈修筑成都罗城。

高骈准备修筑成都罗城，让僧人景仙进行规划。罗城周长二十五里，招来所有的县令，让他们聚集工匠民伕，分配徭役，规定官吏受贿达一百钱以上的统统处死。蜀地土质松软，用这种土垒砌砖墙，要求一律在小山丘上取土，并将取土处铲平，不允许挖出坑穴，以免损害耕种。服役的人十天轮换一次。大家乐于接受这种平均的摊派，根本用不着鞭打，总共用了九十六天，罗城竣工。

刚动工时，高骈担心南诏扬言入侵来吓唬民伕，便奏请朝廷派景仙托称云游，进入南诏，去劝说骠信酋龙，答应把公主嫁给他。高骈又声称打算巡视边境，南诏恐惧不安。因此直到罗城竣工，边境哨所没有警报。此前，西川派使者到南诏去，骠信都坐着接受叩拜。高骈因南诏有崇尚佛教的风俗，所以派景仙前往。

骠信果迎拜，信用其言。

**王仙芝寇淮南诸州。**

郑畋上言："自沂州奏捷之后，仙芝愈肆猖狂，屠陷五六州，疮痍数千里。宋威衰病，殊无进讨之意，曾元裕望风退缩。崔安潜威望过人，张自勉骁雄良将，宫苑使李瑑，西平王晟之孙，严而有勇。请以安潜为行营都统，瑑为招讨使代威，自勉为副使代元裕。"上颇采其言。

**以王仙芝为神策押牙，不受。**

王仙芝攻蕲州，以书与刺史裴渥，约敛兵不战。渥许为之奏官，开城延仙芝及黄巢辈入城，置酒，厚赠之，表陈其状。诏以仙芝为左神策军押牙。

仙芝甚喜。黄巢大怒曰："始者共立大誓，横行天下。今独取官而去，使此五千余众安所归乎？"因殴仙芝伤首。其众喧哗不已，仙芝遂不受命，大掠蕲州。分其军三千余人从仙芝及尚君长，二千余人从巢，分道而去。

丁酉（877）　四年

春二月，王郢陷明、台州。　王仙芝陷鄂州。　黄巢陷郓州。　南诏酋龙卒，子法立，请和，许之。

酋龙嗣立以来，为边患殆二十年，中国为之虚耗，而其国中亦弊。酋龙卒，谥景庄皇帝。

子法立，好畋猎酣饮，委国事于大臣。岭南西道节度使辛谠奏南诏请和，且言"诸道兵戍邕州岁久，馈饷疲弊，请许其和，使赢瘵息肩"。诏许之。但留荆南、宣歙数军，

骠信果然迎接叩拜，相信并采用了景仙的话。

**王仙芝侵犯淮南各州。**

郑畋进言说："自从沂州告捷后，王仙芝越发大逞猖狂，有五六个州城破人亡，数千里内遭到严重的破坏。宋威年老多病，根本无意进军讨伐，曾元裕听到敌人的风声就畏缩退兵。崔安潜有过人的威望，张自勉是勇猛威武的良将，宫苑使李瑑是西平王李晟的孙子，严谨而勇敢。请任命崔安潜为行营都统，李瑑为招讨使以取代宋威，张自勉为招讨副使以取代曾元裕。"唐僖宗对郑畋的建议大都采纳。

**唐僖宗任命王仙芝为神策押牙，王仙芝没有接受。**

王仙芝攻打蕲州，写信给蕲州刺史裴偓，约定双方收兵休战。裴偓答应为王仙芝上奏求官，打开蕲州城门，请王仙芝及黄巢等人进城，设宴招待，赠送物品甚多，并上表陈述这里的情况。唐僖宗下诏任命王仙芝为左神策军押牙。

王仙芝非常高兴。黄巢极为愤怒地说："最初你我共同立下大誓，决心纵横驰骋天下。现在你独自弄到官职走了，让这五千余人到哪里去？"于是打伤王仙芝的头部。他们的部众不停地喧哗，王仙芝终于没有接受任命，而去大肆劫掠蕲州。他们又把军队分为两支：三千余人跟随王仙芝及尚君长，两千余人跟随黄巢，分别行动。

### 丁酉（877） 唐僖宗乾符四年

春二月，王郢攻破明、台二州。　王仙芝攻破鄂州。　黄巢攻破郓州。　南诏酋龙去世，其子法继立，请求讲和，唐朝应允。

酋龙即位以来，危害边疆将近二十年，唐朝为此消耗一空，而南诏国内也疲困不堪。酋龙去世，加谥景庄皇帝。

其子法继立为国王，喜欢打猎畅饮，将国事交给大臣处理。岭南西道节度使辛谠奏称南诏请求讲和，并说"各道士兵多年戍守邕州，粮饷困乏，请答应与南诏讲和，好卸去窘困难支的负担"。唐僖宗下诏同意。只把荆南、宣歙等数军留下戍守邕州，

余减六七。

**闰月，王郢众降，郢走明州，败死。**

王郢横行浙西，节度使裴璩严兵设备，不与之战，密招其党降之，散其徒六七千人，输器械二十余万，舟航、粟帛称是。郢收余众，至明州，镇遏使刘巨容射杀之，余党皆平。

**三月，黄巢陷沂州。　夏四月朔，日食。　贼帅柳彦璋掠江西。　秋七月，王仙芝、黄巢围宋州。**

贼围宋威于宋州，将军张自勉将忠武兵七千救之，杀贼二千余人，贼解围遁去。

王铎、卢携欲使自勉以所将兵受宋威节度，郑畋以为威与自勉已有疑忿，若在麾下，必为所杀，不肯署奏，遂皆求罢免，不许。

**王仙芝陷安州。　盐州军乱，逐刺史王承颜，诏贬承颜象州司户。**

承颜素有政声，以严肃为骄卒所逐。朝廷与贪暴致乱者同贬，时人惜之。

**冬十一月，王仙芝遣尚君长请降，宋威执之以献，斩之。**

招讨副都监杨复光遣人说谕王仙芝，仙芝遣尚君长等请降。宋威遣兵劫取，奏与战生擒以献。复光奏君长实降，诏御史鞫之，竟不能明，遂斩于狗脊岭。

**黄巢陷濮州。　江州刺史刘秉仁斩柳彦璋。**

秉仁乘驿之官，单舟入敌水寨。贼出迎降，秉仁斩之而散其众。

其余各军削减十分之六七。

闰二月，王郢的部众归降，王郢逃往明州，战败而死。

王郢在浙西横行无阻，节度使裴璩部署兵力，设置防备，不与王郢交战，却暗中招降他的同党，解散他的徒众六七千人，得到他的徒众献出的器械二十余万件，船只、粮食、布帛的数量与此相称。王郢聚集余众，来到明州，镇遏使刘巨容把他射死，余党全部平定。

三月，黄巢攻破沂州。　夏四月初一，出现日食。　反军首领柳彦璋剽掠江西。　秋七月，王仙芝、黄巢包围宋州。

反军把宋威包围在宋州，将军张自勉带领忠武军七千人前去援救，杀死反军两千余人，反军解围逃走。

王铎、卢携想让张自勉带领的军队接受宋威的指挥，郑畋认为宋威与张自勉早有猜疑怨愤，如果张自勉归于宋威麾下，必然被宋威杀害，因此不肯在奏章上署名，于是王、卢、郑三人都请求罢相，唐僖宗没有答应。

王仙芝攻破安州。　盐州军哗变，赶走刺史王承颜，唐僖宗下诏将王承颜贬为象州司户。

王承颜为政向来有声誉，却因为作风严肃而被骄兵赶走。朝廷把他当作贪婪残暴导致祸乱的官员一样加以贬黜，时人十分惋惜。

冬十一月，王仙芝派尚君长请降，宋威将尚君长捉住献给朝廷，朝廷将他斩首。

招讨副都监杨复光派人劝导王仙芝，王仙芝派尚君长等人请降。宋威派兵劫走尚君长等人，上奏说自己与尚君长等人作战，活捉了这些人，献给朝廷。杨复光上奏说尚君长等人的确已经归降，唐僖宗下诏命御史加以查问，竟不能查出真相，于是在狗脊岭将尚君长等人斩首。

黄巢攻破濮州。　江州刺史刘秉仁杀死柳彦璋。

刘秉仁乘驿马上任时，单独划船进入敌人的水寨。柳彦璋出来迎降，刘秉仁杀死柳彦璋，解散柳彦璋的部众。

戊戌（878） 五年

**春正月，王仙芝寇荆南。**

王仙芝寇荆南，节度使杨知温不设备，贼陷罗城，知温犹赋诗。山南东道节度使李福自将救之，时有沙陀五百在襄阳，福与之俱至荆门。遇贼，沙陀纵骑奋击，破之。仙芝闻之，焚掠而去，死者什三四。

**招讨副使曾元裕大破王仙芝于申州，诏以为招讨使，张自勉副之。**

先是，郑畋与王铎、卢携争论用兵于上前，畋不胜，退上奏曰："自王仙芝俶扰，崔安潜首请讨之，贼不敢犯其境。又以兵援张自勉，解宋州围，使江、淮漕运流通，不输寇手。今罢自勉，而以所将兵七千人隶宋威，威复奏加诬毁，若勍寇忽至，何以枝梧？臣请以四千人授威，余三千人使自勉将之，守卫其境。"卢携不以为然，上不能决。畋复上言："宋威欺罔朝廷，败衄狼籍，宜正军法，早行罢黜。"不从。至是，元裕大败仙芝，杀万人，招降散遣者亦万人，乃罢威，而以元裕为招讨使，自勉副之。

**大同军乱，杀防御使段文楚，推李克用为留后。**

振武节度使李国昌之子克用为沙陀副兵马使，戍蔚州。时河南盗贼蜂起，沙陀兵马使李尽忠与牙将康君立、薛志勤、程怀信、李存璋等谋曰："今天下大乱，朝廷号令不复行于四方，此乃英雄立功名、取富贵之秋也。李振武功大官高，名闻天下，其子勇冠诸军。若辅以举事，代北不足平也。"众以为然。

会代北荐饥，漕运不继，防御使段文楚颇减军士衣米，军士怨怒。尽忠遣君立潜诣蔚州，说克用起兵，除

戊戌（878） 唐僖宗乾符五年

春正月，王仙芝侵犯荆南。

王仙芝侵犯荆南，荆南节度使杨知温不做防备，反军攻破罗城时，杨知温还在作诗。山南东道节度使李福亲自领兵救援，当时襄阳有五百名沙陀兵，李福与沙陀一同来到荆门。与反军遭遇后，沙陀跃马奋击，打败反军，王仙芝闻讯放火剽掠而去，死去的人有十分之三四。

招讨副使曾元裕在申州大破王仙芝，唐僖宗下诏任命曾元裕为招讨使，由张自勉担任副职。

此前，郑畋与王铎、卢携在唐僖宗面前争论用兵的问题，郑畋不占上锋，退朝后上奏说："自王仙芝开始扰乱民间以来，崔安潜首先请求讨伐反军，反军不敢侵犯辖境。崔安潜又派兵支援张自勉，解除宋州的包围，使江淮漕运畅通，物资不致落到反军手里。现在朝廷罢免张自勉，以张自勉率领的军队七千人隶属宋威，宋威又上奏加以诬陷诋毁，如果强寇忽然来了，拿什么抵抗？臣请求派四千人支援宋威，让张自勉率领其余三千人守卫本境。"卢携不以为然，唐僖宗不能决定。郑畋又进言说："宋威欺骗朝廷，败得一塌糊涂，应依军法处决，及早予以罢黜。"唐僖宗不从。至此，曾元裕大败王仙芝，杀死一万人，招降遣散的也达到一万人，于是免去宋威的职务，而任命曾元裕为招讨使，由张自勉担任副使。

大同军哗变，杀死防御使段文楚，推举李克用为留后。

振武节度使李国昌的儿子李克用担任沙陀副兵马使，戍守蔚州。当时，河南盗贼蜂拥而起，沙陀兵马使李尽忠与牙将康君立、薛志勤、程怀信、李存璋等人商量说："现在天下大乱，朝廷不能再号令四方，这正是英雄建功立名、谋取富贵的时候。振武李节度使功劳大，职位高，名闻天下，他的儿子勇冠各军。如果帮助他们起事，平定代北并不难。"大家认为言之有理。

赶上代北饥荒，漕运接济不上，防御使段文楚大减将士衣粮，将士怨怒。李尽忠派康君立暗中到蔚州，劝李克用起兵，除掉

文楚而代之。克用曰:"吾父在振武,俟我禀之。"君立曰:"今机事已泄,缓则生变。"于是尽忠夜执文楚系狱。克用帅其众趣云州,行收兵,众且万人,尽忠送符印,请克用为留后,而杀文楚。克用遂入府视事,表求救命,朝廷不许。

国昌上言:"请速除防御使,若克用违命,臣请帅本道兵讨之,终不爱一子以负国家。"朝廷乃以卢简方为防御使,诏国昌语克用,令迎候如常仪,除克用官,必令称惬。

**二月,曾元裕大破王仙芝于黄梅,斩之。 黄巢自称冲天大将军,陷沂、濮,掠宋、汴。**

巢方攻亳州未下,尚让帅仙芝余众归之,推巢号冲天大将军,改元,署官属,攻陷沂、濮,掠宋、汴。

**王仙芝余党陷洪州。 黄巢陷虔、吉、饶、信等州。夏四月,以李国昌为大同节度使,国昌不奉诏。**

朝廷以克用据云中,以李国昌为大同节度使,以为李克用必无以拒也。

国昌欲父子并据两镇,得制书毁之,杀监军,与克用合兵进击宁武及岢岚军。

**诏河南贷商旅富人钱谷,除官有差。**

诏以东都军储不足,贷商旅富人钱谷以供数月之费,仍以空名告身赐之。时连岁旱、蝗,寇盗充斥,耕桑半废,租赋不足,故有是命。

**南诏请和亲。**

南诏请和,无表,但令督爽牒中书,请为弟而不称臣。

段文楚,取而代之。李克用说:"我父亲在振武,等我禀告了再说。"康君立说:"现在机密已经泄露,行动慢了就会发生变故。"于是李尽忠在夜间把段文楚抓进监狱。李克用率领部众赶赴云州,一路招收士兵近万人,李尽忠送来符印,请李克用担任留后,同时杀死段文楚。李克用随即到官署就职治事,上表请求唐僖宗加以任命,朝廷没有许可。

李国昌进言说:"请朝廷赶快任命防御使,如果李克用违抗命令,请让臣率领本道军队前去讨伐,臣终究不会因爱自己的一个儿子就辜负国家。"于是朝廷任命卢简方为防御使,下诏命李国昌说服李克用,按通常的仪式迎候卢简方,朝廷则授给李克用官职,准使他满意。

**二月,曾元裕在黄梅大破王仙芝,将王仙芝斩首。 黄巢自称冲天大将军,攻破沂、濮二州,掳掠宋、汴二州。**

当黄巢正攻打亳州未下时,尚让率领王仙芝的余众投奔黄巢,推举黄巢为冲天大将军,更改年号,任命主要官员的属吏,攻破沂、濮二州,掳掠宋、汴二州。

**王仙芝的余众攻破洪州。 黄巢攻破虔、吉、饶、信等州。夏四月,唐僖宗任命李国昌为大同节度使,李国昌没有接受诏命。**

朝廷因李克用占据云中,便任命李国昌为大同节度使,以为李克用肯定无法抵制。

其实李国昌想父子同时占据两镇,接到制书,马上撕毁,杀死监军,与李克用合兵进击宁武和岢岚军。

**唐僖宗下诏河南借贷行商和富人的钱粮,为此任命官员高低不等。**

诏书称,由于东都军用储备不足,决定借贷行商和富人的钱粮,以提供数月的费用,同时赐给未填姓名的告身。当时,连年旱灾、蝗灾,盗寇四处活动,种田养蚕的农事荒废了一半,赋税不足,所以下达这项命令。

**南诏请求和亲。**

南诏请和,不上表章,只让督爽行文中书省,请求称弟,而不称臣。

诏百官议之。礼部侍郎崔澹等以"南诏骄僭无礼,高骈不达大体,反因一僧呫嗫卑辞,诱致其使。若从其请,恐垂笑后代"。骈上表与澹等辩,诏谕解之。

**五月,郑畋、卢携罢。**

郑畋、卢携议蛮事,携欲和亲,畋不可。携怒,拂衣起,袂罥砚堕地破之。上闻之曰:"大臣相诟,何以仪刑四方?"遂皆罢之。

**以豆卢瑑、崔沆同平章事。**

时宰相有好施者,常以囊贮钱自随,行施匄者,每出,褴褛盈路。有朝士以书规之曰:"今百姓疲弊,寇盗充斥,相公宜举贤任能,纪纲庶务,捐不急之费,杜私谒之门,使万物各得其所,何必如此行小惠乎?"宰相大怒。

**六月,以曹翔为河东节度使。**

河东节度使窦澣发土团千人戍代州,土团不发,求优赏。时府库空竭,澣遣虞候邓虔往慰谕之,给钱三百、布一端,众乃定。朝廷以澣为不才,遣曹翔代之。翔至,诛乱者,引兵救忻州,为沙陀所败。乃还晋阳,闭门守城,寻薨。

**以高骈为镇海节度使。**

王仙芝余党剽掠浙西,朝廷以高骈先在天平有威名,仙芝党多郓人,乃徙骈镇浙西。

**秋七月,黄巢寇宣州,入浙东。**

黄巢寇宣州,观察使王凝拒之。巢攻城不克,乃引兵入浙东,开山路七百里,攻剽福建诸州。

**九月,李蔚罢,以郑从谠同平章事。** **冬十月,河东、昭义合兵讨沙陀,大败,昭义节度使李钧战死。** **十二月,黄巢陷福州。** **曹师雄寇掠二浙。**

唐僖宗下诏命百官计议。礼部侍郎崔澹等人认为"南诏骄横僭越，甚为无礼，高骈不识大体，反而通过一个僧人的附身低语，就用谦卑的言辞诱来南诏的使者。如果同意南诏的请求，恐怕要被后世耻笑"。高骈上表朝廷与崔澹等人争辩，唐僖宗下诏加以劝解。

**五月，郑畋、卢携罢相。**

郑畋、卢携计议南诏事宜，卢携想与南诏和亲，郑畋不同意。卢携发怒，拂衣而起，袖子挂住砚台掉到地上摔碎了。唐僖宗闻讯说："大臣对骂，怎么做全国的表率？"于是二人一律罢相。

**唐僖宗任命豆卢瑑、崔沆为同平章事。**

当时，有个喜欢布施的宰相，经常在袋子里装了钱带在身上，向乞丐布施，每当外出时，褴褛的人们就挤满道路。有个朝臣写信规劝说："如今百姓疲困，盗寇遍地，您应推荐任用贤人，振举各项政务的法度，省除不急切需要的开支，杜绝私自请托的门路，使万物各得其所，何必这样搞小恩小惠？"宰相大怒。

**六月，唐僖宗任命曹翔为河东节度使。**

河东节度使窦浣派土团一千人戍守代州，土团不肯出发，索求丰厚的赏赐。当时府库空空，窦浣派虞候邓虔前去抚慰，发给三百钱、一端布，大家才安定下来。朝廷认为窦浣无能，派曹翔取代窦浣。曹翔来到后，处死闹事者，领兵去救忻州，被沙陀打败。于是窦浣返回晋阳，关闭城门防守，不久去世。

**唐僖宗任命高骈为镇海节度使。**

王仙芝的余党劫掠浙西，朝廷认为高骈原先在天平有威望，王仙芝的同伙多是郓州人，便改派高骈镇守浙西。

**秋七月，黄巢侵犯宣州，进入浙东。**

黄巢侵犯宣州，观察使王凝进行抵抗。黄巢没有攻克宣州城，领兵进入浙东，开凿山路七百里，攻打劫掠福建各州。

**九月，李蔚罢相，唐僖宗任命郑从谠为同平章事。** 冬十月，河东、昭义合兵一处，讨伐沙陀，被打得大败，昭义节度使李钧战死。 十二月，黄巢攻破福州。 曹师雄侵扰掳掠浙东、浙西。

王仙芝余党曹师雄寇掠二浙,杭州募兵使石镜都将董昌等将以讨之。临安人钱镠以骁勇事昌,为兵马使。

己亥(879) 六年
春正月,高骈遣将分道击黄巢,大破之,巢趣广南。岭南西道节度使辛谠遣使如南诏。

初,辛谠遣贾宏等使南诏,相继道死。时谠已病风痹,召摄巡官徐云虔,执其手曰:"遣使入南诏,而相继物故。吾子既仕,则思徇国,能为此行乎? 谠恨风痹不能拜耳。"因呜咽流涕。云虔曰:"士为知己死,敢不承命!"谠喜,厚其资装而遣之。

云虔至善阐城,骠信见之,与抗礼,使人谓曰:"贵府牒欲使骠信称臣,奏表贡方物,骠信已遣人与唐约为兄弟,不则舅甥,何表贡之有?"云虔曰:"骠信之先,由大唐之命,得合六诏为一,恩德深厚。中间小忿,罪在边鄙。今骠信欲修旧好,岂可违祖考之故事乎?顺祖考,孝也;事大国,义也;息战争,仁也;审名分,礼也。四者皆令德也,可不勉乎?"骠信待云虔甚厚,授以木夹遣还,然犹未肯奏表称贡。

河东军乱,杀节度使崔季康。 夏四月朔,日食。以王铎为行营招讨都统。
上以群盗为忧,王铎曰:"臣在朝不足分陛下之忧,请自督诸将讨之。"诏以铎为荆南节度使、行营都统。

铎奏以李係为副使,将精兵五万屯潭州,以拒黄巢。係,晟之曾孙也。有口才,而实无勇略,铎以其世将,奏用之。

王仙芝的余党曹师雄侵扰掳掠浙东、浙西,杭州募兵使石镜的部将董昌等人领兵讨伐。临安人钱镠因作战勇猛得以事奉董昌,当了兵马使。

### 己亥(879)　唐僖宗乾符六年

春正月,高骈派将领分道进击黄巢,大破黄巢军,黄巢前往广南。　岭南西道节度使辛谠派使者前往南诏。

起初,辛谠派贾宏等人出使南诏,相继死在中途。当时,辛谠已经得了风痹,叫来摄理巡官徐云虔,拉着他的手说:"遣使入南诏,派往南诏的使者相继去世。你既然步入仕途,就想为国家献身,能到南诏走一遭吗? 可惜我有风痹,不能行礼。"于是呜咽流泪。徐云虔说:"士为知己者死,怎敢不接受命令!"辛谠大喜,给了很多盘缠,派徐云虔前去。

徐云虔来到善阐城,骠信接见他,以平等的礼节相待,使人对徐云虔说:"贵府的公文想让骠信称臣,上表进贡方物,骠信已派人与唐朝约为兄弟之国,否则即是舅甥之国,哪里谈得到上表进贡?"徐云虔说:"骠信的先人,由于大唐的册命,得以统一六诏,可见大唐对南诏恩德深厚。后来滋生些许怨恨,是边境将吏的罪责。如今骠信想重修旧好,怎能违背祖先的惯例! 顺承祖先即是孝,事奉大国即是义,停止战争即是仁,慎用名分即是礼。这四条都是美德,能不勉力为之吗?"骠信待徐云虔很好,把木夹交给徐云虔,送他回国,但仍然不肯上表进贡。

河东军哗变,杀死节度使崔季康。　夏四月初一,出现日食。唐僖宗任命王铎为行营招讨都统。

唐僖宗为反军问题发愁,王铎说:"臣在朝廷不能为陛下分忧,请让臣亲自督促诸将领讨伐反军。"唐僖宗下诏任命王铎为荆南节度使、行营都统。

王铎奏请任命李系为副使,带领精兵五万人驻扎在潭州,以抵御黄巢。李系是李晟的曾孙。有口才,实际上却没有勇气和谋略,王铎因为他为世将,所以上奏起用他。

**秋九月，黄巢陷广州。**

黄巢上表求广州节度使，上命大臣议之。左仆射于琮以为："广州市舶，宝货所聚，岂可令贼得之？"宰相请除巢府率，从之。

巢得告身，大怒。诉执政，急攻广州，陷之。执节度使李迢，使草表，迢曰："予代受国恩，亲戚满朝，腕可断，表不可草。"巢杀之。

高骈奏："请遣兵马使张璘将兵五千于郴州守险，留后王重任将兵八千于循、潮二州邀遮，自将万人自大庾岭趣广州击黄巢，巢必逃遁。乞敕王铎以兵三万守梧、昭、桂、永四州之险。"不许。

**冬十月，以高骈为淮南节度使，充盐铁转运使，崔安潜为西川节度使。**

安潜到官，不诘盗，蜀人怪之。安潜乃出库钱千五百缗，分置三市，榜其上曰："能告捕一盗，赏钱五百缗。同侣告捕，释其罪，赏同平人。"未几，有捕盗而至者，盗曰："汝与我同为盗十七年，赃皆平分，汝安能捕我？我与汝同死耳。"安潜曰："汝既知吾有榜，何不捕彼以来？则彼应死，汝受赏矣。既为所先，死复何辞！"立命给告者钱，剐盗于市。于是诸盗相疑，无地容足，散逃他境。

安潜以蜀兵怯弱，奏遣将诣陈、许诸州募壮士，与蜀人相杂训练，得三千人，戴黄帽，号黄头军。又奏乞洪州弩手教蜀人用弩走丸而射之，选得千人，号神机营。蜀人由是浸强。

**黄巢陷潭州。**

黄巢士卒罹瘴疫，死者什三四。其徒劝之北还以图

**秋九月,黄巢攻陷广州。**

黄巢上表要求担任广州节度使,唐僖宗命大臣加以讨论。左仆射于琮认为:"广州市舶司是宝物聚汇的地方,怎能让贼人得到!"宰相请任命黄巢为府率,唐僖宗依言而行。

黄巢得到告身,大怒。大骂执政大臣,加紧攻打广州,终于攻克下来。黄巢捉住节度使李迢,让李迢起草奏表,李迢说:"我世代蒙受国家的恩典,亲戚都是朝廷的官员,宁可砍断手腕,决不起草奏表!"黄巢将他杀死。

高骈上奏说:"请派兵马使张璘领兵五千人在郴州据守险要,留后王重任领兵八千人在循、潮二州截击,我本人带领一万人由大庾岭奔赴广州去攻打黄巢,黄巢必然逃跑。请敕令王铎领兵三万人防守梧、昭、桂、永四州的险要地带。"唐僖宗没有答应。

**冬十月,唐僖宗任命高骈为淮南节度使,充任盐铁转运使,由崔安潜担任西川节度使。**

崔安潜到任后,不盘查盗贼,蜀人感到奇怪。于是崔安潜调拨府库钱一千五百缗,分别放到蚕市、药市、七宝市三市中,在市上张榜称:"谁能告发并捕获一名盗贼的,即赏钱五百缗。同伙告发捕获盗贼的,告发者免罪,奖赏与常人相同。"不久,有人捉来盗贼,盗贼说:"你与我一齐当了十七年盗贼,都是平分赃物,你怎能抓捕我?我与你都应该死。"崔安潜说:"既然你知道我张了榜,为什么不把他捉来?这样,他就应处死,你就会受赏赐。已由他先告发你,你就该处死,还有什么可说!"立即命令发给告发者赏钱,将盗贼剐死在街市。于是诸盗贼互相猜疑,没有立足之地,分散逃到外地。

崔安潜因蜀兵懦弱,奏请派将领到陈、许各州招募壮士,与蜀人混编,训练成三千人,头戴黄帽,号称"黄头军"。崔安潜又奏请洪州弩手教蜀人使用弓弩,箭射抛到空中的泥丸,选出一千人,号称"神机营"。从此,蜀人逐渐强悍了。

**黄巢攻破潭州。**

黄巢的士卒染上瘴疫,死了十分之三四。徒众劝黄巢北还以图

大事,巢乃自桂州编筏沿湘而下,抵潭州。李係不敢出,巢攻陷之。

**黄巢将尚让逼江陵,王铎走,守将刘汉宏作乱。**

尚让进逼江陵,众号五十万。江陵兵不满万,王铎留刘汉宏守江陵,自帅众趣襄阳。汉宏大掠,北归为盗。后数日贼乃至。

**山南东道节度使刘巨容大破黄巢于荆门。**

黄巢趣襄阳,刘巨容与江西招讨使曹全晸合兵屯荆门以拒之。贼至,巨容伏兵林中,全晸逆战阳败,贼追之,伏发,大破之,俘斩什七八,贼渡江东走。或劝巨容穷追,巨容曰:"国家喜负人,有急则抚存将士,不爱官赏,事宁则弃之,或更得罪。不若留贼,以为富贵之资。"众乃止。全晸渡江追贼,会朝廷除代,亦还。由是贼势复振,陷鄂州,掠饶、信等十五州,众至二十万。

**十一月,王铎罢,以卢携同平章事。**

初,卢携尝荐高骈可为都统,至是,骈将屡破贼,乃复以携为相,凡王铎、郑畋所除将帅多易置之。

庚子(880) 广明元年

春正月,沙陀寇忻、代,逼晋阳。 河东军乱,杀节度使康传圭。

传圭贪虐,遣教练使张彦球将兵追沙陀,至百井,军变,还杀传圭。朝廷闻之,遣使宣慰曰:"杀节度使,事出一时,各宜自安,勿复忧惧。"

**二月,杀左拾遗侯昌业。**

夺取政权,于是黄巢编成竹筏,由桂州沿湘江顺流而下,抵达潭州。李係不敢出战,黄巢攻破潭州。

**黄巢的将领尚让领兵进逼江陵,王铎逃跑,守将刘汉宏率众作乱。**

尚让进逼江陵,号称拥有五十万兵力。江陵的军队不满万人,王铎让刘汉宏留下来防守江陵,自己率领兵众前往襄阳。刘汉宏大肆掳掠,率众北还,当了盗贼。几天后,尚让军才赶到。

**山南东道节度使刘巨容在荆门大破黄巢军。**

黄巢奔赴襄阳,刘巨容与江西招讨使曹全晸合兵一处,驻扎荆门,抵御黄巢。黄巢军来到后,刘巨容在树林里埋伏军队,曹全晸迎战佯败,黄巢军追击,伏兵发动,大破黄巢军,俘虏和杀死十分之七八,黄巢军渡过长江,向东逃去。有人劝刘巨容全力追击,刘巨容说:"国家总是说话不算数,遇到急难时抚慰将士,不吝惜官位和赏赐,事情宁息后又把人抛在一边,有的甚至受到惩处。不如保留贼军,作为谋求富贵的本钱。"大家不再劝说。曹全晸横渡长江,追击黄巢军,正赶上朝廷命人接替他的职务,也撤兵返回。从此,黄巢军的力量又强大起来,攻破鄂州,掳掠饶、信等十五州,兵力达到二十万人。

**十一月,王铎罢相,唐僖宗任命卢携为同平章事。**

起初,卢携曾举荐高骈可以担任都统,到这时,高骈的将领屡次打败黄巢军,于是重新任命卢携为宰相,凡是王铎、郑畋任用的将帅多被更换。

### 庚子(880) 唐僖宗广明元年

**春正月,沙陀侵犯忻、代二州,进逼晋阳。 河东军哗变,杀死节度使康传圭。**

康传圭贪婪暴虐,派教练张彦球领兵追击沙陀,来到百井时,军队哗变,杀死康传圭。朝廷闻讯后,派使者安抚将士说:"杀死节度使,出于一时冲动,应各自安心,别再担忧害怕。"

**二月,唐僖宗杀死左拾遗侯昌业。**

昌业以盗贼满关东,而上专务游戏,赏赐无度,田令孜专权无上,社稷将危,上疏极谏。上大怒,召昌业至内侍省,赐死。

上善骑射、剑槊、法筭,至于音律、蒲博,无不精妙,好蹴鞠、斗鸡,尤善击球。尝谓优人石野猪曰:"朕若应击球进士举,须为状元。"对曰:"若遇尧、舜作礼部侍郎,恐陛下不免驳放。"上笑而已。

**改扬子院为发运使。**

从高骈之请也。度支以用度不足,奏借富户、胡商货财之半。骈上言:"天下盗贼蜂起,皆出于饥寒,独富户、胡商未耳。"乃止。

**三月,以陈敬瑄为西川节度使。**

崔安潜之镇许昌也,田令孜为其兄陈敬瑄求兵马使,不得。至是,令孜见关东群盗日炽,阴为幸蜀之计,奏以敬瑄及其腹心杨师立、牛勖、罗元杲镇三川。上令四人击球赌之,敬瑄得第一筹,即以为西川节度使代安潜,师立镇东川,勖镇兴元。

**以郑从谠为河东节度使。**

康传圭既死,河东兵益骄,故以宰相镇之。从谠奏以王调、刘崇龟、崇鲁、赵崇为参佐,时人谓之小朝廷,言名士之多也。从谠貌温而气劲,多谋而善断,将士欲为恶者,辄先觉诛之。知张彦球有方略,本心非欲为乱,独推首乱者杀之,慰谕彦球,委以兵柄。彦球为尽死力,卒获其用。

**以高骈为诸道行营都统。**

卢携奏以骈为都统,骈乃传檄征天下兵,且广召募,得兵七万,威望大振。

侯昌业因关东盗贼遍地，而唐僖宗一味贪玩，赏赐毫无节制，田令孜独揽大权，目无皇上，社稷岌岌可危，于是上疏竭力进谏。唐僖宗大怒，把侯昌业叫到内侍省，命他自裁。

唐僖宗擅长骑马射箭、舞剑弄枪和算学推演，以至于音律、赌博，无不精妙，喜欢蹴鞠、斗鸡，尤其善于击球。唐僖宗曾对伎优石野猪说："朕若应试击球进士科，必当状元。"石野猪说："如果遇到尧、舜当礼部侍郎，恐怕陛下难免在中榜后再被剔除。"唐僖宗只是笑笑而已。

**朝廷将扬子院改设发运使。**

这是照高骈的要求办的。度支因开支不足，奏请借用富户、胡商财物的半数。高骈进言说："天下盗贼蜂拥而起，都是饥寒交迫的人干的，只有富户、胡商没有铤而走险。"于是罢议其事。

**三月，唐僖宗任命陈敬瑄为西川节度使。**

崔安潜镇守许昌时，田令孜为他的哥哥陈敬瑄谋求兵马使的职务，未能如愿。到这时，田令孜见关东群盗势力日盛，暗中做唐僖宗出逃蜀中的打算，奏请委任陈敬瑄及其亲信杨师立、牛勖、罗元杲镇守三川。唐僖宗让四人通过击球的胜负来决定具体职务。陈敬瑄取得第一，唐僖宗当即让他担任西川节度使，去取代崔安潜，由杨师立镇守东川，牛勖镇守兴元。

**唐僖宗任命郑从谠为河东节度使。**

康传圭死后，河东军更加骄悍，所以让宰相前去镇守。郑从谠奏请任用王调、刘崇龟、刘崇鲁、赵崇为参佐，时人称为小朝廷，以形容知名人士的众多。郑从谠相貌温合，意气傲岸，多谋善断，对想作恶的将士，总是事先觉察，加以责讨。郑从谠了解张彦球有方略，本心并不想作乱，郑从谠只是将首谋作乱的人查出处死，宽慰劝导张彦球，把兵权交给张彦球掌管，张彦球为郑从谠竭尽死力，最终起了重要作用。

**唐僖宗任命高骈为诸道行营都统。**

卢携奏请任命高骈为都统，于是高骈发文征调天下兵马，并经多方招募，得到兵员七万人，由此威望大振。

携病风，不能行。内挟田令孜，外倚高骈，宠遇甚厚，货赂公行。豆卢瑑无他才，附之。崔沆时有启陈，常为所沮。

**夏四月**，以李琢为蔚朔节度使。 **五月**，刘汉宏寇宋、兖，征诸道兵讨之。 以李顺融为枢密使。

始降白麻，与将相同。
**六月，黄巢别将陷睦、婺州。**
黄巢屯信州，遇疾疫，卒徒多死。张璘急击之，巢以金赂璘，且致书请降于高骈。骈欲诱致之，许为之求节钺。时昭义、感化、义武等军皆至淮南，骈恐分其功，乃奏贼不日当平，不烦诸道兵，悉遣归之。贼知之，乃告绝请战。骈怒，令璘击之，兵败，璘死。巢势复振，陷两州。

**青城妖人作乱，讨平之。**
陈敬瑄素微贱，报至，蜀人皆惊，莫知为谁。青城有妖人，诈称陈仆射，止逆旅，索马甚急。马步使瞿大夫觉其妄，执之，沃以狗血，即引服，诛之。

**朔州降。**
李琢将兵万人屯代州，与幽州节度使李可举、吐谷浑都督赫连铎共讨沙陀。李克用遣大将高文集守朔州，自将其众拒官军。铎遣人说文集归国，文集执克用将傅文达，与沙陀酋长李友金降于琢，开门迎官军。

**黄巢陷宣州。** **刘汉宏掠申州。** **遣宗正少卿李龟年使南诏，与和亲。**
初，西川节度使崔安潜表以崔澹之议为是，上命宰相议之。卢携、豆卢瑑曰："蛮数犯边，天下疲弊，致百姓

卢携得了风症,不能走路。卢携内靠田令孜,外依高骈,深受唐僖宗的恩遇,让贿赂公然施行。豆卢瑑没有别的才干,只会依附卢携。崔沆时常有所禀告,经常遭到卢携的阻挠。

夏四月,唐僖宗任命李琢为蔚朔节度使。　五月,刘汉宏侵犯宋、兖二州,唐僖宗征调各道军队前去讨伐。　唐僖宗任命李顺融为枢密使。

任命宦官的诏书开始用白麻纸,与任命将相相同。

**六月,黄巢的别将攻破睦、婺二州。**

黄巢驻兵信州,遇到疫病,兵众死了许多。张璘加紧攻打黄巢,黄巢以黄金引诱张璘,并给高骈写信请求投降。高骈想诱骗黄巢前去,答应为黄巢请求节钺。当时,昭义、感化、义武等军都来到淮南,高骈怕他们瓜分功劳,便奏称黄巢军不久就会平定,不需要各道军队的帮助,可以全部遣返本镇。黄巢军得知后,便宣布断绝关系,要求决战。高骈大怒,让张璘进击,张璘兵败被杀。黄巢声势再振,攻破睦、婺二州。

**青城妖人作乱,被诛讨平定。**

陈敬瑄一向地位卑贱,委任西川主帅的通告一到,蜀人无不惊讶,都不知陈敬瑄是谁。青城有个妖人诈称自己是陈仆射,住在旅舍里,急切地要人备马。马步使瞿大夫发觉此人纯属冒名顶替,就捉住此人,以狗血浇身,此人当即认罪,瞿大夫将他处死。

**朔州投降官军。**

李琢领兵一万人屯驻在代州,与幽州节度使李可举、吐谷浑都督赫连铎共同讨伐沙陀。李克用派大将高文集防守朔州,自己率领部众抵御官军。赫连铎派人劝高文集归附国家,高文集抓住李克用的将领傅文达,与沙陀酋长李友金投降李琢,打开城门迎接官军。

**黄巢攻破宣州。　刘汉宏掳掠申州。　唐僖宗派宗正少卿李龟年出使南诏,与南诏和亲。**

起初,西川节度使崔安潜上表认为崔澹的主张正确,唐僖宗命宰相讨论。卢携、豆卢瑑说:"南诏屡次犯边,天下疲弊,致使百姓

困为盗贼,皆蛮故也。不若且遣使臣报复,纵未得其称臣奉贡,且不使之怀怨犯边,亦可矣。"乃诏陈敬瑄许其和亲而不称臣,以宗正少卿李龟年充使,赐以金帛。

**秋七月**,黄巢渡江。

黄巢自采石渡江,围天长、六合,兵势甚盛。淮南将毕师铎言于高骈曰:"朝廷倚公为安危,今贼数十万众乘胜长驱,若不据险击之,使逾长、淮,必为大患。"骈以诸道兵已散,张璘复死,自度力不能制,不敢出兵,且上表告急,称贼六十余万,去城无五十里。先是,卢携谓骈有文武长才,若悉委以兵柄,黄巢不足平。及表至,人情大骇,诏书责骈,骈遂称风痹,不复出战。

刘汉宏降。 李可举讨李克用,大破之。李琢讨李国昌,败之。国昌、克用亡走达靼。

李克用引兵击高文集,李可举引兵邀之于药儿岭,大破之,杀万七千余人。李尽忠、程怀信皆死。李琢及吐谷浑都督赫连铎进攻蔚州,李国昌战败,部众皆溃,独与克用及宗族北入达靼。达靼,本靺鞨之别部也,居于阴山。

后数月,赫连铎阴赂达靼,使取之,克用知之。时与其豪帅游猎,置马鞭、木叶或悬针,射之无不中,豪帅心服。又置酒与饮,酒酣,克用言曰:"吾得罪天子,愿效忠而不得。今闻黄巢北来,必为中原患。一旦天子若赦吾罪,得与公辈南向,共立大功,不亦快乎!人生几何,谁能老死沙碛邪!"达靼知无留意,乃止。

黄巢渡淮。

处境艰难，去当盗贼，这全是南诏造成的。不如姑且派使者回报，即使不能得到南诏称臣进贡的承诺，暂时使南诏不怀怨恨，不侵犯边境，也可以了。"于是下诏命陈敬瑄允许南诏和亲而不称臣，让宗正少卿李龟年充任使者，赐给南诏金帛。

秋七月，黄巢渡过长江。

黄巢从采石横渡长江，包围天长、六合，兵力甚为强盛。淮南将领毕师铎对高骈说："朝廷依靠你维系安危，如今反军数十万人乘胜长途向前推进，如果不凭借险要进击，一旦让黄巢越过长江、淮水，必成大患。"高骈因各道军队已经解散，张璘又死于非命，估计自己无力阻止黄巢北上，不敢出兵，并上表告急，声称反军六十余万人离扬州城不到五十里。此前，卢携说高骈能文能武，才能卓越，如果把兵权都交给他，黄巢不难平定。及至高骈的奏表送到朝廷，人心大为恐骇，唐僖宗下诏书责备高骈，高骈随即声称得了风痹，不再出战。

刘汉宏投降。 李可举讨伐李克用，大破李克用军。李琢讨伐李国昌，打败李国昌军，李国昌、李克用逃奔达靼。

李克用领兵进击高文集，李可举领兵在药儿岭截击李克用，大破李克用军，杀死一万七千余人。李尽忠、程怀信都被杀死。李琢以及吐谷浑都督赫连铎进攻蔚州，李国昌作战失败，部众全部溃散，只好独自与李克用以及本宗族北逃达靼。达靼本来是靺鞨的别部，居住于阴山。

数月后，赫连铎暗中买通达靼来杀害李氏父子二人，李克用得知了此事。当时，李克用正与达靼首领打猎，用箭摆好的马鞭、树叶或是悬挂的针无不射中，达靼首领由衷佩服。达靼首领又设宴与李克用喝酒，喝到畅快时，李克用说："我冒犯了天子，愿意效忠也不可能。现在听说黄巢北进，必定成为中原的祸患。如果有朝一日天子赦免我的罪过，能与你们南进，共同建立大功，岂不快意！人生几何，谁肯老死沙漠呢！"达靼知道李克用没有留下来的企图，就不再杀害李氏父子。

黄巢渡过淮水。

黄巢之众号十五万，副都统曹全晟以其众六千与之战，颇有杀获。以众寡不敌，退屯泗上，以候援军。而高骈竟不之救，贼遂击全晟，破之。

时诏诸道发兵屯溵水，徐州兵过许昌大噪，节度使薛能登城，慰劳久之方定。时忠武亦遣大将周岌诣溵水，行未远，闻之夜还，袭杀徐卒，遂逐能杀之。于是溵水之兵皆散，黄巢遂悉众渡淮，所过不虏掠，惟取丁壮以益兵。

**冬十月**，黄巢陷申州，入颍、宋、徐、兖之境。　群盗陷澧州。

群盗陷澧州，杀刺史李询及判官皇甫镇。镇举进士二十三，尚不中第，询辟之。贼至城陷，镇走，问人曰："使君免乎？"曰："贼执之矣。"镇曰："吾受知若此，去将何之？"遂还诣贼，竟与同死。

**十一月**，河中虞候王重荣作乱，诏以为留后。　黄巢陷东都。

初，黄巢将渡淮，豆卢瑑请以天平节钺授巢，俟其到镇讨之。卢携曰："盗贼无厌，虽与之节，不能止其剽掠，不若急发诸道兵扼泗州。贼既前不能入关，必还掠淮、浙，偷生海渚耳。"从之。既而淮北相继告急，携称疾不出，京师大恐。

巢自称天补大将军，转牒诸军云："各宜守垒，勿犯吾锋！吾将入东都，即至京邑，自欲问罪，无预众人。"豆卢瑑、崔沆请发关内及神策军守潼关。上对宰相泣下。田令孜陈幸蜀之计，瑑和之。上不怿，令且发兵守潼关。

黄巢的部众号称十五万，副都统曹全晸率领部众六千人与黄巢作战，俘获杀伤颇多。由于寡不敌众，曹全晸退到泗上屯驻，以等候援军。然而高骈竟然不来援救，黄巢军于是进攻曹全晸军，打败了曹全晸军。

　　当时，有诏命各道发兵屯驻溵水，徐州士兵经过许昌时大声喊叫，节度使薛能登上城头，进行慰劳，过了多时，徐州士兵才稳定下来。当时忠武也派大将周岌前往溵水，没走多远，得到徐州的消息后，连夜返回来，袭击徐州士兵，随即驱逐并杀死薛能。这时，溵水的军队一哄而散，黄巢随即率领所有的部众渡过淮水，在经过的地方不打家劫舍，只征发壮丁，增加兵力。

　　**冬十月，黄巢攻破申州，进入颍、宋、徐、兖四州辖境。　群盗攻破澧州。**

　　群盗攻破澧州，杀死刺史李询以及判官皇甫镇。皇甫镇参加进士考试达二十三次，都没考上，李询征辟皇甫镇到幕府任职。贼军一到，澧州城失陷，皇甫镇逃出城，问别人道："李使君脱身没有？"回答说："被贼人抓走了。"皇甫镇说："我受李使君的知遇之恩，离开他又将往哪里去？"便返回到贼所，最终与李询同死。

　　**十一月，河中虞候王重荣作乱，朝廷下诏任命他为留后。黄巢攻破东都洛阳。**

　　起初，黄巢即将横渡淮水，豆卢瑑请求授给黄巢天平节度使的职务，等黄巢到天平后再加讨伐。卢携说："盗贼不知满足，即使任命他为节度使，也不能制止他们劫掠，不如紧急调集各道军队扼守泗州。既然贼军再往前走不能进关，必然回军掳掠淮、浙地区，在海岛苟且偷生。"唐僖宗依言而行。不久，淮北相继告急，卢携称病不出，京城大为恐惧。

　　黄巢自称天补大将军，向各军发文说："你们应各自防守营垒，不要冲撞我的刀锋！我准备进入东都，接着前往京城，想亲自声讨朝廷的罪行，与大家无关。"豆卢瑑、崔沆请求调集关内各军和神策军防守潼关。唐僖宗对着宰相流泪。田令孜提出逃往蜀中的想法，豆卢瑑随声附和。唐僖宗心中不乐，令先调集军队防守潼关。

令孜荐张承范等,使将兵,以令孜为都指挥制置招讨等使。

黄巢入东都境,汝郑把截使齐克让收军退保潼关,奏乞早遣粮援,上命选两神策弩手得二千八百人,令张承范等将以赴之。

巢陷东都,留守刘允章帅百官迎谒。巢入城劳问,闾里晏然。田令孜奏募坊市数千人以补两军。

**以周岌为忠武节度使,秦宗权为蔡州刺史。**

初,薛能遣牙将秦宗权调发至蔡州,闻许州乱,托云赴难,选募蔡兵,遂逐刺史,据其城。及周岌帅忠武,即以为刺史。

**十二月,黄巢入潼关。**

张承范等发京师。神策军士皆长安富家子,赂宦官窜名军籍,厚得禀赐,未尝更战陈,闻当出征,父子聚泣,多以金帛雇病坊贫人代行,往往不能操兵。是日,上御章信门楼,临遣之。承范进言:"闻黄巢兵数十万之众,鼓行而西,齐克让以饥卒万人依托关外。复遣臣以二千余人屯于关上,而未闻为馈饷之计,以是拒贼,臣窃寒心。愿陛下趣诸道精兵,早为继援。"上曰:"卿辈第行,兵寻至矣。"

十二月,承范等至潼关,与克让军皆绝粮。黄巢军抵关下,不见其际,呼声振河、华。克让力战,自午至酉,士卒饥甚,遂溃,克让走入关。

贼急攻潼关,承范悉力拒之。贼自关左禁坑入,夹攻潼关。关上兵溃,王师会自杀,承范变服脱走。巢入华州,留其将乔钤守之。河中留后王重荣请降于贼。

**以黄巢为天平节度使。　以王徽、裴澈同平章事。卢携自杀。**

田令孜推荐张承范等人，让他们领兵，唐僖宗任命田令孜为都指挥制置招讨等使。

黄巢进入东都辖境，汝郑把截使齐克让聚集军队退保潼关，上奏请求及早发粮增援，唐僖宗命选出左、右神策军的弩手两千八百人，由张承范等人率领前去赴援。

黄巢攻破东都，东都留守刘允章率领百官迎接进见。黄巢进城慰问，里巷安然。田令孜奏请在坊市募集兵员数千人，用来补充左、右神策军。

**唐僖宗任命周岌为忠武节度使，秦宗权为蔡州刺史。**

起初，薛能派牙将秦宗权到蔡州征调兵员，秦宗权得知许州军哗变，借口奔赴国难，招募挑选蔡州士兵，随即赶走蔡州刺史，占据蔡州城。这时周岌当了忠武节度使，便让秦宗权担任蔡州刺史。

**十二月，黄巢进入潼关。**

张承范等人从京城出发。神策军将士都是长安的富家子弟，通过贿赂宦官，在神策各军军籍上挂名，以领取官府的丰厚的赏赐，从未经历战阵，现在得知需要出征，父子抱头哭泣，多用金帛雇佣病坊中的穷人代替自己成行，而这些人往往拿不动兵器。当天，唐僖宗登上章信门楼，亲自送行。张承范进言说："听说黄巢兵众数十万，擂鼓西进，齐克让率一万名饥饿的士兵依傍在潼关外。现在又派臣率两千余人屯驻到潼关里，却没听说粮饷如何安排，这样拒贼，臣私下为此担心。希望陛下督促各道精兵及早跟上来增援。"唐僖宗说："你们只管出发，不久大军就到。"

十二月，张承范等人来到潼关，与齐克让军都断了粮。黄巢军抵达潼关下，一望无际，呼声响彻黄河、华山。齐克让奋力作战，由午时打到酉时，士兵因饥饿难忍，终致溃散，齐克让逃进潼关。

黄巢军火速攻打潼关，张承范全力抵御。黄巢军由潼关左侧的禁坑涌进，实行夹击，攻克潼关。关上的官军溃散逃走，王师会自杀，张承范乔装逃脱。黄巢进入华州，让将领乔铃留下防守。河中留后王重荣向黄巢军请降。

**唐僖宗任命黄巢为天平节度使。 任命王徽、裴澈为同平章事。卢携自杀。**

田令孜闻巢已入关，恐天子责己，乃归罪于携，贬为宾客分司，而荐徽、澈为相。携仰药死。

**黄巢入长安，上走兴元。**

凤翔、博野援兵至渭桥，见新军衣裘温鲜，大怒，掠之，更为贼乡导以趣长安。既入城，令孜帅神策兵五百，奉帝自金光门出，惟福、穆、泽、寿四王及妃嫔数人从行，百官皆莫之知。

晡时，贼前锋入长安，金吾将军张直方帅文武数十人迎于霸上。巢入城数日，其徒各出大掠，巢不能禁。尤憎官吏，得皆杀之。

上趣骆谷，凤翔节度使郑畋谒于道次，请留凤翔。上曰："朕不欲密迩巨寇，且幸兴元征兵，以图收复。卿可纠合邻道，勉建大勋。"畋曰："道路梗涩，奏报难通，请得便宜从事。"许之。

**黄巢僭号。**

巢杀唐宗室在长安者无遗类，遂入宫，自称大齐皇帝，改元金统。唐官三品以上悉停，四品以下如故。以尚让为太尉。

巢将砀山朱温屯东渭桥。温少孤贫，与兄存、昱依萧县刘崇家。崇数笞辱之，崇母独怜之，戒家人曰："朱三非常人，汝曹善遇之。"

豆卢瑑、崔沆、于琮、刘邺匿民间，巢搜获皆杀之。广德公主曰："我唐室之女，誓与于仆射俱死。"贼并杀之。将作监郑綦、库部郎中郑系义不臣贼，举家自杀。张直方多纳亡命，匿公卿于复壁，巢杀之。

**凤翔节度使郑畋合邻道兵讨贼。**

田令孜得知黄巢已经进了潼关，怕唐僖宗责问自己，便把罪责推给卢携，将卢携贬为太子宾客分司东都，而推荐王徽、裴澈担任宰相。卢携服毒自杀。

**黄巢进入长安，唐僖宗逃往兴元。**

凤翔、博野的援军来到渭桥，见田令孜招募的新军穿着温暖的新衣，勃然大怒，上前就抢，还为黄巢军当向导，奔向长安。两军进城后，田令孜率领五百名神策军士兵，拥簇着唐僖宗由金光门出走，只有福、穆、泽、寿四王和妃嫔数人随行，百官都全然不知。

傍晚时分，黄巢军的前锋进入长安，金吾将军张直方率领数十名文武官员在霸上迎接。黄巢进城数日，其部下分别出动，大肆掳掠，黄巢禁止不住。黄巢军尤其痛恨官吏，抓到就杀。

唐僖宗逃往骆谷，凤翔节度使郑畋在路旁进见，请唐僖宗留在凤翔。唐僖宗说："朕不想靠近巨寇，决定暂时前往兴元，调集兵力，以图收复京城。你可以纠集相邻各道的兵力，勉励大家建立大功。"郑畋说："道路阻塞，奏报难以及时传送，请允许我可以见机行事。"唐僖宗应允。

**黄巢僭称帝号。**

黄巢将留在长安的唐朝宗室杀得一个不剩，随即进宫，自称大齐皇帝，将年号改为金统。唐朝三品以上的官员一律停职，四品以下的官员保留原职。任命尚让为太尉。

黄巢的将领砀山人朱温屯驻东渭桥。朱温早年失去父亲，家境贫寒，与哥哥朱存、朱昱托身萧县刘崇家。刘崇屡次笞打羞辱朱温，只有刘崇的母亲怜悯他，告诫家人说："朱三不是常人，你们要好好待他。"

豆卢瑑、崔沆、于琮、刘邺躲藏在民间，黄巢搜捕捉获后一律杀死。广德公主说："我是唐朝宗室的女儿，誓与于仆射同死。"黄巢军将于琮和广德公主一齐杀掉。将作监郑綦、库部郎中郑係坚持节义，不肯投降黄巢军，全家自杀。张直方收容许多逃亡罪犯，把公卿藏在夹壁墙里，黄巢将张直方杀死。

**凤翔节度使郑畋会合相邻各道军队讨伐黄巢。**

郑畋还凤翔，召将佐议拒贼，皆曰："贼势方炽，且宜从容以俟兵集，乃图收复。"畋曰："诸君劝畋臣贼乎？"因闷绝仆地，不能言。会巢使者以赦书至，监军与之宴。乐奏，将佐以下皆哭，使者怪之。幕客孙储曰："以相公风痹不能来，故悲耳。"民间闻者莫不泣。畋闻之曰："吾固知人心尚未厌唐，贼授首无日矣。"乃刺指血为表，遣使诣行在。召将佐谕以逆顺，皆听命，刺血与盟。完城堑，缮器械，训士卒，密约邻道合兵讨贼，邻道皆许诺发兵。时禁军分镇关中者尚数万，畋使人招之，皆至，军势大振。巢遣人赍诏召畋，畋斩之。

**车驾至兴元，诏诸道出兵收复京师。　以张濬为兵部郎中。**

初，杨复恭荐处士张濬，拜太常博士。黄巢逼潼关，濬避乱商山。上幸兴元，道中无供顿，汉阴令李康以骡负糗粮数百驮献之，从行军士始得食。上问康何能如是，对曰："臣不及此，乃张濬教臣。"上召濬，拜兵部郎中。

**义武节度使王处存举兵入援。**

处存闻长安失守，号哭累日。不俟诏命，举军入援，遣二千人间道诣兴元，卫车驾。

**黄巢遣朱温攻河中，节度使王重荣与战，大破之，遂入援。**

巢遣使调发河中，吏民不胜其苦。王重荣谓众曰："始吾屈节以纾患，今调财不已，亡无日矣。"悉驱巢使者杀之。

郑畋回到凤翔，召集将佐计议抵御黄巢军，大家都说："贼寇势力正盛，暂时应放慢步调，等大军聚集起来，再商量收复京城。"郑畋说："诸位劝我降贼吗？"于是晕倒在地，不能讲话。适值黄巢的使者带着赦书前来，监军设宴招待使者。奏乐时，将佐以下人员都哭泣起来，使者感到奇怪。幕客孙储说："由于郑相公得了风痹，不能到会，所以难过。"民间闻讯后无不落泪。郑畋得知后说："我本来就知道民心还没有厌弃唐朝，贼寇引颈就戮，已为时不远。"便刺破手指，用血写了奏表，派使者前往行在。郑畋召集将佐，讲解顺逆之理，大家表示从命，郑畋刺指出血，与大家盟誓。郑畋修整城墙城濠，修缮军用器械，训练士兵，暗中与相邻各道约定合兵一处，讨伐黄巢，邻道都做出发兵的许诺。当时，分镇关中的禁军尚有数万人，郑畋派人前去招集，这些人统统赶来，军队的气势大为振奋。黄巢派人携带诏书来招降郑畋，郑畋将来使斩首。

**唐僖宗来到兴元，下诏命各道出兵收复京城。　任命张濬为兵部郎中。**

起初，杨复恭举荐处士张濬，张濬受任太常博士。黄巢进逼潼关时，张濬到商山躲避战乱。唐僖宗逃往兴元，途中没有行旅饮食物品的供给，汉阴县令李康用骡子驮了数百驮干粮献给唐僖宗，随行将士才有饭吃。唐僖宗问李康是怎么想到这些的，李康回答说："臣想不到，这是张濬教臣的。"唐僖宗召见张濬，任命他为兵部郎中。

**义武节度使王处存起兵增援行在。**

王处存得知长安失守的消息，连日痛哭。不等诏命下达，就起兵增援行在，派两千人抄近道到兴元护卫僖宗。

**黄巢派朱温攻打河中，河中节度使王重荣与朱温交战，大败朱温，随即增援行在。**

黄巢派使者向河中征调物资，河中官民困苦不堪。王重荣对部众说："最初我归附黄巢，是缓解当时的祸患，现在黄巢征调财物没完，灭亡为期不远了。"将黄巢所有的使者驱赶到一起杀死。

巢遣朱温击河中，王重荣与战，大破之，获粮仗四十余船，遣使与王处存结盟，引兵营于渭北。

### 辛丑（881） 中和元年
**春正月，幸成都。**

陈敬瑄遣兵奉迎，请幸成都，田令孜亦劝上，上从之。

**以萧遘同平章事。 以乐朋龟为翰林学士。**

裴澈自贼中奔诣行在。时百官未集，乏人草制，左拾遗乐朋龟谒田令孜而拜之，由是擢为翰林学士。张濬先亦拜令孜，至是，令孜召朝贵饮酒，濬耻于众中拜之，乃先谒令孜谢酒。及宾客毕集，令孜言曰："令孜与张郎中清浊异流，尝蒙中外。既虑玷辱，何惮改更？今日于隐处谢酒，则又不可。"濬惭惧无所容。

**二月，以王铎同平章事。 加高骈东面都统。**

上遣使趣骈讨黄巢，道路相望，骈终不出兵。

**三月，朱温陷邓州。 以郑畋为京城四面诸营都统。**

诏以畋为都统，蕃汉将士赴难有功者，并听以墨敕除官。畋奏以泾原节度使程宗楚为副都统。

**黄巢遣尚让寇凤翔，郑畋击败之。**

黄巢遣尚让帅众五万寇凤翔，畋使司马唐弘夫伏兵要害，自以兵数千陈于高冈。贼以畋书生轻之，鼓行而前，伏发，大败于龙尾陂，斩首二万余级。

黄巢派朱温进击河中,王重荣接战,大破朱温,缴获粮食器械四十余船。王重荣派使者与王处存结盟,领兵在渭北扎营。

### 辛丑(881) 唐僖宗中和元年
**春正月,唐僖宗前往成都。**

陈敬瑄派兵迎接唐僖宗,请唐僖宗前往成都,田令孜劝唐僖宗前去,唐僖宗依言而行。

**唐僖宗任命萧遘为同平章事。 任命乐朋龟为翰林学士。**

裴澈从黄巢军中逃到行在。当时,百官没有到齐,缺少起草制书的人,左拾遗乐朋龟向田令孜谒见叩拜,因此提升为翰林学士。张濬先前也叩拜田令孜,到这时,田令孜叫朝廷中的权贵来喝酒,张濬耻于当众叩拜,就先去谒见,感谢田令孜的酒宴。及至客人到齐后,田令孜说:"我与张郎中如同清水与浊水分流,往常曾蒙亲近。现在张郎中既然担心辱没自己,还怕改变态度吗?今天张郎中在没人处感谢宴请,就太不应该了。"张濬惭愧恐惧,无地自容。

**二月,唐僖宗任命王铎为同平章事。 加授高骈为东面都统。**

唐僖宗催促高骈讨伐黄巢,派出的使者在道路上接连不断,高骈终究没有出兵。

**三月,朱温攻破邓州。 唐僖宗任命郑畋为京城四面诸营都统。**

唐僖宗下诏任命郑畋为都统,对奔赴国难有功的蕃汉将士,一律听凭郑畋用皇上的亲笔诏书任命为官。郑畋奏请任命泾原节度使程宗楚为副都统。

**黄巢派尚让侵犯凤翔,郑畋击败尚让。**

黄巢派遣尚让率领部众五万人侵犯凤翔,郑畋让司马唐弘夫在军事要地埋伏兵马,自己率数千名士兵在高冈上列阵。尚让军轻视郑畋是个书生,擂鼓向前行进,唐弘夫的伏兵发动,在龙尾陂大败尚让军,斩首两万余级。

**赦李克用，遣李友金召之。**

沙陀李友金入援，至绛州，刺史瞿稹谓曰："贼势方盛，未可轻进。"乃俱还代州。募兵得三万人，皆北方杂胡，屯于崞西，犷悍暴横，稹与友金不能制。友金乃说监军陈景思曰："吾兄司徒父子勇略过人，为众所服。请奏天子赦其罪，召以为帅，则代北之人一麾响应，贼不足平也。"景思遣使言之，诏如所请。友金以五百骑迎之，克用帅达靼诸部万人赴之。

**郑畋传檄天下，合兵讨贼。**

宥州刺史拓跋思恭，本党项羌也，纠合夷夏，兵会鄜延，节度使李孝昌同盟讨贼。

奉天镇使齐克俭遣使诣郑畋求自效。畋乃传檄天下，合兵讨贼。时天子在蜀，诏令不通，天下谓朝廷不能复振，及得畋檄，争发兵应之。贼惧，不敢复窥京西。

而诸道及四夷贡献行在不绝，蜀中府库充实，赏赐不乏，士卒欣悦。

**夏四月，官军入长安。黄巢走，还袭之，杀副都统程宗楚、凤翔司马唐弘夫，复据长安。**

是时，唐弘夫屯渭北，王重荣屯沙苑，王处存屯渭桥，拓跋思恭屯武功，郑畋屯盩厔。弘夫乘龙尾之捷，进薄长安。

黄巢帅众东走，程宗楚先入，弘夫继至，处存帅锐卒五千夜入城，民欢呼出迎，争以瓦砾击贼。军士释兵入第舍，掠金帛妓妾。贼露宿霸上，诇知官军不整，还袭之，大战长安中，

**唐僖宗赦免李克用，派李友金征调李克用出兵。**

沙陀李友金增援朝廷，抵达绛州，刺史瞿稹对李友金说："敌军兵力正强，不能轻率进军。"于是一起返回代州。他们招募到三万名士兵，都是北方的胡人，驻扎在崞西，粗犷剽悍，凶暴蛮横，瞿稹与李友金无法控制。于是李友金劝监军陈景思说："我家老兄司徒父子勇猛善战，谋略过人，为大家推服。请奏请皇上赦免他们的罪过，我请他们担当主帅，只要他们一挥手，代北人群起响应，贼军就不难平定了。"陈景思派使者进言其意，有诏命令照办。李友金率五百人骑马迎接李克用，李克用率领达靼各部一万人前往代州。

**郑畋向全国发布檄文，宣布合兵讨伐黄巢。**

宥州刺史拓跋思恭原本是党项羌族人，这时纠合夷狄与汉人，将人马调集到鄜延，与节度使李孝昌结盟，一起讨伐黄巢。

奉天镇使齐克俭派使者去见郑畋，请求让自己效力。于是郑畋向全国发布檄文，宣布合力讨伐黄巢。当时唐僖宗在蜀中，无法传达诏令，天下人以为朝廷不能重新振作，等见到郑畋发布的檄文，争先发兵响应。黄巢感到恐惧，不敢再窥伺京城长安以西的地方。

同时，各道连同周边各族都没有中断向行在进献贡物，蜀中府库储备充实，赏赐并不缺乏，士兵无不喜悦。

**夏四月，官军进入长安。黄巢逃走，回军袭击长安，杀死副都统程宗楚、凤翔司马唐弘夫，重新占据长安。**

这时，唐弘夫屯驻渭北，王重荣屯驻沙苑，王处存屯驻渭桥，拓跋思恭屯驻武功，郑畋屯驻盩厔。唐弘夫乘龙尾告捷之机进逼长安。

黄巢率领部众向东逃走，程宗楚率先进城，唐弘夫随后赶到，王处存率领五千名精锐士兵连夜进入长安城，百姓发出欢呼声，出来迎接进城的官军，争着用瓦砾去投掷黄巢军。而官军将士放下兵器，闯进百姓家中，抢劫金帛和妓妾。黄巢军露宿在霸上，侦察了解到官军风纪不肃，回军袭击长安，在长安城中激战，

宗楚、弘夫死，军士死者什八九，处存收余众还营。

巢复入长安，纵兵屠杀，流血成川，谓之洗城。诸军皆退。

**五月，高骈移檄讨贼，出屯东塘。**

有双雉集广陵府舍，占者以为城邑将空之兆。骈恶之，乃移檄四方，云将入讨黄巢，发兵八万、舟二千艘，出屯东塘。诸将数请行期，骈托风涛为阻，竟不发。

**忠武监军杨复光克邓州。**

黄巢之陷长安也，周岌降之。尝以夜宴急召监军杨复光，左右曰："周公臣贼，将不利于内侍，不可往。"复光曰："事已如此，义不图全。"即诣之。酒酣，岌言及本朝，复光泣下，良久曰："丈夫所感者恩义耳。公自匹夫为公侯，奈何舍十八叶天子而臣贼乎？"岌亦流涕曰："吾不能独拒战，故貌奉而心图之。今日召公，正为此耳。"因沥酒为盟。

分军八千人为八都，遣牙将鹿晏弘、晋晖、王建、韩建、张造、李师泰、庞从等八人将之。复光帅之以击朱温，败之，遂克邓州。

**六月，以郑畋为司空、同平章事，都统如故。　李克用陷忻、代州。**

李克用牒河东称奉诏将兵讨黄巢，令具顿递。郑从谠闭城设备而犒给之。克用累日不发，纵沙陀剽掠，城中大骇。寻引兵还，陷忻、代，留居代州。

程宗楚、唐弘夫被杀,将士死了十分之八九,王处存聚集余众回营。

黄巢重新进入长安,纵兵进行屠杀,血流成河,称作"洗城"。各军全都撤退。

**五月,高骈发布檄文讨伐黄巢,出兵进驻东塘。**

有一对雉鸡飞落在广陵官署的房屋上,占卜的人认为是城邑即将变空的预兆。高骈厌恶这种说法,就向各地发布檄文,说是准备入城讨伐黄巢,发兵八万人、船两千艘,出发进驻在东塘。诸将领多次问启程的日期,高骈借口风涛阻碍行军,始终没有出发。

**忠武监军杨复光攻克邓州。**

黄巢攻破长安时,周岌投降黄巢。周岌曾在夜间急召杨复光赴宴,杨复光的左右亲信说:"周岌向贼人称臣,准备做对您不利的勾当,不能去。"杨复光说:"事情已经如此,大义所在,不能只顾保全自己。"便立即前去。酒兴酣畅时,周岌谈到唐僖宗本朝,杨复光流下眼泪,许久才说:"大丈夫所感怀的只有恩义。你由一个平民当了公侯,怎能丢开十八代天子去向贼人称臣?"周岌也流着眼泪说:"我无法单独作战抵御,所以表面表示拥奉黄巢,内心却在设法除去他。今天叫你来,正为此事。"于是以酒洒地,共结盟誓。

周岌将本军分为八部,每部八千人,派牙将鹿晏弘、晋晖、王建、韩建、张造、李师泰、庞从等八人统领八部。杨复光率领八部打败朱温,于是攻克邓州。

**六月,唐僖宗任命郑畋为司空、同平章事,仍然担任都统。　李克用攻破忻、代二州。**

李克用向河东行牒文称,自己接受诏命,领兵讨伐黄巢,令河东备办酒食邮驿以供军用。郑从谠关闭城门,严密警备,同时犒劳并供应李克用军。李克用连日不肯进发,纵容沙陀进行劫掠,太原城中大为恐骇。不久,李克用领兵返回,攻破忻、代二州,留在代州驻扎下来。

秋七月,以韦昭度同平章事。 西川黄头军作乱,讨平之。

田令孜为行在都指挥处置使,颁赐从驾诸军无虚日,不复及蜀军,颇有怨言。令孜宴土客都头,以金杯行酒,因赐之,诸都头皆拜受。黄头军使郭琪独不受,起言曰:"蜀军与诸军同宿卫,而赏赉悬殊,颇有觖意,恐万一致变。愿军容减诸将之赐,以均蜀军。使土客如一,则上下幸甚。"令孜默然,乃自酌酒于别樽以赐琪。琪知其毒,不得已饮之,归杀一婢,吮其血以解毒,吐黑汁数升,遂帅所部作乱。令孜奉天子保东城,闭门登楼,命诸军击之。琪夜突围出,奔高骈于广陵。

**杀左拾遗孟昭图。**

上日夕专与宦官同处,议天下事,待外臣殊薄。左拾遗孟昭图上疏曰:"治安之代,逖迩犹应同心,多难之时,中外尤当一体。去冬车驾西幸,不告南司,遂使宰相以下悉为贼所屠。前夕黄头军乱,陛下亦不召宰相、朝臣,至今未知圣躬安否。夫天下者,高祖、太宗之天下,非北司之天下;天子者,四海九州之天子,非北司之天子。北司未必尽可信,南司未必尽无用。若天子与宰相了无关涉,朝臣皆若路人,臣恐收复之期尚劳宸虑。"疏入,令孜屏不奏,矫诏贬昭图嘉州司户,遣人沉于蟆颐津,闻者气塞。

八月,星交流如织,或大如杯碗。 感化牙将时溥杀节度使支详,诏以溥为留后。

支详遣时溥、陈璠将兵入关讨黄巢,二人皆详所奖拔

秋七月,唐僖宗任命韦昭度为同平章事。 西川黄头军作乱,被诛讨平定。

田令孜担任行在都指挥处置使,对跟随唐僖宗出走各军颁发赏赐没有一天中断过,却不再赏赐蜀军,蜀军颇有怨言。田令孜宴请本地和外来军的都头,用金杯依次斟酒,酒斟给谁,就把金杯赏赐给谁,各位都头都叩拜接受。只有黄头军使郭琪不肯接受,站起来说:"蜀军与各军共同为皇上值宿警卫,赏赐却相差悬殊,蜀军颇为不满,恐有引发变故的可能。希望田军容少给诸位将领一些赏赐,用来发给蜀军。假如本地和外来军待遇均等,对上上下下都好。"田令孜沉默不语,于是亲自用别的杯子斟了酒赐给郭琪。郭琪知道有毒,出于无奈,不得已喝了下去,回家后杀死一个婢女,吮婢女的血来解毒,吐出数升黑汁,于是率领部下作乱。田令孜拥奉唐僖宗守卫东城,关闭城门,登上城楼,命各军去打黄头军。郭琪夜间冲出包围,前往广陵,投奔高骈。

**左拾遗孟昭图被杀。**

唐僖宗日夜专门与宦官在一起,商议国家大事,对外廷朝臣却很冷淡。左拾遗孟昭图上疏说:"政治清明、社会安定的时代,远近各地尚且应当同心协力,多难时期,朝廷内外尤其应当协调一致。去年冬天陛下向西出走,没有告诉南衙,致使宰相以下官员都被贼军屠杀。前天晚上黄头军作乱,陛下也不召见宰相和朝臣,百官至今不知道陛下是否平安。天下是高祖、太宗的天下,不是北司的天下;天子是四海九州的天子,不是北司的天子。北司未必一切可信,南衙未必完全无用。如果天子与宰相毫无关联,将朝臣一概视若路人,臣担心还要有劳陛下为收复京城的日期忧虑。"奏疏进呈后,田令孜压下不奏,假传圣旨,将孟昭图贬为嘉州司户,派人把他抛进蟆颐津,得知消息的人气愤得气息梗塞。

八月,流星交织如梭,有的大小如杯碗。 感化牙将时溥杀死节度使支详,有诏任命时溥为留后。

支详派时溥、陈璠领兵入关讨伐黄巢,二人都是支详赏识提拔

也。至东都，矫称详命还师，屠河阴，掠郑州而东。及彭城，详迎劳甚厚。溥说详曰："众心见迫，请公解印以相授。"详不能制。璠谓溥曰："支仆射有惠于徐人，不杀，必成后悔。"溥不许，送详归朝。璠伏甲于七里亭，并其家属杀之，溥表璠为宿州刺史。

**寿州人王绪作乱，陷光州。**

寿州屠者王绪与妹夫刘行全聚众五百，盗据本州，月余复陷光州，有众万余人，秦宗权表为光州刺史。固始县佐王潮及弟审邦、审知皆以材气知名，绪以潮为军正，信用之。

**南诏上表款附。　九月，高骈罢兵还府。**

骈与镇海节度使周宝俱出神策军，骈以兄事宝。及封壤相邻，数争细故，遂有隙。骈檄宝入援，宝治舟师以俟之，怪其久不行。幕客或曰："高公有并吞江东之志，声云入援，未必非图我也。"会骈使人约宝面会瓜洲议军事，宝辞疾不往，由是遂为深仇。

骈留东塘百余日，诏屡趣之，骈上表托以宝将为后患，复罢兵还府。其实无赴难心，但欲襄雉集之异耳。

**以董昌为杭州刺史。**

高骈召董昌至广陵，钱镠说昌曰："观高公无讨贼心，不若去之。"昌从之，自石镜引兵入据杭州，周宝表为杭州刺史。

**冬十月，凤翔行军司马李昌言作乱，郑畋赴行在。**

李昌言将兵屯兴平。时凤翔仓库虚竭，犒赏稍薄，昌

的人。时溥来到东都洛阳，佯称支详命令回师，屠杀河阴，掳掠郑州后东行。来到彭城，支详出来迎接犒劳，甚为殷勤。时溥劝支详说："我也是受大家的逼迫，请你解下印信来授予给我。"支详不能制止。陈璠对时溥说："支仆射对徐州人有恩惠，不杀死他，你一定后悔。"时溥没有答应，便送支详回朝。陈璠在七里亭埋伏甲士，将支详连同其家属一齐杀掉，时溥上表推荐陈璠为宿州刺史。

**寿州人王绪作乱，攻克光州。**

寿州屠夫王绪与妹夫刘行全聚众五百人，占据本州，一个多月后又攻破光州，拥众一万余人，秦宗权上表推荐王绪担任光州刺史。固始县县佐王潮和弟弟王审邽、王审知都以才能过人、气概不凡闻名，王绪让王潮担任军正，诚心加以任用。

**南诏上表诚心归附。　九月，高骈撤兵回府。**

高骈与镇海节度使周宝都是神策军出身，高骈把周宝当作老兄对待。等到二人辖境相邻，屡次为小事争执，于是结下嫌隙。高骈用檄文召周宝增援京城，周宝整饬水军，等候出发，对高骈一直不肯启程感到奇怪。有个幕僚说："高公有吞并江东的企图，虽然声称增援京城，未必不谋取我军。"适值高骈让人邀请周宝到瓜洲会面，计议军事，周宝借口生病，没有前去，从此二人便结下很深的仇恨。

高骈在东塘屯兵停留了一百多天，唐僖宗下诏书屡次催促高骈率兵前去救援，高骈上表借口周宝将为后患，又撤兵回府。其实，高骈并没有真心奔赴国难，只是想消除雌鸡飞落官署的灾异而已。

**唐僖宗任命董昌为杭州刺史**

高骈召董昌前往广陵，钱镠劝董昌说："我看高公不是真心讨伐黄巢，不如离开他。"董昌依言而行，由石镜领兵进据杭州，周宝上表推荐董昌担任杭州刺史。

**冬十月，凤翔行军司马李昌言作乱，郑畋前往行在。**

李昌言领兵屯驻兴平。当时，凤翔仓库空竭，犒赏渐少，李昌

言因激怒其众,引军还袭府城。郑畋登城谓之曰:"行军苟能戢兵爱人,为国灭贼,亦可以顺守矣。"乃以留务委之,即日西赴行在。诏以畋为太子少傅分司,昌言为凤翔节度使。

**裴澈罢。 十二月,武陵蛮雷满等寇陷朗、衡、澧州。**

**壬寅(882) 二年**
**春正月,以王铎为诸道行营都统。**

王铎以高骈无心讨贼,自以身为首相,发愤请行,恳款流涕,至于再三。上许之,以铎充都统,罢高骈,但领盐铁转运使。铎辟崔安潜为副都统,以周岌、王重荣为司马,诸葛爽、康实为先锋使,又以王处存、李孝昌、拓跋思恭为京城三面都统,以杨复光为南面行营都监使。

**二月,朱温据同州。 以郑畋为司空、同平章事。**
**军事一以咨之。**
**李克用寇蔚州。 邛州牙官阡能作乱,陈敬瑄遣兵讨之。**

敬瑄多遣人历县镇伺事,谓之寻事人,所至多所求取。有二人过资阳镇,独无所求,镇将谢弘让邀之不至。自疑有罪,夜亡入群盗中,而实无罪也。捕盗使杨迁诱而执之求功,敬瑄不之问,钉于西城,煎油泼之,备极惨酷。邛州牙官阡能因公事违期亡命,迁复诱之。能方出首,闻弘让之冤,发愤为盗,逾月众至万人,横行邛、雅,所过涂地。蜀中盗贼竞起,州县不能制,敬瑄遣杨行迁将兵数千人讨之。

**夏四月,王铎以诸道兵逼长安。**

言趁机激怒部众,带领军队回袭府城。郑畋登上城头,对李昌言说:"李行军假如能息兵爱民,为国家消灭贼寇,也可以算顺理持守了。"便把留后事务交给李昌言,当天西行,赶赴行在。唐僖宗下诏任命郑畋为太子少傅分司,李昌言为凤翔节度使。

**裴澈罢相。**　十二月,武陵蛮雷满等人攻破朗、衡、澧三州。

### 壬寅（882）　唐僖宗中和二年

**春正月,唐僖宗任命王铎为诸道行营都统。**

王铎认为高骈并非真心讨伐黄巢,自己身为首相,于是下定决心,请求由自己前去指挥,恳切表示诚心,以致再三流泪。唐僖宗答应下来,让王铎充任都统,免去高骈的都统职务,让他只兼任盐铁转运使。王铎征用崔安潜为副都统,委任周岌、王重荣为行军司马,诸葛爽、康实为先锋使,又委任王处存、李孝昌、拓跋思恭为京城三面都统,委任杨复光为南面行营都监使。

**二月,朱温占据同州。**　唐僖宗任命郑畋为司空、同平章事。

凡是军事问题都咨询郑畋。

**李克用侵犯蔚州。**　邛州牙官阡能作乱,陈敬瑄派遣军队前去讨伐。

陈敬瑄常常派人走县串镇,刺探情报,称为"寻事人",所到之处,对当地多所勒索。唯独有两个寻事人经过资阳镇时,没有要什么,资阳镇将谢弘让邀请他们也没有前去。谢弘让怀疑自己犯了罪,夜间逃到一伙盗贼中去,其实并没有犯罪。捕盗使杨迁诱捕谢弘让请功,陈敬瑄不加查问,将谢弘让钉在西城墙上,用熬热的油往他身上泼,用尽极度残酷的刑罚。邛州牙官阡能因公事误期逃走,杨迁又引诱阡能上钩。阡能正想出山自首,听到谢弘让的冤情,气愤得发誓要做盗贼,一个多月后,阡能拥有兵众达到一万人,在邛、雅二州间胡作非为,所过之处,民间备受残害。蜀中盗贼竞相兴起,州县不能制止,陈敬瑄派杨行迁领兵数千人前去讨伐。

**夏四月,王铎率领各道军队进逼长安。**

铎将两川、兴元之军屯灵感寺,泾原屯京西,易定、河中屯渭北,邠宁、凤翔屯兴平,保大、定难屯渭桥,忠武屯武功。官军四集,巢势日蹙,号令所行,不出同、华。

**五月**,加高骈侍中,罢盐铁转运使。

骈既失兵柄,复解利权,攘袂大诟,上表自诉,言辞不逊,上命郑畋草诏切责之。骈臣节既亏,贡赋遂绝。

初,骈好神仙,有方士吕用之坐妖党亡命归骈,骈补以军职,颇言公私利病,骈信任之。用之欲专权,浸以计去骈旧将梁缵等。又引其党张守一、诸葛殷共蛊惑骈。殷诡辩风生,骈以为神。

骈与郑畋有隙,用之谓曰:"宰相有遣剑客来刺公者,今夕至矣。"骈大惧,问计。用之曰:"张先生可以御之。"骈请于守一。守一乃使骈衣妇人服,潜于他室,而代居骈寝。中夜,掷铜器于阶,令铿然有声,又密以彘血洒于庭宇,如格斗之状。及旦,笑谓骈曰:"几落奴手!"骈泣谢之。

用之刻青石为奇字,曰"玉皇授白云先生高骈",密令左右置道院香案,骈得之惊喜。用之曰:"玉皇以公焚修功著,将补真官。计鸾鹤不日当降此际,用之等谪限亦满,必得陪幢节,同归上清耳。"是后,骈于道院庭中刻木鹤,时着羽服跨之。

用之常厚赂骈左右,使伺骈动静,共为欺罔。骈不之寤,少有异议者,辄为所陷,死不旋踵。夺人资财,掠人妇女,所破灭者数百家,公私大小之事皆取决焉。

王铎带领两川、兴元的军队驻扎在灵感寺，泾原军驻扎在京西，易定、河中军驻扎在渭北，邠宁、凤翔军驻扎在兴平，保大、定难军驻扎在渭桥，忠武军驻扎在武功。官军从各地集结起来，黄巢的兵力日见窘迫，行使号令的地区不超出华、同二州。

**五月，唐僖宗加授高骈为侍中，免去其盐铁转运使的职务。**

高骈失去兵权后，又解除利权，捋起袖子，破口大骂，上表为自己申诉，出言不逊，唐僖宗命郑畋起草诏书严词斥责。高骈丧失臣节后，随即终止向朝廷交纳贡物和赋税。

起初，高骈崇尚神仙，有个名叫吕用之的方士，被判为妖党，逃亡过程中投奔高骈，高骈给他补以军职，谈了很多公私之间的利弊，得到高骈的信任。吕用之想专权，逐渐用计排挤走高骈往日的将领梁缵等人。又延引同党张守一、诸葛殷前来一起蛊惑高骈。诸葛殷进行诡辩时谈笑风生，被高骈视为神人。

高骈与郑畋有矛盾，吕用之对高骈说："宰相派刺客来刺杀你，今晚就到。"高骈大为恐惧，询问应付的办法。吕用之说："张先生可以制止剑客。"高骈请张守一帮忙。张守一让高骈穿上妇人的服装，躲藏在别的房间里，由自己代替高骈，去住高骈的寝室。半夜时分，张守一把铜器掷到台阶上，使之铿然有声，又暗中把猪血洒在庭院里，伪装成发生搏斗的场面。及至清早，张守一笑着对高骈说："我几乎落到那奴才手中！"高骈哭泣着表示感谢。

吕用之在青石上刻出一些稀奇古怪的字，其文为"玉皇授给白云先生高骈"，让亲信暗中放在道院的香案上，高骈得到后惊喜异常。吕用之说："玉皇认为你焚香修道，成绩显著，准备补授你为仙官。算来鸾鹤不久就会降临，届时我等也被贬满期，准能在旗帜仪仗的簇拥下陪伴你同归上清。"此后，高骈在道院的院落里放了一只木刻的仙鹤，自己不时穿上羽衣，骑到仙鹤背上。

吕用之经常用重金贿赂高骈的亲信，让他们窥伺高骈的行动，共同干骗人的勾当。高骈却并不醒悟，谁稍有异议，就遭到诬陷，离死不远。吕用之侵夺别人的财物，掳掠别人的妇人，使数百家家破人亡，无论公事私事、大事小事都由吕用之决定。

用之又欲以兵威胁制诸将，请募骁勇二万人，号莫邪都，骈即以张守一及用之为军使，置将吏如帅府。

虑人泄其奸谋，乃言于骈曰："神仙不难致，但恨学道者不能绝俗累，故不肯降临耳。"骈乃悉去姬妾，谢绝人事，宾客、将吏皆不得见。有不得已见之者，皆先令沐浴斋祓，拜起才毕，已复引出。由是用之得专行威福，无所忌惮，境内不复知有骈矣。

**六月，蜀中群盗应阡能，官军与战，大败。**

蜀人罗浑擎、句胡僧、罗夫子、韩求各聚众数千人，以应阡能。官军与之战，不利，恐获罪，多执村民为俘，日数十百人，敬瑄不问，悉斩之，其中亦有老弱妇人。或问之，皆曰："我方治田、绩麻，官军忽入村，系虏以来，竟不知何罪。"

**秋七月，以钟传为江西观察使。**

王仙芝寇掠江西，高安人钟传聚蛮獠，依山为堡，众至万人。仙芝陷抚州而不能守，传入据之，诏即以为刺史。至是，又据洪州，朝廷遂以传为观察使。传既去抚州，南城人危全讽复据之，遣其弟仔倡据信州。

**刘汉宏寇杭州，董昌击破之。**

刘汉宏既降，以为浙东观察使。汉宏遣弟汉宥将兵二万营于西陵，谋并浙西，董昌遣兵马使钱镠拒之。镠夜济江，袭其营，大破之。

**九月，朱温以华州降，王铎以为同华节度使。**

朱温见巢兵势日蹙，知其将亡，遂举州降。

**冬十月，贼帅韩秀昇、屈行从断峡江路。 以朱温为河中行营招讨副使，赐名全忠。 以王敬武为平卢留后。**

吕用之又想用军队的威势挟制诸将领，请求募集两万名骁勇之士，号称"莫邪都"，高骈便让张守一和吕用之担任军使，像帅府那样设置将吏。

吕用之担心别人暴露自己的奸谋，便对高骈说："神仙并不难请，只可惜学道的人不能抛弃世俗的牵累，所以神仙不肯降临。"于是高骈让姬妾全都走开，推开交际应酬，宾客、将吏都不能前去见面。有人不得已要去见面的，事先都要洁身斋戒，而刚叩拜完毕，已经被领了出来。因此，吕用之得以擅作威福，无所忌惮，辖境内人们不再知道还有高骈的存在。

**六月，蜀中群盗响应阡能，官军与阡能作战，被打得大败。**

蜀人罗浑擎、句胡僧、罗夫子、韩求分别聚众数千人，来响应阡能。官军与阡能交战失利，唯恐受到惩处，往往捉村民充当俘虏，每天达数十百人。陈敬瑄不加审问，一律斩首，其中还有一些老人、儿童和妇女。有人问为什么被抓起来，这些人都说："正在种田、绩麻，官军忽然进村，就被绑上抓来，根本不知道有什么罪。"

**秋七月，唐僖宗任命钟传为江西观察使。**

王仙芝侵犯劫掠江西，高安人钟传聚集蛮獠，依山为堡，部众达到一万人。王仙芝攻破抚州却无力防守，钟传进军占据抚州，唐僖宗下诏当即任命钟传为刺史。到这时，钟传又占据洪州，朝廷随即任命钟传为观察使。钟传离开抚州后，南城人危全讽又占据抚州，派自己的弟弟危仔倡占据信州。

**刘汉宏侵犯杭州，被董昌打败。**

刘汉宏归降后，被任命为浙东观察使。刘汉宏派弟弟刘汉宥领兵两万人在西陵扎营，企图吞并浙西，董昌派兵马使钱镠前去抵御。钱镠夜间横渡浙江，袭击刘汉宥的营地，大破刘汉宥军。

**九月，朱温率华州归降，王铎任命朱温为同华节度使。**

朱温见黄巢兵力日益窘困，知道黄巢将亡，就举州归降。

**冬十月，贼寇首领韩秀昇、屈行从切断峡江路。　唐僖宗任命朱温为河中行营招讨副使，赐名为朱全忠。　唐僖宗任命王敬武为平卢留后。**

诸道兵皆会关中,独平卢不至,王铎遣判官张濬往说之。时平卢大将王敬武方逐节度使,自为留后,已受黄巢官爵,不出迎。濬见而责之,曰:"公为藩臣,侮慢诏使,不能事上,何以使下?"敬武愕然,谢之。既宣诏,将士皆不应,濬徐谕之曰:"人生当先晓逆顺,次知利害。黄巢前日贩盐虏耳,公等舍累叶天子而臣之,果何利哉?今天下勤王之师皆集京畿,而淄、青独不至。一旦贼平,天子返正,公等何面目见天下之人乎?"将士皆改容引咎,曰:"谏议之言是也。"敬武即发兵从濬而西。

### 十一月,李克用将沙陀趣河中。

黄巢兵势尚强,王重荣谋于都监杨复光。复光曰:"雁门李仆射骁勇,有强兵,素有徇国之志,所以不来者,以与河东结隙耳。若以朝旨谕郑公而召之,必来。来则贼不足平矣。"时王铎在河中,乃以墨敕召李克用,谕郑从谠。克用遂将沙陀万七千人趣河中,不敢入太原境,独以数百骑过晋阳城下与从谠别,从谠厚赠之。

### 陈敬瑄遣押牙高仁厚讨阡能等,平之。

阡能入蜀州境,陈敬瑄以杨行迁等久无功,以押牙高仁厚为都招讨指挥使,往代之。未发前一日,执阡能之谍者,仁厚温言问之,对曰:"某,村民,阡能囚某父母、妻子,而曰:'汝诇事得实,则免汝家,不然皆死。'某非愿尔也。"仁厚曰:"诚如是,我何忍杀汝!汝归但语阡能云:'高尚书来日发,所将止五百人,无多兵也。'然我活汝一家,汝为我潜语寨中人云:'仆射悯汝曹皆良人,为贼所制,故使尚书

各道军队都会集在关中，只有平卢军没到，王铎派判官张濬前去劝说。当时，平卢大将王敬武刚赶走节度使，自任为留后，已接受黄巢的官爵，不出来迎接。张濬见到王敬武后责备说："你作为藩臣，侮辱怠慢奉诏前来的使者，不能事奉朝廷，怎能驱使部下？"王敬武惊愕地表示道歉。宣诏后，将士都不肯响应，张濬徐徐开导大家说："人生首先应明白顺逆之理，其次应知道利害所在。黄巢以前是个贩卖私盐的家伙，你们抛开累世相传的天子向他称臣，到底有什么好处？现在全国勤王的军队都会集在京城周围地区，唯独淄、青的官军没到。有朝一日贼寇荡平，天子返回京城，你们还有脸见天下之人吗？"将士都动容地引咎自责说："张谏议说得对。"王敬武当即发兵跟随张濬西进。

**十一月，李克用带领沙陀奔赴河中。**

黄巢的兵力仍然很强大，王重荣找都监杨复光商量对策。杨复光说："雁门李仆射勇猛善战，拥有强兵，素有为国献身的志向，之所以没有前来，是因为与河东结下嫌隙。如果以朝廷的旨意喻示郑从谠召李克用出兵，李克用肯定会来。李克用一来，黄巢就不难平定了。"当时，王铎正在河中，使用皇上手书的敕令向郑从谠说明应该召李克用勤王。李克用随即率领沙陀一万七千人奔赴河中，不敢进入太原辖境，只带领数百人骑马到晋阳城下告别郑从谠，郑从谠赠给他许多物品。

**陈敬瑄派押牙高仁厚讨伐阡能等人，将他们平定。**

阡能进入蜀州辖境，陈敬瑄认为杨行迁等人长时间毫无建树，任命押牙高仁厚为都招讨指挥使，前去取代杨行迁。出发的前一天，抓到阡能的密探，高仁厚用温和的言辞审问密探，密探回答说："我是村中的百姓，阡能囚禁我的父母和妻子儿女，说：'你能刺探到真实的情报，就不处治你的家人，否则统统处死。'其实我并不愿意这么干。"高仁厚说："果真如此，我怎么忍心杀你！你回去只需对阡能说：'高尚书明天出发，只带了五百人，并没有多少军队。'不过我让你全家活下来，你要替我暗中告诉寨里的人说：'陈仆射可怜你们都是良民，却被贼人控制，所以让高尚书

救汝。汝若投兵迎降，当书汝背为"归顺"字，遣汝复旧业。所欲诛者，阡能、罗浑擎、句胡僧、罗夫子、韩求五人耳。'"谍曰："此皆百姓心上事，尚书尽知而赦之，其谁不听命！"遂遣之。

明日引兵发，至双流，周视堑栅，怒曰："重复牢密如此，宜其可以安眠饱食，养寇邀功也。"将斩白文现，监军力救得免。命悉平堑栅，留兵五百守之。

贼伏兵千人于野桥箐以邀官军，仁厚诇知之，引兵围之，下令勿杀，遣人释戎服，入贼中告谕，贼大喜，争投兵请降。仁厚悉抚谕，书其背，使归寨中，余众争出降。浑擎走，其众执之以来。

仁厚谓降者曰："不欲即遣汝归，为前涂诸寨未知吾心，或有忧疑，藉汝曹为我前行，过诸寨，示以背字，告谕之。"乃取浑擎旗倒系之，每五十人授以一旗，使前走，扬旗疾呼曰："罗浑擎已擒，大军行至，汝曹速如我出降，立得为良人，无事矣。"

至穿口、新津、延贡，寨中皆争出降，执句胡僧，斩韩求。

罗夫子奔阡能寨，与之谋悉众决战，未定，执旗先驱者至。能欲出兵，众皆不应。明旦，诸寨呼噪争出，罗夫子自到。众挈其首，缚阡能，驱之前迎官军。见仁厚，拥马首大呼泣拜，曰："百姓负冤日久，无所控诉。自谍者还，百姓引领，度顷刻如期年。今遇尚书，如出九泉睹白日，已死而

来解救你们。如果你们放下武器,迎接并归降官军,就在你们的背上写"归顺"二字,就会送你们回去恢复旧业。高尚书要诛讨的只有阡能、罗浑擎、句胡僧、罗夫子、韩求五人。'"密探说:"这都是百姓的心事,高尚书全都知道,并免了百姓的罪,谁还会不听命令!"高仁厚让密探走了。

第二天,高仁厚领兵出发,来到双流,将沟堑营栅巡视一遍,生气地说:"这般重重叠叠,牢固严密,难怪这帮人可以稳稳地睡,饱饱地吃,纵容贼寇,邀功讨赏。"要杀白文现时,监军竭力营救,免于一死。高仁厚令铲平所有的沟堑营栅,让五百名士兵留下防守。

乱军在野桥箐埋下千名伏兵截击官军,高仁厚侦知后领兵包围贼军,下令不许杀人,派人换下军装,到贼军中说明官军的意图,乱军大喜,争着丢下兵器,请求投降。高仁厚一律加以安抚,在归降者背上写了字,让他们返回营寨,余众也争先恐后地出来投降。罗浑擎逃跑,被部下捉住送交官军。

高仁厚对投降者说:"我不想马上送你们回家,因为前面各营寨不了解我的心意,也许还忧虑疑惧,需要借助你们为我走在前头,让所过各寨看看背上的字,告诉他们情况。"便将罗浑擎的旗帜倒挂起来,每五十人给一面旗帜,让他们走在前头,举旗高呼说:"罗浑擎已经活捉,大军即将来到,你们赶快像我们一样投降,马上就成为良民,没事了。"

相继来到穿口、新津、延贡,营寨中的士兵都争先出来投降,高仁厚捉住句胡僧,杀死韩求。

罗夫子逃到阡能的营寨里,与阡能商量全体出动,进行决战,还没有做出决定,举着倒挂的旗帜走在前头的降兵已经赶到。阡能想派兵出击,大家都不响应。第二天早晨,各寨士兵呼喊着争先出阵,罗夫子举刀自杀。大家提了罗夫子的人头,绑了阡能,赶着他走在前面,去迎接官军。大家见到高仁厚,簇拥在马前大声呼喊,流着眼泪伏地叩头,说:"百姓受冤枉日久,无处控诉。自从密探回来后,百姓伸着脖子远望,片刻如同过了一整年。现在遇见尚书,仿佛从九泉之下爬出来看见了太阳,已经死而

复生矣!"贼寨在他所者,分遣诸将往降之。仁厚出军凡六日,五贼皆平。

敬瑄枭二首于市,钉阡能、罗浑擎、句胡僧而剐之。阡能孔目官张荣,屡举进士不中第,归于能,为之谋主,仁厚送府,钉于马市,自余不戮一人。

敬瑄榜邛州,贼党皆释不问。未几,邛州刺史申捕获阡能叔父行全家,请准法。敬瑄以问孔目官唐蹊,对曰:"公已榜勿问,而刺史复捕之,此必有故。今若杀之,岂惟使明公失大信,窃恐阡能之党纷纷复起矣。"敬瑄从之,因问其所以然。果行全有良田,刺史欲买之,不与,故恨之耳。敬瑄召刺史,将按之,刺史以忧死。他日,行全密饷蹊金百两,蹊怒曰:"此乃太师仁明,何预吾事,汝乃怀祸相饷乎?"还其金,斥逐使去。

十二月,以李克用为雁门节度使。

李克用将兵四万至河中,皆衣黑,贼惮之曰:"鸦军至矣,当避其锋。"

癸卯(883) 三年

春正月,李克用败贼将黄揆于沙苑,王铎以克用为东北面行营都统。

揆,巢之弟也。

以王铎为义成节度使。

田令孜欲归重北司,称铎讨黄巢久无功,卒用杨复光策,召沙陀而破之,故罢铎兵柄,以悦复光。

以田令孜为十军十二卫观军容使。

复生!"对分布在别处的贼人营寨,高仁厚分别派诸将领前去招降。由出兵算起,高仁厚用了六天时间,五处贼人都被平定。

陈敬瑄命令在街市上砍下韩求、罗夫子的头来示众,将阡能、罗浑擎、句胡僧钉在城墙上,处以剐刑。阡能的孔目官张荣屡次参加进士考试没有考中,便投奔阡能,当了主谋人,高仁厚将他押送到府,在马市上钉死,此外不杀一人。

陈敬瑄在邛州张榜宣称,对贼人的同伙一律放过,不加追究。不久,邛州刺史申报捉到阡能的叔父阡行全一家人,请依法惩处。陈敬瑄就此去问孔目官唐溪,唐溪回答说:"您已经张榜宣布不加追究,刺史却又加以逮捕,其中必有缘故。如果现在杀死阡行全一家人,岂止使您丧失信誉,我私底下担心阡能一伙又要纷纷闹事。"陈敬瑄依言而行,便追问逮捕阡行全一家人的原因。果然,阡行全家有良田,刺史想买下来,阡行全不卖,所以刺史怀恨在心。陈敬瑄叫来刺史,准备查办,刺史忧虑致死。后来,阡行全暗中赠给唐溪一百两黄金,唐溪生气地说:"这是陈太师仁爱英明,与我何干,你竟然把祸事送给我!"便退回黄金,将阡行全驱走。

**十二月**,唐僖宗任命李克用为雁门节度使。

李克用领兵四万人来到河中,穿着清一色的黑衣,黄巢军害怕地说:"乌鸦军来啦,应避开此军的锋芒。"


**癸卯**(883) **唐僖宗中和三年**

**春正月**,李克用在沙苑打败黄巢的将领黄揆,王铎委任李克用为东北面行营都统。

黄揆是黄巢的弟弟。

**唐僖宗任命王铎为义成节度使。**

田令孜想推重北司,说王铎讨伐黄巢长期没有建树,最终采用杨复光的计策召沙陀出兵才打败黄巢,所以免去王铎的兵权,以取悦杨复光。

**唐僖宗任命田令孜为十军十二卫观军容使。**

令孜自以建议幸蜀,收传国宝、列圣真容,散家财犒军为己功,令宰相请加赏,故有是命。

**魏博节度使韩简寇郓州及河阳,其将乐行达杀之,诏以为留后。**

赐名彦祯。

**以王镕为成德留后。 三月,李克用围华州,黄巢遣尚让救之,克用逆战,破之。**

巢兵数败,食复尽,阴为遁计,发兵三万扼蓝田道,遣尚让救华州。李克用及王重荣引兵逆战,破之。克用进军渭桥,每夜令其将薛志勤、康君立潜入长安,燔积聚,斩虏而还,贼中大惊。

**以杨行愍为庐州刺史。**

淮南押牙杨行愍勇敢,屡有战功,高骈以为押牙,知庐州事,朝廷因而命之。行愍闻州人王勔贤,召欲用之,固辞。问其子弟,曰:"子潜,好学慎密,可任以事。弟子稳,有气节,可为将。"行愍召潜置门下,以稳及季章为骑将。

**夏四月,陈敬瑄遣高仁厚讨峡路群盗,平之。**

初,陈敬瑄遣兵讨韩秀昇、屈行从,皆为所败,江淮贡赋断绝,云安、渣井路不通,乏盐。敬瑄乃奏以高仁厚为行军司马,将兵三千以讨之。

行遇败兵还走,仁厚叱之,即止斩都虞候一人,更令修娖部伍。乃召耆老,询以山川蹊径及贼寨所据,喜曰:"贼精兵尽在舟中,使老弱守寨,而资粮皆在寨中,此所谓重战轻防,其败必矣。"乃扬兵江上,为欲涉之状。贼昼夜

田令孜自认为建议唐僖宗出走蜀中，保管传国玉玺和本朝诸帝画像、用家财犒劳军队，是自己的功劳，让宰相请求给予奖赏，所以有这项任命。

**魏博节度使韩简侵犯郓州与河阳，部下将领乐行达杀死韩简，有诏任命乐行达为留后。**

唐僖宗为乐行达赐名为彦桢。

**唐僖宗任命王镕为成德留后。　三月，李克用包围华州，黄巢派尚让前去援救，李克用迎战，打败尚让。**

黄巢军屡遭挫败，加之粮食吃光，暗中做逃走的打算，便发兵三万人扼守蓝田要道，派尚让去救华州。李克用以及王重荣领兵迎战，打败尚让。李克用进军渭桥，每天夜里都命令部将薛志勤、康君立暗中进入长安，焚烧储备，进行斩杀掳掠，然后撤还，长安城中的黄巢军大为惊恐。

**唐僖宗任命杨行愍为庐州刺史。**

淮南押牙杨行愍很勇敢，屡建战功，高骈委任他为押牙，让他掌管庐州，朝廷因此加以任命。杨行愍听说庐州人王勖贤能有才，召见后想加以任用，王勖坚决推辞。向王勖打听子弟的情况，王勖说："儿子王潜喜欢学问，谨慎周密，可以委以职事。弟弟的儿子王稔很有志气，可以担任将领。"杨行愍召用王潜，安置为幕僚，委任王稔以及季章为骑将。

**夏四月，陈敬瑄派高仁厚讨伐峡路群盗，将他们平定。**

起初，陈敬瑄派遣军队讨伐韩秀昇、屈行从，都被打败，江淮的贡品赋税无法运输，云安、渟井道路也不畅通，食盐缺乏。于是陈敬瑄奏请朝廷任命高仁厚为行军司马，率领兵卒三千前去讨伐。

行军途中遇到败兵回逃，高仁厚大声呵斥，当即杀死都虞候一人，又命逃兵重整队伍。高仁厚叫老年人来打听山川道路和敌人营寨占据的地形，高兴地说："敌人的精兵都在船上，由老弱残兵把守营寨，钱粮却屯在营寨中，这就是所说的重作战而轻防守，必败无疑。"便在长江上阅兵，做出要渡江的样子。敌人日夜

御备,遣兵挑战,仁厚不应,潜遣勇士千人攻焚其寨,贼救之不及,资粮荡尽。仁厚复募善游者凿其舟底,相继皆沉,贼惶惑不能相救。仁厚遣兵于要路邀击,且招之,贼众执秀昇、行从以降。仁厚诘之曰:"何故反?"秀昇曰:"自大中皇帝晏驾,天下无复公道,纽解纲绝,今日反者,岂惟秀昇?机上之肉,惟所烹醢耳。"仁厚愀然,命善食而械之,献于行在,斩之。

### 五月,李克用破黄巢,收复长安。

李克用与忠武将庞从、河中将白志迁等引兵先进,与黄巢军战于渭南,一日三捷。义成、义武等诸军继之,贼众大奔,克用等入京师。巢焚宫室遁去,多遗珍宝于路,官军争取之,不急追贼,遂逸去。

诏克用同平章事,斩巢相崔璆。克用时年二十八,于诸将最少,而兵势最强,破黄巢,复长安,功第一,诸将皆畏之。克用一目微眇,时人谓之独眼龙。

### 六月,黄巢取蔡州,节度使秦宗权降之,合兵围陈州。

巢使其骁将孟楷将万人击蔡州,宗权逆战而败,遂称臣于巢。初,陈州刺史赵犨谓将佐曰:"巢不死长安,必东走,陈其冲也,不可不为之备。"乃完城堑,缮甲兵,积刍粟,六十里之内,民有资粮者,悉徙之入城,多募勇士,使子弟分将之。楷果移兵击陈,犨先示之弱,伺其无备,袭击,杀获殆尽,擒楷斩之。巢闻之怒,与宗权合兵围之,掘堑五重,百道攻之,陈人大恐。犨谕之曰:"忠武素著义勇,陈

防备,派兵挑战,高仁厚不加理睬,暗中派一千名勇士攻打焚烧敌人的营寨,敌人来不及营救,粮食全部丢失。高仁厚又募集善于游泳的人凿漏敌人的船底,敌船相继沉没,敌人疑惧不安,不能去救沉船。高仁厚派兵把守要道,边截击,边招降,敌兵抓了韩秀昇、屈行从前来投降。高仁厚责问韩、屈二人说:"为什么造反?"韩秀昇说:"自从大中皇帝驾崩,天下没有公道,官府解体,纲纪甄灭,今天岂止我一人造反? 不过既成案上鱼肉,就任你烹,任你剁了。"高仁厚为之动容,命提供较好的饮食,同时加上刑具,押送到行在,将二人斩首。

**五月,李克用打败黄巢,收复长安。**

李克用与忠武将领庞从、河中将领白志迁等人领兵率先挺进,与黄巢军在渭南作战,一天内三战三胜。义成、义武等各军随后赶来,黄巢军纷纷逃跑,李克用等人进入京城长安。黄巢焚烧宫殿,率众逃走,在路上丢下许多珍宝,官军争先去拾珍宝,没有火速追赶,黄巢军终于逃掉。

唐僖宗下诏任命李克用为同平章事,将黄巢的宰相崔璆斩首。当时李克用二十八岁,在诸将领中最为年轻,兵力最强,打败黄巢,收复长安,功劳第一,各将领都害怕他。李克用有一只眼长得很细小,时人叫他"独眼龙"。

**六月,黄巢攻取蔡州,节度使秦宗权投降,二人合兵,包围陈州。**

黄巢派部下骁将孟楷率领一万人进击蔡州,秦宗权迎战,打了败仗,便向黄巢称臣。起初,陈州刺史赵犨对将佐说:"如果黄巢不死在长安,必然东逃,陈州是东逃路线上的要冲之地,不能不做好防备。"便修葺城墙城濠,修缮铠甲兵器,积聚草料粮食,让六十里以内有钱粮的居民都搬进州城,募集许多勇士,让自己的儿子、弟弟分别加以率领。孟楷果然调兵进击陈州,赵犨先向孟楷示弱,趁孟楷军不做防备时发动袭击,几乎把孟楷军杀伤俘获得荡然无存,并捉住孟楷,将他斩首。黄巢闻讯大怒,与秦宗权合兵一处,包围陈州,挖了五重战壕,千方百计地攻城,陈州人大为恐惧。赵犨开导大家说:"忠武军一向以见义勇为著称,陈

州号为劲兵。况吾家久食陈禄,誓与此州存亡。且徇国而死,不愈于臣贼而生乎!有异议者斩。"数引锐兵开门击贼,破之。巢益怒,营于州北,为持久之计。时民间无积聚,贼掠人为粮,置舂磨寨。

**以刘谦为封州刺史。**

初,上蔡刘谦为岭南小校,节度使韦宙奇之,妻以兄女。谦屡击盗有功,故有是命。

**秋七月,以朱全忠为宣武节度使。**

时汴、宋荐饥,骄军难制,外有大敌,众心危惧,而全忠勇气益振。

**左骁卫上将军杨复光卒于河中。**

复光慷慨喜忠义,善抚士卒。及卒,军中恸哭累日,八都将各以其众散去。田令孜素忌复光,闻其卒,甚喜,因摈斥其兄枢密使复恭为飞龙使。令孜专权,人莫与之抗,惟复恭数与之争得失,故令孜恶之。

**郑畋罢为太子太保。**

畋虽当播越,犹谨法度。田令孜为判官吴圆求郎官,畋不许。陈敬瑄欲立于宰相之上,畋以故事使相品秩虽高,皆居真相之下,固争之。二人乃令凤翔节度使李昌言上言:"军情猜忌,不可令畋扈从过此。"乃罢之。

**以裴澈同平章事。　冬十月,李克用取潞州。**

昭义节度使孟方立以潞州地险人劲,屡篡主帅,欲迁治所于邢州。潞人不悦,潜乞师于李克用,克用遣李克脩击之,取潞州。是后,克用每岁出兵争山东,三州之人半为俘馘,野无稼穑矣。

州军号称为精兵劲旅。何况我家长期享受陈州的俸禄,誓死与陈州共存亡。而且为国捐躯不比降贼偷生光荣吗!有异议的,一律斩首。"多次率领精锐兵马出城攻打黄巢军,打败了黄巢军。黄巢更加恼怒,在陈州北面扎营,做持久作战的打算。当时,民间没有积蓄的钱财,黄巢军掳掠人口当粮吃,为此设置了舂磨寨。

**唐僖宗任命刘谦为封州刺史。**

起初,上蔡人刘谦在岭南当小校,节度使韦宙赏识有加,把哥哥的女儿嫁给刘谦。刘谦进击盗贼多次立功,所以有这项任命。

**秋七月,唐僖宗任命朱全忠为宣武节度使。**

当时,汴、宋二州连年灾荒,骄悍的将士难以控制,外部大敌当前,大家心怀忧虑恐惧,而朱全忠敢作敢为的气概愈加显扬。

**左骁卫上将军杨复光在河中去世。**

杨复光慷慨激昂,崇尚忠义,善抚士卒。等到杨复光去世,军中将士连日痛哭,八部将领分别率众散去。田令孜一向嫉妒杨复光,得知他去世的消息,非常高兴,于是将他的哥哥枢密使杨复恭排斥为飞龙使。田令孜专权,没人敢与田令孜抗衡,只有杨复恭与田令孜屡次争论得失,所以田令孜憎恶杨复恭。

**郑畋罢免为太子太保。**

郑畋即使在唐僖宗流亡期间,仍然严守法度。田令孜为判官吴圆谋求郎官的职务,郑畋没有允许。陈敬瑄想位于宰相之上,郑畋认为惯例规定,使相的官品俸秩即使再高,也一律位居实任宰相之下,因而再三争执。田令孜、陈敬瑄二人便让凤翔节度使李昌言进言说:"军心猜疑不满,不能让郑畋随从皇上经过凤翔。"郑畋于是罢相。

**唐僖宗任命裴澈为同平章事。　　冬十月,李克用占领潞州。**

昭义节度使孟方立认为潞州地势险要,百姓强悍,屡次强行改立主帅,因此想把治所迁到邢州。潞人不高兴,暗中向李克用请求援兵,李克用派李克脩进击孟方立,占领潞州。此后,李克用每年出兵争夺山东,邢、洺、磁三州百姓半数成为俘虏,田野上没有庄稼生长。

**以宗女妻南诏。** **十二月,忠武大将鹿晏弘据兴元。**

晏弘帅所部自河中南掠襄、邓、金、洋,所过屠灭,声云西赴行在。至兴元,遂逐节度使牛勖,自称留后。

**时溥杀其判官李凝古。**

溥因食中毒,疑判官李凝古,杀之。时凝古父损为散骑常侍,在成都,溥奏凝古与父同谋,田令孜受其赂,令御史台鞫之。萧遘奏曰:"李凝古行毒,事出暧昧。父损相别数年,安得诬以同谋?溥恃功乱法,欲杀天子侍臣,若徇其欲,朝廷何以自立?"由是损得免。时令孜专权,群臣莫敢近视,惟遘屡与争辩,朝廷倚之。

**朱全忠据亳州。**

赵犨求救于邻道,朱全忠救之,与贼战于鹿邑,败之,遂入亳州据之。

甲辰(884) 四年

**春二月,东川节度使杨师立举兵反。三月,诏以高仁厚为留后,将兵讨之。**

陈敬瑄之遣高仁厚讨韩秀昇也,语之曰:"成功而还,当奏以东川相赏。"杨师立闻之怒。令孜恐其为乱,征为右仆射。

师立得诏书,怒,不受代,杀官告使及监军使,举兵进屯涪城,移檄行在及诸道,数陈敬瑄十罪,自言集本道将士十五万人,长驱问罪。诏仁厚讨之。

**夏四月,李克用会许、汴、徐、兖之军于陈州,黄巢退走。**

唐僖宗将宗室女嫁给南诏。　十二月，忠武大将鹿晏弘占据兴元。

鹿晏弘率领部下由河中南进，掳掠襄、邓、金、洋各州，所过之处屠杀一空，却声称西赴行在。来到兴元时，鹿晏弘便赶走节度使牛勖，自称留后。

**时溥杀死本州判官李凝古。**

时溥因食物中毒怀疑判官李凝古，将他杀死。当时，李凝古的父亲李损担任散骑常侍，正在成都，时溥上奏说李凝古与父亲李损同谋，田令孜收受时溥的贿赂，让御史台审讯李损。萧遘上奏说："李凝古投毒一事含糊不清。其父李损与李凝古分别数年，怎能诬蔑他们是同谋？时溥恃功破坏法纪，想杀死天子的侍从近臣，如果满足他的要求，朝廷怎么自立？"李损因此得以免祸。当时，田令孜专权，群臣不敢正眼相看，只有萧遘屡次与田令孜争辩，朝廷官员都依赖于他。

**朱全忠占据亳州。**

赵犨向邻道求救，朱全忠前去援救，与黄巢军在鹿邑交战，打败黄巢军，随即进城，占据亳州。


### 甲辰（884）　唐僖宗中和四年

春二月，东川节度使杨师立起兵反叛。三月，唐僖宗下诏任命高仁厚为东川留后，领兵前去讨伐。

陈敬瑄派高仁厚讨伐韩秀昇，对高仁厚说："你成功返回时，我会奏请皇上把东川赏给你。"杨师立听闻心怀愤怒。田令孜怕杨师立作乱，征调他担任右仆射。

杨师立接到诏书大怒，拒绝进行职务移交，杀死官告使以及监军使，起兵进驻涪城，向行在及各道发布檄文，历数陈敬瑄的十条罪状，说自己集合本道十五万将士，长途驱驰，去声讨陈敬瑄的罪行。唐僖宗下诏命高仁厚讨伐杨师立。

夏四月，李克用与许、汴、徐、兖四州各军队在陈州会合，黄巢退逃。

黄巢兵尚强，周岌、时溥、朱全忠等求救于李克用，克用将蕃汉兵五万救之。巢围陈州几三百日，赵犨兄弟与之大小数百战，虽兵食将尽，而众心益固。克用会许、汴、徐、兖之军于陈州，攻尚让于太康，拔之。巢闻之惧，解围去。

**五月，黄巢趣汴州，李克用等追击，大破之。尚让帅众降，巢收余众，奔兖州。**

五月，大雨，平地三尺。巢营为水所漂，且闻李克用至，遂引兵东北趣汴州。屠尉氏，尚让以骁骑五千进逼大梁，全忠复告急于李克用。克用追之，及于中牟北王满渡。乘其半济奋击，大破之，杀万余人，贼遂溃，尚让帅其众降。巢逾汴而北，克用追击之于封丘，又破之。巢收余众近千人，东奔兖州。克用追至冤句，骑能属者才数百人。昼夜行二百余里，以粮尽，还汴州，欲裹粮复追之。获巢幼子及乘舆、器服、符印，得所掠男女万余人，皆纵遣之。

**李克用至汴州，朱全忠袭之，克用走还。**

李克用至汴州，全忠固请入城，馆于上源驿，就置酒，甚恭。克用乘酒使气，语颇侵之，全忠不平。薄暮罢酒，从者皆醉，宣武将杨彦洪密与全忠谋，连车塞路，发兵围驿而攻之。克用醉，不之闻，亲兵薛志勤、史敬思等十余人格斗，侍者郭景铢扶克用匿床下，以水沃其面而告之，克用始张目援弓而起。须臾，烟火四合，会大雨震电，天地晦冥。

黄巢的兵力还很强大，周岌、时溥、朱全忠等人向李克用求救，李克用率领五万名蕃汉士兵前去援救。黄巢包围陈州将近三百天，赵犨兄弟与黄巢作战大小数百次，虽然兵员、粮食将尽，大家的决心却更加坚定。李克用与许、汴、徐、兖四州军队在陈州会合，进攻驻兵太康的尚让，攻克太康城。黄巢闻讯感到恐惧，解围撤离。

**五月，黄巢前往汴州，李克用等人随后追击，大破黄巢军。尚让率领部众投降，黄巢聚集余众逃往兖州。**

五月，天降大雨，平地水深三尺。黄巢的营帐被大水冲走，又听说李克用已到，便领兵向东北方向的汴州逃去。黄巢屠掠尉氏，尚让率五千名骁勇骑兵进逼大梁，朱全忠又向李克用告急。李克用追赶黄巢，在中牟北面的王满渡终于追上。李克用乘黄巢军在黄河上渡过一半时奋力进击，大败黄巢军，杀死一万余人，黄巢军随即崩溃，尚让率领部众投降。黄巢越过汴州北逃，李克用追击到封丘，再次大败黄巢军。黄巢聚集余众近一千人，东逃兖州。李克用追赶到冤句，能跟得上的骑兵只有数百人。他们日夜兼行二百余里，因干粮吃光，便返回汴州，想带上吃的再去追赶。李克用此次俘获到黄巢的小儿子以及黄巢的车驾、器具、衣服、符印，得到黄巢军掳掠的一万名男女，一律释放，打发回家。

**李克用来到汴州，朱全忠袭击李克用，李克用逃回。**

李克用来到汴州，朱全忠坚持请他进城，安顿在上源驿住下，就地设置酒席，执礼甚为恭敬。李克用借着酒兴恣逞意气，言语间对朱全忠颇有冒犯，朱全忠愤慨难平。黄昏时酒席结束，李克用的随从全都喝醉了酒，宣武将领杨彦洪与朱全忠密谋，用车辆堵住通路，发兵围攻上源驿。李克用醉得不知外面发生了什么事情，亲兵薛志勤、史敬思等十余人在进行搏斗，侍从郭景铢扶着李克用藏匿到床底下，他用水泼在李克用的脸上，告知发生事变，李克用这才睁开眼，拿起弓，站起来。一会儿，浓烟烈火四面扑来，恰好这时闪电雷鸣骤起，下起大雨，天地昏暗。

志勤扶克用帅左右数人逾垣突围,乘电光而行。汴人扼桥,力战得渡。敬思为后拒,战死。克用缒城得出,全忠误射彦洪杀之。

克用妻刘氏,多智略。左右先归者以变告,刘氏神色不动,立斩之,阴召大将约束,谋保军以还。比明,克用至,欲勒兵攻全忠。刘氏曰:"此当诉之朝廷。若擅举兵相攻,则天下孰能辨其曲直?且彼得以辞矣。"克用从之,引兵去,但移书责全忠。全忠复书曰:"前夕之变,仆不之知,朝廷自遣使者与杨彦洪为谋。彦洪既伏其辜,惟公谅察。"克用乃还晋阳。

克用养子嗣源,年十七,从克用自上源出矢石之间,独无所伤。嗣源本胡人,名邈佶烈,无姓。克用择军中骁勇者,皆养为子,张存信、孙存进、王存贤、安存孝皆以养子冒姓李氏。

**高仁厚败东川兵于鹿头关,进围梓州。**

高仁厚至德阳,杨师立遣其将郑君雄据鹿头以拒之,坚壁不出。高仁厚曰:"攻之则彼利我伤,围之则彼困我逸。"遂列寨围之。夜二鼓,君雄等出劲兵掩击城北寨,副使杨茂言不能御,帅众走,诸寨闻之皆走。仁厚闻之,大开寨门,设炬火照之,自帅士卒为两翼,伏道左右。贼至,见门开,不敢入,还去。发伏击之,东川兵大奔。追至城下,斩获甚众。

仁厚念诸寨皆走,当死者众,乃召孔目官张韶谕之曰:"尔速遣数十人分道追走者,自以尔意谕之曰:'仆射幸不知,

薛志勤搀着李克用率领几个亲兵翻过院墙,冲出包围,借闪电辨路而行。宣武士兵把守着桥梁,薛志勤等人奋力战斗,得以过桥。史敬思殿后,在抵御抗击定武军过程中战死。李克用缒下城墙,得以离开汴州,而朱全忠错把杨彦洪射死。

李克用的妻子刘氏足智多谋。先逃回来的亲兵报告发生事变,刘氏不动声色,立刻杀死来人,暗中召集大将,加以约束,计划保住军队,安全撤退。到天亮时,李克用到来,想率领军队进攻朱全忠。刘氏说:"这事应向朝廷申诉。如果擅自发兵进攻,天下谁能分辨其中的是非?而且对方就有说的了。"李克用依言而行,领兵离去,只送信去责备朱全忠。朱全忠回信说:"前天晚上的变故,我不知道,这是朝廷派使者与杨彦洪自行策划的。现在杨彦洪已经服罪而死,请你体察其事,多加原谅。"于是李克用返回晋阳。

李克用的养子李嗣源只有十七岁,跟随李克用在上源驿出入流箭飞石之间,偏偏没受一点伤。李嗣源本是胡人,名叫邈佶烈,不知其姓。李克用选出军中的骁勇将士一律收为养子,张存信、孙存进、王存贤、安存孝都因为当了李克用的养子而改姓李。

**高仁厚在鹿头关打败东川军,进军围攻梓州。**

高仁厚来到德阳,杨师立派部下将领郑君雄据守鹿头关进行抵御,加固壁垒,不肯出战。高仁厚说:"如果攻城,敌人有利,我军受害;如果围城,敌人困乏,我军闲适。"便将营寨排开,包围鹿头关。夜间二更时分,郑君雄等人出动精锐军队袭击城北的营寨,副使杨茂言抵挡不住,率众逃跑,各寨闻讯一齐逃跑。高仁厚得知消息后,大开寨门,点着火把照路,亲自率领士兵分成左右两部分埋伏在道路两旁。东川军来到营寨前,见寨门大开,不敢进寨,立即撤离。高仁厚出动伏兵进击,东川军纷纷逃窜。高仁厚追到城下,杀伤俘获很多。

高仁厚考虑到各寨士卒全都逃跑了,应该处死的人太多,便招来孔目官张韬告谕逃跑的各军说:"你们火速派十人分道追赶逃兵,以你们自己的意思告诉他们说:'幸好高仆射还不知道,

汝曹速归,来旦牙参如常,勿忧也。'"韶素名长者,众信之,皆还,惟茂言走至张把,乃追及之。诘旦,诸将牙集,仁厚谓茂言曰:"昨夜闻副使走至张把,有诸?"对曰:"昨夜闻贼攻中军,仆射已去,遂策马参随。既审其虚,复还寨中矣。"仁厚曰:"仁厚与副使俱受命讨贼,若仁厚先走,副使当叱下马,行军法,代总军事,然后奏闻。今副使既先走,又为欺罔,理当如何?"茂言拱手曰:"当死。"仁厚曰:"然。"命扶下,斩之,诸将股栗。

仁厚陈于关下,郑君雄等悉众出战。仁厚设伏于陈后,阳败走,君雄等追之,伏发,大败遁归。仁厚遂进围梓州。

你们赶紧回来，明天照常牙帐参见，不用担心。'"张韶一向被称为忠厚长者，大家信了他的话，都赶了回来，只有杨茂言逃到张把，才被追上。第二天清早，诸将领在牙帐聚齐，高仁厚对杨茂言说："听说昨夜你逃到张把，有这事吗？"杨茂言回答说："昨天夜里听说东川军进攻中军，你已离寨，于是骑马跟随。后来发现情报不实，所以又返回营寨。"高仁厚说："我与你一起接受命令来讨伐叛贼，如果我率先逃跑，你应呵斥我下马，执行军法，由你代为统辖军中事务，然后上奏朝廷。现在，既然你率先逃跑，又说谎欺骗，理应如何处治？"杨茂言拱手说："理应处死。"高仁厚说："回答对了。"命扶下去斩首，诸将领都吓得两腿发抖。

高仁厚在鹿头关下列阵，郑君雄等人率全军出战。高仁厚在阵后设下伏兵，佯装败逃，郑君雄等人随后追赶，伏兵发动，郑君雄等人大败，逃回梓州。高仁厚于是进军包围梓州。

# 资治通鉴纲目卷五十二

起甲辰（884）六月唐僖宗中和四年，尽丙辰（896）唐昭宗乾宁三年。凡十三年。

甲辰（884）　四年
六月，东川将吏斩杨师立以降。诏以高仁厚为节度使。

高仁厚围梓州，久不下，乃为书射城中，遗其将士曰："仁厚不忍城中玉石俱焚，为诸君缓师十日，使诸君自成其功。如其不然，四面俱进，克之必矣。诸君图之！"数日，郑君雄大呼于众曰："天子所诛者元恶耳，他人无预也。"众大噪，突入府，师立自杀，君雄挈其首出降。诏以仁厚为东川节度使。

**尚让败黄巢于瑕丘，贼党斩巢以降。**
尚让追黄巢至瑕丘，败之。巢众殆尽，巢甥林言斩巢兄弟妻子首，将诣时溥，沙陀夺之，并斩言以献。

**天平节度使朱瑄击秦宗权，败之。**
秦宗权纵兵四出，侵噬邻道。天平节度使朱瑄有众三万，从父弟瑾勇冠军中。朱全忠为宗权所攻，势甚窘，求救于瑄。瑄遣瑾将兵救之，败宗权于合乡。

**秋七月，时溥献黄巢首。**

甲辰（884）　唐僖宗中和四年

**六月，东川将吏斩杀杨师立后投降。唐僖宗下诏任命高仁厚为东川节度使。**

高仁厚围攻梓州，很久没有攻下，于是写了封信用箭射入城内，送给守城将士说："我不忍心让城中的好人与坏人一同毁灭，为你们暂缓攻城十天，好让你们自己完成那一功业。如果不按我说的去办，我将从四面一同进攻，一定能攻克这座城。你们考虑吧！"几天以后，郑君雄对众人大声呼喊说："天子所要诛杀的是元凶首恶，与别的人没有牵连。"众人大吵大嚷，冲入军府，杨师立自杀身死，郑君雄提着杨师立的头出来投降。唐僖宗下诏任命高仁厚为东川节度使。

**尚让在瑕丘打败黄巢，黄巢部下杀死黄巢投降。**

尚让追击黄巢追到瑕丘，在那里打败了他。黄巢的人马差不多损失光了，黄巢的外甥林言斩下黄巢及其兄弟、妻子的首级，正要送到时溥那里，被沙陀军夺走首级，并且斩下他的头一同献给了时溥。

**天平节度使朱瑄攻击秦宗权，打败了他。**

秦宗权放纵士兵四出骚扰，侵噬邻近各道。天平节度使朱瑄有军队三万，他的堂弟朱瑾勇猛，在军中数第一。朱全忠被秦宗权攻击，处境极为困窘，向朱瑄求援。朱瑄派遣朱瑾带军队前往救助，在合乡打败秦宗权。

**秋七月，时溥向朝廷进献黄巢首级。**

时溥遣使献黄巢首并其姬妾，上御楼受之，宣问姬妾："汝曹皆勋贵子女，何为从贼？"其居首者对曰："狂贼凶逆，国家以百万之众失守宗祧，播迁巴、蜀，今陛下乃以不能拒贼责一女子，置公卿、将帅于何地乎？"上皆戮之。

**李克用表乞讨朱全忠，诏谕解之。**

李克用还晋阳，大治甲兵，奉表自陈："为朱全忠所图，将佐三百余人并牌印皆没不返。乞遣使按问，发兵诛讨。"朝廷方务姑息，得表大恐，但优诏和解之。克用前后八表，称："全忠阴狡祸贼，异日必为国患，惟乞下诏削其官爵，臣自帅本道兵讨之。"上累遣杨复恭等谕指，称："吾深知卿冤，方事之殷，姑存大体。"克用终郁郁不平。时藩镇相攻者，朝廷不复为之辩曲直，由是互相吞噬，惟力是视，皆无所禀畏矣。

**八月，以李克脩为昭义节度使。**

李克用请以其弟克脩镇泽、潞，从之。由是昭义分为二镇。

**进李克用爵为陇西郡王。　以王徽知京兆尹事。**

上以长安宫室焚毁，故久留蜀未归。以徽为京兆尹，招抚流散，缮治宫室。

**冬十一月，鹿晏弘据许州，诏以为忠武节度使。**

晏弘之去河中也，王建、韩建、张造、晋晖、李师泰各帅其众与之俱。晏弘猜忌，众心不附，田令孜密遣人诱之。二建与张造帅众数千奔行在，令孜养以为假子，拜诸卫将军，

时溥派遣使臣进献黄巢首级与他的众妾,唐僖宗登楼接受进献,问黄巢的众妾说:"你们都是立有功勋和富贵人家的子女,为什么要顺从贼寇?"站在前面的一位回答说:"疯狂的贼寇逞凶作乱,朝廷有百万军队,都难以保住宗庙,流落到巴、蜀一带,今天陛下责备一个女子不能抗拒贼寇,把那些王公大臣、将军统帅又放在什么位置呢?"唐僖宗将她们全部杀了。

**李克用上表请求讨伐朱全忠,唐僖宗下诏予以劝解。**

李克用回到晋阳,大规模整治盔甲兵器,上表自我陈述说:"我被朱全忠算计,三百多将领和辅佐官员以及朝廷所赐牌印都覆没不还。恳请朝廷派遣使臣查问这件事,派军队讨伐朱全忠。"唐王朝正要苟且偷安,接到表文很恐慌,只是颁发诏书奖勉劝导二人和解。李克用先后共上呈八道表文,说:"朱全忠是阴险狡猾的乱臣贼子,日后一定成为国家的祸害,只恳请朝廷下诏书削去朱全忠的官职爵位,臣亲自率领本部军队去讨伐他。"唐僖宗屡次派遣杨复恭等人向李克用传达谕令,说:"我深知你的冤屈,然而现在正是事务繁多的时候,暂且考虑大局吧。"李克用始终闷闷不乐,心中不平。当时对于各藩镇的相互攻打,朝廷已不再为他们做出是非曲直的判断,因此各藩镇相互侵吞,只看实力,全没有什么禀告与畏惧的了。

**八月,任命李克脩为昭义节度使。**

李克用请求派他弟弟李克脩镇守泽、潞,朝廷准许了他。从此,昭义分为两个镇。

**晋升李克用爵位为陇西郡王。 任命王徽掌管京兆尹事务。**

唐僖宗因为长安宫殿被烧毁,所以长期滞留在蜀地没有回京。任命王徽为京兆尹,招集抚慰流散的百姓,修缮治理宫室。

**冬十一月,鹿晏弘占据许州,下诏任命为忠武节度使。**

鹿晏弘离开河中时,王建、韩建、张造、晋晖、李师泰分别率领部众与他一同前去。鹿晏弘生性猜疑,众人不依附他,田令孜秘密派人去引诱他们。王建、韩建与张造率领数千人马逃奔到唐僖宗的成都驻地,田令孜将他们收养为义子,封为各卫将军,

使各将其众,号随驾五都。

又遣诸将讨晏弘,晏弘弃兴元,陷襄州,转掠襄、邓,还据许州,自为留后,朝廷不能讨,因以为忠武节度使。

**田令孜杀内常侍曹知悫。**

初,宦者曹知悫有胆略。黄巢陷长安,知悫集壮士据嵯峨山,数遣人变服夜入长安攻贼营,贼惊疑不自安。朝廷闻而嘉之,就除内常侍。田令孜恶之,矫诏使邠宁节度使王行瑜袭杀之。令孜由是益骄横,禁制天子,不得有所主断。上时语左右而流涕。

**十二月,以陈岩为福建观察使。**

初,黄巢转掠福建,建州人陈岩聚众数千保乡里,号九龙军。观察使郑镒表以自代。岩为治有威惠,闽人安之。

**盗杀中书令王铎。**

铎厚于奉养,徙义昌节度使,过魏州,侍妾成列,服御鲜华。魏博节度使乐彦祯之子从训围而杀之,掠其侍妾。彦祯以遇盗闻,朝廷不能诘。

**以冯行袭为均州刺史。**

贼帅孙喜聚众数千人攻均州,刺史吕烨不知所为,都将冯行袭伏兵江南,自乘小舟迎喜,谓曰:"州人得良牧,无不归心。然公从卒太多,州人惧其剽掠,尚以为疑。不若置军江北,独与腹心轻骑俱进,行袭请为前道,告谕州人,无不服者矣。"喜从之。既渡江,伏兵发,行袭手击喜,斩之。诏以行袭为刺史。

让他们各自带领自己的人马，号称"随驾五都"。

朝廷又派遣各将领讨伐鹿晏弘，鹿晏弘放弃兴元，攻陷襄州，在襄州、邓州一带流动抢掠，又回到许州，自称留后，朝廷难以讨伐，就任命他为忠武节度使。

**田令孜杀了内常侍曹知悫。**

起初，宦官曹知悫有勇气谋略。黄巢攻陷长安后，曹知悫招集强壮勇士占据嵯峨山，多次派人改换服装乘夜间进入长安城攻击贼寇的军营，贼寇惊恐猜疑，心神不定。朝廷得知后予以嘉奖，任命他为内常侍。田令孜仇视曹知悫，假借唐僖宗的旨意命令邠宁节度使王行瑜袭杀曹知悫。田令孜从此更加骄横，控制皇帝，使他不能自主断事。唐僖宗时常同身边人谈起这些事而痛哭流涕。

**十二月，任命陈岩为福建观察使。**

起初，黄巢流窜侵掠福建，建州人陈岩聚集了几千人保卫家乡，号称"九龙军"。福建观察使郑镒上表请求让陈岩代替自己。陈岩治理地方恩威并施，福建人很安定。

**盗贼杀死中书令王铎。**

王铎生活用度丰厚，去当义昌节度使，经过魏州，侍从姬妾站成一排，衣着服饰鲜丽华美。魏博节度使乐彦祯的儿子乐从训围攻并杀死王铎，抢走他的侍从姬妾。乐彦祯以遇到盗贼上奏朝廷，朝廷难以查问。

**任命冯行袭为均州刺史。**

贼寇头目孙喜聚集数千人攻打均州，刺史吕烨不知如何应付，都将冯行袭在汉江南岸设下伏兵，自己乘坐小船去迎接孙喜，对他说："均州人得到像您这样贤良的长官，没有不归顺的。但是您的随从兵卒太多了，均州城百姓害怕遭受抢劫，还有疑虑。您不如将人马驻扎在江北，单独与您的亲信一起轻装过江，我冯行袭请求为您开道，告谕均州百姓，就没有不顺从的人了。"孙喜听从了这一安排。渡过汉江后，设下的伏兵发起进攻，冯行袭亲手与孙喜搏斗，将他杀死。朝廷下诏任命冯行袭为均州刺史。

乙巳（885） 光启元年

春正月，诏招抚秦宗权。

黄巢虽平，宗权复炽，寇掠焚剪，其残暴又甚于巢。军行未始转粮，车载盐尸以从。北至卫、滑，西及关辅，东尽青、齐，南出江、淮，极目千里，无复烟火。上将还长安，畏宗权为患，诏招抚之。

**车驾发成都。** 淮南叛将张瓌据荆南，郭禹据归州。

雷满屡攻掠荆南，淮南将张瓌、韩师德叛高骈，据复、岳二州，荆南节度使陈儒请瓌摄行军司马，使将兵击雷满。瓌还兵逐儒而代之。瓌性贪暴，荆南旧将夷灭殆尽。

恶牙将郭禹慓悍，欲杀之，禹亡去，袭归州据之。禹，成汭也，因杀人亡命，更其姓名。

**王绪陷汀、漳二州。**

秦宗权责租赋于光州，刺史王绪不能给，宗权怒，发兵击之。绪惧，悉举光、寿二州兵五千人渡江，转掠江、洪、虔州。是月，陷汀、漳，然皆不能守也。

**三月，车驾至京师。**

京师荆棘满城，狐兔纵横，上凄然不乐。时朝廷号令所及，惟河西、山南、剑南、岭南数十州而已。

**秦宗权僭号，诏以时溥为行营都统，讨之。** **夏四月，田令孜自兼两池榷盐使。**

初，田令孜在蜀募新军五十四都，每都千人，又南牙、北司官共万余员，而上供不至，赏赉不时，士卒有怨言，令孜患之。先是，安邑、解县两池皆隶盐铁。中和以来，河中

## 乙巳（885） 唐僖宗光启元年

**春正月,朝廷下诏招抚秦宗权。**

黄巢虽已被歼灭,秦宗权却又兴起作乱,抢掠烧杀,他的残暴程度比黄巢更厉害。军队出征没来得及调运粮食,竟然用车装载盐腌的尸体随行。北面到卫州、滑州,西面至关辅一带,东面包括青州、齐州全部,南面跨越江、淮,千里远望,再也看不到烟火。唐僖宗将要返回长安,惧怕秦宗权作乱,下诏招抚秦宗权。

**唐僖宗的车驾从成都出发。 淮南叛将张瑰占据荆南,郭禹占据归州。**

雷满多次攻打掠夺荆南,淮南将领张瑰、韩师德背叛高骈,分别占据复州、岳州,荆南节度使陈儒请张瑰代理行军司马,让他率领人马去攻打雷满。张瑰率军返回驱逐陈儒并取代了他。张瑰性情贪婪残暴,荆南的旧有将领几乎全被他杀光。

张瑰忌恨勇猛强悍的牙将郭禹,想要杀死他,郭禹逃走,袭击归州并加以占领。郭禹,就是成汭,他因杀人逃亡,更改了姓名。

**王绪攻陷汀、漳二州。**

秦宗权向光州索要赋税,刺史王绪不能供给,秦宗权发怒,出兵攻打他。王绪恐惧,调动光州、寿州的全部军马五千人过江,流窜抢掠江州、洪州、虔州。这一月,攻陷汀州、漳州,但都不能固守。

**三月,唐僖宗到达京师长安。**

长安城内到处野草丛生,狐狸、野兔四下乱窜,唐僖宗悲伤中闷闷不乐。当时,朝廷号令所能达到的地方,不过河西、山南、剑南、岭南几十个州罢了。

**秦宗权自称皇帝,朝廷下诏书任命时溥为行营都统,去讨伐秦宗权。 夏四月,田令孜自己兼任两池榷盐使。**

起初,田令孜在蜀地招募新军设立五十四都,每都有一千人,还有南牙、北司的官员共有万余人,但是朝廷的供养没有,赏赐也不及时,军中士卒产生怨言,田令孜对此内心忧虑。在这以前,安邑、解县的两个盐池都隶属于盐铁使。中和年间以来,河中

节度使王重荣专之，岁献三千车以供国用，令孜奏复旧制，自兼两池使，收其利以赡军。重荣论述不已，而令孜养子匡祐使河中骄傲，重荣数责之。匡祐脱归，劝令孜图重荣。乃徙重荣为泰宁节度使，以王处存代之。仍诏李克用以河东兵援处存赴镇。

重荣自以有复京城功，为令孜所摈，不肯之兖州，累表数令孜十罪。令孜结邠宁节度使朱玫、凤翔节度使李昌符以抗之。昌符，昌言之弟也。

### 李可举、王镕寇易定，王处存击破之。

卢龙节度使李可举、成德节度使王镕恶李克用之强，而义武节度使王处存与克用亲善。又河北，唯义武尚属朝廷，可举等虑其害己，约共灭而分之。可举遣其将李全忠攻易州，镕亦遣将攻无极。

卢龙裨将刘仁恭穴地入城，陷易州。李克用自将救无极，大败成德兵，拔新城。处存夜遣兵蒙羊皮袭卢龙军，复取易州。

### 六月，卢龙将李全忠杀李可举而代之。

全忠既丧师，恐获罪，还袭幽州。李可举自焚死，全忠自为留后。

### 秦宗权遣将孙儒陷东都。

留守李罕之与儒相拒数月，兵少食尽，弃城西保渑池。儒据东都月余，焚掠而去，城中寂无鸡犬。

### 秋七月，杀右补阙常濬。

濬上疏曰："陛下姑息藩镇太甚，是非功过，骈首并足，致

节度使王重荣独占盐池收入,每年向朝廷贡献三千车盐用来供国家使用,田令孜上奏请求恢复过去的制度,自己兼任两个盐池的榷盐使,用收取的利润来供养军队。王重荣不断论辩申述,田令孜的养子匡祐出使河中骄慢无礼,王重荣几次责备他。匡祐逃脱归来,劝田令孜收拾王重荣。于是调任王重荣去做泰宁节度使,任命王处存代替王重荣。还下诏令李克用率河东兵马援助王处存到镇所上任。

王重荣自认为有收复京城长安的功劳,却遭受田令孜的排斥,不肯去兖州上任,多次上表罗列田令孜十大罪状。田令孜结交邠宁节度使朱玫、凤翔节度使李昌符,用来与王重荣抗衡。李昌符,是李昌言的弟弟。

**李可举、王镕进犯易定,王处存打败了他们。**

卢龙节度使李可举、成德节度使王镕忌恨李克用的强盛,但义武节度使王处存却与李克用友好亲善。此外,河北各镇,只有义武节度使还归属于朝廷,李可举等人担心义武节度使加害自己,就相约共同消灭王处存再瓜分他的地盘。李可举派遣他的部下将领李全忠攻打易州,王镕也派遣将领攻打无极。

卢龙节度使的副将刘仁恭挖地道进入城内,攻陷了易州。李克用亲自率军去援救无极,大败成德的军队,攻占了新城。王处存夜间派士兵蒙上羊皮去袭击卢龙的军队,又夺回易州。

**六月,卢龙军队的将领李全忠杀李可举并代他掌管军队。**

李全忠丧失人马后,担心被治罪,便回军袭击幽州。李可举自焚而死,李全忠便自称为留后。

**秦宗权派将领孙儒攻陷东都。**

东都留守李罕之与孙儒相互攻打持续了几个月,人马缺少粮食也用完,放弃了东都向西退守渑池。孙儒占据东都一个多月,焚烧抢掠后离去,东都城内寂静得连鸡鸣狗吠之声都听不到。

**秋七月,朝廷杀右补阙常濬。**

常濬向唐僖宗上疏说:"陛下对于藩镇宽容放纵太过分,他们之间不论是非曲直、功劳过失,全都齐头并足一样对待,导致

天下纷纷若此,犹未之寤,宜稍振典刑以威四方。"田令孜曰:"此疏传于藩镇,岂不致其猜忿?"贬澹万州司户,寻赐死。

**八月,以赵犨为蔡州节度使。**

秦宗权攻邻道二十余州,陷之。唯陈距蔡百余里,兵力甚弱,刺史赵犨日与宗权战,宗权不能屈。诏以犨为蔡州节度使。犨德朱全忠之援,凡所调发,无不立至。

**王绪前锋将擒绪,奉王潮为将军。**

王绪至漳州,以道险粮少,令军中无得以老弱自随,犯者斩。唯王潮兄弟扶其母以从,绪责之曰:"军皆有法,未有无法之军。汝违吾令而不诛,是无法也。"潮等曰:"人皆有母,未有无母之人,将军奈何使人弃其母乎?"绪怒,命斩其母。潮等曰:"潮等事母如事将军,既杀其母,安用其子!请先母死。"将士皆为之请,乃舍之。

有望气者谓绪曰:"军中有王者气。"于是绪见将卒有勇略及气质魁岸者皆杀之,众皆自危。行至南安,潮说其前锋将伏壮士篁竹中擒绪,反缚以徇,遂奉潮为将军。

引兵将还光州,约其属,所过秋豪无犯。行及沙县,泉州人张延鲁等以刺史廖彦若贪暴,帅耆老奉牛酒请潮为州将,潮乃引兵围泉州。

**冬十月,田令孜遣朱玫、李昌符攻河中,李克用救之。**

天下纷纷攘攘如此混乱，可是陛下对此还未醒悟，应当稍整顿一下法纪刑罚以便使四方敬畏朝廷的威严。"田令孜说："这个奏疏流传到各藩镇，岂不是让他们产生猜疑怨恨吗？"朝廷贬常溥为万州司户，不久赐死。

**八月，任命赵犨为蔡州节度使。**

秦宗权攻打邻近各道二十多个州，攻陷了它们。只有陈州距离蔡州一百多里，兵力很弱小，刺史赵犨每天都与秦宗权争战，秦宗权不能使赵犨屈服。唐僖宗下诏任命赵犨为蔡州节度使。赵犨感激朱全忠的救援，凡是朱全忠有所调动，没有不立即赶到的。

**王绪的前锋将领擒获王绪，军中拥奉王潮为将军。**

王绪到达漳州，因道路艰险粮食缺少，下令军中不得带老弱家属跟随，违反命令的人将被斩首。只有王潮兄弟搀扶母亲随军队前行，王绪斥责他们说："军队都有法令，没有无军法的军队。你们违反我的命令却不受惩罚，就没有军法了。"王潮等人说："人人都有母亲，没有无母的人，将军怎能让人抛弃自己的母亲呢？"王绪大怒，下令斩杀王潮的母亲。王潮等人说："我们兄弟事奉母亲就如同事奉将军一样，既然要杀我们的母亲，还用她的儿子干什么！请先将我们杀死吧。"军中将士都为王潮兄弟讲情，王绪才未加处罚。

有位能够观察气运的方士对王绪说："军营中有王者之气。"在此情况下，王绪就将有胆略智谋或气质不凡身材魁梧的将士都杀掉了，军中人人自危。军队行进到南安，王潮说动王绪的前锋将领在竹林中埋伏壮士将王绪擒获，将他反绑起来示众，于是军队拥奉王潮为将军。

王潮带领人马准备回光州，约束他的部下，所经过的地方不能有丝毫的侵犯。队伍行进至沙县，泉州人张延鲁等人因刺史廖彦若贪婪残暴，带领年高望重的老人敬献牛肉美酒请求王潮担任泉州的官长，王潮于是领兵围攻泉州。

**冬十月，田令孜派朱玫、李昌符攻打河中，李克用去援救。**

**十二月，进逼京城，上奔凤翔。**

十月，王重荣求救于李克用，克用方怨朝廷不罪朱全忠，选兵市马，聚结诸胡，议攻汴州，报曰："待吾先灭全忠，还扫鼠辈如秋叶耳。"重荣曰："待公自关东还，吾为虏矣。不若先除君侧之恶，退擒全忠易矣。"时朱玫、李昌符亦阴附于全忠，克用乃上言："玫、昌符与全忠相表里，欲共灭臣，臣不得不自救。已集蕃、汉兵十五万，决以来年济河，北讨二镇，不近京城，保无惊扰，还灭全忠以雪仇耻。"上遣使者谕释，冠盖相望。

朱玫欲朝廷讨克用，数遣人潜入京城，烧积聚，杀近侍，声云克用所为，于是京师震恐。令孜遣玫、昌符将本军及神策等军合三万人屯沙苑，以讨王重荣，重荣发兵拒之，告急于克用，克用引兵赴之。十一月，与重荣俱壁沙苑，表请诛令孜及玫、昌符。诏和解之，克用不听。十二月，合战，玫、昌符大败。克用进逼京城，令孜奉天子幸凤翔，长安宫室复为乱兵焚掠，无孑遗矣。

**丙午**（886）　**二年**

**春正月，田令孜劫上如宝鸡。**

李克用还军河中，与王重荣同表请上还宫，因罪状田令孜，请诛之。

令孜引兵入宫，劫上幸宝鸡，从者才数百人，宰相、朝臣皆不知。翰林承旨杜让能独追及之，明日，乃有太子少保

**十二月,李克用进军逼近京城,唐僖宗逃奔凤翔。**

十月,王重荣向李克用求救,李克用正怨恨朝廷没有惩治朱全忠,挑选兵卒购买马匹,聚集联合各胡人部落,商议攻打汴州,他答复王重荣说:"等我先除掉朱全忠,回来再像风扫秋叶一样清除这些鼠辈。"王重荣说:"等到您从关东回来,我已成俘虏。不如先除掉皇帝身边的恶人,再回兵擒拿朱全忠就容易了。"这时,朱玫、李昌符也暗中归附朱全忠,李克用就上奏疏说:"朱玫、李昌符与朱全忠内外勾结,准备一起除掉我,臣不得不自行救护。已聚集蕃人和汉人的兵马十五万,决意在明年渡过黄河,向北讨伐朱玫、李昌符二镇,不逼近京城,保证长安不受惊扰,回来再消灭朱全忠以报仇雪耻。"唐僖宗派遣使臣对李克用进行劝导解释,使者冠盖相望,往来不断。

朱玫想让朝廷讨伐李克用,多次派人偷偷进入长安城,火烧积聚的财物,杀死皇帝的近侍,放出风声说是李克用所为,在此情势下长安城内震惊恐慌。田令孜派朱玫、李昌符带领自己本部军马和神策军等人马共计三万人驻扎在沙苑,用来讨伐王重荣,王重荣派出军队抵御,并向李克用告急,李克用带领人马赶到这里。十一月,李克用与王重荣的军队一同在沙苑构筑营垒,给朝廷呈进表文请求诛杀田令孜与朱玫、李昌符。唐僖宗下诏劝说双方和解,李克用没有听从。十二月,双方会战,朱玫、李昌符大败。李克用进军逼近京城长安,田令孜事奉唐僖宗奔赴凤翔,长安城内宫殿房舍再次被乱兵焚烧掠夺,已没有什么遗存的了。

### 丙午(886)　唐僖宗光启二年
**春正月,田令孜劫持唐僖宗前往宝鸡。**

李克用撤军回到河中,与王重荣一同进呈表章请唐僖宗返回长安,并列出田令孜的罪状,请求诛杀田令孜。

田令孜带领军队闯入唐僖宗的行宫,劫持唐僖宗前往宝鸡,跟从唐僖宗的只有几百人,宰相与朝中的大臣全不知道。翰林学士承旨杜让能自己单独追赶上唐僖宗,第二天,又有太子少保

孔纬等数人继至。太庙神主皆失之。上以纬为御史大夫，使还召百官。

时田令孜弄权，再致播迁，天下共忿疾之。朱玫、李昌符亦耻为之用，且惮蒲、晋之强，更与之合。

萧遘召玫亟迎车驾，玫引步骑五千至凤翔。孔纬诣宰相宣诏，萧遘、裴澈以令孜在上侧，辞疾不见。纬令台吏趣百官赴行在，皆辞以无袍笏。纬召三院御史，泣谓曰："布衣亲旧有急，犹当赴之，岂有天子蒙尘而臣子累召不往耶！"御史请办装数日而行，纬拂衣起曰："吾妻病垂死且不顾，诸君善自为谋，请从此辞。"遂复走行在。

**朱玫、李昌符追逼车驾，上复走入大散关。**

邠、岐兵追逼乘舆，钲鼓之声闻于行宫。田令孜奉上发宝鸡，神策军使王建以长剑五百前驱奋击，乘舆乃得前。上以传国宝授建，使负之以从，登大散岭。李昌符焚阁道丈余，将摧折矣，王建掖上自烟焰中跃过，夜宿板下。玫攻散关不克。嗣襄王煴，肃宗之玄孙也，为玫所得，与之俱还凤翔。克用还太原，重荣复与玫、昌符表请诛田令孜。

**二月，至兴元。**

朱玫、李昌符使山南西道节度使石君涉栅险要，烧邮驿，上由他道以进。山谷崎岖，邠军迫其后，危殆者数四，

孔纬等几个大臣陆续赶到。太庙的神主牌位全部遗失了。唐僖宗任命孔纬为御史大夫，派他去凤翔召回朝中百官。

当时田令孜玩弄权柄，以致让皇帝再次流亡迁徙，天下的人对于田令孜都愤怒痛恨。朱玫、李昌符也感到被田令孜所利用的羞耻，并且惧怕王重荣、李克用兵势的强盛，便改变立场与李克用、王重荣联合起来。

萧遘召令朱玫赶快迎接唐僖宗，朱玫带领步、骑兵五千人到达凤翔。孔纬到宰相那里宣读诏书，萧遘、裴澈因为田令孜在皇帝身边，以有病为托词不去见孔纬。孔纬令台吏催促朝中百官去唐僖宗的驻地宝鸡，这些官员都以没有官服、朝笏为由拒绝前往。孔纬召集台院、殿院、察院这三院的御史大夫，哭着对他们说："老百姓的亲戚朋友有了急难，还会去帮忙，哪里有天子遭受苦难而做臣属的被再三召请而不动身前往的呢！"御史大夫们请求置办行装，过几天再启程，孔纬将衣袖一甩，起身说："我的妻子患病就要死了我尚且不顾及，你们好好地替自己筹划一下吧，我请求与你们就此分手。"于是孔纬又回到宝鸡唐僖宗的驻地。

**朱玫、李昌符追赶逼近唐僖宗一行，唐僖宗又进入大散关。**

邠、岐军追赶逼近唐僖宗的车舆，军中鼓乐的声音传到行宫。田令孜事奉皇帝离开宝鸡，神策军使王建率领五百人手持长剑在前面奋力冲杀开路，唐僖宗的车驾才能前行。唐僖宗将传国之宝交给王建，让他背着跟随前行，攀登大散岭。李昌符将登山的栈道烧毁一丈多长，就要折断了，王建搀扶着唐僖宗从烟火中跳过去，夜里就睡在板下。朱玫攻打大散关，没有攻克。襄王的儿子李煴，是唐肃宗的第五代孙子，被朱玫俘获，和他一同回到凤翔。李克用归还太原，王重荣又与朱玫、李昌符上表请求诛杀田令孜。

**二月，唐僖宗到达兴元。**

朱玫、李昌符指使山南西道节度使石君涉在险要的地方安设栅栏，烧毁邮传驿站，唐僖宗一行经由其他道路前行。山谷道路崎岖不平，朱玫的邠军在后面紧逼，危险的情况出现多次，

仅得达山南。君涉弃镇走凤翔。

百官萧遘等罪状田令孜及其党韦昭度,请诛之。

诏加王重荣应接粮料使,调其谷十五万斛以继国用。重荣表称令孜未诛,不奉诏。

诏遣王建帅部兵戍三泉,遥领壁州刺史。将帅遥领州镇自此始。

三月,以孔纬、杜让能同平章事。 陈敬瑄杀东川节度使高仁厚。 夏四月,朱玫奉襄王煴权监军国事,还京师,以郑昌图同平章事。

朱玫以田令孜在天子左右,终不可去,言于萧遘曰:"主上播迁六年,将士冒矢石,百姓供馈饷,战死饿死,什减七八,仅能复京城。主上更以勤王之功为赦使之荣,委以大权,使堕纲纪,骚扰藩镇,召乱生祸。玫昨奉尊命来迎大驾,不蒙信察,反类胁君。吾辈报国之心极矣,战贼之力殚矣,安能垂头弭耳受制于阉寺之手哉?李氏子孙尚多,相公盍改图以利社稷乎?"遘曰:"主上无大过恶,正以令孜专权肘腋,致坐不安席。近日初无行意,令孜陈兵帐前,迫胁以行。足下尽心王室,正有引兵还镇,拜表迎銮。废立重事,遘不敢闻命。"玫出,宣言曰:"我立李氏一王,敢异议者斩!"

遂逼凤翔百官奉襄王煴权监军国事,承制封拜,帅百官奉煴还京师。使遘为册文,遘不从,乃使兵部侍郎郑昌图

勉强到达山南。石君涉放弃镇所逃奔凤翔。

留在凤翔的百官萧遘等人罗列田令孜及其党羽韦昭度的罪恶，请求朝廷诛杀他们。

唐僖宗下诏书加封王重荣为应接粮料使，调拨他本道的粮谷十五万斛用来接济国家使用。王重荣上表声称田令孜没有被诛杀，不能接受诏命。

唐僖宗下诏派王建率领本部人马到三泉防守，隔地兼任壁州刺史。军中将帅隔地统领州镇从这时开始。

**三月，朝廷任命孔纬、杜让能为同平章事。** **陈敬瑄斩杀东川节度使高仁厚。** **夏四月，朱玫尊奉襄王李煴暂行监管军国大事，回到京城长安，任命郑昌图为同平章事。**

朱玫因为田令孜在唐僖宗身边，始终不能除掉，就对萧遘说："皇上流离迁徙六年，将领士卒出生入死于刀箭之中，老百姓供给军粮，战争中阵亡和饿死的人，十成中已经减少了七八成，才勉强收复了京城长安。皇上却把拯救皇室的功劳归于田令孜，将大权委任给他，致使朝廷法纪遭到破坏，各藩镇受到骚扰，招致动乱生出祸害。我昨天遵从您的命令来迎接皇帝，不仅没有被信任理解，反而像是胁迫皇帝。我们这些人报效国家的忠心最为赤诚，讨伐贼寇已经尽了全力，怎能俯首帖耳去接受宦官的指使和制约？大唐李氏的子孙还有许多，您为什么不另作打算而使国家朝廷得到益处呢？"萧遘说："当今皇上没有大的过错，正是因为田令孜在皇上身边独揽大权，才导致皇上到处奔走不能在一处安生。这几天的事，皇上本没有迁移的打算，田令孜将军队陈列于皇上帐前，强行胁迫皇上出行。您对皇室尽心尽力，正应当带领人马返回镇所，进献表章迎候皇上回京城。废黜与拥立如此重大的事情，我萧遘不敢遵命。"朱玫出去后，公开宣告说："我拥立大唐皇室李氏的一个王，有敢反对的一律杀头！"

朱玫于是逼迫留在凤翔的百官尊奉襄王李煴暂行监管军国大事，受命封任官员，朱玫率领百官事奉李煴归还京城长安。让萧遘起草拥立襄王的册文，萧遘没有听从，就让兵部侍郎郑昌图

为之。以昌图同平章事。

**田令孜自为西川监军。**

令孜自知不为天下所容，乃荐杨复恭为中尉，自除西川监军，往依陈敬瑄。复恭斥令孜之党，出王建为利州刺史。

**五月，朱玫以萧遘为太子太保。**

遘遂辞归永乐。

**朱玫自加侍中，以裴澈判度支，高骈兼中书令，吕用之为岭南东道节度使。**

朱玫承制，大行封拜以悦藩镇，受其命者什六七，高骈仍奉笺劝进。

吕用之建牙开幕，一与骈同，凡骈之腹心及将校能任事者，皆逼以从己，不复咨禀。骈颇疑之，欲夺其权而无如之何。用之亦惧，访于其党郑杞，郑杞曰："宁我负人，无人负我。"

**六月，诏扈跸都将杨守亮与王重荣、李克用共讨朱玫。**

初，李昌符与朱玫谋立襄王，既而玫自为宰相，昌符怒，更通表兴元。

玫遣王行瑜将兵五万追乘舆，屯凤州。

是时，诸道贡赋多之长安，兴元从官卫士皆乏食，上涕泣，不知为计。杜让能曰："杨复光与王重荣同破黄巢，相亲善，若遣重臣往谕以大义，且致复恭之意，宜有回虑。"上从之，重荣即听命，表献绢十万匹，且请讨朱玫以自赎。

襄王煴遣使者至晋阳赐李克用诏，言"上已晏驾，吾为藩镇所推，今已受册"，克用大怒。其大将盖寓因说曰："銮舆播迁，天下皆归咎于我，今不诛朱玫，黜李煴，无以自湔洗。"

撰写册文。任命郑昌图为同平章事。

田令孜自命为西川监军。

田令孜自己知道天下人不会饶恕他，就推荐杨复恭为左神策中尉，任命自己为西川监军，前去依附陈敬瑄。杨复恭排斥田令孜的党羽，调出王建为利州刺史。

五月，朱玫委任萧遘为太子太保。

萧遘于是辞官回到永乐县。

朱玫自任为侍中，委任裴澈为判度支，高骈兼任中书令，吕用之为岭南东道节度使。

朱玫秉承旨意，大行封爵拜官用来取悦各藩镇，各藩镇接受朱玫命令的占十分之六七，高骈于是进献表笺劝襄王李煴称帝。

吕用之设置官府衙署，全与高骈相同，凡是高骈的亲信以及将校中能够委以事务的人，吕用之全都逼迫他们顺从自己，不再向高骈请示禀告。高骈对吕用之大为怀疑，准备削夺他的权力却又无可奈何。吕用之也很恐惧，向他的党羽郑杞征询意见，郑杞说："宁可我负别人，不能让别人负我。"

六月，朝廷下诏命扈跸都将杨守亮和王重荣、李克用一同讨伐朱玫。

起初，李昌符与朱玫策划拥立襄王，后来朱玫自己做了宰相，李昌符恼怒，又向驻扎兴元的唐僖宗进呈表章。

朱玫派王行瑜带领军队五万人追赶唐僖宗，驻扎于凤州。

当时，各道的贡赋大多送往长安，在兴元跟随唐僖宗的官员卫士都没有粮食，唐僖宗失声哭泣，不知所措。杜让能说："杨复光和王重荣一同打败黄巢，互相亲善友好，若派重臣去申明大义，并转达杨复恭的意愿，应当会回心转意。"唐僖宗依言而行，王重荣随即服从命令，上表献绢十万匹，并请求讨伐朱玫来赎罪。

襄王李煴派遣使者到晋阳赐诏书给李克用，说"皇帝已经死去，我被各藩镇所拥立，现在已接受册封"，李克用大怒。他的大将盖寓趁机规劝说："皇帝流离迁徙，天下人都将罪过算在我们身上，现在不去诛杀朱玫，废黜李煴，就无法洗清我们自己。"

克用从之，燔诏书，囚使者，遣使上表移檄进讨。

诏复恭假子扈跸都将杨守亮将兵二万出金州，与重荣、克用共讨朱玫。

先是，山南之人皆言克用与朱玫合，人情恟惧。表至，上出示从官并谕山南诸镇，由是帖然。然克用表犹以朱全忠为言，上使杨复恭以书谕之云："俟三辅事宁，别有进止。"

秋七月，秦宗权陷许州，杀鹿晏弘。　朱玫遣王行瑜寇兴州，诏神策都将李茂贞拒之。

茂贞，博野人，宋文通也，以功赐姓名。

**以周岳为武安军节度使。**

衡州刺史周岳发兵攻潭州，闵勖招淮西将黄皓入城共守，皓遂杀勖。岳攻拔州城，擒皓杀之。诏更其军号，以岳为节度使。

八月，卢龙节度使李全忠卒，以其子匡威为留后。王潮陷泉州。

潮拔泉州，杀廖彦若。闻观察使陈岩威名，不敢犯福州境，遣使降之，岩表潮为泉州刺史。潮沉勇有智略，招怀离散，均赋缮兵，吏民悦服。王绪自杀。

冬十月，朱玫立襄王煴称帝改元。　十一月，董昌取越州。

董昌谓钱镠曰："汝能取越州，吾以杭州授汝。"镠遂将兵攻克之。刘汉宏走台州，刺史杜雄执送昌斩之，昌遂徙镇越州，以镠知杭州事。

十二月，王行瑜还长安，斩朱玫，煴奔河中，王重荣杀之，传首行在。

李克用听从了他，焚毁诏书，囚禁李煴的使者，派使臣向唐僖宗上表并发出檄文讨伐朱玫。

唐僖宗下诏书令杨复恭的义子扈跸都将杨守亮率领两万人马从金州出发，与王重荣、李克用一起讨伐朱玫。

此前，山南道的人都说李克用与朱玫联合，人心惊慌恐惧。李克用的表文送到，唐僖宗向随从的官员展示并告诉山南各藩镇，从此形势稳定下来。但是李克用的表文仍然以惩治朱全忠为辞，唐僖宗让杨复恭写信告诉他说："等待京城附近的事情平息下来，会另有安排。"

秋七月，秦宗权攻陷许州，杀死鹿晏弘。　朱玫派王行瑜进攻兴州，朝廷下诏命令神策都将李茂贞前去抵抗。

李茂贞是博野人，原叫宋文通，因为有功被赐姓名李茂贞。

**任命周岳为武安军节度使。**

衡州刺史周岳派军队攻打潭州，闵勖招来淮西将领黄皓进入潭州城内一同防守，黄皓随即杀掉闵勖。周岳攻占潭州城，将黄皓擒获杀掉。朝廷下诏更改这里的军号，任命周岳为武安军节度使。

**八月，卢龙节度使李全忠死去，任命他的儿子李匡威为留后。　王潮攻陷泉州。**

王潮攻下泉州，杀死廖彦若。王潮听说观察使陈岩的威名，不敢进犯福州地区，派使者向他降服，陈岩上表请求任命王潮为泉州刺史。王潮沉着勇敢且有智谋，他招募安抚流散的百姓，平均赋税，修治武器，官吏与百姓心悦诚服。王绪自杀身亡。

**冬十月，朱玫拥立襄王李煴登基称帝，改年号。　十一月，董昌攻占越州。**

董昌对钱镠说："你能攻下越州，我就让你当杭州刺史。"钱镠就领兵攻克越州。刘汉宏逃往台州，刺史杜雄将刘汉宏抓送董昌那里斩杀，董昌就将镇所迁到越州，委任钱镠掌管杭州事务。

**十二月，王行瑜返回长安，斩杀朱玫，李煴逃往河中，王重荣杀死他，将他的首级送到唐僖宗那里。**

杨复恭传檄关中曰:"得朱玫首者,以静难节度使赏之。"王行瑜战数败,与其下谋曰:"今无功归亦死,曷若与汝曹斩玫首,定京城,迎大驾,取邠宁节钺乎?"众从之。遂引兵归长安,玫怒责之曰:"汝欲反邪!"行瑜曰:"吾不反,欲诛反者耳。"遂擒斩之,并杀其党数百人,诸军大乱。裴澈、郑昌图奉襄王奔河中,重荣诈为迎奉,执煴杀之,百官死者殆半。

函煴首送行在。刑部请御门献馘,百官毕贺。太常博士殷盈孙曰:"煴为贼臣所逼,正以不能死节为罪耳。礼,公族罪在大辟,君为之素服不举。今煴已就诛,宜废为庶人而葬其首。其献馘称贺之礼,请俟朱玫首至而行之。"从之。

**孙儒陷河阳。**

初,忠武决胜指挥使孙儒与龙骧指挥使刘建锋戍蔡州,拒黄巢,马殷隶军中,以材勇闻。及秦宗权叛,儒等皆属焉。宗权遣儒将兵攻陷郑州,进陷河阳。儒自称节度使,张全义据怀州,李罕之据泽州以拒之。

**天平牙将朱瑾逐泰宁节度使齐克让而代之。**

瑾将袭兖州,乃求昏于克让,而盛饰车服,私藏兵甲以赴之。亲迎之夕,甲士窃发,逐克让而代之。

丁未(887) 三年

春正月,以王行瑜为静难军节度使,李茂贞领武定节度使,杨守亮为山南西道节度使。 以董昌为浙东观察使,钱镠为杭州刺史。 二月,流田令孜于端州。

杨复恭向关中传发檄文说："谁能斩下朱玫的首级，就赏赐他做静难节度使。"王行瑜打仗屡遭失败，与部下谋划说："现在没有战功，回去也是死，还不如与你们一起斩下朱玫的首级，安定京城，迎接皇帝回长安，拿到邠宁的符节和黄钺，怎么样？"部下听从他的意见。于是王行瑜率领军队回到长安，朱玫愤怒地责备他说："你要造反吗！"王行瑜回答说："我不造反，要诛杀造反的人。"就将朱玫擒拿杀死，一起杀掉他的党羽几百人，各路军队发生极大的混乱。裴澈、郑昌图事奉襄王李煴逃往河中，王重荣假装出来迎接，却抓获李煴杀了他，随从官员被处死的将近一半。

王重荣将李煴首级装入木匣中送往唐僖宗的驻地。刑部请唐僖宗登上御门接受进献，朝廷百官都去庆贺。太常博士殷盈孙说："李煴为那些奸诈的臣属逼迫，他的罪过在于不能以死相抗。按照礼法，公族中有人犯死罪被杀，君主要为他穿上素服停止奏乐。现在李煴已被诛杀，应当将他废为平民而将他的首级埋葬。至于献馘称贺的大礼，请等到朱玫的首级送到再举行。"唐僖宗采纳了这个意见。

**孙儒攻陷河阳。**

起初，忠武决胜指挥使孙儒与龙骧指挥使刘建锋驻防蔡州，抵抗黄巢，马殷隶属于军中，因材力勇敢而出名。等秦宗权反叛，孙儒等人都归属了秦宗权。秦宗权派孙儒领兵攻陷郑州，进而攻陷河阳。孙儒自称节度使，张全义占据怀州，李罕之占据泽州来抵抗孙儒。

**天平牙将朱瑾赶走泰宁节度使齐克让，取而代之。**

朱瑾准备袭击兖州，就向齐克让求婚，并准备了华丽的车辆服装，暗中却藏着武器前往。结婚行亲迎礼的当天夜里，朱瑾的兵士偷偷发起进攻，赶走齐克让而取代了他。

### 丁未（887） 唐僖宗光启三年

春正月，朝廷任命王行瑜为静难军节度使，李茂贞任武定节度使，杨守亮为山南西道节度使。 朝廷任命董昌为浙东观察使，钱镠为杭州刺史。 二月，流放田令孜到端州。

令孜依陈敬瑄,竟不行。

代北节度使李国昌卒。　三月,诛伪宰相萧遘、郑昌图、裴澈。

时朝士受熅官者甚众,法司皆处以极法,杜让能为争之,免者什七八。

车驾至凤翔。

李昌符恐车驾还京,虽不治前过,恩赏必疏,乃以宫室未完,固请驻跸府舍,从之。

**镇海军乱,节度使周宝奔常州。**

宝募亲军千人,号后楼兵,倍其禀给,军中皆怨,而后楼兵浸骄不可制。宝溺于声色,不亲政事。有言军中怨望者,宝曰:“乱则杀之。”军将刘浩帅其党作乱,后楼兵亦叛,宝奔常州,迎度支催勘使薛朗入为留后。

**利州刺史王建袭阆州而据之。**

山南西道节度使杨守亮忌王建骁勇,屡召之,建惧不往。周庠说建曰:“唐祚将终,藩镇互相吞噬,皆无雄材远略,不能戡济多难。公勇而有谋,得士卒心,立大功者,非公而谁?然葭萌四战之地,难以久安,阆州地僻人富,刺史杨茂实不修职贡,若表其罪,兴兵讨之,可一战而擒也。”建从之,召募溪洞酋豪,有众八千,沿嘉陵江而下,袭阆州,逐茂实,自称防御使,招纳亡命,军势益盛。部将张虔裕说建“遣使奉表天子,仗大义以行师”,部将綦毋谏复说建“养士爱民,以观天下之变”,建皆从之。

田令孜依附陈敬瑄，竟然不启程。

**代北节度使李国昌死去。** 三月，朝廷诛杀李煴任命的伪宰相萧遘、郑昌图、裴澈。

当时朝廷官员接受李煴授给官职的很多，刑部要将他们全部处死，杜让能为这些人极力争辩，十分之七八的人被免死。

**唐僖宗到达凤翔。**

李昌符担心唐僖宗返回长安，虽然不追究他以前的罪过，但对他的恩赏必然会减少，就以长安宫殿房舍还没有修整完毕为理由，一再请求唐僖宗留驻凤翔的府舍，唐僖宗依从了他。

**镇海军发生内乱，节度使周宝逃奔常州。**

周宝招募亲军一千人，号称"后楼兵"，粮饷供给加倍，军中将士都有怨气，而后楼兵却愈来愈骄横，无法遏制。周宝沉溺于歌舞和女色之中，不过问政务。有人告知军中抱怨等情，周宝说："谁敢作乱就杀掉谁。"军中将领刘浩率领手下党徒作乱，后楼兵也发生叛乱，周宝逃奔常州，军中迎接度支催勘使薛朗进入军府，推为留后。

**利州刺史王建袭击阆州并占据阆州。**

山南西道节度使杨守亮忌恨王建勇猛威武，几次召王建前来，王建恐惧没有去。周庠规劝王建说："唐朝就要完结，各藩镇相互吞并，都没有雄才大略，不能挽救多灾多难的局面。您勇敢又有智谋，深得士卒的拥护，能够建立大功业的，除了您还有谁呢？但葭萌县是四战之地，难以长久安定，阆州地方偏僻人民富有，刺史杨茂实不向朝廷交纳贡税，如果上表罗列他的罪状，发动兵力去讨伐他，可以一战就将他擒获。"王建听从了这个建议，召请募集山野间的部落首领，聚集了八千人马，沿着嘉陵江而下，袭击阆州，赶走杨茂实，自称防御使，招收接纳四处逃亡的人，军队的势力更加强盛。王建的部将张虔裕劝说王建"派遣使臣向皇帝进呈表文，凭借大义来统率军队"，属下将领綦毋谏也劝说王建"招养人才爱护百姓，静观天下的变化"，王建都听从了。

夏四月,淮南都将毕师铎等发兵讨吕用之,克扬州,用之亡走,师铎执高骈而幽之。

高骈遣毕师铎将兵屯高邮,备秦宗权。

师铎与吕用之有隙,疑惧不自安,谋于腹心,皆劝师铎起兵诛用之。师铎曰:"用之数年以来人怨鬼怒,安知天不假手于我诛之邪!"怀宁军使郑汉章亦素切齿于用之,师铎乃夜与百骑潜诣之,汉章大喜,发兵千余人从师铎至高邮,与镇遏使张神剑割臂沥酒饮之。推师铎为行营使,移书境内,言诛用之及张守一、诸葛殷之意。

神剑请留高邮,师铎、汉章前至广陵,城中惊扰。用之断桥塞门为守备,而不以告骈。骈闻喧噪声,左右乃以变告,骈惊,急召用之诘之,用之徐对曰:"师铎之众思归,为门卫所遏,适已随宜区处,傥或不已,正烦玄女一力士耳。"骈曰:"近者觉君之妄多矣,君善为之,勿使吾为周侍中。"用之惭惧而退。

师铎遣孙约诣宣州,乞师于观察使秦彦,且许以克城之日迎彦为帅。

骈命用之遣一大将以手札谕师铎等,用之以诸将皆仇敌,恐不利于己,遣所部许戡往。师铎始亦望骈遣旧将劳问,得以具陈用之奸恶,见戡至,大骂,斩之。射书入城,用之焚之。

拥甲入见,骈大惊曰:"汝欲反耶!"命驱出。自是高、吕判矣。

夏四月,淮南都将毕师铎等人发动军队讨伐吕用之,攻克扬州,吕用之逃走,毕师铎将高骈囚禁起来。

高骈派毕师铎带领军队驻扎在高邮,防备秦宗权。

毕师铎与吕用之有矛盾,猜疑恐惧难以自安,就向亲近的人谋划对策,这些人都劝毕师铎发兵诛杀吕用之。毕师铎说:"吕用之几年来人人怨恨,连鬼神也对他愤怒,怎知道不是上天借我的手去除掉他呢!"怀宁军使郑汉章也一向痛恨吕用之,毕师铎就在夜晚与百名骑兵秘密地去郑汉章那里,郑汉章非常高兴,派人马一千多人跟随毕师铎到达高邮,与镇遏使张神剑一同用刀划破手臂让血滴入酒中,然后把酒喝掉。大家推举毕师铎为行营使,向淮南境内传送文书,说明讨伐吕用之与张守一、诸葛殷的意图。

张神剑请求留守高邮,毕师铎、郑汉章前去广陵,广陵城中惊慌混乱。吕用之砍断门桥堵塞城门来固守防备,却没有将军情告诉高骈。高骈听到嘈杂喧闹的声音,身边的人才将毕师铎变乱的事告诉他,高骈惊恐,紧急招来吕用之责问他,吕用之慢慢地回答说:"毕师铎的人马想回来,被城门守卫阻止,刚才已分别做了适当的处置,如果他还不撤离,只要烦劳九天玄女的一位力士就行了。"高骈说:"近来我感觉你诞妄的事情太多了,你要好自为之,不要让我如同周宝那样的下场。"吕用之羞愧恐惧地退了下去。

毕师铎派孙约到宣州,向观察使秦彦借兵,并许诺攻克广陵城后迎接秦彦做淮南节度使。

高骈令吕用之派一名大将把一封亲笔信送到毕师铎等人那里进行劝导,吕用之认为各将领都与他为敌,担心不利于自己,就派部下许戢前往。毕师铎起初也希望高骈派旧将出来犒劳慰问,乘便将吕用之的罪恶尽行陈述,见是许戢到来,大声怒骂,斩杀了他。毕师铎用弓箭将书信射入广陵城,吕用之焚烧了它。

吕用之身披战甲去见高骈,高骈大为惊恐地说:"你要造反吗!"命令将吕用之赶出去。从此高骈与吕用之分开了。

用之命诸将大索城中丁壮，驱缚登城，自旦至暮，不得
休息。又恐其与外寇通，数易其地，家人饷之，莫知所在。
由是城中人亦恨师铎入城之晚。

骈遣师铎幼子谕师铎，师铎遽遣子还曰："令公但斩
吕、张以示师铎，师铎不敢负恩，请以妻子为质。"

会秦彦遣其将秦稠将兵三千助师铎，攻罗城，克之，用
之亡走。骈保子城。

师铎纵兵大掠，骈命撤备，与师铎相见，交拜如宾主之
仪。署节度副使，承制加左仆射，郑汉章等迁官有差。

都虞候申及说骈曰："逆党不多，诸门尚未有守者，令
公及此夜出，发诸镇兵还取府城，此转祸为福之计也。若
一二日事定，浸恐艰难，及亦不得在左右矣。"骈犹豫不从。

明日师铎果分兵守诸门，搜捕用之亲党，悉诛之。

遣使趣秦彦过江。或说师铎曰："仆射向者举兵，盖以
用之辈奸邪暴横，高令公不能区理，故顺众心为一方去害。
今用之既败，军府廓然，仆射宜复奉高公而佐之，但总其兵
权以号令，谁敢不服？用之乃淮南一叛将耳，移书所在，立
可枭擒。如此则外有推奉之名，内得兼并之实，虽朝廷闻
之，亦无亏臣节。使高公聪明，必知内愧，如其不悛，乃机

吕用之命令各将领大肆搜寻广陵城内的青年男子，驱赶捆绑着登上城墙，从早晨到晚上，得不到休息。又害怕他们与围城的外敌相通，多次变换他们的地方，家里人给他们送饭，不能知道他们在什么地方。因此广陵城中的人们也恨不得让毕师铎早日入城。

高骈派毕师铎的小儿子去劝毕师铎，毕师铎立即将儿子送回说："您只要杀掉吕用之、张守一，让我看到，我绝不敢辜负您的恩情，现在请求拿我的老婆儿子当人质。"

正好秦彦派部下秦稠带领三千人马来援助毕师铎，攻打罗城，罗城被攻克，吕用之逃走。高骈保卫内城。

毕师铎放任军队大肆掠夺，高骈命令撤除防备，与毕师铎相见，彼此行礼就像是宾客与主人那样。高骈任命毕师铎为节度副使，承制加封他为左仆射，郑汉章等人的官职也分别有不同的升迁。

都虞候申及劝高骈说："叛逆的党羽不多，各门还没有人把守，您趁机夜间出去，发动各镇所的军队回来攻取广陵城，这是转祸为福的计策。如果过了一两天大局已定，情势恐怕更加艰难危险，我也不能再留在您的身边了。"高骈犹豫不决没有听从这个劝告。

第二天毕师铎果然派兵分守各门，搜捕吕用之的亲信党羽，将他们全部斩杀。

毕师铎派使臣催促秦彦渡过长江。有人劝毕师铎说："您日前发动军队，是因为吕用之等人奸诈邪恶暴虐横行，高骈不能处分料理，因此您顺应众人的心愿为这一方扫除祸害。现在吕用之已经失败，军府已被肃清，您应当再尊奉高骈并辅佐他，只总揽兵权来发号施令，有谁敢不服从？吕用之不过是淮南的一位叛将，把文书传递到他所在的地方，立即就可以擒获他。若能这样，对外有拥戴高骈的名声，在内又得到兼并他人力量的实惠，即使朝廷知道了，您也没有亏负做臣子的节操。如果高骈聪明的话，他一定会在内心感到惭愧，如果他不能悔过，也不过是菜板

上肉耳,奈何以此功业付之他人?不若讹止秦司空,彼必未敢轻进,就使他日责我以负约,犹不失为高氏忠臣也。"师铎不从,以告郑汉章。汉章曰:"此智士也。"求之不复见。

既而宣军焚进奉两楼数十间。师铎获诸葛殷,杖杀之。迎骈入道院,并收其亲党十余人幽之。

**秦宗权攻汴州,朱全忠拒击,大破之。**

秦宗权悉力攻汴州,朱全忠患兵少,以朱珍为淄州刺史,募兵于东道。珍至淄、青旬日,得万余人,又袭青州,获马千匹。还至大梁,朱全忠喜曰:"吾事济矣。"时蔡兵数万环汴城,列三十六寨。全忠谓诸将曰:"彼未知朱珍之至,宜出其不意击之。"乃自引兵攻之,连拔四寨,斩万余级,蔡人大惊以为神。宗权自引精兵会之。

全忠求救于兖、郓,朱瑄、朱瑾皆引兵赴之,义成军亦至。全忠以四镇兵攻宗权,大破之,宗权宵遁。全忠深德朱瑄,兄事之。

蔡人之守东都、河阳、许、汝、怀、郑、陕、虢者,闻宗权败,皆弃去,宗权之势自是稍衰。

**宣州观察使秦彦入扬州,卢州刺史杨行密引兵攻之。**

初,吕用之诈为高骈牒,署卢州刺史杨行密行军司马,追兵入援。庐江人袁袭说行密曰:"高公昏惑,用之奸邪,师铎悖逆,凶德参会,而求兵于我,此天以淮南授明公也,趣赴之。"行密从之。至天长,用之及张神剑皆以其众归之。会秦彦将兵三万入广陵,自称权知节度使,行密

上的肉罢了，怎能将这样的功业交给别人呢？不如立即阻止秦彦，他一定不敢轻易进发，即使他日后责怪我们背弃了誓约，我们还可以说是高骈的忠实臣属。"毕师铎没有听从，将此事告诉了郑汉章。郑汉章说："这是一位有智谋的人。"寻找他再也没有露面。

不久，宣州的军队烧毁了进奉两楼的几十个房间。毕师铎擒获诸葛殷，用棍棒将他打死。将高骈迎入道院，并将他的亲信党羽十多人集中囚禁起来。

**秦宗权攻打汴州，朱全忠抵抗还击，大破秦宗权的军队。**

秦宗权尽全力攻打汴州，朱全忠担心人马太少，委任朱珍为淄州刺史，到东道招募兵马。朱珍到达淄、青十几天，招募到一万多人。他又袭击青州，获得一千匹马。朱珍返回到大梁，朱全忠高兴地说："我的事成了。"当时蔡州有几万人马围攻汴州城，排列成三十六个营寨。朱全忠对各将领说："他们不知道朱珍的人马到了，应当出其不意地进攻他们。"于是他亲自率领军队进攻蔡州的军队，接连攻陷四座营寨，斩杀一万多人，蔡州人大为惊慌，以为是神兵来了。秦宗权亲自率领精锐的军队迎击。

朱全忠向兖州、郓州请求救援，朱瑄、朱瑾都带领军队前往，义成军也赶到了。朱全忠率领四个镇所的军队攻击秦宗权，将他们打得大败，秦宗权夜间逃跑。朱全忠深深感谢朱瑄，把他当作兄长对待。

蔡州军队中守卫东都、河阳、许、汝、怀、郑、陕、虢各州的人，听说秦宗权失败，都纷纷离去，秦宗权的势力从此有所衰弱。

**宣州观察使秦彦进入扬州，卢州刺史杨行密率领人马攻击他。**

起初，吕用之假借高骈的名义颁发公文，委任卢州刺史杨行密为行军司马，命他派军队来广陵救援。庐江人袁袭劝告杨行密说："高骈昏庸糊涂，吕用之狡诈奸邪，毕师铎违背正道，三种凶恶的德行会聚在一起，又请求我们出兵救援，这正是天意要将淮南送给您，应当立即奔赴广陵。"杨行密听从了这一建议。到达天长，吕用之和张神剑都率领人马归顺杨行密。正逢秦彦率领三万人马进入广陵城，自称暂时管理淮南节度使事务，杨行密

遂帅诸军抵广陵。彦闭城自守,遣秦稠出战,败死,士卒死者什七八。行密即行愍也,高骈改其名。

**六月,李昌符作乱,败走,以李茂贞为招讨使讨之。**

天威都头杨守立与李昌符争道,麾下相殴,帝命中使谕之,不止。昌符遂拥兵烧行营,守立与战,昌符败走,保陇州,诏遣茂贞讨之。

**河中军乱,杀节度使王重荣,诏以王重盈代之。**

重荣用法严,末年尤甚。牙将常行儒作乱,攻重荣,杀之。制以其弟重盈为护国节度使,执行儒,杀之。

**以李罕之为河阳节度使,张全义为河南尹。**

孙儒既去河阳,李罕之召张全义于泽州,与之收合余众。罕之据河阳,全义据东都,共求救于河东。李克用表罕之为河阳节度使,全义为河南尹。

初,东都荐经寇乱,居民不满百户,全义选麾下十八人材器可任者,人给一旗一榜,谓之屯将,使诣十八县故墟落中,植旗张榜,招怀流散,劝之树艺,蠲其租税。惟杀人者死,余但笞杖而已,由是民归之者如市。又选壮者教之战陈,以御寇盗。数年之后,都城坊曲渐复旧制,诸县户口率皆归复,桑麻蔚然,野无旷土。其胜兵者,大县至七千人,小县不减二千人,乃奏置令佐以治之。全义明察,人不能欺,

于是率领各路人马抵达广陵城。秦彦关闭城门坚守不出，派秦稠出城应战，秦稠战败身亡，他手下人马战死的有十分之七八。杨行密就是杨行愍，高骈改换了他的名字。

六月，李昌符叛乱，战败逃走，朝廷任命李茂贞为招讨使讨伐他。

天威都头杨守立与李昌符争抢道路，部下相互殴打起来，唐僖宗令宦官晓谕劝解双方，不能罢休。李昌符于是带领军队焚烧了唐僖宗的行营，杨守立与他对战，李昌符失败逃走，到陇州固守，朝廷下诏派遣李茂贞讨伐李昌符。

河中的军队发生动乱，杀死节度使王重荣，朝廷下诏以王重盈代替王重荣。

王重荣执行军法严酷，到晚年更加厉害。牙将常行儒发动叛乱，进攻王重荣，杀死了他。朝廷下命委任王重荣的弟弟王重盈为护国节度使，抓获了常行儒，将他杀死。

朝廷任命李罕之为河阳节度使，任命张全义为河南尹。

孙儒已经离开河阳，李罕之从泽州招来张全义，和他一起把剩下的人马聚集起来。李罕之占据河阳，张全义占据东都，一同向河东请求救援。李克用上表推举李罕之为河阳节度使，推举张全义为河南尹。

起初，东都连续遭受贼寇的战乱，城中居民不到一百户，张全义选择部下才能器度可以任用的十八个人，每人发给一面旗帜、一张榜文，称作"屯将"，派他们到十八个县的旧有村落中，立大旗，张榜文，招集安抚流离失所的百姓，规劝他们从事耕植，免除他们的租税。只有杀人的人处死，其他的罪过仅用笞杖责罚而已，因此老百姓归顺张全义的人就如同赶集一样。张全义还选择强壮的人教他们排兵布阵，用来防御寇盗。几年以后，东都城的街巷逐渐恢复了原有的规模，各县的户口也大都恢复了，桑麻等农作物生长茂盛，田野没有废耕的土地。各地可负担供养的军队，大县达到七千人，小县也不少于两千人，于是启奏皇上设置县令佐官来治理。张全义精明干练，不受他人的欺瞒，

而为政宽简，出见田畴美者，辄下马与僚佐共观之，召田主劳以酒食。有蚕麦善收者，或亲至其家，悉呼出老幼赐以茶彩衣物。民间言："张公不喜声伎，见之未尝笑，独见佳麦良茧则笑耳。"有田荒秽者，则集众杖之。或诉以乏人、牛，乃召其邻里，责使助之。由是邻里有无相助，比户丰实，凶年不饥，遂成富庶焉。

**秋八月，李茂贞平陇州，李昌符伏诛。诏以茂贞为凤翔节度使。　朱全忠取曹州。**

全忠欲兼兖、郓，而以朱瑄兄弟有功于己，攻之无名，乃诬瑄招诱宣武军士。遣其将朱珍、葛从周袭曹州，拔之。又攻濮州，与兖、郓兵战于刘桥，杀数万人，瑄、瑾仅以身免。

**秦彦遣兵击杨行密，大败而还。**

秦彦悉出城中兵万二千人，遣毕师铎、郑汉章将之，陈于城西，延袤数里。行密安卧帐中，曰："贼近告我。"诸将以众寡不敌，欲还，李涛怒曰："吾以顺讨逆，何论众寡！且大军至此，去将安归？涛愿为前锋，保为公破之。"行密乃积金帛刍米于一寨，使赢弱守之，多伏精兵于其旁，自将千余人冲其陈。兵始交，行密阳不胜而走，广陵兵追之，入寨纵掠，伏兵四起，俘斩殆尽。自是秦彦不复言出师矣。

**九月，以张濬同平章事。　秦彦杀高骈。**

但处理政务宽大简明，外出看到田地中的作物生长茂盛，就下马与手下人一同观赏，招来田地的主人用酒食来慰劳他。有养蚕种麦获得好收成的，张全义有时亲自到他们家中，将老老少少全都召唤出来，赏赐给他们茶叶丝绸和衣物等。民间流传说："张大人不喜好歌舞，看到也不曾露出笑容，唯独看到茂盛的麦子和优良的蚕茧才有笑容。"有的人将田地荒芜了，张全义就公开责罚召集众人用杖刑。有的人申诉缺乏人手、耕牛，张全义就招来这个人的邻居，责求他出力相助。因此邻里之间有无相通，彼此相帮，各家各户丰厚殷实，灾年也不致发生饥荒，于是成了富庶的地方。

秋八月，李茂贞平定陇州，诛杀李昌符。朝廷下诏任命李茂贞为凤翔节度使。　朱全忠攻取曹州。

朱全忠准备兼并兖州、郓州，但是因朱瑄兄弟曾帮助自己，没有攻打的理由，就诬陷朱瑄招纳引诱宣武军的士卒。朱全忠派将领朱珍、葛从周袭击并攻克曹州。又去进攻濮州，与兖州、郓州的人马在刘桥交战，杀死几万人，朱瑄、朱瑾仅仅保住性命。

**秦彦派人马进攻杨行密，大败而回。**

秦彦将广陵城中的人马一万二千人全部调出，派毕师铎、郑汉章统率，布置在城西，绵延几里地。杨行密安然躺卧在军帐中，说："贼寇靠近时告诉我。"各将领认为敌我人数相差悬殊，对抗不了，准备返回，李涛愤怒地说："我们顺应天意讨伐叛逆，还管什么人多人少！况且大军已经到了这里，撤离将如何退回？我愿意当前锋，保证为杨公打败他们。"杨行密于是将金银布帛粮草等全堆积到一个营寨之中，让瘦弱的士兵守卫，在他们附近埋伏下精壮的士兵，亲自率领一千多人马冲击广陵军的军阵。交战刚开始，杨行密假装抵抗不了而逃走，广陵军追赶他，进入堆积财物的那个营寨大肆抢夺，埋伏的士兵从四面发起攻击，俘虏斩杀，几乎将广陵军消灭干净。从此以后秦彦再也不提出动军队的事情了。

**九月，朝廷任命张濬为同平章事。　秦彦杀死高骈。**

高骈在道院,左右无食。秦彦与毕师铎出师屡败,疑骈为厌胜。外围益急,恐骈党为内应,乃杀骈并其子弟甥侄,同坎瘗之。杨行密闻之,帅士卒缟素,向城大哭三日。

骈之在成都杀突将也,有一妇人临刑,戟手大骂曰:"我必诉于上帝,使汝他日举家屠灭如我今日!"至是,卒如其言。

**冬十月,朱全忠拔濮州,进攻郓州。　杨行密克扬州。**

广陵城中无食,草根木实皆尽,以堇泥为饼食之,饿死者太半。宣军掠人诣肆卖之,驱缚屠割,流血满市。部将张审威帅麾下登城启关纳外兵,守者皆不斗而溃。先是,彦、师铎信重妖尼奉仙,至是问计。奉仙曰:"走为上策。"乃奔东塘。行密入城,改殡骈及其族。城中遗民才数百家,饥羸非复人状。行密辇西寨米以赈之。自称淮南留后。

**十一月,秦宗权遣孙儒攻扬州,屠高邮。**
秦宗权遣其弟宗衡将兵万人渡淮,与杨行密争扬州,以孙儒为副,张佶、刘建锋、马殷及宗权族弟彦晖皆从。抵广陵城西,据行密故寨,秦彦、毕师铎引兵与合。

未几,宗权召宗衡等还蔡拒朱全忠。孙儒知宗权势不能久,称疾不行,宗衡屡促之,儒怒,杀之,传首于全忠。分兵掠邻州,众至数万。以城下乏食,还袭高邮。

高骈在道院中，身边的人没有吃的。秦彦与毕师铎出动军队一再失败，怀疑高骈用巫术诅咒他们。广陵城外的围攻愈来愈急迫，秦彦担心高骈的党羽做内应，于是杀死高骈和他的儿子兄弟、外甥、侄子，将他们一同埋葬在一个大坑里。杨行密闻讯，率领士卒穿着丧服，向着广陵城大哭了三天。

高骈在成都屠杀突将，当时有一位妇人将被杀时，用中指食指做成戟形指着高骈大声怒骂说："我一定要向上帝申诉，让你有一天也像我今天一样全家都被杀死！"到此时，她的这番话终于应验。

**冬十月，朱全忠攻陷濮州，进而攻打郓州。　杨行密攻陷扬州。**

广陵城中没有粮食，草根与花木的果实都吃光了，用黏土做饼充饥，饿死的人超过一半。宣州军队抢掠人到市肆出卖，驱赶捆绑屠杀宰割，流淌的鲜血布满街市。广陵军的将领张审威率领手下人登城打开关卡将围城的人马放进，守城的人都不加抵抗地溃散了。起初，秦彦、毕师铎信赖器重妖邪的尼姑奉仙，到这时向她问计。奉仙说："逃走是上策。"于是秦彦、毕师铎逃奔东塘。杨行密进入广陵城，改葬高骈和他的族人。城中剩下的百姓才几百家，饥饿瘦弱不再是人的模样。杨行密用车从西寨运来粮食来赈济他们。杨行密自称为淮南留后。

**十一月，秦宗权派孙儒攻打扬州，屠杀高邮的百姓。**

秦宗权派弟弟秦宗衡率领军队一万人渡过淮河，与杨行密争夺扬州，委任孙儒为副将，张佶、刘建锋、马殷与秦宗权的族弟秦彦晖都跟随前往。他们抵达广陵城西，占据杨行密原来的营寨，秦彦、毕师铎带领人马与秦宗权联合起来。

没有多久，秦宗权将秦宗衡召回蔡州抗击朱全忠。孙儒知道秦宗权的权势不会长久，以有病为托词拒绝出发，秦宗衡几次催促他，孙儒发怒，杀死秦宗衡，将他的首级传送到朱全忠那里。孙儒分派人马抢掠邻近各州，军队扩充到几万人。因为广陵城附近缺乏粮食，就回军袭击高邮。

张神剑逃归扬州，儒屠高邮。行密杀神剑而坑其众，又恐孙儒乘胜取海陵，命镇遏使高霸帅其兵民悉归府城，凡数万户。

**闰月，以朱全忠兼淮南节度使。**

朝廷以淮南久乱，以全忠兼节度使。全忠遣张廷范致朝命于杨行密，以行密为副使。又以李璠为留后，遣牙将郭言将兵千人送之。

感化节度使时溥自以先进为都统，顾不得淮南而全忠得之，意甚恨望。全忠以书假道于溥，溥不许。璠至泗州，溥以兵袭之，郭言力战得免而还，徐、汴始构怨。


全忠多权数，将佐莫测其所为，惟馆驿巡官敬翔能逆知之，往往助其所不及。全忠大悦，自恨得翔晚，凡军机民政悉以咨之。


**王建攻成都，不克，退屯汉州。**

王建既据阆州，东川节度使顾彦朗畏之，数遣使问馈。陈敬瑄恐其合兵图己，谋于田令孜，令孜曰："建，吾子也。今折简召之，可致麾下。"遣使召之，建大喜，留其家于梓州，帅麾下精兵二千与从子宗锷、假子宗瑶、宗弼、宗侃、宗弁俱西。


至鹿头关，西川参谋李乂谓敬瑄曰："王建，虎也，奈何延之入室？彼安肯为公下乎！"敬瑄悔，遣人止之，建怒，破关而进，拔汉州。敬瑄遣使让之，对曰："十军阿父召我来，及门而拒之，重为顾公所疑，进退无归矣。"令孜登楼慰谕之，建与诸将罗拜曰："今既无归，且辞阿父作贼矣。"

张神剑逃回扬州,孙儒屠杀高邮城。杨行密斩杀张神剑并将他的兵众活埋,又担心孙儒乘胜攻打海陵,命镇遏使高霸率领军队与百姓全部迁入广陵城内,总共有几万户。

**闰十一月,朝廷任命朱全忠兼任淮南节度使。**

朝廷因淮南长期战乱,任命朱全忠兼任节度使。朱全忠派张廷范向杨行密传达朝廷的意旨,任命杨行密为副使。又委任李璠为留后,派牙将郭言带领人马一千人护送他。

感化节度使时溥自以为在朱全忠之前就当了都统,反而不能管领淮南而让朱全忠得到,心中大为怨恨不满。朱全忠写信给时溥,向时溥请求借道,时溥没有应允。李璠到达泗州,时溥派军队袭击李璠,郭言奋力应战才活着回来,徐州、汴州从此结下怨仇。

朱全忠善于玩弄权术,手下将领僚佐对他的作为难以预料,只有馆驿巡官敬翔能预先知道,往往帮助朱全忠完善他所没有想到的地方。朱全忠很是高兴,为自己这样晚才得到敬翔感到遗憾,所有军情要务与地方行政都向他咨询。

**王建进攻成都,没有攻克,退回汉州驻扎。**

王建已经占据阆州,东川节度使顾彦朗畏惧王建,几次派使臣慰问馈送。陈敬瑄担心二人联合起来算计自己,就去和田令孜商议,田令孜说:“王建是我的养子。现在我写封信召他,就会把他招致到你手下效力。”田令孜派使臣召请王建,王建很高兴,把家人留在梓州,率领手下精壮的士兵两千人和侄子王宗铙、养子王宗瑶、王宗弼、王宗侃、王宗弁一同向西进发。

到达鹿头关,西川军的参谋李乂对陈敬瑄说:“王建是一只老虎,怎能引他入室呢? 他怎肯心甘情愿地在您手下呢!”陈敬瑄感到后悔,派人阻止王建,王建愤怒,攻破鹿头关向前开进,攻下汉州。陈敬瑄遣使斥责王建,王建回答说:“神策十军观军容使召我来,到了门口又被拒绝,再引起顾彦朗的猜疑,我前后都无路可走了。”田令孜登上成都城楼宽慰劝导王建,王建与各将领围着下拜说:“现在已经没了归路,暂且辞别义父去当贼寇了。”

彦朗发兵助之,急攻成都,三日不克,退屯汉州。敬瑄告难于朝,诏遣中使和解之,不从。

**杨行密斩吕用之。**

吕用之之在天长也,绐杨行密曰:"用之有银五万铤,埋于所居,克城之日,愿备麾下一醉之资。"至是,行密阅士卒,顾用之曰:"仆射许此曹银,何食言邪?"因牵下腰斩之,怨家剐裂立尽。发其中堂,得桐人,书骈姓名于胸,桎梏而钉之。

张守一亦归行密,复为诸将合仙丹,又欲干军府之政,行密怒而杀之。

**十二月,秦宗权陷荆南。**

张瓌留其将王建肇守城而去,遗民才数百家。

**钱镠取润州。**

**戊申**(888) **文德元年**

**春正月,孙儒杀秦彦、毕师铎、郑汉章。**

彦等之归孙儒也,其众犹二千余人,其后稍稍为儒所夺。裨将唐宏知其必及祸,恐并死,乃诬告彦等潜召汴军。儒杀彦等,以宏为马军使。

**以朱全忠为蔡州四面行营都统。**

蔡将石璠将万余人寇陈、亳,朱全忠遣朱珍、葛从周将兵击擒之。诏以全忠为都统,代时溥,诸镇兵皆受节度。

**二月,以杨行密为淮南留后。**

张廷范至广陵,杨行密厚礼之。及闻李璠来,怒,有不受之色,廷范密使人白全忠,宜自以大军赴镇,全忠从之。

顾彦朗派人马援助王建，猛烈攻打成都，三天没有攻下，退到汉州驻扎。陈敬瑄向朝廷呈报王建作乱，朝廷下诏书派来宦官为他们调解，没有听从。

**杨行密斩杀吕用之。**

吕用之在天长时，曾欺骗杨行密说："我有五万锭银子，埋在住所，攻陷广陵城时，我愿意献给您做给部下饮酒的用资。"到这时，杨行密检阅军队，看着吕用之说："你许诺给他们银两，为什么不兑现呢？"就将他拉下去腰斩，仇家立刻将他的尸体分割没了。军中士兵打开吕用之的厅堂，搜得一个桐木做的人像，胸部写着高骈的姓名，身上戴着镣铐钉着钉子。

张守一也归顺了杨行密，他为各将领做仙丹，又想干预军府的政务，杨行密很恼怒，就杀了他。

**十二月**，秦宗权攻陷荆南。

张瓖留下将领王建肇守城而去，城中遗留百姓才有几百家。

**钱镠攻占润州。**

### 戊申（888） 唐僖宗文德元年

**春正月**，孙儒杀死秦彦、毕师铎、郑汉章。

秦彦等人归附孙儒，手下还有两千余人，后来被孙儒逐渐吞并。秦彦的裨将唐宏预料秦彦等一定有灾难临头，担心一起送死，于是诬告秦彦等人暗中招来汴州的军队。孙儒杀死秦彦等人，任命唐宏为马军使。

**朝廷任命朱全忠为蔡州四面行营都统。**

蔡州将领石璠侵扰陈州、亳州，朱全忠派遣朱珍、葛从周带领人马攻打擒获了石璠。唐僖宗下诏任命朱全忠为都统，取代时溥，各镇军队都受朱全忠的指挥调遣。

**二月**，朝廷任命杨行密为淮南留后。

张廷范到达广陵，杨行密以优厚的礼节接待他。等听说李璠要来做淮南留后，很恼怒，露出不接受的神色，张廷范秘密派人告诉朱全忠，应亲自率领大军赶赴广陵镇所，朱全忠听从了他的建议。

至宋州，廷范逃归，曰："行密未可图也。"全忠乃奏以为留后。

**上至长安。　魏博军乱，逐其节度使乐彦祯，推牙将罗弘信知留后事。**

魏博节度使乐彦祯骄泰不法，筑罗城，方八十里，人苦其役。子从训凶险，聚亡命为亲兵，牙兵疑之，籍籍不安。从训逃出，彦祯以为相州刺史。从训遣人至魏运甲兵、金帛，交错于路，牙兵益疑。彦祯惧，请避位为僧。众推牙将罗弘信知留后事，弘信引兵出与从训战，败之。

**张全义袭河阳，李罕之奔泽州。**

初，罕之与全义刻臂为盟，相得欢甚。罕之勇而无谋，性复贪暴，意轻全义。闻其勤俭力稼，笑曰："此田舍一夫耳。"屡求谷帛，全义皆与之，小不如所欲，辄械主吏杖之。河南将佐皆愤怒，全义竭力奉之，罕之益骄。罕之所部不耕稼，专以剽掠为资，至是，悉众攻绛州，降之。进攻晋州，王重盈密结全义以图之。全义潜发屯兵，夜袭河阳，黎明入之，罕之逾垣步走，全义尽俘其家，遂兼领河阳节度使。罕之奔泽州，求救于李克用。

**三月朔，日食既。　立寿王杰为皇太弟。帝崩，太弟即位。**

上疾，大渐。皇弟吉王保长而贤，群臣属望。十军观军容使杨复恭请立其弟寿王杰，是日下诏，立杰为皇太弟，监军国事。中尉刘季述遣兵迎杰，入居少阳院，宰相以下

朱全忠到达宋州时,张廷范从广陵逃回,说:"杨行密不可谋取。"于是奏请朝廷任命杨行密为淮南留后。

**唐僖宗到达长安。 魏博军队发生动乱,驱逐节度使乐彦祯,推举牙将罗弘信执掌留后事宜。**

魏博节度使乐彦祯骄横不法,修筑罗城,方圆八十里,人们对这一劳役深受其苦。乐彦祯的儿子乐从训凶狠险恶,召集亡命徒组成亲军,魏州牙兵产生猜疑,吵闹不安。乐从训逃走,乐彦祯委任他为相州刺史。乐从训派遣人到魏州运回甲胄武器、金银布帛,来往于道路,牙兵更加重了猜疑。乐彦祯很恐惧,请求离开官位去当和尚。大家推举牙将罗弘信代理魏博留后事宜,罗弘信率领军队出城与乐从训交战,打败了乐从训。

**张全义袭击河阳,李罕之逃奔泽州。**

起初,李罕之与张全义在臂膀上刺字结盟,彼此相处很愉快。李罕之勇猛却少智谋,性情又贪婪残暴,心中轻视张全义。他听说张全义勤俭注重农耕,嘲笑说:"这不过是田舍间的一位农夫罢了。"他多次向张全义索要粮谷布帛,张全义都给他,稍稍不能满足他的要求,他就用刑具拘拿主事的官吏施杖刑。河南的将领僚佐都很愤怒,张全义竭尽全力事奉他,李罕之更加骄横。李罕之手下的军队不耕种庄稼,专门通过抢掠为生活的资财,到这时,发动全部人马攻打绛州,迫使绛州投降。他又进攻晋州,王重盈暗中联合张全义策划对付李罕之。张全义暗地里发动驻军,乘夜袭击河阳,黎明时攻入,李罕之翻过城墙徒步逃走,张全义将李罕之的全家都俘获,于是兼任河阳节度使。李罕之逃奔泽州,向李克用求救。

**三月初一,发生日全食。 朝廷册立寿王李杰为皇太弟。唐僖宗驾崩,皇太弟李杰即位。**

唐僖宗患病,病情恶化。他的弟弟吉王李保年纪大又有才能,朝中群臣都寄望于他。神策十军观军容使杨复恭请求册立李保的弟弟寿王李杰,这天下诏书,册立李杰为皇太弟,摄理军国大事。中尉刘季述派遣军队迎接李杰,入居少阳院,自宰相以下

就见之。上崩，遗制太弟即位，更名敏，以韦昭度摄冢宰。

昭宗体貌明粹，有英气，喜文学，以僖宗威令不振，朝廷日卑，有恢复前烈之志。尊礼大臣，梦想贤豪，践祚之始，中外忻忻焉。

**夏四月，孙儒袭扬州，陷之。**

孙儒陷扬州，自称节度使。杨行密将奔海陵，袁袭劝行密归卢州，再为进取之计，从之。

**李克用遣兵攻河阳，朱全忠救却之。**

李克用以其将康君立督骑七千，助李罕之攻河阳。张全义婴城自守，求救于朱全忠。

全忠遣丁会等将兵数万救河阳，李存孝战败。君立惧，引兵还。全忠表会为留后，张全义复为河南尹。全义德全忠出己，尽心附之，给其粮仗。

李罕之为泽州刺史，领河阳节度。专以寇钞为事，自怀、孟、晋、绛数百里间，州无刺史，县无令长，田无麦禾，邑无烟火者，殆将十年。

**罗弘信杀乐彦祯及其子从训，诏以弘信知魏博留后。以郭禹为荆南留后。**

郭禹击荆南，逐其帅王建肇，诏以禹为留后。荆南兵荒之余，止有一十七家，禹厉精为治，抚集凋残，通商务农，晚年殆及万户。时藩镇各务兵力相残，莫以养民为事，独华州刺史韩建招抚流散，劝课农桑，数年之间，民富军赡，时人谓之北韩南郭。久之，朝廷遂以禹为节度使，禹奏复姓名为成汭。

的大臣都到少阳院拜见李杰。唐僖宗驾崩，留下诏令让皇太弟即位，更名为李敏，任命韦昭度摄冢宰。

唐昭宗身体面貌精明强干，有英武气概，喜好文学，因为唐僖宗时皇威法令难以振作，朝廷的地位日益低下，就有恢复唐王朝功业的志向。他尊敬礼遇朝中大臣，渴求贤能豪杰，登基之初，朝廷内外都很欢欣。

**夏四月，孙儒袭击并攻克扬州。**

孙儒攻陷扬州，自称为节度使。杨行密准备逃奔海陵，袁袭劝说杨行密回归庐州，再做进攻的打算，杨行密听从了这个意见。

**李克用派遣军队攻打河阳，朱全忠前往救援，赶走李克用。**

李克用命令他的手下将领康君立督率七千骑兵，帮助李罕之攻打河阳。张全义据城自守，向朱全忠请求救援。

朱全忠派遣丁会等人率领数万人马去救援河阳，李存孝被打败。康君立很恐惧，率领人马返回。朱全忠呈表请任命丁会为河阳留后，任命张全义再做河南尹。张全义感激朱全忠救出自己，诚心归附了他，供给他粮食兵器。

李罕之做泽州刺史，兼任河阳节度使。李罕之专门从事侵掠抢夺，从怀州、孟州、晋州、绛州几百里的范围内，州中没有刺史，县中没有县令，田里没有庄稼，村落小城看不到人烟，持续将近十年。

**罗弘信杀死乐彦祯和他的儿子乐从训，朝廷下诏任命罗弘信执掌魏博留后事务。　朝廷任命郭禹为荆南留后。**

郭禹进攻荆南，赶走那里的主帅王建肇，朝廷下诏任命郭禹为荆南留后。荆南在兵荒马乱之后，仅剩下十七户百姓，郭禹励精图治，安抚召集疲惫残存的百姓，兴办商业，注重农耕，至郭禹晚年，荆南已有近一万户人家。当时的藩镇各自加强兵力以相互残杀，没有以养育百姓为要务的，只有华州刺史韩建召集安抚流散的百姓，勉励督促他们从事耕作和栽桑养蚕，几年间，百姓富有，军队供给充足，当时人称颂说北有韩建南有郭禹。时间长了，朝廷就任命郭禹为荆南节度使，郭禹启奏更改恢复姓名为成汭。

**五月,朱全忠击蔡州,克其外城。**

全忠既得洛、孟,无西顾之忧,乃大发兵,击秦宗权,大破之,克北关门。宗权守中州,全忠分诸将为二十八寨以环之。

**六月,以韦昭度为西川节度使,兼两川招抚使。**

陈敬瑄与王建相攻,贡赋中绝。建以成都尚强,欲罢兵,周庠、綦毋谏以为不可,请据邛州为根本。建曰:"吾在军中久,观用兵者不倚天子之重则众心易离,不若疏敬瑄之罪,表请朝廷命大臣为帅而佐之,则功庶可成。"乃使周庠草表,请讨敬瑄以赎罪,因求邛州。顾彦朗亦表请赦建罪,移敬瑄他镇以靖两川。

初,黄巢之乱,上为寿王,从幸蜀。徒行疲乏,卧磻石上,田令孜自后至,以鞭挟之使前,上心衔之。及即位,使监西川军,令孜不奉诏。上方愤藩镇跋扈,欲以威制之,会得彦朗、建表,以令孜所恃者敬瑄耳,乃以昭度兼两川招抚制置等使,征敬瑄为龙武统军。

**秋八月,杨行密围宣州。**

杨行密畏孙儒之逼,欲轻兵袭洪州。袁袭曰:"钟传定江西已久,兵强食足,未易图也。赵锽新得宣州,怙乱残暴,众心不附。公宜卑辞厚币说和州孙端、上元张雄,使自采石济江侵其境,彼必来逆战,公自铜官济江会之,破锽必矣。"行密从之。锽将苏塘等出战,大败,行密遂围宣州。

五月，朱全忠攻打蔡州，攻克了它的外城。

朱全忠已取得洛州、孟州，没有了西面的顾虑，于是大规模攻打秦宗权，将他打得大败，攻克北关门。秦宗权守卫中州，朱全忠分派各将领设置二十八个营寨将秦宗权围困起来。

六月，朝廷任命韦昭度为西川节度使，兼任两川招抚使。

陈敬瑄与王建相互攻杀，断绝了向朝廷进献贡赋。王建因为成都的军队还很强大，准备停战撤兵，周庠、綦毋谏认为不能这样，请求占据邛州作为立足之地。王建说："我在军营中有很长时间了，考察领兵打仗的人不倚仗天子的恩威，就容易造成人心离散，我们不如上疏斥责陈敬瑄的罪恶，进呈表文请求朝廷任命大臣做统帅，我们来辅佐他，那么大功业差不多就可以成就了。"于是王建让周庠起草表文，请求讨伐陈敬瑄用来赎自己的罪过，并趁机索求邛州。顾彦朗也上表请求赦免王建的罪过，将陈敬瑄调到别的镇所，以便安定东、西两川。

起初，黄巢发动叛乱，唐昭宗身为寿王，跟从唐僖宗到川蜀。寿王徒步行走疲惫乏力，躺在一块岩石上，田令孜从后面赶到，用鞭子抽打寿王催促他前行，寿王心中十分怨恨他。等到寿王即位为唐昭宗，派人监理西川军队，田令孜拒绝遵奉诏令。唐昭宗正在愤恨各藩镇骄横跋扈，准备用威势制裁他们，正巧得到顾彦朗、王建的表文，认为田令孜所倚仗的就是陈敬瑄，就任命韦昭度兼任两川招抚制置等使，征调陈敬瑄为龙武统军。

秋八月，杨行密围攻宣州。

杨行密惧怕孙儒军队的迫近，准备派轻便军队袭击洪州。袁袭说："钟传久已平定江西，兵力强大，粮食充足，不容易谋取。赵锽刚占据宣州，倚仗战乱进行残暴统治，手下人心不归附。您应当用谦卑的辞令和丰厚的礼物劝说和州的孙端、上元的张雄，让他们从采石渡过长江侵入宣州境内，赵锽一定会前去迎战，您从铜官渡长江与他们会合，一定可以打败赵锽。"杨行密依言而行。赵锽的将领苏塘等人出来迎战，被打得大败，杨行密于是围攻宣州。

朱全忠遣兵击徐州,大破其兵,遂取宿州。 冬十月,葬靖陵。 十二月,蔡将申丛执秦宗权以降。 以王建为永平军节度使,削陈敬瑄官爵。

陈敬瑄、田令孜闻韦昭度将至,治兵完城以备之。诏割邛、蜀、黎、雅置永平军,以王建为节度使,削敬瑄官爵。

己酉(889) 昭宗皇帝龙纪元年
春正月,以刘崇望同平章事。 王建攻彭州,陈敬瑄遣兵救之,大败。

初,感义节度使杨晟为王行瑜所逐,弃兴、凤,走据文、龙、成、茂四州,田令孜使守彭州。王建攻之,陈敬瑄使眉州刺史山行章将兵五万壁新繁以救之。建大破之,晟惧,徙屯三交。

二月,秦宗权伏诛。 三月,进朱全忠爵东平郡王。夏六月,李克用拔磁、洺,杀孟方立。

李克用大发兵,遣李罕之、李存孝攻孟方立,拔磁、洺。方立遣大将马溉将兵数万拒之,大败,克用乘胜进攻邢州。方立性猜忌,诸将不为用,惧,饮药死。弟迁素得士心,众举为留后,求援于宣武,朱全忠遣大将王虔裕将精甲数百赴之。

**以杨行密为宣歙观察使。**

杨行密围宣州,城中食尽,人相啖。指挥使周进思据城逐赵锽,锽将奔广陵,田頵追擒之。未几,城中执进思以降,行密入宣州,诸将争取金帛,徐温独据米囷,为粥以食饿者。锽将周本勇冠军中,行密以为裨将。锽既败,左右皆散,

朱全忠派兵进攻徐州,把他们打得大败,于是攻占宿州。
冬十月,在靖陵安葬唐僖宗。　十二月,蔡州将领申丛擒拿秦宗
权投降。　朝廷任命王建为永平军节度使,削夺陈敬瑄的官爵。

　　陈敬瑄、田令孜听说韦昭度将要到达,修整兵器加固城防以
便抵抗。朝廷下诏将邛州、蜀州、黎州、雅州划归永平军,任命王
建为节度使,削夺陈敬瑄的官职爵位。

# 唐昭宗

**己酉(889)　唐昭宗龙纪元年**

　　春正月,朝廷任命刘崇望为同平章事。　王建攻打彭州,陈
敬瑄派军队救助,被打得大败。

　　起初,感义节度使杨晟被王行瑜所追赶,就放弃戍守兴、凤二
州,去占据文、龙、成、茂四州,田令孜命令杨晟守卫彭州。王建攻
击他,陈敬瑄命令眉州刺史山行章带领五万军队在新繁建置营垒以
救援彭州。王建大败山行章,杨晟恐惧,把军队转移到三交驻扎。

　　二月,秦宗权被诛杀。　三月,朝廷晋升朱全忠的爵位为东
平郡王。　夏六月,李克用攻克磁州、洺州,杀死孟方立。

　　李克用大规模发兵,派遣李罕之、李存孝攻击孟方立,攻克
磁州、洺州。孟方立派遣大将马溉带领数万人马抵抗,被打得大
败,李克用乘胜进攻邢州。孟方立性格猜疑妒忌,属下将领不肯
为他效力,孟方立恐惧,服药自杀。他的弟弟孟迁平常很得人
心,被众人推举为留后,他向宣武军请求援助,朱全忠派遣大将
王虔裕带领几百精壮人马奔赴救援。

　　**朝廷任命杨行密为宣歙观察使。**

　　杨行密围攻宣州,城中粮食吃光,人们互相残杀吃人肉充
饥。指挥使周进思占据宣州城赶走赵锽,赵锽准备逃奔广陵,
田頵追赶擒拿住他。没多久,宣州城中的军队擒拿周进思出来
投降,杨行密进入宣州,各位将领争着抢夺金银布帛,唯独徐温
占据粮仓做粥给饥饿的人吃。赵锽的将领周本勇猛,在军中称
第一,杨行密任命他为裨将。赵锽失败后,身边的人纷纷散去,

惟李德诚不去,行密以宗女妻之。诏以行密为观察使。

朱全忠与锽有旧,遣使求之,袁袭劝行密斩首还之。未几,袭卒,行密哭之曰:"天不欲成吾大功耶,何为折吾股肱也!"

**秋七月,朱全忠攻徐州,不克,引兵还。**

全忠遣朱珍攻徐州,拔萧县,据之。时溥与相拒,全忠欲自往临之。珍命诸军皆葺马厩,李唐宾部将严郊独惰慢,军吏责之,唐宾怒,见珍诉之,珍怒,斩之,白全忠云"唐宾谋叛"。敬翔恐全忠乘怒仓猝处置违宜,故留使者,逮夜,然后白之。全忠果大惊,翔因为画策,收唐宾妻子系狱,遣骑往慰抚,军中始安。七月,全忠至,珍出迎,执而诛之。进攻时溥,会大雨,引兵还。

**冬十月,平卢节度使王敬武卒。**

军中推其子师范为留后。

**十一月,上更名晔。 上祀圜丘。**

上将祀圜丘。故事,中尉、枢密皆裌衫侍从。僖宗之世已具襕笏,至是,又令有司制法服。孔纬及谏官、礼官皆以为不可,上出手札谕之曰:"卿等所论至当。事有从权,勿以小瑕遂妨大礼。"于是宦官始服剑佩侍祠。

上在藩邸,素疾宦官,及即位,杨复恭恃援立功,所为多不法,上意不平,政事多谋于宰相。孔纬、张濬劝上举

只有李德诚没有离开，杨行密把同族人的女儿嫁给他。朝廷下诏任命杨行密为观察使。

朱全忠与赵锽有老交情，就派使者向杨行密索要赵锽，袁袭劝说杨行密斩杀赵锽送还朱全忠。没过多久，袁袭死了，杨行密哭着说："老天不想让我成就大的功业，为什么要折损我的左膀右臂！"

**秋七月，朱全忠攻打徐州，没有攻克，带领军队返回。**

朱全忠派遣朱珍攻打徐州，攻下并占据了萧县。时溥与他相抗拒，朱全忠准备亲自率兵前往作战。朱珍命令各军都修盖马厩，只有李唐宾的部将严郊懒惰怠慢，军吏责怪他，李唐宾很恼怒，去见朱珍申诉，朱珍很恼怒，杀了李唐宾，告诉朱全忠说"李唐宾图谋叛乱"。敬翔担心朱全忠乘着怒火仓促处理此事有欠妥当，故意将朱珍的使者留下，到了夜晚，才向朱全忠禀告。朱全忠果然大为震惊，敬翔趁机为朱全忠出谋划策，先逮捕李唐宾的妻子、子女将她们拘禁在狱中，又派遣骑兵前往慰问安抚，军中上下才安定下来。七月，朱全忠到萧县，朱珍出来迎接，朱全忠擒拿并杀死了朱珍。朱全忠进攻时溥，正赶上天下大雨，就率领军队回去了。

**冬十月，平卢节度使王敬武去世。**

军中推举王敬武的儿子王师范为留后。

**十一月，唐昭宗改名为李晔。　唐昭宗到祭坛祭天。**

唐昭宗准备到祭坛祭天。按照旧例，朝廷中的中尉、枢密使都穿前襟分开的衣衫事奉皇帝。唐僖宗时，已经具备了士人的袍服和朝笏，这时，唐昭宗又命令有关官员制作礼服。孔纬和谏官、礼官都认为不适宜，唐昭宗出示亲手写的谕令说："你们所论得很得当。办事有时需要通权达变，切勿因小的缺失妨碍了朝廷的大礼。"在这时宦官开始穿礼服佩剑事奉皇帝祭礼。

唐昭宗在藩王府邸时，一向憎恶宦官，等到即位后，杨复恭倚仗有拥立皇帝的功劳，干了许多违法的事情，唐昭宗心中不平，有关朝政事务大多与宰相商议。孔纬、张濬劝说皇上依照

大中故事抑宦者权。复恭常乘肩舆至太极殿。他日,上与宰相言及四方反者,孔纬曰:"陛下左右有将反者,况四方乎?"上矍然问之,纬指复恭曰:"复恭,陛下家奴,乃肩舆造前殿。多养壮士为假子,使典禁兵,或为方镇,非反而何?"复恭曰:"子壮士,欲以收士心,卫国家,岂反邪!"上曰:"然则何不使姓李而姓杨乎?"复恭无以对。

复恭假子天威军使守立勇冠六军。上欲讨复恭,恐守立为乱,谓复恭曰:"朕欲得守立在左右。"复恭见之,上赐姓名李顺节,使掌六军管钥,不期年擢至天武都头,俄加平章事。及谢日,台吏申请班见百僚,孔纬判不集,顺节不悦。他日,语微及之,纬曰:"宰相师长百僚,故有班见。相公职为都头,而于政事堂班见百僚,于意安乎?"顺节不敢复言。

朱全忠求领盐铁,纬谓进奏吏曰:"朱公须此职,非兴兵不可!"全忠乃止。

**十二月**,田令孜杀刘巨荣。
巨荣能烧药为黄金,田令孜求其方,不与,恨之。至是,杀巨容,灭其族。

**庚戌**(890)　大顺元年
春正月,群臣上尊号。　李克用拔邢州。　王建攻邛州。

王建攻邛州,陈敬瑄遣其大将杨儒将兵三千,助刺史

唐宣宗大中年间的旧例抑制宦官的权力。杨复恭经常乘坐轿子到太极殿。有一天，唐昭宗与宰相谈到四方谋反叛乱的事，孔纬说："皇帝身边就有准备谋反的人，何况四方呢？"唐昭宗惊讶地追问他，孔纬指着杨复恭说："杨复恭是陛下的家奴，就能乘坐轿子到前殿。他招养许多壮士当养子，让他们掌管朝廷的禁军，有的到地方镇所为官，不是谋反又是什么？"杨复恭说："我招养壮士为义子，想收拢将士的心，保卫国家，哪里是谋反啊！"唐昭宗说："那他们为什么不姓李而姓杨呢？"杨复恭无言以对。

杨复恭的养子天威军使杨守立英勇善战，在朝廷的军队中很有名声。唐昭宗想整治杨复恭，又担心杨守立作乱，就对杨复恭说："朕想把杨守立调到身边。"杨复恭向唐昭宗引见杨守立，唐昭宗赏赐他姓名李顺节，让他掌管朝廷军队各营门的启闭，不到一年，提升他做了天武都头，不久又加封同平章事。等到谢恩的日子，御史大夫请求朝中百官排班拜见李顺节，孔纬裁决不召集百官排班，李顺节不高兴。有一天，孔纬与李顺节言谈中稍稍涉及这件事，孔纬说："宰相是朝中百官的师长，所以有百官排班拜见的礼节。您的官职是都头，而在政事堂上让百官排班拜见，能够心安吗？"李顺节不敢再说了。

朱全忠请求兼任盐铁转运使，孔纬对进奏的官吏说："朱全忠想要这个职务，除非他发兵来抢不可！"朱全忠于是就放弃了这个要求。

十二月，田令孜杀了刘巨荣。

刘巨荣能够烧炼药物制成黄金，田令孜向他索求炼制黄金秘方，没有给，田令孜恨上了他。到这时，田令孜杀了刘巨荣，灭了他的家族。

庚戌(890)　唐昭宗大顺元年

春正月，群臣为唐昭宗进上尊号。　李克用攻克邢州。王建攻打邛州。

王建攻打邛州，陈敬瑄派他的大将杨儒率兵三千，帮助刺史

毛湘守之。儒登城,见建兵盛,叹曰:"唐祚尽矣,王公治众严而不残,殆可以庇民乎!"遂帅所部出降,建养以为子,更名宗儒。

留判官张琳为邛南招安使,引兵还成都。

韦昭度营于唐桥,建营于东阊门外,事昭度甚谨,简、资、嘉、永四州皆降。

**二月,杨行密取润州。 李克用攻云州。**

克用将兵攻云州,克其东城。防御使赫连铎求救于卢龙,李匡威将兵三万赴之,克用引还。

**以杨行密为宁国军节度使。 夏四月,诏削夺李克用官爵属籍,以张濬为招讨制置使,会诸道兵讨之。**

赫连铎、李匡威请讨李克用,朱全忠亦上言:"克用终为国患,臣请与河北三镇共除之,乞朝廷命大臣为统帅。"

初,张濬因杨复恭以进,复恭中废,更附田令孜而薄复恭。复恭再用事,深恨之。上知濬与复恭有隙,特亲倚之,濬亦以功名为己任,每自比谢安、裴度。克用薄其为人,闻其作相,私谓诏使曰:"张公好虚谈而无实用,倾覆之士也。主上采其名而用之,他日交乱天下,必是人也。"濬闻而衔之。

上从容与濬论当今所急,对曰:"莫若强兵以服天下。"上于是募兵京师,至十万人。

及全忠请讨克用,上命二省、御史台四品以上议之,以为不可者十六七,杜让能、刘崇望亦以为不可。濬欲倚外势

毛湘守城。杨儒登城，看到王建人马强盛，叹息说："唐朝的气数走到了尽头，王建治理军队严厉而不残暴，大概可以保护百姓了！"于是率领所部人马出城投降，王建收养杨儒为义子，改换姓名叫王宗儒。

王建留下判官张琳为邛南招安使，自己率领军队回到成都。

韦昭度在唐桥建立军营，王建在东阆门外安设军营，王建事奉韦昭度很谨慎，简、资、嘉、永四州都投降王建。

**二月，杨行密攻取润州。　李克用攻打云州。**

李克用领兵攻打云州，攻克云州东城。防御使赫连铎向卢龙节度使求救，李匡威率领军队三万人赶赴云州，李克用率军归还。

**朝廷任命杨行密为宁国军节度使。　夏四月，朝廷下诏削去李克用的官职、爵位和赐李姓之后所编的属籍，任命张濬为招讨制置使，会合各道兵马讨伐李克用。**

赫连铎、李匡威请求讨伐李克用，朱全忠也向朝廷进言："李克用最终要成为国家的祸患，臣请求与河北三镇的人马一同除掉他，恳求朝廷任命一位大臣充当统帅。"

起初，张濬凭仗杨复恭得以晋升，杨复恭后来失宠，张濬就又依附田令孜而疏远了杨复恭。杨复恭再度当权，对张濬大为怨恨。唐昭宗得知张濬与杨复恭有怨仇，就格外倚重张濬，张濬也以建立功业树立名声为己任，常常以谢安、裴度自比。李克用鄙薄张濬的为人，听说他当了宰相，私下里对传达诏令的使臣说："张濬喜好空谈而不能办实事，是位让朝廷颠覆倾倒的人。皇上因他有虚名而重用他，将来使天下发生混乱的，一定是这个人。"张濬听到后对李克用怀恨在心。

唐昭宗从容地与张濬探讨当今最为紧迫的事情，张濬回答说："没有比增强军队威服天下更重要的了。"唐昭宗于是在京城招募兵马，达到了十万人。

等到朱全忠请求讨伐李克用，唐昭宗就下令尚书省、门下省与御史台四品以上的官员商议这件事，认为不能讨伐的人占十分之六七，杜让能、刘崇望也认为不能讨伐。张濬想要倚仗外部势力

以挤复恭,乃曰:"先帝再幸山南,沙陀所为也。臣常虑其与河朔相表里,致朝廷不能制。今两河藩镇共请讨之,此千载一时也,但乞陛下付臣兵柄,旬月可平。"孔纬曰:"濬言是也。"复恭曰:"先朝播迁,虽藩镇跋扈,亦由居中之臣措置未得其宜。今宗庙甫安,不宜更造兵端。"上曰:"克用有兴复大功,今乘其危而攻之,天下其谓我何?"纬曰:"陛下所言,一时之体也,张濬所言,万世之利也。"上以二相言叶,僶俛从之,曰:"兹事付卿二人,无贻朕羞。"

乃以濬为河东行营都招讨制置使,孙揆副之。

濬奏给事中牛徽为行营判官,徽曰:"国家以丧乱之余,欲为英武之举,横挑强寇,吾见其颠沛也。"遂以衰疾固辞。

濬发京师,言于上曰:"俟臣先除外忧,然后为陛下除内患。"杨复恭窃听闻之。饯濬于长乐坂,属濬酒,濬辞,复恭戏之曰:"相公杖钺专征,作态邪?"濬曰:"俟平贼还,方作态耳。"复恭益忌之。濬会诸道兵于晋州。

**昭义军乱,杀留后李克恭。朱全忠取潞州,李克用遣兵围之。诏以孙揆领昭义节度使。**

初,李克用巡潞州,以供具不厚,怒节度使李克脩,诟而笞之,克脩惭愤成疾,卒。克用表其弟克恭为留后,克恭

来排挤杨复恭，就说："先帝第二次巡幸山南，是李克用带沙陀人逼迫的。臣常常担心忧虑李克用与河朔的人马相互勾结，致使朝廷难以控制。现在河南、河北两藩镇共同请求讨伐李克用，这正是千载难逢的一个时机，只恳请陛下授予臣统领军队的大权，一个月左右就可以消灭李克用。"孔纬说："张濬说得对。"杨复恭说："先帝流离迁徙，虽然是因为各藩镇骄横跋扈造成的，但也是因为朝中大臣措施安排不当所造成的。现在朝廷刚刚安定下来，不应当再兴兵开战。"唐昭宗说："李克用有打败黄巢收复京城的大功，现在趁他处在困难之中而去攻击他，天下人会怎样说我呢？"孔纬说："陛下所说的，是现在一时间的体面，张濬所说的，是今后万世的大利。"唐昭宗因为张濬、孔纬两位宰相意见相合，不得已依从了他们，说："这件事就给你们二人去办理，但不要让朕蒙受羞辱。"

于是任命张濬为河东行营都招讨制置使，孙揆为副使。

张濬奏请唐昭宗任命给事中牛徽为行营判官，牛徽说："国家刚刚经历了先帝的丧事和战乱，想要干出英勇威武的壮举，粗暴地挑动强盛的李克用军队进行争斗，我看到了天下动荡混乱的前景。"于是牛徽就以年纪衰老、身有疾病为借口坚决拒任新任命的官职。

张濬从京城长安出发，对唐昭宗说："等臣先消除了国家的外忧，然后再为陛下铲除内患。"杨复恭偷偷地听到了这些话。杨复恭在长乐坡为张濬饯行，向张濬劝酒，张濬推辞不饮，杨复恭取笑他说："相公奉有皇帝的符节与斧钺专行出征，现在是故作姿态吗？"张濬说："等我消灭贼寇回来，才是作姿态呢。"杨复恭更加忌恨他了。张濬在晋州集合了各道兵马。

**昭义军发生动乱，杀死留后李克恭。朱全忠攻取潞州，李克用派军队围攻他。朝廷下诏任命孙儒为昭义节度使。**

起初，李克用巡视潞州，因为供给和用具不丰厚，对节度使李克脩很恼怒，斥骂并用鞭子抽打他，李克脩惭愧忧愤之下患病，去世。李克用进呈表文请求任命他的弟弟李克恭为留后，李克恭

骄恣，不晓军事。潞人素乐克脩简俭，以其死非罪，怜之。
昭义有精兵号后院将，克用将图河朔，令克恭选五百人送
晋阳，克恭遣小校冯霸部送至铜鞮。霸劫其众以叛，牙将
安居受帅其党作乱，克恭自焚死。霸引兵入潞，自为留后。

朱全忠遣河阳留后朱崇节将兵入潞州，克用遣康君
立、李存孝将兵围之。诏以孙揆领昭义节度使。

**六月，朱全忠为宣武、宣义节度使。**
更名义成军曰宣义。
**秋八月，李克用执招讨副使孙揆以归，杀之。**
七月，官军至阴地关，朱全忠遣骁将葛从周将千骑潜
自壶关夜抵潞州，犯围入城，又遣别将攻李罕之于泽州，奏
请遣孙揆赴镇。张濬亦恐昭义遂为汴人所据，使揆将兵二
千趣潞州。

八月，发晋州，李存孝闻之，以三百骑伏于长子西谷
中，擒揆及中使韩归范，献于克用。克用欲以揆为河东副
使，揆曰："吾天子大臣，兵败而死，分也，岂能复事镇使
邪！"克用怒，命锯之，不能入。揆骂曰："死狗奴，锯人当用
板夹，汝岂知耶！"乃以板夹而锯之，至死骂不绝声。

**九月，朱全忠遣兵围泽州，李克用养子存孝与战，破
之，复取潞州。**
汴军之初围泽州也，呼李罕之曰："相公每恃河东，
今张相公围太原，葛仆射入潞府，旬日之间，沙陀无穴自
藏，相公何路求生邪！"及李存孝至，选精骑五百，绕汴寨

骄横放纵,不懂得军事。潞州人一向对李克脩简朴节俭有好感,认为他不是因自身的罪过而死亡,很怜悯他。昭义节度使有精锐的部队称为"后院将",李克用准备获取黄河以北的地盘,令李克恭选择后院将五百人送往晋阳,李克恭派他的小校冯霸部送到铜鞮。冯霸劫持这些人马叛逃,牙将安居受率领他的党羽叛乱,李克恭自焚而死。冯霸率领人马进入潞州,自任为留后。

朱全忠派遣河阳留后朱崇节率军队进入潞州,李克用派遣康君立、李存孝率领军队围困潞州。朝廷下诏任命孙儒为昭义节度使。

**六月,朱全忠成为宣武、宣义两镇节度使。**

将义成军更名为宣义军。

**秋八月,李克用擒获招讨副使孙揆回到镇所,杀害了他。**

七月,官军行进到阴地关,朱全忠派遣猛将葛从周率领一千骑兵偷偷从壶关在夜间抵达潞州,冲破外围进入潞州城,又派遣其他将领到泽州进攻李罕之,上奏朝廷请求派遣孙揆到潞州镇所。张濬也担心昭义被朱全忠的汴州人所占据,命令孙揆率领两千士卒赶赴潞州。

八月,孙揆从晋州出发,李存孝听说了,派三百名骑兵埋伏在长子县西面的山谷中,擒获孙揆和中使韩归范,将人献给李克用。李克用准备任用孙揆为河东副使,孙揆说:"我是天子的大臣,打仗失败而死,是我的本分,怎能再事奉一方的节度使!"李克用很恼怒,命令用锯锯他,不能锯入。孙揆大骂说:"该死的狗奴才,锯人应当使用板子夹起来,你们哪里知道!"于是用板子将孙揆夹起来锯,孙揆直到死骂声不停。

**九月,朱全忠派军队围攻泽州,李克用的义子李存孝与朱全忠的军队交战,击败了他们,再次夺得潞州。**

汴州的军队开始围攻泽州,向李罕之呼喊说:"您常常倚仗河东节度使李克用,现在宰相张濬围攻太原,仆射葛从周进入潞州官府,十日之内,李克用的沙陀人就无处藏身了,您还到哪里去求生路呢!"等到李存孝赶来,挑选精锐骑兵五百名,围绕汴军的营寨

呼曰："我，沙陀之求穴者也，欲得尔肉以饱士卒，可令肥者出斗！"邓季筠亦骁将也，引兵出战，存孝生擒之，余众遁去，存孝大破之。复攻潞州，葛从周亦走归。全忠时军河阳，亦引还。

克用以康君立为昭义留后，存孝为汾州刺史。存孝以不得昭义愤恚，始有叛志。
**李匡威攻蔚州，李克用养子嗣源击走之。**
嗣源性谨重廉俭，诸将相会，各自诧勇略，嗣源独默然，徐曰："诸君喜以口击贼，嗣源但以手击贼耳。"众惭而止。

**王建克邛州。**
邛州刺史毛湘本田令孜亲吏，王建攻之急，食尽，救兵不至。湘谓都知兵马使任可知曰："吾不忍负田军容，吏民何罪？尔可持吾头归王建。"乃沐浴以俟刃。可知斩湘以降。建入邛州，以张琳知留后。缮完城隍，抚安夷獠，经营蜀、雅。引兵还成都。

**冬十月，王建取蜀州。**　**李克用遣兵拒官军于赵城，官军溃，张濬、韩建遁还。**
官军出阴地关，克用遣李存孝将兵五千营于赵城。镇国节度使韩建以壮士三百夜袭其营，存孝设伏以待之，建兵不利，静难、凤翔之兵不战而走，禁军自溃。河东兵乘胜逐北，抵晋州西门。张濬出战，又败。静难、凤翔、保大、定难之军先渡河西归，濬独有禁军及宣武军合万人，与韩建闭城拒守。存孝攻晋州三日，语其众曰："张濬宰相，俘之无益，天子禁兵，不宜加害。"乃退五十里而军。濬、建乃得遁去。

喊道:"我们是沙陀寻找藏身之地的人,想要拿你们身上的肉去喂饱我们的士卒,可以让肥胖的人出来交手!"邓季筠也是一员猛将,率军队出战,李存孝将他活捉,其余人逃走了,李存孝将汴军打得大败。李存孝再次攻打潞州,葛从周也逃回去。朱全忠当时驻扎在河阳,也率领军队撤回。

李克用任用康君立为昭义留后,李存孝为汾州刺史。李存孝因为没得到昭义的官职而气愤怨恨,开始有背叛李克用的心思。

**李匡威进攻蔚州,李克用的义子李嗣源将他击退。**

李嗣源性情谨慎稳重、廉洁节俭,各将领相聚,各夸自己英勇有胆略,只有李嗣源沉默,慢慢地说:"各位喜好用嘴攻击贼寇,我只是用手攻击贼寇罢了。"大家感到惭愧停止了自夸。

**王建攻取邛州。**

邛州刺史毛湘本是田令孜的亲信,王建攻打他愈来愈紧迫,城中粮食吃光,救援的军队还没赶到。毛湘对都知兵马使任可知说:"我不忍心辜负田军容使,官吏百姓有什么罪过?你可以拿着我的头去投降王建。"于是洗澡后等待砍头。任可知斩杀毛湘向王建投降。王建进入邛州,任用张琳执掌留后事务。将邛州城池修缮完好,抚恤安定夷獠边民,筹划蜀州、雅州的管理。王建率领军队回到成都。

**冬十月,王建攻取蜀州。  李克用派遣军队在赵城抗拒官军,官军溃败,张濬、韩建逃回。**

官军开出阴地关,李克用派李存孝率领军队五千人在赵城扎营。镇国节度使韩建派三百名壮士乘夜间袭击李存孝的营寨,李存孝设下埋伏等待韩建军,韩建军失利,静难、凤翔的人马没有交战就后撤,禁军也自行溃散。河东军队乘胜追击,直到晋州城西门。张濬出来迎战,又被打败。静难、凤翔、保大、定难的军队先行渡过黄河向西回奔,张濬只有禁军和宣武军总共一万人,与韩建一起紧闭城门固守。李存孝攻打晋州三天,对属下说:"张濬是朝中宰相,停虏他没什么好处,天子的禁军,我们也不应当斩杀。"于是后撤五十里驻扎。张濬、韩建才得以逃走。

存孝取晋、绛二州,大掠慈、隰之境。

先是,克用遣韩归范归,附表讼冤,曰:"臣父子三代,受恩四朝,破庞勋,剪黄巢,黜襄王,存易、定,致陛下今日冠通天之冠,佩白玉之玺,未必非臣之力也。若以攻云州为臣罪,则拓跋思恭之取鄜延,朱全忠之侵徐、郓,何独不讨?赏彼诛此,臣岂无辞?今张濬既已出师,则臣固难束手。已集蕃、汉兵五十万,欲直抵蒲、潼,与濬格斗。若其不胜,甘从削夺。不然,轻骑叫阍,顿首丹陛,诉奸回于扆座,纳制敕于庙庭,然后自拘司败,恭俟铁质。"表至,濬已败,朝廷震恐。濬、建至河阳,撤屋为栰以济,师徒失亡殆尽。

是役也,朝廷倚朱全忠及河朔三镇,及濬至晋州,全忠方连兵徐、郓、镇、魏倚河东为扦蔽,皆不出兵。兵未交而孙揆被擒,杨复恭复从中沮之,故濬军望风自溃。

**复置昇州。**

辛亥(891) 二年
春正月,朱全忠攻魏博,罗弘信拒之,不克,请和,全忠乃还。

初,全忠假道于魏以伐河东,罗弘信不许,乃自黎阳济河击魏。丁会、葛从周取黎阳、临河,庞师古、霍存下淇门、卫县,全忠自以大军继之。弘信军于内黄,全忠击之,五战皆捷。弘信惧,遣使厚币请和,全忠乃还,魏博自是服于汴。

李存孝占领晋、绛二州，太肆抢掠慈州、隰州一带。

起初，李克用遣韩归范回到朝廷，让他捎上奏表申诉冤情说："臣家父子三代人，蒙受武、宣、懿、僖四朝的恩德，打败叛逆庞勋，剪除寇贼黄巢，废黜襄王李煴，保存易州、定州，才使得陛下现在头戴帝王的冠冕，身佩白玉宝玺，未必不是臣的功劳。如果以攻打云州归罪臣，那么拓跋思恭攻取鄜延，朱全忠侵扰徐州、郓州，为什么不进行讨伐？赏赐他们却讨伐臣等，臣怎能没有话说？现在张濬既然已经出动军队，臣就难以束手待擒。已聚集蕃族、汉族的人马五十万，准备直抵蒲州、潼关，与张濬决一死战。如果不能取胜，甘愿被削去官职爵位。不然的话，臣等轻装骑马去敲响皇宫的大门，在红色的殿阶前叩首，到陛下的屏风宝座下申诉奸恶邪僻之人，去先帝的宗庙缴纳诏令敕书，然后自己捆绑起来到刑官那里，恭敬地等候用刑被斩。"表章一到，张濬已经失败，朝中百官震惊恐惧。张濬、韩建到达河阳，拆除百姓房屋做成木筏用来渡过黄河，军中士卒逃走死亡差不多光了。

这次战役，朝廷想倚仗朱全忠和黄河以北三镇军队，等张濬到达晋州，朱全忠才联合徐州、郓州的军队，镇州、魏州倚仗河东当作屏障，都不出兵。军队没有交战，孙揆就被擒拿，杨复恭又在朝廷中作梗，所以张濬的军队一战即溃，望风而逃。

**重新设置昇州。**

### 辛亥（891）　唐昭宗大顺二年
**春正月**，朱全忠进攻魏博，罗弘信抵御，不能取胜，向朱全忠请和，朱全忠于是回军。

起初，朱全忠向魏博军借道讨伐河东，罗弘信没有允许，朱全忠从黎阳渡过黄河攻打魏博军。丁会、葛从周攻取黎阳、临河，庞师古、霍存打下淇门、卫县，朱全忠亲自率领大军为后援。罗弘信的军队在内黄驻扎，朱全忠攻击他，交战五次都取得了胜利。罗弘信畏惧朱全忠，派使者带着丰富的礼物向朱全忠求和，朱全忠于是返回。从此魏博罗弘信顺服了朱全忠。

孔纬、张濬罢，以崔昭纬、徐彦若同平章事。 贬孔纬、张濬远州刺史，复李克用官爵。

李克用上表曰："张濬以陛下万代之业，邀自己一时之功，知臣与朱温深仇，私相连结。臣今身无官爵，名是罪人，不敢归陛下藩方，且欲于河中寄寓，进退行止，伏俟指麾。"于是再贬纬、濬，复克用官爵，使归晋阳。杨复恭遣人劫孔纬于长乐坡，资装俱尽。

**孙儒攻宣州。**

孙儒尽举淮、蔡之兵济江，转战而南，杨行密城戍皆望风奔溃。儒将李从立奄至宣州东溪，行密守备尚未固，众心危惧。夜使其将台濛将五百人屯溪西，濛使士卒传呼，往返数四，从立以为大众继至，遽引去。儒前军至溧水，行密使其将李神福帅精兵袭之，俘斩千人。

朱全忠遣使与行密约共攻儒，儒恃其强，移牒藩镇，数行密、全忠之罪，且曰："俟平宣、汴，当引兵入朝，除君侧之恶。"于是悉焚扬州庐舍，尽驱丁壮及妇女渡江，杀老弱以充食。

**二月**，加李克用中书令，贬张濬绣州司户。

张濬奔华州依韩建，与孔纬密求救于朱全忠，全忠表讼其冤，朝廷不得已，并听自便。

**三月**，复陈敬瑄官爵，诏顾彦朗、王建罢兵。

韦昭度将诸道兵十余万讨陈敬瑄，三年不能克，馈运不继，朝议欲息兵，故有是命。

孔纬、张濬罢相，朝廷任命崔昭纬、徐彦若为同平章事。　朝廷贬谪孔纬、张濬到边远地区当州刺史，恢复李克用的官职爵位。

李克用上表说："张濬用陛下世世代代的基业，牟取他自己一时的功业，他得知臣与朱温有深仇大恨，便与他私下里相互勾结。臣现在已没有官职爵位，只有罪人的名声，不敢再回陛下的藩镇，准备暂且在河中寄居，至于是进是退，是行是止，敬候朝廷的指挥。"在这一情况下，朝廷再次将孔纬、张濬贬职，恢复李克用的官职和爵位，让他归返晋阳。杨复恭派人在长乐坡劫夺孔纬，抢光了他的资财装备。

**孙儒攻打宣州。**

孙儒发动淮州、蔡州的全部军队渡过长江，辗转作战向南行进，杨行密的守城士卒都望风而逃。孙儒的将领李从立突然到达宣州东溪，杨行密的守卫防备还没有牢固，军队中人人心中自危恐惧。夜间，杨行密派手下将领台濛率领五百人到溪水的西面驻扎，台濛命令士卒相继呼喊，往返很多次，李从立以为是杨行密的大队人马陆续赶到，马上率部退走。孙儒的前队人马到达溧水，杨行密派将领李神福率领精锐人马袭击他，俘虏斩杀了千人。

朱全忠派使者与杨行密约好共同攻打孙儒，孙儒倚仗自己军力强盛，向各个藩镇传送檄文，历数杨行密、朱全忠的罪行，并且说："等我消灭宣州、汴州的军队，就要率领军队进入京城，清除皇帝身边的奸臣。"这时，孙儒将扬州城的房屋全部放火焚烧，驱赶所有青壮年男子与女子渡过长江，斩杀年老体弱的人当食物充饥。

**二月，朝廷加封李克用中书令，贬谪张濬为绣州司户。**

张濬逃奔华州去依附韩建，又与孔纬秘密向朱全忠求援，朱全忠上表为张濬、孔纬申诉冤情，朝廷不得已，让他们各随其便。

**三月，恢复陈敬瑄的官职爵位，下诏让顾彦朗、王建罢兵休战。**

韦昭度率领各道人马十余万讨伐陈敬瑄，三年不能攻克，物资运送供应不上，朝廷商议准备停战撤军，所以有恢复陈敬瑄官职爵位的诏令。

**以王师范为平卢节度使。**

师范初为留后,棣州刺史张蟾不从,起兵讨之。至是,师范遣其将卢弘击棣州,弘引兵还攻师范,师范使人迎之,仍请避位。弘以师范年少信之,不设备。师范密谓小校刘郡曰:"汝能杀弘,吾以汝为大将。"弘入城,师范伏甲而飨之,郡杀弘于座,师范慰谕士卒,自将以攻棣州,杀蟾,以郡为马步副都指挥使。诏以师范为节度使。

师范和谨好学,每本县令到官,师范辄备仪卫往谒之;命客将挟令坐厅事,自称百姓,拜之于庭。僚佐或谏,师范曰:"吾敬桑梓,所以教子孙不忘本也。"

**夏四月,彗星见,赦天下。**

彗星出三台,入太微,长十丈余。

**王建逐韦昭度,还攻成都。**

成都城中乏食,弃儿满路,饿殍狼籍。吏民多谋出降,敬瑄悉捕其族党诛之。

王建见罢兵制书,曰:"大功垂成,奈何弃之!"周庠劝建请韦公还朝,独攻成都,克而有之。于是建表:"敬瑄、令孜罪不可赦,愿毕命以图成功。"复说昭度曰:"今关东藩镇迭相吞噬,此腹心之疾也,相公宜早归庙堂,与天子谋之。敬瑄,疥癣,责建可办也。"昭度犹豫未决,建擒其亲吏骆保,于行府门脔食之。昭度大惧,遽称疾,以印节授建,即日东还。建送之出剑门,即以兵守之,不复内东军。急攻成都,环城烽堠亘五十里。

**朝廷任命王师范为平卢节度使。**

起初，王师范当留后，棣州刺史张蟾不服从，发兵马讨伐他。到这时，王师范派遣手下将领卢弘攻打棣州，卢弘却率领军队返回攻打王师范，王师范派人迎接他，就请求退位让贤。卢弘因为王师范年纪不大，相信了他的话而不加防备。王师范秘密对军中小校刘郭说：“你如果将卢弘斩杀，我就任用你为大将。”卢弘进入城内，王师范埋伏下士卒却用酒食款待卢弘，刘郭在座位上杀死卢弘，王师范抚慰传告士卒，亲自率军攻打棣州，杀死张蟾，任用刘郭为马步副都指挥使。朝廷下诏任命王师范为节度使。

王师范平和谨慎、喜好学习，每当有本地县令到达任所，王师范就准备下仪卫前往拜谒；命令主持仪礼的人护卫县令坐在厅堂之上，王师范自称百姓，在厅堂上拜见。有的属下官吏劝阻他，王师范说：“我敬重家乡，是因为要教导子孙不要忘本。”

**夏四月，出现彗星，唐昭宗下诏大赦天下。**

彗星出现在三台，进入太微垣，长有十多丈。

**王建驱逐韦昭度，回攻成都。**

成都城中缺少食物，被抛弃的儿童到处都是，被饿死的人横尸散乱一片。官吏百姓有许多人计划出城投降，陈敬瑄就将这些人的全家族人都逮捕杀掉。

王建看到停战撤兵的诏书，说：“大功就要告成，怎能舍弃呢！”周庠劝说王建请韦昭度返回朝廷，独自攻打成都，攻克并占据此城。这时王建进表说：“陈敬瑄、田令孜的罪恶不能够赦免，我愿豁出性命来求得成功。”又对韦昭度说：“现在关东各藩镇相互吞并，这是国家的心腹之患，您应当尽早返回朝廷，与天子一同谋划这些事。陈敬瑄是疥疮一样，不是大祸害，责成我就可以办理了。”韦昭度犹豫不决，王建擒获韦昭度的亲信官吏骆保，在行府门口把他割成肉块吃掉。韦昭度大为恐惧，立即声称有病，将帅印符节授给王建，即日向东返回长安。王建送韦昭度出剑门，立刻派士卒把守，不再让东面的军队进入。王建急攻成都，环绕成都的烽火堑壕绵延五十里。

五月，孙儒遣兵据滁、和，杨行密攻克之。 秋七月，李克用攻云州，克之。 王建克成都，自称西川留后。

陈敬瑄巡内州县率为建所取，田令孜登城谓建曰："老夫向于公甚厚，何见困如是？"建曰："父子之恩岂敢忘，但朝廷命建讨不受代者，倘太师改图，建复何求！"是夕，令孜自携印节诣建营授之，建泣谢，请复为父子如初。

敬瑄开城迎建，建下令禁焚掠，自称西川留后。

初，敬瑄之拒命也，令孜欲盗其军政，谓曰："军务烦劳，不若尽以相付，兄但高居自逸而已。"敬瑄素无智能，忻然许之，自是军事皆不由己，以至于亡。敬瑄寓居新津，建以一县租赋赡之，将佐有器干者，建皆礼而用之。

**九月，以杨复恭为上将军，致仕。**

杨复恭总宿卫兵，专制朝政，诸假子皆为节度使。又养宦官子六百人皆为监军。

上舅王瓌求节度使，复恭不可，瓌怒诟之，复恭奏以为黔南节度使，至桔柏津，覆诸江中，上深恨之。

李顺节尽以复恭阴事告上，上乃出复恭为凤翔监军。复恭悒怼不肯行，称疾求致仕，从之。使者致诏命还，复恭潜刺杀之。

**冬十月，以王建为西川节度使。**

五月，孙儒派遣军队占据滁州、和州，杨行密攻下了滁、和二州。　秋七月，李克用攻打并攻克云州。　王建攻克成都，自称西川留后。

陈敬瑄辖下的州县都被王建所攻取，田令孜登上成都城楼对王建说："老夫以往待你相当宽厚，为什么要如此围困我？"王建说："父子的恩情怎能忘记，只是朝廷命令我讨伐不接受来取代他的人，倘若您改变想法，我又有什么谋求的！"当天傍晚，田令孜亲自携带官印符节到王建的军营交给他，王建哭着拜谢，请求恢复他们原来的父子关系。

陈敬瑄打开成都城门迎接王建，王建下令禁止焚烧抢掠，自称为西川留后。

起初，陈敬瑄拒绝接受朝廷的命令时，田令孜想要窃取他的军政大权，对他说："军中事务繁重辛劳，不如全部交我办理，老兄只是高高在上悠闲玩乐便可以了。"陈敬瑄一向没有什么智谋才能，很高兴地应允了，从此以后，陈敬瑄对军中事务都不能自作主张，直到灭亡为止。陈敬瑄在新津县居住，王建用一个县的田租赋税赡养他，对于陈敬瑄手下有器识才干的将领，王建全都以礼相待并任用他们。

**九月，朝廷任命杨复恭为上将军，杨复恭去官归养。**

杨复恭统领宫中宿卫兵，对于朝中政务专断独行，他的各养子都是节度使。他又收养了宦官儿子六百人，都做监军。

唐昭宗的舅舅王瓌谋求做节度使，杨复恭认为不可以，王瓌恼怒中大骂杨复恭，杨复恭奏请任命王瓌为黔南节度使，王瓌赴任到达桔柏津，被杨复恭所指使的人沉于江中溺死，唐昭宗更加憎恨杨复恭。

李顺节将杨复恭暗中所作所为都禀告给唐昭宗，唐昭宗于是下令杨复恭为凤翔监军，离开朝廷。杨复恭心怀怨恨，不肯赴任，声称有病请求去官归养，唐昭宗应允了他。唐昭宗的使者颁发诏令返回，杨复恭暗中派人刺杀了使者。

**冬十月，朝廷任命王建为西川节度使。**

建留心政事,容纳直言,好施乐士,用人各尽其材,谦恭俭素。然多忌好杀,诸将有功名者,多因事诛之。

**杨复恭谋反,遣天威都头李顺节讨之,复恭走兴元,与杨守亮等举兵拒命。**

复恭居第近玉山营,假子守信为玉山军使,数往省之。或告复恭与守信谋反,上御安喜门,命李顺节将兵攻其第,不克。禁军欲掠两市,遇刘崇望,立马谕之,曰:"天子亲在街东督战,汝曹皆宿卫之士,当于楼前杀贼立功,勿贪小利,自取恶名。"众皆曰:"诺。"遂从而东。守信兵望见溃走,守信与复恭挈其族趣兴元,与杨守亮等同举兵拒朝廷,以讨李顺节为名。

**李克用攻王镕,大破之,拔临城。　朱全忠取曹州。**

全忠取曹州,徐之骁将刘知俊降之,时溥军自是不振。

**十二月,杀天威都头李顺节。**

顺节恃恩骄横,出入常以兵自随。中尉刘景宣、西门君遂恶之,白上,恐其作乱,诱杀之,百官表贺。

**孙儒攻宣州。**

孙儒引兵逼宣州,屡破杨行密之兵,旌旗辎重亘百余里。行密求救于钱镠,镠以兵食助之。

**杨守亮执中使,寇梓州,王建遣兵救之。**

东川节度使顾彦朗卒,以其弟彦晖代之,遣中使宋道弼赐旌节。杨守亮囚而夺之,使守厚将兵攻梓州。彦晖求救于王建,建遣其将华洪等救之,而密谓诸将曰:"汝等破贼,

王建留心行政事务,采纳进谏的直言,喜好施予,乐于结交人才,使用人能够各尽其才,待人谦虚恭敬,生活节俭朴素。但是王建性情多猜忌好杀,手下将领中立功有名的人物,大多因事被杀。

**杨复恭谋划叛乱,朝廷派遣天威都头李顺节讨伐他,杨复恭逃往兴元,与杨守亮等人发动军队抗拒朝廷。**

杨复恭的住所靠近玉山营,养子杨守信为玉山军使,多次前往看望杨复恭。有人告发杨复恭与杨守信谋反,唐昭宗登上安喜门,命令李顺节率军队攻打杨复恭的住宅,没有攻克。宫中卫队想要抢掠东、西二市,遇到刘崇望,他停下马开导这些士兵说:"天子亲自在街东督率作战,你们都是保卫皇帝的士兵,应当去安喜楼前杀贼立功,不要贪图小利,自取罪恶的声名。"大家都说:"是。"于是跟从刘崇望向东奔去。杨守信的人马看到他们来了就溃散逃走,杨守信与杨复恭带着家人向兴元逃跑,以讨伐李顺节为名,与杨守亮等人一同举兵抗拒朝廷。

**李克用攻打王镕,大败他们,攻克临城。　朱全忠攻克曹州。**

朱全忠攻克曹州,徐州军队的猛将刘知俊投降,从此以后时溥的队伍一蹶不振。

**十二月,唐昭宗杀死天威都头李顺节。**

李顺节倚仗皇恩骄傲专横,出入皇宫常有卫兵护卫他。中尉刘景宣、西门君于是憎恨他,向唐昭宗告发,唐昭宗恐怕李顺节发动叛乱,将李顺节诱杀,朝中百官上表庆贺。

**孙儒攻打宣州。**

孙儒率领军队逼近宣州,屡次打败杨行密的军队,他的军队的旗帜和粮草器械等物资绵延一百多里。杨行密向钱镠求救,钱镠援助他军需粮食。

**杨守亮扣压朝廷的使臣攻打梓州,王建派军队去救助。**

东川节度使顾彦朗去世,朝廷任命他的弟弟顾彦晖代替他,派中使宋道弼前往赐予旌旗节钺。杨守亮抓住宋道弼并夺取了旌节,令杨守厚率军队攻打梓州。顾彦晖向王建求救,王建派遣他的将领华洪等去救援,却秘密对各将领说:"你们打败贼寇后,

彦晖必犒师，因报宴而执之，无烦再举也。"洪等破守厚，走之。彦晖犒师，及将报宴，王宗弼告之，彦晖以疾辞。守亮又欲自金、商袭京师，均州刺史冯行袭逆击，大破之。诏以行袭为昭信防御使，治金州。

**福建观察使陈岩卒。**

岩疾病，遣使召泉州刺史王潮，欲授以军政，未至而卒。都将范晖讽将士推己为留后，发兵拒潮。

**壬子**(892) **景福元年**
**春二月，以李茂贞为山南西道招讨使。**

先是，凤翔李茂贞、静难王行瑜、镇国韩建、同州王行约、秦州李茂庄五节度使上言："杨守亮容匿叛臣杨复恭，请出兵讨之。乞加茂贞山南西道招讨使。"朝议以茂贞得山南，不可复制，下诏和解之，皆不听。

茂贞、行瑜擅举兵击兴元，表请不已。遗杜让能、西门君遂书，陵蔑朝廷。上意不能容，召宰相、谏官议之。时宦官有阴与二镇相表里者，宰相不敢言。给事中牛徽曰："先朝多难，茂贞诚有翼卫之功，诸杨阻兵，呕出攻讨，其志亦在疾恶，但不当不俟诏命耳。比闻兵过山南，杀伤至多，陛下傥不以招讨使授之，使用国法约束，则山南之民尽矣。"上乃从之。

**王镕、李匡威攻尧山，李克用遣兵击破之。** 朱全忠

顾彦晖必然要犒劳慰问军队,你们趁答谢宴时抓获他,就可不必再有其他举动了。"华洪等人打败杨守厚,杨守厚逃走。顾彦晖犒劳慰问军队,即将举行答谢宴时,王宗弼将王建的计策告诉了顾彦晖,顾彦晖以有病为辞没有前往。杨守亮又准备从金州、商州去偷袭京师长安,均州刺史冯行袭迎战抵抗,大败杨守亮。朝廷下诏书任命冯行袭为昭信防御使,以金州为治所。

**福建观察使陈岩去世。**

陈岩身患重病,派遣使者召请泉州刺史王潮,准备将军事行政大权授予他,王潮没到陈岩就去世了。都将范晖暗示军中将士推举自己为留后,派军队阻止王潮。

### 壬子(892) 唐昭宗景福元年
**春二月,朝廷任命李茂贞为山南西道招讨使。**

起初,凤翔节度使李茂贞、静难节度使王行瑜、镇国节度使韩建、同州节度使王行约、秦州节度使李茂庄五人向朝廷进言说:"杨守亮容纳隐藏叛逆乱臣杨复恭,请求派军队去讨伐他。请求加封李茂贞为山南西道招讨使。"朝中商议认为,李茂贞得到山南西道的官职,将不能再控制住他了,颁下诏书劝双方和解,都没有听从。

李茂贞、王行瑜擅自发动军队攻击兴元,不断上表请求官职。他们给杜让能和西门君遂送去书信,凌辱蔑视朝廷。唐昭宗对此感到难以容忍,召集宰相、谏官进行商议。当时宦官中有人暗中与李茂贞、王行瑜相勾结,宰相们不敢发表意见。给事中牛徽说:"前朝皇帝多灾多难,李茂贞确实有护卫的功劳,各位杨姓将领阻挡朝廷军队,李茂贞立即出兵攻打征讨,他的志向在于痛恨仇视恶人,只是不应当不等待皇帝的诏命就行动。近来听说他的军队路过山南,斩杀伤害的人很多,陛下倘若不授予李茂贞招讨使的官职,使用国法来约束他,那么山南的百姓就要被杀尽了。"唐昭宗听从了他的意见。

**王镕、李匡威攻打尧山,李克用派兵打败了他们。 朱全忠**

击朱瑄，瑄击破之。　孙儒围宣州。　杨行密取常、润州。以时溥为太子太师，溥不奉诏。

朱全忠连年攻时溥，徐、泗、濠三州民不得耕获，兖、郓、河东兵救之，皆无功。复值水灾，人死者十六七。溥困甚，请和于全忠。全忠曰："必移镇乃可。"溥许之。全忠乃奏请移溥他镇，诏以溥为太子太师。溥恐全忠诈而杀之，据城不奉诏。

三月，以郑延昌同平章事。　李克用、王处存攻王镕，镕击败之。　夏四月，以钱镠为武胜军防御使。杨行密取楚州。

时溥遣兵南侵，至楚州。杨行密将张训、李德诚败之于寿河，遂取楚州。

**六月，杨行密击孙儒，斩之，遂归扬州。**

杨行密谓诸将曰："孙儒之众十倍于我，吾战数不利，欲退保铜官，何如？"刘威、李神福曰："儒扫地远来，利在速战，宜屯据险要，坚壁清野，以老其师。时出轻骑抄其馈饷，夺其俘掠。彼前不得战，退无资粮，可坐擒也。"戴友规曰："若望风弃城，正堕其计。淮南士民及自儒军来降者甚众，公宜遣将先护送归淮南，使复生业，儒军闻淮南安堵，皆有思归之心。人心既摇，安得不败！"行密悦从之。至是，屡破儒兵。

张训屯安吉，断其粮道。儒食尽，士卒大疫，行密纵兵击

攻打朱瑄，朱瑄打败了朱全忠。　孙儒围攻宣州。　杨行密攻取常州、润州。　朝廷任命时溥为太子太师，时溥没有奉行这一诏命。

朱全忠连年攻打时溥，徐州、泗州、濠州的百姓无法耕种收获，兖州、郓州、河东的兵马救援时溥，都没有成功。又赶上闹水灾，死亡的百姓占十分之六七。时溥处境很困难，向朱全忠请求和解。朱全忠说："你必须移出镇所徐州才行。"时溥应允了他。朱全忠于是启奏朝廷请求将时溥迁移到别的镇所，朝廷下诏任命时溥为太子太师。时溥担心朱全忠欺骗杀害他，占据徐州城而不奉行诏令。

三月，朝廷任命郑延昌为同平章事。　李克用、王处存攻打王镕，王镕打败了他们。　夏四月，朝廷任命钱镠为武胜军防御使。杨行密攻取楚州。

时溥派遣军队向南侵扰，到达楚州。杨行密的将领张训、李德诚在寿河将时溥的军队打败，于是攻占了楚州。

六月，杨行密攻打孙儒，斩杀了他，于是归还扬州。

杨行密对诸将说："孙儒的军队数量是我们的十倍，我们几次迎战都没有得到，准备撤军保卫铜官，怎么样？"刘威、李神福说："孙儒调动全军从远处前来，速战速决对他有利，我们应当占据险要的地方，坚守营垒，转移粮草等，使孙儒的军队疲劳困苦。我们要不时地派出轻便骑兵抄掠他们的粮草，夺取他们俘获掠取的人和物。孙儒向前没有交战的机会，向后又缺乏资财粮草，擒获孙儒可以说是唾手可得。"戴友规说："我们若是望风而逃，丢弃城池，正好中了他的计谋。淮南士民以及从孙儒军中来投降的人很多，您应当派遣将领先护送这些人归还淮南，让他们恢复原来的生业，孙儒的军中听说淮南一带巩固安定，就都有回归故乡的念头。他们人心动摇后，怎能不失败呢！"杨行密高兴地听从了这些建议。到这时，杨行密几次打败孙儒的军队。

张训将军队驻扎在安吉，切断了孙儒运输粮草的道路。孙儒军中粮食吃光，兵士中大闹瘟疫，杨行密命令军队四处攻击

之,儒军大败,田頵擒斩之,传首京师,儒众多降于行密。刘建锋、马殷收余众七千南走,比至洪州,众十余万。

行密帅众归扬州,表田頵守宣州,安仁义守润州。

先是,扬州富庶甲天下,时人称扬一益二,及经秦、毕、孙、杨兵火之余,江、淮之间,东西千里扫地尽矣。

### 王建围彭州。

王建围彭州,久不下,民皆窜匿山谷,诸寨日出俘掠。有军士王先成者,度诸将惟王宗侃最贤,乃往说之曰:"彭州本西川之巡属也,陈、田以授杨晟,使拒朝命。今陈、田已平而晟犹据之,州民皆知西川大府而司徒其主也。故大军始至,民不入城而入山谷,以俟招安。今军士掠之而司徒不恤,彼将更思杨氏矣。"宗侃恻然,不觉屡移其床前问之。先成曰:"又有甚于是者:今诸寨旦出淘虏,薄暮乃返,曾无守备之意。城中万一有智者为之画策,伏兵门内,望淘虏者稍远,使出奋击。又于三面城下各出耀兵,诸寨咸自备御,无暇相救,能无败乎?"宗侃矍然曰:"此诚有之,将若之何?"

先成请条列为状以白王建,凡七条:"一,乞招安山中百姓。二,乞禁诸寨淘虏。三,乞置招安寨,选部将谨干者执兵巡卫。四,乞招安之事愿帖宗侃专掌。五,乞悉索所

他们,孙儒军队大败,田頵将孙儒擒获斩杀,将他的首级传送到京师长安,孙儒的人马很多都投降了杨行密。刘建锋、马殷收集剩余的人马七千人向南逃跑,等军队到达洪州,人数已达十余万。

杨行密率军队回到扬州,上表朝廷请令田頵戍守宣州,安仁义戍守润州。

此前,扬州的富裕天下无双,当时的人们称赞扬州第一,益州第二,等到经过秦彦、毕师铎、孙儒、杨行密各个军队的战火以后,长江、淮河之间,从东到西方圆千里一片荒凉。

**王建围攻彭州。**

王建围攻彭州,很久没有打下,百姓都逃到山谷隐藏,王建各营寨的兵卒每天都出去掳掠抢劫。有个叫王先成的军人,揣测各个将领中只有王宗侃最为贤良,于是前往劝导他说:"彭州本是西川的属地,陈敬瑄、田令孜拿来授予杨晟,让他抗拒朝廷的命令。现在陈敬瑄、田令孜已经被消灭,而杨晟仍然占据着彭州,彭州的百姓都知道西川是他们的大府,司徒王建是他们的长官。所以王建的大队人马刚来到时,百姓不进入城内而逃到山谷中,以便等待招安的命令。现在军中士卒抢掠他们而司徒王建不怜悯他们,他们将转而思念杨晟了。"王宗侃感到悲戚,不知不觉中几次移动他所坐的坐床向前询问王先成。王先成说:"还有比这更严重的:现在各个营寨人马早晨出去搜掠百姓财物,将近晚上才返回,竟然没有防卫守备的存心。城中万一有位有智谋的人为杨晟出谋划策,将兵马埋伏于城门内,看那些掠劫百姓的军人稍走远,就令他们出城奋勇攻击。又从彭州城的其他三面突然派出军队,各个营寨都自己忙于防备守御,没有工夫相互救援,我们怎能不失败呢?"王宗侃惊恐地说:"这些情况确实可能发生,我们该怎么办呢?"

王先成请求分条开列写成状纸向王建禀告,共有七条:"一,请求招安逃到山中的百姓。二,请求禁止各营寨外出掠劫百姓。三,请求设置招安寨,挑选谨慎干练的部将手执武器巡逻守卫。四,请求将招安之事下文告委任我专门掌管。五,请求将先前所

虏彭州百姓集于营场，有父子、兄弟、夫妇自相认者，即使相从，送招安寨，敢匿者斩。六，乞置九陇行县于招安寨中，抚理百姓，给帖入山招其亲戚。七，彭土宜麻，民未入山多沤藏者，宜令县令晓谕各归田里，出而鬻之，以为资粮，必渐复业。"建得之大喜，即行之三日，民出山赴寨如归市。久之，见村落无抄暴，稍辞县令，复其故乡。月余，招安寨皆空。

**李茂贞取凤、兴、洋州。　秋八月，以杨行密为淮南节度使。**

孙儒降兵多蔡人，行密选其尤勇健者五千人，厚其禀赐，以皂衣蒙甲，号黑云都，每战，使之先登陷阵，四邻畏之。

行密以用度不足，欲以茶盐易民布帛。掌书记高勖曰："兵火之余，十室九空，又渔利以困之，将复离叛。不若悉我所有而邻道所无者，相与贸易，以给军用，而选守令课农桑，数年之间，仓库自实。"行密从之。田頵闻之，曰："贤者之言，其利远哉！"行密驰射武伎皆非所长，而宽简有智略，善抚御将士，与同甘苦，推心待物，无所猜忌。

淮南被兵六年，士民转徙几尽，行密能以勤俭足用，非公宴未尝举乐。招抚流散，轻徭薄敛，未及数年，公私富庶，几复承平之旧。

虏获的彭州百姓都查找出来在营场上集合,如果有父亲与儿子、哥哥与弟弟、丈夫与妻子,自己相互认出的,立刻让他们在一起送往招安寨,有敢于藏匿的就处斩。六,请求在招安寨中设置九陇行县,招抚安顿百姓,发给他们文告到山中招请他们的亲戚。七,彭州的土地适于种麻,百姓没有进入山中时将麻大量沤藏,应当命令县令明确告知百姓各自回归故里,挖出沤麻卖掉,用来换取资财粮食,必然会逐渐恢复旧业。”王建得到后大为高兴,命令行使三天以后,百姓从山中出来到招安寨就像赶市集一样。过了一些时候,百姓看到村落中没有被抄掠损害,逐渐告辞九陇行县县令,重新回到故乡。一个月后,招安寨都空了。

**李茂贞攻取凤州、兴州、洋州。　秋八月,朝廷任命杨行密为淮南节度使。**

孙儒的投降人马有许多是蔡州人,杨行密选拔其中特别勇健的五千人,给以丰厚的俸禄和赏赐,用黑色的外衣蒙在铠甲之外,号称“黑云都”,每当作战时,就让他们首先冲锋陷阵,四周邻近的军队都很惧怕他们。

杨行密因为费用缺乏,想用茶叶和盐换取百姓的布帛。掌书记高勖说:“战乱之后,百姓十家有九家是空的,我们再从他们身上牟利使他们困乏,这会令百姓再次叛离。不如将我们所有而邻道却没有的,尽数拿出与他们做交易,用来供给军队,挑选地方长官督促百姓耕种纺织,几年之间,仓库自然就充盈了。”杨行密听从了这个建议。田頵听到后,说:“贤明人说的话,那益处深远啊!”杨行密对于骑马射箭的武功技艺都不擅长,但他待人宽厚、政令简约又有智谋胆略,善于安抚驾驭军中将士,与他们同甘共苦,能推心置腹地待人接物,没有任何猜疑顾忌。

淮南一带遭受战乱六年,士人和百姓辗转迁徙几乎走光了,杨行密能够靠勤奋节俭保证军队的供应充足,不是因公设宴,从不奏乐歌舞。他招收安抚流离失散的人口,减轻徭役少征赋税,不到几年间,官府和百姓全富裕起来,差不多恢复到昔日太平盛世的景象。

李茂贞取兴元,杨复恭、守亮等奔阆州。　冬,复以时溥为感化节度使。　以李存孝为邢、洺、磁节度使。

初,邢、洺、磁留后李存孝与李存信俱为克用假子,不相睦。存信有宠于克用,存孝欲立大功以胜之,乃建议取镇、冀,存信从中沮之,不时听许。及王镕围尧山,存孝救之不克,存信潜之,存孝愤怨,且惧及祸,乃潜结王镕及朱全忠,上表以三州自归,乞赐旌节及会诸道兵讨克用。诏以存孝为节度使,不许会兵。

十一月,朱全忠遣兵取濠、泗、濮州,遂击徐州。　十二月,初行《景福崇玄历》。　王建遣兵击杨守亮于阆州,破之。

癸丑(893)　二年
**春正月,以李茂贞为山南西道节度使,茂贞不奉诏。**

茂贞自请镇兴元,故有是命。茂贞欲兼得凤翔,不奉诏。

**李克用击王镕,李匡威救之,克用还攻邢州。**
李克用围邢州,王镕致书解之,克用怒,进击镕,大破之,遂下井陉。李存孝将兵救之,又乞师于朱全忠。全忠方与时溥相攻,不能救。李匡威亦引兵救镕,败河东兵于元氏。克用引还攻邢州。

**李匡威为弟匡筹所逐,奔镇州。**
匡威之发幽州也,家人会别,以弟匡筹之妻美,醉而淫之。及还,匡筹据军府自称留后,以符追行营兵,匡威众

李茂贞攻取兴元,杨复恭、杨守亮等人逃奔阆州。 冬季,朝廷再次任命时溥为感化节度使。 朝廷任命李存孝为邢、洺、磁三州节度使。

起初,邢、洺、磁三州的留后李存孝与李存信都是李克用的义子,二人不和睦。李克用宠信李存信,李存孝想立大功来胜过他,于是建议攻取镇冀,李存信从中作梗,李克用时时听取李存信的意见。到王镕围攻尧山时,李存孝前去救援,未能取胜,李存信向李克用进谗言,李存孝愤恨抱怨,又害怕遭祸。于是私下与王镕和朱全忠交结,向朝廷呈进表文率邢、洺、磁三州归顺,请求赏赐给他节度使的旌旗节钺,及会同各道兵马讨伐李克用。朝廷下诏任命李存孝为节度使,不同意他会合军队的举动。

十一月,朱全忠派军队占取濠州、泗州、濮州,于是攻打徐州。 十二月,朝廷首次颁行《景福崇玄历》。 王建派军队在阆州攻打杨守亮,打败了他。

### 癸丑(893) 唐昭宗景福二年

春正月,朝廷任命李茂贞为山南西道节度使,李茂贞没有接受这个诏命。

李茂贞自行请求镇守兴元,所以才有这一任命。李茂贞想同时兼有凤翔,因而不服从这一诏命。

**李克用攻击王镕,李匡威去救援,李克用回兵攻打邢州。**

李克用围攻邢州,王镕送去书信劝解,李克用大怒,进而攻打王镕,将他打得大败,于是攻下了井陉。李存孝率领人马去救王镕,又向朱全忠求援。朱全忠这时正在与时溥相互攻击,不能前去救援。李匡威也率军队去救助王镕,在元氏打败李克用的河东军队。李克用率军回去攻打邢州。

**李匡威被弟弟李匡筹所驱逐,逃奔镇州。**

李匡威从幽州出发时,与家人聚会告别,因见弟弟李匡筹的妻子美丽,乘醉酒奸淫了她。等到还军时,李匡筹占据军府自称为留后,用节度使司的符节追回李匡威的行营军,李匡威的人马

溃。镕迎归镇州,父事之。

**以柳玭为泸州刺史。**

柳氏自公绰以来,世以孝悌礼法为士大夫所宗。玭为御史大夫,上欲以为相,宦官恶之,故久谪于外。玭尝戒其子弟曰:"凡门地高,可畏不可恃也。立身行己,一事有失,则得罪重于他人,死无以见先人于地下,此其所以可畏也。门高则骄心易生,族盛则为人所嫉。懿行实材,人未之信,小有疵类,众皆指之,此其所以不可恃也。故膏粱子弟,学宜加勤,行宜加励,仅得比他人耳。"

**夏四月,王建杀陈敬瑄、田令孜。**

建屡请杀敬瑄、田令孜,朝廷不许。建使人告敬瑄作乱,令孜通凤翔书,皆杀之。使判官冯涓草表奏之曰:"开柙出虎,孔宣父不责他人;当路斩蛇,孙叔敖盖非利己。专杀不行于阃外,先机恐失于彀中。"

**朱全忠拔徐州,时溥自杀。**

先是,朱全忠遣其子友裕围彭城,时溥数出兵,友裕闭壁不战。都虞候朱友恭谮友裕于全忠,全忠怒,使庞师古代之,友裕大惧,以二千骑逃入砀山。全忠夫人张氏闻之,使友裕单骑诣汴州见全忠,全忠将斩之,夫人趋就抱之泣曰:"汝舍兵众,束身归罪,无异志明矣。"全忠悟而舍之。夫人多智略,全忠敬惮之,虽军府事,时与之谋议。或将兵出至中途,夫人以为不可,遣一介召之,全忠立为之反。

溃散。王镕将李匡威迎回镇州，将他当父亲一般侍奉。

**朝廷任命柳玭为泸州刺史。**

柳氏一族从柳公绰以来，世代都因尊老爱幼、重礼守法被士大夫们所尊崇。柳玭当御史大夫，唐昭宗准备任命他当宰相，宦官们憎恶他，因而被长久地贬谪在外。柳玭曾经训诫他的子弟们说："凡是门第高贵的人，可怕却不可以自恃。这些人为人处事，如果一有疏失，就会招来比别人更严重的罪过，死后也没有脸面在地下见祖先，这是所以说可怕的原因。门第高贵就容易产生骄傲心理，家族昌盛就容易被人嫉妒。他们的美德善行、真才实学，人们未必相信，有一点小小的缺失，大家都会指责他们，这是所以说不可自恃的原因。所以富贵人家的子弟，学习应当加倍勤奋，行为应当加倍奋勉，这样也仅仅可以与别的人相比并而已。"

**夏四月**，王建杀死陈敬瑄和田令孜。

王建多次请求杀掉陈敬瑄、田令孜，朝廷没有允许。王建指使人告发陈敬瑄谋反作乱，告发田令孜与凤翔的李茂贞书信往还，都把他们杀了。王建令判官冯涓起草表文启奏说："打开木笼放出老虎，孔子不责怪与此无关的人；在路上杀死两头蛇，孙叔敖并非只为自己有好处。统兵在外的将帅若无专杀大权，重要的机会恐怕就要丧失在皇权之中了。"

**朱全忠攻克徐州**，时溥自杀身死。

此前，朱全忠派遣他的儿子朱友裕围攻彭城，时溥几次出兵迎战，朱友裕关闭营垒不战。都虞候朱友恭向朱全忠诋毁朱友裕，朱全忠很愤怒，命令庞师古去替代朱友裕，朱友裕大为恐惧，率两千名骑兵逃入砀山中。朱全忠的夫人张氏听到此事，让朱友裕一人骑马到汴州去见朱全忠，朱全忠要杀他，张夫人急忙跑过去抱住朱友裕哭着说："你丢下许多人马，只身回来认罪，很明显没有不轨的心理。"朱全忠听后醒悟而免除了对朱友裕的刑罚。张夫人足智多谋，朱全忠敬重而又畏惧她，即使是军府中的要事，也时常与她谋划商议。有时朱全忠率军队走到半路，张夫人认为不可以，派一个人去阻拦，朱全忠立即因此而返回。

庞师古攻佛山寨,拔之,自是徐兵不敢出。

全忠遂自将如徐州。师古拔彭城,时溥举族登燕子楼自焚死。全忠以宋州刺史张廷范知感化留后,乞除文臣为节度使。

**李匡威劫王镕,镇人杀之。**

李匡威为王镕完城堑,缮甲兵,训士卒,潜谋夺镇州,阴以恩施悦其将士。王氏在镇久,镇人爱之,不徇匡威。匡威忌日,镕吊之,匡威素服衷甲,伏兵劫之。镕趋抱匡威曰:"镕为晋人所困,几亡矣,赖公以有今日。公欲得四州,此固镕之愿也,不若与公共归府,以位让公,则将士莫之拒矣。"匡威以为然,与镕骈马入府。会大风雷雨,屋瓦皆振,匡威入门,镇军闭之。有屠者墨君和自缺垣跃出,拳殴匡威甲士,挟镕登屋,共攻匡威,杀之。镕时年十七。

**幽州将刘仁恭攻李匡筹,不克,奔河东。**

仁恭将兵戍蔚州,过期未代。会李匡筹立,戍卒奉仁恭为帅,还攻幽州,不克。仁恭奔河东,李克用厚待之。

**五月,王潮取福州。**

范晖骄侈失众心,王潮以从弟彦复为都统,弟审知为都监,将兵攻福州。经年不下,白潮罢兵,潮报曰:"兵尽添兵,将尽添将,兵将俱尽,吾当自来。"彦复等惧,亲犯矢石,急攻之。城中食尽,晖弃城走,为将士所杀。潮入福州,

庞师古攻打佛山寨，占据了它，从此徐州人马不敢出战了。

朱全忠于是亲自率军到徐州。庞师古攻下彭城，时溥全家族的人登上燕子楼自焚而死。朱全忠任命宋州刺史张廷范主持感化留后事宜，请求朝廷任命文臣做节度使。

**李匡威劫持王镕，镇州人杀死李匡威。**

李匡威为王镕修整城墙堑壕，整治盔甲兵器，训练士兵，私下里谋划夺取镇州，暗中给镇州军中将士恩惠以取悦他们。王镕家族在镇州时间长了，镇州人爱戴王镕，不愿曲从李匡威。李匡威父母的忌日，王镕前去吊唁，李匡威身穿孝服，里面却穿着盔甲，埋伏兵士劫持了王镕。王镕赶忙上前抱住李匡威说："我被李克用围困，已接近于灭亡了，依靠您的救助才能有今天。您想获得四个州，这本来也是我的意愿，不如我与您一同回到节度使司，将节度使的官位让给您，那样将士们就不会抗拒您了。"李匡威认为可以，与王镕并排骑马进入军府。正逢狂风大作，雷雨交加，房上的瓦都被振起，李匡威进入大门，镇州军将门关闭。有一位叫墨君和的屠夫从残破的墙壁后面跳出来，用拳头击打李匡威的披甲士兵，挟着王镕登上房屋，一起攻打李匡威，杀死了他。王镕当时十七岁。

**幽州将领刘仁恭攻打李匡筹，没有获胜，逃奔河东。**

刘仁恭率领军队守卫蔚州，过了期限仍然没有人前来代替。正好李匡筹自称节度使，蔚州的士兵尊奉刘仁恭为统帅，转过来攻幽州，没有获胜。刘仁恭逃奔河东，李克用给他以优厚的待遇。

**五月，王潮攻占福州。**

范晖骄横奢侈，人心丧尽，王潮任命他的堂弟王彦复为都统，任命他的弟弟王审知为都监，率领人马攻打福州。过了一年多，没攻克下来，就请王潮退军，王潮回答说："士兵死光了增加士兵，将领没了增加将领，士兵与将领全没了，我必当亲自来。"王彦复等人恐惧，亲自冒着弓箭和擂石，加紧攻打福州。福州城中粮食吃光了，范晖弃城逃跑，被手下将士所杀。王潮进入福州，

自称留后，素服葬陈岩，以女妻其子延晦，厚抚其家。汀、建州降，群盗皆溃。

**闰月，以扈跸都头曹诚等为诸道节度使。**

时李茂贞跋扈，上以武臣难制，欲用诸王代之，故诚等四人皆加恩罢兵，令赴镇。

**秋七月，王镕救邢州，李克用败之，复与连和。　杨行密克庐州。**

先是，庐州刺史蔡俦发杨行密父祖墓，遣使求救于朱全忠。全忠恶其反覆，牒报行密，行密遣李神福将兵讨俦。至是，克而斩之。左右请发俦父母冢，行密曰："此俦之罪也，吾何为效之？"

**八月，以覃王嗣周为京西招讨使，讨李茂贞。**

茂贞恃功骄横，上表曰："陛下贵为万乘，不能庇元舅之一身；尊极九州，不能戮复恭之一竖。但观强弱，不计是非。体物锱铢，看人衡纩。军情易变，戎马难羁，唯虑甸服生灵因兹受祸，未审乘舆播越，自此何之！"上怒，决策讨之，命杜让能专掌其事。让能谏曰："陛下初临大宝，国步未夷。茂贞近在国门，未宜与之构怨，万一不克，悔之无及。"上曰："王室日卑，号令不出国门，此乃志士愤痛之秋，朕不能坐视陵夷。卿但为朕调兵食，朕自委诸王用兵，成败不以责卿。"让能曰："陛下必欲行之，则中外大臣共宜协力以成圣志，不当独以任臣。"上曰："卿位居元辅，与朕同休戚，

自称为留后,穿着丧服安葬陈岩,将自己的女儿嫁给了陈岩的儿子陈延晦,对陈岩家抚恤优厚。汀州、建州也投降王潮,各处强盗全都溃散了。

闰月,朝廷任命扈跸都头曹诚等人为各道的节度使。

当时李茂贞飞扬跋扈,唐昭宗认为武臣难以控制,想用皇族中的各王取代他们,所以曹诚等四人都得到恩诏解除在京城的兵权,命令他们前赴镇所。

秋七月,王镕救援邢州,李克用打败了他,又与他连和。 杨行密攻克庐州。

先前,庐州刺史蔡俦挖开杨行密的祖坟,派使者向朱全忠请求救援。朱全忠厌恶蔡俦的反复无常,将消息报告给杨行密,杨行密派李神福率兵讨伐蔡俦。到这时,杨行密攻克蔡俦并斩杀了他。他手下的人请求挖开蔡俦的父母坟墓,杨行密说:"这是蔡俦的罪恶,我为什么要学他呢?"

八月,朝廷任命覃王李嗣周为京西招讨使,讨伐李茂贞。

李茂贞倚仗有功骄横不法,向朝廷上表说:"陛下贵为大唐天子,却不能庇护皇舅一人的性命;在天下最受尊崇,却不能杀杨复恭这个家伙。对于各镇只看强弱,不计较是非曲直。处事体察其轻重而分别对待斤斤计较,待人也权衡利害而仰人鼻息。军事状况很容易变化,战事一起就难以约束,我只担心京城附近的百姓因此而遭受祸害,不知道陛下的车舆流离迁徙,今后还能到何处去!"唐昭宗很愤怒,下决心讨伐李茂贞,命令杜让能专门掌管这件事。杜让能劝唐昭宗说:"陛下刚刚即位不久,国家的命运还不安定。李茂贞驻扎在京城附近,不应当与他结下怨仇,万一不能打败他,后悔就来不及了。"唐昭宗说:"皇室的地位日渐低下,朝廷的号令不能在京城以外的地方实行,这正是仁人志士发愤痛心的时刻,朕不能坐在这里眼看着别人的欺侮。你只管为朕调动兵马粮草,朕亲自去委派各王统兵打仗,成功或失败都不会追究你的责任。"杜让能说:"陛下一定要讨伐李茂贞,朝廷内外的大臣们都应当齐心协力帮助陛下实现宏图大志,不应当只任用我一个人。"唐昭宗说:"你身为宰相,应当与朕同甘共苦,

无宜避事。"让能泣曰:"臣岂敢避事,顾时有所未可,势有所不能耳,但恐他日徒受晁错之诛,不能弭七国之祸也。敢不奉诏,以死继之!"乃命让能留中书,计画调度,月余不归。崔昭纬阴结邠、岐,为之耳目。让能朝发一言,二镇夕必知之。李茂贞使其党纠合市人数百千人,邀西门君遂马及崔昭纬、郑延昌肩舆诉之,二相曰:"兹事主上专委杜太尉,吾曹不预知。"市人因乱投瓦石,二相走匿仅免。上命捕其唱帅者诛之,用兵之意益坚,遂有是命。

**杨行密取歙州,以陶雅为刺史。**

行密遣田頵攻歙州,刺史裴枢城守,久不下。时诸将为刺史者多贪暴,独池州陶雅宽厚得民,歙人曰:"得陶雅为刺史,请听命。"行密即以雅为刺史,歙人纳之。雅尽礼见枢,送之还朝。

**朱全忠遣兵攻兖州。　九月,以钱镠为镇海节度使。李克用攻邢州。**

克用自引兵攻邢州,掘堑筑垒环之,存孝时出突击,堑垒不能成。河东牙将袁奉韬使人谓存孝曰:"大王惟俟堑成即归晋阳,诸将非尚书敌,咫尺之堑,安能沮尚书之锋锐邪!"存孝以为然,按兵不出。旬日堑垒成,飞鸟不能越。存孝由是遂穷。

**李茂贞、王行瑜合兵拒官军,官军逃溃。贬杜让能雷州司户。**

覃王嗣周帅禁军三万军于兴平,李茂贞、王行瑜合兵六万军于盩厔以拒之。禁军皆新募市井少年,而两镇皆

不应当遇事躲避。"杜让能哭着说："臣岂敢遇事躲避,只是时机还不成熟,形势也不允许罢了,恐怕将来有一天会像汉景帝时的晁错一样白白遭受杀身之祸,却不能平息吴楚七国的叛乱。我怎敢不奉行诏命,以死来报答陛下呢!"唐昭宗就令杜让能留在中书省,筹划调度,一个多月没有回家。崔昭纬私下里与邠州、岐州结交,为他们探听消息。杜让能早晨说一句话,邠州、岐州的人到傍晚就一定知道。李茂贞指使他的党徒纠集市中成百上千的人,截住西门君遂的马与崔昭纬、郑延昌的轿子诉说,两位宰相说:"这件事皇帝专门委派杜太尉料理,我们这些人事先不知道。"市中百姓趁机向他们乱投瓦块石头,两位宰相逃跑躲藏,仅仅免于被伤害。唐昭宗下令逮捕这次事件的倡导者加以诛杀,出兵讨伐的意志更坚定了,于是有了这个命令。

**杨行密攻取歙州,任用陶雅为歙州刺史。**

杨行密派遣田頵攻打歙州,歙州刺史裴枢据城固守,很久没有打下。当时各将领中当刺史的人很多都贪婪残暴,唯独池州的陶雅待人宽厚深得民心,歙州人说:"如果让陶雅来当刺史,我们愿意服从命令。"杨行密就任用陶雅为歙州刺史,歙州人接受了他。陶雅用很高的礼节拜见裴枢,送他返回了朝廷。

**朱全忠派遣人马攻打兖州。 九月,朝廷任命钱镠为镇海节度使。 李克用攻打邢州。**

李克用亲自率领军队攻打邢州,挖掘堑壕建筑营垒环绕邢州。李存孝不时出城突击,堑壕营垒难以修成。河东牙将袁奉韬派人对李存孝说:"大王李克用只待堑壕修筑成,就返回晋阳,诸位将领都不是你的对手,几尺宽的堑壕,怎能阻挡住尚书你的锋芒锐利的军力呢!"李存孝认为很对,不再派兵出城袭击。十几天的工夫堑壕营垒修筑完成,飞鸟都难以飞越,从此李存孝处境艰难了。

**李茂贞、王行瑜会合兵力抗拒官军,官军逃跑溃散。朝廷贬谪杜让能为雷州司户。**

覃王李嗣周率领三万禁军驻扎于兴平,李茂贞、王行瑜会合六万人马驻扎在盩厔来抗拒朝廷的军队。禁军都是从市井中新招募来的少年,而李茂贞、王行瑜两镇的人马都是经历过

边兵百战之余。茂贞等进逼兴平,禁军皆望风逃溃,茂贞等乘胜进攻三桥,京师大震。茂贞等陈于临皋驿,表让能罪,请诛之。让能曰:"臣固先言之矣,请以臣为解。"上涕下不自禁,曰:"与卿诀矣。"是日贬让能梧州刺史,再贬雷州司户。斩西门君遂等三人。

**以韦昭度、崔胤同平章事。**

胤,慎由之子也,外宽弘而内巧险,与崔昭纬等深相结,故得为相。季父安潜谓所亲曰:"吾父兄刻苦以立门户,终为缁郎所坏。"缁郎,胤小字也。

**冬十月,杀雷州司户杜让能,以李茂贞为凤翔兼山南西道节度使。**

李茂贞勒兵不解,请诛杜让能然后还镇,崔昭纬复从而挤之,遂赐死。自是朝廷动息皆禀于邠、岐,南北司往往依附二镇以邀恩泽。复以茂贞镇两道,于是茂贞尽有凤翔、兴元、洋、陇秦十五州之地。

**以王潮为福建观察使。   杨行密取舒州。   十一月,以王行瑜为太师,号尚父,赐铁券。**

行瑜求为尚书令,韦昭度密奏曰:"太宗以尚书令登大位,自是不以授人,惟郭子仪以大功拜,终身避让。行瑜安可轻议!"遂有是命。

**十二月,朱全忠请领盐铁,不许。**

朱全忠请徙盐铁于汴州,崔昭纬以为全忠新破徐、郓,兵力倍增,若更判盐铁,不可复制,乃赐诏开谕之。

**邵州刺史邓处讷取潭州,杀周岳。**

上百次战斗的边防士兵。李茂贞等率军向兴平进逼,禁军都望风溃逃,李茂贞等乘胜进攻三桥,京城长安受到极大的震动。李茂贞在临皋驿列阵,向朝廷上表章历数杜让能的罪行,请求诛杀他。杜让能说:"臣本来已有言在先了,请求牺牲臣来排解战事吧。"唐昭宗痛哭流涕难以自禁,说:"要与你诀别了。"这一天贬谪杜让能为梧州刺史,又再贬为雷州司户。斩杀西门君遂等三人。

**朝廷任命韦昭度、崔胤为同平章事。**

崔胤是崔慎由的儿子,他为人外表宽宏大量而内心却奸巧阴险,与崔昭纬等人来往交结很深,所以能够当宰相。崔胤的叔父崔安潜对自己的亲信说:"我的父亲哥哥刻苦努力为崔家立了门户,最终被缁郎所败坏。"缁郎,是崔胤的小名。

**冬十月,朝廷杀死雷州司户杜让能,任命李茂贞为凤翔兼山南西道节度使。**

李茂贞控制军队不解除对京城的围困,请求诛杀杜让能之后再返回镇所,崔昭纬又从中排挤杜让能,于是赐令杜让能自杀。从此以后,朝廷中的一举一动都要向邠州、岐州方面禀告,朝中官员与宫内宦官也往往以李茂贞、王行瑜为靠山求取朝廷的恩惠赏赐。朝廷又重新任命李茂贞镇守凤翔与山南西道,这时李茂贞占有了凤翔、兴元、洋州、陇秦等十五个州的全部地盘。

**朝廷任命王潮为福建观察使。　　杨行密攻取舒州。　　十一月,朝廷任命王行瑜为太师,号称尚父,赐予铁券。**

王行瑜请求做尚书令的官职,韦昭度秘密上奏说:"太宗皇帝是以尚书令登上皇位的,从此不把这个官职授给他人,只有郭子仪因立有大功拜授此职,但他一直到死都推辞此职。王行瑜怎么能轻率地谋求尚书令呢!"于是有了上述的任命。

**十二月,朱全忠请求管理盐铁事务,朝廷没有允许。**

朱全忠请求将盐铁转运使衙署迁至汴州,崔昭纬认为朱全忠新近攻破徐州、郓州,兵力增加了一倍,如果再让他管理盐铁事务,就不可控制了,于是朝廷赐诏书对朱全忠晓谕开导。

**邵州刺史邓处讷攻取潭州,杀死周岳。**

初,岳杀闵勖,处讷闻而哭之,诸将入吊,处讷曰:"吾与公等咸受仆射大恩,今岳杀之,吾欲与公等竭力为仆射报仇,可乎?"皆曰:"善。"于是训卒厉兵,八年,乃结朗州刺史雷满共攻潭州,斩岳,自称留后。诏以为节度使。

**甲寅**(894)　**乾宁元年**

**春正月,李茂贞入朝。**

茂贞入朝,大陈兵自卫,数日归镇。

**二月,朱全忠大破兖、郓兵于鱼山。　以郑綮同平章事。**

綮好诙谐,多为歇后诗,讥嘲时事。上以为有所蕴,手注班簿,命以为相,闻者大惊。堂吏往告之,綮笑曰:"诸君大误,使天下更无人,未至郑綮。"吏曰:"特出圣意。"綮曰:"果如是,奈何?"既而贺客至,綮搔首言曰:"歇后郑五作宰相,时事可知矣。"累让不获,乃视事。

**李克用克邢州,杀李存孝。**

邢州城中食尽,存孝出见克用,泥首谢罪,克用囚之以归,车裂于牙门。存孝骁勇,军中莫及。常将骑兵为先锋,身被重铠,腰弓髀槊,独舞铁楇陷陈,万人辟易。克用惜其才,意临刑诸将必为之请,既而诸将疾其能,竟无一人言者。既死,克用为之不视事者旬日。又有薛阿檀者,其勇与存孝相侔,诸将疾之,常不得志。密与存孝通,恐事泄,

起初，周岳杀死闵勖，邓处讷听说后痛哭，各将领前来祭奠，邓处讷说："我与你们都受到闵仆射的大恩，现在周岳杀害了他，我要与你们尽力为闵仆射报仇，可以吗？"将领们都说："好。"于是他们训练士卒、整顿兵器，八年后，联合朗州刺史雷满一同攻打潭州，斩杀了周岳，自称留后。朝廷下诏任命他为节度使。

### 甲寅（894）　唐昭宗乾宁元年

**春正月，李茂贞进入京城长安朝见皇帝。**

李茂贞进入长安，安排大量军队自卫，几天后归返凤翔。

**二月，朱全忠在鱼山将兖州、郓州人马打得大败。　朝廷任命郑綮为同平章事。**

郑綮喜好诙谐，常常写歇后诗，讥讽嘲笑时事。唐昭宗认为他内蕴充盈，亲手将他的姓名写入在朝大臣的登记簿上，任命他为宰相，听到此消息的人都很吃惊。宫中官吏前往告诉郑綮，郑綮笑着说："你们大错特错了，即使天下再没有人了，也轮不到我郑綮当宰相。"宫中官吏说："这是出自皇帝的特旨。"郑綮说："果真如此，怎样才不让人笑话呢？"接着，前来祝贺的人到了，郑綮用手抓着头说："写歇后诗的郑五当了宰相，当今的形势可以知道了。"他几次推辞都没有获准，于是才去赴任。

**李克用攻克邢州，杀死李存孝。**

邢州城中的粮食吃光了，李存孝出城拜见李克用，跪在地上叩头谢罪，李克用将他囚禁起来回到晋阳，在牙门将李存孝车裂处死。李存孝英勇善战，军中将领没人比得上他。他经常率领骑兵做李克用的先锋，身上披挂沉重的铠甲，腰上别着弓箭，髀上横放着长矛，独自挥舞铁槌树冲锋陷阵，能令成千上万的人马在他面前退避。李克用怜惜他的才干，认为临动刑时，各将领一定为他求情，后来却是各将领妒忌李存孝的才干，竟然没有一个人为他说话。李存孝被处死后，李克用为此十几天不理军政事务。又有一位叫薛阿檀的将领，他的英勇与李存孝不相上下，各将领妒忌他，常常不得志。他私下里与李存孝交结，惧怕事情泄露出去，

遂自杀。自是，克用兵势浸弱而朱全忠独盛矣。

**夏五月，刘建锋、马殷入潭州，杀邓处讷。**

刘建锋、马殷引兵至醴陵，邓处讷遣其将蒋勋将步骑三千守龙回关。殷遣使说勋曰："刘龙骧智勇兼人，将十万众，精锐无敌，而君以乡兵数千拒之，难矣。不如先下之，取富贵，还乡里，不亦善乎！"勋谓众曰："东军许吾属还矣。"士卒皆欢呼，弃旗帜、铠仗遁去。建锋令前锋衣其甲，张其旗，趋潭州，杀处讷，自称留后。

**王建克彭州，杀杨晟。**

王建攻彭州，克之，杀杨晟，获其马步使安师建，欲使为将。师建泣谢曰："师建誓与杨司徒同生死，不忍复戴日月，惟速死为惠。"再三谕之，不从，乃杀之。

**郑延昌罢。六月，以李谿同平章事，寻罢之。**

以翰林学士李谿为相，方宣制，知制诰刘崇鲁出班掠麻恸哭。上召问之，对曰："谿奸邪，依附宦官，得在翰林，无相业，恐危社稷。"谿竟罢为太子少傅。上师谿为文，崔昭纬恐分己权，故使崇鲁沮之。谿十表自讼，丑诋崇鲁"尝庭拜田令孜，为朱玫作劝进表，恸哭正殿，为国不祥"，诏停崇鲁见任。

**李克用大破吐谷浑，杀赫连铎。　秋七月，李茂贞克阆州。　郑綮致仕。**

綮自以不合众望，累表避位故也。

于是自杀。从此以后,李克用的军事力量逐渐衰落而朱全忠却独自强盛起来。

夏五月,刘建锋、马殷攻入潭州,斩杀邓处讷。

刘建锋、马殷率兵到达醴陵,邓处讷派手下将领蒋勋率领步、骑兵三千人防守龙回关。马殷派使者劝说蒋勋:"刘龙骧智勇过人,领军十万人,精锐无敌,你却用几千乡兵抗拒他,太难了。不如先向他低头,谋取荣华富贵,回归乡里,不也很好吗!"蒋勋对众人说:"东面来的军队允许我们回去了。"士卒们都欢呼,丢下旗帜与铠甲仪仗逃亡。刘建锋命令前锋士兵穿上蒋勋队伍的衣甲,举着蒋勋队伍的旗帜奔赴潭州,杀死邓处讷,自称留后。

王建攻克彭州,杀死杨晟。

王建攻打彭州,攻克后杀死杨晟,擒获了杨晟的马步使安师建,想让他做将领。安师建哭着谢绝说:"我安师建发誓与杨司徒同生共死,不忍心仍留在世间,只求将我迅速处死就是恩惠了。"王建再三劝导,安师建不听从,于是杀了他。

郑延昌罢相。六月,朝廷任命李谿为同平章事,不久又罢免了他。

朝廷任命翰林学士李谿为宰相,刚宣布这一诏命,知制诰刘崇鲁从班次中出来夺过诏书大声痛哭。唐昭宗问他原因,刘崇鲁回答说:"李谿奸诈邪恶,依附宦官,才得以在翰林院任职,根本没有当宰相的品行,恐怕他会危害大唐天下。"李谿终于被罢免为太子少傅。唐昭宗向李谿学写文章,崔昭纬怕他分享自己的权力,因而指使刘崇鲁出来阻挠。李谿十次上表自行申诉,痛骂刘崇鲁"曾经在庭堂上叩拜田令孜,替朱玫作劝进表,在宫中正殿上号啕大哭,对于国家是不祥之兆",唐昭宗下诏停止刘崇鲁的现任官职。

李克用大胜吐谷浑部,杀死赫连铎。 秋七月,李茂贞攻克阆州。 郑綮退休。

郑綮自认为不能得到同僚的拥护,多次上表请求退出相位的缘故。

**徐彦若同平章事。** **八月，杨复恭等伏诛。**

李茂贞既拔阆州，杨复恭帅其党出走，韩建获之，献于阙下，斩于独柳。茂贞献复恭与守亮书，诉致仕之由云："承天门乃隋家旧业，大侄但积粟训兵，勿贡献。吾于荆榛中立寿王，才得尊位，废定策国老，有如此负心门生天子！"

**冬十一月，杨行密取泗州。**

朱全忠遣使至泗州，陵慢刺史张谏，谏举州降行密。行密遣押牙唐令回持茶万余斤如汴、宋贸易，全忠执令回，尽取其茶，扬、汴始有隙。

**十二月，李克用攻幽州，克之。李匡筹走死。**

刘仁恭数因盖寓献策于克用，愿得兵万人取幽州。克用方攻邢州，分兵数千纳仁恭不克。匡筹益骄，数侵河东之境。克用怒，大举兵攻匡筹，拔武州，进围新州。匡筹遣将救之，克用逆战，破之，新州降。匡筹复发兵出居庸关，克用使精骑夹击之，幽兵大败。匡筹奔沧州，义昌节度使卢彦威遣兵攻杀之。克用进军幽州，其大将请降。

**黄连洞蛮围汀州，王潮遣兵击破之。**

闽地略定，潮遣僚佐巡州县，劝农桑，定租税，交好邻道，保境息民，闽人安之。

**以刘隐为封州刺史。**

封州刺史刘谦卒，其子隐居丧，贺江土民百余人谋乱，隐一夕尽诛之。岭南节度使刘崇龟召补押牙，表刺封州。

**朝廷任命徐彦若为同平章事。　　八月，杨复恭等被诛杀。**

李茂贞攻克阆州后，杨复恭率领他的党羽出逃，韩建将他们擒获，献给朝廷，在独柳将他们斩杀。李茂贞献上杨复恭以前给杨守亮的书信，信中陈述他退休的缘由说："唐朝的江山本是隋朝杨家的旧业，大侄你只管积存粮草训练士兵，不要向朝廷进贡。我以前在极端困境中拥立寿王为天子，才使他得到天下，他却废掉我这个制定大策的国家元老，哪有这样忘恩负义的学生天子啊！"

**冬十一月，杨行密攻取泗州。**

朱全忠派使者到达泗州，凌辱轻慢泗州刺史张谏，张谏于是献出泗州城投降杨行密。杨行密派押牙将唐令回带着一万多斤茶叶到汴州、宋州一带贸易，朱全忠抓获唐令回，把茶叶全部夺去，扬州与汴州二镇开始结下怨仇。

**十二月，李克用攻打幽州，攻打了下来。李匡筹在出逃中被杀。**

刘仁恭几次经由盖寓向李克用献计献策，想要得到一万人马攻取幽州。李克用正在攻打邢州，向刘仁恭分派出几千人马，没有攻克幽州。李匡筹更加骄横，几次侵犯河东的地界。李克用恼怒，大规模发动军队攻打李匡筹，攻下武州，进而围攻新州。李匡筹派将领救援，李克用迎战，打败他们，新州投降。李匡筹再次发派军队出居庸关，李克用指派精锐的骑兵夹击他，幽州的军队大败。李匡筹向沧州逃奔，义昌节度使卢彦威派人马进攻杀死了他。李克用向幽州进军，幽州大将请求投降。

**黄连洞的蛮人围攻汀州，王潮派人马将他们打败。**

福建一带大致安定，王潮派属下官员到各州县巡视，鼓励人们耕种养蚕，制定地租赋税的数额，与邻近各道友好往来，保护境内让人们休养，福建人很安定。

**朝廷任命刘隐为封州刺史。**

封州刺史刘谦死亡，他的儿子刘隐在办丧事中，贺江的一百多土民谋反作乱，刘隐用一个晚上将他们全部杀掉。岭南节度使刘崇龟招来刘隐补授押牙，上表朝廷请求任命刘隐为封州刺史。

乙卯（895） 二年

**春正月，李克用入幽州。**

幽州军民数万，以麾盖歌鼓迎李克用入府舍，克用命李存审、刘仁恭将兵略定巡属。

**以陆希声同平章事。 护国节度使王重盈卒。**

王重盈卒，军中请以重荣子珂知留后，重盈之子保义节度使珙、晋州刺史瑶举兵击珂，表言珂非王氏子。珂上表自陈，且求援于李克用，上遣中使谕解之。

**二月，董昌僭号于越州。**

昌为政苛虐，加敛数倍，以充贡献，由是宠命相继。求为越王，未许，昌不悦曰："朝廷欲负我矣。"有诌之者曰："与为越王，曷若为越帝！"于是民间讹言相率填门，请昌为帝，昌大喜，集将佐议之。副使黄碣曰："今唐室虽微，天人未厌。大王兴于畎亩，受朝廷厚恩，位至将相，富贵极矣，奈何一旦忽为族灭之计？"昌族诛之。又问会稽令吴镣，镣曰："大王不为真诸侯以传子孙，欲为假天子以取灭亡邪？"昌亦族诛之。山阴令张逊曰："浙东虽领六州，王若称帝，彼必不从，徒守孤城，为天下笑耳。"昌又杀之，遂称皇帝。

钱镠遗昌书曰："与其闭门作天子，与九族百姓俱陷涂炭，岂若开门作节度使终身富贵邪？及今悛悔尚可及也。"昌不听，镠以状闻。

**复以李谿同平章事。三月，罢。**

上重谿文学，复以为相。

**乙卯**(895) **唐昭宗乾宁二年**

**春正月,李克用进入幽州。**

幽州的几万军民,张起伞盖,敲锣打鼓、载歌载舞欢迎李克用进入幽州府舍,李克用命令李存审、刘仁恭二人率领军队平定幽州各州县。

**朝廷任命陆希声为同平章事。　护国节度使王重盈死去。**

王重盈死去,军中将士请求任用王重荣的儿子王珂主持留后事宜,王重盈的两个儿子保义节度使王珙、晋州刺史王瑶发动军队攻打王珂,上表朝廷说王珂不是王家的子弟。王珂呈进表章自我陈述,并且向李克用请求援助,唐昭宗派遣中使劝导他们和解。

**二月,董昌在越州僭越称帝。**

董昌为政苛刻残暴,正常赋税外又增加几倍征收,用来向朝廷进贡奉献,因此朝廷奖赏升官的诏命不断。董昌请求当越王,朝廷没有允许,董昌不高兴地说:"朝廷想辜负我了。"有谄媚取宠的人说:"与其当越王,哪如当越帝!"这时民间谣言相继传到府门,请求董昌当皇帝,董昌大为高兴,会集将领僚佐商议此事。副使黄碣说:"现在唐皇室虽然微弱,但天道民心还没有厌弃它。大王从田间民夫兴起,接受朝廷深厚的恩典,官位达到将相的品级,富贵到了极点,为什么突然做出灭九族的打算呢?"董昌就将黄碣全族人杀死。董昌又向会稽令吴镣垂问,吴镣说:"大王不当真正的诸侯用来传给子子孙孙,要当假的天子用来自取灭亡吗?"董昌也将吴镣全家族杀害。山阴令张逊说:"浙东虽然管辖六州,大王要称帝,他们一定不服从,白白据守越州一座孤城让天下人耻笑。"董昌又将他杀害,于是即位称帝。

钱镠给董昌写信说:"您与其关起门来当天子,与九族和百姓都遭殃,哪里比得上打开门当节度使享用终身的富贵?到这时后悔还来得及。"董昌没有听从劝告,钱镠将此事报告朝廷。

**朝廷再次任命李谿为同平章事。三月,又罢免了他。**

唐昭宗器重李谿的文学才能,再次任命他为宰相。

崔昭纬与邠、岐相结，得天子过失、朝廷机事，悉以告之。谿再入相，昭纬使告行瑜曰："向者尚书令之命已行矣，而韦昭度沮之，今又引李谿为同列，相与荧惑圣听，恐复有杜太尉之事。"行瑜乃与茂贞表谿奸邪，昭度无相业，宜罢居散秩。上报曰："军旅之事，朕则与藩镇图之，至于命相，当出朕怀。"行瑜等论列不已，谿复罢。

### 以刘仁恭为卢龙节度使。

从李克用之请也。

### 崔胤罢，以王抟同平章事。　　以王珂为护国留后。

珂，李克用之婿也。克用表重荣有功于国，请赐珂节钺。王珙厚结王行瑜、李茂贞、韩建，更上表称珂非王氏子，请以珂为陕州，珙为河中。上报曰："先已允克用之奏矣。"

### 杨行密取濠州。

行密攻濠州，拔之，掠得徐州人李氏子，生八年矣，养以为子。其长子渥憎之，行密谓徐温曰："此儿质状性识颇异于人，吾度渥必不能容，今赐汝为子。"温名之曰知诰。知诰勤孝过诸子，温爱之，使掌家事，家人无违言。及长，喜书善射，识度英伟。行密谓温曰："知诰俊杰，诸将子皆不及也。"

### 夏四月，罢诸王将兵。

上以郊畿多盗，至有逾垣入宫侵犯陵寝者。欲令宗室诸王将兵巡警，又欲使之四方抚慰藩镇，南、北司用事之臣

崔昭纬与邠、岐方面相互勾结,得知天子有什么过失、朝廷的机密,都告诉二镇。李谿再次当宰相,崔昭纬派人告诉王行瑜说:"从前皇帝任命你当尚书令的诏命已经颁发,可韦昭度从中阻挠,现在又引荐李谿同为宰相,相互勾结迷惑皇帝的视听,恐怕又要发生太尉杜让能那样的事情。"王行瑜于是与李茂贞上表朝廷,声称李谿奸诈邪恶,韦昭度不具备宰相的才能,应当罢相,去做闲官。唐昭宗回答说:"军营行军打仗之事,朕与各藩镇商议解决,至于任命宰相,应当出自朕的意旨。"王行瑜等为此争论不休,李谿再次被罢相。

**朝廷任命刘仁恭为卢龙节度使。**

这是听从了李克用的请求。

**崔胤罢相,任命王抟为同平章事。　任命王珂为护国留后。**

王珂是李克用的女婿。李克用上表声称王重荣对国家有功,请求赐予王珂节度使节钺。王珙与王行瑜、李茂贞、韩建深深交结,交替上表声称王珂并非王家的子弟,请求任命王珂为陕州刺史,王珙为河中节度使。唐昭宗回答说:"先前已准许了李克用的奏请。"

**杨行密攻取濠州。**

杨行密攻打濠州,占领这座城,抢掠到一个徐州人姓李人家的孩子,已有八岁了,将他收为养子。杨行密的长子杨渥憎恨他,杨行密对徐温说:"这个孩子的素质状貌性格识见与别人大不相同,我揣测杨渥一定不能相容,现在赐予你当儿子。"徐温给他取名叫徐知诰。徐知诰勤奋孝顺超过徐温的别的儿子,徐温很喜爱他,让他掌管家事,家中人没有不听他话的。等他长大以后,喜好读书善于射箭,见识器度英伟。杨行密对徐温说:"徐知诰英俊杰出,各位将领的儿子都赶不上他。"

**夏四月,朝廷停止宗室各王带领军队。**

唐昭宗因为京城周围地区盗贼很多,甚至发生翻墙进入皇宫或侵犯皇陵的事件。准备让宗室各王带领军队巡查防守,又想让他们到各地安抚慰问藩镇,朝中大臣与宦官中掌权的人

恐其不利于己,交章论谏。上不得已,罢之。

**陆希声罢。　杨行密取寿州及涟水。**

行密围寿州,不克,将还,其将朱延寿请试往更攻,一鼓拔之,以延寿权知寿州。未几,汴兵数万攻之,延寿制军中每旗二十五骑,命黑云队长李厚将十旗击汴兵,不胜,将斩之。厚称众寡不敌,乃益以五旗,厚殊死战,延寿悉众乘之,汴兵败走。

**以韦昭度为太保,致仕。　以刘建锋为武安节度使。**

建锋以马殷为内外马步军都指挥使。

**五月,制削夺董昌官爵,委钱镠讨之。　王行瑜、李茂贞、韩建举兵犯阙,杀韦昭度、李谿。**

行瑜以不得尚书令怨朝廷。畿内有八镇兵,隶左、右军。邰阳镇近华州,韩建求之。良原镇近邠州,王行瑜求之。宦官曰:"此天子禁军,何可得也?"王珂、王珙争河中,行瑜、建及茂贞皆为珙请,不能得,耻之。珙使人语三帅曰:"珂与河东昏姻,必为诸公不利,请讨之。"行瑜使其弟同州刺史行约攻河中,而自与茂贞、建各将精兵数千人入朝,市人窜匿,上御安福门以待之。三帅盛陈甲兵,拜伏舞蹈,上诘之曰:"卿辈不奏请俟报,辄称兵入京城,其志欲何为乎? 若不能事朕,今日请避贤路。"行瑜、茂贞流汗不能言,独韩建粗述入朝之由。上与之宴,三帅奏称:"南、北司互有朋党,堕紊朝政。韦昭度讨西川失策,李谿作相,不合

担心这样会对自己不利，交相进呈奏章议论劝阻。唐昭宗迫不得已，停止了这一措施。

陆希声罢相。　杨行密攻取寿州及涟水。

杨行密围攻寿州，没有攻下，将要返回，他的手下将领朱延寿请求再试一试攻打，一鼓作气地打下寿州，杨行密任用朱延寿暂时管理寿州。不久，汴州几万人马攻打寿州，朱延寿规定军中每面旗帜下二十五名骑兵，命令黑云队长李厚率领十旗攻击汴州军队，没有取胜，将要斩杀他。李厚声称敌众我寡难以抵抗，朱延寿于是给李厚增加五旗的兵力，李厚拼死奋战，朱延寿也率全部人马乘时进击，汴州军队战败撤走。

朝廷任命韦昭度为太保，退休。　任命刘建锋为武安节度使。

刘建锋任用马殷为内外马步军都指挥使。

五月，唐昭宗下诏削除董昌的官职爵位，委派钱镠讨伐他。王行瑜、李茂贞、韩建发动军队侵犯京城长安，杀死韦昭度、李谿。

王行瑜因为没有得到尚书令而怨恨朝廷。京城长安所辖地区有八镇军队，隶属于左、右神策军。邠阳镇靠近华州，韩建请求兼管。良原镇靠近邠州，王行瑜请求统领。宦官说："这是天子的禁军，怎么能得到？"王珂与王珙争夺河中节度使的官职，王行瑜、韩建与李茂贞都替王珙说话，不能得到，以为是耻辱。王珙派人对王行瑜、韩建、李茂贞三位节度使说："王珂与河东李克用结成姻亲，一定对你们不利，请求讨伐他。"王行瑜派他的弟弟同州刺史王行约进攻河中，而自己与李茂贞、韩建各自率领精锐的骑兵数千人进入京城长安，街市的居民到处逃窜躲藏，唐昭宗登上安福门等待他们。三位节度使将披甲士兵大规模排列开来，行舞蹈礼，唐昭宗责问他们说："你们不奏请等候朝廷的回话，就发动军队进入京城，你们准备要干什么呢？如果不能事奉朕，今天就请求退位让贤。"王行瑜、李茂贞浑身冒汗说不出一句话，只有韩建大略陈述了进入京城的缘由。唐昭宗与他们宴会，三位节度使向皇帝启奏说："朝中大臣与宫中宦官相互结党为奸，败坏扰乱朝政。韦昭度讨伐西川决策失误，李谿当宰相，不符合

众心，请诛之。"上未之许，行瑜等辄杀之，及枢密使康尚弼等数人。请除王珙河中，徙王行约于陕、王珂于同州，上皆许之。李克用闻三镇犯阙，即日遣使发北部兵，期以来月渡河入关。始，三帅谋废上立吉王保，及闻克用起兵，行瑜、茂贞各留兵二千人宿卫京师，与建皆还本镇。

**六月，钱镠遣其将顾全武讨董昌。　以孔纬同平章事，张濬为诸道租庸使。**

上以崔昭纬等外交藩镇，朋党相倾，思得骨鲠之士，故骤用纬、濬。既而朱全忠荐濬，上欲复相之，李克用表请发兵击全忠，且言濬朝为相臣夕至阙，诏和解之。

**李克用举兵讨三镇。秋七月，王行约、李继鹏作乱，上如石门镇。**

李克用大举蕃、汉兵南下。上表称王行瑜、李茂贞、韩建称兵犯阙，贼害大臣，请讨之。又移檄三镇，数其罪，行瑜等大惧。克用军至绛州，攻拔之，斩刺史王瑶。至河中，王珂迎谒于路。

王行约弃同州走，弟行实时为左军指挥使，奏请幸邠州，枢密使骆全瓘请幸凤翔。上曰："克用已驻军河中，就使至此，朕自有以枝梧，卿等但各抚本军，勿令摇动。"

右军指挥使李继鹏，茂贞假子也，谋劫上幸凤翔，中尉刘景宣与王行实知之，欲劫上幸邠州。孔纬面折景宣，以为不可轻离宫阙。向晚，王行约引左军攻右军，鼓噪震地。

群臣的心愿,请求诛杀他们。"唐昭宗没有准许,王行瑜等人就将二人杀害,又杀死枢密使康尚弼等几个人。又请求任命王珙为河中节度使,将王行约调到陕州,调王珂到同州,唐昭宗都应允了。李克用听说三镇节度使侵犯朝廷,当日就派遣使者发动北部人马,约定下月渡过黄河进入潼关。起初,三镇节度使谋划废掉唐昭宗拥立吉王李保,等听说李克用起兵,王行瑜、李茂贞各自留下两千人马驻守京城长安,与韩建都归还本镇。

**六月,钱镠派部将顾全武讨伐董昌。　朝廷任命孔纬为同平章事**,张濬为诸道租庸使。

唐昭宗因为崔昭纬等人在外结交藩镇,结党营私,相互倾轧,想起用刚正的人士为官,所以突然任用孔纬、张濬。不久朱全忠推荐张濬,唐昭宗想再用他为宰相,李克用进表章请求发兵攻打朱全忠,并且说张濬早晨当宰相我傍晚就到达京城,朝廷下诏调解。

**李克用起兵讨伐三镇。秋七月,王行约、李继鹏发动叛乱,唐昭宗前往石门镇。**

李克用大规模发动蕃族、汉人的军队向南开进。他向朝廷上表声称王行瑜、李茂贞、韩建派兵进犯京城,残害朝中大臣,请求朝廷允许自己讨伐他们。李克用又向三镇发出讨伐的檄文,罗列出他们的罪状,王行瑜等大为恐惧。李克用军队到达绛州,攻克了绛州,斩杀了刺史王瑶。李克用到达河中,王珂在路上迎接拜见他。

王行约放弃同州逃走,他的弟弟王行实当时充任左军指挥使,启奏皇帝请求到邠州避兵,枢密使骆全瓘请求皇帝到凤翔。唐昭宗说:"李克用已经驻军于河中,即便到达这里,朕自有办法与他周旋,你们只要各自安抚住本部人马,不要让他们骚乱动摇。"

右军指挥使李继鹏,是李茂贞的养子,谋划劫持唐昭宗到凤翔,中尉刘景宣与王行实知道了这件事,想劫持唐昭宗到邠州。孔纬当面驳斥刘景宣,认为皇帝不能轻易离开京城的宫阙。将近傍晚,王行约率领左军攻打右军,喧闹呼喊声惊天动地。

上闻乱,登承天楼欲谕止之,捧日都头李筠将本军于楼前侍卫,李继鹏以凤翔兵攻筠,矢拂御衣,左右扶上下楼,继鹏复纵火焚门,烟炎蔽天。时有盐州六都兵屯京师,素为两军所惮。上急召令入卫,既至,两军退走。上幸李筠营,护跸都头李居实帅众继至。

或传行瑜、茂贞欲自来迎车驾,上惧为所迫,以筠、居实两都兵自卫,幸石门镇。克用遣判官王瓌奉表问起居。

遣兵攻华州,韩建登城呼曰:"仆于李公未尝失礼,何为见攻?"克用使谓之曰:"公为人臣,逼逐天子,公为有礼,孰为无礼者乎!"会闻邠、岐欲迎车驾,乃移兵营渭桥。

遣其将李存贞为前锋,又遣史俨将三千骑诣石门侍卫,遣李存信、存审会保大节度使李思孝攻王行瑜梨园寨,擒其将王令陶等献于行在。李茂贞惧,斩李继鹏,传首行在,上表请罪,且遣使求和于克用。上复遣延王戒丕谕克用,令且赦茂贞,并力讨行瑜。

**以崔胤同平章事。** **制削夺王行瑜官爵,以李克用为招讨使,讨之。**
诏李克用讨王行瑜,克用遣其子存勖诣行在,年十一,上奇其状貌,抚之曰:"儿方为国之栋梁,他日宜尽忠于吾家。"

**车驾还京师。**
李克用表请车驾还京师,从之。时宫室焚毁,未暇完葺,上寓居尚书省,百官往往无袍笏、仆马。

唐昭宗听说发生动乱，登上承天楼准备下命令制止他们，捧日都头李筠率领本部军队在承天楼前护卫唐昭宗，李继鹏利用凤翔的军队攻打李筠，箭矢掠过唐昭宗的衣服，事奉他的人扶他下承天楼，李继鹏又放火焚烧宫门，浓烟裂焰遮盖了天空。当时有盐州六都军队驻扎在京城长安，向来左、右两军都很惧怕他们。唐昭宗紧急召请这支军队入宫护卫，到达后，左、右两军撤走。唐昭宗到达李筠的军营，护跸都头李居实率领士兵随后赶到。

有人传说王行瑜、李茂贞想要亲自来迎接皇帝，唐昭宗担心被他们逼迫，就用李筠、李居实的两都军队为护卫，转移到石门镇。李克用派遣判官王瓌向唐昭宗进呈表章问候起居。

李克用派兵攻打华州，韩建登上华州城楼呼喊着说："我对李公不曾失礼，为什么要攻打我？"李克用派人对他说："你是大唐的臣子，却逼迫驱赶皇帝，如果你算是有礼的，还有谁是无礼的人呢！"正巧听说邠州、岐州的军队想要迎接皇帝，李克用于是转移军队到渭桥安营扎寨。

李克用派部将李存贞当前锋，又派史俨率骑兵三千到石门镇奉事守卫皇帝，派李存信、李存审会合保大节度使李思孝攻打王行瑜的梨园寨，擒获了他的将领王令陶等人献到唐昭宗的驻地。李茂贞恐惧，斩杀李继鹏，将他的首级传送到唐昭宗的驻地，并上表请罪，又派使者向李克用求和。唐昭宗再次派遣延王李戒丕劝谕李克用，令他暂且赦免李茂贞，联合力量讨伐王行瑜。

**朝廷任命崔胤为同平章事。** **朝廷下诏削夺王行瑜的官职和爵位**，任命李克用为招讨使，讨伐王行瑜。

朝廷下诏命令李克用讨伐王行瑜，李克用派他的儿子李存勖前往唐昭宗驻地，他年纪十一岁，唐昭宗对他的相貌称奇不已，抚摸着他说："你是国家的栋梁之材，将来应当对我家尽忠效力。"

**唐昭宗返回京城长安。**

李克用上表请求唐昭宗返回京城长安，唐昭宗听从了。当时宫室被焚毁，没来得及修葺，唐昭宗寄寓在尚书省，百官往往没有官袍朝笏和仆役马匹。

崔昭纬罢。 九月,孔纬卒。 王建遣兵赴援,屯绵州。 杨行密遣兵救董昌。 冬十月,贬崔昭纬为梧州司马。以孙偓同平章事。 十一月,李克用克邠州,王行瑜伏诛。

河东将李存贞败邠宁军于梨园北,李罕之、李存信等又急攻之,王行约、行实遁去。

行瑜以精甲五千守龙泉寨,李克用攻拔之。行瑜走入邠州,克用引兵逼之,行瑜登城号哭,谓克用曰:"行瑜无罪,胁迫乘舆皆茂贞、继鹏所为,请移兵问凤翔,行瑜愿束身归朝。"克用曰:"王尚父何恭之甚,仆受诏讨三贼臣,公预其一,束身归朝,非仆所得专也。"行瑜挈族出走,克用入邠州;封府库,抚居人。行瑜寻为部下所杀,传首。

**朱全忠围兖州。**
朱全忠遣葛从周击兖州,自以大军继之,围其城。

朱瑄遣其将贺瓌、柳存、何怀宝将兵万余人袭曹州,以解兖州之围。全忠自中都引兵夜追之,比明,至钜野南及之,屠杀殆尽,擒三将,俘三千人。会大风晦冥,全忠曰:"此杀人未足耳。"命所得俘皆杀之,缚三将徇于兖州城下,谓朱瑾曰:"卿兄已败,何不早降!"

既而杀存及怀宝,闻瓌名,礼而用之。瑄、瑾告急于河东,李克用遣大将史俨将数千骑以救之。
**十二月,王建遣兵击东川。**
王建奏:"顾彦晖不发兵赴难,而略夺辎重,请兴兵讨之。"

崔昭纬罢相。　九月,孔纬死去。　王建派军队救援朝廷,驻扎于绵州。　杨行密派军队救援董昌。　冬十月,朝廷贬谪崔昭纬为梧州司马。　朝廷任命孙偓为同平章事。　十一月,李克用攻克邠州,王行瑜被诛杀。

河东的将领李存贞在梨园寨北打败邠宁的军队,李罕之、李存信等又加紧攻打,王行约、王行实逃走。

王行瑜用五千精兵守卫龙泉寨,李克用攻克了它。王行瑜逃到邠州,李克用率领军队逼近他,王行瑜登上城楼号啕大哭,对李克用说:"我王行瑜没有罪,胁迫皇帝都是李茂贞、李继鹏做的,请你转移军队到凤翔问罪,王行瑜愿意捆绑自己回到朝廷。"李克用说:"王尚父真是太谦恭了,我受朝廷的诏命讨伐三个乱臣贼子,你是其中的一个,你想自己捆绑起来入朝,这不是我能擅自做主的。"王行瑜带领全家族的人弃城逃走,李克用进入邠州;封存官府库房,安抚居民。王行瑜不久被部下所杀,将首级传送到京城长安。

**朱全忠围攻兖州。**

朱全忠派葛从周攻打兖州,亲自率领大军随后进发,围困兖州城。

朱瑄派遣他的将领贺瓌、柳存、何怀宝领兵一万多人袭击曹州,用来解决兖州的围困。朱全忠从中都率领人马乘夜追赶他们,等到黎明时,在钜野以南追上了他们,将他们几乎全部杀光,擒获了三位将领,停虏了三千人。正赶上狂风大作,天地昏暗,朱全忠说:"这是杀人还不够数的缘故。"下令将所俘获的人全部杀死,将三位将领捆绑起来在兖州城下巡行,对朱瑾说:"你哥哥朱瑄已经被我打败,你为什么不早点投降!"

随后杀死柳存和何怀宝,听说贺瓌有名声,尊礼留用了他。朱瑄、朱瑾向河东告急,李克用遣大将史俨带领几千骑兵去援救。

**十二月,王建派遣军队进攻东川。**

王建向朝廷启奏说:"顾彦晖不派兵为朝廷解难,却掠夺我的军械粮草,请求朝廷发兵讨伐他。"

### 进李克用爵晋王。

诏李克用进爵晋王,李罕之、盖寓诸将佐进官有差。克用性严急,左右小有过辄死,无敢违忤,惟盖寓敏慧能揣其意,婉辞裨益,无不从者。克用或以非罪怒将吏,寓必阳助之怒,克用常释之。有所谏诤,必征近事为喻,由是克用爱信之。朱全忠数使人间之,克用待之益厚。

### 李克用还晋阳。

克用遣掌书记李袭吉入谢,请乘胜势遂取凤翔。上谋于贵近,或曰:"茂贞复灭则沙陀大盛,朝廷危矣。"上乃赐克用诏,褒其忠款,且言:"不臣之状,行瑜为甚。茂贞、韩建自知其罪,职贡相继,且当休兵息民。"

克用奉诏而止。既而私于诏使曰:"观朝廷之意,似疑克用有异心也。然不去茂贞,关中无安宁之日。"又诏免克用入朝,将佐或言:"今密迩阙庭,岂可不入见天子?"克用犹豫未决。盖寓曰:"天子还未安席,人心尚危,大王若引兵渡渭,窃恐复惊骇都邑。人臣尽忠在于勤王,不在入觐,愿熟图之。"克用笑曰:"盖寓尚不欲吾入朝,况天下之人乎!"乃表曰:"臣总帅大军,不敢径入朝觐。"表至京师,上下始安。克用遂引兵归,而茂贞骄横如故,河西州县多为所据。

**朝廷晋升李克用的爵位为晋王。**

朝廷下诏晋升李克用的爵位为晋王,对李罕之、盖寓各将领也分别加以晋升。李克用性格严厉急躁,身边的人小有过失就被杀死,没有人敢违抗他,只有盖寓聪明机敏能够揣测李克用的心意,用婉转的言辞帮助他处理事务,没有不听从的。李克用有时错怪迁怒于手下将领,盖寓必定表面上为李克用助威,结果却令李克用怒气消释。对李克用有所劝导,必定征引近前的一些事作比喻,因此李克用对盖寓宠爱信任。朱全忠几次派人离间二人的关系,李克用对待盖寓却更加友好。

**李克用返回晋阳。**

李克用派遣掌书记李袭吉入朝谢恩,请求乘胜利一举攻取凤翔。唐昭宗与朝中权贵及近臣商议,有人说:"李茂贞被消灭,沙陀人的势力就大为增强,朝廷就在危险之中了。"唐昭宗于是赐李克用诏书,褒奖他对朝廷的忠诚,并说:"叛逆朝廷的行为,以王行瑜最严重。李茂贞、韩建已经知道自身的罪过,进献赋税贡品接连不断,况且应当停止军事行动以使百姓安宁。"

李克用接到诏书后不再行动。不久,李克用私下里对传达诏令的使臣说:"看朝廷的意思,似乎怀疑我李克用别有用心。然而不除掉李茂贞,关中就没有安宁的日子。"朝廷又下诏书免去李克用入京上朝,李克用的将领佐僚中有人说:"现在我们离朝廷很近,怎么能不入京拜见皇帝呢?"李克用犹豫不决。盖寓说:"天子还没有安定下来,人心还在危疑之中,大王您如果率领军队渡过渭河,我私下里担心会再次让京城恐慌。做臣子的尽忠,在于为皇室起兵救难,不在于入朝拜见皇帝,希望您仔细考虑。"李克用笑着说:"盖寓尚且不希望我入朝天子,更何况天下的人呢!"于是进呈表章说:"臣总揽统率着大军,不敢直接进京入朝见君主。"表章到达京师,朝廷上下才安定下来。李克用于是引兵归还,而李茂贞却仍像从前那样骄横不法,河西的州县有许多都被他占据了。

**丙辰（896）　三年**

**春正月，蒋勋据邵州，刘建锋遣马殷击之。**

勋求邵州，刘建锋不许，勋乃起兵寇湘潭，据邵州，建锋遣殷击之。

**闰月，李克用遣李存信将兵救兖、郓，罗弘信袭之，存信军溃。**

李克用遣李存信将万骑假道于魏以救兖、郓，军于莘县。朱全忠使人谓罗弘信曰："克用志吞河朔，师还之日，贵道可忧。"存信戢众不严，侵暴魏人，弘信怒，发兵三万夜袭之，存信军溃，委弃资粮兵械万数。弘信自是与河东绝，专志汴州。全忠方图兖、郓，畏弘信议其后，弘信每有赠遗，全忠必对使者北向拜受之，曰："六兄于予，倍年以长，固非诸邻之比。"弘信信之，全忠以是得专意东方。

**二月，以通王滋判侍卫诸军事。　朱全忠遣庞师古击郓州。　夏四月，河涨。**

河涨，将毁滑州，朱全忠决为二河，夹城而东，为害滋甚。

**李克用攻魏州。　武安军乱，杀刘建锋，推马殷为留后。**

建锋嗜酒，不亲政事。长直兵陈赡妻美，建锋私之，赡杀建锋。诸将迎行军司马张佶为留后，佶将入，马忽踶啮，伤髀。时马殷攻邵州未下，佶谢诸将曰："马公勇而有谋，宽厚乐善，吾所不及，真乃主也。"乃以牒召之，殷至，佶

丙辰(896)　唐昭宗乾宁三年

**春正月,蒋勋占据邵州,刘建锋派遣马殷去攻击他。**

蒋勋谋求邵州刺史,刘建锋不准许,蒋勋于是起兵侵扰湘潭,占据邵州,刘建锋派遣马殷攻击他。

**闰正月,李克用派李存信率领人马救援兖州、郓州,罗弘信袭击李存信,李存信军溃散。**

李克用派李存信率领一万骑兵借道魏州去救援兖州、郓州,在莘县驻扎下来。朱全忠派人对罗弘信说:“李克用有侵吞黄河以北一带的志向,他的军队返回的时候,你那里就令人担忧了。”李存信管束士兵不严格,侵扰残害魏州百姓,罗弘信愤怒,发动三万人马在夜间袭击李存信,李存信的军队溃散,丢弃资财粮食兵器数以万计。从此以后,罗弘信与河东的李克用决裂,一心依附汴州的朱全忠。朱全忠正图谋攻取兖州、郓州,担心罗弘信在背后有所图谋,每当罗弘信向他赠送财物,朱全忠一定当着罗弘信使者的面向北礼拜接受这些东西,嘴中说:“六哥对于我来讲,年纪大一倍,本来不是邻近各道节度使所能比拟的。”罗弘信相信了朱全忠,朱全忠因此可以专心一意地攻打东方了。

**二月,朝廷任命通王李滋兼管侍卫各军的事宜。　朱全忠派庞师古攻打郓州。　夏四月,黄河发大水。**

黄河发大水,将要冲毁滑州城,朱全忠将黄河决口分成二河,两河夹着滑州城向东流去,造成的危害更严重了。

**李克用攻打魏州。　武安军发生动乱,杀死刘建锋,军队推举马殷为留后。**

刘建锋非常喜好喝酒,不亲自料理政务。长直兵陈赡的妻子美貌,刘建锋与她私通,陈赡杀死刘建锋。各将领迎入行军司马张佶为留后,张佶正要进入节度使司,他的马忽然狂踢乱咬,伤了他的大腿骨。当时马殷攻打邵州尚未攻下,张佶对各将领推辞说:“马公勇敢并且有谋略,待人宽厚与人为善,我赶不上他,他才真正是你们的主帅。”于是用公文召请马殷,马殷到了,张佶

肩舆入府,坐受殷拜谒已,乃命殷升听事,以留后让之,即趋下,帅将吏拜贺,复为行军司马,代殷将兵攻邵州。

### 五月,董昌去僭号。

董昌使人觇钱镠兵,有言其强盛者,辄怒斩之,言兵疲食尽则赏之。顾全武进兵越州,昌出战而败,全武围之,昌始惧,去帝号。

### 杨行密取苏州。

常熟镇使陆郢以城应杨行密,虏刺史成及。行密阅及家资,惟图书、药物,贤之,归,署行军司马。及泣曰:"及百口在钱公所,失苏州不能死,敢求富贵? 愿以身易百口之死。"引佩刀欲自刺,行密遽止之。

钱镠急召顾全武,使备行密,全武曰:"越州贼之根本,奈何垂克而弃之? 请先取越州,后复苏州。"镠从之。

### 崔昭纬伏诛。

昭纬既贬,复求救于朱全忠,诏遣中使赐昭纬死,及于荆南斩之,中外咸以为快。

### 荆南将许存降于王建。

成汭与其将许存溯江略地,尽取滨江州县,以赵武为黔中留后,存为万州刺史。

知存不得志,使人诇之,曰:"存不治州事,日出蹴鞠。"汭曰:"存将逃,先匀足力也。"遣兵袭之,存弃城走,降于王建。建忌存勇略,欲杀之,掌书记高烛曰:"公方总揽英雄以图霸业,彼穷来归我,奈何杀之?"建使戍蜀州,阴使知蜀州

乘坐轿子进入军府，坐着接受马殷的拜见之后，就让马殷升堂治理政事，把留后的职务让给马殷，就快步下来，率领将领官吏向马殷拜礼恭贺，张佶重新做行军司马，代替马殷率军队攻打邵州。

**五月，董昌去除了他的伪帝号。**

董昌派人侦察钱镠的军队情况，有人说钱镠军队强盛的，董昌就将他斩杀，说钱镠的军队疲弱没有粮食的就赏赐他。顾全武向越州进兵，董昌出城迎战被打败，顾全武围困住董昌，董昌才开始害怕，去除了伪帝号。

**杨行密攻取苏州。**

常熟镇使陆郢献出苏州城响应杨行密，俘获苏州刺史成及。杨行密察看成及的家产，只有图书、药物，很敬重他，放回去，任命他为行军司马。成及哭着说："我成及家族一百口都在钱公那里，失掉苏州不能以身殉职，还敢谋取富贵吗？希望用我一个人的死免除全家百口人的死。"举起佩刀就要自杀，杨行密立刻制止了他。

钱镠紧急招来顾全武，让他防备杨行密，顾全武说："越州是董昌这伙贼寇的大本营，为什么马上就要攻克而放弃它呢？请让我先攻下越州，然后再收复苏州。"钱镠听从了他。

**崔昭纬被诛杀。**

崔昭纬被贬以后，又向朱全忠请求救助，朝廷下诏派遣宦官将崔昭纬赐死，追到荆南杀死了他，朝廷内外都感到大快人心。

**荆南的将领许存投降王建。**

成汭与他的属将许存沿长江逆流而上去侵占地盘，将长江沿岸的州县全部攻占，任命赵武为黔中留后，任命许存为万州刺史。

成汭知道许存不得志，派人去刺探许存的举动，回来的人说："许存不料理州内事务，每天出去踢球。"成汭说："许存想要逃跑，先调理脚的力量。"派遣人马袭击许存，许存弃城而逃，投降王建。王建顾忌许存有勇有谋，想要杀死他，掌书记高烛说："您正在招揽英雄人士用来图谋霸业，许存无路可走来投奔我们，怎么能杀害他呢？"王建派许存去驻守蜀州，暗中让主持蜀州

王宗绾察之。宗绾密言存忠勇谦厚，有良将材，建乃舍之，更其姓名曰王宗播。而宗绾竟不使宗播知其免己也。宗播元从孔目官柳修业每劝宗播慎静以免祸。后遇强敌诸将所惮者，宗播以身先之，及有功辄称病不自伐，由是得以功名终。

**钱镠克越州，董昌伏诛。**

全武攻越州，克其外郭，董昌犹据牙城拒之。镠遣绐昌云："奉诏，令大王致仕归临安。"昌乃送牌印而出，全武斩之。昌在围城中，贪吝益甚，口率民间钱帛，减战士粮。及城破，库有金帛杂货五百间，仓有粮三百万斛。钱镠散金帛以赏将士，开仓以赈贫乏。

**六月，李克用攻魏博。朱全忠遣其将葛从周救之，还击兖、郓，破之。**

李克用攻魏博，朱全忠召葛从周于郓州，使将兵营洹水以救魏博，克用以兵击之。汴人多凿坎于阵前，战方酣，克用马踬，几为汴人所获。顾射其将一人毙之，乃得免，引军还。

从周复击兖、郓兵，破之。兖、郓属城皆为汴人所据，克用发兵赴之，辄为魏人所拒，不得前，兖、郓由是不振。

**秋七月，李茂贞举兵犯阙，上如华州。**

初，李克用屯渭北，李茂贞、韩建惮之，事朝廷礼甚恭。克用去，二镇贡献渐疏，表章骄慢。上自石门还，置殿后四军，选补数万人，使延王戒丕等将之。茂贞遂表言："延王

事务的王宗绾考察许存。王宗绾秘密报告王建说许存忠诚勇敢谦恭厚道，具有良将的材质，王建于是放弃了成见，将他的名字更改为王宗播。然而王宗绾始终没让王宗播知道自己让他躲过了杀身之祸。原先跟随王宗播的孔目官柳修业常常劝说王宗播要谨慎镇静以求免祸。此后遇到各将领所畏惧的强大敌人，王宗播就争先迎战，等到立了功就称病而不自我夸耀，因此王宗播得以终身保全功名。

**钱镠攻克越州，董昌被诛杀。**

顾全武攻打越州，攻克越州外城，董昌仍然占据内城抗拒。钱镠派人欺骗董昌说："奉朝廷诏命，命大王退休返回临安。"董昌于是送上牌照官印出城，顾全武斩杀了他。董昌在围城之中，更加贪婪悭吝，按人口计算征收民间的钱财布帛，减少作战士兵的粮食。等到城被攻破，府库中藏有金银布帛和各种杂货五百间，仓库中还有粮食三百万斛。钱镠散发金银布帛来犒赏军中将士，打开粮仓赈济贫困的百姓。

**六月，李克用攻打魏博。朱全忠派遣他的手下将领葛从周去救援，回军攻打兖州、郓州，攻克了兖州、郓州。**

李克用攻打魏博，朱全忠从郓州召回葛从周，让他带领人马在洹水驻扎以救援魏博，李克用派兵攻击葛从周。汴州军队在阵地前挖了许多沟坎，战斗进行正激烈时，李克用的战马被绊倒，差点儿被汴州军队捕获。李克用用箭射死一名汴州军队的将领，才免于被俘，率领军队归还。

葛从周再次攻打兖州、郓州的军队，获得胜利。兖州、郓州的属城都被汴州军队占领了，李克用发动人马去救援，则被魏州军队阻挡，不能前行，兖州、郓州从此不能振兴。

**秋七月，李茂贞发动军队侵犯朝廷，唐昭宗移驾华州。**

起初，李克用驻扎在渭北，李茂贞、韩建畏惧他，奉事朝廷恭顺有礼。李克用离开后，两镇的进贡逐渐稀疏，呈进表章也骄横怠慢了。唐昭宗从石门归来，设置殿后四军，选用补充了几万人，让延王李戒丕等人统领这些军队。李茂贞于是呈进表章说："延王

无故称兵讨臣,臣今勒兵入朝请罪。"上告急于河东,茂贞遂引兵逼京畿,覃王嗣周与战,败绩。

七月,茂贞进逼京师,戒丕曰:"今关中藩镇无可依者,不若自鄜州济河幸太原。"上至渭北,韩建奉表请幸华州,不许。既而上复惮远适,至富平,复遣人召建面议去留。建至,顿首言:"今藩臣跋扈者非止茂贞,陛下若远巡边鄙,臣恐无复还朝。今华州兵力虽微,亦足自固。西距长安不远,愿陛下临之以图兴复。"上乃从之,至华州。茂贞遂入长安,燔烧俱尽。

**崔胤罢。**

上以胤崔昭纬之党,故罢之。

**以陆扆同平章事。　八月,李克用发兵入援。**

韩建移檄诸道,令供输资粮诣行在。李克用闻之,叹曰:"去岁从余言,岂有今日之患!"又曰:"韩建天下痴物,为贼臣弱帝室,是不为李茂贞所擒,则为朱全忠所虏耳。"因奏将与邻道发兵入援。

**王抟罢,以朱朴同平章事。**

水部郎中何迎表荐国子博士朱朴,材如谢安,道士许岩士亦荐朴有经济材。上连日召对,朴有口辨,上悦之,曰:"朕虽非太宗,得卿如魏徵矣。"上愤天下之乱,思得奇杰之士,不次用之。朴自言:"得为宰相,月余可致太平。"上以为然,以朴为相。朴庸鄙迂僻,中外大惊。寻兼判户部,凡军旅财赋一以委之。

无缘无故兴兵讨伐臣,臣现在要带领人马入朝请罪。"唐昭宗向河东告急,李茂贞于是率兵逼近京郊,覃王李嗣周与他交战,被打败。

七月,李茂贞进兵逼近京城长安,李戒丕说:"现在关中各藩镇没有可依靠的,不如从鄜州渡过黄河去太原。"唐昭宗到了渭北,韩建奉上表请唐昭宗移驾华州,唐昭宗没有应允。不久,唐昭宗又害怕向远走,到富平后,又派人召请韩建当面商议去留问题。韩建到来,向唐昭宗叩头说:"现在藩镇的臣子们飞扬跋扈并不止李茂贞一人,陛下如果到边远的地方巡行,臣担心陛下难以再返回朝中了。现在华州的军事力量虽然弱小,但也足以保卫自身。西边距离长安不远,希望陛下到华州以便图谋振兴光复。"唐昭宗于是听从了他的建议,到了华州。李茂贞于是进入长安,将一切焚烧一光。

**崔胤罢相。**

唐昭宗认为崔胤是崔昭纬的党羽,所以罢免了他。

**朝廷任命陆扆为同平章事。** **八月,李克用发兵入援朝廷。**

韩建将檄文发布到各道,命令供给物资粮草到唐昭宗的驻地。李克用听说后,叹息说:"去年若听从我的话,哪会有今天的祸患!"又说:"韩建是天下的傻瓜,替乱臣贼子削弱大唐皇室,如果不被李茂贞所擒拿,就会被朱全忠所俘虏。"他于是上奏朝廷要与邻近各道发兵入援朝廷。

**王抟罢相,朝廷任命朱朴为同平章事。**

水部郎中何迎上表举荐国子博士朱朴,称他有谢安一样的材质,道士许岩士也推荐朱朴具有经国济世的才干。唐昭宗连日召见朱朴应对,朱朴有论辩才能,唐昭宗很喜欢他,说:"朕虽然不是太宗皇帝,但得到如同魏徵一样的你了。"唐昭宗愤恨天下的动乱,想得到特别杰出的人士,破格任用。朱朴自己说:"如果能当宰相,一个多月的时间就可以使天下太平。"唐昭宗认为是这样,就任命朱朴为宰相。朱朴为人庸俗鄙陋、迂腐孤僻,朝廷内外大为吃惊。不久唐昭宗又让朱朴兼管户部事务,凡是军队财赋等都委派他处理。

**九月，以王潮为威武军节度使。 以马殷判湖南军府事。**

殷以高郁为谋主，而畏杨行密、成汭之强，议以金帛结之。郁曰："成汭不足畏也。行密，公之仇，虽以万金赂之，安肯为吾援乎？不若上奉天子，下抚士民，训卒厉兵以修霸业，则谁与敌矣！"殷从之。

**以崔胤、崔远平章事，贬陆扆为硖州刺史。**

胤之罢相，韩建之志也。胤密求援于朱全忠，且教之营东都宫阙，表迎车驾，全忠从之。仍请以兵迎驾，且言崔胤忠臣，不宜出外。建惧，复奏召胤为相，遣使谕止全忠。胤恨扆代己，诬以党于茂贞而贬之。

**冬十月，以孙偓为凤翔四面行营招讨使，讨李茂贞。**

茂贞上表请罪，仍献助修宫室钱。韩建复佐佑之，竟不出师。

**以王抟同平章事。 以钱镠为镇海、镇东节度使。**

镠令两浙吏民上表，请兼领浙东。朝廷不得已从之，改威胜曰镇东。

**以刘隐为清海行军司马。**

清海节度使薛王知柔行至湖南，广州牙将卢琚据境拒之。封州刺史刘隐袭广州，斩琚，具军容迎知柔入视事。知柔表隐为行军司马。

九月，朝廷任命王潮为威武军节度使。 任命马殷兼管湖南节度使司事宜。

马殷任用高郁做自己的主要谋士，而畏惧杨行密、成汭的强盛，商议用金银布帛去结交他们。高郁说："成汭并不足畏惧。杨行密是您的仇人，即使用万金巨资去贿赂他，他怎肯为我们援手呢？不如对上尊奉天子，对下安抚士人百姓，训练士卒修整兵器用来成就霸业，那么谁能与你为敌呢！"马殷听从了他的建议。

**朝廷任命崔胤、崔远为同平章事，贬陆扆为硖州刺史。**

崔胤罢相，是韩建的意愿。崔胤秘密向朱全忠求援，并教他修整东都洛阳的宫殿，上表迎接皇帝的车驾，朱全忠听从了。于是朱全忠请用军队去迎接皇帝，并声称崔胤是忠臣，不应当出外为官。韩建恐惧，再次上奏召回崔胤为宰相，派使者劝谕阻止朱全忠。崔胤痛恨陆扆替代自己，诬蔑他是李茂贞一党而贬谪了他。

**冬十月，朝廷任命孙偓为凤翔四面行营招讨使，讨伐李茂贞。**

李茂贞呈上表章请罪，还进献助修宫室的钱财。韩建又从中替李茂贞说情，朝廷竟然没出动军队去讨伐李茂贞。

**朝廷任命王抟为同平章事。 任命钱镠为镇海、镇东节度使。**

钱镠命令两浙的官吏百姓奏上表章，请求朝廷任用他兼管浙东。朝廷不得已听从了，改威胜军为镇东军。

**朝廷任命刘隐为清海行军司马。**

清海节度使薛王李知柔赴任行至湖南，广州牙将卢琚据守广州拒绝他入境。封州刺史刘隐袭击广州，斩杀卢琚，整顿军容迎接李知柔进入广州处理事务。李知柔上表朝廷任命刘隐为行军司马。

# 资治通鉴纲目卷五十三

起丁巳(897)唐昭宗乾宁四年,尽丙寅(906)唐昭宣帝天祐三年。凡十年。

丁巳(897) 乾宁四年

**春正月,诏罢诸王所领兵及殿后四军。**

韩建奏:"睦、济、韶、通、彭、韩、仪、陈八王谋杀臣,劫车驾幸河中。"上大惊,召建谕之,建称疾不入。令诸王诣建自陈,建不之见。表请:"勒归十六宅,妙选师傅,教以诗书,不令典兵预政。"上不得已,诏诸王所领军士并纵归田里。建又奏:"所置殿后四军,显有厚薄偏党,乞皆罢遣。"诏亦从之,于是天子之亲军尽矣。捧日都头李筠,石门扈从功第一,建复奏斩之。

**立德王裕为皇太子。**

建既幽诸王于别第,上意不悦,乃奏请立德王为太子,欲以解之。

**朱全忠克郓州,执朱瑄。进袭兖州,克之。朱瑾奔淮南。**

庞师古、葛从周并兵攻郓州,朱瑄兵少食尽,不复出战,但引水为深壕以自固。师古等为浮梁夜济,瑄弃城走,野人执之以献。

全忠入郓州,以庞师古为天平留后。

朱瑾留大将康怀贞守兖州,自与河东将史俨、李承嗣

丁巳（897） 唐昭宗乾宁四年

春正月，朝廷下诏撤销宗室各王所领兵及殿后四军。

韩建向朝廷上奏说："睦、济、韶、通、彭、韩、仪、陈八王图谋杀害臣，劫持皇上到河中去。"唐昭宗大为惊慌，召请韩建加以说明，韩建称病拒不前往。唐昭宗又命令各王到韩建那里去自行陈述，韩建没有见他们。韩建上表请求："命令各王回到十六宅，精心挑选师傅，教他们学习诗书，不要让他们掌管军队干预朝政。"唐昭宗不得已，下诏命令各王所领的军士全都解散遣回田间故里。韩建又上奏："所设置的殿后四军，显然有厚薄亲疏之分，请求全部解散遣还。"唐昭宗下诏又依从了他，在这时，皇帝的亲军全都裁撤了。捧日都头李筠，在石门护卫唐昭宗功劳第一，韩建又奏请斩杀了他。

唐昭宗立德王李裕为皇太子。

韩建将宗室各王幽禁在别第后，唐昭宗心中不高兴，于是上奏请求立德王为皇太子，想以此缓解事态。

朱全忠攻克郓州，擒获朱瑄。又进而袭击攻下了兖州。朱瑾逃往淮南。

庞师古、葛从周合兵攻打郓州，朱瑄兵力少粮食吃光了，不再出城应战，只引水灌满深沟用来固守。庞师古等建造浮桥乘夜间越过壕沟，朱瑄放弃郓州逃走，乡人抓获了他交送葛从周。

朱全忠进入郓州，任命庞师古为天平留后。

朱瑾留下大将康怀贞守卫兖州，自己与河东将领史俨、李承嗣

掠徐境以给军食。全忠遣从周将兵袭兖州，怀贞降，从周入兖州，获瑾妻子，瑾及俨等帅其众奔淮南。

全忠纳瑾之妻，引兵还。张夫人请见之，瑾妻拜，夫人答拜，且泣曰："兖、郓与司空约为兄弟，以小故恨望，起兵相攻，使吾姒辱于此。他日汴州失守，吾亦如吾姒之今日乎！"全忠乃出瑾妻而斩瑄。于是郓、齐、曹、棣、兖、沂、密、徐、宿、陈、许、郑、滑、濮皆入于全忠，惟王师范保淄青，亦服于全忠。

淮南旧善水战，不知骑射，及得河东、兖、郓兵，军声大振。

**王建遣华洪将兵攻东川。**

建更华洪姓名曰王宗涤。

**孙偓、朱朴罢。**

朴既秉政，所言皆不效，外议沸腾，故罢。

张佶克邵州，擒蒋勋。　三月，朱全忠以葛从周守兖州，朱友裕守郓州，庞师古守徐州。　夏四月，遣使和解两川。　六月，贬王建为南州刺史，以李茂贞为西川节度使，覃王嗣周为凤翔节度使。

王建将兵五万攻东川，李茂贞表其罪，故贬之。徙茂贞镇西川，覃王镇凤翔。建克梓州南寨，执其将李继宁。宣谕使李洵至梓州，建指执旗者曰："战士之情，不可夺也。"茂贞亦不受代，围覃王于奉天。韩建移书茂贞，覃王乃得归。

**秋八月，韩建、刘季述杀通王滋等十一人。**

到徐州境内抢掠以供给军需粮食。朱全忠派遣葛从周率领军队袭击兖州，康怀贞投降，葛从周进入兖州，拿获朱瑾的妻儿，朱瑾与史俨等率领部下逃往淮南。

朱全忠收纳了朱瑾的妻子，率领军队归来。朱全忠的妻子张夫人请见朱瑾的妻子，朱瑾的妻子行拜礼，张夫人答拜，并流泪说："兖州、郓州与司空相约结为兄弟，因为小的缘故而产生怨恨，发动军队互相攻打，以致让我的姐姐受到这样的侮辱。将来有一天汴州失守，我也要像我姐姐今天这样了！"朱全忠于是放出朱瑾的妻子而斩杀了朱瑄。这时郓、齐、曹、棣、兖、沂、密、徐、宿、陈、许、郑、滑、濮各州都归属了朱全忠，只有王师范保有淄青一道，也服从了朱全忠。

淮南的军队以往擅长于水战，不熟悉骑马射箭，等到杨行密得到河东、兖州、郓州的人马，军队声势大振。

**王建派遣华洪率领军队进攻东川。**

王建将华洪姓名更改为王宗涤。

**孙偓、朱朴罢相。**

朱朴掌政以后，所许诺的都没效验，朝廷以外议论纷纷，所以被罢相。

**张佶攻克邵州，擒获蒋勋。** 三月，朱全忠派葛从周守卫兖州，朱友裕守卫郓州，庞师吉守卫徐州。 夏四月，朝廷派遣使者去劝说西川与东川和解。 六月，朝廷贬谪王建为南州刺史，任命李茂贞为西川节度使，任命覃王李嗣周为凤翔节度使。

王建率领五万人马攻打东川，李茂贞上表朝廷声称王建有罪，所以王建被贬谪。迁移李茂贞为西川节度使，任命覃王李嗣周为凤翔节度使。王建攻克梓州南寨，抓获了南寨将领李继宁。朝廷派宣谕使李洵到达梓州，王建指着手拿旗帜的兵士说："战士们的志向，不能强行夺去。"李茂贞也不接受替代，在奉天将覃王李嗣周围困。韩建给李茂贞送去书信，覃王李嗣周才得以归还。

**秋八月，韩建、刘季述杀死通王李滋等十一人。**

韩建奏："诸王罢兵,尚苞阴计,愿陛下圣断不疑,制于未乱。"上不报,建乃与知枢密刘季述矫制发兵围十六宅,诸王被发升屋,呼曰:"宅家救儿!"建尽杀之,以谋反闻。

**九月,李克用攻幽州,刘仁恭与战,败之。**

初,李克用取幽州,表刘仁恭为节度使,留戍兵及腹心将十人典其机要,租赋供军之外,悉输晋阳。及上幸华州,克用征兵于仁恭以入援,仁恭辞以契丹入寇,不出兵。克用移书责之,仁恭抵书慢骂,囚其使者。克用大怒,自将击之,仁恭遣其将军可及引兵逆战。克用方饮酒,前锋白:"贼至矣!"克用醉曰:"可及辈何足为敌!"亟命击之。是日大雾,幽州将杨师侃伏兵于木瓜涧,河东兵大败。克用醒而后知之,责诸将曰:"吾以醉废事,汝曹何不力争?"

仁恭奏讨克用,诏不许。仁恭又遣使谢克用,克用复书,略曰:"公仗钺控兵,理民立法,擢士则欲其报德,选将则望彼酬恩。己尚不然,人何足信?仆料猜防出于骨肉,嫌忌生于屏帷。持干将而不敢授人,捧盟盘而何辞著誓?"

**冬十月,以韩建为镇国匡国节度使。** 诏削夺李茂贞官爵姓名,发兵讨之。复以王建为西川节度使。 王建克梓州,顾彦晖自杀。

初,建与彦晖五十余战,蜀州刺史周德权言于建曰:"东川群盗多据州县,彦晖皆啖以厚利,恃其救援,故坚守

韩建上奏声称："宗室各王被撤去兵权,仍然酝酿着阴谋诡计,希望陛下圣明果断毫不迟疑,在没有发生变乱以前采取行动。"唐昭宗没有答复,韩建与知枢密刘季述假托皇帝的诏命调军队包围了十六宅,宗室各王披头散发登上屋顶,呼喊说:"皇上救我们!"韩建将他们全部杀死,以谋反的罪名上奏朝廷。

　　**九月,李克用攻打幽州,刘仁恭与他交战,被打败。**

　　起初,李克用攻取幽州,上表朝廷请求任命刘仁恭为节度使,留下防守士兵和心腹将领十人掌管机要事务,幽州一带的田租赋税除供给军需以外,全部送往晋阳。等到唐昭宗避难到达华州,李克用为入援朝廷向刘仁恭征发军队,刘仁恭以契丹人入侵为借口,没有出兵。李克用写信责备他,刘仁恭将信扔掉大肆谩骂,将李克用的使者囚禁。李克用大怒,亲自率领人马攻打刘仁恭,刘仁恭派遣手下将领单可及领兵迎战。李克用正在饮酒,他的前锋将领禀报:"贼寇到了!"李克用醉着说:"单可及这等人哪里配得上与我作战!"当即下令攻去他。这一天有大雾,幽州的将领杨师侃将人马埋伏在木瓜涧,把李克用的河东军队打得大败。李克用酒醒后听到失败的消息,责怪各将领说:"我因酒醉耽误了大事,你们为什么不力争?"

　　刘仁恭上奏朝廷讨伐李克用,朝廷下诏不准许。刘仁恭又遣使向李克用谢罪,李克用回信,大略说:"您执掌节钺控制军队,治理百姓建立法度,提拔人才就希望他能够报德,选择将领就希望他能报恩。您自己还不能做到,对别人又怎能充分相信?我估计您会猜忌亲人骨肉,对身边的官员产生疑心。手持利剑却不敢转授他人,捧着盟誓的盘子又能讲些什么话发誓呢?"

　　**冬十月,朝廷任命韩建为镇国匡国节度使。** **朝廷下诏削夺李茂贞的官职和爵位以及姓名,发动军队讨伐他。再任命王建为西川节度使。** **王建攻克梓州,顾彦晖自杀。**

　　起初,王建与顾彦晖交战了五十多次,蜀州刺史周德权对王建提建议说:"东川各伙强盗有很多占据着州县,顾彦晖都用丰厚的利益笼络他们,倚仗他们的救援,所以才能一直坚守梓州城

不下。若遣人谕贼帅以祸福，来者赏之以官，不服者威之以兵，则彼反为我用矣。"建从之，彦晖势益孤。至是，建攻梓州益急，彦晖自杀，建入梓州，城中兵尚七万人。建以王宗涤为留后。

**朱全忠击杨行密，战于清口，全忠大败。**

朱全忠既得兖、郓，甲兵益盛，乃大举击杨行密，遣庞师古壁清口，葛从周壁安丰。全忠自将屯宿州。行密与朱瑾将兵三万拒之。师古营于清口，或曰："营地污下，不可久处。"不听。朱瑾壅淮上流，欲灌之。或以告，师古以为惑众，斩之。瑾以五千骑潜渡，趣其中军，士卒仓黄拒战，淮水大至，汴军骇乱。行密引大军夹攻之，汴军大败，斩师古，从周奔还。行密、瑾乘胜追击之，杀溺殆尽，还者不满千人。全忠亦奔还。

行密大会诸将，谓副使李承嗣曰："始吾欲先趣寿州，副使云不如先向清口，师古败，从周自走。今果如所料。"赏之钱万缗，表领镇海节度。行密待承嗣、史俨甚厚，第舍、姬妾咸选其尤者赐之，故二人皆为行密尽力，屡立功。行密由是遂保据江淮，全忠不能与之争。

**立淑妃何氏为皇后。　十二月，威武节度使王潮卒。**

王潮以审知为观察副使，有过犹加捶挞，审知无怨色。潮寝疾，舍其子而命审知知军府事。

**南诏骠信舜化上书。**

不被我们攻克。如果派人向贼寇的头目说明祸福利弊,归顺者赏给官职,不服从的就派军队威逼,这些人就反而为我所用了。"王建听从了,顾彦晖的势力越发孤立。到这时,王建攻打梓州更加急迫,顾彦晖自杀,王建进入梓州,城中还有七万名士兵。王建任命王宗涤为留后。

**朱全忠攻打杨行密,战于清口,朱全忠大败。**

朱全忠占据兖州、郓州以后,军力更加强盛,于是大规模发兵攻打杨行密,派遣庞师古在清口安营扎寨,派遣葛从周在安丰安营扎寨。朱全忠亲自领兵驻扎在宿州。杨行密与朱瑾带领三万人马抵抗朱全忠。庞师古在清口驻扎,有人说:"这里的营地低洼,不能久驻在此。"庞师古没有听从。朱瑾堵塞淮水的上游,想用水灌庞师古的军队。有人向庞师古报告,庞师古认为是造谣惑众,杀了这个人。朱瑾用骑兵五千偷渡淮水,直捣庞师古的中军,庞师古的士卒都在仓皇中应战,淮水大肆涌来,朱全忠的汴州军队惊骇败乱。杨行密带领大军夹攻汴州军队,将他们打得大败,斩杀了庞师古,葛从周逃回。杨行密、朱瑾乘胜追击他们,斩杀溺水,差不多死光了,归还的士兵不足一千人。朱全忠也逃回去了。

杨行密大会各将领,对副使李承嗣说:"开始我想先奔赴寿州,你说不如先奔赴清口,庞师古一败,葛从周自然逃走。现在果然如你所料。"赏给李承嗣一万缗钱,上表朝廷让他兼任镇海节度使。杨行密对待李承嗣、史俨很优厚,房舍府第与美女姬妾都选择最好的赏赐给他们,所以两个人都为杨行密尽心尽力,屡立战功。杨行密从此就能保卫占据江淮一带,朱全忠难以与他争夺。

**立淑妃何氏为皇后。** **十二月,威武节度使王潮去世。**

王潮任命他的弟弟王审知为观察副使,犯有过失,王潮还对他捶打惩罚,王审知没有怨恨的神色。王潮卧病在床,舍弃他的儿子不用,而命王审知主持节度使司事宜。

**南诏骠信舜化向朝廷上书。**

南诏上书,朝廷欲以诏书报之,王建言:"小夷不足辱诏书,臣在西南,彼必不敢犯塞。"从之。

黎、雅间有浅蛮三部,岁赐缯帛,使觇南诏,而蛮反受南诏赂,诇成都虚实,阴与大将相表里。节度使或失大将心,则教诸蛮纷扰。建绝其赐,斩押牙山行章以惩之,邛崃之南不置障戍,蛮亦不敢侵盗。

**贬张道古施州司户。**

右拾遗张道古上疏言:"国家有五危、二乱。陛下登极十年,而曾不知为君驭臣之道,先朝封域日蹙几尽。臣虽微贱,窃伤陛下朝廷社稷,始为奸臣所弄,终为贼臣所有也。"上怒,贬之,仍下诏罪状,宣示谏官。

### 戊午(898) 光化元年

**春正月,诏复李茂贞姓名官爵,罢诸道兵。 以韩建为修宫阙使。**

初,李茂贞以数出兵救东川,不暇东逼乘舆,诈称改过。又闻朱全忠营洛阳宫,累表迎驾,与建皆惧,请修复宫阙,奉上归长安。诏以建为修宫阙使。建及茂贞皆致书于李克用请和,仍乞丁匠助修宫室,克用许之。

**三月,以朱全忠为宣武宣义天平节度使。**

朱全忠遣副使韦震入奏,求兼镇天平,朝廷未之许,震力争之,不得已从之。

**以马殷知武安留后。**

南诏上书朝廷,朝廷想要作诏书答复他们,王建说:"南诏是小小的蕃夷,不值得朝廷向他们颁诏书,臣在西南坐镇,他们必定不敢侵犯边塞。"朝廷听从了。

在黎州、雅州之间有三个接近汉界的蛮人部落,每年向他们赠送绢帛,让他们监视南诏的行动,然而这三个部落也接受南诏的馈送,帮他们侦探成都的虚实,暗中与那里的大将勾结串通。有的节度使失去大将的拥护,三个部落就指使各处蛮人纷起滋扰。王建断绝了对三个部落的赏赐,斩杀了押牙山行章以示惩罚,邛崃关的南边不设置要塞与兵卒,蛮人也不敢侵扰抢掠。

**朝廷贬谪张道古为施州司户。**

右拾遗张道古上疏说:"国家有五大危机、两大祸乱。陛下即位已经十年了,却还不曾知道作为帝王驾驭群臣的方法,先朝开辟留下的疆土日益缩小差不多要全部丧失了。臣虽然低微下贱,私下伤心陛下的朝廷社稷,开始时听凭奸臣的摆布,最终会被乱臣贼子所篡夺。"唐昭宗恼怒,贬谪了张道古,还颁下诏书历数张道古的罪状,向谏官们宣示。

### 戊午(898) 唐昭宗光化元年

**春正月,朝廷下诏书恢复了李茂贞的姓名、官职和爵位,撤回各道讨伐李茂贞的军队。 任命韩建为修宫阙使。**

起初,李茂贞因为几次出兵救援东川,顾不上向东逼迫唐昭宗,假称改过悔罪。他又听说朱全忠营建洛阳的宫殿,并一再呈上表章迎候皇帝,与韩建都很恐惧,就请求修整恢复京师长安的宫殿,侍奉唐昭宗回归长安。朝廷下诏任命韩建为修宫阙使。韩建与李茂贞都致书李克用请求和解,还请求他派出人丁、工匠帮助整修宫室,李克用同意了。

**三月,朝廷任命朱全忠为宣武宣义天平节度使。**

朱全忠派遣副使韦震入朝启奏,请求兼任天平节度使,朝廷没有应允,韦震极力争求,朝廷不得已听从了。

**朝廷任命马殷主持武安留后事宜。**

时湖南管内多为群盗所据,殷得潭、邵二州而已。

**刘仁恭取沧、景、德州。**

义昌节度使卢彦威性残虐,与仁恭争盐利,仁恭遣其子守文将兵袭之,彦威奔汴州。仁恭遂取沧、景、德三州,以守文为留后,兵势益盛,有并吞河朔之志。为守文请旌节,未许。会中使至范阳,仁恭语之曰:"旌节吾自有之,但欲得长安本色耳,何为见拒?"其悖慢如此。

**夏四月,朱全忠会幽州、魏博兵击李克用,败之,拔洺、邢、磁州。** **秋八月,车驾至长安。** **遣使宣慰河东、宣武。**

上欲藩镇辑睦,以太子宾客张有孚为河东、汴州宣慰使,和解之。克用欲奉诏,全忠不从。

**九月,钱镠克苏州。**

钱镠使顾全武攻苏州,城中食尽,淮南所署刺史弃城走,独秦裴守昆山不下。全武帅万余人攻之,裴屡出战,复斩侮全武,全武怒,益兵攻城,引水灌之,城坏乃降,嬴兵不满百人。镠怒曰:"单弱如此,何敢久为旅拒?"对曰:"裴义不负杨公,今力屈而降耳。"镠善其言,顾全武亦劝宥之。时人称全武长者。

**魏博节度使罗弘信卒。**

军中推其子绍威知留后。

**以王审知为威武节度使。** **冬十月,王珙杀前常州刺史王枆。**

当时湖南管辖境内有许多地方被几伙盗贼所盘踞,马殷只得到潭州、邵州两个州。

**刘仁恭攻取沧州、景州、德州。**

义昌节度使卢彦威性情残忍暴虐,与刘仁恭争夺盐利,刘仁恭派遣他的儿子刘守文带领人马袭击卢彦威,卢彦威逃奔汴州。刘仁恭于是攻取了沧州、景州、德州三州,任用刘守文为留后,军势更盛,有了吞并黄河以北地域的企图。刘仁恭向朝廷为刘守文请求节度使的旌旗节钺,朝廷没有允许。正好朝中派出的宦官到达范阳,刘仁恭对他说:"节度使的旌旗节钺我本来就有,只是想得到长安所发下正宗的罢了,为什么拒绝我呢?"他的狂妄傲慢到了这种地步。

**夏四月,朱全忠会合幽州、魏博的人马攻击李克用,打败了李克用,攻克洺州、邢州、磁州。　秋八月,唐昭宗到达长安。朝廷派使者宣示慰问河东、宣武的人马。**

唐昭宗想要让各藩镇和睦相处,就任命太子宾客张有孚为河东、汴州宣慰使,让他给双方调解。李克用想奉行诏命,朱全忠不服从。

**九月,钱镠攻克苏州。**

钱镠让顾全武攻打苏州,苏州城中粮食吃光了,淮南杨行密所委任的刺史弃城逃走,只有秦裴坚守昆山没有被打下。顾全武率一万多人马攻打昆山,秦裴多次出城迎战,又戏弄侮辱顾全武,顾全武恼怒,增加兵力攻打昆山,引河水灌城,城被毁坏,秦裴才投降,疲弱的士兵不足一百人。钱镠发怒说:"这样孤单弱小,为什么敢长久与我抗拒?"秦裴回答说:"我秦裴讲义气不辜负杨公,现在是力量不足才投降。"钱镠对他的这番话有好感,顾全武也劝钱镠宽恕他。当时的人称呼顾全武为长者。

**魏博节度使罗弘信去世。**

军营中推举罗弘信的儿子罗绍威为留后。

**朝廷任命王审知为威武节度使。　冬十月,王珙杀死前常州刺史王柷。**

枳性刚介，有时望，诏征之，时人以为且入相。过陕，节度使王珙延奉甚至，请叙子侄之礼，枳固辞，珙怒，使送者杀之，以覆舟闻，朝廷不敢诘。

**十一月，以罗绍威为魏博节度使。　十二月，李罕之据潞州，朱全忠表为节度使。**

李克用之平王行瑜也，李罕之求帅邠宁，克用曰："行瑜恃功邀君，故吾与公讨而诛之。昨破贼之日，吾首奏趣苏文建赴镇，今遽二三，朝野之论，必谓吾辈复如行瑜所为也，俟还镇，当更为公论功耳。"罕之不悦，复求小镇养疾，克用亦不许，罕之郁郁。及昭义节度使薛志勤卒，罕之擅引泽州兵，夜入潞州据之。克用怒，遣人让之，罕之遂请降于朱全忠。克用遣李嗣昭将兵讨之，嗣昭先取泽州，收罕之家属送晋阳。全忠表罕之为昭义节度使。

己未（899）　二年
春正月，崔胤罢，以陆扆同平章事。　刘仁恭屠贝州。三月，朱全忠遣兵击败之，遂攻河东，大败而还。

仁恭发幽、沧等十二州兵十万，欲兼河朔，攻拔贝州，城中万余户尽屠之。由是诸城各坚守不下。仁恭进攻魏州，节度使罗绍威求救于朱全忠。

全忠遣李思安将兵救魏，仁恭遣守文及单可及将精兵五万击之。思安伏兵，逆战阳却，守文逐之，伏发，大败之，斩可及，杀获三万人，守文仅以身免。可及骁将也，燕军由是丧气。

王柷性情刚正耿直，在当时有声望，朝廷下诏征他入朝，当时人认为他即将拜相。经过陕州，节度使王珙迎接侍奉王柷十分周到，请求用子侄之礼拜见，王柷坚决推辞，王珙恼怒，指使送行的人杀了他，向朝廷启奏因翻船而死，朝廷不敢追究。

**十一月，朝廷任命罗绍威为魏博节度使。　十二月，李罕之占据潞州，朱全忠上表请求任命李罕之为节度使。**

李克用平定王行瑜后，李罕之向他谋求邠宁节度使的官职，李克用说："王行瑜依仗有功劳而胁迫皇帝，所以我与您讨伐并将他杀死。日前击破王行瑜时，我首先上奏朝廷催促苏文建赴任邠宁节度使，现在立刻出尔反尔，朝廷内外的舆论，一定说我们这些人的所作所为也像王行瑜一样，等到返回镇所，当再为您论功行赏。"李罕之不高兴，又求赏赐一个小镇养病，李克用也没有应允，李罕之闷闷不乐。等到昭义节度使薛志勤去世，李罕之擅自带领泽州的人马，乘夜入据潞州。李克用恼怒，派人去责问他，李罕之于是向朱全忠请求投降。李克用派遣李嗣昭率人马讨伐李罕之，李嗣昭先攻取泽州，捕获李罕之的家属送到晋阳。朱全忠上表请任命李罕之为昭义节度使。

## 己未(899)　唐昭宗光化二年

**春正月，崔胤罢相，朝廷任命陆扆为同平章事。　刘仁恭在贝州大屠杀。三月，朱全忠派军队打败了刘仁恭，于是进攻河东，被打得大败而回。**

刘仁恭发动幽、沧等十二州的十万兵力，想兼并黄河以北地区，攻克贝州，将城中的一万多家都屠杀了。从此，各城都坚守没有被攻破。刘仁恭进攻魏州，节度使罗绍威向朱全忠求援。

朱全忠派遣李思安带领人马救援魏州，刘仁恭派遣刘守文和单可及带领五万精兵迎击。李思安埋伏兵卒，交战中假装撤退，刘守文追赶他，伏兵发动，将刘仁恭的军队打得大败，斩杀单可及，杀死擒获了三万人，刘守文本人仅仅免于一死。单可及是一员勇猛的将领，他死后燕军元气大伤。

时葛从周将精骑已入魏州,仁恭攻馆陶门,从周出顾,门者阖扉,死战,仁恭复大败,烧营而遁。仁恭自是不振,而全忠益横矣。

从周乘势攻河东,拔承天军,别将氏叔琮拔辽州,李克用遣周德威击之。

叔琮有骁将陈章,号陈夜叉,请于叔琮曰:"河东所恃者周杨五,请擒之,求一州为赏。"克用闻之,以戒德威,德威曰:"彼大言耳。"战于洞涡,德威微服往挑战,谓其属曰:"汝见陈夜叉即走。"章果逐之,德威奋铁树击之,坠马,生擒以献。因击叔琮,大破之,从周亦引还。

**夏六月,以丁会为昭义节度使。**

从朱全忠之请也。

**保义军乱,杀节度使王珙。**

珙性猜忍,虽妻子亲近常不自保。至是,为麾下所杀,推都将李璠为留后,都将朱简复杀璠而代之,附于朱全忠,改名友谦,预于子侄。

**秋七月,马殷拔道州。**

殷遣李唐攻道州,贼帅蔡结伏兵于隘,击破之。唐曰:"蛮所恃者山林耳。"乃因风燔林,光烛天地,群蛮惊遁。遂拔道州,擒结斩之。

**八月,李克用拔潞州。**

先是,克用遣李君庆围潞州,朱全忠遣张存敬救之,君庆解围去,克用诛君庆,以李嗣昭代之。李罕之死,全忠使贺德伦守潞州,嗣昭日以铁骑环其城,捕刍牧者,附城三十

当时葛从周带领精锐骑兵已进入魏州，刘仁恭攻打馆陶门，葛从周出城查探，让守门者关上城门，葛从周率军拼死决战，又将刘仁恭打得大败，刘仁恭烧了营垒逃跑。从此以后，刘仁恭一蹶不振，而朱全忠更加骄横了。

葛从周乘胜进攻河东军队，攻克承天军，别将氏叔琮攻克辽州，李克用派遣周德威抗击。

氏叔琮有一员勇猛的将领陈章，号称陈夜叉，向氏叔琮请求说："河东军队所恃仗的是周杨五，请让我擒拿他，成功后赏给我一州。"李克用听到后，用来告诫周德威，周德威说："那是他说大话罢了。"双方在洞涡交战，周德威身穿便服前往挑战，对他的属将们说："你们见到陈夜叉就跑。"陈章果然追逐，周德威奋起铁树击打他，陈章坠下马来，被活捉献给李克用。又乘势攻打氏叔琮，将他打得大败，葛从周也带领军队撤回。

**夏六月，朝廷任命丁会为昭义节度使。**

这是朝廷顺从朱全忠的请求。

**保义军中发生变乱，杀死节度使王珙。**

王珙性情猜忌残忍，即使是妻子儿女这样的至亲骨肉，也常常为自身的安危担忧。到此时，王珙被部下将士所杀，军中推举都将李璠为留后，都将朱简又杀死李璠取而代之，依附于朱全忠，更改姓名为朱友谦，列入朱全忠的子侄辈中。

**秋七月，马殷攻克道州。**

马殷派遣李唐攻打道州，贼寇的主帅蔡结在险要处设下伏兵，打败了李唐。李唐说："蛮人所仗恃的不过是山林罢了。"于是借风力烧山林，天地间一片大火，蛮人都惊慌逃跑。李唐于是攻克道州，擒获蔡结，斩杀了他。

**八月，李克用攻拔潞州。**

此前，李克用派遣李君庆围攻潞州，朱全忠派遣张存敬救援，李君庆放弃围攻而去，李克用诛杀李君庆，任用李嗣昭替代他。李罕之死后，朱全忠派贺德伦守卫潞州，李嗣昭每天派出骑兵环绕潞州城巡行，捕捉打草放牧的人，将靠近潞州城方圆三十

里禾黍皆割之,德伦宵遁。克用表孟迁为留后。

**九月,以李茂贞为凤翔、彰义节度使。**

**庚申(900) 三年**
**春二月,李克用治晋阳城。**

李克用大治晋阳城堑,押牙刘延业谏曰:"大王声振华夷,宜扬兵以严四境,不当近治城堑,损威望而启寇心。"克用谢之,赏以金帛。

**夏四月,朱全忠遣兵围沧州。**

全忠遣葛从周将兵击刘仁恭,拔德州,围沧州。仁恭复遣使求救于河东,李克用遣周德威将五千骑以救之。

**六月,以崔胤同平章事,杀司空同平章事王抟。**

王抟明达有度量,时称良相。上素疾枢密使宋道弼、景务修专横,崔胤日与上谋去之。由是南北司益相憎疾,各结藩镇以相倾。抟恐其致乱,从容言于上曰:"人君当务明大体,无所偏私。宦官擅权之弊谁不知之,顾其势未可猝除,宜俟多难渐平,以道消息。愿陛下言勿轻泄以速奸变。"胤闻之,潜抟为道弼辈外应,上疑之。及胤罢相,意抟排己,恨之,遗朱全忠书,使表论之。上不得已,召胤复相之,贬抟崖州司户,流道弼骧州、务修爱州,皆赐自尽。于是胤专制朝政,势震中外,宦官皆侧目。

**秋七月,李克用遣兵攻邢、洺以救沧州,汴军败还。**

里的田禾黍粟全部割光，贺德伦乘夜逃走。李克用上表朝廷请求任命孟迁为昭义留后。

**九月，朝廷任命李茂贞为凤翔、彰义节度使。**

### 庚申（900） 唐昭宗光化三年

**春二月，李克用修整晋阳城。**

李克用大规模整治晋阳的城墙沟堑，押牙刘延业劝告说："大王的声威震动华夏和四夷，应当派出军队整肃四方边境，不应当修治眼前的城墙沟堑，损害自家的声望而引发敌人的侵犯之心。"李克用向他表示感谢，赏给他金银布帛。

**夏四月，朱全忠派遣军队围攻沧州。**

朱全忠派遣葛从周率领军队攻击刘仁恭，攻克德州，围攻沧州。刘仁恭又派遣使者向河东军队求援，李克用派遣周德威带领五千骑兵去救援刘仁恭。

**六月，朝廷任命崔胤为同平章事，杀死司空同平章事王抟。**

王抟明白通达，宽宏大量，当时称为良相。唐昭宗平常痛恨枢密使宋道弼、景务修专断横行，崔胤每天与唐昭宗谋划除掉他们。因此南北两司更加相互憎恶妒恨，各自勾结藩镇势力相互倾轧。王抟担心这样会导致动乱，就从容不迫地向唐昭宗进言说："当皇帝的一定要识大体，没有偏情私心。宦官擅用职权的弊病谁不知道，只是他们的势力不可以迅速除掉，应当等待各种灾难逐渐平息，通过正常渠道使他们各自安定。希望陛下不要轻易发话，以免加速奸邪小人的变乱。"崔胤听到后，诬蔑王抟是宋道弼等人的外应，唐昭宗对这番话有所怀疑。等到崔胤罢相，崔胤认为是王抟排斥自己，恨上了他，给朱全忠写信，让朱全忠呈上表章议论是非。唐昭宗迫不得已，召回崔胤再次任命他为宰相，贬谪王抟为崖州司户，流放宋道弼到驩州，流放景务修到爱州，又赐三人自尽。在这时，崔胤在朝中专权，势力威震朝野上下，宦官们都很恼怒。

**秋七月，李克用派兵攻打邢州、洺州，以救沧州，汴军败还。**

**九月，以徐彦若为清海节度使。**

崔胤以彦若位在己上，恶之，彦若亦自求引去。时藩镇皆为强臣所据，惟嗣薛王知柔在广州，乃求代之。

**崔远罢，以裴贽同平章事。　朱全忠攻镇州。**

朱全忠以王镕与李克用交通，伐之，镕惧，遣判官周式诣全忠请和，曰："镇州密迩太原，困于侵暴，王公与之连和，乃为百姓故也。今明公果能为人除害，则天下谁不听命？若但穷威武，则镇州虽小，城坚食足，明公虽有十万之众，未易攻也。"全忠笑曰："与公戏耳。"乃遣使入见镕，镕以其子为质，全忠引还。

**朱全忠取瀛、景、莫州。**

成德判官张泽言于王镕曰："河东勍敌也，今虽有朱氏之援，譬如火发于家，安能俟远水乎？彼幽、沧、易、定犹附河东，不若说朱公乘胜兼服之，使河北合而为一，则可以制河东矣。"镕复遣周式往说全忠，全忠喜，遣张存敬击刘仁恭，拔瀛、景、莫三州。

**马殷取桂州。**

静江军节度使刘士政遣副使陈可璠屯全义岭以备马殷，殷遣李琼等将兵击之。可璠掠县民耕牛宰犒军，县民怨之，为琼乡导以袭秦城，擒可璠，遂围桂州，士政出降。桂、宜、岩、柳、象五州皆降。

**朱全忠遣兵攻定州，义武节度使王郜奔晋阳。**

张存敬攻定州，王郜遣兵马使王处直将兵数万拒之。处直请依城为栅，俟其师老而击之。孔目官梁汶曰："昔幽、镇合兵三十万攻我，于时我军不满五千，一战败之。今

九月，朝廷任命徐彦若为清海节度使。

崔胤因为徐彦若的官位在自己之上，厌恶他，徐彦若也自求离开朝廷。当时藩镇都被强臣占据，只有嗣薛王李知柔在广州，于是请求代替他。

**崔远罢相，朝廷任命裴贽为同平章事。　朱全忠攻打镇州。**

朱全忠认为王镕与李克用相互勾结，就讨伐他，王镕害怕了，派判官周式到朱全忠那里请和，说："镇州紧靠太原，处于被侵扰施暴的困境，王公与李克用连和，乃是为了百姓。现在您如果能为百姓除害，那天下有谁不听命于您呢？如果只是穷兵黩武，则镇州虽小，但城坚粮足，您虽有十万之众，也不容易攻克。"朱全忠笑着说："和您开玩笑罢了。"于是派使者去见王镕，王镕以他的儿子为人质，朱全忠领兵回去了。

**朱全忠攻取瀛州、景州、莫州。**

成德判官张泽对王镕说："河东军是强劲的敌人，现在虽然有朱全忠的支援，就像是家中失了火，怎能等待远处的水来救呢？那幽州、沧州、易州、定州仍然依附河东的李克用，我们不如说服朱全忠乘胜将他们一起降服，让河北各镇合而为一，就可以制服河东的军事力量了。"王镕又派周式去游说朱全忠，朱全忠喜悦，派张存敬去攻击刘仁恭，攻克瀛州、景州、莫州。

**马殷攻取桂州。**

静江军节度使刘士政派遣副使陈可璠驻扎在全义岭以防备马殷，马殷派遣李琼等人带领军队攻击他们。陈可璠抢掠县里百姓的耕牛宰杀了犒劳军队，县中百姓怨恨他，替李琼当向导去袭击秦城，擒获了陈可璠，遂围困桂州，刘士政出城投降。桂州、宜州、岩州、柳州、象州五州都投降了。

**朱全忠派遣军队攻打定州，义武节度使王郜逃奔晋阳。**

张存敬攻打定州，王郜派遣兵马使王处直带领数万军队抗击。王处直请求依城构筑栅栏，等到张存敬的军队疲惫懈怠时再攻击他。孔目官梁汶说："从前幽州、镇州会合三十万人马攻打我们，那时我们的军队不足五千人，一战就打败了他们。现在

存敬兵不过三万,我军十倍于昔,奈何示怯,欲依城自固乎?"郜乃遣处直逆战,大败,郜奔晋阳,军中推处直为留后。存敬进围定州,朱全忠至城下,处直登城呼曰:"本道事朝廷尽忠,于公未尝相犯,何为见攻?"全忠曰:"何故附河东?"对曰:"封疆密迩,且婚姻也,今请改图。"全忠许之。处直以缯帛十万犒师,全忠乃还,仍为处直表求节钺。

刘仁恭遣其子守光将兵救定州,全忠遣张存敬袭之,杀六万余人。由是,河北诸镇皆服于全忠。

**十一月,中尉刘季述等幽上于少阳院,而立太子裕。**

自宋道弼、景务修死,宦官皆惧。中尉刘季述、王仲先,枢密王彦范、薛齐偓等,阴相与谋曰:"主上轻佻变诈,难奉事,专听任南司官,吾辈终罹其祸。不若奉立太子,引岐、华兵控制诸藩,谁能害我哉!"

至是,上猎苑中,夜醉归,手杀黄门侍女数人。明旦,日加辰巳,宫门不开,季述帅禁兵千人破门而入,具得其状。出谓崔胤曰:"主上所为如是,岂可理天下?废昏立明,自古有之,为社稷大计,非不顺也。"胤不敢违,季述召百官,陈兵殿庭,作胤等状请太子监国,胤及百官皆署之。将士大呼入思政殿,上惊起,季述等出状白之曰:"此非臣等所为,皆南司众情不可遏也。"即扶上与何后同辇,嫔御才十余人,适少阳院。季述以银樋画地数上曰:"某时某事

张存敬的军队不过三万人，我们的军队是从前的十倍，为什么要向敌人表示怯弱，难道是要依城自行固守吗？"王部于是派王处直前去迎战，大败而归，王部逃往晋阳，军中推举王处直为留后。张存敬进而围攻定州，朱全忠到达城下，王处直登上城头大呼说："本道奉事朝廷尽了忠心，对于您也不曾有过冒犯，为什么要攻打我们？"朱全忠说："你们为什么依附河东李克用？"王处直回答说："管辖的地界紧挨着，并且有婚姻关系，现在请让我们改变主意。"朱全忠应允了。王处直用十万缯帛犒劳朱全忠的军队，朱全忠于是撤军，还为王处直上表请求节度使的节钺。

刘仁恭派遣他的儿子刘守光带领人马去救援定州，朱全忠派遣张存敬袭击他，斩杀六万多人。从此以后，河北各镇都服从了朱全忠。

**十一月，中尉刘季述等在少阳院囚禁了唐昭宗，拥立太子李裕为帝。**

自从宋道弼、景务修死后，宦官们都很恐惧。中尉刘季述、王仲先，枢密王彦范、薛齐偓等，私下相互谋划说："当今皇上轻浮不庄重而多机变欺诈，难于侍奉，专门听信南司官员的话，我们这些人终究要遭受祸害。不如拥立太子为皇帝，招引岐州、华州的军队控制各个藩镇，谁还能加害我们呢？"

到了这天，唐昭宗到禁苑中打猎，夜里醉酒还宫，亲手杀死宦官、侍女数人。第二天早晨已经是辰巳时分了，宫门没有打开，刘季述率领宫中警卫一千人破门而入，获得了全部情状。刘季述出宫对崔胤说："皇上干出这样的事情，岂可治理天下？废除昏君拥立明主，自古就有，这是为了国家大计，并不是叛逆。"崔胤不敢违抗，刘季述召来百官，在宫殿庭院中陈列士兵，起草崔胤等请太子监国的联名状，崔胤与百官都署了名。将领士兵大声呼喊进入思政殿，唐昭宗惊慌而起，刘季述等人拿出联名状禀告他说："这不是臣等所作所为，都是南司官员群情不可阻止下发生的。"就扶持唐昭宗与何皇后同乘一辇，与嫔妃十多个人到少阳院。刘季述用银桩画地，数落唐昭宗说："某天有某事

汝不从我言,其罪一也。"如此数十不止。乃手锁其门,熔铁固之,遣兵围之,穴墙以通饮食。上求钱帛纸笔皆不与,公主、嫔御无衣衾,号哭闻于外。季述迎太子入宫,矫诏立之,以上为太上皇,加百官爵秩,将士优赏。凡宫人左右为上所宠信者,皆榜杀之。崔胤密致书朱全忠,使兴兵图反正。

进士李愚客游华州,上韩建书曰:"明公居近关重镇,君父幽辱,坐视凶逆而忘勤王之举,仆所未谕也。一朝山东侯伯唱义连衡,鼓行而西,明公欲求自安,其可得乎?不如驰檄四方,谕以逆顺,军声一振则元凶破胆,旬浃之间,二竖之首传于天下,计无便于此者。"建虽不能用,厚待之,愚坚辞而去。

全忠在定州,闻乱而还。季述遣其养子希度诣全忠,许以唐社稷输之,全忠犹豫未决。副使李振独曰:"王室有难,霸者之资也。公为唐桓、文,安危所属,宦竖囚废天子不能讨,何以复令诸侯?且幼主位定,则天下之权尽归宦官矣。"全忠大悟,即囚希度,遣亲吏蒋玄晖如京师,与崔胤谋之。

### 辛酉(901) 天复元年

春正月朔,神策指挥使孙德昭等讨刘季述等,皆伏诛。上复于位,黜太子裕为德王。

神策指挥使孙德昭自季述等废立,常愤惋不平。崔胤闻之,遣判官石戬说之曰:"今反者独季述、仲先耳,公诚能

你不听我的话,这是一大罪过。"如此数落了数十条不止。刘季述于是亲手锁上了少阳院的门,熔化铁水将锁灌实,派遣士兵围住,将墙打洞用来传递饮食。唐昭宗索要钱帛、纸笔都不给,公主、嫔妃等没有衣被,号哭声传到了宫殿以外。刘季述迎接太子入宫,假传唐昭宗的诏书立太子为帝,以唐昭宗为太上皇,加封百官爵秩,参与的将士受到优厚的赏赐。凡是唐昭宗所宠爱信任的宫人、侍臣等,都被用棍子打死。崔胤秘密通书信给朱全忠,让他发兵入朝恢复唐昭宗的皇位。

进士李愚客居华州,给韩建上书说:"明公您居守临近潼关的重镇,皇上被囚禁受辱,坐视凶恶叛乱而忘记了出兵救助王室,我实在不能理解。有一天山东侯伯举义联合,鸣鼓发兵向西行进,明公您要求自我安定,还能得到吗?不如向四方发布檄文,使他们知道逆顺的分别,军队声威一振,首恶元凶就会丧胆,十天左右,两个宦官的首级将传递于天下,没有比这更为便当的计策了。"韩建虽然不能采纳这个计策,却给李愚优厚的待遇,李愚坚决辞别而去。

朱全忠在定州,听到京城变乱就返回镇所。刘季述派遣他的义子刘希度去见朱全忠,许诺将大唐天下奉献给他,朱全忠犹豫不决。副使李振独说:"王室有难,正是成就霸业的资本。您是大唐的齐桓公、晋文公,身系国家的安危,宦官竖子囚禁废立天子却不能讨伐,用什么再号令诸侯呢?况且幼主的帝位一定,那么国家的大权就全归宦官了。"朱全忠大为醒悟,当即囚禁了刘希度,派遣心腹官吏蒋玄晖到京师长安,与崔胤谋划。

### 辛酉(901) 唐昭宗天复元年

春正月初一,神策指挥使孙德昭等人讨伐刘季述等,都被诛杀。唐昭宗复位,废黜太子李裕为德王。

神策指挥使孙德昭自从刘季述等人废唐昭宗而立太子后,常常感到愤恨惋惜心中不平。崔胤听说后,派遣判官石戬劝导孙德昭说:"现在谋逆造反的人只有刘季述、王仲先罢了,您真能

诛此二人，迎上皇复位，则富贵穷一时，忠义流千古。苟狐疑不决，则功落他人之手矣。"德昭曰："相公有命，不敢爱死。"遂结右军都将董彦弼、周承诲，谋以除夜伏兵安福门外以俟之。正旦，仲先入朝，德昭擒斩之。驰诣少阳院，叩门呼曰："逆贼已诛，请陛下出劳将士！"何后不信，曰："果尔，以其首来。"德昭献其首，上乃与后毁扉而出，崔胤迎上御长乐门楼，帅百官称贺。周承诲擒刘季述、王彦范继至，方诘责，已为乱梃所毙。薛齐偓赴井死，出而斩之。灭四人之族，并诛其党二十余人。上曰："裕幼弱，非其罪。"黜为德王。赐孙德昭姓名李继昭，承诲姓名李继诲，彦弼亦赐姓，皆以使相留宿卫，赏赐倾府库，时人谓之"三使相"。上宠待胤益厚，朱全忠由是亦益重李振。

**进朱全忠爵为东平王，李茂贞为岐王。　以韩全诲、张彦弘为中尉，袁易简、周敬容为枢密使。**

敕："近年宰臣延英奏事，枢密使侍侧，争论纷然，桡权乱政。自今并依大中旧制，俟宰相奏事毕，方得升殿承受公事。"

崔胤、陆扆上言："祸乱之兴，皆由中官典兵。乞令胤主左军，扆主右军，则诸侯不敢侵陵，王室尊矣。"上召李继昭等谋之，皆曰："臣等累世在军中，未闻书生为军主。若属南司，必多所变更，不若归之北司为便。"于是复以宦者为中尉，又征前枢密使严遵美为两军中尉观军容处置使，遵美曰："一军犹不可为，况两军乎！"固辞不起。

诛杀这两个人,迎候太上皇复位,就会富贵穷极一时,忠义流传千古。如果犹疑不决,那么大功就会落到别人手中了。"孙德昭说:"相公您有命令,我不敢惜死。"于是结交右军都将董彦弼、周承诲,计划在除夕夜里伏兵安福门外伺机行事。元旦早晨,王仲先入朝,孙德昭擒获斩杀了他。快马奔赴少阳院,叩门大呼说:"叛逆贼寇已被诛杀,请陛下出来慰劳将士!"何皇后不信,说:"如果真是如此,拿他的首级来。"孙德昭献上王仲先的首级,唐昭宗与何皇后才将宫门毁坏出来,崔胤迎接唐昭宗到长乐门楼,率领朝中百官拜见庆贺。周承诲擒获刘季述、王彦范随后赶到,正要诘问斥责,已被乱棍打死了。薛齐偓跳井而死,捞出被斩首。杀了四个人的全族人,并且诛杀了他们的党羽二十多人。唐昭宗说:"李裕幼小懦弱,并非他的罪过。"将他废黜为德王。赐孙德昭姓名李继昭,赐周承诲姓名李继诲,董彦弼也赐姓李,都以节度使或宰相的官职留在宫中直宿警卫,并尽国库所有赏赐他们,当时人称他们是"三使相"。唐昭宗宠信崔胤,待他更为优厚,朱全忠从此也更加敬重李振。

**朝廷晋升朱全忠的爵位为东平王,李茂贞为岐王。 朝廷任命韩全诲、张彦弘为中尉,任命袁易简、周敬容为枢密使。**

唐昭宗颁布敕书道:"近年来宰臣在延英殿奏陈事务,枢密使在旁侍立,争论不休,搅乱权力,混乱政治。从今以后都依照大中年间的旧规矩,等候宰相奏事完毕,枢密使才能进殿接受公事。"

崔胤、陆扆向唐昭宗进言说:"祸乱的发生,都是由于宦官主管军队。请求皇上让崔胤主管左军,让陆扆主管右军,诸侯就不敢侵犯欺侮,朝廷就尊崇了。"唐昭宗召来李继昭等人商议,都说:"臣等几辈子在军中任职,没听说让书生担任军队主帅的。如果将军队隶属于南司,一定会有许多变更,不如将军队还是归北司统管便利。"于是朝廷仍然让宦官为中尉,又征召前枢密使严遵美为两军中尉观军容处置使,严遵美说:"一军尚且不能掌管,何况两军呢?"坚决辞谢不出。

胤以宦官终为肘腋之患,欲以外兵制之。会李茂贞入朝,胤讽茂贞留兵宿卫,以假子继筠将之。谏议大夫韩偓以为不可,曰:"留此兵则家国两危,不留则家国两安。"胤不从。

**二月,朱全忠取河中、晋、绛等州,执王珂以归,杀之。**

朱全忠既服河北,欲取河中以制河东,遣张存敬将兵三万袭之,而自以中军继其后。晋、绛不意其至,皆降,全忠留兵守之,以扼河东援兵之路。

珂告急于李克用,克用兵不得进,报曰:"不若举族归朝。"珂又遗李茂贞书,言:"天子诏藩镇无得相攻,今朱公不顾诏命,首兴兵相加。河中若亡,则同、华、邠、岐俱不自保,天子神器拱手授人矣。公宜亟帅关中诸镇兵固守潼关,赴救河中。关中安危,国祚修短,系公此举。"茂贞不报。

存敬围河中,王珂欲奔京师,而人情离贰,不复能出,遂请降。

全忠驰赴之,至虞乡,哭重荣墓尽哀,河中人皆悦。珂欲面缚,全忠止之曰:"太师舅之恩何可忘,若郎君如此,使仆异日何以见舅于九泉!"乃以常礼出迎。全忠表张存敬为留后,珂举族迁于大梁。后全忠竟杀之。

**以王溥、裴枢同平章事。　三月,朱全忠遣兵攻河东,取沁、泽、潞、辽等州。**

李克用遣使请好于全忠,全忠忿其书辞蹇傲,遣氏叔琮等分道攻之,沁、泽、潞、辽等州皆降。别将白奉国会

崔胤认为宦官终究是身边的祸患,想要用藩镇的军队制衡他们。正好李茂贞入朝,崔胤就婉言劝说李茂贞留下军队充任皇宫的宿值警卫,由李茂贞的义子李继筠掌管。谏议大夫韩偓认为不可以,说:"留这些军队,家庭与国家都有危险,不留这些军队,家庭和国家都会平安。"崔胤不听从。

**二月,朱全忠攻取河中与晋州、绛州等地,擒拿王珂归来,杀死了他。**

朱全忠降服河北以后,想攻取河中用来控制河东,就派遣张存敬带领三万人马袭击河中,亲自统率中军随后而至。晋州、绛州没有料到朱全忠军队的到来,都投降了,朱全忠留下军队守卫,用来阻遏河东军队的入援道路。

王珂向李克用告急,李克用的军队不能前进,回答说:"你们不如全家都回到朝廷来。"王珂又写信给李茂贞,说:"天子下诏各藩镇不能相互攻打,现在朱公不顾天子的诏令,首先发兵攻打我。河中若丧失,那么同州、华州、邠州、岐州都不能自保,大唐的政权就要拱手送给朱全忠了。您应当赶紧率领关中各镇的军队,坚决守卫住潼关,前往救援河中。关中的安危、国家命运的长短,全都依仗您的这番举动了。"李茂贞没有答复。

张存敬围攻河中,王珂想要奔往京师长安,但因人情离散,不再能逃出包围了,于是请求投降。

朱全忠奔往河中受降,到达虞乡,在王珂父亲王重荣的墓前哭奠,很哀痛,河中的人都很喜悦。王珂准备反绑双手出城投降,朱全忠制止他说:"太师舅父的恩情怎能忘记,公子若如此行事,让我日后在九泉之下如何拜见舅父呢!"王珂于是用常礼出城迎候。朱全忠上表请求任命张存敬为留后,王珂全家族迁移到大梁。后来,朱全忠还是杀死了王珂。

**朝廷任命王溥、裴枢为同平章事。　三月,朱全忠派遣军队进攻河东军队,攻取沁、泽、潞、辽等州。**

李克用遣使向朱全忠请和,朱全忠气李克用书信傲慢,派氏叔琮等分路进攻,沁、泽、潞、辽等州都投降了。别将白奉国会合

成德兵自井陉入，拔承天。叔琮等兵抵晋阳城下，克用登城备御，不遑饮食。时大雨积旬，刍粮不给，士卒疿利，全忠乃召兵还，周德威、李嗣昭以精骑蹑之，杀获甚众。

**夏五月**，**以朱全忠为宣武、宣义、天平、护国节度使。**
全忠奏乞除河中节度使，而讽吏民请己为帅。

**李茂贞入朝。**
初，杨复恭借度支卖曲之利一年以赡军，而不复归。至是，崔胤欲抑宦官，罢之，令酤者自造而月输钱度支，并近镇亦禁之。李茂贞惜其利，表乞入朝论奏，韩全诲请许之。茂贞至京师，全诲深与相结，崔胤始惧，益厚朱全忠而与茂贞为仇敌矣。

**六月**，**解崔胤盐铁使。**
上之返正也，中书舍人令狐涣、给事中韩偓皆预其谋，故擢为翰林学士。时上悉以军国事委崔胤，宦官侧目，胤欲尽除之。韩偓曰："事禁太甚，此辈亦不可全无，恐其党迫切，更生他变。"胤不从，上独召偓问之，对曰："东内之难，敕使谁非同恶，处之当在正旦，今已失其时矣。"上曰："当是时，卿何不为崔胤言之？"对曰："陛下诏书云'四家之外余无所问'，夫人主所重，莫大于信，既下此诏，则守之宜坚，若复戮一人，则人人惧死矣。然后来所去已为不少，此其所以恟恟不安也。今不若择其尤无良者数人，明示其

成德军队从井陉口攻入，攻克承天。氏叔琮等军队攻到晋阳城下，李克用登城戒备守御，顾不上饮水吃饭。当时连续下了十几天大雨，朱全忠军队的粮草供给发生问题，士兵患疟疾、痢疾的很多，朱全忠于是召回军队，河东的将领周德威、李嗣昭率领精锐骑兵追击，杀伤俘获了很多汴州军人。

夏五月，朝廷任命朱全忠为宣武、宣义、天平、护国节度使。

朱全忠奏请任命河中节度使，并暗示官吏百姓吁请自己为主帅。

**李茂贞入朝。**

起初，杨复恭借用度支卖酒曲一年的利润，用来补给军队的用度，却没有归还。到这时，崔胤想要裁抑宦官，撤销了这一举措，让酿酒者自造而每月向度支缴纳钱利，连同附近各藩镇的专卖权也禁止了。李茂贞舍不得这项收益，上表请求入朝讨论这件事，韩全诲请求允许他入朝。李茂贞到达京师长安，韩全诲与他深相勾结，崔胤这才开始感到恐惧，更加厚交朱全忠而与李茂贞成了仇敌。

**六月，朝廷解除崔胤盐铁使的职务。**

唐昭宗恢复帝位，中书舍人令狐涣、给事中韩偓都参与了这一谋划，都被擢升为翰林学士。当时唐昭宗将军事国务都委任给崔胤处理，宦官甚是恼怒，崔胤想要将宦官全部除掉。韩偓说："事情不能做得太过分，宦官这些人也不能全没有，担心这些人被逼迫得太紧，再生出其他变故。"崔胤没有听从，唐昭宗只召来韩偓询问这件事，韩偓回答说："东宫的事变，这些人哪一个不是一样的恶人，应当在元旦诛杀刘季述时就一同处置了他们，现在已失去时机了。"唐昭宗说："当时，你为什么不向崔胤说呢？"韩偓回答说："陛下的诏书说'刘季述等四人以外，其余一个人也不追究'，对于君主而言，最重要的莫过于信用，既然已经颁下这样的诏书，就应当坚决遵守，如果再杀死一个人，就会人人自危了。然而后来又除去的人已经不少了，这是他们所以恐惧不能安宁的原因。现在不如挑选他们中间特别坏的几个人，明白宣

罪,置之于法,然后抚谕其余,择其忠厚者,使为之长,有善则奖,有罪则惩,则咸自安矣。此曹在公私者以万数,岂可尽诛邪!夫帝王之道,当以重厚镇之,公正御之,至于琐细机巧,此机生则彼机应矣,终不能成大功,所谓理丝而棼之者也。况今朝廷之权,散在四方,苟能先收此权,则事无不可为者矣。"上深以为然,曰:"此事终以属卿。"

胤复请尽诛宦官,但以宫人掌内诸司事。宦官乃求美女知书者数人,内之宫中,阴令伺察其事,尽得胤密谋,日夜谋所以去胤者。时胤领三司,全诲等教禁军对上喧噪,诉胤减损冬衣。上不得已,解胤盐铁使。

时朱全忠、李茂贞各有挟天子令诸侯之意,胤知谋泄事急,遗全忠书称被密诏,令全忠以兵迎车驾。

**冬十月,朱全忠举兵发大梁。**

初,韩全诲等惧诛,谋以兵制上,乃与李继昭、继诲、彦弼及神策指挥使李继筠深相结,继昭独不肯从。他日,韩偓因对及之,上曰:"是不虚矣,令狐涣欲令朕召胤及全诲等于内殿,置酒和解之,何如?"对曰:"如此则彼凶悖益甚,独有显罪数人,速加窜逐,余者许其自新,庶几可息。若一无所问,彼必知陛下心有所贮,益不自安,事终未了耳。"上曰:"善。"既而宦官自恃党援已成,稍不遵敕旨,或使监军、守陵,皆不行,上无如之何。

示他们的罪行,依法惩办,然后安抚劝慰其余的人,选择他们中忠厚的人,担任头领,有善行就奖励,有罪行就惩罚,那么就全都相安无事了。这些人在官府与私家的有数万人,哪里能全都杀死呢!帝王之道,应当用持重而敦厚安定他们,以公正无私驾驭他们,至于那些琐细机巧的举动,这边运用那边也会有对应之举,终究不能成就大的功业,这就是所说的整理乱丝而更加纷乱了。况且现在朝廷的大权,分散在四方藩镇的手中,如果能先收回这些权力,那么就没有什么不可以干的事情了。"唐昭宗深深以这番话为是,说:"这些事终究要交给你办理。"

崔胤再次请求将宦官全部诛杀,只用宫人掌管内廷各司的事务。宦官于是找了几个识字的美女,送入宫中,暗中叫她们刺探这件事,全部掌握了崔胤的秘密计划,宦官们日夜谋划如何除去崔胤。当时崔胤兼任户部、度支、盐铁三使司,韩全诲等人教唆禁军向唐昭宗喧哗叫闹,申诉崔胤减少将士们的冬季衣装。唐昭宗不得已,解除了崔胤的盐铁使职务。

当时朱全忠、李茂贞各自都有挟持天子用来号令诸侯的用心,崔胤知道自己的计划泄露形势急迫,写信给朱全忠声称奉有秘密诏书,命令朱全忠用军队迎接皇帝。

**冬十月,朱全忠从大梁发兵。**

起初,韩全诲等人担心被诛杀,计划用武力挟制唐昭宗,于是与李继昭、李继诲、李彦弼以及神策指挥使李继筠互相紧密勾结,只有李继昭不肯依从。一天,韩偓因奏对谈到这几人的事,唐昭宗说:"这事看来不假,令狐涣想叫朕召崔胤与韩全诲等人到内殿,设置酒宴使他们和解,怎么样?"韩偓回答说:"这样做,韩全诲等人就更加凶恶狂妄了,只有公开治几个人的罪,迅速加以放逐,允许其余的人悔过自新,事情也许还可以平息。如果一个也不问罪,那些宦官必定知道陛下内心还有保留的隐情,更加不能自安,事情终究没个了结。"唐昭宗说:"好。"不久,宦官自恃党援已经结成,逐渐不遵行皇帝的诏令,有时让他们去监军、去守陵,都不听从,唐昭宗毫无办法。

朱全忠得崔胤书,自河中还大梁发兵。上闻之,急召韩偓谓曰:"闻全忠欲来除君侧之恶,大是尽忠,然须令与茂贞共其功,若两帅交争,则事危矣。卿语崔胤速飞书两镇,使合谋。"又谓偓曰:"继诲、彦弼辈骄横益甚。"对曰:"兹事失之于初。当其立功之时,但应以官爵、田宅、金帛酬之,不应听其出入禁中也。且崔胤本留岐兵欲以制敕使也,今敕使、卫兵相与为一,汴兵若来,必与斗于阙下,臣窃寒心。"十月,全忠兵发大梁。

**杨行密遣兵攻杭州,擒其将顾全武。**

杨行密遣李神福等将兵取杭州,全武等列八寨以拒之。神福声言还师,所获杭俘走还者皆不追。暮遣羸兵先行,而伏兵青山,全武追之,伏发被擒。钱镠闻之,惊泣曰:"丧我良将。"既而久攻不拔,神福欲归,恐为镠所邀,乃遣人守卫镠祖考丘垄,又使顾全武通家信。镠遣使谢之,神福受其犒赂而还。既而行密遣全武归,以易秦裴。

**十一月,韩全诲等劫帝如凤翔。朱全忠取华州。**

韩全诲等闻全忠将至,令李继诲、李彦弼等勒兵劫上,请幸凤翔。上密诏崔胤曰:"我为宗社大计,势须西行,卿等但东行也。"

是日开延英,全诲等复侍侧,同议政事。

李继筠遣兵掠内库宝货法物,全诲遣人密送诸王宫人先之凤翔。

全忠至河中,表请车驾幸东都,京师大骇。上遣中使召百官,皆辞不至。

朱全忠得到崔胤的书信，从河中返回大梁发兵。唐昭宗听到后，连忙召见韩偓对他说："听说朱全忠要来清除皇帝身边的奸恶，是大大的尽忠之举，但必须让李茂贞与朱全忠分享这个功劳，如果两个统帅相互争功，事情就危险了。你对崔胤说迅速给两镇送去书信，让他们一同计划行动。"唐昭宗又对韩偓说："李继诲、李彦弼等人更加骄横不法了。"韩偓回答说："这件事开始已有失误。当他们立功时，只应当用官爵、田宅、金银布帛等酬劳，不应当听任他们出入于内宫禁地。况且崔胤留下岐州兵本来想要控制宦官的，现在宦官与卫兵相互结为一体，汴州人马如果到来，必定会与岐州兵在宫前争斗，臣私下里失望痛心。"十月，朱全忠从大梁发兵。

　　**杨行密派遣军队攻打杭州，擒获杭州的将领顾全武。**

　　杨行密派遣李神福等率领军队攻打杭州，顾全武等人罗列八个营寨进行抗击。李神福声称要撤军，所俘获的杭州士兵逃回去都不追击。傍晚，李神福派老弱残兵先行撤退，而在青山设下伏兵，顾全武追击李神福，被伏兵擒拿。钱镠听到这件事，惊慌流泪说："失去了我的良将。"不久，李神福因为杭州久攻不克，想要回师，担心被钱镠拦截阻击，于是派人去守护钱镠祖先的坟墓，又让顾全武与家中通书信。钱镠派使者去致谢，李神福接受他的犒劳贿赂而回。不久杨行密放回了顾全武，用来换回秦裴。

　　**十一月，韩全诲等劫持唐昭宗到凤翔。朱全忠获取华州。**

　　韩全诲等听说朱全忠将要到来，命令李继诲、李彦弼等领兵劫持唐昭宗，请求到凤翔避难。唐昭宗秘密下诏对崔胤说："我为了祖庙社稷的大计，势必西去凤翔，卿等只管向东行吧。"

　　这一天打开延英殿，韩全诲等宦官又在皇帝身旁侍立，一同商议政事。

　　李继筠派兵抢掠内库的珍宝财物礼器等，韩全诲派人秘密将宗室各王、宫人先行送往凤翔。

　　朱全忠到达河中，上表请求皇帝到东都洛阳，京师长安大为恐慌。唐昭宗派宦官召见朝中百官，这些官员都推辞不来。

全诲等陈兵殿前，言于上曰："全忠欲劫天子幸洛阳，求传禅，臣等请奉陛下幸凤翔，收兵拒之。"上不许，拔剑登乞巧楼。全诲等逼上下楼，李彦弼即于御院纵火，上不得已，与后妃、诸王百余人皆上马恸哭而出。

李茂贞出迎，上下马慰接之，遂入凤翔。

全忠议引兵还，张浚说之曰："韩建，茂贞之党，不取之必为后患。"乃引兵逼其城。建单骑迎谒，全忠以建为忠武节度使，以兵送之。车驾之在华州也，商贾辐凑，建重征之，得钱九百万缗，至是，全忠尽取之。

是时京师无天子，行在无宰相，崔胤等列状请朱全忠西迎车驾，全忠复书曰："进则惧胁君之谤，退则怀负国之惭，然不敢不勉。"

**朱全忠引兵至凤翔城东而还。**

朱全忠至长安，宰相帅百官班迎。至凤翔，军于城东，李茂贞登城谓曰："天子避灾，非臣下无礼，谗人误公至此。"全忠报曰："韩全诲劫迁天子，今来问罪，迎扈还宫。岐王苟不预谋，何烦陈谕？"上屡诏全忠还镇，全忠乃拜表奉辞，移兵北趣邠州。

节度使李继徽请降，复姓名杨崇本。

李茂贞以诏命征兵河东，李克用遣李嗣昭将五千骑趣晋州，与汴兵战于平阳北，破之。

戎昭节度使冯行袭亦遣使听命于全忠。韩全诲遣中使二十余人分道征兵，皆为所杀。全诲又征兵于王建，建

韩全诲等在宫殿前陈列士兵，对唐昭宗说："朱全忠想要劫持天子到洛阳，请求将皇位传给他，臣等请求侍奉陛下到凤翔避难，收集军队进行抗击。"唐昭宗不答应，拔剑登上乞巧楼。韩全诲等逼迫唐昭宗下楼，李彦弼就在御院放起火来，唐昭宗被逼无奈，与后妃、宗室各王一百多人都上马一路痛哭着出宫了。

李茂贞出迎唐昭宗，唐昭宗下马慰问迎接，遂入凤翔。

朱全忠商议率军队回去，张浚劝说朱全忠说："韩建是李茂贞的同党，不攻取他一定会成为后患。"朱全忠于是带兵逼近华州。韩建单人匹马迎候拜谒，朱全忠任命韩建为忠武节度使，派兵护送他前去赴任。唐昭宗在华州时，商贾都到这里云集，韩建对他们征收重税，得到九百万缗的钱财，到这时，朱全忠全部取为己有。

这时京城长安没有天子，皇帝所到之处没有宰相，崔胤等人列名署状请求朱全忠西迎唐昭宗，朱全忠回信答复说："前进担心得到胁迫君王的谤毁，后退又深怀辜负国家的惭愧，然而我不敢不努力。"

**朱全忠率领军队到凤翔城东而返回。**

朱全忠到达长安，宰相率领朝中百官列班迎接。朱全忠到达凤翔，在城东驻扎，李茂贞登上城楼对朱全忠说："天子避难到这里，并非是臣下无礼所致，进谗言的人误导您来到这里。"朱全忠回答说："韩全诲劫持迁移天子，现在特来问罪，迎接扈从天子还宫。岐王你如果没有参与策划，又何必烦劳你陈说表白？"唐昭宗几次下诏让朱全忠归还镇所，朱全忠于是拜上表章辞行，移动人马向北到邠州。

节度使李继徽请求投降，恢复了杨崇本的本名。

李茂贞用皇帝的诏命向河东征兵，李克用派遣李嗣昭率领五千骑兵直奔晋州，与朱全忠的汴州军队在平阳北交战，打败了汴州的军队。

戎昭节度使冯行袭也遣使听命于朱全忠。韩全诲派遣宦官二十余人分道征兵，都被他杀了。韩全诲又向王建征兵，王建

使王宗佶等将兵五万,声言迎车驾,实袭山南诸州。

**以卢光启参知机务,崔胤、裴枢罢。** 十二月,清海节度使徐彦若卒。

彦若遗表荐刘隐权留后。

**江西节度使钟传取抚州。**

传围抚州,天火烧其城,士民谨惊。诸将请急攻之,传曰:"乘人之危,非仁也。"刺史危全讽闻之,谢罪听命。

壬戌(902) 二年

春正月,以韦贻范同平章事。 二月,李克用遣兵攻慈、隰,逼晋、绛。朱全忠还河中,遣兵击之。

先是,朱全忠移军武功,嗣昭等攻慈、隰以分其兵势,全忠遂还河中。嗣昭等克二州,进逼晋、绛,全忠遣兄子友宁,会氏叔琮击之。

**盗发简陵。** 三月,汴兵围晋阳。

氏叔琮、朱友宁进攻李嗣昭、周德威营,时汴军横陈十里,而河东军不过数万,德威战败。叔琮、友宁乘胜攻河东,取慈、隰、汾三州,围晋阳,攻其西门。克用召诸将议走保云州,李存信欲入北虏,嗣昭、德威及李嗣源皆曰:"儿辈在此,必能固守,王勿为此谋摇人心。"刘夫人亦曰:"王常笑王行瑜轻去其城,死于人手,奈何效之? 且一足出城则祸变不测,塞外可得至邪?"克用乃止。居数日,溃兵复集,军府浸安。

派王宗佶等率领五万人马,声称迎接天子,其实是去袭击山南各州。

**朝廷任命卢光启参知机务,崔胤、裴枢罢相。　十二月,清海节度使徐彦若去世。**

徐彦若留下表章推荐刘隐代理留后。

**江西节度使钟传获取抚州。**

钟传围攻抚州,天火烧了抚州城,士人百姓喧扰惊慌。钟传的各将领请求加紧攻城,钟传说:"乘人之危,是不仁慈的。"抚州刺史危全讽听说后,向钟传谢罪并表示听从命令。

### 壬戌(902)　唐昭宗天复二年

**春正月,朝廷任命韦贻范为同平章事。　二月,李克用派遣军队进攻慈州、隰州,逼近晋州、绛州。朱全忠返回河中,派遣人马迎击河东兵。**

此前,朱全忠转移军队到武功,李嗣昭等攻打慈州、隰州用来分散朱全忠的兵势,朱全忠于是返回河中。李嗣昭等攻克二州,向晋州、绛州进逼,朱全忠派他哥哥的儿子朱友宁,会合氏叔琮迎击李嗣昭。

**盗贼挖开唐懿宗的简陵。　三月,朱全忠的汴州军围攻晋阳。**

氏叔琮、朱友宁进攻李嗣昭、周德威的营垒,当时汴州的军队横向排列有十里之长,而河东的军队不过几万人,周德威被打败。氏叔琮、朱友宁乘胜进攻河东,攻克慈州、隰州、汾州三个州,围攻晋阳,攻打城的西门。李克用召集各将领商议退守云州,李存信想要进入北房地区,李嗣昭、周德威与李嗣源都说:"儿等在这里,一定能够坚固防守,大王您不要用那些计谋动摇人心。"刘夫人也说:"大王您常常耻笑王行瑜轻易地离开他的城池,被别人杀死,为什么要学他的样子? 况且只要一只脚踏出城就可能发生预料不到的灾祸,塞外还能够到达吗?"李克用于是不撤离晋阳了。过了几天,溃散的人马又集结起来,节度使军府逐渐安定下来。

嗣昭、嗣源数将敢死士夜入叔琮营，斩首捕虏，汴军惊扰。会大疫，引兵还。嗣昭与德威追之，复取慈、隰、汾三州。自是，克用不敢与全忠争者累年。

克用以贮粮、缮兵、修城利害问于幕府，掌书记李袭吉曰："国富不在仓储，兵强不由众寡，霸国无贫主，强将无弱兵。愿大王崇德爱人，去奢省役，设险固境，训兵务农。定乱者选武臣，制理者选文吏，钱谷有句，刑法有律。诛赏由我，则下无威福之弊；近密多正，则人无潜谤之忧。如此，则国不求富而自富，不求安而自安矣。至于率闾阎，定间架，增曲蘖，检田畴，恐非开国建邦之切务也。"

克用以封疆日蹙，忧形于色，存勖进言曰："朱氏穷凶极暴，人怨神怒，今其极也，殆将毙矣。吾家代袭忠贞，大人当遵养时晦以待其衰，奈何轻为沮丧，使群下失望乎！"克用悦。

刘夫人无子，克用宠姬曹氏生存勖，幼警敏，有勇略，刘夫人待曹氏加厚。

**以杨行密为行营都统，赐爵吴王。**

上遣金吾将军李俨宣谕江淮，书御札赐杨行密，令讨朱全忠，立功将士，听承制迁补，然后表闻。

**回鹘遣使入贡。**

回鹘请发兵赴难，上命韩偓答诏许之。偓曰："戎狄兽心，不可倚信。彼见国家、人物华靡而甲兵凋弊，必有轻中

李嗣昭、李嗣源几次率领敢死士夜入氏叔琮的营垒,斩杀敌人捕获俘虏,汴州的军队惊恐骚乱。正好军队发生严重的瘟疫,汴州军撤退。李嗣昭与周德威追击汴军,再次攻取了慈州、隰州、汾州三个州。从此以后,李克用多年不敢与朱全忠争战。

李克用以贮存军粮、修整兵器、修复城池的利害问题向幕府询问,掌书记李袭吉说:"国家富裕不在于仓库储备,军力强盛不在于人数的多少,称霸诸侯的国家没有贫穷的君主,强将的手下没有懦弱的士兵。希望大王您崇尚德政、爱护百姓,去除奢侈、简省徭役,设置险要,巩固边防,训练士兵,致力农耕。平定动乱选择武臣,治理政务选用文官,钱谷出入登记明白,判刑执法有律令为依据。生杀赏罚的大权出于自己,下边就没有作威作福的弊端;身边亲近的人多是正人君子,人们就没有忧谗畏讥的顾虑。如能这样,国家不求富裕而自然富裕,不求安定而自然安定。至于计算里巷的户口,规定房产税,增加酒税,核查田亩的数量,恐怕不是建邦立国的急迫事务。"

李克用因为自己控制的疆界日益缩小,忧虑之情挂在脸上,李存勖进言说:"朱全忠穷凶极恶,百姓怨恨,天神愤怒,现在已走到极点,差不多要灭亡了。我们家世代以忠贞相传,大人应当忍耐静观来等待朱全忠的衰弱,为什么轻易就灰心丧气,让手下的人失去希望呢?"李克用很高兴。

刘夫人没有儿子,李克用的宠妾曹氏生李存勖,从小机警伶敏,勇敢有谋略,刘夫人对曹夫人更加优待。

**朝廷任命杨行密为行营都统,赐与他吴王的爵位。**

唐昭宗派遣金吾将军李俨到江淮为宣谕使,写御札赐给杨行密,命令他讨伐朱全忠,有立功的将士,听任杨行密秉承皇帝旨意升迁补官,然后再上表奏闻。

**回鹘派遣使者入朝进贡。**

回鹘请求发兵前来救难,唐昭宗命令韩偓起草回复诏书答允他们。韩偓说:"戎狄是野兽心肠,不可以倚重信任。他们见我们国家、人物豪华奢侈,但是军队衰弱无力量,必定有轻视中

国之心。且自会昌以来，为国家所破，恐其乘危复怨，宜谕以小小寇窃不须赴难。虚愧其意，实沮其谋。"从之。

**夏四月，卢光启罢。　五月，朱全忠至东渭桥。**

崔胤诣河中，泣诉于朱全忠，请以时迎奉。全忠与之宴，胤亲执板，歌以侑酒。全忠乃将兵五万发河中。

**韦贻范罢。**

初，上尝与李茂贞及宰相、中尉宴，酒酣，茂贞及韩全诲亡去，上问韦贻范："朕何以巡幸至此？"对曰："臣在外不知。"上曰："卿既以非道取宰相，当于公事如法，若有不可，必准故事。"因怒目视之，微言曰："此贼当杖之二十。"贻范屡持大杯献上，上不即持，贻范举杯直及上颐。至是，遭母丧而罢。

**进钱镠爵为越王。　以苏检同平章事。**

宦官荐翰林学士姚洎为相，洎谋于韩偓，偓曰："若图永久之利，则莫若未就为善，倘出上意，固无不可。且汴军旦夕合围，孤城难保，家族在东，可不虑乎？"洎乃移疾。李茂贞及宦官恐上自用人，协力荐检，遂用之。

**昇州刺史冯弘铎袭宣州，败走。杨行密取昇州。**

冯弘铎介居宣、扬之间，自恃楼船之强，不事两道，至是，帅众袭宣城。田頵帅舟师逆击，破之。

弘铎收余众将入海，杨行密遣使招之，署节度副使，馆给甚厚。

国之心。况且自从会昌年间以来，回鹘被中国打败，恐怕他们会乘我们危难之际报复仇怨，应当明白告诉他们，小小的盗贼，不必前来救难。表面上是为拒绝他们的心意感到不好意思，实则是阻止他们的阴谋。"唐昭宗听从了。

**夏四月，卢光启罢相。　五月，朱全忠到达东渭桥。**

崔胤去河中，向朱全忠哭着申诉，请求及时迎接侍奉天子。朱全忠与他饮宴，崔胤亲自拿着歌板，为朱全忠唱曲劝酒。朱全忠于是率领五万军队从河中出发。

**韦贻范罢相。**

起初，唐昭宗曾经与李茂贞以及宰相、中尉饮宴，酒兴正浓时，李茂贞与韩全诲逃席而去，唐昭宗问韦贻范："朕为什么巡幸到了这里？"韦贻范回答说："臣在外边不知道。"唐昭宗说："卿既然用不正当的手段当了宰相，凡公事都要按照国法办理，如果难以依法办理，一定要准照旧例处置。"唐昭宗因而怒目瞪着韦贻范，小声说："这贼子应当杖责他二十下。"韦贻范几次用大杯给唐昭宗敬酒，唐昭宗不立刻拿杯，韦贻范将酒杯直举到唐昭宗的面颊。到这时，韦贻范因母亲故去而罢相。

**朝廷晋升钱镠的爵位为越王。　朝廷任命苏检为同平章事。**

宦官推荐翰林学士姚洎为宰相，姚洎与韩偓商议，韩偓说："如果考虑永久的利益，那就不如不入相为好，倘若出于皇上的意思，本没有什么不可以的。况且汴州的军队早晚就要合围，难于守住这座孤城，你家族在东面，可以不考虑吗？"姚洎于是移文称病。李茂贞与宦官担心唐昭宗自己用人，同心协力推荐苏检，于是任用了他。

**昇州刺史冯弘铎袭击宣州，失败逃走。杨行密取得昇州。**

冯弘铎的治所居于宣州、扬州之间，自己恃仗着楼船坚固，不奉事这两镇，到这时，率领人马去袭击宣城。田頵率水军迎击，打败了冯弘铎。

冯弘铎收拾残兵将要入海，杨行密派遣使者召请他，任用他为淮南节度副使，食宿供给非常优厚。

初,弘铎遣牙将尚公乃诣行密求润州,行密不许,公乃大言曰:"公不见听,但恐不敌楼船耳。"至是,行密谓公乃曰:"颇记求润州时否?"公乃谢曰:"将吏各为其主,但恨无成耳。"行密笑曰:"尔事杨叟如冯公,无忧矣。"

行密以李神福为昇州刺史。

**朱全忠围凤翔。**

李茂贞自将与朱全忠战于虢县之北,大败而还。全忠攻凤州,拔之。进军凤翔城下,朝服向城而泣曰:"臣但欲迎车驾还宫耳,不与岐王角胜也。"遂为五寨环之。

**杨行密攻宿州,不克。**

杨行密发兵讨朱全忠,欲以巨舰运粮,徐温曰:"运路久不行,请用小艇,庶几易通。"军至宿州,会久雨,重载不能进,士有饥色,而小艇先至。行密由是奇温,始与议军事。攻宿州,竟不克,乃引还。

**秋八月,两浙军乱。**

初,孙儒死,其士卒多奔浙西,钱镠爱其骁悍,以为中军,号武勇都。杜稜谏曰:"狼子野心,他日必为深患,请以土人代之。"不从。

镠如衣锦军,命指挥使徐绾帅其众以治沟洫,众有怨言,谋杀镠不果。镠命绾将所部先还杭州,及外城,纵兵焚掠,左都许再思与之合,进逼牙城。镠闻变,微服乘小舟夜归,逾城入,杜建徽自新城入援。

**起复韦贻范同平章事。**

起初，冯弘铎派牙将尚公乃到杨行密那里索求润州，杨行密没应允，尚公乃说大话：“您不听从，只怕抵挡不住楼船啊。”到这时，杨行密对尚公乃说：“你还记得索求润州时说的那番话吗？”尚公乃谢罪说：“将吏各自为他的主子效命，只恨没有成功罢了。”杨行密笑着说：“你奉事我杨老头如同奉事冯公一样，我就没有忧虑了。”

杨行密任用李神福为昇州刺史。

**朱全忠围攻凤翔。**

李茂贞亲自率军队与朱全忠在虢县的北面交战，大败而归。朱全忠攻打凤州，攻克了。朱全忠进军到凤翔城下，穿上朝服向城哭着说：“臣只想迎接皇上返回宫中，不想与岐王李茂贞分出胜负。”于是环城建筑了五座营寨。

**杨行密攻打宿州，没有攻克。**

杨行密发兵讨伐朱全忠，准备用大型船只运输粮草，徐温说：“这条运输路线已经很久不使用了，请改用小艇，也许容易通航。”军队到达宿州，正赶上长时间下雨，重载的船不能前进，兵士难以吃饱饭，但小艇却先到了。杨行密因此认为徐温才能出众，开始与他商议军事。杨行密攻打宿州，最终没有攻克，于是率军回去了。

**秋八月，两浙军队发生变乱。**

起初，孙儒死去，他的士卒许多都逃奔浙西，钱镠喜爱他们的英勇剽悍，编为中军，号称武勇都。杜稜劝谏说：“狼子野心，将来必会成为大的祸患，请用本地人替代他们。”钱镠没有听从。

钱镠前往衣锦军，命令指挥使徐绾率领部众治理护城河道，部众有怨言，谋划杀钱镠没有成功。钱镠命令徐绾率领所部士兵先回杭州，到达外城，徐绾听任士兵焚烧抢掠，左都指挥使许再思与徐绾的人马会合，向前逼近牙城。钱镠听说发生变乱，穿便服乘小船夜间回来，越过城墙进入杭州城，杜建徽从新城前来救援。

**朝廷起复韦贻范为同平章事。**

贻范之为相也,多受人赂,许以官。既而以丧罢去,日为债家所噪,故汲汲于起复,日遣人诣两中尉、枢密及李茂贞求之。上命韩偓草制,偓曰:"吾腕可断,此制不可草!"即上疏论之,以为此必骇物听,伤国体。中使怒曰:"学士勿以死为戏。"偓以疏授之,解衣而寝,中使奏之,上命罢草。明日班定,无白麻可宣,宦官喧言:"韩侍郎不肯草麻。"茂贞入见曰:"陛下命相而学士不肯草麻,与反何异?"上曰:"学士所陈,事理明白,若之何不从?"茂贞不悦而出,语人曰:"我实不知书生礼数,为贻范所误。"贻范乃止。至是,竟起复贻范,使姚洎草制。贻范不让,即表谢,明日视事。

### 王建取兴元。

西川军请假道于兴元,节度使李继密遣兵拒之,战败奔还,西川军乘胜至城下,王宗涤先登,克之。继密请降,得兵三万骑五千,诏以王宗涤镇之。

宗涤有勇略,得众心,王建忌之。王宗佶等疾其功,构以飞语,建召诘责之。宗涤曰:"三蜀略平,大王听谗杀功臣可矣!"建缢杀之,成都为之罢市,连营涕泣,如丧亲戚。建以王宗贺权兴元留后。

### 九月,李茂贞攻朱全忠营,败绩。

朱全忠以久雨士卒病,议引兵归河中。指挥使高季昌、刘知俊曰:"天下英雄窥此举一岁矣,今茂贞已困,奈何舍去?"全忠患茂贞坚壁不出,季昌请募人为谍,入城诱

韦贻范当宰相的时候，经常接受人家的贿赂，许给人官职。不久因母丧罢相，每天被讨债的人吵闹骚扰，所以迫切希望起复再当宰相，每天派人到两个中尉、枢密使和李茂贞处求情。唐昭宗命令韩偓起草制书，韩偓说："我的手腕可以断，这个制书不能起草！"随即上疏论说这件事，认为起复韦贻范必定骇人听闻，损伤国家的体面。宦官大怒说："学士不要拿死亡当儿戏。"韩偓将奏疏交给他们，脱去衣服躺在床上，宦官将情况奏上，唐昭宗命令停止起草制书。第二天百官立班已定，没有制书可以宣布，宦官喧嚷说："韩侍郎不愿意起草制书。"李茂贞入见唐昭宗说："陛下任命宰相而学士不肯起草制书，这与谋反有什么区别？"唐昭宗说："韩学士所奏，事理明白，我为什么不听从呢？"李茂贞不高兴地出宫来，对人说："我实在不知道书生们的礼数，被韦贻范所误。"韦贻范才停止了活动。到这时，终于将韦贻范起复，让姚洎起草制书。韦贻范也不辞让，随即上表谢恩，第二天就去处理公务了。

**王建攻取兴元。**

西川军队请求向兴元借道，山南西道节度使李继密派遣军队抵抗，战败逃奔回来，西川的军队乘胜追击到汉中城下，王宗涤抢先登上城墙，攻克了汉中。李继密请求投降，王宗涤获得步兵三万，骑兵五千，朝廷下诏命王宗涤镇守汉中。

王宗涤有勇有谋，能得众心，王建忌恨他。王宗佶等人妒嫉他的功劳，编造他的流言蜚语，王建召来王宗涤加以责问。王宗涤说："三蜀大略平定，大王您可以听信谗言诛杀有功之臣了！"王建将王宗涤勒死，成都商民为此罢市，全军士卒伤心流泪哭泣，仿佛死了亲属一样。王建让王宗贺代理兴元留后。

**九月，李茂贞攻打朱全忠的营垒，打了败仗。**

朱全忠因为天久下雨，士卒患病，商议带军队返回河中。指挥使高季昌、刘知俊说："天下的英雄窥伺我们的行动一年了，现在李茂贞已经困窘，为什么要放弃围攻撤回？"朱全忠担心李茂贞坚守城池不出战，高季昌请求招募能够当间谍的人，入城诱使

致之,骑士马景请行。会朱友伦发兵于大梁,将至,当出兵迓之。全忠命诸军秣马饱士,偃旗帜潜伏,营中寂如无人。景乃诈为逃亡入城,告茂贞曰:"全忠举军遁矣,独留伤病者近万人守营,请速击之。"茂贞开门悉众攻全忠营,全忠鼓于中军,百营俱出,纵兵击之。又遣数百骑据其城门,凤翔军进退失据,自蹈藉杀伤殆尽。茂贞自是丧气,始议与全忠连和,奉车驾还京矣。

茂贞尽出骑兵于邻州就刍粮,全忠穿蚰蜒壕围,设犬铺、铃架以绝内外。

**王建取洋州。** 以李茂贞为凤翔、静难、武定、昭武节度使。 **田頵攻杭州。**

或劝钱镠度江东保越州,以避徐、许之难。杜建徽按剑叱之曰:"事或不济,同死于此,岂可复东度乎!"顾全武曰:"闻绾等谋召田頵,頵至则淮南助之,不可敌也。"建徽曰:"孙儒之难,王尝有德于杨公,今往告之,宜有以相报。"镠命全武告急杨行密,且以子传璙为质。绾等果召頵,頵引兵赴之,镠谓之曰:"军中叛乱,何方无之,公为节帅,乃助贼为逆乎?"全武至广陵说行密,行密许之,以女妻传璙。

**冬十月,杨行密建制敕院。**

李俨至扬州,杨行密始建制敕院,每有封拜,辄以告俨,于紫极宫玄宗像前陈制书再拜,然后下。

**王建取兴州。** **朱全忠遣使奉表迎车驾。**

李茂贞出战,骑士马景请求前往。正赶上朱友伦从大梁发兵,将要到达,应当出兵迎接他们。朱全忠命令军队各部让马匹、将士吃饱,放倒旗帜秘密埋伏起来,军营中如同无人一般的寂静。马景于是假装逃跑进入城中,告诉李茂贞说:"朱全忠全军逃跑了,只留下将近一万患病负伤的人守营,请急速攻打他们。"李茂贞打开城门放出全部军队攻打朱全忠的营垒,朱全忠在中军擂起战鼓,百营齐出,发动军队攻击李茂贞的军队。又派遣几百名骑兵控制住城门,凤翔军队进退两难,自相践踏死伤几尽。李茂贞从此灰心丧气,开始商议与朱全忠连和,侍奉皇帝返回京城长安了。

李茂贞派出全部骑兵到邻近州县去征运粮草,朱全忠挖掘像蚰蜒般形状的堑壕围困凤翔,设置由狗守护的犬铺、挂着铃铛的架子,以隔绝城内外。

**王建攻取洋州。　朝廷任命李茂贞为凤翔、静难、武定、昭武节度使。　田頵攻打杭州。**

有人劝说钱镠渡江向东保卫越州,以便避开徐绾、许再思叛乱造成的灾难。杜建徽按剑大声斥责那人说:"事情如果不成功,大家一同死在此地,怎可再东渡呢?"顾全武说:"听说徐绾等谋划召来田頵,田頵到达,淮南军队会帮助他,就无法对付了。"杜建徽说:"孙儒之难中,大王您曾经对杨行密有恩德,现在去告诉他,应当有所回报。"钱镠命令顾全武向杨行密告急,并且将儿子钱传璙派去当人质。徐绾等果然召请田頵,田頵带军队前往,钱镠对田頵说:"军中发生叛乱,哪里没有这种事,您身为节度使,难道要帮助贼寇干叛逆的事情吗?"顾全武到广陵劝说杨行密,杨行密应允了,将女儿嫁给了钱传璙。

**冬十月,杨行密建立制敕院。**

李俨到达扬州,杨行密开始建立制敕院,每逢有封爵拜官的举动,就告诉李俨,在紫极宫玄宗像前陈列制书,礼拜两次,然后退下。

**王建攻取兴州。　朱全忠派使者奉上表章迎接皇帝。**

朱全忠遣幕僚司马邺奉表入城,献食物、缯帛,复遣使请与茂贞连和修宫阙,迎车驾。上亦遣使赍诏赐之。凤翔军夜缒降汴军者甚众,茂贞疑上与全忠有密约,增兵防卫。汴军夜鸣鼓角,城中地如动,攻城者诟城上人云"劫天子贼",乘城者诟城下人云"夺天子贼"。是冬大雪,城中食尽,冻饿死者不可胜计。或卧未死,肉已为人所剐。市中卖人肉,斤直钱百,犬肉直五百。茂贞储偫亦竭,以犬彘供御膳。上鬻御衣及小皇子衣于市以充用。

**十一月,保大节度使李茂勋引兵救凤翔,朱全忠遣兵取鄜、坊,茂勋降。　韦贻范卒。**

苏检数为韩偓经营入相,言于茂贞及中尉、枢密,且遣亲吏告偓。偓怒曰:"公不能有所为,乃欲以此相污邪?"

**钱镠拒击田頵,破之。**

田頵急攻杭州,钱镠拒击,破之。杨行密亦使人召頵曰:"不还,吾且使人代镇宣州。"頵取镠次子传瓘为质,将妻以女,与徐绾、许再思同归宣州。

**十二月,李继昭诣朱全忠降。**

茂贞山南州镇皆入王建,关中州镇皆入全忠,坐守孤城,乃密谋诛宦官以自赎。遗全忠书曰:"祸乱之兴皆由全诲,仆迎驾至此以备他盗。公既志匡社稷,请公迎扈还宫,仆以弊甲凋兵从公陈力。"全忠复书曰:"仆举兵至此,以乘舆播迁,公能协力,固所愿也。"

朱全忠派遣幕僚司马邺奉上表章进入凤翔城，进献食物和绢帛，又派遣使者请求与李茂贞共同修整宫阙，迎回皇帝。唐昭宗也派使者带诏书赏赐朱全忠。凤翔军中有很多人在夜间悬绳坠下城投降汴州的军队，李茂贞怀疑唐昭宗与朱全忠有密约，增加兵士防守。汴州军中夜间击鼓鸣角，城中好像地震一样，攻城的人骂城上的人是"劫天子贼"，守城的人骂城下的人是"夺天子贼"。这一年冬天下大雪，城中粮食吃光了，受冻挨饿而死亡的人不可胜数。有的躺卧在地还没有死，肉已经被人割走。市场里卖人肉，一斤值钱一百，犬肉一斤值钱五百。李茂贞贮存的食物也光了，就用猪狗供给唐昭宗的膳食。唐昭宗在市场上卖掉自己和小皇子的衣服用来补充日用。

**十一月**，保大节度使李茂勋率领军队前去救援凤翔，朱全忠派遣军队攻克了鄜州、坊州，李茂勋投降了朱全忠。 韦贻范去世。

苏检多次为韩偓活动担任宰相的事，向李茂贞和中尉、枢密进言，并且派亲信官吏告诉韩偓。韩偓发怒说："您不能有所作为，就想用宰相来玷污我吗？"

**钱镠抗拒迎击田頵，打败了他。**

田頵急攻杭州，钱镠抗拒迎击，打败了田頵。杨行密也派人召回田頵说："不回来，我就派人代你镇守宣州了。"田頵以钱镠的次子钱传瓘为人质，准备将女儿嫁给他。田頵与徐绾、许再思一同返回宣州。

**十二月**，李继昭到朱全忠那里投降。

李茂贞在山南的州镇都归属了王建，他在关中的州镇都归属了朱全忠，自己坐守孤城凤翔，于是秘密谋划诛杀宦官用来为自己赎罪。李茂贞致朱全忠书说："祸乱的兴起都因为韩全诲，我迎接皇上到这里以防备其他贼盗。您既然有志匡扶社稷，就请您迎接扈从皇上返回长安宫殿，我带领破甲残兵跟随您效力。"朱全忠复书说："我举兵到这里，是因为皇上流离迁徙，您能齐心协力，本来就是我的愿望。"

上召李茂贞、苏检、李继诲等食,议与全忠和,上曰:"十六宅诸王以下冻饿死者,日有数人,在内诸王及公主、妃嫔一日食粥,一日食汤饼,今亦竭矣。卿等意如何?"皆不对。上曰:"速当和解耳。"

凤翔兵十余人遮韩全诲骂之曰:"阖城涂炭,正为军容辈数人耳。"李继昭谓全诲曰:"昔杨军容破杨守亮一族,今军容亦破继昭一族邪!"慢骂之,遂出降于朱全忠,复姓名符道昭。

### 癸亥（903） 三年
**春正月,平卢节度使王师范发兵讨朱全忠,克兖州。**

师范颇好学,以忠义自许,为治有声迹。全忠围凤翔,韩全诲以诏书征藩镇兵入援,师范见之,泣下沾衿,曰:"吾属为帝室藩屏,岂得坐视天子困辱如此! 虽力不足,当死生以之。"

时关东兵多从全忠在凤翔,师范分遣诸将诈为贡献及商贩,包束兵仗,载以小车,入汴、徐诸州,西至陕、华,期以同日俱发讨全忠。适诸州者多事泄被擒,独行军司马刘鄩取兖州。时泰宁节度使葛从周将其兵顿邢州,鄩帅精兵自水窦入据府舍,拜从周母,待其妻子以礼。

全忠判官裴迪守大梁,师范遣走卒赍书至大梁,见迪色动,迪问知之,不暇白全忠,亟请马步都指挥使朱友宁将兵万余人东巡兖、郓,召从周于邢州,共攻师范。

**李茂贞杀韩全诲等,帝幸朱全忠营,遂发凤翔。复以崔胤为司空、同平章事。**

唐昭宗召李茂卢、苏检、李继诲等吃饭,商议与朱全忠讲和,他说:"十六宅各王以下,每天有几个人冻饿而死,在行宫内的各王及公主、妃嫔,一天吃粥,一天吃汤饼,现在也吃光了。你们意下如何?"几个人都不回答。唐昭宗说:"应当迅速和解了。"

　　凤翔军中有十几个士兵拦住韩全诲骂他说:"全城人处于水深火热之中,都是因为你们军容使几个人。"李继昭对韩全诲说:"从前杨军容毁掉杨守亮一族,现在军容你也要毁掉我李继昭一族吗?"李继昭辱骂韩全诲,于是出城投降朱全忠,恢复了原来的姓名符道昭。

### 癸亥(903)　唐昭宗天复三年
**春正月,平卢节度使王师范发兵讨伐朱全忠,攻克兖州。**

　　王师范很好学,以忠义自我期许,为政有名望有成绩。朱全忠围困凤翔,韩全诲用皇上的诏书征发各藩镇的兵马前来救援,王师范见到后,泪下沾湿了衣襟,说:"我们这些人是保卫皇室的屏障,岂能坐视天子受到这样的困窘耻辱而袖手旁观! 力量虽有不足,也应当将生死置之度外。"

　　当时关东的军队大多跟随朱全忠到了凤翔,王师范分别派遣各个将领假装成进献贡品的使者及商贩,将兵器包藏起来,装在小车上,进入汴州、徐州等州,向西到达陕州、华州,约定同日一起发动讨伐朱全忠。前往各州的人多数因事泄被擒拿,只有行军司马刘郭取得兖州。当时泰宁节度使葛从周率领他的军队驻扎在邢州,刘郭率领精锐军队从水窦入城占据府舍,拜见葛从周的母亲,以礼对待葛从周的妻儿。

　　朱全忠的判官裴迪驻守大梁,王师范派士兵带信到大梁,这士兵看见裴迪变了脸色,裴迪审问得知实情,来不及报告朱全忠,紧急请求马步都指挥使朱友宁率领军队一万多人东巡兖州、郓州,又从邢州召回葛从周,一同攻打王师范。

　　**李茂贞杀死韩全诲等人,唐昭宗来到朱全忠的营中,于是离开凤翔。朝廷再次任命崔胤为司空、同平章事。**

李茂贞独见上,请诛全诲等,与朱全忠和解,奉车驾还京。上喜,即收全诲等斩之,又斩李继筠、继诲、彦弼等十六人,而以第五可范、仇承坦为中尉,王知古、杨虔朗为枢密使。遣韩偓及赵国夫人诣全忠营,囊全诲等首以示之,曰:"向来胁留车驾,不欲协和皆此曹也。今朕与茂贞决意诛之,卿可晓谕诸军以豁众愤。"

全忠遣判官李振奉表入谢,而围犹未解。茂贞疑崔胤教全忠欲必取凤翔,白上急召胤,令帅百官赴行在,赐诏六七,胤竟不至。全忠亦以书召之,胤始来凤翔,乃启城门。

茂贞请以其子侃尚平原公主,苏检女为景王妃以自固,上皆从之。

时凤翔所诛宦官已七十二人,全忠又密令京兆捕诛九十人。

车驾幸全忠营,全忠素服待罪,顿首流涕,上亦泣,亲解玉带以赐之。少休即行,全忠令朱友伦将兵扈从,车驾至兴平,崔胤始帅百官迎谒,复以为相,领三司如故。

**车驾至长安,大诛宦官。以崔胤判六军十二卫事。**

车驾入长安,崔胤奏:"以宦官典兵预政,倾危国家,不剪其根,祸终不已。请悉罢内诸司使,其事务尽归之省寺,诸道监军俱召还阙下。"上从之。全忠遂以兵驱第五可范已下数百人,尽杀之,冤号之声彻于内外。其出使外方者,诏所在诛之,止留黄衣幼弱者三十人以备洒扫。自是,

李茂贞单独见唐昭宗，请求诛杀韩全诲等人，与朱全忠和解，奉迎唐昭宗返回京城。唐昭宗大喜，随即抓来韩全诲等人斩杀了，又杀死李继筠、李继诲、李彦弼等十六人，而任用第五可范、仇承坦为中尉，王知古、杨虔朗为枢密使。派韩偓和赵国夫人到朱全忠的营中，用口袋装着韩全诲的首级给朱全忠看，说："从前胁持扣留天子，不愿亲睦合作的都是这些人。现在朕与李茂贞下决心诛杀这些人，卿可以明白告诉各军以平息众愤。"

朱全忠派判官李振奉表入城谢罪，而围城的军队还没有撤回。李茂贞怀疑崔胤教朱全忠一定要攻下凤翔，就让唐昭宗紧急召回崔胤，命令他率领百官来皇帝的驻地，唐昭宗赐崔胤诏书有六七道，崔胤竟然不来。朱全忠也用书信召请崔胤，崔胤才来到凤翔，于是打开城门。

李茂贞请求让他的儿子李侃娶平原公主，把苏检的女儿嫁给景王李祕为妃，借以巩固自己的地位，唐昭宗都听从了他。

当时在凤翔所诛杀的宦官已有七十二人，朱全忠又秘密命令京兆搜捕诛杀了九十名宦官。

唐昭宗来到朱全忠的营中，朱全忠穿上素色衣服，等待处罚，叩头痛哭，唐昭宗也哭泣，亲自解下玉带赐给了朱全忠。稍事休息就又起驾，朱全忠命令朱友伦带兵扈从，唐昭宗到达兴平，崔胤才率领百官前来迎候拜谒，再次任命他为宰相，像以前那样兼领三司。

**唐昭宗到达长安，大肆诛杀宦官。朝廷任用崔胤兼领六军十二卫事务。**

唐昭宗进入长安，崔胤启奏声称："用宦官带兵参预政事，动摇危害国家，不剪除他们的根本，祸害最终不会停止。请将宫内诸司使全部罢免，他们所掌管的事务都归省寺管理，各道监军的宦官全部召还宫内。"唐昭宗听从了。朱全忠于是用军队驱赶宦官第五可范已下的数百人，全部杀死，呼冤喊屈的号哭之声响彻宫内外。有出使外方的宦官，朝廷下诏所在处诛杀他们，只留下品秩低年龄幼小的三十名宦官用来充任洒扫的职役。从此以后，

宣传诏命,皆令宫人出入。其两军八镇兵悉属六军,以崔胤兼判六军十二卫事。

**二月,贬陆扆为沂王傅、分司。**

车驾还京师,赐诸道诏书,独凤翔无之。扆曰:"茂贞罪虽大,然朝廷未与之绝,今独无诏书,示人不广。"崔胤怒,奏贬之。

**赐苏检死,贬王溥为宾客、分司。**

皆崔胤所恶也。

**赐朱全忠号回天再造竭忠守正功臣。**

将佐敬翔、朱友宁,都头以下,皆赐号有差。

**以辉王祚为诸道兵马元帅,朱全忠守太尉以副之,进爵梁王。崔胤为司徒兼侍中。**

上议褒崇全忠,欲以皇子为元帅,全忠副之。崔胤请以辉王为之,上曰:"濮王长。"胤承全忠密旨,利于幼冲,固请之。胤恃全忠之势,专权自恣,天子动静皆禀之,刑赏系其爱憎,中外畏之。李克用闻之曰:"胤外倚贼势,内胁其君,权重则怨多,势侔则衅生,破国亡家,即在目中矣。"

**贬韩偓为濮州司马。**

上尝谓偓曰:"崔胤虽忠,然颇用机数。"对曰:"凡为天下者,万国皆属之耳目,安可以机数欺之!莫若推诚直致,虽日计之不足,而岁计之有余也。"上欲用偓为相,偓荐赵崇、王赞自代。胤恶其分己权,使朱全忠白上曰:"赵崇轻薄,王赞不才,韩偓何得妄荐!"上不得已,贬偓。上

宣布传达皇帝诏命,全部由宫人出入办理。左、右神策军所辖八镇兵全部归属于六军,任命崔胤兼领六军十二卫事务。

**二月,朝廷贬谪陆扆为沂王傅、分司。**

唐昭宗返回京城长安,分赐各道诏书,只有凤翔节度使司没有得到。陆扆说:"李茂贞的罪过虽大,但朝廷没有与他们翻脸,现在只有他们没得到诏书,示人以心胸不宽广。"崔胤恼怒,启奏贬谪了陆扆。

**朝廷赐苏检死,贬谪王溥为太子宾客、分司。**

这些人都是崔胤所厌恶憎恨的人。

**朝廷赐朱全忠号称回天再造竭忠守正功臣。**

对朱全忠的将佐敬翔、朱友宁,都头以下的官吏,都分别赐予封号。

**朝廷任命辉王李祚为诸道兵马元帅,朱全忠以太尉为副手,晋升爵位为梁王。任命崔胤为司徒兼任侍中。**

唐昭宗商议褒奖尊崇朱全忠,想要以皇子为元帅,让朱全忠为副手。崔胤请求让辉王当元帅,唐昭宗说:"濮王年长。"崔胤禀承朱全忠的密旨,以李祚年幼对自己有利,坚决请求让李祚为元帅。崔胤恃仗朱全忠的势力,独揽大权,恣意妄为,皇上的举止动静都要禀告他,刑罚赏赐也取决于他的爱憎,朝廷内外都害怕他。李克用听说后说:"崔胤在外恃仗贼寇的势力,在内胁迫他的君王,权力太大就会产生很多怨恨,势力相衡就要生出事端,破家亡国,就近在眼前了。"

**朝廷贬韩偓为濮州司马。**

唐昭宗曾对韩偓说:"崔胤虽然忠诚,但是多用心机权术。"韩偓回答说:"凡是治理天下的人,万国都用耳目注意着他,怎可用心机权术欺骗天下人呢!不如推心置腹直截了当,虽然按日计算并不充足,但按年计算就有剩余了。"唐昭宗想要用韩偓为宰相,韩偓推荐赵崇、王赞代替自己。崔胤痛恨他们分享自己的权力,指使朱全忠向唐昭宗说:"赵崇轻薄,王赞无才,韩偓怎么能随便推荐他们为相呢?"唐昭宗无可奈何,贬谪了韩偓。唐昭宗

与泣别，偓曰："是人非复向来之比，臣得贬死为幸，不忍见篡弑之辱。"

**梁王全忠辞归镇。**

全忠奏留步、骑万人于故两军，以朱友伦为宿卫使，张廷范为宫苑使，王殷为皇城使，蒋玄晖为街使，乃辞归镇。上饯之于延喜楼，全忠奏曰："克用于臣本无大嫌，乞厚加抚慰。"克用闻之，笑曰："此贼欲有事淄青，畏吾掎其后耳。"

**以裴枢同平章事。**

朱全忠荐之也。

**三月，梁王全忠遣朱友宁、葛从周击王师范。**

朱全忠还至大梁，王师范遣兵围齐州，全忠遣友宁击却之。刘鄩由是援绝，葛从周引兵围之，友宁进攻青州，全忠引兵十万继之。

**夏五月，马殷袭江陵，陷之。**

杨行密遣使诣马殷，言朱全忠跋扈，请绝之。湖南大将许德勋曰："全忠虽无道，然挟天子以令诸侯，不可绝也。"殷从之。

先是，淮南将李神福围鄂州，节度使杜洪求救于朱全忠，全忠遣兵屯滠口，令荆南成汭、武贞雷彦威与殷出兵救之。汭畏全忠，且欲侵地自广，发舟师十万，沿江东下。掌书记李珽谏曰："今每舰载甲士千人，稻米倍之，缓急不可动也。吴兵剽轻，难与角逐。武陵、长沙皆吾仇也，岂得不为反顾之虑乎？不若遣骁将屯巴陵，坚壁勿战，不过一月，吴兵食尽自遁，鄂围解矣。"汭不听而行，殷果遣许德勋将舟师袭江陵，陷之，大掠而去。将士闻之，皆无斗志。

与韩偓泣别,韩偓说:"这个人不能再与从前相比了,臣能死在贬所就是幸运了,不忍心见到篡位杀君的困辱。"

**梁王朱全忠辞别回到镇所。**

朱全忠启奏请留步,骑兵一万人在原神策左、右两军营署,任命朱友伦为宿卫使,任张廷范为宫苑使,任命王殷为皇城使,任命蒋玄晖为街使,于是辞朝回镇所。唐昭宗在延喜楼与他饯别,朱全忠上奏说:"李克用与臣本来没有大的嫌隙,请求对他加以优厚的抚慰。"李克用听到,笑着说:"这个贼寇要进攻淄青,担心我在后面牵制罢了。"

**朝廷任命裴枢同平章事。**

这是朱全忠的推荐。

**三月,梁王朱全忠派遣朱友宁、葛从周攻击王师范。**

朱全忠返回到大梁,王师范派兵围攻齐州,朱全忠派遣朱友宁击退了他。刘郡从此断绝了支援,葛从周率军队包围他,朱友宁进攻青州,朱全忠率领军队十万人随后。

**夏五月,马殷袭击江陵,攻陷了它。**

杨行密派遣使者见马殷,声称朱全忠飞扬跋扈,请与他断绝关系。湖南大将许德勋说:"朱全忠虽然无道,然而他挟持天子用来号令诸侯,不可与他翻脸。"马殷听从了。

此前,淮南将李神福围攻鄂州,节度使杜洪向朱全忠请求救援,朱全忠派兵驻扎于澴口,命令荆南的成汭、武贞的雷彦威和马殷出兵救援杜洪。成汭畏惧朱全忠,并且想侵占扩充自己的地盘,发动水军十万人,沿长江东下。掌书记李珽劝谏说:"现在每只舰装载披甲战士千人,稻米加一倍,一旦有个缓急,不能移动。吴兵敏捷轻快,难以与他们争斗。武陵雷彦威、长沙马殷都是我们的仇敌,怎能不考虑后顾之忧呢?不如派遣勇猛的将领驻扎在巴陵,坚守营垒不要出战,不过一个月,吴兵粮食吃光自然逃归,鄂州的围困也就解了。"成汭不听从而出兵,马殷果然派许德勋率领水军袭击江陵,攻陷了它,大肆抢掠而去。成汭手下将士听说后,都丧失了斗志。

神福闻汭将至，自乘轻舟觇之，还谓诸将曰："彼战舰虽多而不相属，易制也。"逆击破之，汭赴水死。

彦威狡狯残忍，常泛舟焚掠邻境，荆、鄂之间殆至无人。

**王师范以淮南兵击朱友宁，斩之。秋七月，梁王全忠击师范，破之。遣杨师厚攻青州。**

朱友宁围博昌，月余不拔，全忠怒，遣使督之。友宁驱民丁十余万筑土山，并人畜木石排而筑之，冤号闻数十里。俄而城陷，尽屠之。进拔临淄，抵青州城下，遣别将攻登、莱。

师范求救于杨行密，行密遣将王茂章救之。

六月，汴兵拔登州，师范拒友宁于石楼，友宁攻之，破其一栅，师范趣茂章出战，茂章按兵不动。比明，度汴兵已疲，乃与师范合兵出战，大破之。友宁马仆，斩之，乘胜逐北，俘斩殆尽。

全忠闻友宁死，自将兵二十万，昼夜兼行赴之。七月，至临朐，命诸将攻青州，师范出战，大败。茂章闭垒，伺汴兵稍懈，毁栅出战，战酣，退坐，召诸将饮酒，已而复战。全忠登高望见之，叹曰："使吾得此人为将，天下不足平也。"至晡，汴兵乃退，茂章度众寡不敌，引兵还。全忠留杨师厚攻青州而归。

**八月，进王建爵为蜀王。　杨行密遣兵击宣、润州。**

初，田頵破冯弘铎，诣广陵谢杨行密，求池、歙为巡属，行密不许，頵怒而归。頵兵强财富，好攻取，行密欲保境

李神福听说成汭将到，自己乘轻快小船前去察看，回来对各将领说："他们的战舰虽多，但彼此不相连属，容易打败他们。"于是迎击大破成汭水军，成汭跳水而死。

雷彦威狡猾奸诈，凶恶残忍，常常乘船到邻境烧杀抢掠，荆州、鄂州之间几乎到了无人的地步。

**王师范用淮南兵攻打朱友宁，斩杀了他。秋七月，梁王朱全忠攻打王师范，打败了他。朱全忠派遣杨师厚攻打青州。**

朱友宁围攻博昌，一月多没攻下，朱全忠发怒，遣使督战。朱友宁驱使十多万民丁筑土山，把人畜木石排在一处填土捣实，喊冤号哭之声传出几十里。不久城被攻克，朱友宁将城中人都屠杀了。他进而攻克临淄，抵达青州城下，派别将攻打登、莱。

王师范向杨行密求救，杨行密派将领王茂章前去救援。

六月，朱全忠的汴州军队攻克登州，王师范在石楼抗击朱友宁，朱友宁攻击王师范，打破一道栅栏，王师范催促王茂章出战，王茂章按兵不动。天快亮时，王茂章估计朱友宁的军队已经疲乏，于是与王师范合兵出战，大破汴州军队。朱友宁的马倒下，被斩杀，王师范乘胜追击败军，俘获斩杀殆尽。

朱全忠听闻朱友宁的死讯，亲自率领军队二十万，昼夜兼程奔赴救援。七月，到达临朐，命令各将领攻打青州，王师范出城迎战，被打得大败。王茂章关闭营垒不出战，伺察到汴州军队稍有懈怠，就率兵毁掉栅栏出来应战，战意正浓，退回坐下，召集各将饮酒，不久又冲出再战。朱全忠登高观战看到王茂章的战术，叹息说："让我得到这个人做将领，平定天下就很容易了。"到晡时，汴州军队后退，王茂章估计到敌众我寡难以抵抗，率领军队撤回。朱全忠留下杨师厚攻打青州，自己回去了。

**八月，朝廷晋升王建的爵位为蜀王。　杨行密派遣军队攻打宣州、润州。**

当初，田頵打败冯弘铎后，到广陵向杨行密道谢，请求他将池州、歙州划归自己统领，杨行密没有应允，田頵非常生气地回去了。田頵兵强财富，爱好攻战抢掠，杨行密想保护自己境内，

息民,每抑止之,颢阴有叛志。李神福言于行密曰:"颢必反,宜早图之。"行密曰:"颢有大功,反状未露,今杀之,诸将人人自危矣。"颢有良将曰康儒,与颢谋议多不合,行密知之,擢儒为庐州刺史。颢以儒为贰于己,族之。儒曰:"吾死,公亡无日矣。"颢遂与润州团练使安仁义同举兵。

行密使李神福讨颢,王茂章讨仁义。

茂章攻润州不克,行密使徐温将兵会之。温易其衣服、旗帜如茂章兵,仁义不知,出战,温奋击破之。

寿州节度使朱延寿,行密妻弟也,行密素狎侮之。延寿怨怒,阴与颢通谋。行密乃诈为目疾,谓夫人曰:"吾不幸失明,诸子皆幼,军府事当悉以授三舅。"夫人以报延寿,行密又自遣使召之。延寿至,行密执而斩之。

初,延寿赴召,其妻王氏曰:"君此行吉凶未可知,愿日发一使以安我。"一日使不至,王氏曰:"事可知矣。"部分僮仆,授兵阖门。捕骑至,乃焚府舍曰:"妾誓不以皎然之躯为仇人所辱!"赴火而死。

颢袭昇州,得李神福妻子,善遇之,遣使谓神福曰:"公见机,与公分地而王,不然,妻子无遗。"神福曰:"吾以卒伍事吴王为上将,义不以妻子易其志。颢有老母,不顾而反,三纲且不知,乌足与言乎!"斩使者而进,士卒皆感励。颢遣王檀、汪建将水军逆战,神福因风纵火焚之,檀、建大败。

使人民得以安宁,常常对田頵有所压抑控制,田頵暗中萌生了叛乱之心。李神福对杨行密说:"田頵必定会反叛,应当尽快对他采取行动。"杨行密说:"田頵立有大功,谋反的形迹没有露出,现在杀死他,各将领就要人人自危了。"田頵手下有一员良将叫康儒,与田頵谋划计议事情经常谈不到一起,杨行密知道后,提拔康儒为庐州刺史。田頵认为康儒和自己作对,将他全家族的人杀了。康儒说:"我死了,您很快也会灭亡。"田頵于是与润州团练使安仁义一同起兵。

杨行密让李神福讨伐田頵,让王茂章讨伐安仁义。

王茂章攻打润州没有攻克,杨行密派徐温带军队与王茂章会合。徐温让自己的军队换上王茂章军队的衣服、旗帜,安仁义不知道,出来迎战,徐温奋勇攻击,打败了安仁义。

寿州节度使朱延寿,是杨行密妻子的弟弟,杨行密平常对待他轻慢而不庄重。朱延寿怨恨恼怒,暗中与田頵相勾结。杨行密于是假装眼睛患病,对自己夫人说:"我不幸失明,各儿子都幼弱,军府中的事务应当全部交由三舅处理。"夫人告诉了朱延寿,杨行密又自行派人召请朱延寿。朱延寿到了,杨行密逮捕并杀了他。

起初,朱延寿应邀前往,他的妻子王氏说:"君此行是吉是凶不可预料,希望你每天派一个使者来报平安让我安心。"有一天使者没有来,王氏说:"事情可以知道了。"就部署自家的家僮仆役,发给武器,关上大门。杨行密派来捉人的骑兵到了,王氏于是焚烧了府舍并说:"我发誓不把我洁白无瑕的身体让仇人玷污!"说罢跳入火中而死。

田頵袭击昇州,得到李神福的妻儿,善待他们,派使者对李神福说:"您懂得利用时机,我与您分地称王,否则的话,您的妻儿难以存活。"李神福说:"我以士卒起奉侍吴王一直到上将,从道义上说不能因为妻儿就改变志向。田頵有老母,毫不顾忌而反叛,连三纲都不知道,还与他有什么可说的!"斩杀了使者,率兵前进,士卒全都感奋鼓舞。田頵派遣王檀、汪建率领水军迎战,李神福乘风势放火焚烧敌船,王檀、汪建被打得大败。

颢闻之,自将水军逆战。神福曰:"贼弃城而来,此天亡也。"坚壁不战,遣使告行密,请发兵断其归路,行密遣台濛将兵应之。

**杨师厚逼青州,王师范降。**

杨师厚进逼青州,师范请降。时朱全忠闻李茂贞将起兵,恐其复劫天子而去,欲迎车驾都洛阳,乃受之。

**冬十月,王建取夔、忠、万、施四州。**

议者以瞿唐蜀之险要,建乃弃归、峡,屯军夔州。

**葛从周取兖州。**

葛从周急攻兖州,郛使从周母登城谓从周曰:"刘将军事我不异于汝。"从周攻城为之少缓。郛简妇人及民之老疾者出之,独与少壮者坚守以捍敌。及师范使者至,始出降,全忠表郛为保大留后。

**宿卫使朱友伦卒。**

友伦击毬坠马而卒,全忠疑崔胤为之,杀同戏者十余人,遣兄子友谅代典宿卫。

**山南东道节度使赵匡凝取荆南,表其弟匡明为留后。**

时天子微弱,诸道多不上供,惟匡凝兄弟委输不绝。

**李茂贞、李继徽举兵逼京畿。**

朱全忠之克邠州也,质静难节度使杨崇本妻于河中而私焉。崇本怒,使谓李茂贞曰:"唐室将灭,父忍坐视之乎?"遂相与连兵侵逼京畿,复姓名李继徽。全忠恐其复有劫迁之谋,乃发兵屯河中。

田頵闻讯后,亲自率领水军迎战。李神福说:"贼寇弃城而来,这是上天要灭亡他呀。"坚守营垒不出战,派遣使者报告杨行密,请求发兵切断田頵的归路,杨行密派台濛率领人马去接应。

**杨师厚进逼青州,王师范投降。**

杨师厚进逼青州,王师范请求投降。当时朱全忠听说李茂贞即将起兵,担心他再次劫持皇帝而去,想要将唐昭宗接到洛阳定都,于是接受了王师范的投降。

**冬十月,王建攻取夔、忠、万、施四州。**

讨论军事的人认为瞿唐峡是蜀地的险要之地,王建于是舍弃归州、峡州,在夔州驻扎军队。

**葛从周攻取兖州。**

葛从周紧急攻打兖州,刘鄩让葛从周的母亲登上城楼对葛从周说:"刘将军奉侍我不亚于你。"葛从周因此放缓了攻城的速度。刘鄩挑选妇人及百姓中年老有病的人出来,只与年轻力壮的人坚守城池来抵御敌人。等到王师范的使者到来,刘鄩才出城投降,朱全忠上表任命刘鄩为保大留后。

**宿卫使朱友伦去世。**

朱友伦因击毬掉下马来摔死,朱全忠怀疑是崔胤干的,杀死与朱友伦一同击毬的十几个人,派遣哥哥的儿子朱友谅代管皇宫中的直宿警卫。

**山南东道节度使赵匡凝攻取荆南,上表任命他的弟弟赵匡明为荆南留后。**

当时天子的地位微弱,各道有很多都不给朝廷进贡,只有赵匡凝兄弟向朝廷运送贡品从不间断。

**李茂贞、李继徽举兵逼近京畿。**

朱全忠攻克邠州时,在河中得到静难节度使杨崇本的妻子,与她私通。杨崇本恼怒,派人对李茂贞说:"大唐王室即将灭亡,父亲您忍心坐视不救吗?"于是相与会合军队侵犯进逼京畿,恢复了李继徽的姓名。朱全忠担心他们有再次劫持迁移天子的图谋,于是发兵驻扎于河中。

十一月,杨行密克宣州,斩田頵。

初,頵闻台濛将至,自将步、骑逆战。濛以杨行密书遍赐頵将,皆下马拜受。濛因其挫伏,纵兵击之,頵兵遂败,奔还城守,濛引兵围之。頵帅敢死士数百出战,濛击斩之,遂克宣州。

初,行密与頵同里相善,约为兄弟。及頵首至,视之泣下,与诸子以子孙礼事其母。

以李神福镇宣州,神福以杜洪未平,固让不拜。宣州长史骆知祥善治金谷,牙推沈文昌善为文,尝为頵草檄骂行密,行密皆擢用之。遣钱传璙归杭州。

**以独孤损同平章事,裴贽罢。　张全义杀左仆射张浚。**

王师范之举兵,浚预其谋。朱全忠谋篡夺,恐浚扇动藩镇,讽全义杀之。

甲子(904)　天祐元年
**春正月,梁王全忠杀崔胤。以崔远、柳璨同平章事。**

初,崔胤假朱全忠兵力以诛宦官,全忠既破李茂贞,威震天下,遂有篡夺之志。胤惧,与全忠外虽亲厚,私心渐异。乃谓全忠曰:"长安密迩茂贞,不可不为之备,六军十二卫,但有空名,请召募以实之,使公无西顾之忧。"全忠知其意,曲从之,密使麾下壮士应募以察之,胤不之知。与郑元规等缮治兵仗,日夜不息。及朱友伦死,全忠益疑。至是,欲迁天子都洛,恐胤立异,密表胤等专权乱国,请并其

十一月，杨行密攻克宣州，斩杀田頵。

起初，田頵听说台濛将要到来，亲自率领步军、骑兵迎战。台濛将杨行密的书信遍赐田頵的将领，这些人都下马行礼接受。台濛乘他们被挫伏之际，率军队攻击他们，田頵的军队于是失败，奔逃返回城中防守，台濛率军队围困。田頵率领敢死兵士几百人出城交战，台濛攻击斩杀了他们，于是攻克宣州。

起初，杨行密与田頵是同乡，相互友好，结拜为兄弟。等到田頵的首级传至，杨行密看到后流下眼泪，与他的儿子们用子孙的礼节奉侍田頵的母亲。

杨行密任用李神福镇守宣州，李神福因为杜洪还没有被平定，坚决辞让没有接受。宣州长史骆知祥善于管理钱粮，牙推沈文昌善于写文章，曾经为田頵起草檄文骂杨行密，杨行密都提拔使用他们。杨行密送钱传瓘回到杭州。

朝廷任命独孤损为同平章事，罢免了裴贽。  张全义杀死左仆射张浚。

王师范起兵时，张浚曾参与谋划。朱全忠阴谋篡夺帝位，担心张浚煽动各藩镇反对，示意张全义杀死了张浚。

## 甲子(904)  唐昭宗天祐元年
春正月，梁王朱全忠杀死崔胤。朝廷任命崔远、柳璨为同平章事。

起初，崔胤借用朱全忠的军事力量诛杀宦官，朱全忠打败李茂贞以后，威震天下，于是有了篡夺天下之心。崔胤恐惧，他与朱全忠虽然表面亲厚，私下渐有异心。崔胤于是对朱全忠说："长安靠近李茂贞，不可不做守御的准备，六军十二卫，只有空名，请招募补足，让您没有西顾的忧虑。"朱全忠知道他的意图，勉强顺从了他，秘密让部下壮士去应募来察看崔胤的行动，崔胤不知情。与郑元规等整治兵器仪仗，日夜不停止。等到朱友伦死去，朱全忠更加怀疑崔胤了。到这时，朱全忠想转移天子以洛阳为京城，担心崔胤反对，秘密上表声称崔胤等专权乱国，请求连同

党郑元规等诛之。诏皆贬之,而以裴枢、独孤损分判六军三司。全忠密令朱友谅杀胤及元规等数人。

**梁王全忠屯河中,表请迁都。上发长安,二月,至陕。**

朱全忠引兵屯河中,遣牙将奉表称邠、岐兵逼畿甸,请上迁都洛阳。时上御延喜楼,及下,裴枢已促百官东行,驱徙士民,号哭满路,骂曰:"贼臣崔胤召朱温来倾覆社稷,使我曹流离至此!"

上遂发长安,全忠以张廷范为御营使,毁长安宫室、百司及民间庐舍,取其材浮渭沿河而下,长安遂墟。

上至华州,民夹道呼万岁,上泣曰:"勿呼万岁,朕不复为汝主矣!"馆于兴德宫,谓侍臣曰:"鄙语云:'纥干山头冻杀雀,何不飞去生处乐。'朕今漂泊,不知竟落何所!"因泣下沾襟,左右莫能仰视。

二月,至陕,以东都宫阙未成留止。全忠来朝,上延入寝室,见何后,后泣曰:"自今大家夫妇委身全忠矣。"

**王建遣兵迎车驾。**

上遣间使以御札告难于建,建遣王宗祐将兵会凤翔。兵至兴平,遇汴兵,不得进而还。建始自用墨制除官,云俟车驾还长安表闻。

**三月,以梁王全忠判六军诸卫事。　梁王全忠赴洛阳。**

他的党羽郑元规等一起杀掉。朝廷下诏将他们都贬谪了,而任命裴枢、独孤损分别管理六军三司。朱全忠秘密命令朱友谅杀死崔胤与郑元规等几个人。

**梁王朱全忠驻扎在河中,上表请唐昭宗迁都。唐昭宗从长安出发,二月,到达陕州。**

朱全忠率军队驻扎在河中,派遣牙将奉表声称邠州、岐州的兵马逼近京城,请求唐昭宗迁都到洛阳。当时唐昭宗在延喜楼,等到下楼,裴枢已督促朝中百官东行,驱赶迁徙士人百姓,号哭声传遍道路,骂道:"贼臣崔胤召朱温前来颠覆大唐的天下,让我们这些人颠沛流离到这种地步!"

唐昭宗于是从长安出发,朱全忠任用张廷范为御营使,拆毁长安的宫室、官署和民间的房舍,取用材料抛浮在渭水中再沿黄河顺流东下,长安于是成为废墟。

唐昭宗到达华州,当地百姓夹道欢呼万岁,唐昭宗哭泣着说:"不要欢呼万岁,朕不再是你们的皇帝了!"唐昭宗住在了兴德宫,对身边侍臣说:"俗语说:'纥干山头冷得能冻死山雀,为什么不飞到可以生存的地方去快乐。'朕现在漂泊无依,不知最终会流落到何处!"因此流泪哭泣沾湿了衣襟,左右的人不能抬头仰视。

二月,唐昭宗一行到达陕州,因为东都洛阳的宫殿没有修成而停留在这里。朱全忠来朝见唐昭宗,唐昭宗将他请入寝室中,拜见何皇后,何皇后流着眼泪说:"从此我们夫妇二人托身给你朱全忠了。"

**王建派遣军队迎接唐昭宗。**

唐昭宗派遣密使拿着亲笔书信向王建告难,王建派遣王宗祐带领人马到凤翔会合。行军到兴平,遇到朱全忠的汴州军队,不能前进而归还。王建开始自己用墨笔书写手令任命官员,说等候昭宗返回长安再上表奏闻。

**三月,朝廷任命梁王朱全忠管理六军诸卫事务。　梁王朱全忠去洛阳。**

全忠置酒私第,邀上临幸,遂赴洛阳督修宫。上与之宴,群臣既罢,留全忠及韩建饮,皇后出,自捧玉卮饮之,宫人或附上耳语,建蹑全忠足,全忠不饮,阳醉而出。

**遣间使以密诏告难于四方。**

上复遣间使以绢诏告急于王建、杨行密、李克用等,令纠率藩镇,以图匡复,曰:"朕至洛阳,则为全忠所幽闭,诏敕皆出其手,朕意不得复通矣。"

**杨行密遣兵击杜洪。**

杨行密复遣李神福将兵击杜洪,朱全忠遣使诣之,请舍鄂岳,复修旧好。行密报曰:"俟天子还长安,始敢闻命。"

**夏四月,上至洛阳。**

朱全忠奏宫室已成,请车驾早发。上遣宫人谕以皇后新产,未任就路,请俟十月东行。全忠疑上徘徊俟变,怒甚,谓牙将寇彦卿曰:"汝速至陕,即日促官家发来。"闰月,车驾发陕,全忠迎于新安,杀上左右及宫人数人。

自崔胤之死,六军散亡俱尽,余内园小儿二百余人从上而东,全忠尽杀之,豫选二百人大小相类者,衣其服而代之。上初不觉,累日乃寤。自是上之左右使令,皆全忠之人矣。

至洛阳入宫,以蒋玄晖、王殷为宣徽南北院使,张廷范为街使,韦震为河南尹。又召朱友恭、氏叔琮为左右龙武统军,典宿卫。

**以梁王全忠为护国、宣武、宣义、忠武节度使。　更封钱镠为吴王。**

镠求封吴越王,朝廷不许,乃更封吴王。

朱全忠在私宅设宴,邀请唐昭宗赴宴,再到洛阳去督促修建宫殿。唐昭宗与他一同宴会,群臣走后,留下朱全忠与韩建饮酒,何皇后走出,亲自捧玉杯请朱全忠饮酒,有宫人贴着唐昭宗耳朵说话,韩建踩朱全忠的脚,朱全忠没有饮,假装喝醉而出。

**唐昭宗派密使用密诏向四方告难。**

唐昭宗又派密使用绢写的诏书向王建、杨行密、李克用等人告急,命令他们纠集率领藩镇军队,以谋划匡复国家,诏书上说:"朕到了洛阳,就被朱全忠幽禁了,诏书敕令都出自他的手,朕意不能再相通了。"

**杨行密派遣军队攻击杜洪。**

杨行密又派遣李神福带军队去攻打杜洪,朱全忠派使节去见他,请他舍弃鄂岳,恢复旧日的友好。杨行密回答说:"等候天子返回长安,才敢听命于你。"

**夏四月,唐昭宗回到洛阳。**

朱全忠启奏宫室已经修成,请唐昭宗早日出发。唐昭宗派宫人去说皇后刚生下皇子,不能上路,请等到十月再东行。朱全忠怀疑唐昭宗徘徊不前是等候时局的变化,非常恼怒,对牙将寇彦卿说:"你速到陕州,当天督促皇上出发来此。"闰月,唐昭宗从陕州出发,朱全忠到新安迎接,杀了唐昭宗侍者与宫人数人。

自崔胤死后,六军全都逃散,余下内园小儿二百多人,随从唐昭宗东行,朱全忠将他们全部杀死,预先挑选了与这些人大小相似的二百人,穿上他们的衣服,代替他们服役。唐昭宗开始没有发觉,几天以后才知道。从此唐昭宗左右奉侍管事者,全是朱全忠的人了。

唐昭宗到达洛阳入宫,任命蒋玄晖、王殷为宣徽南北院使,任命张廷范为街使,任命韦震为河南尹。又召命朱友恭、氏叔琮为左右龙武统军,主管宫中值宿警卫。

**朝廷任命梁王朱全忠为护国、宣武、宣义、忠武节度使。 朝廷改封钱镠为吴王。**

钱镠请求封为吴越王,朝廷没允许,于是更封为吴王。

命魏博曰天雄军，进罗绍威爵为邺王。　五月，梁王全忠还镇。

帝宴全忠等罢，复召全忠宴于内殿，全忠疑不入。帝曰："然则可令敬翔来。"全忠摘翔使去，曰："翔亦醉矣。"乃还大梁。

**赵匡凝攻夔州，不克。**

匡凝遣水军上峡攻夔州，知渝州王宗阮击败之。万州刺史张武作铁绹绝江中流，立栅于两端，谓之锁峡。

**六月，李茂贞、王建、李继徽合兵讨朱全忠，全忠拒之河中。**

西川诸将劝王建乘茂贞之衰取凤翔，建以问判官冯涓，涓曰："今梁、晋虎争，势不两立，若并而为一，举兵向蜀，虽诸葛复生，不能敌矣。凤翔，蜀之藩蔽，不若与之和亲，无事则务农训兵，有事则观衅而动，可以万全。"建曰："善。"乃与茂贞修好。与茂贞及李继徽合兵讨朱全忠，全忠拒之河中。

建赋敛重，人莫敢言，涓因建生日献颂，先美功德，而后言之，建愧谢，自是赋敛稍损。

**秋八月，全忠弑帝于椒殿，太子柷即位。**

初，全忠见德王裕眉目疏秀，年齿已壮，恶之，私谓崔胤曰："德王尝干帝位，岂可复留？公何不言之。"胤言于帝，帝问全忠，全忠曰："陛下父子之间，臣安敢窃议！此崔胤卖臣耳！"帝自离长安，日忧不测，与何后终日沉饮，或相对悲泣。全忠使蒋玄晖伺帝动静，帝从容谓玄晖曰：

**朝廷将魏博改名为天雄军,晋升罗绍威的爵位为邺王。**

**五月,梁王朱全忠返回镇所。**

唐昭宗宴请朱全忠,散席后,又召朱全忠到内殿饮宴,朱全忠有疑心没进入。唐昭宗说:"那么就让敬翔来吧。"朱全忠让敬翔离去,说:"敬翔也醉了。"朱全忠于是返回大梁。

**赵匡凝攻打夔州,没有攻克。**

赵匡凝派遣水军上溯三峡攻打夔州,主持渝州事务的王宗阮将他打败。万州刺史张武作铁索断绝长江航道,在两端设立栅栏,称为锁峡。

**六月,李茂贞、王建、李继徽合兵讨伐朱全忠,朱全忠在河中迎击抵抗。**

西川各将领劝说王建乘李茂贞衰落时攻取凤翔,王建以此询问判官冯涓,冯涓说:"现在大梁的朱全忠、晋阳的李克用二虎相争,势不两立,如果这两支军队合而为一,发兵攻打蜀地,就是诸葛亮再生于世,也难以抵挡了。凤翔是蜀地的藩篱屏障,我们不如与他们结为亲家,无事时就从事农耕,训练士卒,有事时就察看时机而行动,才可以万无一失。"王建说:"好。"于是与李茂贞建立了友好关系。王建与李茂贞、李继徽合兵讨伐朱全忠,朱全忠在河中迎击抵抗。

王建征收赋税很重,没有人敢说,冯涓乘王建生日进献颂辞之机,先赞美他的功德,而后谈到赋税重的问题,王建惭愧并致谢,自此以后蜀地的赋税稍有减少。

**秋八月,朱全忠在椒殿弑唐昭宗,太子李祝即皇帝位。**

起初,朱全忠见德王李裕眉目疏朗清秀,已经成年了,很是厌恶,私下对崔胤说:"德王曾经窃据帝位,怎可以再留下?您为什么不向陛下提起。"崔胤将朱全忠的话告诉唐昭宗,唐昭宗又问朱全忠,朱全忠说:"陛下父子间的事情,臣怎敢私下议论!这是崔胤出卖我罢了。"唐昭宗自从离开长安以后,每天担心发生意外,整天与何皇后沉溺在酒中,有时相对悲伤地哭泣。朱全忠指使蒋玄晖伺察唐昭宗的举动言行,唐昭宗从容对蒋玄晖说:

"德王,朕爱子,全忠何故坚欲杀之?"因泣下,啮中指血流。玄晖具以语全忠,全忠愈不自安。

时李茂贞等移檄往来,皆以兴复为辞,全忠方西讨,以帝有英气,恐变生于中,欲立幼君,易谋禅代。乃遣判官李振至洛阳,与玄晖及朱友恭、氏叔琮等图之。

玄晖选牙官史太等百人,夜叩宫门,杀宫人裴贞一。帝在椒殿方醉,遽起,单衣绕柱走,太追弑之。昭仪李渐荣以身蔽帝,呼曰:"宁杀我曹,勿伤大家!"太亦杀之。

玄晖矫诏称贞一、渐荣弑逆,立辉王祚为皇太子,更名柷,于枢前即位,时年十三。宫中恐惧,不敢出声哭。

全忠闻之,阳惊哭,自投于地曰:"奴辈负我,令我受恶名于万代!"至东都,伏梓宫恸哭,杀友恭、叔琮。友恭临刑大呼曰:"卖我以塞天下之谤,如鬼神何!"全忠遂辞赴镇。

**以张全义为河南尹。　杨行密以刘存为招讨使,子渥为宣州观察使。**

李神福、台濛卒,杨行密以存、渥代之。徐温谓渥曰:"王寝疾而嫡嗣出藩,此必奸臣之谋。他日相召,非温使者及王令书,慎无亟来。"渥泣谢而行。

**九月,尊皇后为皇太后。　冬十月朔,日食。　十二月,杨行密遣马赉归长沙。**

赉性沉勇,事行密屡有功。行密从容问其兄弟,乃知为马殷之弟,大惊曰:"吾尝怪汝器度瑰伟,果非常人!"遣归长沙,赉固辞,行密固遣之。

"德王是朕的爱子，朱全忠为什么一定要杀他？"因此掉下眼泪，咬破中指血流不止。蒋玄晖全都告诉了朱全忠，朱全忠更加不安了。

当时李茂贞等往来传递檄文，都以兴复皇室为辞，朱全忠正在讨伐西方，因为唐昭宗有英武之气，担心宫中发生变故，想要另立幼小的君主，容易谋划禅让取而代之。朱全忠于是派遣判官李振到洛阳，与蒋玄晖和朱友恭、氏叔琮等人图谋此事。

蒋玄晖挑选牙官史太等一百人，乘夜叩开宫门，杀死宫人裴贞一。唐昭宗在椒殿正醉酒，立刻起身，穿着单衣绕柱子躲避，史太追上弑杀了唐昭宗。昭仪李渐荣用身体掩护唐昭宗，呼喊说："宁可杀我们这些人，不要伤害皇上！"史太也将她杀死了。

蒋玄晖假造诏令声称裴贞一、李渐荣谋反弑帝，拥立辉王李祚为皇太子，改名为李柷，在唐昭宗灵柩前即皇帝位，当时年龄十三岁。宫中很恐惧，不敢放声痛哭。

朱全忠听到后，假装惊慌哭泣，自己扑倒在地上说："奴才们辜负了我，让我千秋万代蒙受恶名！"他到东都洛阳，伏在昭宗的灵柩上痛哭流涕，斩杀了朱友恭、氏叔琮。朱友恭临刑前大声呼喊说："出卖我用来堵塞天下人的谤口，对得住鬼神吗？"朱全忠于是辞行奔赴镇所。

**朝廷任命张全义为河南尹。　杨行密任命刘存为诏讨使，任命自己的儿子杨渥为宣州观察使。**

李神福、台濛去世，杨行密用刘存、杨渥取代他们。徐温对杨渥说："大王卧病而让嫡子出藩，这一定是奸臣的阴谋。他日召你回来，不是我派遣的使者以及有大王的令书，千万不要立刻赶回。"杨渥流泪道谢后上路。

**九月，唐哀帝尊奉何皇后为皇太后。　冬十月初一，出现日食。　十二月，杨行密派遣马贲归还长沙。**

马贲性情沉着勇敢，奉事杨行密屡有战功。杨行密在闲谈中问起他的兄弟，才知道是马殷的弟弟，大为惊讶地说："我曾经奇怪你的器度奇特不凡，果然不是平常的人！"就让他回长沙，马贲坚决推辞，杨行密执意让他回去。

賓至长沙,殷议入贡,賓曰:"杨王地广兵强,不若与之结好。"殷作色曰:"杨王不事天子,一旦朝廷致讨,罪将及吾。汝置此论,勿为吾祸!"

**以刘隐为清海节度使。**

清海节度使崔远赴镇,畏隐不敢前,隐以重赂结朱全忠,故有是命。

乙丑(905)　唐昭宣帝天祐二年

春正月,杨行密克润州,杀安仁义。

仁义勇决,得士心。茂章攻之,逾年不克。至是,城陷见杀。

**二月,朱全忠杀德王裕等九人。**

全忠使蒋玄晖邀德王裕九人,置酒九曲池,悉缢杀之,投尸池中,皆昭宗之子也。

**刘存拔鄂州,执杜洪。　葬和陵。　三月,以王师范为河阳节度使。**

师范举族西迁大梁。全忠客之,使镇河阳。

**独孤损、裴枢、崔远并罢。以张文蔚、杨涉同平章事。**

初,柳璨及第,不四年为相,性倾巧。时天子左右皆朱全忠腹心,璨曲意事之,同列裴枢、崔远、独孤损皆朝廷宿望,意轻之,璨以为憾。张廷范本优人,有宠于全忠,奏以为太常卿。枢曰:"廷范勋臣,幸有方镇,何藉乐卿,恐非

马賨到达长沙,马殷与马賨商议向朝廷进贡的事,马賨说:"杨王地广兵强,不如与他结交修好。"马殷变了脸色说:"杨王不奉侍天子,一旦朝廷发兵讨伐,罪名也将落在我的头上。你放弃这套议论吧,不要给我招来灾祸!"

　　**朝廷任命刘隐为清海节度使。**

　　清海节度使崔远到镇所赴任,畏惧刘隐不敢前行,刘隐用丰厚的贿赂结交朱全忠,所以才有这个任命。

# 唐哀帝

乙丑(905)　　唐哀帝天祐二年

**春正月,杨行密攻克润州,杀死安仁义。**

　　安仁义勇敢果断,很得士兵之心。王茂章攻打他,一年多没攻克。到这时,城被攻陷,安仁义被杀死。

　　**二月,朱全忠杀了德王李裕等九个人。**

　　朱全忠让蒋玄晖邀请德王李裕等九个人,在九曲池设置酒宴,将他们全部勒死,将尸体抛到九曲池中,他们全都是唐昭宗的儿子。

　　**刘存攻克鄂州,擒获杜洪。　将唐昭宗埋葬在和陵。　三月,朝廷任命王师范为河阳节度使。**

　　王师范带全族人向西迁移到大梁。朱全忠以客礼对待,让他镇守河阳。

　　**独孤损、裴枢、崔远一同罢相。朝廷任命张文蔚、杨涉为同平章事。**

　　起初,柳璨登进士第,不到四年当了宰相,性情乖巧轻浮。当时皇帝的左右都是朱全忠的心腹,柳璨想尽一切办法奉事他们,同朝的宰相裴枢、崔远、独孤损都是朝廷中有声望的人,轻看柳璨,柳璨深以为憾。张廷范本是艺人,朱全忠宠爱信任他,柳璨启奏任命张廷范为太常卿。裴枢说:"张廷范是有功劳的大臣,自有藩镇安排他,何必让他当掌管礼乐的太常卿,这恐怕不是

元帅之旨。"持之不下。全忠闻之,谓宾佐曰:"吾尝以裴十四器识真纯,不入浮薄之党。观此议论,本态露矣。"璨因此并谮远、损于全忠,故三人皆罢,以张文蔚、杨涉为相。

涉为人和厚恭谨,闻当为相,泣谓其子凝式曰:"此吾家之不幸也,以为汝累。"

**河东押牙盖寓卒。**

寓遗书劝李克用省营缮、薄赋敛、求贤俊。

**夏四月,彗星出西北,长竟天。  六月,杀裴枢、独孤损、崔远、陆扆、王溥等三十余人。**

柳璨恃朱全忠之势,恣为威福。会有星变,占者曰:"君臣俱灾,宜诛杀以应之。"璨疏其素所不快者于全忠,曰:"此曹皆怨望腹非,宜以之塞灾异。"李振因言于全忠曰:"王欲图大事,此曹皆朝廷之难制者也,不若尽去之。"全忠以为然,贬独孤损、裴枢、崔远、陆扆、王溥、赵崇、王赞等官有差。自余或门胄高华,或科第自进,以名检自处者,皆指以为浮薄贬之。

六月朔,聚枢等三十余人于白马驿,一夕尽杀之,投尸于河。初,李振屡举进士不中第,故深疾缙绅之士,言于全忠曰:"此辈常自谓清流,宜投之黄河,使为浊流。"全忠笑而从之。

振自汴至洛,朝臣必有窜逐者,时谓之鸱枭。

**秋八月,王建取金州。  征前礼部员外郎司空图诣阙,寻放还山。**

元帅的意思。"双方为此相持不下。朱全忠听到后,对宾客僚佐说:"我曾经认为裴十四的器量识见真诚纯粹,不属于轻浮浅薄之辈。看他这番议论,露出本来面目了。"柳璨借此在朱全忠面前将崔远、独孤损一同诬陷,所以三个人全被罢相,朝廷任命张文蔚、杨涉为宰相。

杨涉为人和顺宽厚、恭敬谨慎,听说自己要任宰相,哭着对他儿子杨凝式说:"这是我们家的不幸啊,要让你受连累了。"

**河东押牙盖寓去世。**

盖寓留下遗书劝李克用减少营建工程,减轻赋税,征求贤良俊杰之士。

**夏四月,西北方出现彗星,长度横扫天际。　六月,朝廷杀了裴枢、独孤损、崔远、陆扆、王溥等三十多人。**

柳璨恃仗朱全忠的势力,恣意作威作福。正赶上有彗星出现,占卜的人说:"皇帝和臣属都有灾祸,应当诛杀来顺应天意。"柳璨乘机向朱全忠上书罗列他平日所不喜欢的人,说:"这些人怨恨不满,口中不说,心里诽谤,应当用他们来遏止灾祸。"李振也乘机对朱全忠说:"大王想要图谋大事,这些人都是朝廷中难以控制的人,不如尽行除掉。"朱全忠认为是这样,贬谪独孤损、裴枢、崔远、陆扆、王溥、赵崇、王赞等人的官职,处分各有不同。其余有的是豪门贵胄,有的是科举及第,以名节自居的人,都被指斥为轻薄浮浅之人,遭到贬官。

六月初一,聚集裴枢等三十多人到白马驿,一晚上将他们全都杀死,将尸体投到河中。起初,李振几次参加进士考试没有及第,所以深深怨恨妒忌科举出身的人,他对朱全忠说:"这些人常常自称是清流,应当将他们投到黄河之中,让他们变为浊流。"朱全忠笑着听从了。

李振从汴州至洛阳,朝中大臣一定有被贬谪放逐的,当时人称李振是鸱枭。

**秋八月,王建攻取金州。　朝廷征召前礼部员外郎司空图到朝中,不久放他回山。**

初,图弃官居虞乡王官谷,昭宗屡征之,不起。柳璨以诏书征之,图惧,入见,阳为衰野,坠笏失仪。璨复下诏曰:"养高钓名,匪夷匪惠,难居公正之朝,可放还山。"

**九月,梁王全忠遣杨师厚取襄阳,赵匡凝奔广陵。**

朱全忠以匡凝与王建、杨行密交通,遣师厚将兵击之,自将大军继之,攻下七州,大破其兵。匡凝奔广陵,杨行密戏之曰:"君在镇,岁以金帛输朱全忠,今败乃归我乎?"匡凝曰:"诸侯事天子,岁输贡赋乃其职也,岂输贼乎? 今日归公正以不从贼耳。"行密厚遇之。

**杨师厚取江陵,赵匡明奔成都。 冬十月,以梁王全忠为诸道兵马元帅。 梁王全忠击淮南,不利。**

朱全忠部署将士,将归大梁,忽变计欲乘胜击淮南。敬翔谏曰:"今师出未逾月平两大镇,辟地数千里,远近震慑,此威望可惜。不若且归息兵,俟衅而动。"不听。至枣阳遇大雨,抵光州,道险途潦,人马疲乏,士卒逃亡。十一月,度淮而北,光州刺史柴再用抄其后军,斩首三千级,获辎重万计。全忠悔之,躁忿尤甚。

**改昭宗谥号。**

起居郎苏楷素无行,尝登进士第,昭宗复试黜之。至是,建议昭宗谥"圣穆景文"多溢美,请改之。太常卿张廷范奏改为"恭灵庄愍",庙号襄宗。

**十一月,吴王杨行密卒,子渥代为淮南节度使。**

起初，司空图弃官住在虞乡王官谷，唐昭宗几次征召他，没有应召。柳璨用诏书征召他来朝，司空图恐惧，入朝进见，假装衰老粗野，掉落朝笏，丧失仪态。柳璨又下诏书说："自命清高，沽名钓誉，既不是伯夷，也不是柳下惠，难以在公平正直的朝廷中担任官职，可以放他回山。"

　　**九月，梁王朱全忠派遣杨师厚攻取襄阳，赵匡凝逃奔到了广陵。**

　　朱全忠因赵匡凝与王建、杨行密勾结交好，派杨师厚带领军队攻击他，亲自率领大军随后，攻克七个州，将赵匡凝打得大败。赵匡凝逃奔到了广陵，杨行密与他开玩笑说："君在镇所，每年都给朱全忠送去金银绢帛，现在败了就投奔我吗？"赵匡凝说："诸侯奉侍天子，每年向朝廷献贡进赋是他的职责，难道是送给贼寇吗？今天我投奔您正是因为不降贼呢。"杨行密用优厚的礼遇对待他。

　　**杨师厚攻取江陵，赵匡明投奔成都。　冬十月，朝廷任命梁王朱全忠为诸道兵马元帅。　梁王朱全忠攻击淮南，失利。**

　　朱全忠部署手下将士，准备返回大梁，突然改变计划想乘胜攻打淮南。敬翔劝说他："现在我们出兵没有一个月平定了两大藩镇，开辟地盘几千里，远近都很震惊害怕，这样的威望值得珍惜。不如暂且返回休养军队，等候时机再行动。"朱全忠不听从。军队到达枣阳遇上大雨，到达光州，道路险狭积水，人马疲乏，士卒有逃散的。十一月，渡过淮河向北，光州刺史柴再用绕道袭击朱全忠的后军，斩杀了三千多人，缴获辎重数以万计。朱全忠后悔此行，更加暴躁爱生气。

　　**朝廷更改唐昭宗的谥号。**

　　起居郎苏楷平素没有品行，曾经考中进士，复试时唐昭宗罢黜了他。到这时，苏楷建议说："昭宗以'圣穆景文'为谥号，过多溢美之词，请求改变谥号。"太常卿张廷范奏请改为"恭灵庄愍"，改庙号为襄宗。

　　**十一月，吴王杨行密去世，他的儿子杨渥取代他为淮南节度使。**

行密长子渥素无令誉,军府轻之。行密寝疾,命判官周隐召渥,隐性憃直,对曰:"司徒轻易信谗,喜击毬,好饮酒,非保家之主,余子皆幼,未能驾驭诸将。庐州刺史刘威从王起细微,必不负王,不若使之权领军府,俟诸子长而授之。"行密不应。徐温、张颢密言于行密曰:"王出万死,冒矢石,为子孙立基业,安可使他人有之!"行密曰:"吾死瞑目矣。"

行密使温与幕僚严可求诣隐取牒,遣使召渥,以王茂章代守宣州。渥至,行密卒,谥武忠,李俨承制,以渥为节度使。

**以梁王全忠为相国,封魏王,加九锡,全忠不受。**

先是,全忠急于传禅,密使蒋玄晖等谋之。玄晖与柳璨等议,以魏晋以来皆先封大国,加九锡、殊礼,然后受禅,当次第行之。全忠大怒,宣徽副使王殷、赵殷衡谮之曰:"玄晖、璨等欲延唐祚,故留其事以须变。"玄晖闻之惧,诣全忠言状,全忠曰:"汝曹巧述闲事以沮我,借使我不受九锡,岂不能作天子邪!"玄晖曰:"唐祚已尽,天命归王,但以晋、燕、岐、蜀皆吾勍敌,王遽受禅,彼心未服,不可不曲尽义理然后取之。玄晖等欲为王创万代之业耳。"全忠叱曰:"奴果反矣。"玄晖归与璨议加全忠九锡。

朝士多窃怀愤悒,礼部尚书苏循,楷之父也,独扬言曰:"梁王功业显大,历数有归,朝廷宜速行揖让。"朝士无敢违者。乃以全忠为相国,总百揆,进封魏国,加九锡,全忠怒不受。璨遂奏请传禅,诣大梁白全忠,全忠拒之。

杨行密的长子杨渥一向没好名声,军府的人轻视他。杨行密卧病时,命判官周隐召来杨渥,周隐性情笨拙直率,对杨行密说:"司徒杨渥很容易听信谗言,喜好击毬,好饮酒,不是能保家的首领,您其余的儿子都幼弱,不能驾驭诸将领。庐州刺史刘威从卑贱时就跟随您,一定不会辜负您,不如让他暂时管领军府事务,等您的儿子们长大了再转授权力。"杨行密没有回答。徐温、张颢暗中对杨行密说:"大王出生入死,亲冒矢石打仗,是为子孙建立基业,怎能让他人占有!"杨行密说:"我死了也能闭眼了。"

　　杨行密让徐温与幕僚严可求到周隐那里取来文书,派使者召来杨渥,让王茂章代替杨渥守卫宣州。杨渥到了,杨行密去世,谥号忠武,李俨秉承皇帝旨意,任命杨渥为节度使。

　　**朝廷任命梁王朱全忠为相国,封魏王,加九锡,他不接受。**

　　此前,朱全忠急于接受唐朝天子的传位禅让,暗中指使蒋玄晖等人策划这件事。蒋玄晖与柳璨等人商议,认为从魏晋以来,都是先受封大国,加九锡、殊礼,然后才能受禅,应当按照次序行事。朱全忠大为恼怒,宣徽副使王殷、赵殷衡进谗言说:"蒋玄晖、柳璨等人想要维持唐朝的天下,所以要延缓这件事以等待变化。"蒋玄晖听说后很恐惧,到朱全忠那里说明情况,朱全忠说:"你们这些人花言巧语讲一些无关紧要的事情来阻止我,假使我不受九锡,就不能当天子了吗?"蒋玄晖说:"唐朝气数已尽,天命归属您,但由于晋、燕、岐、蜀的军队都是我们的劲敌,您突然接受禅让,他们心中不服,不能不委婉地尽情尽理后再取得天下。蒋玄晖等人要替大王创立万代的基业呢。"朱全忠斥骂说:"奴才果然是反了。"蒋玄晖回去与柳璨商议给朱全忠加九锡。

　　朝中人士大多暗中愤恨忧愁,礼部尚书苏循,是苏楷的父亲,独自扬言说:"梁王的功劳业绩显赫盛大,天道已归,朝廷应当迅速将帝位让给梁王。"朝中之士没有敢于违抗的。于是任命朱全忠为相国,总管一切事务,晋封为魏王,加九锡,朱全忠恼怒没有接受。柳璨于是奏请唐哀帝向朱全忠传位禅让,到大梁向朱全忠禀告,朱全忠拒绝接受。

十二月，朱全忠弑太后何氏，杀蒋玄晖、柳璨、张廷范。

初，柳璨与玄晖、廷范相结，为全忠谋禅代事，何太后使宫人达意，求传禅之后，子母生全。王殷、赵殷衡谮玄晖云："与璨、廷范与太后夜宴，焚香为誓，兴复唐祚。"全忠信之，诛玄晖等，以殷权知枢密，殷衡权判宣徽院事。

殷等遂诬玄晖私侍太后，全忠令殷等弑太后于积善宫，斩柳璨于上东门，车裂廷范于都市。璨临刑呼曰："负国贼柳璨，死其宜矣！"

**罢谒郊庙。**

先是，礼院奏皇帝登位，应祀南郊，敕用十月行之。既习仪，朱全忠怒曰："柳璨、蒋玄晖欲郊天以延唐祚。"璨等惧，改用来年正月。至是，全忠弑太后，诛璨等，敕以宫禁内乱，罢之。

**丙寅**（906）　**三年**

**春正月，宣州观察使王茂章奔杭州。**

杨渥之去宣州也，欲取其幄幕及亲兵以行，茂章不与，渥怒。既袭位，遣李简等将兵袭之，茂章帅众奔两浙，钱镠以为镇东节度副使，更名景仁。

**罗绍威杀其牙军八千家。**

初，田承嗣镇魏博，选募六州骁勇之士五千人为牙军，厚其给赐以自卫。自是，父子相继，亲党胶固，日益骄横，小不如意，辄族旧帅而易之，自史宪诚以来，皆立于其手。罗绍威恶之，力不能制，密告朱全忠，欲借兵以诛之。全忠

十二月，朱全忠弑杀何太后，杀蒋玄晖、柳璨、张廷范。

起初，柳璨与蒋玄晖、张廷范相勾结，为朱全忠谋划禅让代位的事情，何太后让宫人传达意旨，请求传位禅让后，保住母子的生命。王殷、赵殷衡诬陷蒋玄晖，说："他与柳璨、张廷范同何太后夜中饮宴，焚香发誓，要复兴唐朝的天下。"朱全忠相信了，杀了蒋玄晖等人，让王殷暂时主持枢密院，赵殷衡暂时管理宣徽院事务。

王殷等于是诬陷蒋玄晖与何太后有私情，朱全忠命令王殷等在积善宫弑杀何太后，在上东门斩杀柳璨，在都市车裂张廷范。柳璨临刑时大声呼喊说："负国贼柳璨，死得活该！"

**停止祭祀郊庙。**

此前，礼院上奏，皇帝登位，应当祭祀南郊，敕令到十月行礼。演习了仪礼以后，朱全忠发怒说："柳璨、蒋玄晖想借祭天来维持唐朝的天下。"柳璨等人恐惧，改期到第二年正月。到这时，朱全忠弑杀何太后，诛杀柳璨等人，颁下敕令，因宫廷发生内乱，停止到南郊祭天。


**丙寅**（906）　唐哀帝天祐三年
**春正月，宣州观察使王茂章逃到杭州。**

杨渥离开宣州的时候，要带着他的帐幕与亲兵起程，王茂章不给，杨渥恼怒。杨渥继承淮南节度使以后，派遣李简等率领军队袭击王茂章，王茂章率领人马逃奔两浙，钱镠任命他为镇东节度副使，更名为王景仁。

**罗绍威杀死他的牙军八千家。**

起初，田承嗣镇守魏博，挑选招募六州的剽悍勇敢之士五千人当牙军，给这些人优厚的待遇来保卫自己。从此后，这些军人父子相继，亲属朋党如胶一样紧密结合，日益骄横，小有不如意的事情，就将旧帅的全家杀死而另拥立新的主帅，从史宪诚以后，都是被这些人所拥立的。罗绍威痛恨他们，但靠自己难以制服他们，就秘密告诉朱全忠，想借用他的兵力诛杀这些人。朱全忠

乃发兵屯深州,声言击沧州。会全忠女适绍威子者卒,全忠遣将实甲兵于橐中,选兵千人为担夫,入魏,诈云会葬。全忠自以大军继其后,云赴行营,牙军不之疑。绍威潜遣人入库,断弓弦、甲襻,夜率奴客数百人与汴将合击牙军。牙军欲战而弓甲皆不可用,遂合营殪之,凡八千家,婴孺无遗。诘旦,全忠引兵入城。

**以梁王全忠为三司都制置使。**

三司之名始于此。全忠辞不受。

**夏四月朔,日食。 天雄军乱,梁王全忠讨平之。**

罗绍威既诛牙军,魏之诸军皆猜惧,牙将史仁遇聚众数万据高唐,巡内州县多应之。全忠攻拔屠之,李克用遣兵救之,不克。

**镇南节度使钟传卒。**

子匡时为留后。

**秋七月,梁王全忠还大梁。**

全忠留魏半岁,罗绍威供亿所杀牛羊豕近七十万,资粮称是,蓄积为之一空。绍威虽去其逼,而魏兵自是衰弱,绍威悔之,谓人曰:"合六州四十三县铁,不能为此错也!"

**九月,梁王全忠攻沧州,刘仁恭救之。**

全忠以幽、沧相首尾为魏患,欲先取沧州,引兵度河围沧州。刘仁恭救之,下令境内男子十五以上、七十以下悉自备兵粮诣行营,文其面曰"定霸都",士人则文其臂曰"一心事主",得兵十万,军于瓦桥。畏汴军强,不敢战,城中食尽。全忠使人说刘守文曰:"何不早降?"守文登城应之曰:

于是出兵驻扎于深州，声称要攻打沧州。正好朱全忠嫁与罗绍威儿子的女儿死去，朱全忠派遣将领把铠甲兵器装在口袋中，挑选兵士一千人当挑夫，进入魏州，假装说是会葬。朱全忠亲自率大军随后，说是奔赴行营，牙军没有怀疑他们。罗绍威暗中派人进入武库，把弓弦、铠甲系带弄断，夜间率领他的家奴宾客几百人与汴州的军队一同攻击牙军。牙军想要应战，但弓和铠甲都不能使用，于是全营被杀死，共有八千家，连婴儿幼童都没有放过。第二天早晨，朱全忠领兵进入了魏州城。

**朝廷任命梁王朱全忠为三司都制置使。**

三司的名目从这时开始使用。朱全忠推辞没有接受。

**夏四月初一，出现日食。　天雄军发生动乱，梁王朱全忠讨伐平定了动乱。**

罗绍威诛杀牙军以后，魏州的各军都猜疑恐惧，牙将史仁遇聚集几万人占据高唐，巡属内的各个州县大多响应他们。朱全忠攻打并屠杀了他们，李克用派遣军队去救援，没有成功。

**镇南节度使钟传去世。**

钟传的儿子钟匡时当了留后。

**秋七月，梁王朱全忠返回大梁。**

朱全忠在魏州停留了半年，罗绍威供给军需，所杀牛、羊、猪近七十万钱，物资粮草与此相当，积蓄为此一空。罗绍威虽然除去了威胁自身的牙军，而魏军也从此衰弱了，罗绍威后悔，对人说："聚集六州四十三县的铁，也不能铸成这样的大错啊！"

**九月，梁王朱全忠攻打沧州，刘仁恭前往救援。**

朱全忠认为幽州、沧州首尾相援是魏州罗绍威的祸患，想要先攻取沧州，就率领军队渡过黄河围困了沧州。刘仁恭去援救，下命令境内十五岁以上、七十岁以下的男子都要自备兵器、粮食到行营，在他们的脸上刺上"定霸都"的文字，士人就在臂膀上刺上"一心事主"几个字，得到十万兵士，驻扎于瓦桥。但他们畏惧汴州军队强大，不敢出去应战，城中的粮食也吃光了。朱全忠派人劝说刘守文说："为什么不尽早投降？"刘守文登上城头回答说：

"梁王方以大义服天下,若子叛父而来,将安用之?"全忠愧其辞直,为之缓攻。

**杨渥取洪州。**

杨渥遣秦裴将兵击洪州,军于蓼洲,诸将请阻水立寨,裴不从。钟匡时果遣其将刘楚据之,诸将以咎裴,裴曰:"匡时骁将独楚耳,若帅众守城,不可猝拔,吾故以要害诱致之耳。"破寨执楚,遂围洪州,拔之。

**杨崇本攻夏州。　冬十月,王建立行台。**

王建始立行台于蜀,建东向舞蹈,号恸言曰:"自大驾东迁,制命不通,请权立行台,用李晟、郑畋故事,承制封拜。"仍以榜帖告谕所部。

**李克用遣兵攻潞州。**

刘仁恭求救于河东,前后数百辈,李克用恨其反复,未之许。存勖谏曰:"天下之势归朱温者什七八,自河以北能为温患者,独我与幽、沧耳。今不与之并力,非我之利也。夫为天下者不顾小怨,且彼尝困我而我救其急,以德怀之,乃一举而名实附也。此乃吾复振之时,不可失也。"克用以为然。谋召幽州兵与攻潞州,曰:"于彼则可以解围,于我则可以拓境。"乃许仁恭和。仁恭遣兵三万诣晋阳,克用遣周德威、李嗣昭等将兵与之共攻潞州。

**梁王全忠遣刘知俊救夏州,邠人大败。**

夏州告急于全忠,全忠遣知俊等救之。崇本将六镇之兵五万军于美原,知俊等击败之,乘胜攻下鄜、延等五州,西军自是不振。

"梁王正要用大义征服天下,如果儿子背叛父亲前来,将怎么任用他呢?"朱全忠听了他直率的言辞感到惭愧,因此放缓了攻城。

**杨渥攻取洪州。**

杨渥派秦裴带兵攻打洪州,驻扎在蓼洲,诸将请求依水设立营寨,秦裴不听。钟匡时果然派他的将领刘楚占据那个地方,诸将因此抱怨秦裴,秦裴说:"钟匡时的勇将只有刘楚一人,如果由他率众守城,不能快速攻克,我是故意让出要害之地诱他出来。"秦裴打破营寨,俘获了刘楚,于是围攻洪州,攻克了它。

**杨崇本攻打夏州。**　　**冬十月**,王建设立行台。

王建开始在蜀地建立行台,王建面向东方拜舞,号啕大哭说:"自从皇上迁往东都洛阳,制命不能相通,请求暂时设立行台,用李晟、郑畋的旧时成例,秉承制令封爵拜官。"依旧用榜帖文书告知所属藩镇州县。

**李克用派遣军队攻打潞州。**

刘仁恭向河东的李克用请求救援,前后有几百次,李克用痛恨刘仁恭反复无常,没有应允。李存勖劝导说:"现在天下大势,归顺朱全忠的藩镇已占十分之七八,从黄河以北能成为朱全忠祸患的,只有我们与幽州、沧州而已。现在我们不与他们齐心合力,这不符合我们的利益。打天下的人不顾念小的仇怨,况且他们曾经使我们陷于困境,而我们却解救他们的危急,用恩德来使他们感激不尽,这才是一举而又有名声又有实利的事呢。这正是我们重新振作的时机,不可以丧失掉。"李克用认为是这样。他与将领商议召请幽州军队一同攻打潞州,说:"这对于他们可以解除包围,对于我们可以开拓地盘。"于是答应与刘仁恭和解。刘仁恭派遣三万军队到晋阳,李克用派遣周德威、李嗣昭等带领军队与刘仁恭的军队一同攻打潞州。

**梁王朱全忠派遣刘知俊救援夏州**,邠州人被打得大败。

夏州向朱全忠告急,朱全忠派刘知俊等人救援。杨崇本率领六镇的军队五万人驻扎美原,刘知俊等打败了他们,乘胜又攻克鄜、延等五州,西军从此一蹶不振。

**梁王全忠以高季昌为荆南留后。**

武贞雷彦恭屡寇荆南，留后贺瓖闭城自守。朱全忠以为怯，使季昌代之。

**十二月，昭议节度使丁会降于河东，梁王全忠引兵还。**

初，昭宗凶讣至潞州，会帅将士缟素，流涕久之。及李嗣昭攻潞州，会举军降之。李克用以嗣昭为昭义留后。会见克用泣曰："会非力不能守也，梁王凌虐唐室，会虽受其举拔之恩，诚不忍其所为，故来归命耳。"克用厚待之，位于诸将之上。全忠将攻沧州，闻潞州不守，引兵还，刍粮山积，命悉焚之，在舟中者凿而沉之。刘守文使遗全忠书曰："城中数万口不食数月矣，与其焚之为烟，沉之为泥，愿乞所余以救其命。"全忠留数囷以遗之，沧州赖以济。

**梁王朱全忠任命高季昌为荆南留后。**

武贞节度使雷彦恭屡次侵犯荆南,荆南留后贺瓌关上城门自行防守。朱全忠认为贺瓌怯懦,让高季昌取代他为荆南留后。

**十二月,昭义节度使丁会向河东军队投降,梁王朱全忠带领军队返回。**

起初,唐昭宗被杀的讣告传到潞州,丁会率领将士身穿白色的丧服,长时间痛哭流涕。等到李嗣昭攻打潞州,丁会率领全军投降了河东军队。李克用任命李嗣昭为昭义留后。丁会见到李克用流着泪说:"我不是没有力量防守,梁王朱全忠凌辱暴虐唐朝宗室,我虽受过朱全忠推举擢升的恩德,实在不能忍耐他的所作所为,所以来向您归附听命。"李克用对待他非常优厚,地位在各将领之上。朱全忠准备攻打沧州,听到潞州失守的消息,率领军队回去,他的粮草像山一样堆积着,命令全部焚烧掉,在船中的粮草就凿破船舱沉于水中。刘守文让人给朱全忠送去书信说:"城中有几万人已有几个月没粮食吃了,您与其将那些粮草焚烧化为烟,沉水化为泥,我乞求您用剩下来的救城中人的生命。"朱全忠留下数囷粮食送给刘守文,沧州百姓赖此得到救济。